U0504313

中国生物多样性保护与绿色发展基金会
绿色企业工作委员会学术出版资助项目

智库中社 年度报告
Annual Report

绿色发展系列丛书 | 主　编◎谢伯阳
副主编◎周晋峰　唐人虎　王斌康　郑喜鹏

2023年
中国绿色经济
发展分析

中国社会科学出版社

图书在版编目（CIP）数据

2023 年中国绿色经济发展分析／谢伯阳主编．—北京：中国社会科学
出版社，2023.3

（绿色发展系列丛书）

ISBN 978 - 7 - 5227 - 1520 - 9

Ⅰ.①2…　Ⅱ.①谢…　Ⅲ.①绿色经济—经济发展—研究报告—
中国—2023　Ⅳ.①F124.5

中国国家版本馆 CIP 数据核字（2023）第 039161 号

出 版 人	赵剑英
责任编辑	谢欣露
责任校对	周晓东
责任印制	王　超

出　　　版	中国社会科学出版社
社　　　址	北京鼓楼西大街甲 158 号
邮　　　编	100720
网　　　址	http://www.csspw.cn
发 行 部	010 - 84083685
门 市 部	010 - 84029450
经　　　销	新华书店及其他书店

印刷装订	北京明恒达印务有限公司
版　　　次	2023 年 3 月第 1 版
印　　　次	2023 年 3 月第 1 次印刷

开　　　本	710×1000　1/16
印　　　张	43.75
字　　　数	718 千字
定　　　价	139.00 元

凡购买中国社会科学出版社图书，如有质量问题请与本社营销中心联系调换
电话：010 - 84083683

战略合作单位

国家电力投资集团有限公司商业模式创新中心

中国城市科学研究会绿色建筑研究中心

腾讯科技有限公司能源事业部

北京中创碳投科技有限公司

北京财团商道管理咨询有限公司

《小康》杂志社

《中国民商》杂志

序　一
生态文明下的绿色发展

胡德平[*]

　　说到人与自然界的生态文明，我想先说说自己。我首先是个人，一个自然人，自然人又是生物界的一个物种，人在众多物种中占据一个什么地位呢？人类学告诉我们：人应该归属到动物界、脊索动物门、哺乳纲、灵长目、人科、人属、智人种的位置上。人和家庭、民族、国家、社会有递增的生态文明的关系，同时也和自然界产生了另外一种生态文明的关系。本书——《2023年中国绿色经济发展分析》着重研究分析的是在经济活动中人和自然界的生态文明关系，当然这种分析研究怎么纯粹、净化也离不开人的社会性，只不过本书研究的基点是人和自然界的关系。

　　绿色发展也要有人文精神。在蒲松龄的《聊斋志异》中就有一篇关于中华鲟人格化的美丽故事，这个故事和安徒生的《海的女儿》一样优美。白秋练是一尾长江中的鲟鳇鱼化成的美女，她和商人之子慕生先后都得了互相爱慕的相思病。慕生吟唐代王建《宫词一百首》中的诗句"罗衫叶叶绣重重，金凤银鹅各一丛"，连吟三遍，便可治好白秋练的相思病。白秋练吟唐代诗人刘方平《代春怨》中的"庭前时有东风入，杨柳千条尽向西"和唐代皇甫松的"菡萏香连十顷陂，小姑贪戏采莲迟"这二首诗句，便可治好慕生的相思病。这则古韵迷人的神话故事，不但是则爱情故事，而且是一个人与哺乳动物之间，物种之间互相关爱的恻隐动人的物种故事。有一日，白秋练的母亲——一条大的中华鲟被人钓

---

[*]　胡德平，中共中央统战部原副部长，中国生物多样性保护与绿色发展基金会创会理事长，主要研究方向为社会经济、绿色发展等。

起："生近视之，巨物也，形全类人，乳阴毕具。"慕生与白秋练合力赎回了中华鲟。蒲松龄不懂物种的演化关联关系，但他知道"物伤其类""鹢鶒之情"的人类同情之心。2006 年，"长江女神"白鳍豚被宣布功能性灭亡，但它的"堂妹"江豚在长江中仍有少量存活。当时电视台播放了江豚鱼头影像的画面，圆圆大大的眼睛，嘴角上翘的笑脸，但它却是被一刀切下的鱼头。

生态文明从人类的生活环境讲起，内容还包括自身物质生产和消费的文明，人类与自然界互相平衡交换的文明，世界生物多样性链条之间存在的文明。总之，新时代的今天需要培育更多浓郁的科学人文精神，增强社会经济绿色发展的自觉性和主动性。

中国生物多样性保护与绿色发展基金会（以下简称中国绿发会）一直坚持既要保护生态，又要绿色发展的理念，其前身就是做麋鹿保护的，现在与时俱进加上了绿色经济的发展。保护与发展两者是相辅相成，可以相互转化的。前些年西方学者提出中国是"红色火车头"的论点。一方面肯定中国对拉动全球经济发展的积极作用，另一方面也批评中国高能耗、高成本、高污染、低效益的发展方式造成了严重的环境污染。对这种意见，我们应客观分析。改革开放 40 多年来，我国经济产业结构和所有制结构方面的改革已经获得巨大的成就，但在生产增长方式的转变上却有很大不断改善的必要。

党的二十大报告中提出，推动绿色发展，促进人与自然和谐共生。这就是发展绿色产业、人与自然和谐共处思想的一种科学积极的态度。首先明确经济转型面临的现实问题：一是如何把产业发展和碳减排、碳中和结合起来；二是如何把数字化智能平台和生态环境治理结合起来；三是如何使物种的多样性和无机世界的交换变得更加文明。新能源、新材料、节能减排等绿色产业已加大步伐向我们迎面走来。我们应该牢牢抓住这一时机，加大力度发展这一新兴产业。我们有一千个理由、一万个理由把绿色产业做强、做大，同时也要用这一产业改造我们的传统产业、行业。不但农业和农产品加工业应为人们提供丰富的绿色食品，就是其他产品也应是节能低耗、使用新材料的绿色产品，让中国经济的"绿色火车头"，载满各种绿色产品，输向全国，输出全世界。这是能够立于不败之地的一项宏伟事业。以"经济绿色火车头"的观念指导我国的经济结构的调整，生产增长方式的转变，供求关系、进出口关系的改进，环境生态的美化，生产劳动的人性化，中国才称得上是一个市场取向成功、政府负责、人民安居乐业的社会主义国家。

中国绿发会支持《2023年中国绿色经济发展分析》一书的出版。该书不是一本指导企业如何绿色发展的理论著作，而是各个绿色产业中有成功实践的企业成功经验和典型案例的汇集、分享。地球这颗宇宙中最美丽的星球，它和别的星球最大的区别，就是它有良好的生态环境，不是一个只有无机物的死寂的世界。它有生命、有物种、有人类，有最高物种创造的红尘世界。生命就生态环境而言，犹如鱼在水中，冷暖自知。人类似应有最敏感的知觉反映生态环境，为生态文明进步做贡献。

希望各位读者朋友从这本书中能有所收获！

2023 年 3 月 10 日

序　　二
社会经济转向绿色发展是
生态文明建设的重点

谢伯阳[*]

中国式现代化要坚持走生产发展、生活富裕、生态良好的文明发展道路，是人与自然和谐共生的现代化，既要创造更多物质财富和精神财富以满足人民日益增长的美好生活需要，也要提供更多优质生态产品以满足人民日益增长的优美生态环境需要。实现上述目标，需要推动社会经济发展的绿色转型，形成生态文明建设的全新格局。

一　反思传统工业化发展之路

工业革命，使人类社会迅速进入工业化时代，以大规模机器生产为特征，大量劳动力转向工业生产领域，社会生产在短期内得到了极大提高，创造出了大量的社会财富，对经济和社会发展起到了推动作用。但伴随着大规模工业化而产生的日益严重的大气、海洋和陆地水体污染，大量土地被占用，水土流失和沙漠化加剧，气候变化和生物多样性丧失等问题也在全球范围内呈现出来……传统工业化发展模式，重经济成效，轻生态保护，不仅对自然、生态造成巨大破坏，也成为社会经济可持续发展的制约性因素。

新中国成立以来，党和国家经过不断地摸索和实践，最终确立了社

---

　　* 谢伯阳，国务院参事、全国工商联原副主席、中国生物多样性保护与绿色发展基金会理事长，主要研究方向为生态文明、生态系统生产总值（GEP）等。

会主义市场经济体制，并推行改革开放政策。这使"发展才是硬道理"在很长一段时间里作为国家建设的第一要务得以全面践行，迅速让中国摘掉了贫穷落后的帽子。但同时，传统工业化发展的一些弊病也随着经济的迅速提升呈现出来：社会发展广泛存在高投入、高能耗和高污染，由此带来的环境污染和破坏问题，越发严峻。

曾经一度震惊全国的腾格里沙漠污染事件，便是传统工业化发展模式带来的结果。2014 年，内蒙古自治区腾格里沙漠腹地部分地区出现排污池。当地企业将未经处理的废水排入排污池，让其自然蒸发。然后将黏稠的沉淀物，用铲车铲出，直接埋在沙漠里面。习近平总书记对此做出重要批示，中国国务院专门成立督察组，敦促腾格里工业园区进行大规模整改。此类污染事件在国内并非偶发。比如 2017 年前后中国北方一到秋冬季便笼罩上空的严重雾霾，大小河流中广泛存在的污染物超标、黑臭水体，还有在经济开发建设中不断减少的野生动植物栖息地，甚至物种灭绝等。可以说中国在一定程度上也走了一段与欧美发达国家类似的"先污染后治理、以牺牲环境换取经济增长"的赶超道路，人口与资源、经济发展与生态环境之间的矛盾，成为中国现代化发展的重要制约因素。社会经济体制的改革势在必行。

二　环境友好型社会经济体系的构建

进入 21 世纪，生态环境问题得到了党和国家领导人的高度重视，如何实现绿色发展，成为新时代社会经济发展的重要议题，而从发展到科学发展，从追求经济高增长到人与自然和谐共生的发展转变，也体现了中国特色社会主义现代化建设的不断完善与深化。建设环境友好型社会，革除传统工业化方式的弊端，成为社会经济发展的必然要求。

我一直关注"地球生态超载日"的变化。地球生态超载日通过对人类活动的生态足迹分析，测算出大约从 1970 年起人类对自然的索取开始超越地球生态的临界点。而每年公布的地球生态超载日，则意味着地球在这一天进入了本年度的生态赤字状态，即已用完了地球本年度可再生的自然资源总量。这一日期正在不断提前。2022 年的生态超载日是 7 月 28 日。我国人口多、资源储量少、资源利用效率也有待进一步提高，我们需更为关注生态超载问题，关注生产和消费活动对于自然生态环境的影响，注重将生产和生活强度规范在生态环境的承载能力范围之内，同时运用技术、经济、管理等多种措施，通过生产节约和生活节约，降低社会经济发展所带来的环境负面影响。

2005 年，党的十六届五中全会明确提出了"建设资源节约型、环境友好型社会"，首次把建设资源节约型和环境友好型社会确定为国民经济与社会发展中长期规划的一项战略任务。《中共中央关于制定国民经济和社会发展第十一个五年规划的建议》中，也将"建设资源节约型、环境友好型社会"作为基本国策，提到前所未有的高度，这对于全面落实科学发展观，不断提高资源环境保障能力，实现国民经济健康、快速发展具有重要意义。

以消费为例。资本主义的发展模式认为，社会财富取之不尽，用之不竭，提倡大规模提升产量，不断丰富产品种类并催化产品加速更新迭代。但这些大量生产出来的产品，势必需要公众消费和购买，方能回笼资金、产生利润。因此，还需要"生产"出一批有消费欲望和激情的消费者，确保产品能卖得出去，才能达到资本主义商品生产的目的，消费主义由此产生并被不断鼓吹盛行。但社会发展已经证明，社会财富的不断增长是需要付出生态环境代价的，这种代价现在正通过越发频繁的气候灾难、生态事件呈现出来。消费主义所带来的过度消费也进一步加剧了对环境的破坏和对资源的消耗，带来了大量垃圾污染，形成恶行循环。这也是我们提倡绿色消费的原因所在：通过适度节制消费，以避免或减少对环境的破坏。绿色消费不仅包括鼓励消费者购买资源节约型产品，以实现对自然生态资源的保护，还包括鼓励绿色设计、低碳生产、能源节约，以及物资的回收利用等，推动经济发展全产业链的全面绿色转型。

三　以绿色发展筑牢中国式现代化

社会是由生物与环境形成的关系总和，人类的生产、消费娱乐、政治、教育等都属于社会活动范畴。经济是社会生产关系的总和，是政治、法律、哲学、宗教、文学、艺术等的建立基础。社会经济的发展，不是一个自然、纯粹的过程，而是深受政治、哲学、环境、国际等很多方面因素的影响。

以我国民营经济的发展为例。民营经济因国家改革开放政策的实施而迅速繁荣，并成为社会主义市场经济的重要组成部分和国家经济社会发展的重要基础，民营经济的发展亦在提升国家整体经济发展水平、改善人民生活、增强社会活力等方面发挥了显著作用。但随着改革开放的深入推进和环境问题的日益突出，粗放型的民营经济发展模式，已不再适合新时代国家发展需求。以习近平生态文明思想为指引，政治、经济、文化等各领域正在全面转型，从忽视环境保护到减少环境污染，到加强科技创新促进低碳、集约化发展，再到能源改革、数字化建设，实现零碳发展，民营经济也需要迅速实现绿色发展转型，成为实现中国式现代化的助力。

在长期探索和实践基础上，经过党的十八大以来在理论和实践上的创新突破，我国成功推进和拓展了中国式现代化。党的二十大报告进一步指出：中国式现代化是人口规模巨大的现代化；中国式现代化是全体人民共同富裕的现代化；中国式现代化是物质文明和精神文明相协调的现代化；中国式现代化是人与自然和谐共生的现代化；中国式现代化是走和平发展道路的现代化。

中国式现代化并不是一个抽象的概念，而是涉及党的领导、社会制度、经济、政治、文化、社会、生态、和平发展、文明形态等诸多方面，且是以"绿色"为共同基调的。在 2008 年之前，中国虽然没有关于绿色发展的直接提法，但是政府所制定和采取的国家战略、政策和行动计划等已意识到绿色发展在发挥国际竞争力方面的重大作用，并在发展战略等层面做出了调整。2012 年"推进绿色发展"正式写进党的十八大报告，2018 年，生态文明写入《宪法》，绿色发展亦由概念、思想到统领全局的执政理念，成为关乎我国未来的生态文明建设能否成功的关键。这些变化均明确表明国家已经充分认识到，只有以尊重自然、实现人与自然和谐共生的绿色发展模式，构建绿色制造业、建筑业、服务业以及与之相适应的新的管理和监督体系，创造和迎接符合生态文明时代要求的新的社会经济发展体制，才能真正实现中国现代化强国战略安排和任务目标，这也是上层建筑适应经济基础、生产关系适应生产力发展水平这一原理在生态文明时代的体现。

四　绿水青山也是社会经济发展推动力

1962 年，蕾切尔·卡森代表作《寂静的春天》出版，将被忽略的生态环境创伤以生动且真切的语言描述出来，引起了人们对生态环境问题的关注，也引发了人们对未来发展的思考。正如作者在书中所述："我想指出的是，我们任由人们使用这些化学药剂，却很少提前研究它们对土壤、水、野生动植物以及人类自身的影响。所有生物都依赖自然界生存，而我们不慎重考虑自然界完整性的这种行为，很可能不会被子孙后代所原谅。"

虽然工业文明的资本主义发展模式给人类社会带来了巨大的进步，但其难以估量的生态环境损害，也会将人类带入毁灭的境地。同时，我们还要清醒地认识到：工业文明的这种发展模式依然有着强大的惯性与影响力。比如为了提升粮食产量，化肥、农药仍然被广泛应用于生产环节，作为提升粮食产量的重要手段，而对由此造成的土壤板结、污染等问题重视不足；因为对木材的需求，大量森林甚至是珍稀树种被砍伐，等等。生态文明建设依然面临诸多挑战，尤以生物多样性和气候变化挑战最为严峻。作为生物（动物、植物、微生物）与环境形成的生态复合体以及与此相关的各种生态过程的总和，生物多样性包括生态系统、物种和基因三个层次，既涵盖了森林、海洋、湿地等生态系统的多样性，也包罗了丰富多样的野生动物、植物等物种多样性，还聚焦了生物遗传资源的多样性，是人类赖以生存的基础，我们的吃穿住行，都与之密切相关。然而现在正有大约 100 万种动植物物种遭受着灭绝的威胁，其中许多物种会在几十年内灭绝，比人类历史上任何时候都要多。[①] 由于人类活动导致的全球气候变化问题，也正在以冰川融化、极端洪涝和干旱、超强台风等形势冲击着社会经济的正常发展。

无论是主动选择还是被动应对，绿色发展都是全人类谋求可持续发展所必须要走的路径。这点从 GEP 在我国的推广和实践中亦可窥一斑。GEP是我国学者 2012 年提出的一个概念，全称为"生态系统生产总值"（Gross

---

① 生物多样性和生态系统服务政府间科学政策平台（IPBES）：《生物多样性和生态系统服务全球评估报告》，2019 年。

Ecosystem Product，GEP），是指生态系统为人类福祉和经济社会可持续发展提供的最终产品与服务价值的总和，是一套与 GDP 相对应的、并行开展的、从生态系统角度衡量生态保护和建设成效的统计核算体系。根据中国生物多样性保护与绿色发展基金会所开展的 GEP 的核算、考核和评估试点，我们至少可以总结出 GEP 在以下三个层面所能发挥的意义：一是作为贯彻落实习近平生态文明思想的务实和创新举措，可以将"绿水青山就是金山银山"进行合理量化，进而有利于科学衡量区域生态保护与建设成效，提升生态文明建设管理水平。二是 GEP 可以丰富和完善发展评价理论，进而弥补 GDP 单轨运行的不足，形成 GDP 与 GEP 双核算、双运行和双提升的评价模式，推动生产空间、生态空间和生活空间融合发展。三是在为生态产品价值核算提供技术方法的基础上，促进生态产品价值转化，进而有利于形成绿色发展新动能，推动区域生态产品市场化。这也是近年来 GEP 核算越发受重视的原因。不仅 GEP 核算，在绿色发展的道路上，中国已经从多领域开展了积极的尝试与实践。如从生产端到消费端全民参与的"双碳"目标；正在制定中的"青藏高原生态保护法"为全球生态安全提供保障，正在建设中的黄河流域生态保护和高质量发展重大国家战略……这些都是通过加强对"绿水青山"保护以实现"金山银山"转化的绿色发展路径探索。

五　结语

百年未有之大变局正加速演进。社会经济发展也面临着新的挑战与战略机遇。一方面，新一轮科技革命和产业变革深入发展，国际力量对比深刻调整，逆全球化思潮抬头，单边主义、保护主义明显上升，世界经济复苏乏力，局部冲突和动荡频发，世界进入新的动荡变革期。另一方面，中国已开启了实现第二个百年奋斗目标的新征程，朝着实现中华民族伟大复兴的宏伟目标继续前进，并坚持和深化改革开放，同时清晰认识到生态文明建设仍然是一个明显短板，资源环境约束趋紧、生态系统退化等问题越来越突出，特别是各类环境污染、生态破坏呈高发态势，成为国土之伤、民生之痛，需要抓紧扭转生态环境恶化趋势，否则必将付出极其沉重的代价。

　　生态文明建设是关乎中华民族永续发展的根本大计，坚持"绿水青山就是金山银山"的理念，促进社会经济转向绿色发展，是做好生态文明建设的重中之重。本书从绿色发展视角出发，对 2022 年以来国家社会经济状况进行系统分析，并对 2023 年中国绿色经济发展提出思考与建议，同时聚焦社会经济发展的重点领域，希望可以对各领域做好生态文明建设提供借鉴与参考。

　　谨以此序祝贺《2023 年中国绿色经济发展分析》出版，望能对社会经济绿色转型提供助力、做好服务。

序 三
我国社会经济绿色发展方兴未艾，前景广阔

周晋峰[*]

经济增长与生态环境保护的矛盾长期存在，但随着 18 世纪中叶产业革命的兴起，资本主义市场经济体制飞速发展，社会经济快速增长、财富大量积累，却造成了比以往任何时期都严重的环境问题，经济发展与环境保护矛盾空前激化，人们也越来越意识到传统的工业文明时代的经济增长方式的不可持续性，绿色发展势在必行。我国绿色发展思想由来已久，且具有深厚的历史渊源。党的十八大以来，我国将生态文明建设明确纳入中国特色社会主义事业"五位一体"总体布局，将"建设社会主义生态文明"写入党章，作为党的行动纲领，将绿色发展理念纳入五大新发展理念，将不断推进社会发展全面绿色转型视为关乎人民福祉、关乎民族未来的长远大计，融入治国理政宏伟蓝图之中。可以这样说，十年时间，我国社会经济绿色发展取得了历史性成就，发生了根本性变革。人民生活乃至国家命运都在发生变化，一个充满盎然生机的中国，正在世人面前呈现。

一 绿色发展理念深入民心并发挥指引作用

绿色发展理念，是我国在社会主义初级阶段所取得的重要理论成就，并内蕴于习近平生态文明思想之中，是实现经济效率、和谐、持续增长，

---

* 周晋峰，中国生物多样性保护与绿色发展基金会副理事长兼秘书长，北京大学、美国普渡大学联合培养博士，九届、十届、十一届全国政协委员，罗马俱乐部（Club of Rome）执委。

实现人与自然和谐共生现代化的重要思想武器，也是推动经济结构调整的内驱动力。党的十八大以来，党和国家把生态文明建设摆在全局工作的突出位置，从顶层设计到理论实践，始终把绿色发展作为工作的重中之重，极大地缓解了人民群众日益增长的美好生活的需要同生态环境之间的矛盾，守住了民心，赢得了未来。通过市场、技术、行政、法律等手段全面推进社会经济绿色转型，建构了具有中国特色的生态文明制度体系，遵循了社会经济发展规律，开辟了绿色低碳可持续发展新路径。

随着我国绿色低碳转型的持续推进，社会经济各领域都在发生变化。人民群众可以直观地感觉到天更蓝了、水更清了、地更绿了，人民群众的参与感、获得感、满足感更强了，我国绿色发展顺应了人民期盼，是大势所趋，更是民心所向。

二 生态恢复有序推进，筑牢生态环境红线

一个时期以来，我国片面地追求经济的高速增长，采取粗放的发展模式，随之而来的环境问题日益凸显，气候变化、物种灭绝、生物多样性丧失等问题不断加剧。面对如此严峻形势，新思想、新理念、新观点的提出正合时宜，十分必要。经过长时间的生态恢复和环境治理，整体上看，我国基本形成了生态文明"四梁八柱"的制度体系，绿色发展水平不断提高，环境所遭受的破坏正在逐年被修复，守住了生态环境的红线，实现了蓝天保卫战、碧水保卫战、净土保卫战的阶段性胜利，空气质量越来越好，水清岸绿成为新常态，土壤污染防治成果显著，全国生态环境状况取得了前所未有的成效。

从数据上看，2022 年 1—10 月，我国 339 个地级及以上城市平均空气质量优良天数比例达到 86.3%，PM2.5 平均浓度为 27 微克/立方米；2022 年前三季度，我国 3641 个国家地表水考核断面中，水质优良（Ⅰ—Ⅲ类）断面比例达到 86.3%；我国污染地块安全利用率总体稳定；2022 年国家重点野生动植物保护率达到 74%。一系列数据表明，我国生态环境治理成效正在不断显现，将为我国社会经济高质量发展提供有力保障。

三　绿色低碳循环发展成果瞩目

2020 年 9 月，我国对全世界做出了"双碳"目标的庄严承诺，并把"双碳"目标融入国家经济社会发展中长期规划，构建了"双碳"和"1 + N"政策体系。从整体上看，我国不断优化产业与能源结构，大力发展循环经济，不断推进新型工业化建设，不断增强碳汇能力，不断推进碳交易市场建设等，不断突破资源禀赋约束，从多个方面力促经济社会绿色低碳循环发展，全面推进社会经济绿色转型。

近年来，我国稳步推进新能源、低碳环保、绿色工业等产业集群建设，产业结构不断优化。截至 2022 年 7 月，我国节能环保产业产值超过 8 万亿元，年增速超过 10%。同时，我国不断推动能源革命，大力发展新能源体系建设，不断优化提高化石能源清洁利用水平。2022 年 10 月，我国风力发电量当期值为 613.3 亿千瓦时；太阳能发电量当期值为 190 亿千瓦时。海上风电装机跃居世界第一，全球市场提供光伏组件占有率超 70%，我国新能源体系建设已经初具规模。此外，煤电机组改造持续推进，化石能源清洁利用水平稳步提升。"十三五"时期，我国发展循环经济对减少二氧化碳排放的综合贡献率超过 25%，循环发展作用明显，与此同时，我国累计完成造林 5.45 亿亩，森林抚育 6.37 亿亩，碳汇能力不断增强。截至 2022 年 11 月 30 日，全国碳排放的配额累计成交量达 2.03 亿吨，碳交易市场作用不断显现。

2022 年 11 月，国际气象科学机构"全球碳项目"发布《2022 年全球碳预算》报告，指出 2022 年全球碳排放量将增加 1%，中国碳排放量将下降 0.9%。中国正在采取强有力的政策以达到其在气候问题上的国家自主贡献（NDC）目标。[1] 我国社会经济绿色低碳循环发展取得了瞩目成就，"双碳"工作取得了良好开局。

---

[1]　零碳研究院：《2022 绿色发展报告》，2022 年。

四 绿色金融成绩斐然，ESG 投资蓬勃发展

金融是经济发展的血液。目前，我国已初步形成绿色贷款、绿色债券、绿色保险、绿色基金、绿色信托、碳金融产品等多层次绿色金融产品和绿色金融体系。截至 2022 年 6 月，我国本外币绿色贷款余额达 19.55 万亿元，存量规模居全球第一。同时，人民银行推出两个新的结构性货币政策工具，一个是碳减排支持工具，另一个是支持煤炭清洁高效利用专项再贷款。两个结构性货币政策工具鼓励社会资金更多投向绿色低碳领域。我国绿色金融无论是产品数量还是整体规模都世界领先，绿色金融环境效益正在逐步显现。

我国 ESG 领域表现同样令人瞩目。2004 年，联合国全球契约组织首次提出 ESG 概念，而后在全球范围内得到广泛认可。我国 ESG 的起步较晚，但随着"双碳"目标的确立、绿色政策的实施，我国 ESG 领域整体表现强劲。截至 2022 年 6 月，我国 A 股上市公司 ESG 相关信息披露的企业数量占比超 30%。ESG 主题投资产品扩容迅速，包含了 ESG 主题私募基金、ESG 主题公募基金、集合资管产品等，我国 ESG 领域快速发展。

五 绿色技术创新成为经济发展新动能，作用凸显

科技创新是推动绿色发展的不竭动力和现实需求。近些年来，我国大力鼓励绿色技术创新，并加大人力、物力投入，绿色技术创新取得了长足进步。从整体上看，我国绿色创新水平提升明显，绿色技术创新踊跃，绿色专利拥有量逐年攀升，绿色技术研发势头喜人。2022 年 9 月，世界知识产权组织（WIPO）发布的《2022 年全球创新指数报告》显示，我国在全球创新指数排名中为 11 位，较去年上升 1 位，我国已连续十年稳步提升，特别是在风能、光伏、电动车技术、照明等领域，我国绿色发明全球占比越来越高。除了对绿色产业有直接影响的绿色技术创新外，间接通过大数据、遥测遥感、数字化等科学手段对环境污染、气候变化、海洋生态保护、生物多样性丧失等问题的解决产生了很大的帮助。同时，我国不断加

大绿色科技创新领域学科设立与紧缺人才培养，加速布局。我国绿色科技创新正在大踏步前进，为我国社会经济绿色高质量发展保驾护航。

六　绿色消费与绿色生活渐成社会新风尚

消费领域和生活方式的绿色转型将有助于引导和倒逼生产方式的绿色转型。随着绿色消费体系构建的推进，社会的生产方式与生活方式也正在逐渐"向绿"转变。2022 年我国二手闲置物品交易市场规模已超万亿元。"小（半）份菜""不带餐具外卖"等已成为行业新风尚。我们也曾多次就绿色消费谏言，和外卖及其他企业开展合作，不断推动绿色消费等相关标准制定，用实际行动助推人们生活方式绿色转变。绿色消费正通过吃、穿、住、行、用等各个领域渗入人们的日常生活。随着新技术广泛应用，数字赋能、文化赋能已成常态，沉浸式、多元化绿色消费为大众带来了非凡体验。低碳、环保、节约的生产生活模式正蔚然成风。

七　深化社会经济绿色发展的建议

我国社会经济绿色发展取得的成就瞩目，但同人民对美好幸福生活的期盼相比、同实现美丽中国的目标相比还有不小差距，目前，工业文明的"寒风"依旧强劲，环境污染、气候变化、物种灭绝、生物多样性丧失等问题依旧严峻。我们必须牢牢坚持以习近平生态文明思想为指导，坚持以人民为中心，坚持站在人与自然和谐共生的高度谋划发展，建议可以通过以下方面着重发力。

第一，要坚持"绿水青山就是金山银山"的发展理念。

要坚持把"绿水青山就是金山银山"的发展理念摆在全局工作的突出位置。目前，我国社会经济发展各领域，对这一发展理念重要性的认识还有待进一步深入。例如某些工程在建设施工过程中，对生物多样性的评估不重视，对自然生态不尊重，在经济效益和生态保护发生矛盾时，依然习惯沿用工业文明的发展思路，以牺牲生态环境为代价，片面追求经济的短暂增长。我们全社会都应坚持以习近平生态文明思想为指引，在实践中全面贯彻落实"绿水青山就是金山银山"发展理念,持续学习,久久为功,为实现人与自然和谐共生贡献力量。

第二,以碳平等理念为抓手,助力"双碳"目标实现。

我国社会经济正在全面推进绿色低碳转型。除了包含生产脱碳、供应链脱碳、产品脱碳、回收脱碳、协同脱碳等在内的针对生产端制定实施企业碳排放标准等举措外,我认为还有一条实现"双碳"目标的重要新思路,即"碳平等"(Equal Rights of Carbon,ERC)。碳平等包括两个方面:第一个是碳权(Carbon Rights),即我们的碳排放权应该是平等的,包括每个人的吃饭、开车、穿衣、住房等的碳排放权。第二个是碳责任,即大家有着共同的减碳责任。国际上习惯从生产端思考关于碳排放的问题,如从能源的生产角度要求企业减碳;从产业运作角度限定企业单位产值的碳排放量等。我们还可以站在消费端思考,比如山西是中国的产煤大省,该省燃煤发电除供给自身使用,还会输出供应外省市,那么输出的这部分对应的碳排放,应由购买使用这些电的外省市来承担。人人生来碳平等,人人都有减碳责任——"碳平等"有助于推动每个人积极履行碳中和责任。

第三,深入开展企业 ESG 评价,加强 ESG 中的"E"责任。

ESG 概念的提出是绿色发展史上的一项重要成果。长久以来,国际上 ESG 评价的重心在于引导负责任投资,因此参与责任投资原则组织(UN-PRI)的基本上都是投资银行等金融机构,通过发挥投资银行的影响力来引导投资。我认为 ESG 除了发挥引导投资的作用外,更应凸显"E"的责任,应该把生态环境放在首位,走一条具有中国特色的 ESG 发展道路。当下,中小企业在国民经济中占很大比重,中小企业的能耗问题、环境治理等问题往往比大企业更多更复杂,积极推动中小企业把 ESG 评价做好,把环境责任凸显,将有利于我国"双碳"目标实现与绿色可持续发展。

第四,做好中西部建设与乡村振兴,防止地区间发展差距带来问题转移。

当前我国城乡之间、东南沿海与中西部地区之间的社会经济发展仍存在较大差距。国家正在通过实施中西部发展新政和乡村振兴战略,协调区域发展、缩小城乡差距,在全国深化绿色发展转型。在这一过程中,我们要防止高耗能、高污染、高排放、低效率的产能向乡村和中西部转移,避免产生新的区域绿色发展不平衡问题。

第五,要重视绿色人才培养,坚持以人民为中心。

随着产业结构调整逐渐迈入深水区，我国对低碳技术和绿色产业的人才需求也日益广泛。目前我国在这方面的人才储备，特别是产业发展与生态环境领域交叉学科人才的培养上，难以满足发展实际需求，需要积极摸索构建具有中国特色的绿色科技创新体系及人才培养体系。推动社会经济全面绿色转型是一项复杂而艰巨的任务，我国绿色发展中仍存在其他一些情况，比如监督监管不到位、相关信息不够公开透明、公众参与渠道受限等问题，应充分发挥社会组织服务功能，调动人民群众的智慧与力量，坚持以人民为中心，对做好社会经济发展各领域的绿色发展具有积极意义。

八 结语

正如党的二十大报告中所要求的那样，"尊重自然、顺应自然、保护自然，是全面建设社会主义现代化国家的内在要求。必须牢固树立和践行绿水青山就是金山银山的理念，站在人与自然和谐共生的高度谋划发展"①。目前我国社会经济绿色发展取得了诸多成就，各领域均呈现出前所未有的新气象。立足于新时代、新征程、新使命，我们也必须清醒地认识到绿色发展中存在的严峻问题和任务的艰巨性。

全面推进社会经济绿色转型，任重道远，未来可期。期待本书能够成为各领域践行绿色发展的工具书、辅导书，以飨读者。

---

① 《中国共产党第二十次全国人民代表大会文件汇编》，人民出版社 2022 年版，第 41 页。

前　　言

习近平总书记在党的二十大报告中提出"推动绿色发展，促进人与自然和谐共生"。中国生物多样性保护与绿色发展基金会决定主持编写"绿色发展系列丛书"。由谢伯阳任主编，绿色企业工作委员会负责编写工作，王斌康同志负责统稿。对绿色经济发展的相关环节——绿色设计、绿色能源、绿色供应链、绿色金融、绿色消费、循环经济的理论研究和社会实践——进行了分析总结和发展预测。几位注重可持续发展的国际人士对中国推行绿色经济所做的努力做出了客观公正的评价，提出了"理解中国，世界会不一样！"的中肯看法。

2022年，我国的绿色经济发展呈现出方兴未艾、前景广阔的发展态势。该书各篇文章的作者对相关内容进行了概念内涵分析和历史沿革回顾，重点总结了2022年绿色经济的发展成绩和存在的问题，在《2023年中国绿色经济发展与建议》总报告中对绿色经济概念的提出和达成共识进行了历史回顾，介绍了全球绿色经济的演进历程以及相关理念的发展和实践的主要特征，提出了2023年绿色经济发展的工作重点和主要指标预测。

为了使本书具有实用性、指导性和工具性，在最后一部分对从事环境保护、资源回收利用、碳科技扶贫、用能权交易、新能源利用等绿色发展典型案例进行了介绍。

特别致谢

　　本书的编写受到了社会各界专家、企业及科研单位的关注和大力支持，在此特别感谢中共中央统战部原副部长胡德平同志对本书的悉心指导，感谢中国绿发会绿色企业工作委员会副主任兼秘书长王恩忠同志推动委员会对本书的大力支持与资助。同时，也特别感谢本书编写成员的大力支持，在此一并表达诚挚感谢。

目　录

总报告

2023 年中国绿色经济发展与建议
················· 中国生物多样性保护与绿色发展基金会
绿色企业工作委员会课题组　（3）

理论探索与战略研究

中国生态环境问题与对策　················· 杨朝飞　（41）
绿色经济发展与政府支持模式策略与建议　·············· 张　良　（62）
碳达峰碳中和框架下的产业发展模式　············ 唐人虎　陈　曦　（77）

绿色设计

绿色的城市发展
　　——国际城市发展绿色转型的经验和争论　················ 叶齐茂　（89）
建筑设计中的绿色设计
　　——超高层建筑的绿色探索与实践　········· 张国威　王　平　（111）
绿色建造引领城乡建设转型升级
　　················· 李丛笑　王茂智　张爱民　（139）
建筑装饰的绿色设计与施工
　　——探索装配式装修的应用　················· 陈建功　（150）

绿色能源

智慧能源助力绿色经济发展路径及实践 …… 王 磊 封红丽 （163）

虚拟电厂在我国发展的现实需求 …………… 庄双博 （185）

新型电力系统建设下能源服务发展机遇 …… 封红丽 （204）

我国的碳市场建设与交易实践 ……… 郑喜鹏 杨紫薇 （217）

绿色供应链

科技赋能银行绿色信贷风险管理体系构建

………………………………………… 魏 生 童 阳 （241）

一站式绿色供应链金融综合服务平台的高效运营

………………………………………… 罗润华 刘云秀 （272）

打造面向绿色经济的物流供应链体系

………………………………… 徐 岷 段梦渊 张晓晓 （286）

绿色金融

绿色金融中心建设与绿色金融产业发展 …… 邹伟明 邹海林 （301）

中国绿色债券市场发展状况分析及展望 …………… 柏文喜 （322）

绿色经济发展与投融资转型 ………… 李 勇 强 宏 （343）

碳金融创新与低碳投融资 ………………………… 高正琦 （369）

绿色经济循环智能创新发展

日本制造中的循环经济 …………………………… 白益民 （391）

城市矿产再生资源循环利用 ………… 张大林 谢雪平 （411）

数字经济赋能绿色经济发展 ………… 曹 宇 王 虎 （427）

卫星服务助力绿色发展 ……… 王梦涵 苏晓玉 李 响 （452）

装备制造业绿色升级创新服务平台建设 …… 秦志红 赵鹰翔 （470）

| 目　录 |

绿色经济的实践活动与国际评价

ESG 发展新生态 ·· 赵狄娜　（487）

社会组织推动生态文明建设实践评析
　　——以中国生物多样性保护与绿色发展基金会为例
　　·························· 陈承新　王　静　胡　丹　（505）

了解中国，世界会不同
　　——罗马俱乐部中国委员会首份学术报告（摘录）
　　······························ ［挪威］乔根·兰德斯　（528）

构建包容性绿色低碳经济的中国贡献
　　············ ［挪威］埃里克·索尔海姆（Erik Solheim）（541）

绿色消费

推行绿色服饰大有可为 ·························· 袁　帅　袁　凯　（555）

绿色食品的发展 ······························ 孙媛媛　于靖园　（568）

个人碳足迹与碳减排 ······································ 郭玲玲　（575）

绿色建筑——绿色生活基础设施再升级 ····· 郭振伟　王宇翔　（593）

中国厨余垃圾处理行业发展与政策建议
　　·························· 赵凤秋　苏　红　成卫东　（608）

社会经济绿色发展典型案例

中国国际进口博览会智慧电力保障
　　——国家电网上海市电力公司　腾讯云科技有限公司 ·············· （627）

"一元碳汇"助力林业转型和乡村振兴
　　——北京中创碳投科技有限公司 ································ （632）

智能化新能源打造"零碳"绿色工厂
　　——双杰电气合肥有限公司 ···································· （636）

国家电投智慧楼宇综合能源应用项目
　　——国家电力投资集团有限公司　腾讯云科技有限公司 ·········· （641）

绿色低碳　适用高效的装配式装修
　　——苏州金螳螂建筑装饰股份有限公司 ……………………（645）
优化能源资源配置 创新用能权交易
　　——河南省用能权有偿使用和交易市场 …………………（649）
城市矿产再生资源循环利用
　　——上海燕龙基再生资源利用有限公司 …………………（653）
城市水肺——污水处理厂的升级之路
　　——湖南三友环保科技有限公司 …………………………（658）
智慧校园生活热水改造项目
　　——北京众信科源科技有限公司 …………………………（662）
厨余垃圾变废为宝的"绿色密码"
　　——北京洁绿环境科技股份有限公司 ……………………（666）

总 报 告

2023 年中国绿色经济发展与建议

中国生物多样性保护与绿色发展基金会绿色企业
工作委员会课题组[*]

一 绿色经济相关概念内涵

在党的十八届五中全会上，习近平总书记提出创新、协调、绿色、开放、共享"五大发展理念"，将绿色发展作为关系中国发展全局的一个重要理念，作为"十三五"及更长时期中国经济社会发展的一个基本理念，体现了党对经济社会发展规律认识的深化，将指引中国更好实现人民富裕、国家富强、中国美丽、人与自然和谐，实现中华民族永续发展。

（一）绿色经济的概念

绿色经济是降低环境风险、保护生态多样性，以效率、和谐、可持续为目标来实现经济增长和社会发展的各种生产、交换、分配、消费活动的总和。2011 年，国际商会首先提出绿色经济概念。

从内涵看，绿色经济是在传统经济发展模式基础上的一种模式创新，是建立在生态环境容量和资源承载力的约束条件下，将环境保护作为实现

---

* 课题组组长：谢伯阳，中国生物多样性保护与绿色发展基金会理事长，国务院参事，主要研究方向为生态文明、生态系统生产总值（GEP）；课题组副组长：肖青，中国生物多样性保护与绿色发展基金会副秘书长，主要研究方向为经济管理、德国经济等；执笔：张良，中国生物多样性保护与绿色发展基金会绿色企业工作委员会首席经济分析师，主要研究方向为产业经济、产业分析等；王斌康，中国生物多样性保护与绿色发展基金会绿色企业工作委员会副主任，高级经济师，主要研究方向为战略管理、股份合作经济等；王静，中国生物多样性保护与绿色发展基金会政策研究室主任、副研究员，主要研究方向为生态文明绿色发展等；王澜，北京中创碳投科技有限公司咨询事业部总监、工程师，主要研究方向为碳市场、环境保护等。

可持续发展重要支柱的一种新型经济模式。具体来说包括以下几个要点：一是要将环境资源作为社会经济发展的内在要素；二是要把实现经济、社会和环境的可持续发展作为经济发展的目标；三是要把经济活动过程和结果的"绿色化""生态化"作为经济发展的主要指标和途径。

（二）绿色经济体系

绿色经济体系是围绕绿色经济目标所开展的绿色设计、绿色生产、绿色制造、绿色科技、绿色流通、绿色消费等直接经济活动，以及为之服务的绿色政府、绿色规划、绿色财政、绿色立法、绿色金融等间接经济和政治活动构成的系统。

绿色经济已经成为一个全球主流趋势，许多国家把发展绿色产业作为推动经济发展和产业结构调整的重点方向，突出绿色理念，注重绿色科技内涵，中国更结合自身特色，构建出绿色经济体系和绿色发展系统，实现了可持续发展中国化的理论创新，也是中国特色社会主义应对全球气候变化和生态环境恶化这一客观现实的重大理论贡献。

二 绿色经济的提出和达成共识的历史回顾

人类历史发展至今，经历了原始社会渔猎经济、农业经济、工业经济和知识经济四大历史阶段，并向绿色智能社会发展演化。

人类与自然环境的关系，在漫长的原始人类时期和农业经济时期，基本是和谐的，仅有部分过量采捕野生动植物或乱砍滥伐行为的出现，环境品质整体良好，环境问题与气候问题并不突出。

工业革命时期，人类使大量有毒有害的化学品进入环境，对人类健康构成威胁。伴随着技术进步和经济增长，人口也在急剧增长，环境压力骤增，大量环境危害事件凸显出人类发展与环境承载力之间的矛盾，大量温室气体排放对环境和气候变化的影响，也日益引起全球人类的广泛重视。

（一）全球绿色经济的演进历程

伴随人类对十大公害事件污染物和温室气体负面危害的认识提升，世界对经济发展等人类活动的环境可持续性呼声越来越高，由此揭开了绿色发展的时代浪潮。

1. 第一次绿色浪潮（20 世纪 60 年代至 70 年代）

伴随着污染事件的加剧，瑞典等国开启环境保护立法行动，注重以环境末端治理为核心，反思由经济规模迅速扩张所带来的生态环境危机。1972 年，在瑞典首都斯德哥尔摩召开了有 114 个国家代表参加的联合国人类环境会议。这次会议通过了著名的《联合国人类环境会议宣言》，也称《斯德哥尔摩宣言》。《联合国人类环境会议宣言》强调保护环境、保护资源的迫切性，也认同发展经济的重要性。这份宣言标志着人类已经开始正视发展中的环境问题。

2. 第二次绿色浪潮（20 世纪 80 年代至 90 年代）

这一阶段，科学界和思想界关注弱可持续性发展和社会公平问题，强调不可持续的经济社会发展模式是资源环境问题的主要根源。但是认为自然资源的减少对人类生存以及社会经济发展的影响可以通过增加的人造资本来弥补。

1987 年 9 月 16 日在蒙特利尔通过了《关于消耗臭氧层物质的蒙特利尔议定书》，并后续进行了调整和修正，对大气臭氧层的保护形成了全球共识和行动路线图。

1992 年，在巴西里约热内卢召开的联合国环境与发展大会上，来自 183 个国家的代表团和联合国及其下属机构等 70 个国际组织的代表商定了《关于环境与发展的里约宣言》，并通过了《21 世纪议程》，这是第一份可持续发展全球行动计划。《21 世纪议程》确立了 2500 多条各式各样的行动建议，它将环境、经济和社会关注事项纳入一个单一政策框架，亦称《联合国气候变化框架公约》，具有划时代意义。

1997 年 12 月，在日本京都由联合国气候变化框架公约参加国经过三次会议制定了《联合国气候变化框架公约的京都议定书》（以下简称《京都议定书》）。其目标是"将大气中的温室气体含量稳定在一个适当的水平，进而防止剧烈的气候改变对人类造成伤害"。美国、加拿大加入了《京都议定书》，后出于各自国家的利益考虑，先后退出《京都议定书》。

3. 第三次绿色浪潮（21 世纪以来）

这一阶段，各制造强国关注强可持续发展和全球治理问题，实现经济发展和资源环境要素的强脱钩，关键区域自然资本不减少。认为无论人造资本发展到什么程度，当代人对环境的影响都必须受到某种方式的限制，来减少关键资源的损失，才不会影响后代的发展需要。

2002 年，南非约翰内斯堡可持续发展世界首脑会议是里约热内卢会议以来最重要的一次会议。会上，包括 104 个国家元首和政府首脑在内，192 个国家的 1.7 万名代表就全球可持续发展现状、问题与解决办法进行了广泛的讨论。大会通过了《政治宣言——约翰内斯堡可持续发展声明》和《可持续发展世界首脑会议实施计划》。其中后者提出了一些新的环境与发展目标，并设定了相应的时间表。约翰内斯堡会议是一个重要的机会，它要求各国采取具体步骤，并更好地执行《21 世纪议程》的量化指标。

2015 年 12 月 12 日在第 21 届联合国气候变化大会（巴黎气候大会）上通过了《巴黎协定》，是已经到期的《京都议定书》的后续。《巴黎协定》于 2016 年 4 月 22 日在美国纽约联合国大厦签署，于 2016 年 11 月 4 日起正式实施。《巴黎协定》的长期目标是将全球平均气温较前工业化时期上升幅度控制在 2 摄氏度以内，并努力将温度上升幅度限制在 1.5 摄氏度以内。2016 年 4 月 22 日，时任中国国务院副总理张高丽作为习近平主席特使在《巴黎协定》上签字。同年 9 月 3 日，全国人大常委会批准中国加入《巴黎协定》，中国成为完成了批准协定的缔约方之一。

1992 年的《联合国气候变化框架公约》、1997 年的《京都议定书》、2016 年的《巴黎协定》，是人类历史上应对气候变化的三个里程碑式的国际法律文本，形成 2020 年后的全球气候治理格局。

（二）与绿色经济密切相关的概念相继提出

国际科学界和思想界反思人类活动与环境的依存关系，探索可持续发展的模式，先后提出了绿色经济和绿色发展的理念。

1. 循环经济的概念

循环经济的思想萌芽诞生于 20 世纪 60 年代的美国。"循环经济"这一术语在中国出现于 90 年代中期，当前，社会上普遍推行的是国家发改委对循环经济的定义："循环经济是一种以资源的高效利用和循环利用为核心，以'减量化、再利用、资源化'为原则，以低消耗、低排放、高效率为基本特征，符合可持续发展理念的经济增长模式，是对'大量生产、大量消费、大量废弃'的传统增长模式的根本变革。"

2. 可持续发展理念

1980 年《世界自然资源保护大纲》首次提出："必须研究自然的、社会的、生态的、经济的以及利用自然资源过程中的基本关系，以确保全球的可持续发展。"1981 年，美国布朗（Lester R. Brown）出版的《建设一个可持续发展的社会》，提出以控制人口增长、保护资源基础和开发再生能源来实现可持续发展。1987 年，世界环境与发展委员会出版《我们共同的未来》报告，系统阐述了可持续发展的思想，将可持续发展定义为："既能满足当代人的需要，又不对后代人满足其需要的能力构成危害的发展。"

可持续性是绿色经济、绿色运动的核心原则。

3. 绿色经济理念

绿色经济的概念可以追溯到 1946 年英国经济学家希克斯提出的绿色 GDP 思想，他认为只有当全部的资本存量随时间保持不变或增长时，这种发展方式才是可持续的。

1989 年英国经济学家大卫·皮尔斯等在《绿色经济蓝图》报告中首次采用"绿色经济"的描述，认为"经济影响环境"，"环境影响经济"，并指出，将环境融入资本的投资中或许可以解决增长和环境之间的矛盾。

联合国环境规划署在 2010 年定义绿色经济是一种能够改善人类福祉和社会公平，同时大大降低环境风险和生态稀缺的经济。

4. 绿色增长理念

绿色增长最早作为一个政治文件中的概念，出现在 2005 年联合国亚洲及太平洋经济社会委员会召开的第五届环境与发展部长会议的文件中，强调环境可持续性的经济进步和增长，用以促进低碳的、具有社会包容性的发展。

经济合作与发展组织（OECD）2011 年将绿色增长定义为"促进经济增长和发展，同时确保自然资产继续提供我们的福祉所依赖的资源和环境服务"。

5. 绿色发展理念

2002 年以来，国内学术界与国际社会交替提出各种绿色发展概念，结合国际社会的各类绿色发展相关理论，本报告正式将绿色发展定义为：借助符合资源可循环、环境可持续、生态友善标准的科技与实践体系，追求人类经济增长与社会进步的发展模式。

6. 生态文明理念

生态文明，是以人与自然、人与人、人与社会和谐共生、良性循环、全面发展、持续繁荣为基本宗旨的社会形态。它是人类文明发展的一个新的阶段，即工业文明之后的文明形态。

从人与自然和谐的角度来看，生态文明是人类为保护和建设美好生态环境而取得的物质成果、精神成果和制度成果的总和，是贯穿于经济建设、政治建设、文化建设、社会建设全过程和各方面的系统工程，反映了一个社会的文明进步状态。

联合国可持续发展目标，是一个全球人类社会的纲领性目标，绿色增长、绿色发展、绿色经济是服务于可持续发展这个整体目标的，而生态文明则是对可持续发展理念的中国智慧贡献，党的二十大则从人与自然和谐共生、走和平发展道路等角度对中国式现代化理念进行了进一步的充实，对于人类社会的文明进步，提出了更为具体、更为美好的路线纲领。

习近平总书记旗帜鲜明地提出了生态文明思想，生态文明思想成为习近平新时代中国特色社会主义思想的重要组成部分。习近平总书记提出了一套相对完善的生态文明思想体系，形成了面向绿色发展的四大核心理念，这成为新时代马克思主义中国化的思想武器。

（三）全球绿色经济实践的主要特征

1. "绿色理念—绿色政府—绿色科技—绿色实践"系统发力

联合国牵头倡导绿色发展理念，并建立政府间协调组织，号召各国政府积极参与，并推动绿色科技的广泛普及，同时发动社会各界积极践行有助于节能减排和环境资源保护的绿色实践。

（1）绿色理念

绿色理念是以节约资源和保护环境为宗旨的设计理念和行动方案，它强调保护自然生态，充分利用资源，以人为本，善待环境。

绿色理念的核心是强调各国政府履行绿色经济的理念，借助科技和系统设计的力量实现经济增长与资源消耗、环境污染脱钩，社会发展实力、生态经济、绿色产业不断提升，不断优化，最终实现人类与环境的可持续发展。

（2）绿色政府

政府对绿色经济具有民间组织不可替代的影响力和领导力。政府积极践行绿色理念，进行绿色理念指导下的发展规划和系统建设，借助绿色采购和绿色税收等手段推动绿色科技和绿色发展，旨在提升资源利用效率和环境可持续性。

（3）绿色科技

绿色科技是指能减少污染、降低消耗和改善生态的知识、技术和相关设备构成的能力体系。绿色科技是由相关知识、流程和设备手段构成的动态系统。10 类主流绿色科技如表 1 所示。

表 1　　　　　　　　　　　　10 类主流绿色科技

绿色科技	说明
1. 废水处理技术	工业、养殖业和生活废水的清洁处理
2. 废气排放控制技术	在生产和流通环节降低废气排放的技术
3. 废物管理及循环利用技术	固体废物智能分拣和回收利用技术，矿物质回收技术，如废旧轮胎回收和玻璃回收利用
4. 节能建筑技术	借助科学设计和技术创新实现能源节约
5. 废物发电技术	生活垃圾发电技术，利用食品加工业废渣发电
6. 潮汐发电技术	无二氧化碳排放、可循环使用的发电技术
7. 新能源汽车技术	每辆新能源汽车每年可减少 5 吨左右的碳排放
8. 太阳能发电技术	太阳能每发电 3000 度，可以减少 2.7 吨上下的碳排放
9. 立体农业	立体农业能够实现水、能源的集约使用，并提高单位产量，降低化学肥料和药品的使用及污染排放
10. 天然气锅炉技术	天然气虽然属于化石能源，但排放物以水蒸气为主，二氧化碳排放较少，同时没有传统化石能源燃料的有毒气体如硫化物、氮氧化物和粉尘颗粒物的排放

（4）绿色实践

政府、企业、社会和个人等对于节能减排具有显著效果的具体做法，称为绿色实践。

当前社会各界广泛推广、效果明显的绿色实践如表 2 所示。

表 2　　　　　　　　　　　　绿色实践相关内容

绿色实践	贡献及例证
1. 企业披露社会及环境责任报告	跨国企业及上市企业定期披露节能减排责任报告
2. 绿色出行	自行车、充电车及新能源车辆、船只等

绿色实践	贡献及例证
3. 减少包装	中国部分制鞋企业面向非洲销售鞋子时放弃包装盒，中国数万家超市、便利店销售无外包装的蔬菜水果
4. 废弃物循环回收	中国广泛推行家庭废弃物分类投放和回收循环利用
5. 对供应链体系强制绿色能源指标	苹果、沃尔玛等跨国企业对代工厂商、供应链服务商提出绿色能源指标并强制认证
6. 太阳能设备采购	中国广泛采购太阳能屋顶发电、太阳能路灯等设备
7. 绿色产品及绿色标志	超级市场、电商平台大力推荐绿色产品如竹木家具并给出明确标示
8. 植树造林	中国 3 月 2 日全民植树节、沙漠造林、承诺到 2025 年每年植树造林 3.6 万平方千米等
9. 零碳产业园	中国多家产业园区零碳整体解决方案服务迈入市场
10. 建筑物顶层绿色植被	在屋顶种植绿色植被，有利于自然降温，减少空调电力消费

2. 精确掌控并形成指标量化监管体系

国际上对环境和气候危机的形成根源，以及各类温室气体排放的来源，进行了深入的调研。2016 年，全球各类温室气体总排放量等值于 494 亿吨二氧化碳排放量。

根据基于精准掌握和完全掌控的目标，在联合国主导的框架下制定了 2030 年人类可持续发展目标体系（SDG），并定期评估执行情况，协调后续行动。

联合国人类可持续发展目标分为驱使力指标、状态指标和响应指标三类指标。而国际标准化组织围绕上述指标，进行了有效的碳排放指标设计，并设计了相应的监测检测办法，与立法监管手段相结合。这些指标包括：①碳排放总量；②人均碳排放量；③万元 GDP 碳排放强度；④产品碳强度指标；等等。

3. 形成绿色发展综合驱动机制

各国围绕绿色发展目标，逐渐形成了政府规划、政策引导、立法强制、科技支撑、金融支持、文化宣传、市场诱导、社会各界广泛参与的综合驱动机制。

以德国为例，德国按照环境部、联邦环保署和排放贸易管理局的三级体制对 EU-ETS 进行管理，建立了事前、事中、事后的全过程 MRV（Monitoring Reporting Verification，监测—报告—核查）监管模式，并立法要求拥有装置的企业每年编制"监测计划"和"年度排放报告"。

三 中国碳排放现状及其来源结构

（一）1990—2019 年中国碳排放量增长趋势

表3 反映了中国 1990—2019 年的碳排放量增长趋势。

中国在 2005 年超过美国，成为碳排放总量最多的国家。

表3　　　　　　　　1990—2019 年中国碳排放量增长趋势

年份	碳排放量（百万吨二氧化碳）	人均碳排放量（吨二氧化碳/人）
2019	11535.20	7.88
2018	11157.07	7.64
2015	10671.34	6.74
2010	9160.79	4.75
2005	6273.36	2.87
2000	3682.48	2.74
1990	2404.74	2.05

资料来源：Emissions Database for Global Atmospheric Research （EDGAR）。

（二）中国经济增长碳排放强度指标逐年降低但整体偏高

1980 年，中国每千美元 GDP 排放的温室气体为 1.84 吨，同年美国为 0.6 吨，欧盟与日本同为 0.33 吨，印度为 0.3 吨，世界平均为 0.45 吨（见图1），中国改革开放初期的经济增长非常粗放，能源消耗与碳排放指标远远超过世界平均水准。

到 2021 年，中国千美元 GDP 产出的碳排放量为 0.45 吨，相当于 1980 年时期的世界平均水准，同年美国的千美元 GDP 碳排放量为 0.21 吨，欧盟为 0.13 吨，日本为 0.2 吨，印度为 0.25 吨。

1980—2021 年，世界各国每千美元 GDP 平均碳排放强度逐年下降，美国、欧盟、日本通过制造业转移和能源结构、产业结构升级，千美元

图 1　1980—2021 年世界主要排放国或地区千美元 GDP 碳排放强度

资料来源：国际能源署（IEA）。

GDP 碳排放量降低至 0.2 吨上下。中国每千美元 GDP 的碳排放强度取得了显著下降，但整体水平仍然落后于美国、欧盟和日本。

（三）近年来中国碳排放来源结构

首先，第二产业二氧化碳排放量在总体碳排放量中始终占据较大比重（见表 4）。2011—2018 年第二产业二氧化碳排放量平均占比约为 70%。2018 年工业领域二氧化碳排放量约为 762320 万吨，占总排放量的 65.93%，其中制造业和电力热力碳排放量约占 94%。二氧化碳排放量最多的前三个行业依次是：黑色金属冶炼及压延加工业（占比约为 13.2%）、化学原料及化学制品制造业（占比约为 10.87%）、非金属矿物制品业（占比约为 6.95%）。

其次，第三产业逐渐成为碳排放增量的主要"贡献者"。从碳排放增长率来看，第三产业增速明显。以 2011 年为基准年，2018 年第一产业碳排放增幅为 14.41%，第二产业增幅为 12.58%，第三产业增幅为 50.43%。其中居民生活增加约 52.68%，交通运输、仓储和邮政业增加约 46.89%。2011—2018 年第三产业碳排放增量占总增量的约 57%，是碳排放增量的主要"贡献者"。

表4　　　　2011—2018 年中国各产业及行业二氧化碳排放量　　　单位：万吨/年

产业/行业	2011 年	2012 年	2013 年	2014 年	2015 年	2016 年	2017 年	2018 年
第一产业	18804	19120	19735	19649	20264	21034	21916	21514
第二产业	696045	713070	730460	749273	743570	743482	760850	783598
第三产业	233407	253051	271242	280494	299741	317143	334014	351108
农、林、牧、渔业	18804	19120	19735	19649	20264	21033	21915	21513
采矿业	57372	60103	58614	52148	47748	43544	44343	46504
煤炭开采和洗选业	35518	36953	34741	27871	25478	23118	23633	24458
石油和天然气开采业	9611	9548	10016	10444	10459	9594	9692	9354
制造业	561273	574621	585680	609991	608247	606762	618532	633580
纺织业	18079	17861	18047	17057	17540	17892	18419	18061
石油、煤炭及其他燃料加工	44548	46136	47175	49341	59251	59204	64822	70288
化学原料及化学制品制造业	99820	104250	107999	116167	121356	121819	120922	125631
橡胶和塑料制品业	9533	10278	10658	10922	10858	11118	11689	11743
非金属矿物制品业	93766	92608	89574	91133	87188	85191	81690	80355
黑色金属冶炼及压延加工业	158579	165071	168656	169775	157790	154054	153965	152584
有色金属冶炼及压延加工业	36336	38271	40712	52249	52894	51519	57124	60339
金属制品业	9153	10202	11525	11780	11380	12186	15597	15393
电力、热力、燃气及水生产和供应业	62573	62818	68975	69061	69090	73951	77781	82237
电力、热力的生产和供应业	58459	58401	64423	64290	64168	68796	71682	75538
工业合计	681218	697544	713269	731200	725085	724257	740655	762320
建筑业	14827	15526	17192	18074	18485	19225	20195	21278
批发和零售业、住宿和餐饮	22410	24529	25965	26617	28045	29503	30517	31835
交通运输、仓储和邮政业	72750	79774	85307	89040	94350	97713	103243	106862
居民生活	96981	103650	111551	115667	123629	133123	140775	148068

　　资料来源：刘仁厚、王革、黄宁、丁明磊：《中国科技创新支撑碳达峰、碳中和的路径研究》，《广西社会科学》2021 年第 8 期。

四　中国绿色经济的成就

（一）中国绿色经济的历史回顾

中国高度重视应对气候变化。作为世界上最大的发展中国家，中国克服自身经济、社会等方面困难，实施一系列应对气候变化的战略、措施和行动，参与全球气候治理，应对气候变化取得了积极成效。

中国在 1998 年就颁布实施了《中华人民共和国节约能源法》，指出"节约资源是中国的基本国策。国家实施节约与开发并举、把节约放在首位的能源发展战略"。并相继出台了《中华人民共和国循环经济促进法》《中华人民共和国可再生能源法》等一系列法律法规。同年，江泽民同志推动启动天然林资源保护工程、长江中下游地区等重点防护林体系建设工程、退耕还林工程等重点生态工程，工程范围涵盖了全国 97% 以上的县，森林生态系统的修复从局部走向全国。

2000 年党的十五大报告明确提出实施可持续发展战略。

党的十六大以来，在科学发展观指导下，党中央相继提出走新型工业化发展道路，发展低碳经济、循环经济，建立资源节约型、环境友好型社会，建设创新型国家，建设生态文明等新的发展理念和战略举措。

党的十七大报告进一步明确提出了建设生态文明的新要求，并将到 2020 年成为生态环境良好的国家作为全面建设小康社会的重要目标之一。

党的十七届五中全会明确要求"树立绿色、低碳发展理念"。推广绿色建筑、绿色施工，发展绿色经济，发展绿色矿业，推广绿色消费模式，推行政府绿色采购……"绿色发展"被明确写入"十二五"规划并独立成篇，表明中国走绿色发展道路的决心和信心。

2010 年 6 月 7 日，胡锦涛同志在中国科学院第十五次院士大会、中国工程院第十次院士大会上对"绿色发展"的内涵作了明确阐述。

党的十八大把生态文明建设纳入中国特色社会主义事业"五位一体"总体布局，党的十八届五中全会确立了"创新、协调、绿色、开放、共享"的新发展理念。

党的十九大将"坚持人与自然和谐共生"作为新时代坚持和发展中国特色社会主义的十四条基本方略之一，并将建设美丽中国作为社会主义现代化强国目标之一，与此同时，"增强绿水青山就是金山银山的意识"正式写入党章，新发展理念、生态文明和建设美丽中国等内容写入宪法。随着这一系列新理念、新战略的提出，生态文明战略地位得到显著提升，生态文明建设和生态环境保护成为高质量发展的重要组成部分。

在 2018 年 5 月 18 日召开的全国生态环境保护大会上，习近平总书记发表重要讲话，深刻回答了"为什么建设生态文明、建设什么样的生态文明、怎样建设生态文明"等重大理论和实践问题，正式确立了习近平生态文明思想，为推进美丽中国建设、实现人与自然和谐共生的现代化提供了方向指引和根本遵循。

习近平总书记在党的二十大报告中指出："必须牢固树立和践行绿水青山就是金山银山的理念，站在人与自然和谐共生的高度谋划发展。"[1] 并提出四个重点方向。

一是加快发展方式绿色转型。加快推动产业结构、能源结构、交通运输结构等调整优化。实施全面节约战略，推进各类资源节约集约利用，加快构建废弃物循环利用体系。完善支持绿色发展的财税、金融、投资、价格政策和标准体系，发展绿色低碳产业，健全资源环境要素市场化配置体系，加快节能降碳先进技术研发和推广应用，倡导绿色消费，推动形成绿色低碳的生产方式和生活方式。

二是深入推进环境污染防治。持续深入打好蓝天、碧水、净土保卫战。加强污染物协同控制，基本消除重污染天气。统筹水资源、水环境、水生态治理，推动重要江河湖库生态保护治理，基本消除城市黑臭水体。加强土壤污染源头防控，开展新污染物治理。提升环境基础设施建设水平，推进城乡人居环境整治。

三是提升生态系统多样性、稳定性和持续性。加快实施重要生态系统保护和修复重大工程。推进以国家公园为主体的自然保护地体系建设。实施生物多样性保护重大工程。科学开展大规模国土绿化行动。深化集体林权制度改革。推行草原、森林、河流、湖泊、湿地休养生息，实施好长江十年禁渔，健全耕地休耕轮作制度。建立生态产品价值实现机制，完善生态保护补偿制度。加强生物安全管理，防治外来物种侵害。

四是积极稳妥推进碳达峰碳中和。立足我国能源资源禀赋，坚持先立

---

① 《中国共产党第二十次全国代表大会文件汇编》，人民出版社 2022 年版，第 41 页。

后破，有计划分步骤实施碳达峰行动。完善能源消耗总量和强度调控，重点控制化石能源消费，逐步转向碳排放总量和强度"双控"制度。深入推进能源革命，加强煤炭清洁高效利用，加大油气资源勘探开发和增储上产力度，加快规划建设新型能源体系，统筹水电开发和生态保护，积极安全有序发展核电，加强能源产供储销体系建设，确保能源安全。完善碳排放统计核算制度，健全碳排放权市场交易制度。提升生态系统碳汇能力。积极参与应对气候变化全球治理。

（二）政府主导绿色经济积极行动

2018 年 4 月，中国调整相关部门职能，由新组建的生态环境部负责应对气候变化工作，强化了应对气候变化与生态环境保护的协同。2021 年，中国成立碳达峰碳中和工作领导小组。各省（区、市）陆续成立碳达峰碳中和工作领导小组，加强地方碳达峰碳中和工作统筹。

中国政府将应对气候变化纳入国民经济社会发展规划。自"十二五"开始，中国将单位国内生产总值（GDP）二氧化碳排放（碳排放强度）下降幅度作为约束性指标纳入国民经济和社会发展规划纲要，并明确应对气候变化的重点任务、重要领域和重大工程。

中国不断强化自主贡献目标。2015 年，中国就确定了二氧化碳排放 2030 年左右达到峰值并争取尽早达峰的目标，并于 2019 年底提前超额完成 2020 年气候行动目标。2020 年，中国宣布国家自主贡献新目标举措：中国二氧化碳排放力争于 2030 年前达到峰值，努力争取 2060 年前实现碳中和；到 2030 年，中国单位 GDP 二氧化碳排放将比 2005 年下降 65% 以上，非化石能源占一次能源消费比重将达到 25% 左右，森林蓄积量将比 2005 年增加 60 亿立方米，风电、太阳能发电总装机容量将达到 12 亿千瓦以上。

同时，中国政府加快构建碳达峰碳中和"1 + N"政策体系。中国制定并发布碳达峰碳中和工作顶层设计文件，编制 2030 年前碳达峰行动方案，制定了能源、工业、城乡建设、交通运输、农业农村等分领域、分行业碳达峰实施方案及保障方案。

（三）能源生产和消费革命取得显著成效

中国坚定不移实施能源安全新战略，能源生产和利用方式发生重大变革，能源发展取得历史性成就，促进二氧化碳排放强度随 GDP 增长大幅下降（见图 2），为应对气候变化、建设清洁美丽世界作出积极贡献。

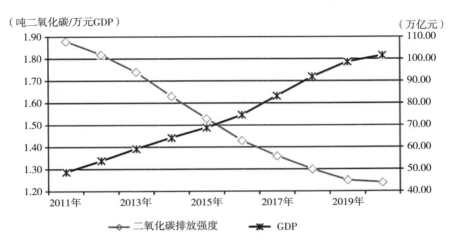

图 2　2011—2020 年中国二氧化碳排放强度和国内生产总值变化趋势

资料来源：国务院新闻办：《中国应对气候变化的政策与行动》白皮书，2021 年。

产业结构持续优化，绿色低碳产业得到大力发展。近年来，稳步推进新能源、新能源汽车、绿色环保等产业集群建设，支持工业绿色低碳高质量发展，建设绿色制造体系。截至 2021 年，中国共培育 430 家节能环保类专精特新"小巨人"企业，节能环保产业产值超 8 万亿元，年增速 10% 以上。绿色产品认证覆盖建材、快递包装、电器电子产品、塑料制品等近 90 种产品。

能源结构持续优化，国家大力发展非化石能源，提高化石能源清洁利用水平。截至 2021 年底，中国可再生能源发电装机达到 10.63 亿千瓦，占总发电装机容量的 44.8%，海上风电装机跃居世界第一。持续推进煤炭清洁高效集中利用，累计实施节能降碳改造近 9 亿千瓦，实施灵活性改造超 1 亿千瓦，10.3 亿千瓦煤电机组实现超低排放改造、占煤电总装机容量的 93%，建成世界最大的清洁煤电体系。

（四）经济发展与减污降碳协同效应凸显

中国坚定不移走绿色、低碳、可持续发展道路，致力于将绿色发展理念融汇到经济建设的各方面和全过程。经初步核算，2021 年单位国内生产总值二氧化碳排放比 2020 年降低 3.8%，比 2005 年累计下降 50.8%，非化石能源占一次性能源消费比重达到 16.6%，单位 GDP 煤炭消耗显著降低。

中国生态环境保护工作也取得历史性成就，环境"颜值"普遍提升，美丽中国建设迈出坚实步伐。"十三五"规划纲要确定的生态环境约束性指标均圆满超额完成。其中，全国地级及以上城市空气质量优良天数比率为 87%（目标 84.5%）；PM2.5 未达标的地级及以上城市平均浓度相比 2015 年下降 28.8%（目标 18%）；全国地表水优良水质断面比例提高到 83.4%（目标 70%）；劣 V 类水体比例下降到 0.6%（目标 5%）；二氧化硫、氮氧化物、化学需氧量、氨氮排放量和单位 GDP 二氧化碳排放指标，均在 2019 年提前完成"十三五"目标基础上继续保持下降。

（五）碳排放权交易市场为市场化减排提供支撑

全国碳排放权交易市场（以下简称全国碳市场）是利用市场机制控制和减少温室气体排放、推动绿色低碳发展的重大制度创新，也是落实中国碳达峰与碳中和目标的重要政策工具。

2011 年 10 月，碳排放权交易地方试点工作在北京、天津、上海、重庆、广东、湖北、深圳 7 个省、市启动。2013 年起，7 个试点碳市场陆续开始上线交易，覆盖了电力、钢铁、水泥 20 多个行业近 3000 家重点排放单位。

2021 年以来，陆续发布了企业温室气体排放报告、核查技术规范和碳排放权登记、交易、结算三项管理规则，初步构建起全国碳市场制度体系。2021 年 7 月 16 日，全国碳市场上线交易正式启动，纳入发电行业重点排放单位 2162 家，覆盖约 45 亿吨二氧化碳排放量。截至 2022 年 10 月 21 日，全国碳市场碳排放配额累计成交量达 1.96 亿吨，累计成交额达 85.8 亿元。

（六）支撑碳中和的科技不断进步

中国坚持把生态优先、绿色发展的要求落实到产业升级之中，持续推动产业绿色低碳化和绿色低碳产业化。

产业结构进一步优化。2022 年前三季度第三产业增加值占 GDP 比重为 53.5%。节能环保等战略性新兴产业快速壮大并逐步成为支柱产业，高技术制造业增加值占规模以上工业增加值比重达 15.1%。"十三五"时期，中国高耗能项目产能扩张得到有效控制，石化、化工、钢铁等重点行业转型升级加速。

新能源产业蓬勃发展。随着新一轮科技革命和产业变革孕育兴起，新能源汽车产业正进入加速发展的新阶段。中国新能源汽车生产和销售规模连续 6 年位居全球第一，截至 2022 年 9 月末，全国新能源汽车保有量达 1149 万辆，占汽车保有量的 3.65%。中国风电、光伏发电设备制造形成了全球最完整的产业链，技术水平和制造规模居世界前列，新型储能产业链日趋完善，技术路线多元化发展，为全球能源清洁低碳转型提供了重要保障。

绿色节能建筑跨越式增长。以绿色发展理念为牵引，中国全面深入推进绿色建筑和建筑节能，充分释放建筑领域巨大的碳减排潜力。

绿色交通体系日益完善。综合运输网络不断完善，大宗货物运输"公转铁"、"公转水"、江海直达运输、多式联运发展持续推进。城市低碳交通系统建设成效显著，截至 2022 年第三季度末，31 个省（区、市）中有 100 多个城市开展了国家公交都市建设，13 个城市达到国家公交都市创建预期目标。

（七）生态系统碳汇能力明显提高

中国坚持多措并举，有效发挥森林、草原、湿地、海洋、土壤、冻土等的固碳作用，持续巩固提升生态系统碳汇能力。2021 年，中国完成森林抚育 3467 万亩、退化林修复 1400 万亩，完成造林 5400 万亩，治理沙化、石漠化土地 2160 万亩，新增和修复湿地 109 万亩，以国家公园为主体的自然保护地体系持续完善。"地球之肺"发挥了重要的碳汇价值。

中国承诺从现在起到 2025 年，每年新增造林面积 3.6 万平方千米，每年植树造林相当于比利时的国土面积。

（八）2022 年绿色经济成就一览

1. 绿色金融多点开花

2022 年以来，中国绿色金融发展呈现"多点开花"的局面，投融资热度持续升温。绿色债券在 2022 年首月发行提速。1 月新发行绿色债券 40 只，发行规模合计 692.92 亿元，其中 11 只为"碳中和"债券，规模达 143.19 亿元。整体来看，2022 年 1 月的绿色债券发行量为去年同期的 4 倍多，发行规模约为 7 倍多。

2.《"十四五"现代能源体系规划》出台

2022 年 1 月 29 日，国家发改委、国家能源局印发实施《"十四五"现代能源体系规划》。

规划指出：在能源保障方面，到 2025 年，国内能源年综合生产能力达到 46 亿吨标准煤以上，原油年产量回升并稳定在 2 亿吨水平，天然气年产量达到 2300 亿立方米以上，发电装机总容量达到约 30 亿千瓦。规划对 2025 年、2030 年、2060 年三个关键时间节点的能源结构、新能源发展和新能源科技投资等关键目标和实现路径做出了系统部署。

3. 中国科协绿色低碳创新大会举办

2022 年 8 月 16 日，由中国科协与浙江省人民政府主办的"2022 中国绿色低碳创新大会成果发布会"在浙江省湖州市举办。会议期间，中国工程院院士、浙江大学能源工程学院院长高翔发布了《浙江省碳达峰碳中和科技发展十大优秀案例》，对"绿水青山就是金山银山"的浙江实践成果进行了总结提炼。

4. 传统化石能源绿色改造技术重大突破

2022 年 9 月 19 日，全球最大煤制氢变压吸附装置项目在陕西榆林正式投入运行，将有力助推中国煤炭清洁高效转化。这个煤制氢装置采用了自主研发的大型变压吸附专利技术，以煤炭为原料，每年产氢总能力达 35 万吨。相较国外同类技术，西南化工研究设计院有限公司大型变压吸附专利技术氢气回收率提高约 3%，每小时增产氢气约 1.6 万立方米，按年操作时间 8000 小时计算，每年将增产氢气 1.28 亿立方米、减少煤炭消耗约 8.96 万吨、减少二氧化碳排放约 22 万吨。

5. 制造业园区节能减排整体解决方案技术平台出现

2022 年 9 月 9 日，港华能源的港华智慧能源生态平台投入运营，实现源、网、荷、储在园区各环节的协调互动以及能源生产与消费的深度协同，促进园区能源供应的低碳化、数字化和电气化。

五　绿色经济存在的主要挑战

（一）持续高速粗放增长对环境造成的影响

自 2001 年中国加入 WTO 以来，在 20 多年的期间里，经济呈现爆发式的快速增长，由此带来了污染物的集中排放。中国在成为全球制造业中心和世界工厂的同时，也排放了大量的温室气体、污染物，使空气、土壤、水资源以及整个生态系统都遭受到了严重破坏，这就带来了巨大的治理成本。

在粗放式的发展模式下，中国制造业的发展就呈现出典型的"3 高 3 低"状态，即高投入、高消耗、高污染，低效益、低品牌、低价格。当前中国制造业企业中，制造业转型升级持续进步，同时"3 高 3 低"型企业占比仍然偏高，在 2021 年 31.4 万亿元的制造业增加值中，技术密集型的机电产品、高新技术产品出口额分别增长到 12.8 万亿元、6.3 万亿元，高能耗低效益的制造业增加值占比仍然超过 50%。

当前，中国经济已进入转型升级的高质量发展阶段，面临着繁重的去除高耗能、高污染和过剩落后产能的任务。淘汰落后产能，"关停并转"大批企业必然会造成大量失业下岗人员，影响就业。同时，财政部门需要大幅度增加失业人员的社会保障和救助等各项支出，支付巨大的资金补偿和人员安置成本，金融机构还需为破产企业所产生的银行坏账而买单，加大了债务处置成本。

（二）城镇化与环境压力

当前不断加快的城镇化进程，也给生态环境造成了压力。据统计，中国城镇化水平每提高 1 个百分点，城镇人口将增加 1400 万人左右，生活污水就会增加 11.5 亿吨，生活垃圾增加 12 万吨，建设用地增加 10 平方千米，按照当前能源强度，能源消耗增加 8000 万吨标准煤。

未来中小城镇发展还可能导致不同区域、城市群间由隔离式"碎片污染"转为"连片污染"，环境保护将面临更大的挑战。此外，土壤环境的整体状况仍存在较大问题，部分地区土壤污染仍十分严重，地下水污染状况也未能得以改观，湖泊水质富营养化问题突出。

（三）经济结构调整和产业升级的挑战

改革开放 40 多年来，中国经济结构已经发生了很大变化，服务业在 GDP 中的占比已经从 1978 年的 24.6% 上升为 2021 年的 52.2%，但这一比重与同属新兴市场国家的巴西、俄罗斯、印度、印度尼西亚和南非相比，服务业的占比仍然偏低。

中国的工业占比长期稳定在 40% 以上，2021 年为 40.7%，明显高于其他新兴经济体。2021 年，中国生产了全球约 50% 的粗钢（8.32 亿吨）、煤炭（35.2 亿吨）和水泥（23.4 亿吨），以及近 1/4 的汽车（2902 万台）。这些产业的碳排放数量较高，节能减排的压力较大。

产业升级存在的主要问题如下。

1. 新能源技术利用效率偏低

近年来，中国新能源快速发展，但总体而言，新能源技术的使用效率仍然偏低。

2. 绿色低碳技术工业化应用不足

过去十年，中国在绿色低碳科技领域开展了大量研究，然而绿色技术工业化应用较低，科研院所、高校、企业科研相结合方式没有打通，企业注重自身碳排放的损益，科研院所和高校关注碳减排前沿科学和技术，无法形成有效的清洁技术创新链，缺少科技战略统筹性布局。

3. 高碳排放行业绿色技术替代缺乏动力

根据表 4 数据，中国工业领域碳排放占比从 2011 年的 71.84% 降到 2018 年的 65.93%，但年平均占比达到 68.69%，仍为最主要的高碳排放源。高碳行业在绿色低碳技术转型上并没有明显改善，主要原因在于缺乏绿色技术替代的动力。

4. 第三产业清洁技术创新支撑不够

2011—2018 年，二氧化碳排放增量主要来源于第三产业的增长，居民生活，交通运输、仓储和邮政，以及批发和零售、住宿和餐饮三个行业平均二氧化碳排放增长为 47.21%。2018 年居民生活，交通运输、仓储和邮政两个行业的二氧化碳排放占第三产业总排放量的 72.6%。替代汽油的动力电池技术、替代柴油的燃料电池技术，以及 AI、大数据等赋能的数字交通技术等在实现绿色低碳转型上仍无法提供有效支撑。

（四）绿色立法与绿色政府的挑战

德国、日本、美国对社会各界尤其是制造业企业和能源企业的碳排放，有非常严格的立法标准，并且对超标排放的企业，有非常严厉的惩罚力度。日本对汽车和动力设备的排放标准始终处于世界领先水平，日本各汽车和发动机制造企业为达到政府要求的排放标准，努力提高技术水准，由此日本发动机得以在世界市场广受欢迎。德国则建立了政府严格立法执法强制要求、社会组织借助认证体系进行监督、市场化碳排放权交易手段做补充的三维体系，各行各业努力履行节能减排的绿色发展责任。

中国绿色立法和绿色标准体系不够严格，企业绿色理念和绿色责任表现不能令人满意，导致国际上有较多指责和批评，并对中国产品、品牌的口碑与市场形象造成了负面影响，亟须政府在绿色立法和绿色执法、绿色监管诸多环节，强化标准，加强执法力度，推动全社会绿色技术和绿色实践的快速普及。

（五）全社会绿色发展理念和实践的深度普及

截至目前，国家已经举行了数千场次的绿色理念普及宣传，面向全社会进行了大量的绿色科技和绿色实践的推广工作。已经有一定比例的人口投入绿色发展的行动中来。

中国针对企业和重点排放大户的环境和社会责任强化信息披露制度，在披露主体等方面也在逐渐完善。中国《企业环境信息依法披露管理办法》明确的披露主体，当前仍然聚焦在环境影响大、公众关注度高的企业。包括重点排污单位、实施强制性清洁生产审核的企业、符合规定情形的上市公司、发债企业等主体。这距离全体上市公司面向社会、股东积极主动披露环境责任，履行节能减排和环境保护的社会责任，仍然有较大差距。

（六）绿色贸易壁垒日益严格

随着气候变化问题由科学问题发展成为环境、科技、经济、政治、外交等多领域交叉的综合性重大战略问题，"碳关税"已与国家发展权和国际贸易权挂钩，碳排放强度指标正成为新的贸易壁垒。

美国和欧盟国家、日本等各制造强国，不仅要求其龙头企业定期公布环境与社会责任报告，同时还对供应链各环节提出高标准的绿色采购要求。并要求进口产品进行绿色认证，要有"绿色标志"，并制定了极为严格的产品环境指标来限制国际产品进入本国市场，即设置"绿色贸易壁垒"。2012 年 5 月，欧盟就对中国的航空公司再次发出警告，如果在规定期限内仍拒绝透露 2011 年的碳排放量数据，欧盟将对相关航空公司采取惩罚措施。以苹果公司为代表的世界 500 强品牌，纷纷对全球供应商提出能源结构 100% 使用绿色能源和可再生能源的严格标准，对进入供应商名单的工厂要求提交实施绿色认证证书，以及 ESG 环境和社会责任信息披露报告，甚至有国外机构提案对全球供应链体系各环节的碳排放强度进行严格核查，对超标环节的相关企业进行碳税惩罚或剥夺其进入全球供应链的贸易权。这些都对中国企业的绿色发展转型和国家绿色监管体系提出了更高要求。

六 政府和社会对绿色经济应该承担的责任

（一）庞大的经济活动总体量与碳排放责任压力

中国有 384 万多家制造业企业，制造业增加值从 2012 年的 16.98 万亿元增长到 2021 年的 31.4 万亿元，占全球比重从 22.5% 提高到近 30%。

能源产业是世界各国的碳排放主要来源，中国目前保有世界上规模最大的燃煤、燃油型火力发电厂，超过 5 万亿千瓦时的火力发电量，火力发电厂总数超过千座。

在运输行业，截至 2021 年末，全国拥有水上运输船舶 12.59 万艘，军用民用大型航空器材超过 1 万架（军用 3000 架、民航 4000 架，通用航空器材 3000 多架）；截至 2022 年 8 月上旬，全国机动车保有量达 4.08 亿辆，其中汽车 3.12 亿辆。

在第一产业，中国有养殖户 3700 多万户；家禽存栏量在 2021 年达到 67.9 亿只，羊 32129 万头，9817 万头牛，44922 万头猪，等等。

（二）可以动用的全社会行动力量

中国政府建立了世界上规模最大、覆盖最广、体系最严密的全社会动员体系，包括：

1. 各级行政单位

目前全国共设有 34 个省级行政区和 294 个地级市，包含台湾省 11 个县在内的 1322 个县，以及 691510 个行政村。

2. 党团组织成员

2021 年底全国共产党员有 9671.2 万人，全国共青团员有 7371.5 万人。全国党团员总数 1.70427 亿人。

3. 在校学生力量

根据 2021 年教育事业统计数据，全国共有各级各类学校 52.93 万所，在校生 2.91 亿人，专任教师 1844.37 万人。

4. 广播电视等媒体宣传体系

中国已经建成具有较强传播力影响力的现代传媒体系。全国现在有图书出版单位 584 家，报纸出版单位 1894 家，期刊出版单位 10084 家，有包括中央人民广播电台、中国国际广播电台、中央电视台在内的广播电视播出机构 2578 个，还涌现了一批新型融媒体。

上述各类力量体系，确保了中国在对内有效宣传和动员，对外有效宣传和展示绿色发展理念、使命和行动方案方面，具有强大的影响力。

（三）政府的几个绿色经济关键使命

综观中国围绕绿色经济发展历年来的有效行动，以及国外主要制造业国家的相关实践，政府对于绿色发展，可以并且应该积极承担以下使命。

1. 绿色发展、绿色标准的制定者和推动者

联合国 ISO 组织、美国、德国以及日本、新加坡等国，在绿色标准体系方面形成了包括数百项条目的检验检测标准体系，并形成法律强制手段、社会团体监督手段与市场交易机制相结合的约束机制。中国在绿色标准体系建设方面已经采取了积极行动，各个行业的具体绿色发展标准和检验检测标准，正逐步完善。

2. 绿色社会、绿色理念的倡导者和推广者

2017 年 10 月党的十九大明确提出了绿色发展理念，号召每一级政府、每一所机关、每一个企业、每一所学校、每一个家庭、每一个人，积极履行绿色发展理念，投身绿色发展实践。

3. 绿色法规和绿色执法体系的构建者

2021 年 12 月 11 日，生态环境部印发的《企业环境信息依法披露管理

办法》，要求企业应于每年 3 月 15 日前披露上一年度 1 月 1 日至 12 月 31 日的环境信息，并于 2022 年 2 月 8 日正式实行。依法开展环境信息披露是企业的社会责任，是消除信息不对称导致市场失灵和社会监督失效的重要基础，也是国际上落实企业环境责任的通行做法。

4. 绿色政府践行者：绿色规划、绿色财政、绿色考核

根据联合国环境规划署报告，目前已有 120 余个国家和地区作出了碳中和承诺。欧盟、英国、加拿大、日本、新西兰、南非、美国等多数国家或地区计划在 2050 年实现碳中和。中国争取在 2030 年前实现碳达峰、2060 年前实现碳中和，这在发展中大国里目标最为明确，决心也最大。中国政府主导的各个行业的各省市、各城市、各行业以及各类事业单位的绿色发展规划，正纷纷出台。

中国政府也在积极借助财政力量推动绿色发展，包括绿色发展预算、绿色投资、绿色采购、绿色税收与补贴等。

2022 年 6 月，中共中央办公厅、国务院办公厅印发了《生态文明建设目标评价考核办法》（以下简称《办法》）。根据《办法》的要求，国家发改委、国家统计局、环境保护部、中央组织部等部门制定印发了《绿色发展指标体系》和《生态文明建设考核目标体系》，为开展生态文明建设评价考核提供依据。

5. 绿色技术推广者

2021 年 1 月，国家发改委、科技部、工信部、自然资源部 4 部委联合发布《关于印发〈绿色技术推广目录（2020 年）〉的通知》，共有 112 项技术入选国家首批绿色技术推荐名单。同时，国家还可以借助直接投资介入绿色技术的知识产权引进、转让和推广。

七　建议政府应出台的相关政策

政府有为，良政善治，是中国经济高质量发展、绿色发展的核心力量和主导力量，具有决策效率高、目标明确、效果显著的优势。基于当前社会各层面绿色发展中存在的问题，建议政府出台下列政策。

（一）落实人才、教育、科技为支点的绿色经济行动方案

围绕习近平总书记 2035 年建成教育强国、科技强国、人才强国、文化

强国、体育强国、健康中国，国家文化软实力显著增强的整体目标，在绿色经济各环节重点落实绿色发展各类中高级人才培育、加强绿色理念和科技等的相关教育、鼓励绿色科技创新和绿色科技应用。

（二）加快推进《科技支撑碳达峰碳中和实施方案（2022—2030 年）》

当前，全球制造业订单加速流向中国，全国能源消耗总量持续增长，围绕 2030 年前碳达峰、2060 年前碳中和两个关键时间节点，中国应该以绿色能源科技为重点突破口，从新能源开发、储能、输送、终端应用等维度出发，分阶段制定"双碳"行动科技创新支撑方案。加强绿色低碳技术、清洁低碳技术、零碳技术、负碳技术的研究开发和推广应用。

2022 年 8 月，科技部等 9 部门联合印发了《科技支撑碳达峰碳中和实施方案（2022—2030 年）》（以下简称《实施方案》），通过 10 项具体行动为科技支撑碳达峰碳中和绘就了实施路线图。

《实施方案》明确了重点突破口、十大具体行动等内容，具有深远意义。同时强化"行政主体""主导单位"，以及绿色认证及监管体系的公共服务平台建设。

（三）强化绿色能源国家战略科技力量

能源是碳排放核心来源，也是核心突破口。中国已经在清洁能源和绿色能源领域积累了丰富经验和科技基础，在此基础上应该建立清洁能源国家实验室进行重点技术攻关突破，在前景广阔的光伏、可循环核电领域实现关键核心技术自主产权，保障产业链、供应链安全。加大风能、生物能、二氧化碳直接转化能源以及新型储能技术等项目的研发力度，构建新型安全的绿色电力系统。

当前，以二氧化碳储存、转化和利用为突破的 CCUS 等负碳技术不断获得重大进展，对大规模、大幅度降低大气二氧化碳浓度提供了多元技术手段，中国应从政策上加强对 CCUS 等负碳技术的研发力度，并积极进行多行业、多场景的推广和规模化应用。

（四）大力推动碳排放重点行业技术创新

针对碳排放重点行业，推动绿色技术研发，实现绿色低碳生产工艺升级改造。中国煤炭清洁能源技术领域，有多项技术领先世界：一是煤炭超超临界发电技术，较亚临界机组实现效率提高约 7%，单位煤耗、二氧化碳排放减少 15% 及 10%。二是煤炭制氢技术获得突破。这些科技突破需要政府采取措施大力推广到全行业。

在钢铁行业，推进氢冶金、低碳冶金、洁净钢冶炼、薄带铸轧、无头轧制等先进工艺技术研发。

在制造业领域大力推广石墨烯科技。石墨烯复合材料轻便、坚固，在汽车零部件、家电、航空、新能源电池制造等领域具有广泛应用，能有效降低对钢铁和铝等能源密集型材料的使用。

中国是塑料制品的生产、消费和出口大国。据国家统计局统计，2021年，塑料制品总产量 8004 万吨，同比增长 5.27%。全国塑料报废量累计超过 7410 万吨，回收利用只占 30%，填埋占 32%，焚烧占 31%，遗弃占7%。2007 年以来，国家相继发布了《国务院办公厅关于限制生产销售使用塑料购物袋的通知》、《关于进一步加强塑料污染治理的意见》（2020年）、《"十四五"循环经济发展规划》（2021 年），引导塑料包装行业向绿色环保方向转型发展。

塑料制品使用广泛，完全可以被可降解生物纤维材料制品替代，社会上也有大量替代技术和替代品生产企业，中国在购物袋、餐盒、一次性塑料制品、垃圾袋、购物袋等领域，应该制定更为严格的禁塑限塑法规，实行更严格的时间表。

（五）推广绿色认证和绿色监管体系

无法衡量、监管，就无法掌控。德国在碳排放重点单位附近广泛布置碳排放检测监测设备，有力提升了全社会的节能减排力度。欧盟、美国推行日益严格的绿色认证和绿色监管体系，并计划在全球供应链体系中执行更严格的碳强度监测制度，与碳税惩罚法规相结合。同时对进出口企业实行绿色认证和市场准入制度，全球性绿色壁垒正在形成。这将对中国的出口企业及其配套产业造成不利影响，鉴于全球绿色发展监管体系的日益严格，中国需要采取更为严格的全社会绿色认证和监管体系。这对于中国绿色发展的科技水平提高、生产工艺进步、环境福利提升，具有积极意义。

对于落后产能、落后技术的相关企业和组织，国家可以借助碳排放权交易、碳科技绿色发展基金扶持等手段，进行有效的扶持与协调。

（六）进一步健全全国碳排放权交易市场

全国碳排放权交易市场（以下简称碳市场）是实现碳达峰与碳中和目标的核心政策工具之一。2011 年以来，北京、天津、上海等地开展了碳排放权交易试点工作。2017 年底发布了《全国碳排放权交易市场建设方案（发电行业）》，启动了我们国家的碳排放交易体系。2021 年 1 月起，全国碳市场发电行业第一个履约周期正式启动。截至 2022 年 11 月 25 日，全国碳市场碳排放配额累计成交量达 2.03 亿吨，累计成交额达 89.65 亿元，市场运行总体平稳有序。

有法可依，还要做到有法必依。当前仍然有不少企业对碳排放责任漠不关心，对绿色转型、科技升级缺乏积极性。中国有必要对碳排放实行更为严格的碳税制度，同时认证、监测、执法的覆盖范围扩大到更为广泛的高排放企事业单位。

（七）健全企业尤其是上市企业 ESG 披露制度和监管体系

2018 年 9 月 30 日，中国证监会修订《上市公司治理准则》，首次确立了 ESG 信息披露的基本框架，增加了利益相关者、环境保护与社会责任章节。

ESG 责任信息披露制度在欧美国家已经普及，政府单位也定期披露 ESG 信息。中国上市企业 ESG 信息披露制度正逐步建立，尚不完善。主要原因是缺乏科学的碳足迹衡量手段、监测检测设备设施、权威公正的第三方检测认证体系等前提条件。为强化和普及企业、事业单位 ESG 信息披露，目前建议国家加大企业 ESG 责任监测认证服务的政府采购及转移支付等相关支持。

（八）对发展中国家加强绿色技术援助

发展中国家占全球人口的 80%，仅占全球 GDP 的 22%，同时经济发展大多依赖碳排放较高的采矿业和低端制造业，能源消耗不断上升，能源技术比较落后。

发达国家在全球温室气体排放方面，具有不可推卸的历史和现实责任，但它们往往承诺多、落实少，对发展中国家的资金援助迟迟不能到位，相关信息也不透明，技术转让更是层层设限。

中国是联合国五大常任理事国之一，2021 年 9 月 21 日，习近平主席出席第 76 届联合国大会一般性辩论，并就启动"全球发展倡议"作重要讲话，郑重承诺"将大力支持发展中国家能源绿色低碳发展"①，展现了中国支持发展中国家绿色复苏和可持续发展的责任担当。

中国的绿色援助，已经在埃塞俄比亚、肯尼亚、巴基斯坦等国开花结果。未来更应借助中国绿色基础设施、绿色能源、新能源汽车和绿色产业园区整体输出等国际市场机遇，借助援助与市场合作相结合的模式，推动中国绿色产业"走出去"，带动全球绿色经济增长。

八　2023 年绿色经济的工作重点

2023 年商品贸易较 2022 年将大幅负增长，一般商品贸易的结构性机会主要在绿色经济、数字经济范围。预计 2023 年，我国绿色经济、数字经济领域的一般商品贸易将依旧表现强劲，但总体贸易体量受国际类滞胀环境制约，增速将逐步回落。伴随着"一带一路"不断开花结果，中缅铁路和中老铁路、中越铁路等泛亚铁路持续推进，以及中国—阿拉伯国家合作论坛之后掀起的中东和北非地区基础设施和绿色制造产业建设与投资热潮，中国绿色基础设施、绿色能源、绿色制造科技等领域的出口将会出现显著增长。

（一）绿色能源与煤炭清洁利用

成立国家级绿色能源投资总公司，并拨付资金，面向社会采购先进绿色能源科技，进而对重点能源企业和能源消耗大户进行绿色能源科技转移或技术援助。

2021 年全年，中国规模以上太阳能发电量达到 1837 亿千瓦时，增长率达 14.1%。而 2023 年，在政府绿色能源采购计划的刺激之下，中国规模以上太阳能发电增速将超过 20%。各省份建筑屋顶太阳能全面普及，立体农业温室大棚将广泛采用太阳能发电，用于作物照明和温度控制、灌溉系统和自动控制系统等的电力需要。

---

① 《习近平谈治国理政》（第四卷），外文出版社 2022 年版，第 469 页。

中国核电机组长期保持安全稳定运行。截至目前，中国商运核电机组 53 台，总装机容量 5560 万千瓦，在建核电机组 23 台，总装机容量 2419 万千瓦，中国在建机组装机容量连续保持全球第一。预计到 2030 年，核能发电量在中国电力结构中的占比需要达到 10% 左右；到 2060 年，核能发电量在中国电力结构中的比例需要达到 20% 左右，与当前发达国家的平均水平相当。中国已迈入循环型核电技术世界先进行列。

煤炭制氢技术加速推广和商业化应用。随着广东惠州的中国首套采用 E－Gas 技术煤制氢联合装置已连续平稳运行超 270 天，以及全球最大煤制氢变压吸附装置项目在陕西榆林正式投入运行，中国煤炭清洁高效转化在 2023 年将进一步扩大到更多煤炭基地和燃煤电厂。

（二）负碳科技与金融创新

2022 年 10 月，欧盟推出一项名为 CCUS ZEN（零排放网络）的新方案，主要针对波罗的海和地中海地区的工业集群脱碳。该项目旨在加快碳捕集、利用和储存（CCUS）项目的推广，以减少整个欧洲能源密集型产业的二氧化碳排放。

中国 CCUS 技术已经具有商用化技术基础，2023 年需要国家动用财政力量和资本市场的多元力量，加快商业化和产业链推广。

中国在二氧化碳直接生产淀粉、生物纤维制造包装材料替代塑料制品等多个领域，具备科技基础，但市场化转化缓慢，缺乏高效率的资本配置和企业家人才配置机制，借鉴华尔街的资本运营和人才配置先进机制，2023 年将会产生多个绿色科技上市企业，并对全社会碳达峰碳中和贡献积极力量。

在绿色科技企业发展和成长阶段，国家可以采取适度政府采购扶持、基金支持、上市绿色快通道等多种手段予以优先扶持。

同时，基于绿色科技服务于制造业、服务业、农业等领域的理念，借助金融创新和商业模式创新，搭建各种行业、各个领域的绿色科技创新公共服务平台，也势在必行。同时，面向阿拉伯国家控制沙漠化和发展生态固碳产业的需求，中国应积极组织相关产业和企业走出国门拥抱国际市场。

（三）绿色设计

绿色设计也称为环境可持续性设计或环境意识设计。它要求在产品整个生命周期内，着重考虑产品环境属性（可拆卸性、可回收性、可维护性、可重复利用性等）并将其作为设计目标，在满足环境目标要求的同时，保证产品应有的功能、使用寿命、质量等要求。

绿色设计的原则被公认为"3R"的原则，即减少原料（Reduce）、重新利用（Reuse）和物品回收（Recycle）。

中国目前有大量设计人才，而在建筑设计、市政设计、工业设计等设计环节中坚持绿色理念和绿色标准，是必须强化和大量普及的工作。

面向 2023 年的工作建议：①成立全国性和地方性绿色设计协会组织，积极宣传推广绿色设计；②政府在设计招标中增加绿色设计相关的验收标准；③在各类设计大奖赛中增加绿色设计的评分指标；④在社会设计人才的培训领域，加大绿色设计相关知识和先进经验的培训教育。

（四）绿色制造

中国有 30 多万家规模以上制造业企业，这些制造业企业面向国内和国际市场提供制造业产品，融入全球供应链，面临绿色壁垒的严峻挑战。2023 年，中国需要强化制造业企业绿色认证，辅之以严格的绿色监管和惩罚机制。

世界上各发达国家制造业企业基本通过了绿色认证体系，获得了全球市场通行证。中国在制造业绿色认证全面推广方面，行动落后，组织不力，监管力量松散无力，2023 年需要监管升级，规模以上制造业企业强化绿色认证达标率需要明确的落地指标。

（五）绿色服务

中国服务业 2023 年需要落实阶段性里程碑式目标，建议如下：

①广泛普及绿色动力和新能源电池；

②增加绿色能源政府采购；

③积极落实服务业禁塑令；

④强化绿色服务理念与绿色服务设计；

⑤对重点污染企业开展绿色人才培训和绿色科技咨询服务。

（六）绿色政府

2022 年国家在绿色政府环节，积极作为，出台了一系列绿色发展相关规划、目标设计、优先行动路线、产业指导和引导政策等相关文件。

2023 年，政府需要在绿色监管、绿色责任汇报、绿色指标监测检测、绿色考核、绿色采购、绿色执法等环节落实强有力的行动。

（七）绿色农业

中国农村和农业领域，吸纳了超过 5 亿居民和 3 亿上下的就业人口，农村和农业面临着产业升级、农村基础设施升级、农业和农村居民素质升级的发展阶段。

2023 年，中国针对 69 万多个行政村，在绿色农业技术、绿色农业人才培养、绿色农业示范项目和工程、农村绿色发展理念宣传等领域，会出台有效的政策文件和行动路线图。

在绿色农业认证环节，中国绿色认证服务机构需要考虑到农业户、农业企业的支付实力和现实困难，积极落实农业户可以承受的认证收费标准或认证收费模式，并给予有效的绿色农业实践指导和技术支持。

在农业现代化、企业化、规模化升级的历史阶段，各省、各地应该鼓励农村大型流通企业的建设，并加大扶持力度，避免农村过于小型化产生的资源不集约、缺乏规模效应、先进技术无法大规模应用的种种弊端。

（八）绿色理念

无论是我们国家在 20 世纪八九十年代的改革，还是过去和当下世界其他国家的一些重大变革，都表明重要的改变并不是权力和利益结构的变化，而是政府和领导层将新的思想观念付诸实施。当今中国仍然处于一个需要思想创新、观念突破的时代。

绿色理念事关每一个人和子孙后代。2023 年，以当前中国超过 1 亿人的中小学生为主要宣传目标，编写绿色发展、绿色生活、绿色消费、绿色出行宣传教材或宣传手册，是一个影响深远的下一代工程。

绿色发展，人人有责。在校大中院校学生是最好的代言人和绿色行动宣传大使。

九 绿色经济发展的主要指标预测

（一）中国碳达峰碳中和时间表与路线图

2021 年全球碳排放量 338.84 亿吨，同比增加 5.63%；中国 2021 年碳排放量 105.23 亿吨，同比增长 5.50%，占全球碳排放总量的 31.06%；美国 2021 年碳排放量 47.01 亿吨，同比增长 6.35%，占全球碳排放量的 13.87%。

2020 年 9 月，中国面向国际社会做出了 2030 年碳达峰、2060 年碳中和的庄严承诺，即 2030 年碳排放总量达到峰值，而后逐年下降，2060 年全社会碳排放量降到 2 亿吨上下。

（二）主要指标预测

基于各种不确定性因素对正常经济活动有一定的影响，结合我国大力推动的绿色发展、产业结构调整以及绿色能源转型等进程，我们对 2023 年绿色经济各项指标进行了如下预测。

1. 碳排放总量、碳排放强度与能源结构

2022 年第二季度，中国的二氧化碳排放量创纪录地下降了 8%，减少了 2.3 亿吨，创下至少十年来的最大降幅。基于国家统计公报数据，中国的碳排放已连续四个季度同比下降，延续了近年来最长的下降周期。

根据国家发改委《"十四五"可再生能源发展规划》，2025 年前后中国可再生能源利用总量将达到 10 亿吨标准煤，可再生能源电力总量消纳责任权重提高到 33.0% 左右（见表5）。

表5　　　　2025 年可再生能源开发利用主要目标

类别	单位	2020 年	2025 年	属性
1 可再生能源发电利用				
1.1 可再生能源电力总量消纳责任权重	%	28.8	33.0	预期性
1.2 非水电可再生能源电力消纳责任权重	%	11.4	18.0	预期性
1.3 可再生能源发电量	万亿千瓦时	2.21	3.30	预期性

续表

类别	单位	2020 年	2025 年	属性
2 可再生能源非电利用	万吨	—	6000.0	预期性
3 可再生能源利用总量	亿吨标准煤	6.8	10.0	预期性

资料来源：国家发改委《"十四五"可再生能源发展规划》。

《"十四五"现代能源体系规划》提出，到 2025 年，非化石能源消费比重提高到 20% 左右，非化石能源发电量比重达到 39% 左右，电气化水平持续提升，电能占终端用能比重达到 30% 左右。预计 2025 年，全国发电装机总量将增至 30.50 亿千瓦，发电量约 9.83 万亿千瓦时。可再生能源（含水电）发电装机和发电量占比分别为 51.5% 和 38.4%，煤电装机和发电量比重分别降至 41.0% 和 49.6%

到 2030 年，中国单位 GDP 二氧化碳排放将比 2005 年下降 65% 以上。非化石能源占一次能源消费比重将达到 25% 左右，森林蓄积量将比 2005 年增加 60 亿立方米，风电、太阳能发电总装机容量将达到 12 亿千瓦以上。

根据国务院发展研究中心数据，在碳中和目标下，预计 2060 年全国发电装机和发电量增加到 89.42 亿千瓦和 18.69 万亿千瓦时。届时，可再生能源发电装机和发电量比重达到 91.1% 和 82.7%，煤电装机和发电量仅占 4.1% 和 3.8%，全面建成清洁低碳、安全高效的可持续能源体系。

2. 资源效率与循环经济

全世界资源（能源、水资源和矿物原材料等）利用效率最高的国家是马拉维，世界平均水准是 46%，欧洲的德国、法国、瑞士等发达国家整体资源利用效率超过 50%，美国为 44.8%，中国为 36.1%。由于大规模基建、重工业占比较高，以及生产工艺整体水平落后，中国全社会资源利用效率全球排名垫底，在 180 个国家和地区中处于第 150 位。

再生资源回收能力、利用效率体现了资源利用效率。根据商务部流通业发展司发布的《中国再生资源回收行业发展报告》和再生资源信息网的统计，2011—2018 年中国主要再生回收价值从 5764 亿元上升到 8705 亿元，年均增长突破 6%；2019 年可再生资源回收量达到 3.45 亿吨，同比增长 7.1%。根据中国再生资源回收利用协会数据，2021—2035 年可再生资源回收量将以 6.55% 的年均增速提高，从 2019 年的 3.45 亿吨提升至 2035 年的 8.08 亿吨，全社会资源利用效率将提高到 40% 上下并稳步提升。

3. 经济增长与负碳科技

2023 年，中国 GDP 总量将超过 128 亿元。2025 年，中国按照购买力平价计算的 GDP 将达到 183 万亿国际元。高盛预测，2030 年中国 GDP 总量将达到 31 万亿美元。2005 年中国千美元 GDP 碳排放强度为 0.79 吨，按照 2030 年比 2005 年碳排放强度降低 65% 的标准，31 万亿美元 GDP 对应着 85.715 亿吨碳排放量，比 2021 年排放量显著降低。

《巴黎协定》的总目标是全球温度上升幅度控制在比工业革命开始前 1.5 摄氏度以内，这需要大气温室气体总量降低到工业革命开始前的水平。对于中国来说，全世界非常关注中国经济持续增长的同时，也关注中国碳达峰之后的碳排放量是维持"厂"字形趋势，还是达峰后逐年大幅度下降的"几"字形趋势。中国政府的自主贡献目标是碳达峰后"几"字形持续大幅下降。基于中国的能源基础、能源安全和经济发展多元目标综合考虑，采取负碳技术大规模捕获和储存、转化二氧化碳，是中国除了能源绿色转型和产业结构调整之外最重要的手段。中国的远期规划目标是每年从大气中直接捕获和储存、转化 16 亿吨以上的温室气体，占减排总量的 60%。同时，全社会碳排放强度降低到千美元 GDP 0.2 吨二氧化碳左右。

结　语

作为负责任的国家，中国积极推动共建公平合理、合作共赢的全球气候治理体系，为应对气候变化贡献中国智慧和中国力量。

作为联合国常任理事国、《巴黎协定》签约国，以及世界上最大的发展中国家，中国的一系列行动，既体现了应对全球气候变化的大国担当，更展现了根植于科技积累、制度优势和全社会动员能力基础之上的强大能力和自信。中国的积极参与必将为全球应对气候变化作出更大贡献。

参考文献

国家发改委：《加快构建绿色低碳循环发展经济体系》，https：//www.ndrc.gov.cn/fzggw/jgsj/zys/sjdt/202102/t20210228_ 1268573.html，2021

年 2 月 28 日。

国家发改委：《关于印发"十四五"可再生能源发展规划的通知》，ht-
  tps：//www.ndrc.gov.cn/xwdt/tzgg/202206/t20220601 _ 1326720.html，
  2022 年 6 月 1 日。

威廉·诺德豪斯：《绿色经济学》，中信出版集团有限公司 2022 年版。

国家发改委规划司：《国家及各地区国民经济和社会发展"十二五"规划
  纲要》（上），人民出版社 2011 年版。

陈玲、杨茂林：《资源效率论》，山西经济出版社 2018 年版。

国家发改委：《国家发展改革委　国家能源局关于印发〈"十四五"现代能
  源 体 系 规 划〉的 通 知》，https：//www.ndrc.gov.cn/xxgk/zcfb/ghwb/
  202203/t20220322_ 1320016.html，2022 年 3 月 22 日。

理论探索与战略研究

中国生态环境问题与对策

杨朝飞*

党的十八大以来，党中央把生态文明建设和生态环境保护摆在全局工作的突出位置，加大生态环境保护工作的力度，生态环境质量显著改善，美丽中国建设取得突出进展，人民群众的获得感显著提升。但我国生态环境保护依然面临不少问题和挑战，结构性压力依然较大、生态环境稳中向好的基础还不稳固、生态环境治理能力有待提升、以减污降碳协同增效促进经济社会发展全面绿色转型的动力机制尚未建立等。党的二十大报告指出，加强生态环境保护是全面建设社会主义现代化国家的内在要求，站在人与自然和谐共生的高度谋划发展，对生态环境保护工作的目标、方式、重点、路径等提出更高要求。

一 我国生态环境保护工作成效与形势

（一）生态环境质量取得显著改善

十年来，我国生态环境质量显著改善，绿色低碳发展水平显著提升，国际影响力和认同度明显提高。2021年全国地级以上城市细颗粒物（PM2.5）平均浓度比2015年下降了34.8%，全国地表水Ⅰ—Ⅲ类断面比例达到了84.9%。土壤污染风险得到有效管控，我国实施了禁止洋垃圾入境，实现了固体废物"零进口"的目标。自然保护地面积占全国陆域国土面积达到18%，300多种珍稀濒危野生动植物野外种群得到了很好的恢复。

---

* 杨朝飞，中华环保联合会副主席、原环境保护部总工程师，主要研究方向为生态文明、绿色经济、生态环境法制与政策、生态环境社会治理。

十年间，全国单位 GDP 二氧化碳排放下降了 34.4%，煤炭在一次能源消费中的占比也从 68.5% 下降到了 56%。新能源开发利用规模、新能源汽车产销量都稳居世界第一。我国为推动应对气候变化《巴黎协定》的达成、签署、生效和实施，作出历史性贡献。我国宣布二氧化碳排放力争于 2030 年前达到峰值，努力争取 2060 年前实现碳中和，中国已经成为全球控制气候变化和生态文明建设的重要参与者、贡献者和引领者。

1. 水生态环境保护进展与成效

十年来，我国水环境质量发生了转折性的变化，污染治理和制度建设均取得一系列成就，主要有：

（1）碧水保卫战成效显著。2021 年，全国地表水 Ⅰ—Ⅲ 类水质断面比例为 84.9%，比 2012 年提高了 16 个百分点；劣 Ⅴ 类水质断面比例为 1.2%，比 2012 年降低了 9 个百分点（见表 1）。

表 1　　　　　　　　　　2012—2021 年水环境质量

年份	Ⅰ—Ⅲ类水比例（%）	劣Ⅴ类水比例（%）
2021	84.9	1.2
2020	83.4	0.6
2019	74.9	3.4
2018	71.0	6.7
2017	67.9	8.3
2016	67.8	8.6
2015	64.5	8.8
2014	71.2	9.0
2013	71.7	9.0
2012	68.9	10.2

（2）水生态环境治理体系加快完善。通过机构改革、排污许可制、排污口管理、水功能区管理、联防联控五大措施，水环境治理体系趋于完善。

（3）大江大河保护治理取得积极进展。长江干流连续两年全线达到 Ⅱ 类水体；黄河干流全线达到或优于 Ⅲ 类；珠江流域、西南诸河、西北诸河、东南诸河水质状况保持为优；淮河流域、辽河流域水质明显改善。

（4）城市黑臭水体治理成效显著。通过城市黑臭水体整治环境保护专项行动，295个地级及以上城市（不含州、盟）建成区黑臭水体基本消除。

（5）群众饮水安全得到有效保障。深入开展全国集中式饮用水水源地环境保护专项行动，累计完成2804个水源地10363个问题整治。

（6）工业水污染控制不断巩固深化。截至2021年底，全国2700余家工业园区建有3400余座污水集中处理设施，企业环境守法意识显著提升。

2. 大气环境保护进展与成效

十年来，我国以前所未有的力度向大气污染宣战，大气污染治理取得显著成效，主要体现在以下几个方面：

（1）空气质量显著改善。与2013年相比，2021年全国PM2.5平均浓度下降58%，重污染天数比例下降7.2个百分点（见表2）。

表2 近十年空气环境质量数据

年份	重污染天数比例（%）	PM 2.5（微克/立方米）	PM 10（微克/立方米）	O₃（微克/立方米）	SO₂（微克/立方米）
2021	1.4	30	54	137	9
2020	1.2	33	56	138	10
2019	1.7	36	63	148	11
2018	2.2	39	71	151	14
2017	2.6	43	78	149	18
2016	2.6	47	82	138	22
2015	3.2	50	87	134	25
2014	—	62	105	140	35
2013	8.6	72	118	139	40
2012	—	—	—	—	—

（2）产业结构绿色转型升级取得实质成效。全国累计淘汰钢铁产能近3亿吨、水泥产能近4亿吨。86%的煤电机组实现超低排放，6.1亿吨粗钢产能实施超低排放改造。

（3）能源结构清洁化低碳化水平不断提升。清洁能源占比达25.5%，新能源和可再生能源开发利用稳居世界第一。同时，北方地区冬季清洁取暖率提升到60%以上。

（4）交通运输体系进一步绿色化。新生产重型车污染物排放水平下降90%以上，新能源车保有量超过 1000 万辆，位居世界第一。

（5）科技支撑能力不断加强。基本弄清了区域秋冬季大气重污染成因，开展"一市一策"技术帮扶。

（6）区域联防联控取得积极进展。重点区域 27.5 万家企业纳入应急减排清单。

（7）累计淘汰消耗臭氧层物质 50.4 万吨，仅 1995—2014 年，就避免了 110 亿吨二氧化碳当量温室气体排放。

3. 土壤污染防治进展与成效

十年来，我国土壤环境质量发生了基础性的变化，全国土壤污染加重趋势得到有效遏制，土壤环境质量总体保持稳定，土壤污染风险得到了基本管控，如表 3 所示。主要取得了以下几方面进展：

表 3 2014—2021 年土壤环境质量数据

年份	土壤环境质量		耕地质量平均等级
	受污染耕地安全利用率	污染地块安全利用率	
2021	90% 以上	90% 以上	4.76
2020	90% 以上	90% 以上	—
2019	90% 左右	90% 以上	4.76
2018	—	—	4.76
2017	—	—	—
2016	—	—	5.09
2015	—	—	5.11
2014	—	—	9.97

（1）完善土壤污染防治法律法规，建立土壤污染防治法规、标准、技术体系。2018 年 8 月 31 日第十三届全国人民代表大会常务委员会第五次会议通过《土壤污染防治法》。随后，国家生态环境主管部门发布农用地、污染地块、工矿用地土壤环境管理等部门规章，制定农用地、建设用地土壤污染风险管控等系列标准规范。

（2）健全资金保障体系，成立全国土壤污染防治部际协调小组，设立中央土壤污染防治专项资金，出台《土壤污染防治基金管理办法》。

（3）完成土壤污染状况详查，初步查明我国农用地土壤污染的面积、分布及其对农产品质量的影响。

（4）实施分类管理，全国涉农县（市、区）全部完成耕地土壤环境质量类别划定。

（5）严格建设用地准入管理，全国30个省、区、市（除西藏外）建立建设用地准入管理机制。

（6）加强土壤污染监管，依法依规对4万多个地块开展调查，将1.8万多家企业纳入土壤污染重点监管单位。

（7）开展先行区建设，在相关地市组织开展土壤污染防治先行区建设。

4. 固体废物与化学品污染防治进展与成效

十年来，我国固体废物与化学品环境管理得到显著加强，重点领域固体废物污染防治成效明显，"一废一库一品一重"（危险废物、尾矿库、化学品、重金属）生态环境风险防控能力显著提升。具体来说，我国圆满完成了洋垃圾入境改革，累计减少固体废物进口量1亿吨左右；稳步推进了113个城市和8个地区开展"无废城市"建设；有效提升了危险废物环境监管和利用处置能力；扎实开展了化学品全生命周期环境风险管理，强化新污染物管控政策机制；有效遏制了重金属污染态势；提高了尾矿库污染防治规范化和科学化水平，基本完成长江经济带1641座尾矿库的治理。

5. 噪声污染防治进展与成效

噪声污染防治是生态环境保护的重要工作之一，近年来防治力度显著加强，也取得明显效果，主要体现在以下几个方面。

（1）新修订的《噪声污染防治法》自2022年6月5日起施行，截至目前已经推进在60多部国家层面规划和重要文件中明确噪声污染防治相关要求。

（2）持续开展声环境常规监测，功能区声环境质量自动监测点位占比持续提升，监测能力显著提高。

（3）2021年全国城市功能区声环境昼间达标率、夜间达标率分别达95.4%、82.9%，与2012年相比分别上升4.4个、13.3个百分点，十年间相关数据具体变化情况见表4。

表 4　　　　　　　　2012—2021 年噪声环境质量数据

年份	地级及以上城市区域声环境等效声级平均值（dB）	道路交通声环境等效声级平均值（dB）	城市功能区声环境昼间达标率（%）	城市功能区声环境夜间达标率（%）
2021	54.1	66.5	95.4	82.9
2020	54.0	66.6	94.6	80.1
2019	54.3	66.8	92.4	74.4
2018	54.4	67.0	92.6	73.5
2017	53.9	67.1	92.0	74.0
2016	54.0	68.0	92.0	74.0
2015	54.1	67.0	92.1	74.3
2014			91.3	71.8
2013			91.1	71.7
2012			91.0	69.6

（4）连续十年发布《中国环境噪声污染防治报告》，保障群众获取声环境信息权利。

（5）指导地方不断完善噪声污染治理的手段和措施，以及噪声投诉举报的解决方式方法。

（6）严格环评审批和监督执法，严控新增噪声污染项目，加强日常执法监管，《噪声污染防治法》实施首日查处至少 7 起噪声违法案件，不断提升精准、科学、依法治污水平。

6. 农业农村污染防治进展与成效

十年来，我国的农业农村生态环境保护力度持续加强，农业农村生态环境发生翻天覆地的变化，取得了以下积极成效。

（1）持续推进农村环境整治，累计整治 197 万个行政村。

（2）推动完成 1.9 万个乡镇级集中式饮用水水源保护区划定。

（3）梯次推进农村生活污水治理，改善村庄人居环境及附近水体水质，重点村庄生活污水治理率在 40% 以上。

（4）建立农村黑臭水体国家监管清单，优先治理面积较大、群众反映强烈的黑臭水体。

（5）农村生活垃圾进行收运处理的自然村比例稳定保持在90%以上，基本完成非正规垃圾堆放点整治。

（6）实现化肥农药减量增效，积极稳妥推进高毒高风险农药淘汰，在26个地区深入实施农业面源污染治理与监督指导试点。

（7）深入实施农膜回收行动，农膜回收率稳定在80%以上。

（8）推进畜禽养殖绿色发展，畜禽粪污综合利用率在76%以上，畜禽规模养殖场粪污处理设施装备配套率达到97%。

7. 生态保护与建设进展与成效

十年来，我国积极推进生态保护与建设工作，在制度体系建设和生态文明示范创建等方面均取得了显著的成效，自然生态环境质量持续改善如表5所示，主要体现在以下几个方面。

表5　　　　　　　2012—2021年自然生态环境质量数据

年份	自然生态环境		森林覆盖率（%）
	自然保护区面积比例（%）	生态环境质量评价为优良的县域面积占比（%）	
2021	18.00	59.80	24.02
2020	18.00	46.60	23.04
2019	18.00	44.70	22.96
2018	14.86	44.70	22.08
2017	14.86	42.00	21.63
2016	14.88	42.00	21.63
2015	14.80	44.90	—
2014	14.84	45.10	—
2013	14.77	46.70	—
2012	14.94	—	—

（1）积极推进生态文明示范创建。截至2021年，全国共有362个国家生态文明建设示范区、136个"绿水青山就是金山银山"实践创新基地。

（2）强化生态保护修复监管。十年来，我国积极推进山水林田湖草生态保护修复工作，建立完善生态保护修复监管制度和标准技术规范体系，不断推进生态保护修复监管规范化和制度化。

（3）持续开展"绿盾"自然保护地强化监督专项行动，累计巡查自然保护地 456 个；通过《自然保护地生态环境监管工作暂行办法》、天地一体化人类活动遥感监测工作机制等措施，初步建立了自然保护地生态环境监管体系。

（4）加强生物多样性保护，积极推进生物多样性主流化进程，加强生物多样性法制建设，建立了以国家公园为主体的自然保护地体系，进一步完善了迁地保护体系，实施了中国生物多样性观测网络、物种分布数据库等生物多样性保护重大工程。

（5）引领国际生物多样性保护进程。2021 年 10 月，在我国云南昆明成功召开《生物多样性公约》缔约方大会第十五次会议（COP15）第一阶段会议。

8. 减污降碳进展与成效

十年来，我国坚持了应对气候变化的战略定力，采取一系列政策措施，各项工作取得了积极进展，特别是在国家领导人提出碳达峰碳中和战略目标之后，措施的频度加快、力度加大，进展与成效主要有以下几个方面。

（1）二氧化碳排放控制取得显著成效。2020 年中国碳排放强度比 2005 年降低 48.4%，2021 年碳排放强度同比下降 3.8%，控制碳排放取得积极进展。

我们曾向全世界承诺，碳排放强度（单位 GDP 的二氧化碳排放量）到 2020 年要比 2005 年下降 40%—45%，实际到 2020 年底下降接近 50%，提前完成了对内的碳减排目标和对外的国际承诺。我国的能源消费量、消费结构和能耗强度如表 6 所示。

表6　　　　　　　　　2012—2021 年能源消费数据

年份	能源消费总量（万吨标准煤）	能耗强度（吨标准煤/万元）	煤炭占比（%）	石油占比（%）	天然气占比（%）	一次电力及其他能源占能源总量的比重（%）
2021	524000	0.458174124	56.0	18.5	8.9	16.6
2020	498314	0.490473197	56.8	18.9	8.4	15.9
2019	487488	0.494151635	57.7	19.0	8.0	15.3

年份	能源消费总量 （万吨标准煤）	能耗强度 （吨标准煤/ 万元）	煤炭占比 （%）	石油占比 （%）	天然气占比 （%）	一次电力及其 他能源占能源 总量的比重（%）
2018	471925	0.524181142	59.0	18.9	7.6	14.5
2017	455827	0.55110008	60.6	18.9	6.9	13.6
2016	441492	0.59330179	62.2	18.7	6.1	13.0
2015	434113	0.63001477	63.8	18.4	5.8	12.0
2014	428334	0.673333973	65.8	17.3	5.6	11.3
2013	416913	0.709013045	67.4	17.1	5.3	10.2
2012	402138	0.752893996	68.5	17.0	4.8	9.7

（2）全国碳市场建设取得重要进展。截至 2022 年 7 月 15 日，碳市场累计成交额为 84.92 亿元，碳排放配额累计成交量为 1.94 亿吨。

（3）我国低碳试点示范工作不断推进。陆续开展了低碳省市试点、低碳工业园区试点、低碳社区试点和低碳城（镇）试点创建工作，同时鼓励地方探索开展近零碳排放示范工程相关工作，还启动气候投融资试点工作。

（4）适应气候变化能力不断提高。2022 年《国家适应气候变化战略 2035》印发，积极谋划与建设美丽中国相衔接的适应气候变化目标和任务。

（5）全社会低碳意识不断提升。通过"全国低碳日"活动、《中国应对气候变化的政策与行动》白皮书，提升全社会绿色低碳意识。

（6）更在全球气候治理方面作出了中国贡献。我国建设性参与气候变化多边进程，为《巴黎协定》的达成、生效和顺利实施作出了历史性的贡献。

（二）生态环境保护工作任重道远

党的二十大报告指出：我国生态环境保护发生历史性、转折性、全局性变化，祖国的天更蓝、水更清、山更绿。生态环境保护工作取得了积极进展，当前环境质量发生了重大改善，整体生态环境污染呈下降趋势。同时党的二十大报告指出：我国生态环保任务依然艰巨，生态环境保护工作的底子依然薄弱，全面绿色转型的基础依然薄弱，最突出的是仍然存在"三个没有根本改变"：以重化工为主的产业结构、以煤为主的能源结构和以公路货运为主的运输结构没有根本改变；污染排放和生态破坏的严峻形势没有根本改变；环境事故与违法案件多发、频发的态势没有根本改变，部分污染物排放总量仍处于高位。

1. 在水生态环境保护方面

（1）不平衡不协调的问题依然突出。2022 年上半年，部分地区黑臭水体出现反弹，消除劣 V 类工作滞后；部分地区城乡面源污染严重，汛期污染强度大；少数重点湖泊水质恶化等。

（2）湖泊生态环境保护工作困难重重。湖泊流域污染物排放量大，部分湖泊和支流水污染治理压力大；流域水生态受损严重，生物多样性减少；湖泊保护的系统性不够，湖泊保护思路需进一步完善。

（3）局部区域地下水污染问题较为突出。部分县级及以上地下水型饮用水水源水质不达标，部分水源补给区仍存在污染风险。

（4）地下水污染源头预防压力较大。部分企业有毒有害物质"跑冒滴漏"、事故泄漏等污染地下水的隐患没有根本消除，污染隐患排查、自行监测等法定义务落实不到位。部分污染源周边地下水存在特征污染物超标，污染扩散趋势未得到有效控制，周边地下水环境质量存在恶化风险。

2. 在大气生态环境保护方面

（1）京津冀及周边地区、汾渭平原等重点地区，大气污染物排放仍然偏高，PM2.5 浓度依然较高，与达标还有比较大的差距。

（2）臭氧浓度显现逐年上升态势，氮氧化物和 VOCs（挥发性有机物）等臭氧前体物控制还有待加强。

（3）大气污染治理已经进入了深水区，需要在产业结构、能源结构和运输结构等方面动真碰硬，在源头治理上下功夫。

3. 在土壤生态环境保护方面

（1）局部区域土壤污染问题较为突出，安全利用类和严格管控类耕地面积总体较大，受污染耕地精准实施安全利用技术水平不高。污染地块违规开发利用风险依然存在，修复过程中的二次污染防治有待加强。

（2）土壤污染源头预防压力较大，涉重金属行业企业废气、废水镉排放量较大，历史遗留涉重金属废渣量大而广。部分企业有毒有害物质"跑冒滴漏"、事故泄漏等隐患未根本消除，污染隐患排查、自行监测等法定义务落实不到位。

（3）环境监管能力依然薄弱，土壤生态环境监管人员设备不足，监测和执法能力不足，治理技术储备不足，难以满足监管需要。

4. 在固体废物与化学品污染防治方面

（1）依法治污的责任落实还不够到位；法律制度措施有待进一步落实，例如生活垃圾分类制度落实不平衡，危险废物收集贮存转移不规范。

（2）固体废物无害化处置能力存在短板弱项，主要体现在生活垃圾收运处理设施建设配套不健全。

（3）法规标准名录制修订工作相对滞后，部分法规标准仍未出台、待修订。

（4）执法和司法威慑力不强；法律保障措施有待加强，如污染者付费机制未有效建立、财税政策有待完善。

5. 在噪声污染防治方面

（1）防治力度不足。地方各级环保主管部门出于污染治理的紧迫性考虑和"抓大放小"的客观业绩需求，普遍存在对噪声污染防治不够重视甚至完全忽视的现象。

（2）执法难度较大。社会生活类噪声是最难管理的噪声类型之一，反复性、不确定性的特点明显，取证是最大难题，专业的噪声检测设备和业务精湛的执法人员数量也严重不足。

（3）噪声污染防治意识不强。公众主动参与降噪意识不强，企业被动投资降噪，大部分是为了应付环保检查和避免投诉。

6. 在农业农村生态环境保护方面

（1）农村环境整治成效亟待巩固提升，约2/3的行政村未达到环境整治要求，已整治地区成效还不稳定。

（2）农村黑臭水体问题突出，约3/4的行政村未完成生活污水治理，资源化利用水平不高，资金严重缺乏，长效机制不健全，治理成效不明显。

（3）畜禽养殖场粪污处理和资源化利用方式不规范，水产养殖方式仍然粗放，养殖生产布局需进一步优化。

（4）化肥农药使用量偏高，部分地区地膜残留量大等问题突出。农业源水污染物排放（流失）量仍处于高位。

（5）农业农村生态环境监管人员设备不足，监测和执法能力不足，难以满足监管需要。

7. 在生态保护与建设方面

（1）自然生态系统十分脆弱，生态承载问题日益突出。我国生态资源总量不足，森林、湿地、草原等自然生态空间不足，生态系统十分脆弱的情况将长期存在。

（2）生态系统功能不强，生态产品十分短缺。我国森林资源总量相对不足、质量不高、分布不均、功能不强，生物多样性锐减，濒危和受威胁物种总数居高不下，生态产品生产能力严重不足。

（3）生态破坏十分严重，生态赤字有扩大趋势。自然资源开发利用不当造成生态破坏的行为较多，例如公路铁路、城镇建设和矿产资源开发等活动。

（4）生态差距明显，履行国际生态责任面临严峻形势。国际社会对森林资源保护、荒漠化防治、湿地保护、野生动植物保护等相关公约管制刚性约束机制趋强，涉及中国的敏感物种和敏感议题不断增多，履行国际公约的任务将越发艰巨。

8. 在推动减污降碳协同增效方面

（1）仍处于"一煤独大"的能源格局。

（2）各省区资源分布和产业分布不均衡、错位特征凸显。

（3）节能减排与经济增长协同推进压力较大。

（4）低碳创新技术不足，非化石能源存在技术关隘，基础研究方面的技术短板凸显。

（5）中国净出口产品隐含的二氧化碳排放巨大，额外担负全球近三成碳排放。

（6）居民生活中缺少节能减排意识，绿色理念不够普及等。

二　生态环境保护工作的战略目标与重点任务

（一）生态环境保护目标

1. 战略部署

人与自然和谐共生的现代化是中国式现代化的重要特征之一，把"美丽中国"纳入社会主义现代化强国目标，把"生态文明"纳入"五位一体"的总体布局，把"人与自然和谐共生"纳入新时代坚持和发展中国特色社会主义的基本方略，把"绿色"纳入新发展理念，总之国家对生态文明建设的谋篇布局提出更高要求。

2. 具体任务

《中共中央 国务院关于深入打好污染防治攻坚战的意见》《"十四五"节能减排综合工作方案》等战略文件，将未来生态环境保护总目标设定为：

（1）到 2025 年，绿色低碳循环发展的经济体系初步形成，重点行业能源利用效率大幅提升。全国单位国内生产总值能源消耗比 2020 年下降 13.5%，能源消费总量得到合理控制，化学需氧量、氨氮、氮氧化物、挥发性有机物排放总量比 2020 年分别下降 8%、8%、10% 以上、10% 以上。节能减排政策机制更加健全，重点行业能源利用效率和主要污染物排放控制水平基本达到国际先进水平，经济社会发展绿色转型取得显著成效。生态环境持续改善，主要污染物排放总量持续下降，单位国内生产总值二氧化碳排放比 2020 年下降 18%，地级及以上城市细颗粒物（PM 2.5）浓度下降 10%，空气质量优良天数比率达到 87.5%，地表水Ⅰ—Ⅲ类水体比例达到 85%，近岸海域水质优良（一类、二类）比例达到 79% 左右，重污染天气、城市黑臭水体基本消除，土壤污染风险得到有效管控，固体废物和新污染物治理能力明显增强，生态系统质量和稳定性持续提升，生态环境治理体系更加完善，生态文明建设实现新进步。

（2）到 2030 年，经济社会发展全面绿色转型取得显著成效，重点耗能行业能源利用效率达到国际先进水平，二氧化碳排放量达到峰值并实现稳中有降。

（3）到 2035 年，广泛形成绿色生产生活方式，碳排放达峰后稳中有降，生态环境根本好转，美丽中国建设目标基本实现。

（4）到 2060 年，绿色低碳循环发展的经济体系和清洁低碳安全高效的能源体系全面建立，能源利用效率达到国际先进水平，非化石能源消费比重在 80% 以上，碳中和目标顺利实现，生态文明建设取得丰硕成果，开创人与自然和谐共生新境界。

（二）生态环境保护工作思路

推动和做好下阶段生态环境保护工作，必须坚持稳中求进，立足新发展阶段，完整、准确、全面贯彻新发展理念，服务和融入新发展格局，以高水平保护推动高质量发展、创造高品质生活，为建设人与自然和谐共生的美丽中国贡献力量，具体来讲主要有：

（1）坚持稳中求进工作总基调，完整、准确、全面贯彻新发展理念，服务和融入新发展格局。要统筹发展与保护，坚持绿色新发展理念，科学把握时序、节奏和步骤，扎实推进深入打好污染防治攻坚战各项任务，一方面要注意时不我待、有所作为，另一方面也要注意不可简单浮躁、贪功冒进，层层加码、级级提速。

（2）在坚持方向不变、力度不减的同时，更好统筹疫情防控、经济社会发展、民生保障和生态环境保护。在严峻的疫情形势下，协同推进经济发展、社会进步、民生问题的解决以及环境保护工作。

（3）更加突出精准治污、科学治污、依法治污。必须针对关键污染问题，采用科学有效的方法，并依据相关法规进行污染治理。

（4）以实现减污降碳协同增效为总抓手，统筹污染治理、生态保护、应对气候变化。基于环境污染物和碳排放高度同根同源的特征，必须立足实际，通过协同推进减污降碳，促进污染治理、生态保护、气候变化等问题的解决。

（5）深入打好污染防治攻坚战，促进经济社会发展全面绿色转型，持续推进生态环境治理体系和治理能力现代化。通过提高生态环境治理体系和治理能力现代化水平，健全党委领导、政府主导、企业主体、社会组织和公众共同参与的环境治理体系，构建一体谋划、一体部署、一体推进、一体考核的制度机制，为绿色发展提供坚实的法律和政策保障。

（6）积极服务"六稳""六保"工作，协同推进经济高质量发展和生态环境高水平保护，助力保持经济运行在合理区间、保持社会大局稳定。

（三）生态环境保护工作的重点任务

1. 大气生态环境保护重点任务

大气生态环境保护工作要着力于以下几点：

（1）坚持方向不变、力度不减，突出精准、科学、依法治污，在目标指标上，使用 PM 2.5 浓度下降及空气质量优良天数比率作为空气质量改善指标。

（2）以减污降碳协同增效为总抓手，以 PM2.5 和臭氧协同控制为主线，强化多污染物协同控制和区域联防联控。

（3）积极推动产业结构深度调整，加速推进能源清洁低碳高效发展。

（4）坚决打好重污染天气消除、臭氧污染防治、柴油货车污染治理三大标志性战役，着力解决好人民群众身边的突出环境问题。

（5）创新管理体制机制，推进大气污染治理体系、治理能力现代化，推动经济高质量发展和全社会低碳绿色转型。

2. 水生态环境保护重点任务

水生态环境保护的工作重心主要在夯实基础、补齐短板、提升质效上，力争在若干难点和关键环节上实现突破，具体需要做到以下几点：

（1）要持续开展城市黑臭水体整治环境保护行动，努力从根本上解决城市水体黑臭问题。

（2）推进长江保护修复和提升水污染源治理成效，着力打好黄河生态保护治理攻坚战。

（3）巩固提升饮用水安全保障水平。

（4）着力打好重点海域综合治理攻坚战。

（5）强化陆域海域污染协同治理。

（6）建立地下水污染防治管理体系，加强污染源头预防、风险管控与修复，强化地下水型饮用水水源保护。

（7）完善标准体系、健全监测网络、加强生态环境执法、强化科技支撑。

3. 土壤生态环境保护重点任务

土壤环境保护工作主要做好以下几点：

（1）坚持预防为主，强化土壤污染重点监管单位的监管执法，防止新增土壤污染。

（2）紧盯耕地污染突出区域，开展污染成因排查，落实分类管理制度，不断提高安全利用水平。

（3）严格建设用地准入管理，围绕"一住两公"地块加强联动监管，坚决杜绝违规开发利用。

（4）全面推进新污染物的治理行动方案各项任务落实落细，大力增强新污染物治理能力。

4. 生态环境保护及监管的重点任务

为了实现自然生态环境根本好转，未来的任务包括以下几点：

（1）实施重要生态系统保护和修复重大工程、山水林田湖草沙一体化保护和修复工程，推进城市生态修复，加强生态保护修复监督评估。

（2）持续推进生物多样性保护重大工程。

（3）强化生态保护监管，建立全国生态状况评估报告制度，持续推进"绿盾"行动、生态文明建设示范创建、"两山论"实践创新基地建设和美丽中国地方实践。

（4）确保核与辐射安全。

（5）严密防控环境风险，开展涉危险废物涉重金属企业、化工园区等重点领域环境风险调查评估，完成重点河流突发水污染事件"一河一策一图"全覆盖。开展涉铊企业排查整治行动，加强重金属污染防控。

5. 减污降碳协同增效重点任务

推动减污降碳协同增效要重点做好以下工作：

（1）加强统筹。统筹产业结构调整、污染治理、应对气候变化，把减污降碳协同增效作为促进经济社会发展全面绿色转型的总抓手，强化源头治理、系统治理、综合治理。

（2）坚持系统观念。注重处理好发展和减排的关系，整体和局部的关系，长远目标和短期目标的关系，政府和市场的关系。在降碳的同时确保能源安全、产业链供应链安全、粮食安全，确保群众正常生活。

（3）稳妥有序推进碳排放权交易市场建设。健全碳市场法律法规和政策体系，扩大碳市场覆盖范围，完善温室气体自愿减排交易机制。

（4）加快培育绿色低碳的生产生活方式。通过气候变化宣传倡导简约适度、绿色低碳的生产生活方式和消费方式，加强"双碳"专业人才培养，推动绿色低碳理念更加深入人心。

三 关于生态环保政策机制改革与创新的对策建议

（一）深化中央环保督察

主要从以下几个方面深化中央环保督察机制：

（1）健全中央环保督察激励机制。在保持高压问责的同时加强中央环保督察的正向激励，形成正负激励相辅相成的激励机制。

（2）完善对环保督察工作的监督机制。完善中央环保督察工作的内部监督，加强对中央环保督察组工作的信息公开。

（3）健全环保督察问责机制。构建党政主体环境保护责任清单，厘清党委与政府、个人与集体的环保责任；明晰环境责任认定标准；健全督察问责容错机制。

（4）推进"互联网＋环保督察"。构建"互联网＋环保督察"系统，建立中央环保督察生态文明思想建设考查平台。

（5）健全地方政府绿色政绩考核机制。建立科学的、与时俱进的绿色政绩考核与评价体系，将绿色发展相关要素作为政绩考核的重要内容。

（二）加强生态环境法制建设

保护生态环境必须依靠制度、依靠法治，下一阶段从以下几个方面继续加强生态环境法制建设：

（1）积极开展环境法典编纂的研究论证，加强制度之间的衔接协调，加强重点领域立法，填补立法空白；配合立法机关积极开展环境法典编纂研究论证；完善严惩重罚制度。

（2）全面启动生态环境标准与基准规划建设，完善"三个治污"生态环境标准和基准体系。

（3）补齐体系短板，持续完善国家生态环境标准体系。

（4）围绕深入打好污染防治攻坚战，填平、补齐、优化国家生态环境标准。

（5）提升标准实施效能，加强重点标准实施评估。

（三）健全环境损害赔偿制度

生态环境损害赔偿制度是切实维护人民群众环境权益的坚实制度保障，要推进生态环境损害赔偿制度改革向纵深发展，主要开展以下几方面工作：

（1）研究扩大赔偿义务人范围。合理规定生态环境损害赔偿义务人范围，至少需要考虑主体类型、行为类型、违法性因素、生态损害事实、因果关系等问题。

（2）进一步明确赔偿程序。磋商和诉讼都是解决生态环境损害赔偿问题的有效手段，实现两种手段的协调衔接。明确生态环境损害赔偿程序，尽可能快速高效准确地解决赔偿问题，是生态环境损害赔偿制度的目的之一。

（3）完善生态环境损害评估制度。从鉴定机构、人员资质、程序、方法、技术、监管等方面出发，制定一系列科学完整的生态环境损害评估办法。近几年，颁布的一些针对具体领域的评估办法，内容详细、可操作性强，可考虑提升其法律等级，增强效力。

（4）健全社会化填补机制。探索建立高效化、专业化、开放化、透明化的生态环境损害社会化填补机制，进一步完善环境责任保险制度，环境责任保险的赔偿额度可以采取限额赔偿制度，探索建立环境损害赔偿基金制度。

（四）完善环境社会治理体系

党的十九大报告指出：要构建"以政府为主导，企业为主体，社会组织和公众共同参与"的环保社会治理体系，从而实现主体多元化的环保社会治理体系。推进环境社会治理体系建设的重点与方向包括以下几点：

（1）要把党的群众路线贯彻到治国理政的全部活动之中，首先提升全民生态素养。采取多样化的形式推进生态环保宣传教育，扩大生态文明教育培训群体范围，将更多的社会群体涵盖进来，全面提升国民生态素养。其次拓展全民参与治理的领域范围。其次通过全民绿色行动，动员全民以实际行动积极参与环保行动，逐步引导和形成全社会共同参与生态环境治理的新局面。最后提倡公民参与与公民自律相结合，倡导全民从自身做起，尊崇简约舒适、绿色低碳的生活方式。

（2）发挥基层社会组织的作用。党的十九大强调指出：社会治理重心向基层下移，实现政府治理和社会调节、居民自治的良性互动。基层社会组织可以监管企业的排污行为，向社会发布信息；可以帮助污染受害者打官司，维护公民权益；可以帮助企业寻找治理技术，推动污染治理；可以帮助政府制定政策规范，强化环境监管；在政府不作为或乱作为的时候，还可以监督、批评、投诉有关政府部门或官员。

（3）发挥企业治污的主体地位作用。企业是经济建设的发展主体，也是环境污染的治理主体、环境信息的公开主体、环境损害的赔偿主体，同时还是绿色项目的投资主体、绿色技术的研发主体、绿色产业的推动主体和绿色供应链的责任主体。所以要培育企业的社会责任感，不仅要依规依法做好自身的治污减碳工作，还要支持社区的生态环保事业。在政府、企业和社区之间建立友好的合作伙伴关系。

（4）完善社会治理机制，构建政府、社会、个人共同责任担当的治理机制。

第一，政府和企业都要依法公开环境信息，建立新闻发言人制度，及时向社会和社区发布重大环境信息。

第二，政府要畅通公民有关环境保护诉求渠道，完善 12369 环保热线、信访、行政复议等为民机制，及时解决公民的合法环境诉求。

第三，健全包括传统媒体、新媒体在内的媒体监督机制，惩恶扬善，弘扬环境保护的正能量。

第四，加强重大项目和重大环保事件的利益相关方的社会化协商机制，公平公正地处理环境纠纷。

第五，建立有关环保事件和环保决策的第三方独立监测、评估、监督的机制，充分客观反映问题，为政府决策提供咨询。

第六，完善环保社会诚信体系。有关部门要持续向全国信用信息共享平台推送有关企业的行政处罚、行政许可等环境信息，推动商业银行将按日计罚、行政拘留等重大行政处罚文书纳入信贷审批和贷后监管流程，实现"一处违法、处处受限"，其目的是促使企业自觉守法。

（五）依靠科学技术进步解决污染问题

生态环境科技进步是深入打好污染防治攻坚战和推动经济社会高质量发展的基础支撑，未来要加强构建生态环境科技创新体系，具体措施有以下几点：

（1）实现绿色发展模式创新，通过创新为绿色经济发展注入新的驱动力，积极探索绿水青山转化为金山银山的有效路径，破局产业生态化和生态产业化实现模式。

（2）实现生态环境治理理念创新，采用基于自然的解决方案（NbS），减少人为干预；强化激励机制、约束机制，推动变革形成多元共治的生态环境协同治理体系。

（3）实现生态环境科研方法创新，用系统的、多要素相互联系和相互作用的观点去研究、认识生态系统，加强源头治理、系统治理、整体治理和协同治理。

（4）实现多技术融合创新，通过融合大数据、人工智能等新一代信息技术，快速识别、精准溯源、迅速解决，提升生态环境智能监管能力。

（六）加强生态环境保护能力建设

切实提升生态环境治理能力主要聚焦于以下几方面：大力推进大数据等数字技术与生态环保工作深度融合，加大现代化信息技术在生态环境监测领域的作用，确保数据"真、准、全"。广泛应用卫星遥感、热点网格、走航监测等"空天地"一体化新技术新装备，推广信息化、高效化的监管执法工具，将非现场监管作为日常执法检查的重要方式，用科技的手段化解基层治理人力、物力不足等难题，全方位提高生态环境部门发现问题、查出问题和解决问题的能力。

（七）加强环境政策创新和改革

生态环境政策是生态环境保护的动力系统，因此未来必须坚持和深化环境政策创新和改革，具体要求有以下几点：

（1）推进统一生态环境监管执法，强化区域流域海域监管，加强自然保护地监管；推进实现统一生态环境保护执法。

（2）强化生态环境政策执行能力，建立生态环境政策评估机制，探索重大环境政策第三方机制，探索多元评估主体有序参与机制；建立生态环境保护重大政策评估技术体系，研究基于费用—效益等分析方法的生态环境政策评估技术，建立重大政策制定和实施的费用效益及经济社会影响评估技术指南。

（3）健全绿色金融政策体系，加强绿色金融产品与服务创新，构建绿色金融风险评估与管理机制，健全绿色金融改革的法律保障，深化绿色金融国际交流合作。

（4）健全生态环境空间管控政策，推进建立生态环境空间前置政策机制，完善"三线一单"政策，推进以生态保护红线和自然保护地为重点的重要生态空间常态化监管。

（5）建立健全碳达峰政策体系。建立城市碳达峰的考核引导和激励政策体系，实施二氧化碳排放总量和强度双控，积极推进碳金融创新助力减碳融资，推动城市梯度实现碳达峰。

（6）加强生态保护政策。建立健全自然保护地管理体系，实施自然保护地分类分级监管，强化生物多样性保护政策制定与实施。

参考文献

刘炳江：《加强 PM2.5 和臭氧协同控制　深入打好蓝天保卫战》，《中国环境监察》2021 年第 12 期。

张倩：《生态环境部总工程师、水生态环境司司长张波专访："十四五"水质改善"稳"字当头》，《环境与生活》2022 年第 8 期。

魏奕斌：《我国中央环保督察制度研究》，硕士学位论文，中共广东省委党校，2022 年。

於方、曹国志、齐霁等：《生态环境风险管理与损害赔偿制度现状与展望》，《中国环境管理》2021 年第 5 期。

么新、熊天煜、郭文婷等：《中国生态环境科技创新体系建设研究》，《中国环境管理》2020 年第 6 期。

卢青、郭鑫鑫、郑石明：《政府环境治理能力：影响因素及其评价体系》，《湖南师范大学社会科学学报》2020 年第 2 期。

董战峰、葛察忠、贾真等：《国家"十四五"生态环境政策改革重点与创新路径研究》，《生态经济》2020 年第 8 期。

王彬、程翠云、杜艳春等：《"十四五"时期绿色金融的改革思路与重点任务》，《环境保护》2022 年第 5 期。

杨朝飞：《探索与创新——杨朝飞环境文集》，中国环境科学出版社 2013 年版。

杨朝飞：《可持续发展之路上，银行可比肩同行》（推荐序一），载兴业银行《赤道原则与银行可持续发展》课题组《从绿到金》，中国环境科学出版社 2017 年版。

中国工程院、环境保护部：《中国环境宏观战略研究》，中国环境科学出版社 2011 年版。

绿色经济发展与政府支持模式策略与建议

张　良[*]

最近 10 年以来，各国绿色经济蓬勃发展，成为全球大趋势，带动了就业增长、经济增长和环境改善，并对全球政府层面的群体治理产生了积极影响。

一　绿色经济与传统经济的差异

（一）绿色经济的概念

根据联合国环境规划署的绿色经济通用定义：绿色经济是以低碳排放、资源高效率使用、社会包容和财富公平为特征的经济形态，目标在于降低环境风险，保护生态多样性和稀缺资源，确保不会危及子孙后代的可持续发展需要。

与之相对应，不符合绿色经济发展三大特征的经济活动，称为传统经济，国际上也称为褐色经济（Brown Economy）。

（二）绿色经济与传统经济的差异

绿色经济是对传统经济负面效应深刻反思的结果，是人类经济活动从目标到手段，再到社会分配公平性的系统升级。绿色经济以可持续发展模式和可持续发展的经济活动为优先目标，同时追求人类社会福利的公平和效率。传统的褐色经济则不以保护环境资源的可持续性经济活动和发展模式为优先考虑，大量依赖化石能源，对环境产生污染和排放大量温室气

* 张良，中国生物多样性保护与绿色发展基金会绿色企业工作委员会首席经济分析师，主要研究方向为产业经济、产业分析等。

体，同时经常会为追求利润增长而牺牲社会福利和社会公平。它们的差异，如表1所示。

表1 绿色经济与传统经济的差异

差异		传统经济	绿色经济
增长手段	增长方式	对资源无节制地消耗	保护资源的前提下实现经济增长
	能源结构	大量消耗不可再生化石能源	以可再生能源为主
	资源利用	高强度消耗不可再生能源和矿产资源	能源效率、资源效率高
	排放强度	大量排放温室气体	清洁生产，低排放或零排放、负碳排放
经济目标	生物多样性	破坏生物多样性	保护生物多样性
	社会公平	不同地域、当代与下一代、不同社会群体间不公平	跨地域、跨代际、跨族群的公平性
	消费理念	无节制地过度消费	注重可持续发展的消费
	社会和谐贡献	破坏社会和谐	促进社会和谐

资料来源：根据波兰弗罗茨瓦夫经济大学 Ryszawska 教授 2013 年发表于研究之门网站的论文整理，https：//www. researchgate. net/figure/Green - economy - versus - modern - brown - economy_ tbl1_ 325897369。

（三）政府服务绿色经济的目标与支柱：效率、和谐、可持续

2018 年诺贝尔经济学奖获得者、《绿色经济学》作者威廉·诺德豪斯指出，服务于绿色经济的政府善治具有四大支柱：

一是指引人与人之间关系的法律体系，保证健康而公平的秩序；

二是培育发达的私人商品市场，以效率和效益为原则提供丰富多彩的私人商品；

三是解决公共产品或外部性的方法，比如解决污染与传染、资源枯竭等负面溢出效应，以及知识与科技推广带来的正面溢出效应，确保自然资本与人力资本可持续的发展基础；

四是政府保证制度上的平等，以确保各参与者能够获得经济和政治上平等的机会和结果，促进社会和谐。

二 发展绿色经济实现制造强国的基础条件与挑战

（一）中国发展绿色经济实现制造强国的基础条件

1. 自然资本——人均资源贫乏的资源劣势

过去十几年来，中国的经济发展过程中，形成了多数自然资本高度依赖进口的状况（见表 2），供应链风险巨大。

表 2　　　　　　　　　　中国资源进口依赖度一览

自然资源种类	2021 年消费量	2021 年进口依存度
原油	7.12 亿桶	72%
天然气	3739 亿立方米	45.1%
铁矿石	14.2 亿吨	79.15%
精炼铜	1422.9 万吨	76%（2020 年数据）
锰	3161 万吨	95%
钴	9.2105 万吨	99%
铀矿石	9563 吨	70% 以上
氦气	2127.8 万立方米	97%

资料来源：根据国家统计局、海关总署及自然资源部相关资料整理。

随着中国经济的发展，上述资源的消费量和进口量持续增长，供应链体系非常脆弱，极易受到全球贸易战和地区冲突、汇率动荡、大宗商品价格波动等不利因素的影响。

从资源总量看，中国是一个资源大国，品种丰富，一些重要资源拥有量位居世界前列。但从人均资源占有量看，中国又是一个"资源小国"，超过 45 种资源低于世界平均水平。其中人均淡水资源量只有 2200 立方米，是世界人均占有量的 1/4。中国人均耕地面积仅 1.43 亩，不到世界平均水平的 40%。化石能源资源人均储量仅为世界平均水平的 50%；人均石油储量仅为世界平均水平的 11%；天然气仅为 4.5%。主要矿产资源人均占有量仅为世界平均水平的 58%。①

---

① 人力资源和社会保障部：《2021 年度人力资源和社会保障事业发展统计公报》，2022 年。

2. 人力资源资本——人力资源大国与人才资源弱国

中国人口众多与人才资源不足并存。截至 2021 年中国就业人口 7.46 亿人，有大学文化程度的人口超过 2.18 亿人，全社会占比为 24.9％。2018 年，加拿大 25—64 岁人口中，大学学历占比就超过 56％，日本超过 50％，美国超过 45％，韩国也超过 46％。① 与上述发达经济体相比，在一定意义上说，中国是人力资源大国，却不是人才资源大国。

3. 人造资本——数量与质量持续提升但人均不足

人造资本，包括工具、设备、流程、厂房设施与基础设施。

中国在高铁、高速公路、"一带一路"跨境铁路尤其是连结东南亚与欧洲的亚欧铁路网建设方面，成就巨大。在 5G 网络、特高压输变电电力输送和供应网络建设方面，实现了村村通和持续供电、稳定供电，同时电力成本负担相对低廉。

在工具与装备制造领域，中国实力也不断追赶国际领先水准，在先进制造业国际学习曲线效应下，中国积累了后发优势，在部分领域，如隧道掘进设备、激光陀螺仪、伽马刀、突破 0.01mm 的铣刀、不锈钢箔材、磁悬浮空调、数控机床、航空发动机、先进柴油机、传感器、新能源电池、太阳能板等领域不断接近和赶超国际先进水平。

芯片技术也不断获得进展。但在尖端芯片、光刻机、光刻胶、手机射频器件、工业软件、工业检测设备、高端工业材料、根服务器、浏览器内核、真空蒸镀机等领域，仍面临国际"卡脖子"威胁。

同时，先进设备、工具、设施、技术的社会分配不均，大量农业个体、实体，尤其是传统产业的中小企业，先进人造资本严重不足。

4. 金融资本——总量日渐充裕，人均仍有差距

经过 40 多年的发展和积累，中国金融资本总量持续增长，规模巨大。2022 年 9 月末，社会融资规模存量为 340.65 万亿元，同比增长 10.6％。② 境外直接投资仍然活跃，2022 年前 9 个月，中国大陆直接使用外资 1553 亿美元，仍然居于世界前列。2022 年 9 月中国人均现金存款资产 8.26 万元，美国、日本同期约为 6.2 万美元，中国人均存款约为美国和日本人均存款的 19％。

---

① 资料来源：OECD（经济合作与发展组织）数据库。
② 资料来源：中国人民银行网站。

5. 社会组织资本——效率仍有空间

与其他机构和组织协作服务于人力资本增值和开发的机构称为社会组织资本，包括家庭、社区、企业、学校、公共服务机构、协会等。

中国拥有 3013 所大学①，总量世界第二，人均占有量低于美国。科研院所共计 458 家，其中中央级科研院所 259 家，国家级科研院所 199 家。

截至 2022 年 9 月底，中国各类企业超过 4956 万家，其中"四新经济"企业 2300 万家。就企业总量来说，中国世界排名第一。这是中国绿色经济的主力军。

中国输送各类绿色经济紧缺专业人才的社会组织，仍然有待加强。

（二）中国发展绿色经济实现制造强国的主要挑战

中国发展绿色经济，实现制造强国，面临 5 个内部挑战和 5 个外部挑战，如表 3 所示。

表 3　　　　　　　　**中国发展绿色经济的内部和外部挑战**

序号	内部挑战	外部挑战
1	人口老龄化，老龄人口超过 2.67 亿人并不断增长	美国及其盟国的打压、围堵、市场禁入、产业脱钩及各种阻挠破坏
2	青年人生活成本高企，结婚生子意愿降低	越南、印度、孟加拉国等发展中国家的竞争加剧，订单分流，就业减少
3	工资、租金和物价上涨增加成本压力	高端产业迫切需要解决与美国、德国、日本、韩国等国的竞争定位，以及商业模式创新突破
4	人口出生率下降，劳动力增长减缓	国际大宗商品定价权被垄断资本操纵，供应链体系脆弱，原材料成本剧烈波动
5	关键绿色人才资本短缺	国际贸易保护主义和民族主义抬头，贸易和投资摩擦加剧

上述种种因素，靠市场、产业和企业本身完全无法克服，对政府支持的方式和力度提出了迫切需要。

---

① 资料来源：教育部网站。

三 绿色经济发展的政府支持模式与路径研究

关于如何发展绿色经济，一些发达国家已经部分实现了绿色转型，积累了成功经验。联合国也从全球视角，对绿色经济和绿色转型提出了系统建议。这里对绿色经济发展的政府支持模式做一些比较研究。

（一）绿色经济核心战略——绿色制造大国战略

发展绿色经济，绿色制造始终是重点领域。各制造强国纷纷提出了提升绿色制造标准及竞争力的国家级战略规划。

在绿色制造技术创新方面，为了进一步提高数字化工厂水平、能源和材料的利用率，2012年美国提出了到2020年材料消耗量降低15%、能耗降低75%的目标（见表4）。德国启动"绿色竞争力理念"（Blue Competence），对战略支柱产业的机电产品要求机床减重50%以上、能耗降低30%—40%、报废机床100%可回收等。

绿色制造技术水平直接体现为制造业的可持续发展能力，研究开发绿色制造技术成为发达国家技术创新的重要内容。美国将其列为《先进制造伙伴计划2.0》中11项振兴制造业的关键技术之一，德国将"资源效率（含环境影响）"列为"工业4.0"的八大关键领域之一。英国《未来制造》中提出，实施绿色制造，提高现有产品的生态性能、重建完整的可持续工业体系、实现节约材料75%、温室气体排放减少80%的目标。

表4　　　　　美国、英国、德国三国绿色制造关键指标体系一览

	材料消耗指标	节能减排	循环回收
美国	2020年降低15%	2020年能耗降低75%	2030年50%可回收
德国	机床减重50%以上	能耗降低30%—40%	报废机床100%可回收
英国	节约75%	温室气体排放减少80%	2050年达到100%

资料来源：《欧美国家如何发展绿色制造》，《中国环境报》2016年10月13日。

（二）绿色经济政府支持体系国际比较研究

世界上，美国、德国、日本、韩国等国，在绿色经济发展领域，各自积累了系统的成功经验。我们可以借助 PESTLE 框架工具，做一些比较分析，以便博采百家之长为我所用。

1. 美国发展绿色经济的政府支持模式

（1）立法促进绿色经济

近些年，为应对气候变化，促进绿色发展，美国政府推出了大量政策措施，推动经济绿色转型。政策层面，为降低能耗，美国先后颁布了《国家节能政策法规》《国家家用电器节能法案》《国家能源政策法 2005》《美国复苏与再投资法案》和《美国清洁能源与安全法案》。

（2）观念转变

把节能减排的挑战转变为发展绿色经济、实现复苏的机遇。

奥巴马政府执政以来，积极宣传化危为机的全社会思想转变，大力推动绿色经济发展。

（3）发展清洁能源及相关设备制造业

奥巴马政府在 2011 年的预算中，为推动清洁能源转型拨款投资清洁能源的基础研发。同时，美国大力发展清洁能源设备制造业，并把以下产业作为国家竞争力和产业投资重点：风力发电机、太阳能电池板、电动汽车、电池、清洁能源的其他组件的制造能力。

（4）开发负碳科技及低碳能源

直接降低大气中的二氧化碳相关技术称为负碳科技，美国在碳捕集与封存技术（CCS）领域加大投资力度，主要集中于这些技术的核心研究、开发以及示范等领域。

（5）建立碳排放检测和统计网络

欧美国家坚信没有衡量就无法掌控的管理法则。从 2010 年开始，美国就开始监测、收集和统计多个部门（例如，发电机和水泥制造）的精确排放数据。这些统计结果，为各项政策提供了重要依据。

（6）建立温室气体排放市场核算和交易机制

美国对于温室气体排放建立了总量控制目标，辅之以立法监管和排放权交易机制。

（7）政治上建立国际减排协作机制

国际合作统一行动在碳减排中异常重要。为实现这一目标，美国政府正积极与主要发达国家和新兴经济体建立合作，共同努力减少温室气体排放、降低排放强度、促进经济发展。

2. 德国发展绿色经济的政府支持模式

自 2007 年起，绿色行业占德国 GDP 的比例就不断增长，2016 年对德国 GDP 的贡献率为 15%。

（1）确定六大市场

德国确定了环境技术与资源效率领域的六大先导市场，它们分别是能源效率，环境友好型能源生产、存储及分配，可持续交通，资源和原材料利用效率，可持续水经济和循环经济。

（2）国际市场导向

德国锁定国际市场需求，加大绿色环境科技和资源效率科技的研发和产业培育。2016 年，德国经济对全球经济的贡献率为 4.6%，而德国企业在环境技术和资源效率领域的世界市场占有率为 14%。德国出口中国的绿色技术中排名前五的是电力储存、混合驱动器、发电和配电设备生产、内燃机效率提高技术、测量和控制技术。

（3）通过系统创新培育产业领先优势

德国绿色企业在国际上获得成功的关键因素，是借助系统性集成开发，培育出其在机器人、数字化产品、虚拟系统和系统解决方案方面的领先实力。

（4）确立可持续交通龙头产业地位

德国结合本国交通装备制造实力和产业基础，把可持续交通作为未来绿色增长及出口创汇龙头产业。

（5）保护和扶持专精企业

德国注重保护和扶持各类专业化程度极高、国际市场竞争力强大的中小企业，它们也就是被称为"隐形冠军"的专精企业。

（6）借助智库提供战略规划指引

政府借助顶级产业智库如罗兰·贝格咨询机构为绿色经济和绿色制造企业提供战略规划指引，在罗兰·贝格的策略指导下，德国政府和产业界确立了以数字化转型战略作为增长重点，同时努力进行商业模式创新和客户体验创新。

3. 日本发展绿色经济的政府支持模式

日本是一个资源匮乏的国家，其资源主要依靠进口，国际资源的波动对日本经济影响很大。资源的匮乏加上国土狭窄和人口密集的环境条件，迫使日本政府积极改变经济发展模式。

（1）立法

1950—1970 年日本经济高速发展，高排放高污染导致环境公害高发，日本成为世界头号"公害国"。日本政府随后把解决公害问题提到了议事日程，制定了多项公害防治法，如《公害对策基本法》《废弃物处理法》等。

（2）包含经济科技及政策设计的政府绿色增长战略

日本政府于 2020 年 12 月 25 日通过绿色增长战略，宣布日本 2050 年实现碳中和目标的进度表。日本绿色增长战略涉及能源和运输等 14 个重点领域。日本政府预计，到 2030 年该战略每年带来的经济效益将达到 90 万亿日元（1 美元约合 103 日元）。日本政府计划以低碳转型为契机，带动经济持续复苏。

（3）政策制定

日本高度重视减排，主导建设低碳社会。日本各届政府一直在宣传推广节能减排计划，主导建设低碳社会。2009 年 4 月，日本公布了名为"绿色经济与社会变革"的政策草案，目的是通过实行削减温室气体排放等措施，强化日本的"绿色经济"。

（4）与龙头企业合作

日本政府以丰田、日产、三菱、索尼、川崎电机、欧姆龙等龙头企业作为研发和绿色制造产业繁荣的领军企业。

（5）平台发达

日本的企业享有日经新闻集团、野村综研、大和证券研究所等顶尖产业科技和信息平台的公共产品服务，政府与平台经常举办各类论坛和展览、学术交流，推动国际与产业间的合作，促进先进科技与先进理念的普及应用。

（6）政府转移支付与国内市场保护

日本政府除以财政拨款、转移支付、政府采购支持绿色经济与绿色科技之外，还对绿色经济的脆弱产业提供各类保护政策，比如市场准入。

海外绿色产品，尤其是农产品，只能通过三井物产等指定的日本国内经销商及其经销体系进入日本市场，并符合日本制定的高标准检验检测体系要求。

（7）国民绿色消费与绿色生活文化

日本政府对国民绿色理念的普及宣传，从文化、教育、培训和宣传等领域积极引导，加上国民教育素质较高，节能减排、循环利用等绿色理念成为国民文化共识。

4. 韩国发展绿色经济的政府支持模式

2020年10月28日，韩国政府宣布了要在2050年之前实现碳中和的目标。

（1）确立战略愿景

根据"2050年韩国碳中和愿景"，首先，韩国政府将致力于在产业、经济、社会等各领域大力推进碳中和，将主要能源供应来源转换为可再生能源，培育可再生能源、氢能源、能源 IT 三大能源新产业。其次，韩国将努力打造低碳生态体系，支持在低碳新产业中具有潜力的企业抢占世界市场，扩大原料、产品、废弃物的回收利用，打造能耗最低化的循环经济。

（2）选定战略技术

韩国科技部综合考虑产业全球竞争力、对新产业的影响力、外交与安全价值、取得成果的可能性等因素选定了12项战略技术。具体包括半导体和显示器、二次电池、高科技出行、新一代核能、高科技生物、宇宙太空及海洋、氢能源、网络安全、人工智能、新一代通信、高科技机器人和其制造技术、量子技术。

（3）加强研发投资力度

为了进一步推动产业发展，政府将把相应技术的研发投资额从2022年的3.74万亿韩元增加约10%至4.12万亿韩元（约合人民币210亿元），并将在2023年的预算中为系统半导体、小型模块化反应堆（SMR）、5G 开放式无线接入网络（Open RAN）、量子计算与传感器等技术研发划拨2651亿韩元。

（4）重视制度建设

在法律方面，韩国政府将制定《国家战略技术特别法》，构建战略技术指定和管理体系等制度基础，加大支援力度。

韩国政府在支持产业共性技术研发方面形成了系统流程，从法律保障、激励政策、财政预算、公共技术政府优先采购和企业受让、政府退出等系列环节都形成了高效率而又规则透明的流程体系。

四 绿色经济发展前景展望

到 2035 年，中国中等收入人群（月收入 2000—5000 元）将会达到 8 亿人；到 2035 年，中国将有望实现 GDP 规模或城乡人均收入水平在 2020 年的基础上翻一番，人均 GDP 有可能达到 2.2 万美元（约合人民币 14 万元），甚至更高。摩根大通 2017 年预测，中国国内消费 2030 年有望达到 9.2 万亿美元（超过 60 万亿元人民币）（见表 5），服务业将达到 12 万亿美元的规模。

表 5   2035 年中国经济各类指标预测

经济指标	预测值
总人口	14.5 亿人
GDP 总量	200 万亿元人民币以上，两倍于美国 GDP
人均 GDP	2.2 万美元
中国居民人均财富	约 150 万元人民币
GDP 年均增长速度	5% 上下
中等收入群体人口总量	8 亿人
国内消费市场规模	超过 60 万亿元人民币
服务业规模	超过 12 万亿美元（80 万亿元人民币以上）

资料来源：根据党的二十大工作报告、中国社科院金融研究所发布的《中国国家资产负债表 2020》、摩根大通中国经济预测蓝皮书、澳新银行中国 2035 预测报告等系统整理。

2035 年，中国农业与农村领域的绿色就业，将会成为社会稳定和财富增长的引擎之一。国家规划的绿色经济增长引擎、战略创新产业中，新材料、新能源、新装备、新医药这四个高新产业被定义为"四新产业"，政府给予了空前重视和充分支持。而农业与农村担负着为 14 亿以上居民提供食品、为"四新产业"提供原材料、为其他工业部门提供基础原材料的重任。

第二产业仍然是国家竞争力的核心命脉，担负着科技创新、装备升级、财富创造和就业安置的重大责任。绿色制造的重点方向是数字化、智能化、网络化和系统集成化。工信部等八部门对智能制造 2025 年必须实现的三个具体目标做了规划。

一是转型升级成效显著。70%的规模以上制造业企业基本实现数字化和网络化，建成 500 个以上引领行业发展的智能制造示范工厂。制造业企业生产效率、产品良品率、能源资源利用率等显著提升，智能制造能力成熟度水平明显提升。

二是供给能力明显增强。智能制造装备与工业软件技术水平和市场竞争力显著提升，市场满足率分别超过 70% 和 50% 。培育 150 家以上专业水平高、服务能力强的智能制造系统解决方案供应商。

三是基础支撑更加坚实。建设一批智能制造创新载体和公共服务平台。构建适应智能制造发展的标准体系和网络基础设施，完成 200 项以上国家、行业标准的制修订，建成 120 个以上具有行业和区域影响力的工业互联网平台。

第三产业领域，绿色金融、绿色旅游、康养产业将成为三个数万亿体量的增长极。同时，绿色交通服务也将成为中国具备全球竞争优势的出口支柱产业。

五　政府支持绿色经济发展的策略建议

2005 年，英国作家、环境保护专家乔纳森·波利特（Jonathon Porritt）在绿色经济学的基础上，进一步提出了基于可持续发展的五类资本思维框架，如图 1 所示。

乔纳森·波利特指出：整个地球和人类社会形成自然资本、人力资本、社会组织资本、金融资本和人造资本五类资本相互影响相互依存的系统；基于人类社会的可持续发展，任何组织及企业机构都可以借助这五类资本的系统框架来提供产品和服务；任何组织都必须维持并尽可能地强化上述五类资本的存量，而不是大量损耗这五类资本，或者降低它们的品质。

"绿色经济"既是指具体的一个微观单位经济，又是指一个国家的国民经济，甚至是全球范围的经济。为实现全人类的共同发展和可持续发展，唯一的途径是在全球范围内走绿色发展道路，发展绿色经济。对比美、德、日、韩等国的绿色经济发展政府支持体系，结合中国绿色经济发展的主要挑战和机遇，提出如下建议。

图 1　可持续发展的五类资本框架

资料来源：未来论坛组织官方网站，https：//www.forumforthefuture.org/the－five－capitals。

（一）以五类资本框架更新政府绩效核算和评估体系

中国绿色经济和中国式现代化，依赖于青山绿水等自然资本、广大群众的勤劳和智慧等人力资本、厂房设备和基础设施等人造资本，以及金融资本和社会组织资本，遵循"开发需求、降低成本、加大动力、协调一致、宏观有控"五项准则不断积累、循环投入，形成可持续发展的良性增量循环。

中国已经在审视和构思新的政府治理绩效考评体系，需要强化的是自然资本、社会组织资本的重要地位，并以五类资本体系为理论指导建立新的成本核算体系和绩效增量指标考评体系。

（二）政府角色定位的积极创新

社会各界对政府如何参与和干预经济发展，贡献了大量理论和框架。在金融危机波及全球、新冠疫情导致全球性衰退的经济萧条时期，对政府积极干预和主动参与绿色经济发展的呼声日益高涨。除了传统的七大职能之外，建议政府强化以下角色：

第一，采取积极行动帮助居民作出绿色消费、可持续发展的决策者；
第二，社会公共设施、社会整体变革和进步的设计师和引擎；
第三，创新模式、创新系统、创新科技的试错先行者；
第四，未来市场失灵和过度市场化导致负面外部效应的积极预防者；
第五，跨部门、跨区域、跨国界的积极协调者和组织领导者。

（三）产业全球竞争策略的群体思考智囊

中国历届政府善于倾听社会各界尤其是顶级智库的声音。在中国绿色制造高科技产业崛起之时，来自传统制造强国的竞争和贸易保护争端日益激烈。建议政府在如何处理中国大型国有企业、民营龙头企业与跨国企业500强的竞争关系与合作模式方面，扮演积极的角色，把跨国企业变成国有企业和民营经济的合作伙伴，共同促进中国和世界绿色经济的可持续繁荣。

（四）政府资金的管理模式创新

如何更有效率、更为透明地管理和增值政府基金，培育绿色产业，开发绿色人才和就业机会，提高国民收入，是世界性难题。挪威主权基金、新加坡政府主权基金、沙特主权财富基金等提供了丰富的经验和教训。建议政府以企业化管理方式打理部分财政资金的具体使用。同时在领袖人才培养和筛选、增量绩效考评、科学监管等方面完善治理体系。

（五）变资金扶持为科技扶持和市场订单扶持

中国绿色农业、绿色食品、绿色医药、绿色旅游、绿色健康、绿色制造等产业，最大的瓶颈是广大中小企业和个体农户缺乏有竞争力的科技和设备资本。国家每年投入大量资金进行扶贫和产业扶持，但效果不明显。建议政府参考韩国的公共科技研发和采购、产业扶持及政府退出体系，成立科技扶持企业化管理组织机构，面向国内外市场高效率采购科学技术或先进装备，对国内各类相关产业进行大面积的科技扶持。

同时，国内众多绿色经济产业部门，在流通环节存在有效需求不足的阶段性瓶颈。在2002—2012年，荷兰中央和地方政府、农业和物流业企业以及学术和研究机构通过三方合作成立"农业物流平台"，用于扶持示范性项目、开发新型物流工具和向企业提供技术咨询，其中政府主要提供战略指导、基础设施保障和资金支持，具体项目规划和执行由企业和研究机构合作完成。2012 年之后升级为"农业物流网络"。建议政府积极发挥国有经销主体的主力作用，建立高效、公平、可持续的绿色产业物流体系。

（六）积极主导和掌控全球市场

大量就业和高质量就业，仅仅依靠国内市场是不够的。全球市场能够带来国内市场 3 倍以上的销售机会和就业机会。目前国内大量企业仍然停留在订单经济的阶段，国际市场主导能力脆弱。以圣诞用品为例，2009 年、2020 年、2022 年圣诞节前夕，浙江、广东等外贸出口企业的圣诞用品订单多次遭遇 30%—50% 的暴跌，订单连年外流。对于欧洲市场、北美市场，以及东南亚和拉美、非洲、中东等区域性大市场，中国企业既没有掌握微笑曲线的科技研发端，也没有掌握零售分销端。取得外部市场的主导权，需要国际化视野的高能力产业领军人才发挥积极的领导力，也需要一定程度的政府积极参与。

中国"一带一路"已经用交通线打开了亚欧一体化的新篇章，中国绿色经济，还需要更多自主掌控的全球性和区域性零售分销平台。

参考文献

［美］威廉·诺德豪斯：《绿色经济学》，中信出版集团有限公司 2022 年版。

纪玉山、刘元胜：《中日循环经济：比较、借鉴与合作》，《黑龙江社会科学》2009 年第 2 期。

Jonathon Porritt：*Capitalism as if the World Matters*，Taylor & Francis Ltd. 2005.

碳达峰碳中和框架下的产业发展模式

唐人虎　陈　曦[*]

一　"双碳"认知

"双碳"目标已写入我国"十四五"规划和2035年远景目标，成为一项长期重要国策，将引领"一场广泛而深刻的经济社会变革"。党的二十大报告指出"我们要加快发展方式绿色转型，实施全面节约战略，发展绿色低碳产业，倡导绿色消费，推动形成绿色低碳的生产方式和生活方式"，并提出"积极稳妥推进碳达峰碳中和，立足我国能源资源禀赋，坚持先立后破，有计划分步骤实施碳达峰行动，深入推进能源革命，加强煤炭清洁高效利用，加快规划建设新型能源体系，积极参与应对气候变化全球治理"。从战略角度来讲，中国实现碳达峰、碳中和，首先要认识到这件事的重要性和紧迫性，在以下几个层面提高认识。

"四度"即高度、广度、深度、密度。第一个度是高度。全球升温是客观存在的事实，建成"双碳通天塔"已经上升到了全球人类命运的高度。世界各国就应对气候变化，实现净零排放目标已经达成共识，中国努力实现碳达峰、碳中和是在做一件具有世界级高度的事情。第二个度是广度。"双碳"一词如今在各地区、各行业的生产生活中频繁出现，可见落实"双碳"目标的过程是一场广泛而深刻的经济社会系统性变革。第三个

* 唐人虎，碳排放权省部共建协同创新中心特聘教授，北京中创碳投科技有限公司董事长、名古屋大学—中创碳投碳中和创新联合实验室中方主任、国家发改委自愿减排（CCER）项目及清洁发展机制（CDM）项目审核理事会专家，主要研究方向为能源科技、气候变化等；陈曦，博士，高级工程师，北京中创碳投科技有限公司投融资事业部副总经理，中欧碳市场能力建设专家库成员，山西省发改委、山西省生态环境厅专家库成员，主要研究方向为低碳经济、工业节能等。

度是深度。落实"双碳"目标需要实实在在的减碳量目标。从 2℃ 的温度目标，到浓度目标，再到具体的能源转型目标，目标不断细化、深化。最后一个度是密度。实现"双碳"目标要有可复制、可规模化推广、形成新产业的发展方式。

在实现碳达峰碳中和的过程中，要算清"五本账"。第一个是经济账，经济账本是核心账，是实现可持续发展的必要条件。第二个是能源账，实现"双碳"目标的过程需要能源系统实现深刻的转型变革，算清能源账对于维持稳定生产生活至关重要，也与第三本安全账息息相关。安全账也是基础账。另外还有两本增值账本，即民生账、生态账。落实"双碳"目标，实现绿色高质量发展的同时也要提升居民生活水平、保障环境质量。

二　面临问题

实现碳达峰碳中和是一场广泛而深刻的经济社会系统性变革，覆盖能源、工业、建筑、交通、农业、林业等多个行业和领域，涉及经济政策、数据体系、技术创新、市场机制、法规标准等各类要素。地方是实现碳达峰碳中和的主战场和重要载体，要坚决扛起碳达峰、碳中和责任，目前产业转型发展是地方推进"双碳"工作的重要内容，多数省份仍面临着顶层设计不完善，全面绿色转型难度大，资金、人才、技术等关键要素支撑不足等一系列实施问题。

（一）地方顶层设计不完善

目前国家正在加速构建碳达峰碳中和"1＋N"政策体系，多数省份出台了碳达峰碳中和工作意见，制定了达峰总体实施方案，而分领域碳达峰方案研究进度相对滞后，市级层面"1＋N"政策体系推进工作更为缓慢。另外，受地方认识和能力的局限，有些地方难以制定出切合实际的产业发展目标，转型实施路径和实施方法适用性不足，为今后的经济增长和能源安全带来隐患。

（二）全面绿色转型难度大

目前我国多数地区仍处于工业化中后期阶段，"三高一低"产业占比高，传统产业发展锁定效应和路径依赖依然突出，承接高碳产业转移的同时亟须加快脱碳改造；战略性新兴产业短期内难以替代传统产业成为地方经济发展的新增长极，新动能培育在顺应工业体系调整、稳增长保就业的宏观环境中面临一系列客观压力，经济转型存在"阵痛期"。同时，"一煤独大"特征明显，可再生能源稳定性、电网安全性等问题亟待解决，在坚守能源供应底线、保障能源安全的前提下，能源转型变革难度大。

（三）关键核心要素支撑不足

"双碳"目标下的产业转型发展是对地方政府治理体系和治理能力现代化的一场大考，涉及数据服务能力、投资能力、人才储备、技术创新等诸多方面。

第一，准确可靠的数据是实现产业发展目标的基础，目前我国虽已初步建立了碳排放核算方法，但地方执行层面仍存在基础统计数据不完善、碳排放核算结果缺乏年度连续性、碳排放数据对政府科学精准决策支撑力度有限等现实问题，地方"双碳"数据服务能力亟待提升。

第二，"双碳"战略带来的产业转型发展将产生巨大的资金缺口，迫切需要利用杠杆效应撬动更多社会资金进入，而多数地方政府尚未建立稳定的投融资渠道和组织监管机制。

第三，地方产业发展工作的推进急需顶层设计、技术科研、运营管理等多方面的专业人才，而受到区位、政策机制、教育资源等因素限制，多数地区难以依靠自身力量搭建相应的智库体系，面临"回引人才难""留住人才难"等问题。此外，地方层面普遍存在零碳负碳技术研发能力弱、推广应用难、市场预期不确定等问题，单凭"一己之力"实现经济社会发展全面绿色转型的难度较大。

（四）产业集群基础仍显薄弱

我国诸多地区已经打造形成标志性的战略性新兴产业集群，但是各地在打造产业集群方面还存在一系列突出问题，距离实现高质量集群式发展的基础仍显薄弱。一是部分地区集群发展空间受限。突出表现在北京、上海、深圳等一线城市，可供开发的土地空间受限，对部分战略性新兴产业集群的壮大发展形成了明显限制。二是引领型标志性重大项目储备不足，尚未形成集群式、互补式发展态势。一方面，龙头企业缺乏对上下游企业的整合能力和引领带动作用，没有形成完整的产业链条，导致各企业之间缺乏有效的分工协调，产业组织不够强。另一方面，中小企业往往规模较小，其产品集中在中低端，高技术含量、高附加值、竞争力强的产品相对较少。

（五）产业链安全保障有待提升

在新冠疫情叠加世界政治经济格局加速重构的影响下，国际分工体系全面调整，关键环节的国际竞争壁垒将加剧，我国在关键核心技术和"卡脖子"环节上的短板问题越发突出，对产业链安全稳定带来严重隐患。"十三五"时期，我国部分龙头企业遭受了关键核心技术"断供"的巨大负面影响，预计"十四五"时期仍无法避免该类风险。因此，需要进一步集中优势资源，在重点领域加快突破一批关键核心技术，助力提升我国新兴产业产业链关键环节、关键领域、关键产品的安全保障能力。

三　发展模式

为抓住"双碳"产业机遇，把握新的经济增长点，高质量实现"双碳"目标，建议以线下园区/楼宇空间和线上数字化平台的载体，汇聚国际领先、国内一流企业和机构，为地方实现"双碳"目标提供所需产品与服务，并以此为契机汇聚"双碳"产业，依托产业链合作与省内外乃至全球协同发展，打造集服务、孵化、合作和管理运营功能于一体的平台，形成产业发展的碳工场模式。

（一）目的意义

第一，构建"双碳"产业及生态。碳工场将以"双碳"目标带动的长期需求为契机打造"双碳"产业，建成投运后分阶段有步骤地引入高端优质、在"双碳"细分领域具备特色能力和竞争优势的国内外企业和机构，逐步形成"双碳"产业生态，为地方带来经济效益的同时全面提升其在国内外两个循环中的价值和地位。

第二，形成产业链能力与资源网络。由于资源禀赋、产业配套等原因，没有任何地区独自具备打造"双碳"产业的全部能力，因此实现国内机构和企业能力与资源的交互尤为重要。碳工场以数字平台作为载体，实现各地碳工场间能力和产业链协同，补齐本地碳工场的能力拼图，同时推动本地能力输出。

第三，打造"双碳"产业发展标杆与示范。碳工场将助力地方打造"双碳"产业发展标杆与示范，标杆作用将全面覆盖产业生态规划与构建、基础设施与保障体系搭建、先进技术和工具应用、准入标准与评价体系设计、平台建设和运营模式、国内外智力和商业合作等"双碳"产业发展所需的各方面各阶段。

第四，提供形象展示与示范宣传窗口。碳工场将成为地方先进形象与工作成效展示、标杆示范宣传、提升低碳影响力和号召力的重要舞台。建成运营后"碳工场"将持续通过展示中心、高端论坛、线上互动发布等载体逐步形成地方"双碳"工作展示宣传、交流研讨、协力合作的信息、智力和影响力中心。

（二）建设思路

第一，汇聚资源与企业。"双碳"目标实现所涉及的各行业领先的减碳、替碳、固碳解决方案供应商，包括能源、工业、建筑、交通、农业、林业领域的专业供应商、金融和综合服务供应商等。碳工场模式可以与众多生态合作伙伴建立长期合作关系。同时，挖掘汇聚地方的先进供应商也是碳工场的重要目标。

第二，提供"双碳"能力。依托汇聚的企业与机构，为地方实现产业发展目标提供所需的全面能力，包括政府、园区、企业双碳平台等 SaaS 与数据服务能力，能源替代、节能增效、循环利用等技术研发及产业投资能力，设备、新材料、新工艺等产品设备能力，咨询、规划、培训、评价、法律等服务业能力，以及债券、基金、金融产品、供应链金融、金融科技等投融资能力。

第三，建设运营线下空间与线上平台。碳工场可以同时建设运营线下园区/楼宇空间和线上数字化平台。线下空间是碳工场汇聚企业和机构的注册、办公、展示和培训的空间，是人才与产业聚集交汇的载体。线上平台，一方面将协助政府进行"双碳"工作目标的管理，辅助优惠政策与措施落实，开展具体项目或企业的碳评估评价；另一方面也为企业提供低碳数据库、技术对标、核算等"双碳"服务，并与其他碳工场乃至国际合作方进行产业链协同。

第四，区域外协同。碳工场将在全国以省、自治区、直辖市为单位规划建设，同时携手世界可持续发展工商理事会（WBCSD）共创"国际创新中心"，整合全球低碳产业资源，实现各地碳工场及国际中心开展能力协同、产业链协同和数据共振。

（三）实施内容

为更好地推动地方科学有序实现碳达峰、碳中和目标，促进减污降碳和经济高质量协同发展，建议地方构建"双碳"产业体系，依托地方国有平台公司，汇聚国内外各行业领先龙头企业和机构，提供具有先进性和针对性的减碳、替碳、固碳智力技术和资本资源，打造"双碳"基础设施，构建"双碳"能力和产业生态。依托"双碳"产业体系，科学推动地方开展碳达峰碳中和工作。

第一，统筹谋划，推动地方做好产业发展顶层设计。科学开展地方碳达峰碳中和长期路径研究，明确碳达峰碳中和总体要求、主要目标、重大举措和实施路径，科学构建地方"1+N"产业体系。以碳达峰碳中和工作为统领和主线，协同推进产业转型升级、能源结构优化、生态环境质量改善等各项政策，为地方经济社会全面绿色转型提供政策指引。

第二，全面推进，协助地方打造绿色低碳发展新高地。结合地方资源禀赋、产业发展基础，研究制定产业转型升级发展规划，构建绿色低碳现代产业体系，培育绿色经济新动能。推动工业、建筑、交通等重点领域节能降耗，促进资源全面节约和循环利用，全面提升资源能源利用效率。加快推动地方能源结构优化升级，研究传统能源有序退出、可再生能源安全替代路径，构建绿色低碳安全高效能源体系。推动地方生态系统保护和修复，提升生态系统碳汇能力，促进生态产品价值实现。

第三，数智赋能，推动地方构建"双碳"大数据平台体系。准确可靠的数据是科学决策的前提，推动地方系统构建支持产业发展决策的数据体系，建设集能源生产与消费、温室气体排放和经济生产数据于一体的采集、统计、监测体系，全面摸清地方能源消费与碳排放家底，了解产业发展现状与潜力。搭建碳达峰碳中和大数据平台，可视化展示碳排放总量和强度、碳达峰碳中和等相关核心指标和动态数据，体系化管理"双碳"目标的分析预测、路径跟踪、政策与项目落实情况，为领导决策提供科学量化支撑，为产业升级、能源转型、技术孵化提供数据基础，也为地方碳达峰碳中和工作提供宣传展示窗口。同时，依托数字平台互联，推动各地"双碳"能力协同、产业链协同和数据共振。

第四，科技引领，推动地方建设"双碳"技术转移孵化基地。科技创新是实现"双碳"目标的关键支撑，推动地方依托自身基础打造围绕碳中和前沿引领技术、关键共性技术、颠覆性技术的研发攻关和全链条孵化体系，引入国内外先进低碳、零碳、负碳技术与解决方案，设立支持碳中和技术孵化专项基金，完善配套服务体系，推动碳中和技术转移孵化特色化、专业化、国际化发展，有效支撑地方低碳创新技术研发与产业化发展。

第五，开放互联，推动搭建产业发展人才培养和技术交流平台。搭建人才培养和技术交流平台，利用智库资源输出专家观点和研究成果，面向政府、企业广泛开展多领域、多维度专项培训。开展围绕"双碳"背景下产业转型发展相关技术研究、项目实施、案例分享等国际交流合作，促进国际领先技术与解决方案的引入及本土化应用落地。面向世界宣传展示地方在产业发展方面做出的积极努力，为其他城市实现产业转型发展树立标杆并提供路径模板，塑造良好的国际形象，增强我国在应对气候变化领域的国际话语权。

四 预期效益

抓住"双碳"产业机遇，探索创新碳工场产业转型发展模式，高质量实现"双碳"目标，实现地方产业转型发展的生态效益、经济效益和社会效益。

（一）生态效益

第一，减少温室气体排放，助力实现碳达峰目标。推动产业转型升级，全面优化能源结构，一方面，可以直接减少钢铁、建材等行业化石能源消费量，从源头减少二氧化碳排放量；另一方面，能源领域的节能措施，如煤电行业"三改联动"、集中供热等，可推动降低供电煤耗和供热煤耗，从而在满足各领域电力和热力消费增长的同时，减少间接二氧化碳排放；此外，多能互补综合能源系统应用、"源网荷储"一体化发展、低碳节能装备推广应用等举措，可有效提升清洁能源消费占比，实现部分能源消费零碳排放，对实现碳达峰具有重要支撑作用。

第二，缓解能源资源压力，推动资源型经济转型。推动产业转型升级，节约能源资源，大力促进能源资源的高效利用和循环利用，是缓解资源约束、减轻环境压力的根本出路。推动产业能效全面提升行动和能源清洁低碳转型，改善我国部分地区产业结构偏重、能源结构偏煤的局面，从根本上破除能源资源约束。构建"资源—产品—循环再生资源"的闭环流程，实现多数产品使用后的多次提高回收和再利用，也有助于减少一次能源消费，满足可持续发展需求。

第三，实现污染源头治理，系统提升环境承载力。推动产业转型升级，实现减污降碳协同增效，减少化石能源消耗，提高清洁能源消费比重，可有效减少火电排污、工业废气、交通尾气、生活和取暖废气等，推动以清洁、经济、高效方式破解"心肺之患"，实现从"先污染、后治理"到"不污染、免治理、促发展"的转变。此外，在采取污染物末端治理措施的同时，强化集中治理也有助于推动减污降碳协同增效。

（二）经济效益

第一，推动经济高质量发展。推动产业转型升级，优化能源等要素资源配置，可引导新技术、新产业、新业态创新发展，激发新动能。以产业发展倒逼高耗能、高排放的传统重工业退出或转型，为新能源、新材料、高端装备、智能制造、大数据等先进信息技术产业、战略性新兴产业和现代服务业快速发展腾出空间，推动经济社会全面绿色低碳转型发展。

第二，降低生产生活成本。推动产业转型升级，严控煤电总量、优化布局，减少资产搁浅损失。在保障能源安全供应的基础上，以清洁能源大规模开发、大范围配置，为经济社会发展提供充足、经济、稳定、可靠的能源供应，统筹时区差、资源差、价格差等因素，实现清洁能源优化配置。在居民生活中推广使用节能产品，可有效减少电力消费，降低生活用能成本。

第三，提升产品竞争力。推动产业转型升级，推广应用节能工艺和设备，实施节能降耗改造，是直接减少生产成本的手段之一。同时，在全球应对气候变化工作背景和我国碳达峰、碳中和背景下，市场对于上市公司、重要出口企业、头部品牌供应链企业等企业的碳足迹、ESG 披露的需求在不断增强，促进地方产业升级，可有效减少产品全生命周期碳排放，从而提升产品的绿色竞争力。

（三）社会效益

第一，满足人民生活新需求。推动能源与信息数据技术深度融合，实现能源系统智能化，满足远程家电控制、电动汽车充电等新需求，促进智能家居、智能楼宇、智能小区、智能工厂、智慧城市和智慧国家建设，让人人享有智慧美好生活；实现"源网荷"友好互动和协调发展，激发新商业模式，形成多样化能源交易产品，满足个性化用能需求。

第二，增加人民健康福祉。提前实现碳达峰，可以减少气候变化、环境污染对农业、民生、健康等造成的不利影响和损失，显著降低自然灾害风险，减少气候环境恶化造成的肺部、呼吸道、心血管等疾病的发病率，提升人民健康水平，为人民创造美好的自然生态环境、健康的生活居住环境，使人人享有清洁空气和蔚蓝天空。

参考文献

唐人虎、陈志斌：《COP 26 开启人类低碳转型的关键十年》，《中国电力企业管理》2021 年第 31 期。

谌莉、麻克栋、王廷举：《协同产业升级发展的专业群建设探析》，《中国职业技术教育》2022 年第 5 期。

陈静、张克雯：《绿色金融促进产业升级发展研究》，《农村经济与科技》2021 年第 32 期。

宋沁鸽、李阳、敬港：《绿色金融推动青海产业升级发展研究》，《统计与管理》2020 年第 35 期。

张臻：《基于新旧动能转换背景下的山东省传统产业转型升级发展策略研究》，《经贸实践》2018 年第 14 期。

绿色设计

绿色的城市发展

——国际城市发展绿色转型的经验和争论

叶齐茂[*]

一　我们期待的城市和我们需要的城市

（一）我们期待的城市

我们期待的城市，"花园城市""广亩城市"或"光明城市"，一个都没有随着 20 世纪的技术进步如期而至。相反，进入 21 世纪，全球人口的 60%，蜷缩在仅占全球表面面积 2% 的城市里，城市产生了全球国内生产总值的 75%，与此同时，消耗了全球能源的 66%，又排放了引起全球气候变化的温室气体的 75%，产生全球垃圾的 70%。

一个世纪的城市快速发展，无疑让城市成为全球气候变化和其他自然环境问题的最大源头，让城市居民成为全球气候变化和自然环境恶化的最直接的受害者，同时，城市毫无必要地把自然赶出了城市居民的日常生活。博物学家威尔逊曾经讲过一个"牛论"，他这样写道："我们说，城市养活了我们，我们很快乐。养牛场的那些牛不也同样如此？它们得到了维持生命的必需品，可是，它们永远无法过上真正属于它们那个物种的生活，永远无法过上让它们来到地球的那场史诗般的经历了百万年进化才得到的生活。它们不能寻根，它们不能游历、探索、认识危险，发现塑造了它们身心的乐趣。粗略地讲，大多数城里人也是如此。"[①]因此，城市迫不

---

[*] 叶齐茂，澳大利亚执业城市规划师，曾任中国农业大学发展学院教授，主要教学和研究方向为城镇规划。

[①]　Edward O. Wilson, "Preface", in Timothy Beatley, *Biophilic Cities: Integrating Nature into Urban Design and Planning*, Island Press, 2011.

得已而成为创新中心、实验室或孵化器，寻求用节能减排和适应或缓解气候变化方式去应对全球气候风险，如缺少淡水、频发洪水和热浪，应对其他自然环境问题，如污染、拥挤、不可逆转的失去生物多样性。遗憾的是，随着气候变化日趋明显和更加活跃，人们越来越怀疑，经过规划和设计的城市，究竟是我们期待的城市，还是我们需要的城市？

具有可持续性的城市、智慧的城市、生态城市、公正的城市，等等；来自不同社会阶层、文化背景的人们，有尊严地生活在一起；每个家庭生产的能源多于使用的能源，步行或骑自行车出行的人超过驱车和乘车出行的人；住房价格低廉；从每个住宅都可以看到窗外的绿地，如同住在公园里；空气清新，鸟语花香；垃圾或浪费微乎其微；碳排放为零。也许我们在把现实的城市改变成这个期待中的城市之前，地球已经迫不得已甩掉一部分温室气体"流浪"去了。

有人估计 2020 年的温室气体排放量仅比 2019 年下降了 5%，也就是说，我们继续向大气层排放了 480 亿吨或 490 亿吨的温室气体，略低于 510 亿吨。在发达国家没有实质性改变现在的生产、消费和行动方式，而欠发达国家的能源消耗赶上发达国家的条件下，我们费了九牛二虎之力减少了 5% 的温室气体排放量，相较零碳排放的目标，这个降幅不过是杯水车薪。何况没有迹象表明，地球大气层里二氧化碳含量增加的速度正在减缓。实际上，就算我们实现了 99% 的减排，依然不能避免气候灾难。

气候科学家对全球气候变暖的事实已经基本取得一致意见，地球大气层里二氧化碳含量增加的速度究竟会有多快是高度不确定的。我们应该做什么和我们会做什么同样也是很不确定的。花多大力量去减少温室气体排放，花多大力量去减少温度上升和气候模式变化所带来的后果，这是至今还没有达成一致意见的首要问题。就降低全球变暖速度而言，在多大程度上把注意力集中放在二氧化碳排放这个最大因素上，或放在比较小的因素上，如甲烷或碳微粒（"黑碳"），对此也没有达成共识。

西姆·凡·德·赖恩做过这样一个计算："我们最早的祖先日均消耗 2000 卡路里，所有的食物全部用来支撑燃烧能量（代谢）。很巧，2000 卡路里也是 1 平方米植物生物质每日可以储存的太阳能数量。在现代文明中，支撑一个人的生活，每日大约需要 200 万卡路里，相当于用 10 公顷（25 英亩，150 市亩）生产性土地支撑现代社会里的 1 个人。1700 年，工业革命正在欧洲展开时，世界人口大约为 8 亿人，日人均消费从 7 万卡路里到

10 万卡路里不等。大约在 1900 年，人口已经翻了一番，达到 15 亿人，消费继续以指数增长。只用了 50 年，到 1950 年，世界人口再翻了一番，达到 30 亿人，随着汽车、道路系统、郊区和日益扩大的工业/军事综合体，消费继续攀升。再过 50 年，也就是 21 世纪，世界人口又翻了一番，'生态印记'有了另一个指数上升。现在，不到一个月的世界人口增长，大体等于公元前 3 万年时的全球人口，而在公元前 3 万年时，我们人类已经在地球上生活了 100 多万年了。"① 2022 年 11 月 15 日，联合国宣布全世界人口已经达到 80 亿人。

因此，我们期待的城市只是一个浪漫主义的愿景，似乎遥不可及，甚至做不到，可是，我们还是期待依靠技术、"科学怪人"，像西西弗斯那样，在地球还可以生存的状况下，主动设计建造我们期待的城市。

（二）我们需要的城市

我们需要的城市——绿色城市，已经成为一个迫不得已的需要了。有科学家认为，减少 50% 的排放量实际上不能阻止全球气温上升，不过是在某种程度上延迟而不是阻止气候灾难的到来。只要人类还要在这个星球上长期生存下去，城市不只是一个问题源，也是一种避免最糟糕气候变化出现的解决方案，我们从大气中消除的温室气体要多于我们排放的温室气体，也就是说，真想遏制住地球温度的上升，"零排放"是不够的，需要"净负碳排放"。悲观地讲，这个想法或许是痴人说梦。实际上，我们现在不过是，在地球热到住不下去之前，被迫设计建造一艘承载人类的"诺亚方舟""流浪地球"或"绿色城市"。

因此，实现城市发展的绿色转型旨在培育城市的两大能力：第一，控制气候变化水平的大规模节能减排，逐步实现碳中和的能力，这是一种既停止向大气中排放温室气体，又消除已经排放到大气层里的温室气体的能力；第二，适应或缓解气候变化和从气候变化引起的灾难中恢复过来的能力。

实现了绿色转型的城市，在空间布局和形式、城市绿色基础设施、城市交通模式、城市和建筑设计等方面，都会以节能减排、提高能源使用效率和使用可再生能源为导向，推动城市规划与设计生成能源有效的城市体系和城市体系的能源合作性，保护、维护、增加、寻回作为绿色基础设施的所有形

---

① Sim Van der Ryn, *Design for Life*, Gibbs Smith Publisher, 2005, p.131.

式的城市自然，使建成区与城市自然关系和谐。最近，人们越来越认为，城市的适应能力和恢复能力会成为转变城市规划范式的一大推动力。

绿色城市可以分解为八种亚类型：接近零能耗的城市、使用可再生能源的城市、基本实现碳中和的城市、基础设施分散的城市、生物友好的城市、生态服务有效的城市、场所导向的城市、交通可持续的城市。这八种城市类型的方式和结果明显交叉，每一种类型提供了一种绿色发展的方向。每一座绿色城市会在这一个或两个方向上胜过其他城市，当然，城市规划必须综合平衡所有导向的结果，收获一个最佳的绿色城市。

二 国际城市发展绿色转型的典型经验

（一）基于自然的解决方案：欧洲经验

欧洲人围绕"绿色"观念和形体上的城市绿色空间，在生态多样性、生态系统服务（ESS）、绿色和蓝色基础设施（GBI），尤其是基于自然的解决方案（NBS）[①] 的方向上，在进入 21 世纪的第二个十年以来，展开了升级版的绿色转型，从而建立了一种新版的城市发展模式，即利用自然来应对气候变化等重大社会挑战：①确定植物和动物物种关键栖息地，使用分区规划，规划生态走廊以及自然恢复干预区，限制那里的土地使用方式，促进自然保护、生态连接和向市民提供生态系统服务；②围绕分割的、紧凑的和线性分布的绿色楔子、自然公园和绿化带三种城市绿色空间模式，确定它们相应的生态系统服务功能；③建立城市绿色边界；④对绿色空间和蓝色空间为市民提供的服务，如步行和自行车基础设施，保护自然和文化景观，展开评估。通过这次升级，恢复生态多样性不只是保护物

---

① "基于自然的解决方案"是指可持续地管理和利用自然特征和过程，以应对气候变化、水安全、水污染、食品安全、人类健康、生物多样性丧失和灾害风险管理等方面的问题。2020 年，欧盟更新了"基于自然的解决方案"的定义，强调：基于自然的解决方案必须有利于生物多样性并支持一系列生态系统服务的供应。2019 年的相关定义是，这些解决方案"受到大自然的启发和支持，成本低、收益大，兼顾了环境、社会和经济效益，有助于建立起弹性。这些解决方案通过因地制宜、节约资源和系统的干预，将更多样化的自然和自然特征及过程带入城市、景观和海景。"通过使用 NBS，健康、有弹性和多样化的生态系统（无论是自然的、管理的还是新创建的）可以提供有利于社会和整体生物多样性的解决方案。实际上，"基于自然的解决方案"的观念可以追溯到霍华德和奥姆斯特德，而进入主流文献则是最近 10 年的事。

种，而是强调这些行动可以为适应气候变化、减少自然灾害、提高人们的福祉提供机会，可以为生态多样性、生态系统服务、绿色基础设施、基于自然的解决方案的观念和行动的主流化和升级提供机会。

欧盟正在许多城市推动"连接自然""让城市绿起来"和"绿化"三类"基于自然的解决方案"项目。例如，"连接自然"项目旨在建立横跨城市的绿色网络，如波兰的波兹南，把全市社区小绿地、幼儿园嬉戏小绿地，尽力连接起来；比利时的亨克清理受到污染的施蒂默河谷、废弃土地，建立一个公园，刺激新的开发，同时减缓洪水风险；格拉斯哥正在建设城市野生花草园地，扭转那里草地的颓势和观察物种减少的趋势。"让城市绿起来"项目集中建设小型示范项目，如利物浦希望通过建设的水上花园和绿墙封存碳和缓解气候变化的影响，如城市热岛。"绿化"是在街区层面展开的，如曼彻斯特，把洼地、汇集雨水的花园、生物滞留地，如水塘、树坑和透水路面，整合起来建设社区公园，凝聚周边新旧社区的居民，活跃生活。

需要注意的是，在欧盟国家最新发展起来的"基于自然的解决方案"是一种规划方式，在传统规划活动中并入许多生态元素，包括已经使用很久的生态系统服务和绿色与蓝色基础设施的基础概念。所以，这次转型的基础是欧洲人在21世纪的第一个十年里围绕可持续性展开的那一套观念和政策。当时，欧洲人忧心忡忡地面临着石油价格和食品价格上涨，世界许多地方已经出现的水资源短缺，以及气候变化带来的全方位影响。他们一致认为，采取有效行动的窗口正在缩小并将迅速关闭，所以，需要一个新的城市发展方式，或简称为绿色的城市发展方式。事实上，北欧和西欧当时已经发展起来了一批绿色城市典范，如巴黎、弗莱堡、哥本哈根、赫尔辛基、威尼斯、维多利亚－加斯提斯、伦敦等城市。它们已经为欧洲21世纪第二个十年城市发展的绿色转型积累了实践经验：①紧凑型城市布局；②商住混合使用的分区规划；③公交导向的交通模式；④便利的公共服务设施；⑤适宜步行的环境；⑥兼顾城市灰色基础设施和绿色基础设施；⑦全方位和大范围的绿色方式。很明显，欧洲的这些经验都与城市的形体布局和建筑设计有关，都在深刻地改变着社会和环境条件，改变着现代生产方式和生活方式。

欧洲城市发展的绿色转型是可持续性导向的：①转变人们的生活方式。弗莱堡把火车、电车和公共汽车连成网络，斯德哥尔摩专门从税收中拿出一部分补贴公共交通使用者，减少人们对私人汽车的依赖，增加人们使用公交设施的意愿。②兼顾灰色基础设施和绿色基础设施。哥本哈根的"手指计划"是城市绿色基础设施建设的突出范例，在这种区域增长模式下，不仅在人口高密度聚集区投资建设铁路，同时还保护那里的绿楔；赫尔辛基同样保护了大量的绿地，在大型绿地的框架下，还有许多较小的绿色空间。③项目设计向全方位和大范围的转变。哥本哈根、弗莱堡和巴黎这样的城市都有长期、大量和相互联系的计划项目、政策和战略，包括紧凑地使用土地，投资公交、绿色建筑和可再生能源，发展城市农业，改善空气和水质量以及绿化等。每个城市都有自己特殊的创新方案。④制定严格的绿色目标和严格的最低能源和环境标准，以及各种各样的经济激励制度，支持和推进绿色成果。⑤克服实施绿色转型时的各种观念上的障碍。这些包括：没有合理地核算与绿色观念和技术相关的实际的或认定的前期投入，例如，绿色屋顶、绿墙的投入；不易量化城市绿化的收益，还可能仅具有公益性质；不能把树木、河流和绿色屋顶看成基础设施的认识习惯；缺乏对建筑和街区与绿色、可持续是如何与自然系统不可分割地联系在一起等方面的认识。所以，我们需要注意，欧洲城市发展的绿色转型在导向上是不同于美国以应对自然灾难为导向的城市发展绿色转型。

（二）技术中心论：美国经验

美国人选择了以应对自然灾难为导向的城市发展绿色转型，延续百年以来的技术中心论。美国城市正在应对全球气候变化带来的愈演愈烈的自然灾难，同样需要节能减排，以应对能源市场的变化。但是，美国的国情决定它不能完全套用欧洲的经验：高密度的市中心、不同的住宅模式、对汽车比较低的依赖程度、高度管理起来的城市开发等。美国政治家们和企业家们选择推广节能减排和低碳技术，如增加太阳能板、风能发电机、竹制地板，等等。比尔·盖茨确认了这样三件事：①要避免气候灾难，我们必须实现零排放的目标。②我们需要以更便捷、更聪明的方式部署已有的工具，比如太阳能和风能发电设备。③我们需要开发和推广突破性技术，并借此走完剩余的路。[1] 而对改变人们的生产、消费和行动方式来实现减

---

[1] 比尔·盖茨：《气候经济与人类未来——比尔·盖茨给世界的解决方案》，陈召强译，中信出版社 2020 年版，第 11 页。

少碳排放有些不以为然。科技工程人员顺应市场，竭尽全力地研发各种节能减排技术，应对自然灾难的技术手段，如人工智能、系统模拟，用大数据支撑预测模型。

就建筑而言，居住建筑和商业建筑的建设和运行消耗了美国当今使用的全部能源的40%，所以，为了节能减排，决策者选择去改变建筑设计、施工、运行方式。所谓绿色建筑涉及大量的设备和技术。通过使用高透明的玻璃，减少了人工照明，减少了电灯产生的热载荷，从而达到减少能量消耗的目的。玻璃涂料或其他遮阴设施防止产生热的太阳辐射进入建筑。在办公建筑中，照明系统自动地与空间中不同部分的自然采光水平相适应，减少人工照明的需要。空调通过楼板而不是天花板布置（大部分建筑正是通过天花板布置空调的），这就意味着，冷空气传播距离变短，室温就可以降下来，从而节能，增加舒适程度。在居住建筑中，可以打开的窗户增加了自然通风，使用气流和对流降低室温。收集雨水，用于降温系统，灌溉景观。屋顶使用淡色，以放射热能。选择建筑材料，不仅仅基于它们的直接功能，还要考虑到生产、运输、维护和重新利用这些建筑材料等方面的问题。这些技术方案毫无疑问是有益的，但是，使用太阳能取暖的郊区住宅仍然是坐落在远离市中心工作场所的郊区住宅，如果我们必须驱车才能到达那里，这幢郊区住宅依然不是绿色的建筑。虽然极端高密度的垂直城市保存了更多的能源和资源，但是，它们并不是现实的模式。简而言之，曼哈顿式生活的需求是有限的，美国人必须考虑提高城市密度。

大卫·欧文（David Owen）在《绿色都市》上写道，"一般的纽约人每年产生7.1公吨的温室气体，任何一个其他美国城市的居民每年产生的温室气体都比纽约人多，纽约人每年产生的温室气体要比全国平均数低30%，全国人均温室气体排放量为24.5公吨；曼哈顿的居民每年产生的温室气体甚至更少。"① 欧文提出，真正能够让城市绿起来，并不是草屋顶和雨水槽，而是密度。例如，在郊区办公园区中，人们在低层和分散开来的建筑中办公，驱车穿梭于这些建筑之中；在城市里，人们在紧凑的多层建筑里办公，使用电梯，步行去午餐。欧文提出，规划师不是去接受一个乌托邦的解决方案，或复杂的技术附加组件，而应该研究现存的城市，这种

① David Owen, *Green Metropolis: Why Living Smaller, Living Closer, and Driving Less are Keys to Sustainability*, Riverhead Books, 2009, pp. 2-3.

城市实际上已经提供了"如何实现低影响城市生活的样板",如曼哈顿和香港。

（三）未来技术样板间：马斯达尔经验

在阿联酋的马斯达尔,阿拉伯人把美国的技术中心论演绎成了唯技术论。马斯达尔生态城是一座应资本、市场、技术推广的需要而制造出来的博览会式的城市,准确地讲,是世界掌握清洁能源技术的顶级公司和发了石油财的酋长们孵化、展示和推销清洁能源产品所需要的城市。

库古鲁洛（Federico Cugurullo）在《科学怪人的城市观念——生态的、智慧的、自主的城市,人工智能和城市的死》（2021）中评论了阿联酋的马斯达尔生态城。规划建设预算 220 亿美元的阿联酋的马斯达尔生态城,实际上,是一个"过期"生态城市。到了预产期（2016 年）,5 万规划人口的城市仅入住了 1000 人,主要还是全职从事新技术研发的一般研究人员;6 平方千米的建设进度仅完成了 5%;更遗憾的是,这个生态城的基本规划目标——100% 采用可再生能源提供动力、碳排放为零、节电 75%、饮用水需求量减少一半——悉数落空。实际上,马斯达尔生态城是最先进节能减排技术产品导向的,从经济角度出发的,帮助酋长们寻找后石油时代的赚钱途径,而不再直接依赖石油出口。

于是,马斯达尔生态城首先被设计为一个巨大的实验室,与世界掌握清洁能源核心技术的跨国公司合作开发实验性技术,包括安装样板间和展示各种节能减排的产品,最终在全世界销售。这样,那里同时是办公室、实验室、工厂、陈列室和商店,而非一个社会。与此同时,马斯达尔生态城的产品都与吸引投资有关,马斯达尔生态城又被指望成为吸引全球投资的地方。最后,马斯达尔生态城实际上是面向跨国公司的巨大房地产出租物业。这个新城市所生产的能源甚至远远不能维持其本身,它必须每天依赖化石燃料。与此同时,商业正在开花结果,跨国公司正在租借马斯达尔生态城的大片区域。另外,开发商为了追求利润,愿意牺牲项目中的一些元素,如步行公共空间和共享交通系统,这些元素本可以帮助新城市发展社会。资本是不稳定的,其突变和运动往往是不可预测的。最重要的是,资本不屑于解决气候危机,而且,市场也不能解决气候危机。资本总是沿着新的地理轨迹,永远在寻找更有利可图的场所。

作者罗杰斯在书中说:"我担心市场上正在推广的补救措施可能无法

保持生物多样性和让地球的温煦下降。"她想"带领读者走进森林、田野、工厂和会议室，以找出隐藏在环保产品之下的意想不到的后果、内在障碍以及成功的方法，拼凑出一幅以当今环保主义的名义正在发生的事情的全球图景。"[1] 如果马斯达尔人的生意下降，马斯达尔城就会崩溃。一个没有社会基础的城市是一个不可持续的城市。因为这里根本无法做到将温室气体的排放归零，并且在能源使用方面也还有其他的问题，所以，官方宣布放弃"全球首个零排放城市"的目标。马斯达尔绿色梦想的未来同样需要时间的验证。

（四）设计弥赛亚时代之城：以色列经验

以色列人也在阿拉伯半岛的另一端展开了城市发展的绿色转型实验，如内韦齐和莫迪因。如果说马斯达尔的设计尺度不过是"样板间"的话，以色列人的设计尺度则是一座完整的城市，一个具有相对独立的小气候、小生态、小社会的沙漠绿洲，我们甚至可以把他们的这类设计称为世界末日之后降临的弥赛亚时代的城市。这种城市规划设计对占全球陆地面积2/5，承载世界人口1/3的干旱/半干旱地区的城市不无启迪。

地处以色列内盖夫沙漠中的内韦齐是斯代博克的一个居住街区，由79幢私人独立住宅组成。尽管这个居住街区规模很小，但是，内韦齐独特的总体规划和建筑法规还是很有意义的，其目标旨在推进具有能量意识的建筑设计，创造能够应对地方气候条件的室外环境。内韦齐规划设计的总目标是，创造一个现代沙漠街区，应对恶劣的环境条件，同时，给居住者提供所有的现代设施。通过涉及多方面问题的战略来实现这一目标，其中包括建筑热性能和步行舒适的室外空间两项战略。由于斯代博克的冬季寒冷却阳光灿烂，可以通过使用被动式太阳能供暖来大规模节能，所以，要很好地保存采光途径。内韦齐规划设计的基本目标之一是保证街区中所有建筑的采光途径不受到干扰。内韦齐的夏季，白天炎热，但是夜晚相对凉爽，所以，建筑可以充分利用夜晚的通风来释放掉白天集聚在建筑中的能量。因此，内韦齐的规划设计寻求创造推动气流通过街区的通风走廊。内韦齐的街区规划寻求通过步行区的设计，提高全年的舒适程度，包括道路和公共广场，通过建设，调整这些步行区的自然环境条件。除开热舒适

---

① Heather Rogers, *Green Gone Wrong*, New York Scribner, 2010, p. 7.

外，人们逗留在沙漠地区的室外空间里会把自己暴露在沙尘中，而空气中的沙尘是主要的不舒适源。所以，内韦齐的街区规划寻求通过设计，让步行者最少地暴露在沙尘中。内韦齐规划寻求以综合和协调的方式解决与以上两个目标相关的问题。为了做到这一点，在内韦齐街区总体规划中出现了许多非常规的特征。

1. 通行网络

内韦齐有两个分离的通行网络：只能步行的道路和步行者与车辆共享的道路。对气候问题的考虑影响到两种道路网络的规划，这些对气候问题的考虑既涉及室外空间的小气候，也涉及街区建筑对阳光和风的暴露状态。这个街区的西部有一条外围道路，从这条道路可以进入三条步行者与车辆共享的道路，其道路轴接近东西向。这些道路没有人行道，但是，步行者可以与车辆共享这些通行空间。通过这个街区的车速通过多种园林元素被限制在 25 千米/小时以下，以保障一个非常安全的环境。这种步行者与车辆共享道路的宽度为 8 米，这个宽度足以保证道路南侧的两层楼高的建筑不会在冬天给路北的建筑造成阴影，让被动的太阳能供热完全暴露在太阳下。每条这样的共享道路不仅允许车辆可以到达道路两侧的建筑边界，也允许到达第二排建筑，其连接由短且狭窄的入宅道路完成。这种安排比起传统的道路更为紧凑，传统的道路让每一个建筑都与这样的街道直接相连。第二层次的街道是仅供步行者使用的通行网络，它们主要是狭窄的胡同式道路，其轴向一般为南北向。这些胡同的宽度仅为 2.5 米，每条道路的长度约在 50 米，两边由宅院墙壁围合，墙壁最高达 2 米，街区总体规划要求如此。这种墙壁，结合那些建在一些战略位置上地凉棚，在夏季，它们发挥遮阴的功能，在冬季，它们让步行者避免暴露在寒风中。规划要求，这些墙壁必须靠近道路而建设。

2. 建筑簇团

规划限制每一个地块精确的建筑位置，划定退红线有两个目标。宅基地的传统使用方式是，留下前院和后院，在相邻建筑之间留下相对小的空间，于是，建筑被安排在地块的中间。与这种安排不同，在内韦齐的规划中，4 个地块为一个簇团，在这样的簇团中，建筑安排在簇团的外部角落上。由于事先并不了解每一个建筑的规划，所以，规划规定，建筑的外部围合结构必须在两条退红线交叉且距离簇团中心最远的位置上，规划上把这个点标志为"P"点。这样布置有若干好处：同一个簇团中南北朝向的相邻建筑尽可能分开，减少彼此之间对直接阳光的遮挡，从而使阳光权益得到保护。与每个簇团外边缘相邻的朝东或朝西的建筑墙壁紧靠南北轴向的处于建筑之间的狭窄胡同，从而给这类胡同遮阴和挡风。与每个簇团外边缘相邻的朝北的建筑墙壁紧靠主要的东西向道路，以便给这些道路提供阴影。

3. 阳光围合面

通过这个街区规划的若干特征推进阳光可以普照所有建筑的战略，包括街道朝向，约束每个地块上的建筑位置，建筑高度不超出 8 米的绝对限制。另外，通过强制性的阳光围合结构规定保护接近阳光，它规定了建筑任何部分的最大高度以及建筑在地块上的位置。阳光围合结构表现为一种想象的平面形式，地块最南端的退红线以 26.5°角与水平线相交，限制南边相邻建筑的高度。这个限制角度的计算旨在让每个建筑的南部里面可以在冬季早上 8 点 30 分至下午 14 点 30 分之间（地方时间）完全暴露在阳光中，保证在整个冬季阳光照射时间里，建筑都能得到阳光。

4. 公共园林

沙漠中裸露的土壤常常成为尘土源，甚至微风都有可能让它飞扬起来，从而导致室外空间的不舒适。植树可以有助于减少潜在的尘土源，在斯代博克干燥的气候条件下，所有的园林植被都需要灌溉，所以，植被覆盖地面，特别是采用草坪来覆盖地面，是非常昂贵的，不太可能持续下去。所以，这个街区大部分开放空间都是用砖头铺设的，由植被覆盖的园林面积很小，都由遮阴的树木和相邻建筑保护起来。无论是通行网络的部分，还是游戏场或一般园林，内韦齐公共空间的紧凑性质实际上减少了需要维护的空间数量，保证比较茂密的绿色岛屿集中在能够最大获益的一些场地上。

内韦齐的规划是一种低层、在独立地块上建立独立家庭住宅的规划，类似我们的村庄和小镇。内韦齐这类低层建筑开发在提供阳光照射方面具有更大的灵活性。优化建筑性能的街区规划有时可能导致与步行者舒适室外空间的安排发生冲突，规划师在规划内韦齐时追求最大化建筑的阳光照射，以便让建筑获得最大的被动供热，同时给步行者提供遮阴的步行区。这些目标中第一位是建立一条东西向的畅通道路：车辆与步行者共同使用的道路没有树木（在公共场所），步行者只能在非常狭窄的道路的南边找到建筑和墙壁投下的阴影。另外，由于铺设几乎全日完全暴露在直接阳光下，这些街道在白天具有很高的辐射温度。为了保护水资源和最小化公共园林的维护费用，植被仅限于由那些铺设环绕的小型"绿岛"。这样，没有成规模的植物通过遮阴或蒸腾降温的方式来调整这些空间的环境。另外，沿着每条道路的南侧种植行道树，这种变通方式也能给步行者提供阴影。当然，为了让阳光照射到这条街北边一侧的建筑上，整个街道的宽度必须扩大。

莫迪因地处耶路撒冷和特拉维夫之间，是使用原先的军事备用地建设而成的，包括了混合的住宅类型：高层的公寓建筑（布置在山丘上，成为标志性建筑）；间隔紧密的家庭连排住宅；大部分（2/3）是 3—4 层高的无电梯的公寓，每个公寓 6—8 个单元。现在，人口已经达到 8 万人。莫迪因的居住街区布置在山丘的斜坡上，而峡谷间的河水被保存起来，用于公园、林荫道、幼儿园、学校、医院和小购物中心的场地用水。这个城市是按照可以驱车来规划的，但是，大量的住宅都安排在步行到达公用设施的距离之内，人们通过景观化了的步行道接近公用设施，向下延伸到山边。城市中心的建筑低矮和密集，由 5—6 层的建筑组成，包括办公、公共使用和公寓建筑的混合。室内购物中心类似一个商场，包括社区剧场，与露天市场相邻。这个城市中心的最大特征也许是，没有地面停车场和车库，所有的停车场均在地下。虽然规划师没有刻意把莫迪因设计成绿色的，却在设计中包括了许多节能和节约资源的方式。密集促进了可步行的范围以及地方公交汽车系统。向大部分以色列人一样，莫迪因的居民拥有私家车，有通往特拉维夫的火车（20 分钟可以到达特拉维夫）。莫迪因把山丘上种植了树木的地区和另外一些荒芜的场地保留下来，维持其自然状态。而在城市周围，建设了一个宽阔的绿带。自然保护区、保护起来的考古场地、开放的运动和娱乐分区，使莫迪因 8000 英亩总面积中有 1/3 面积没有用于建设。公园景观的设计旨在把灌溉减至最小。种植了耐旱的植物，几乎没有草坪。把雨水保留在场地内，用于灌溉或回灌到地下水中。按照国家标准，所有的家庭的下水和灰色污水均通过管道系统送到区域水循环和净化工场，经过处理的水分配给农业地区。通过这些措施，以色列循环使用了大约 75% 的水，这是一个重要数据。大约有 90% 的以色列家庭，按照法律，使用了太阳能热水器，莫迪因的每一幢住宅都有屋顶太阳能热水器。

莫迪因在实现高密度和绿色城市的观念上，提供了一些有益的经验。莫迪因证明，绿色城市并不要求新型的技术设备，反而需要更多的传统技术，需要一个好的规划。实际上，莫迪因的开发是传统技术导向的。

三 国际城市发展绿色转型的八大争论

"一个好的规划"首先是一个适当的选择。从欧洲人、美国人、阿拉伯人和犹太人的个别经验中，我们可以看到，为了应对全球气候变化的风险，实现节能减排，城市规划和设计部门能够在城市形态、土地使用模式、交通模式、建筑布局以及能量有效的建筑设计、地方能源开采、绿色基础设施设计、地方生态系统及其相关问题上做出选择，甚至是做出两难选择。

（一）空间布局：紧凑，还是分散一聚集？

紧凑型城市是一种以高密度开发和混合土地利用为特征的资源节约型的城市形态。通过提高土地利用强度，既为城市居民提供充足的服务，也保护了自然环境和乡村地区。城市紧凑了，更高效的公共交通和适合步行和骑自行车的环境应运而生，而更可持续的交通方式可以降低能源需求，降低碳排放，减少交通用地，从而更好地保护城市边界以外的非建设用地。与此同时，城市紧凑了，可以实现更高程度的社会多样性，促进经济和文化发展。欧文的《绿色都市》对传统环境思维提出了挑战，是一部具有挑战性、争议性和高度可读性的著作。欧文证明，纽约才是美国最环保的城市。他认为，紧凑的城市中心的居民个人消耗的石油、电力和水比其他美国人都少。他们生活在更小的空间里，丢弃更少的垃圾，最重要的是，花在汽车上的时间少得多。曼哈顿的居民——北美人口最密集的地方——在公共交通使用方面排名第一，在人均温室气体排放量方面排名最后，把人们稀疏地分布在乡村，可能会使他们感到绿色，但是，这并没有减少他们对环境的破坏。事实上，它增加了损害。所以，紧凑型城市是抵消城市发展对环境和社会负面影响的良策之一。

但是，通过城市改造、再开发、填充开发规划和设计所开发的紧凑型城市，基本上是在建成区内做加法，增加人口和建筑物的致密程度，如提高建筑容积率和场地覆盖率，增加居住人口，占用绿色基础设施用地，甚至填塘、填河、填低洼地，削减提供基本生态系统服务的绿色基础设施，从而加剧了城市热岛效应，甚至丧失了绿色基础设施的基本生态服务功能，严重影响公共卫生，新冠疫情的传播就是一例。而且，在"锁定效应"的影响下，被减掉的城市绿色基础设施用地很难回归。因此，反对紧凑型城市的人们主张，沿着交通站点和走廊，改造和再开发出高密度、多功能工商居住聚集区（TOD），形成公交导向的分散—聚集型多中心的城市空间布局，控制建成区人口规模和土地平均使用强度，用分区规划在各个组团之间保留城市绿色基础设施用地，包括农田、树林。

人们长期认为，资源节约型的城市形态与生态型的城市形态不兼容。最近一些年的城市设计使用亲水城市的观念把二者整合了起来，对城市基础设施展开绿色升级，使自然融入高密度的建成区。实际上，国家和各地逐年推出的《绿色技术推广目录》已经为开发城市绿色经济开辟了广阔的途径，让城市绿色基础设施发挥生态服务功能：碳储存、空气净化、噪声降低、水处理和水渗透、应对极端高温和恢复生物多样性。

（二）开发场地容积率：能源效率，还是投资回报率？

开发场地容积率的高低影响建筑能源效率。21 世纪以来，城市住宅小区的容积率大幅增加了，从低层排屋向高层住宅单元转变，大大增加城市能源使用。于是，有人对城市小区能源使用与容积率 1.0、2.5、3.0 和 4.0 的关系展开测试，研究发现，在容积率 4.0 的情况下，中高层建筑能源效率最低，而对于容积率 1.0 的低层建筑开发来讲，业主的投资回报率最低。简而言之，在建筑设计和技术没有重大发展的情况下，增加建筑高度意味着建筑能源效率下降，而开发投资回报率上升；反之，减少建筑高度意味着建筑能源效率上升，而开发投资回报率下降。在城市建筑用地稀缺的情况下，地方政府希望在基础设施允许的情况下，提高容积率，增加建筑面积，聚集更多的城市人口和商务活动，推动经济发展，带动城市消费，提高城市基础设施建设的投资回报率，弥补城市财政缺口。提高容积率相当于节约了土地，同时，保护了基本农田，这也是我们的基本国策。同样，在开发场地规模一定的情况下，开发商可以通过提高容积率获得更高的投资回报率，所以，向规划部门争取提高开发场地容积率，以便增加建筑高度，无可厚非，符合经济活动规律。在规划实践中，国家把容积率作为一个土地使用分区和开发控制规则的标准指标，规定不同类型土地使用功能的开发场地的不同容积率，控制建筑规模和防止过度开发，防止开发超出城市已有基础设施的承载能力，尽量减少提高建筑高度和密度所带来的各种不良环境生态后果。同时，完成规划规定的建筑能源效率。所以，要想修改分区规划，提高规划许可的容积率，需要技术论证，包括对高层建筑节能设计和技术的论证。

开发商和国家都面临两难选择，既要提高建筑能源效率，又要投资回报。实际上，我们可以通过兼顾节能建筑形式和容积率的选择，实现相对优化的建筑能源效率，又让开发商可以有利可图，并非天方夜谭。最近这些年，人们对建筑形式和建筑的能源效率所展开的研究揭示，具有比较大的平面深度的高层建筑可以提高建筑能源效率。同时，开发具有较高能效等级的建筑，如设计近零能耗建筑（NZEBs），增加现场可再生能源的开发，如光伏建筑一体化（BIPV），建筑能源监管与空调节能控制技术，都可以提高建筑的能源效率，从而抵消一部分因为提高容积率减少的能源效率。

（三）节能：城市"向上"发展，还是"向外"展开？

研究发现，建筑占全部城市能源消耗的48%，其中40%用于建筑运行，8%用于建筑施工，而交通和产业的能源消耗分别占全部城市能源消耗的27%和25%，其数量基本上取决于气候、能源技术和城市形式。当然，这种传统认识假设，燃料和电力供应来自一个集中的网络，而不是分布式产生的能源。这些假设的逻辑结论是，因为旅行距离将减少，建筑将使用更少的能源，因为能源流向的建筑结构的表面积和体积的比例在减少，所以，一个紧凑的城市会比一个分散的城市消耗更少的能源。

最近这些年的研究显示，事实未必完全支持这种传统观点。研究人员认为，在蔓延开来的城市里，人口聚集密度低，建筑多采用中低高层、建筑间距加大，这些因素同样影响城市能源使用。同时，建筑隔热标准正在提高，紧凑建筑的公共区域的电力使用还在增加。新的证据显示，新技术正在改变人们对城市蔓延形式的偏见，更支持非紧凑的城市形式。例如，非紧凑型建筑、独立建筑，更适合安装屋顶光伏发电，更容易产生可再生能源。同样，电力驱动车辆的能量效率远超内燃引擎驱动的车辆，而且，电力驱动车辆的能源如果来自屋顶的光伏电板，那就更加清洁和成本低廉了，智能电网和微型电网允许所产生的能量引向远离居住地的地方，不需要建设更多的充电点，就可以直接用到公共交通上。

为了满足城市因人口和经济社会文化活动日益增加的需要，在城市建设用地为常量时，一个城市只能"向上"发展，而在城市建设用地为变量时，城市有可能"向外"发展，即主流规划传统所反对的那种蔓延式展开。我们面临城市向上发展或向外蔓延开来的两难选择。

（四）城市热岛：平面绿化，还是垂直绿化？

科学研究显示，地面绿化，如成片园林、行道树、水面，建筑绿化，或屋顶平面绿化和墙体垂直绿化，都具有减少城市热量的潜力，树荫和蒸腾可以改善城市小气候。通常情况下，地面绿化可以降低地表温度2℃—9℃，屋顶绿化和墙体绿化可以降低建筑表面温度17℃，同时还能为建筑围护结构提供额外的隔热效果。但是，屋顶绿化和墙体绿化的规模、地面绿化规模、公园形状和大小、植物选择和植物位置，都会影响地面绿化和屋顶墙体绿化的降温潜力，因此，我们需要做出选择，优化设计，使城市热岛效应得到最大缓解。有人建议，通过在整个城市中穿插公园，分配更多的树木而不是草坪空间，并在最需要冷却的地区使用多种策略。要做到这一点，需要将科学认识转化为实际的设计准则。

因为减少建筑的表面温度能够减少建筑内部的能量消费，所以，垂直布置的绿化，攀缘类、垂挂类和模块类，能够覆盖更多暴露的建筑表面。有研究显示，覆盖一幢建筑立面的2/3相当于绿化了2倍的场地面积，所以，建筑立面的绿化效果不容小觑。当然，垂直绿化墙会影响到一幢建筑物其他系统和性能，如外墙系统、内部系统、机械和结构系统，所以，在高层建筑设计建设的早期阶段，就要有意识地综合协调各个方面。由于垂直绿化到目前为止还不十分成熟，因此，应当对这个技术领域展开进一步的研究。

城市热岛是一种空气污染，也是一种降低城市舒适度的负面因素。城市地区因为地面硬化和缺乏植被而形成了热岛效应，明显增加了居民的热应力，导致患病率和死亡率上升。因此，特别是在城市化、人为变暖以及热浪频率和强度不断增加的背景下，在高密度城市、土地稀缺、城市绿化的空间非常有限的条件下，我们需要在城市局部地区的平面绿化和垂直绿化之间做出选择。当然，一些类型的植被可能产生"冷岛"，让建筑环境不舒适。以色列科学家已经对此做过深入的研究，值得参考。

利用城市绿化来缓解热岛强度，作为改善炎热气候下人类舒适度的一种手段，意义重大。许多研究都集中在绿地对城市气候的积极影响上，表明城市中的绿地可以创造一个"凉岛"。然而，很少有研究表明，在位于炎热气候的城市地区，最大限度地发挥植被的潜在冷却效果，而不产生负面的气候影响是特别重要的，因为在这些地区，阴凉和通风对创造热舒适度非常重要。一项研究提出了一套在以色列进行的实地测量，包括三个不同的气候区：地中海气候、热—干旱气候和超干旱气候。在这三个气候区调查了某些植被类型如网纹榕、Tipuana Tipu、Prosopis 和枣椰树以及草坪的冷却效果。该研究使用绿色 CTTC 模型和 PET 指数对现场测量结果进行了综合分析，在干旱气候中发现了最大的潜在冷却效果可以达到 6℃。研究还发现，在不同的气候区，每种类型的植被都有不同的气候效应。

（五）减排：路畅，还是有点堵？

人们觉得，开发笔直、宽阔、密布的城市道路网，或者说，不堵车了，道路车辆所产生的碳排放总量会减少。但是，许多研究证明，改善和提高城市车辆交通效率会增加城市碳排放总量。在出行需求为常量的情况下，增加城市道路，改善路况，提高效率，都可能导致那个城市车辆碳排放总量的增加。在出行需求减少的情况下，城市车辆碳排放总量可能增加。从高碳排放型车辆转变成低排放型车辆时，城市车辆碳排放总量可能增加。出行始点和终点之间的吸引力下降，城市车辆碳排放总量可能增加。

这一现象恰恰应了杰文斯（William Stanley Jevons）悖论：更高的效率会导致使用更多的资源，以及唐斯 – 汤姆森（Anthony Downs and John Michael Thomson）悖论：道路网络的改善不会减少交通拥堵。如果道路网络的改善使公共交通更加不方便，或者转移投资，导致对公共交通系统的投资减少，那么，道路网络的改善会使交通拥堵更加严重。实际上，车辆类型、新旧程度、车速、行驶里程、运行模式、气温、燃料，尤其是近年开发出的新能源汽车和智能充电系统，都是影响城市车辆碳排放总量的变量。

这些与我们的直觉不同的现象表明，规划师在编制城市道路交通规划前，会做谨慎的定量分析。事实上，网络拓扑结构和设计与配置、出行需求结构、出行成本结构、出行者的行为，都会纳入交通规划的环境政策分析中。

（六）绿地：经济效益，还是社会效益？

人们已经就城市绿地的环境效益达成了共识：适当规模和水平的城市

绿地可以吸收碳，汇集雨洪，营造宜人的城市小气候，有助于城市环境向可持续方向转变。但是，城市绿地不仅影响环境，还在影响经济与社会，给一些人带来经济收益，因此，城市绿地是有经济效益和社会效益的。例如，城市绿色周边或附近的房地产价值会大于其他地区的同类房地产价值，因为那里的业主接近那些城市绿地较为方便，而另外一些业主可能难以接近那些绿地，得不到完整的生态系统服务①，如审美的和文化的无形收益。这当然对一些人不公平，或者说，应该公平分配特定区域内的服务、设施和资源，确保所有居民都能得到它们。城市绿地的可接近性是城市可持续发展的一个关键因素，可是，城市绿地的经济效益与社会效益很难兼容，因此，政府和土地开发商通常需要在二者之间做出选择。

遗憾的是，政府和土地开发商未必会对如何有效和公平使用城市土地的最佳方式达成共识。有人建议，在整个城市提供许多"负担得起且易于接近"的小绿地比少数大型绿地要好。城市规划确定下来开发边界让城市建设用地正变得越来越有价值和稀缺，政府和土地开发商都关注在建成区挖掘土地开发潜力。但是，修订建成区的分区规划，或把再开发的地块用于房地产开发，获取经济收益，或建设公共绿地，地方政府当然要为此付出高昂的代价。

所以，在重新评价建成区开发地块的潜在价值时，既要计算绿地可达性带来的经济收益，又要对一些人因为难以或不能接近这些城市绿地而受到的社会公平损失做出评价，与此同时，还要防止通过提高公园周边、滨水休闲地区的住房价格而吸引更多高端房地产开发所带来的贵族化，为政府或开发商的选择提供依据，减少社会不公，促进多样化的可持续性发展。

（七）生物多样性：生境共享，还是各自独享？

自然栖息地随着城市建设而丧失、破碎和退化，从而导致生物多样性

---

① 生态系统服务是支撑人类活动和维持人类生命的自然生态系统过程和条件。这种生态系统服务包括维持土壤肥力、气候规律和自然病虫害控制，提供如食物、木材和淡水等生态系统物品流。生态系统服务还提供无形收益，如美学的和文化的价值。生态系统服务通过自然生态系统中的生物多样性而产生。生态学家和经济学家已经开始定量化地描述改变生物多样性对提供生态服务的影响，以货币价值的方式来描述这些变化。因为生态系统和社会系统是以非线性方式相互作用的，人类的好恶选择随时间变化，所以，预测这类损失的价值包括不确定性。我们现在预测未来的价值可能会低估未来人类赋予自然系统的价值。所以，让生物多样性的丧失最小化是一个维持生物多样性价值的保守战略。

迅速下降。生物多样性与城市化地区常常重叠。当然，城市核心区和城市区域既威胁生物多样性，也给创新留下了机会。城市建设影响了城市核心的生物多样性（如外来物种的增加）、郊区的生物多样性（如栖息地破碎化和退化）和乡村地区（如资源和基础设施所占用的土地）的生物多样性。与此同时，城市也为许多本土动植物物种提供了栖息地，其中包括一些濒危物种，所以，城市具有保护生物多样性的机会。

"生境共享"和"生境独享"是保护城市生物多样性的两个极端，研究显示，具有"回避城市""适应城市"和"寄生城市"不同属性的不同物种对人类聚集程度和土地开发强度的反应不同。我们根据物种对城市开发强度的反应，选择以何种方式保护不同物种。如果要让生物多样性得到最大限度的保护，人类就要最大限度地分散居住在赖特设想的那种"广亩城市"里，而在紧凑城市里，能够与人共享生境的物种寥寥无几。

研究发现，住宅间、住宅区之间留下的那些与物种共享的生境，如绿地、公园、湖泊、溪流、水塘等，实际上都不太可能保护生物多样性。建成区的土壤比起乡村的土壤更具疏水性，从而有可能限制了对植物有效的资源，可能影响凋落物的分解速率和地下过程，影响土壤释放到大气层中的气体通量，从而难以支持一些依赖自然或半自然生境的物种。建成区树林的外来的和驯化了的物种的比例高于乡村地区树林的原生物种，城市树林的结构不同于乡村地区的树林，如林冠高度的均衡程度、林隙数目和连通。建成区的动物群落和它的相互作用（如捕食类动物）不同于乡村地区。

这样，不同等级的人口密度之间存在一个人与其他物种最佳土地分配梯度，产生不同质量的生境。随着城市化，人与其他物种最佳土地分配趋向于紧凑居住形态，而在城市边缘或邻近地区保护大片的自然植被。随着城市人口和土地使用不可避免地扩大，保护城市边缘的自然区域对于未来保护自然至关重要。对此，我们需要针对保护生态多样性的目标高低，对人口密度梯度和土地使用强度梯度做出优化选择。

（八）绿色经济：可再生能源，还是生物多样性？

开发可再生能源已经被证明具有很高的环境和社会经济效益，选择开发可再生能源的方向毋庸置疑，可再生能源产业事实上已经成为绿色经济的支柱产业。但是，新研究发现，开发包括太阳能、风能、水能、海洋能、地热能和生物质能源在内的可再生能源，可能对生态系统和生物多样性存在负面影响：可能会引入入侵物种、过度开发、污染环境、改变原有的生境、改变小气候。研究显示，尽管机制不同，开发可再生能源都直接或间接地与这五大因素中的每一个因素有关联。

正如威尔逊（Edward O. Wilson）所说："我们至今还在毫无必要地把自然从我们的日常生活中驱逐出去。"[1] 为了开发可再生能源，我们实际上还在驱赶自然：开发太阳能可能占用大量土地，包括支持性的基础设施，从而分割小生境和改变动物栖息地，进而影响到生态系统和生物多样性。

所以，作为补偿，我们在城市空间中开发太阳能资源时，如开发屋顶和建筑外墙的太阳能资源，可能会减少一些栖息地的损失和改变。如果再与屋顶绿化和垂直绿化结合起来，便可以为一些植物和昆虫物种提供栖息地。其实，绿色城市的一个方向就是把自然带回城市，让人类找回对人类思维全面发展至关重要的环境。这就要求我们在向绿色经济过渡时，应该做出兼顾自然的选择，只有这样，我们才可能鱼和熊掌兼得。

我们做选择的基础究竟是未来的新技术或新设计，还是前工业化时期的"桃花源"呢？这是后现代主义哲学思潮与现代主义思潮一直争论的一个哲学问题。当我们冒着风险进入未来时，重提这个哲学问题不无意义，因为我们已经发现，依靠技术、"科学怪人"实现节能减排，把地球温度降下来，躲开全球气候变化带来的数不清的灾难，这样考虑未免太乐观了。不改变我们自己，即改变现代生产方式以及以现代生产方式为基础的消费方式、行为方式[2]，人类的地球家园只会越来越热，人类也就只有乘着地球去"流浪"了。

---

[1] Edward O. Wilson, "Preface", in Timothy Beatley, *Biophilic Cities: Integrating Nature into Urban Design and Planning*, Island Press, 2011.

[2] 瓦克纳格尔（Mathis Wackernagel）和他的同事们发展的"生态足迹"（EF）已经成为评估任何一个地方或任何一种经济的相对可持续性的标准计算方法。根据这个计算方法，支撑一个人以西方生活方式生活，大体需要6—10公顷（15—25英亩，90—150市亩）不同种类的生产土地。如果全球人口为60亿人，均分全球所有土地，那么，人均土地仅为1.7公顷（4.2英亩，25.5市亩）。假定地球上每一个人都按西方现在的生活方式生活，那么，我们需要3.5个地球，才能满足我们的基本需求。现在，也许有5亿人留下了很大的生态足迹，另外55亿人留下的生态足迹要小得多。美国的人口占全球人口的4%，却使用了全球资源的40%。只能通过对每个东西的重新设计才能避免灾难。我们已经处在资源战的时代：油、水、森林、渔业，等等。全球变暖引起的气候变化对许多地方产生着致命的影响。

参考文献

Kim, Youjung, "*Advancing Scenario Planning through Integrating Urban Growth Prediction with Future Flood Risk Models*", Computers, Environment and Urban Systems, Vol. 82, 2020.

Katie Williams, "Adapting to Climate Change in the Compact City", *Built Environment*, Vol. 36, No. 1, 2010.

Helena Madureira and Ana Monteiro, "Going Green and Going Dense: A Systematic Review of Compatibilities and Conflicts in Urban Research", *Sustainability*, Vol. 13, No. 19, 2021.

Christian Fertner, "Compact and Resource Efficient Cities? Synergies and Trade – offs in European Cities", *European Spatial Research and Policy*, June 2016.

Giles Thomson, "Green Infrastructure and Biophilic Urbanism as Tools for Integrating Resource Efficient and Ecological Cities", *Urban Planning*, Vol. 6, No. 1, 2021.

Hassan Gholami, "The Contribution of Building – Integrated Photovoltaics (BIPV) to the Concept of Nearly Zero – Energy Cities in Europe: Potential and Challenges Ahead", *Energies*, Vol. 14, 2021.

V. Shabunko, "*Building Integrated Photovoltaic Facades in Singapore*", Proceedings of the 2018 IEEE 7th World Conference on Photovoltaic Energy Conversion (WCPEC), 2018.

Ehsan Ahmadian, "Energy and the Form of Cities: The Counterintuitive Impact of Disruptive Technologies", *Architectural Science Review*, Vol. 62, No. 2, 2019.

Nyuk Hien Wong "Greenery as a Mitigation and Adaptation Strategy to Urban Heat", *Nature Reviews Earth & Environment*, Vol. 2, 2021.

Gabriele Manoli, "Magnitude of Urban Heat Islands Largely Explained by Climate and Population", *Nature*, Vol. 573, 2019.

Oded Potchter, "Urban Greenery as a Tool for City Cooling: The Israeli Experience in a Variety of Climatic Zones", 33rd International on Passive and Low

Energy Architecture Conference: Design to Thrive, 2017.

Mengbing Du, "Urban Greening: A New Paradox of Economic or Social Sustainability?", *Land Use Policy*, Vol. 92, 2020.

David Leclère et al. , "Bending the Curve of Terrestrial Biodiversity Needs: An Integrated Strategy", *Nature*, Vol. 585, 2020.

建筑设计中的绿色设计

——超高层建筑的绿色探索与实践

张国威　王　平[*]

一　"双碳"背景下，绿色建筑的发展现状

（一）碳达峰碳中和成为全国发展主旋律

当下全球气候变暖趋势急剧加速，据世界气象组织报告，全球平均气温较工业化前上升 1.1℃，上升速度是过去 200 年平均增速的 7 倍，而二氧化碳等温室气体排放是导致全球变暖的重要原因。

据统计，2021 年随着全球经济的复苏，全球的碳排放量为 338.84 亿吨，同比上涨 5.6%。其中，中国的碳排放量达到 105.23 亿吨，排名全球第一。因此，实现碳中和、绿色转型升级是全球共同关注的热点。2020 年 9 月，中国在第七十五届联合国大会首次明确提出碳达峰和碳中和的目标，并在随后的经济工作会议及国际论坛上强调了这一战略目标，积极参与全球低碳减排的发展路径，开展能源转型和清洁能源利用，碳达峰碳中和成为全国发展主旋律。

其中，建筑行业的能源消耗是造成温室气体排放的重要因素之一。根据全球建筑建设联盟（GlobalABC）发布的《2021 年全球建筑建造业现状报告》，2020 年，建筑业占全球能源相关碳排放量的 37%。随着城市化程度的不断提高，建筑建造行业的碳排放量还将持续上升。我国建

* 张国威，GWP 合伙人、总建筑师、总裁，哈佛大学华南校友会董事、副会长，广州源尚建筑设计有限公司董事长，主要研究方向为建筑设计；王平，GWP 合伙人、副总裁，哈佛大学硕士杰出毕业生，主要研究方向为建筑设计。

筑行业同样面临碳排放总量大的问题，实现"碳达峰、碳中和"面临较大压力与挑战。据《2021 年中国建筑能耗与碳排放研究报告》，2019 年全国建筑全过程碳排放总量为 49.97 亿吨，占全国碳排放的比重为 50.6%。因此，推动建筑行业绿色转型是实现"碳达峰、碳中和"目标的必然要求。

（二）超高层建筑的节能减排为关键

目前中心城市人口聚集，原有城区建筑趋于饱和，建筑在有限的土地上不断向空中拓展，超高层建筑数量不断增加。从世界上第一座高层建筑——家庭生命保险大厦落成开始，西尔斯大厦等新的高层建筑不断涌现，更大的都市得以孕育发展；吉隆坡双子塔、台北 101 大厦、迪拜哈利法塔、上海中心大厦等相继建成的世界级超高层建筑，不仅聚集更多精英、富集资源，也展示充足的经济实力，这些事实表明超高层建筑是现代城市文明发展的结果，是一定阶段的必然产物。

近年来，在各大城市的中央商务区出现大量超高层建筑，一定程度上缓解了城市用地紧张的问题，提高了土地资源的利用率。同时，超高层建筑体量较大，可以承载较完善的公共配套设施，实现资源高度共享，集聚效应明显，推动城市经济的高度发展，更是提高了人们工作、生活的效率。随着建造技术的不断成熟，新型材料、科学技术等也迅速发展。

超高层建筑作为现代建筑技术的结晶，因其城市地标形象、高经济产值，往往成为所在城市的"名片"，吸引大量企业入驻。据统计，2019 年高层建筑行业产值已达到 172285.53 亿元。据中研产业研究院《2021—2026 年中国高层建筑行业发展前景及投资风险预测分析报告》分析，虽然受到疫情影响，2020 年全球高层建筑竣工数量持续下降，但中国竣工数量仍位居全球第一，中国超高层建筑仍具有较大市场需求。

随着摩天大楼数量不断增长，超高层也带来很多潜在影响。根据世界高层建筑学会（CTBUH）公布的数据，超高层建筑能耗远超一般建筑，其能耗比普通公共建筑高 2—3 倍。目前，高层建筑已成为商品房中的主流产品，商业建筑规模增速快，单位面积耗能高。根据中国建筑节能协会能耗统计专委会 2018 年数据，商业建筑碳排放强度远远高于全国水平及居住建筑（见图 1）。其中，商业建筑的能耗和碳排放主要集中于运行阶段，以空调、照明、电梯系统为主，且商业建筑运行所产生的能耗以电能为主（见图2），空调系统的大量使用导致氢氟碳化物等非二氧化碳温室气体的排放，对生态环境造成巨大的影响。因此，商业建筑的能耗减排起到关键性作用，推动绿色超高层建筑普及对推动绿色可持续有巨大效益。

除能耗问题外，超高层建筑大面积玻璃幕墙易对周围建筑造成光污染，改变局部风速、风流等微气候环境，产生热岛效应。建筑高度过高也带来很多安全隐患，面对强风、强震、火灾等灾害，救援难度系数加大。超高层建筑的高产值同时也存在高成本，建设时间长，后期维护运营费用大、投资回报周期长等问题。

因此，如何在超高层建筑设计阶段提前介入绿色设计的理念，从源头控制能源消耗，在设计中有效地减少对环境和使用者的负面影响，提高绿色节能水平，满足人的健康系统需求，推动绿色建筑的广泛落地，是我们需要持续研究的命题。

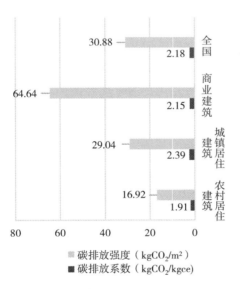

图1 商业建筑碳排放强度及因子分析

资料来源：《2018 中国建筑能耗与碳排放研究报告》。

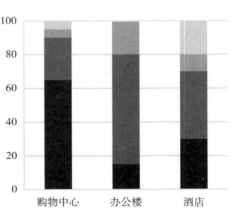

图2 不同商业建筑场景主要能耗组成分析

资料来源：《2018 中国建筑能耗与碳排放研究报告》。

二　探索绿色建筑的发展之路

（一）绿色建筑从何而来？

人类从未停止对城市的探索与设想，从居民集聚点到经济中心，从霍华德的"田园城市"、勒·柯布西耶的"光辉城市"，从分散到集中，从平面到立体，城市始终伴随着时代的发展不断演变，随之带来的城市问题、土地问题、人口问题、社会问题、环境问题不断积累，最终呈现于人类眼前的是难以解决的人与自然的矛盾。人类开始对"环境"与"健康"进行探索，"生态建筑"①"绿色建筑"②"可持续建筑"③"被动式建筑"④"主动式建筑"⑤等诸多建筑理念被陆续提出，从单一"环境保护"到"环境与人类的发展结合"再到"城市与人与自然的和谐共处"，人类开始关注自身与环境的关系。

"绿色建筑"的发展应运而生，而我们对绿色建筑的探索始终抱有期待。城市中建筑的存在，也不单单是功能的容器，而是人类生活的重要载体、精神的场域、城市经济实力的象征。随着科技的发展和建筑审美的提高，人们对建筑的要求趋向多元化，而超高层建筑作为全球经济高速发展的产物，呈现出来的城市形象、高科技化、经济实力不容小觑，带来的影响也引起强烈争议。面对土地、环境与经济发展的剧烈碰撞，我们追求的

---

① "生态建筑"（Arology）为意大利裔美国建筑师保罗·索莱里（Paolo Soleri）在 20 世纪 60 年代首次提出，他把生态学和建筑学两词合并，提出"生态建筑学"的新理念。以人的热舒适为需求，优先采用被动式设计手法，最大限度地利用可再生能源，从而降低建筑能耗。

② "绿色建筑"（Green Architecture）为布兰达·威尔和罗伯特·威尔在 1991 年出版的《绿色建筑：为可持续发展而设计》（*Greenarchitecture*：*Design for an Sustainable Future*）一书中，提出的绿色建筑系统和整体的设计方法，如节能设计、结合气候条件的设计、资源的循环利用等，不仅仅是停留在理念和技术层面。

③ "可持续建筑"（Sustainable Building）为查尔斯·凯博特博士 1993 年提出的，追求降低环境负荷，与环境相结合，且有利于居住者健康的建筑理念。

④ "被动式建筑"（Passive House）的概念最早源于瑞典隆德大学的 Bo Adamson 教授和德国被动式房屋研究所的 Wolfgang Feist 博士在 1988 年 5 月的一次讨论。其理念是通过很少的能源即可维持舒适的室内环境，因其优异的保温隔热性能和高效率热回收系统，房屋整个年度几乎不需要主动提供暖气和制冷需求。

⑤ "主动式建筑"（Active House）由主动式建筑国际联盟在 2002 年提出，重点解决的是建筑的舒适性、主动性、健康舒适与节能环保之间的关系等问题。

超高层建筑已不单注重形式的美学，还是作为未来缓解城市与环境矛盾的实验对象。

我们将以各个国家的绿色建筑评价标准作为研究对象，总结国内外绿色建筑标准带来的启示，探索绿色建筑发展路径中演化出来的问题与发展导向，从更多维度摸索绿色建筑发展路径。

（二）国内外绿色建筑标准体系对比

随着"绿色建筑"思潮的掀起，传统建筑已不能满足人对复合空间、舒适体验、亲近自然等多元需求，绿色转型是超高层建筑的必经之路。目前，国内外已发布众多绿色建筑认证体系，针对以上绿色建筑认证标准，我们希望借由美国的 LEED 和 WELL、英国的 BREEAM、德国的 DGNB、法国的 HQE、中国的《绿色建筑评价标准》（2019 版）和《绿色超高层建筑评价标准》等标准作为研究对象，针对标准的发布时间、理念、使用范围、评价阶段、认证级别、评价内容、权重等内容进行对比，发掘绿色建筑标准的未来导向。

英国 BREEAM 作为世界第一个也是全球广泛使用的绿色建筑评估方法，提出"因地制宜、平衡效益"的核心理念，兼具"国际化"和"本地化"。美国 LEED 是世界上影响力最大、最完善、全世界应用最广泛的绿色建筑评估标准。2015 年 3 月中国引入美国 WELL 建筑标准，引起房地产商、建筑学术、建筑工程界极大关注。其提出的"健康建筑"更加符合现代城市的主流发展趋势。德国 DGNB 作为世界最高水平的第二代绿色建筑评估认证体系，以使用者的舒适度为根本出发点，以建筑或城区的整个生命周期为基础，将建筑的经济品质和生态品质并重。法国 HQE 作为欧洲三大绿色建筑评价体系之一，则突出强调对使用者健康的关注。2019 年中国修订《绿色建筑评价标准》、2020 年发布了《绿色超高层建筑评价标准》，进一步深化了"以人为本"的理念及绿色建筑内涵。在理念上，以"人"为核心，关注"健康、舒适、可持续"的理念成为主流。

国内外绿色建筑评定标准对比见表 1。英国 BREEAM、《绿色建筑评价标准》（2019 版）、美国 LEED、《绿色超高层建筑评价标准》四个标准都对"节能"板块最为重视，其次为"健康舒适、品质"，美国 WELL v2、法国 HQE 则将"社区、环境宜居"居于首位。作为全球首个广泛使用的英国 BREEAM 在新的标准上也逐渐增加循环利用、人员健康、全生命周期碳排放等新的评分指标。而德国 DGNB 将生态、经济、社会作为核心考虑因素，强调实用性、舒适性的同时保证其经济性，2018 年版本修订版新增 4 个板块——"以人为本、创新领域、循环经济、联合国可持续发展目标"，更是提高了可感受化的健康指标、创新建筑、全生命阶段与循环经济的融合。由此也可窥探出，对绿色建筑的要求已不只是关注能源节约板块，更是逐渐走向"人性化""舒适健康""经济性"等方面。

除此之外，中国 2020 年发布的《绿色超高层建筑评价标准》与《绿色建筑评价标准》（2019 版）相比，增加了"智慧高效"评分指标，对建筑后期运营管理予以关注，也表明了对超高层建筑的绿色转型与高质量发展的支持。

在评价阶段上，以上标准基本都包含两个层次，即设计阶段和建成/运营阶段，保证了绿色设计的实际落成成效。

表 1 国内外绿色建筑评定标准对比

	美国 WELL（v2）	美国 LEED	英国 BREEAM	德国 DGNB	法国 HQE	绿色建筑评价标准（2019 版）	绿色超高层建筑评价标准
发布/实施时间	2018 年	1998 年建立，2003 年进入中国市场	始创于 1990 年，2016 年进入中国	2007 年	1996 年	2019 年	2020 年发布/2021 年实施
理念	健康建筑标准；全球不同类别的健康建筑设计准则，以医学研究为准则，从人的健康系统需求对应建筑物设计来提升空间舒适感	在设计中有效地减少环境和住户的负面影响。规范一个完整、准确的绿色建筑概念，防止建筑的泛绿色化	"因地制宜、平衡效益"的核心理念从建筑主体能源到场地生态价值的范围，容纳了社会、经济可持续发展的多个方面	强调从可持续性的三个基本维度（生态、经济和社会）出发，在强调减少对于环境和资源压力的同时，发展适合用户服务导向的指标体系	突出强调对使用者健康的关注，建筑对使用者健康与舒适的影响权重占到 50%	"以人为本"理念，改变重技术轻感受、重设计轻运营的模式，扩充绿色建筑内涵，提升绿色建筑品质	推动超高层建筑可持续发展、绿色化转型与高质量发展

	美国 WELL（v2）	美国 LEED	英国 BREEAM	德国 DGNB	法国 HQE	绿色建筑评价标准（2019 版）	绿色超高层建筑评价标准
使用范围	新建和既有建筑，新建和既有建筑室内、核心与外壳；多户住宅、教育、零售、饭店、商业厨房	适用于所有的建筑类型新建建筑设计及施工（LEED BD C）、既有建筑运营及维护（LEED O M）、室内装修设计及施工（LEED ID C）、住宅建筑（LEED HOMES）、社区开发（LEED ND）。其中 LEED BD C 又可细分出新建建筑（LEED NC）、核心与外壳（LEED CS）、学校、零售、数据中心等	新建建筑；既有建筑；翻新和装修建筑；基础设施建设：土木工程和公共区域；城市区域：总体规划；新住宅：住宅质量	新建建筑；既有建筑；翻新建筑；新建城区建筑物	新建建筑；改造建筑；城市社区；基础设施	公共建筑；住宅建筑	适用绿色超高层建筑
评价阶段	现场测试＋性能审核＝性能验证	设计＋运行	设计＋建成	设计＋施工＋建筑运行	全过程	预评价：施工图设计完成后；评价：建筑工程竣工后	预评价：施工图设计完成后；评价：建筑工程竣工后

续表

	美国 WELL（v2）	美国 LEED	英国 BREEAM	德国 DGNB	法国 HQE	绿色建筑评价标准（2019 版）	绿色超高层建筑评价标准
认证级别	核心体 WELL 认证级：40 分；核心体 WELL 认证银级：50 分；核心体 WELL 认证金级：60 分；核心体 WELL 认证铂金级：80 分	认证级：40—49 分；银级：50—59 分；金级：60—79 分；铂金级：80 分以上	通过（Pass）≥30%；良好（Good）≥45%；优秀（Very Good）≥55%；优秀（Excellent）≥70%；优秀（Outstanding）≥85%	铜级 ≥35%；银级 ≥50%；金级 ≥65%；铂金级 ≥85%	满足全部控制项且零星，合格（HQE PASS）；1—4 星级，良好（HQE GOOD）；5—8 星级，优秀（HQE VERY GOOD）；9—11 星级，杰出（HQE EXCELLENT）；12 星级以上，卓越（HQE EX-CEPTIONAL）	基本级 40 分；一星级 60 分；二星级 70 分；三星级 85 分	基本级 40 分；一星级 60 分；二星级 70 分；三星级 85 分
评价内容/权重	空气18；水9；营养17；材料22；光14；热舒适度12；声环境11；运动20；精神24；社区31；创新18（加分项）	整合设计1；位置与交通16；可持续场地10；节水11；能源与大气33；材料与资源13；室内环境品质6；创新6；区域优先4	管理13；健康舒适16；能源23；交通8；水6；材料8；废弃物6；用地和生态6；污染8；创新6	环境质量22.5；经济质量22.5；社会文化和功能质量22.5；技术质量22.5；过程质量10；区位质量	HQE 对目标分高、中、低3个评价等级，分别为"超高效等级""高效等级""基本等级"（1）环境（2）能源（3）健康（4）舒适	控制项基础分值400；安全耐久100；健康舒适100；生活便利70；资源节约200；环境宜居100；提高与创新100（加分项）	控制项基础分值400；安全耐久100；健康舒适100；资源节约100；环境宜居200；智慧高效70；提高与创新100（加分项）

从美国 LEED、英国 BREEAM、美国 WELL（v2）、德国 DGNB、法国 HQE 涵盖的建筑类型来看，国外标准针对各类建筑提出专项评价标准，覆盖几乎所有建筑类型，评价体系较为完善。相较于中国绿色建筑的标准体系，除现有的《绿色建筑评价标准》（2019 版）、《绿色超高层建筑评价标准》外，国内建立了从设计、施工、运行、改造到评价的比较完善的绿色建筑标准体系，涵盖了办公、商业、医院、饭店、博览等新建单体、既有建筑、工业建筑等评价体系，评价标准相对完善。

超高层建筑作为绿色建筑中最具技术代表的类型，涉及与人、社会、环境多种元素的协调，在形态、空间、能源、材料、结构等方面都有衡量超高层建筑高质量的设计标准，如何因地制宜建设超高层建筑，将绿色设计的理念、技术植入建筑全生命周期，实现能源节约化、资源利用最大化、空间健康化灵活化，在追求生态性的同时保证经济性，助推人、建筑、城市、环境的和谐共生，是每个可持续绿色城市的必然需求。

三　国内外超高层建筑绿色实践案例对比

基于国内外优秀的超高层建筑案例分析，我们希望通过当前绿色设计理念和技术的实践与应用，探索在实践中绿色设计的内在逻辑与方法，寻求未来绿色设计实践的新启示。

（一）国外超高层绿色建筑案例 1——新加坡一号码头建筑（Marina-One Singapore）

新加坡一号码头建筑位于新加坡滨海湾中心商务区，项目打造了一座独特建筑形体的立体绿洲，获得 LEED 白金级认证。项目由具有办公、居住、零售功能的四栋建筑组成，围合出"绿色心脏"，创造出125% 的绿化面积及 165% 的公共空间面积，为未来高密度城市规划设计提供了范例。

在建筑形态设计方面，四栋塔楼外围采用四方形的几何形状，与城市周边界面相协调，内部以"梯田"为灵感形成面积高达 65 万平方英尺的超大公共景观空间，起伏蜿蜒，让使用者更加接近自然。同时优化建筑朝向和立面，没有直接西面照射，将办公室地板上的热量增加和眩光减少 20%。

大楼中央的公共景观空间绿化率极高，改善了微气候。"绿色心脏"中含有超 350 种树木与植物，700 棵树，3700 平方米的景观，另外还有多种类型的动物在此栖居，为城市提供了接近自然的景观空间。郁郁葱葱的绿色植物减少了热岛效应并改善了周围的空气质量。建筑仿照"梯田"的形态，从中心绿地向上依次看到云中花园、绿色屏幕、屋顶花园。在四栋建筑间形成三种不同尺度的花园，建立起宜人的小型气候系统，从而降低能源消耗。建筑底部的通风井和缺口保证了自然通风，塔楼直接的开口及建筑物和花园的几何结构促进了空气流动，使更多景观、阳光、新鲜空气渗透于室内。

在节能设计方面，使用绿色建筑产品减少能耗。项目提出遮阳系统、通风系统、设备系统、材料系统、雨水收集、智能系统共六大系统。1.5 米宽的固定网状百叶窗可为 90% 的工作时间提供完整的遮阳，同时通过使用穿孔的网格材料来维持高日光因子，形成高效的外部日光遮阳设备。多孔平面图布局可为所有公寓提供自然的交叉通风，辅以节能的通风系统达到高度节能环保的作用。在办公室内运用先进的二氧化碳传感器调节空气质量和运动传感器控制的 LED 照明系统，采用再生电梯制动等设备减少能耗。雨水收集上，从多个屋顶、露台和立面收集的雨水用于景观灌溉和冲厕。在整个施工过程中实施环境管理实践，全方位构建"超绿"建筑。

在绿色交通系统方面，项目通过设置地下人行网络，与新加坡的六条快速公交线路、公交车站、自行车停靠设施和电动移动充电站直接相接，减少了私人交通所造成的尾气排放。同时，设有盖顶的人行道，抵御热带阳光和大雨。

（二）国外超高层绿色建筑案例 2——帕克街 425 号大厦（425 Park Avenue）

项目位于纽约中心著名的曼哈顿公园，旨在打造一个具有时代感，又具有永恒魅力的地标建筑。帕克街 425 号大厦获得可持续 LEED 金级认证，也是纽约第一个获得 WELL 认证的建筑。该项目作为促进使用者健康的建筑创新前沿，其健康设计具有前瞻性。

建筑共 43 层，高 262.2 米，是一座锥形的钢化玻璃建筑物。在建筑布局方面，以建筑形式直接表达功能。大厦钢架逐渐上升变小，垂直方向被斜肋架构的玻璃划分为 3 个部分，分别对应裙楼、中心区域及高端办公区，顶部 3 片刀刃状的剪力墙向上延展，成为曼哈顿街区天际线的新地标。

在空间布局方面，425 号大厦通过引入自然为使用者提供舒缓的办公环境，拥有大量开阔空间、绿色阳光的场所和新鲜空气。高层办公楼分为三部分，最下层部分向街道开放，中间部分嵌入内部体块，最上层包含高级办公空间。其中，首层建有一个三层通高的中庭作为公共聚会空间，以及可以容纳大型艺术品展示的大型市民广场。每个人从大厅进入，形成社会核心。每一层都设有舒适的景观露台，欣赏中央公园和曼哈顿城市景致，并在三段体块后退处设置 2 处空中花园，格栅遮阳的线性空间，不规则的落地玻璃为空间提供庇护，周边裸露的斜角柱结构增加独特的半自然体验。此外，项目打造了基于使用者健康考虑的冥想室、更衣室、缓冲地板、防眩光照明，拥有专门的健康中心和作为共享空间供人观赏中央公园景观的高层露台等。

在健康设计方面，建筑强调绿色环保的主要特性，使用环境友好型材料、节能机械和通风系统、高级净水设备、考虑到充足自然光的结构和高能效的外围护结构。其中，通过建筑雨水收集、废水处理与活动空间节水景观措施减少建筑 30% 用水量，最大限度减少资源消耗去应对社会与环境问题。同时建筑使用带有自由冷却盘管的高效水冷 DX 机组，该系统使每个单独的租户能够完全控制其系统的运营和成本，满足租户的要求。在后疫情时代，充分考虑健康和空气质量，以打造一流的空气过滤为重要设计。项目通过实现 95% 的新风过滤系统达到健康要求，创造了一个舒适、健康和舒缓环境的未来办公场所，让人们不论在工作还是享用建筑物中的其他便利设施时，都能免受内部机械系统和外部喧嚣噪声的干扰。

（三）国内超高层绿色建筑案例 1——深圳平安金融中心

深圳平安金融中心位于深圳福田区城市中轴线的一侧，用地面积 18931 平方米，总建筑面积 459187 平方米，平安金融中心塔楼 118 层，裙楼 10 层，地下 5 层，高度 600 米。该项目在 2017 年获得了 LEED C + S（核心与外壳：新建办公）金级认证，随后在 2021 年获得 LEED v4.1 O + M：EB（运营与维护：既有建筑）铂金级认证、中国绿色建筑三星级认证。

深圳平安金融中心在结构设计时通过结构风洞实验证明，渐变角能够极大地降低作用在结构物上的风力载荷，尤其是来自侧风的影响。其主立面的渐变式锥形轮廓以及流线型的塔楼形状同常规的正方体或长方体立柱结构外形建筑相比，降低了 32% 的倾覆力矩抗力和 35% 的风力载荷抗力。仅就钢材一项计算，就实现节约钢材近 30000 吨，还不包括其他建筑材料如混凝土、建筑模板等，经济效益、社会效益明显。

此外，深圳平安金融中心拥有极高的功能效率，按深圳标准计算，其标准平面的使用面积与建筑面积的比率为 68%，而相较于上海中心大厦12.5 的容积率，深圳平安金融中心则达到了 16 的容积率。方正的平面和高效的核心筒设计使得其在节地方面取得显著的经济效益。

在节材方面，深圳平安金融中心的立面选择了以高性能玻璃、花岗岩石材、不锈钢、PPG Duranar 涂层铝板和 Juton Durasol 涂层铝板作为主要材料。塔楼只有 179.5 米以下的立面采用石材的方案，既考虑了整体形象又节约了石材用料，降低了造价。除了节材，高性能立面每年也预计能节约1320000 度电，相当于年能源消耗的 2%。

在节能方面，深圳平安金融中心运用了多种绿色节能技术措施，如塔顶的风轮机发电、高空取风，塔楼的再生热系统、能源再生电梯、循环空调冻水、节能灯具等。据计算，其采用的路创 Quantum 系统与传统照明系统及传统窗帘遮阳系统比较，每年节约 400 万度电；租户灯具开关控制每年可能节约 2640000 度电，相当于年能源消耗的 4%；同样，蓄冰系统每年亦可能节约 2640000 度电。在节水方面，深圳平安金融中心采用循环冷却塔水和雨水收集系统，裙楼的循环冷却塔水每年预计能产生 39000 吨水，相当于节省冲厕用水的 30%；雨水收集每年则可节约 10000 立方米的用水。

深圳平安金融中心大厦将 BIM 技术的应用贯穿于项目的全寿命周期，涵盖了建筑、结构、机电、景观各个专业，不仅在设计阶段精准统计和计算用材等各项成本，在施工阶段减少了纠错返工的工作量，利用基于 BIM 的加工技术和虚拟仿真建造技术，在后续的运营阶段也能实现精确管理。

采用一系列节能措施下，超高层建筑的耗能的确有所下降，但有些绿色技术的节能效率并不是那么显著。比如，高空取风每年可能节约 75000 度电，相当于年能源消耗的 0.1%，其生产的可利用电力虽然也是可观的，对于超高层这样的耗能巨物却力有不足。在绿色技术的选择上，应针对高层建筑的特性，平衡成本与效益，通过多种节能技术的协调配合，争取最大化的节能效果。

（四）国内超高层绿色建筑案例2——上海中心大厦

上海中心大厦选址于上海浦东陆家嘴金融贸易中心区，该项目是国内首获双认证的绿色超高层建筑，分别获得国家住房和城乡建设部授予的"三星级绿色建筑设计标识证书"、美国绿色建筑委员会颁发的 LEED 金级预认证。

在形体设计方面，上海中心大厦的整体形态呈现为一个柔性的旋转螺旋体（如图3、图4所示）。这一造型是对与其相邻的金茂大厦和环球金融中心两者形体关系的考虑以及对结构优化的结果。为了降低风荷载作用，优化平面的转角弧度，各个楼层的转接角度约为23.3°，这一方案将风荷载减小了25%，节省了结构造价3.5亿元。

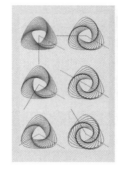

图3 图4

资料来源：Gensler：《上海中心大厦：中国最高建筑：以632米高度刷新上海天际线》，https：//www.gooood.cn/。

在幕墙设计方面，上海中心大厦采用内外双层幕墙形式，外幕墙采用夹胶玻璃，内幕墙采用低辐射中空玻璃，内外层幕墙之间的中庭空间为热缓冲区域，以降低玻璃幕墙的传热系数。9个分区的中庭空间同时还能为各个分区提供配套的公共服务，提高服务效率，丰富使用者的使用体验。

在节能方面，该项目在塔楼屋顶钢架上，布置270台垂直轴涡轮风力发电机，每年可为大厦提供119万度绿色电力，供屋顶和观光层的设备使用。该项目采用雨水收集和中水回收系统，用于办公、裙房冲厕、室外水景补水、绿化浇水、室外道路冲洗、地下车库冲洗等，以实现非传统水源利用率最大化，酒店部分达到25%，办公部分达到40%。

上海中心大厦引入 BIM 技术，在工程变更管理以及成本管理上的应用大大提高了工作效率，节约时间和造价成本。该项目还将 BIM 技术运用于设计—建造—运营的全过程，以便最大限度地节约资源和减少对环境的负面影响。为实现用能种类区分，用能系统实行能源消费分户、分类、分项计量，并对能源消耗状况进行实时监测，及时发现、纠正用能浪费现象。该系统可监控机电设备运行工况，创造良好室内通风环境和照明环境，提供安全可靠工作和消费环境及快速、安全的网络平台和便捷信息交互平台。

在各项建筑形体、绿色技术、室内环境品质、智慧运行等指标方面，上海中心大厦满足高标准的绿色建筑要求。但在实际使用者的主观体验中，仍然出现了不舒适的问题。部分办公空间的双层幕墙体验比较差，太多的支撑架构位于两层幕墙之间，从内部往外看，遮挡完整的景观视图，降低视线通透性。另外，其绿色建筑的目标造成总体造价的增加，建筑形体的螺旋设计使得玻璃消耗比原方案增加了 18%；双层幕墙系统带来消防问题，导致玻璃喷淋系统的建造成本增加。

四　基于绿色理念的超高层建筑实践

（一）我们眼中的绿色设计

经过对国内外超高层建筑的研究，我们可以发现，超高层建筑案例都基于场地的特色，在形态、空间布局、建筑结构、节能系统、生态绿化上都做了不同程度的绿色设计与实践，并提供了较好的示范。在健康空间、可持续系统设计上，都给予未来绿色建筑发展前瞻性的引导。

面对当代生态危机，超高层建筑的绿色设计不仅要考虑传统的建筑设计，还应根据各种环境差异性的影响因素，选择针对性的技术措施，超高层建筑并不是绿色技术的简单堆砌，而是综合的可持续设计。

基于生态可持续、环境友好的城市发展趋势，我们希望深度探索绿色设计的本质，以建筑本体与自然生态共同体作为对象，遵从古代城市建设原则，"因天材，就地利"，顺应自然的有利条件与场地特色，从人的需求出发，以绿色价值为核心，以技术赋能，提供多元人性化的设计，塑造理性、和谐的绿色建筑表达。

因此，我们将构建全新的"GWEI"（Green – Well – Economy – Image）理念体系。以绿色（Green）为脉络，以健康（Well）为核心，以经济性（Economy）为基础，以形象（Image）为亮点，系统性统筹超高层建筑的全生命周期。基于人与自然和谐共生的发展高度，将绿色生态的核心价值原则，作为建筑设计的依据与根本；以人为尺度，在空间设计上采用绿色节能、可持续系统等措施，创造舒适、健康的室内外精神场域；以经济性为基础，全面协调技术、材料、人工等综合成本控制，推动绿色建筑可行性与落地性；从形象角度，超高层建筑作为城市的形象地标，承担城市形象的推广的角色，代表科技艺术与经济实力的最高成就，更应注重其美观性。我们希望将超高层建筑看成一个绿色生命体，提前注入绿色因子，让其不断衍生扩散，在整个生命周期中不断尝试成本、技术、环境、景观、城市等因素带来的影响，从设计到施工再到运营使用都能兼顾实用性与经济性，这是一项艰巨且有趣的挑战，也是我们未来将不断探索的领域。

（二）GWP 实践案例 1——广州琶洲三七互娱总部高层

三七互娱全球总部大厦位于广州琶洲核心 CBD 区域，与珠江新城、广州国际金融城隔江相望，构成广州中心城区经济发展"黄金铁三角"，未来将成为广州创新经济发展核心引擎。项目设计参照现行《绿色建筑评价标准》（GB/T 50378 – 2019）中三星级绿色建筑设计要求，遵循环境友好、健康舒适、能源与资源消耗较低的基本理念。从企业文化内涵思考设计延伸至玩心之家创造快乐的概念，将建筑形态、空间体验和通风采光、节能装配等因素协调平衡，创造了丰富且属于企业独特的建筑美感，为使用者带来空间感知的愉悦和精神的振奋，以及对生活、工作场所的归属感。

为适应岭南气候的特点，在建筑外立面上置入了模块化的表皮系统。通过控制模块的组合方式，形成东疏西密的合理遮阳方式，保证室内自然采光并减少太阳辐射，同时降低了 15% 的空调负荷，实现高效的节能控制。疏密的组合也展现出立面灵动的变化，在提升建筑节能的同时赋予了美学的魅力。表皮的模块采用造型铝板内置开启窗的方式，室内一侧的铝板面板设置平开窗，室外一侧的造型铝板局部为冲孔铝板。通过使用者控制开启窗，调节空气流动性，优化了室内空气品质及提高了空间的舒适性。

立体绿化 360°螺旋形从下至上覆盖整个建筑，在高中低区分布不同的空中花园，结合公共空间设置，可调节微气候，降低热岛效应。在节水方面，结合海绵城市的设计，在立体绿化上 100%采用市政中水系统灌溉，有效节约了水资源。

"多维"的绿化体系。低区裙楼屋顶延伸周边场地的绿化景观，精心营造一个充满亲和活力与社交互联的休憩之园。中区空中平台花园结合运动层布置，通过精心布置的景观植物及外摆家具，打造生态健康的户外运动休闲空间。高区塔楼屋顶花园可品赏极致全方位江景，通透开阔的视野让使用者尽情享受珠江美景。同时，每个办公层均设置两个绿化景观阳台，打破传统高层办公空间的封闭感，提供舒适健康的办公环境。

舒适健康的空间设计。面对互联网类企业和人才团队使用需求，在建筑的高中低区各构建以人为本、生动有趣的特色公共空间，创造丰富多元的空间体验和场所互动。低区的协作交流文化空间以阶梯形式联系通高空间，打造愉悦互动的交流体验和美妙惊艳的视觉感受，营造出更宽广的空间尺度，保证了空间的实用性和吸引力。中区的健康运动空间里设置了环形慢跑跑道、趣味攀爬装置、活力健身运动空间和户外悠闲绿化平台，为企业和人员提供体验开放健康的运动活动场所。顶层的活动中心面向珠江，打开全方位江景视线，配置精致生态绿植的设计和通透开阔视觉空间，打造出一种优雅愉悦的总部办公及商务体验。

除了考虑平衡建筑形体的同时需要满足总部人员的使用效率外，在空调、电梯等核心机电处理上，还需要克服一系列挑战。对细节的严谨把控和各专业高频率的沟通，是绿色建筑品质落地的关键。

通过关注人的使用体验，在阳光、空气、运动设施、空间感受、设计美感等细节要素中取得微妙平衡，创造出一种有趣、和谐、开放创新以及凝聚共享的场所。通过绿色设计节能减耗，合理控制造价成本的同时减少对环境的影响。随着社会对人类健康方面的要求提升，建筑有义务主动承载改善人居环境及空间品质的责任。三七互娱全球总部大厦由内至外充分考虑功能合理性、空间舒适性及系统的高效性，是融合文化与科技节能的大楼。

（三）GWP 实践案例 2——广州增城丰乐集团丰盛 101 总部高层

丰盛 101 总部高层项目位于广州增城荔新大道旁，其北侧远眺南香山，南侧遥望广州珠江新城，坐拥粤港澳大湾区和广深创新走廊核心区位优势。响应大湾区建设需求，秉承"宜商、宜创、宜居"的理念，本项目作为一座融合总部办公、星级酒店、时尚商业的综合体，致力于为大湾区人才构建一种自由、舒适，优雅的空间载体。

建筑形态的生成以核心筒为轴心，向南北分成两个体块，东西错开一个柱跨，外立面以"帆"之理念塑造，顺势而下，轻盈落于裙楼之上，形成雨棚空间，巧妙地将建筑的裙楼和塔楼融为整体。建筑结构的设计充分利用了建筑形态的力学美感，通过两个互为支撑的建筑体块与核心筒嵌入咬合的关系，以及精确地控制建筑与核心筒的高宽比，强化了建筑结构整体的稳定性和抗风能力。外立面和屋顶的曲面处理不仅有效减少了高层的风压荷载，而且整栋建筑较前期方案设计节省 2000 万—3000 万元造价。

在项目概念设计前，现有地块已施工并原有 84 根塔楼桩基。新方案并没有完全摒弃原有已施工的桩基，在保证新方案合理性及高品质的前提下，各专业要素充分配合协调，最大限度地利用原有的桩基。在塔楼区域，部分桩基通过条形承台连为一体，转换为上部塔楼外框柱。在充分利用原已施工桩基的前提下，局部增加桩基的数量，既能保证上部柱位合理又可以避免原有桩基的浪费。在裙楼区域，也通过条形承台托换的方式来充分利用已施工桩基，超过一半的原施工桩基都被利用上。最终，项目保留原有 67 根桩基，废弃了 17 根桩基，新增 52 根桩基，大幅度降低基础的造价成本。

在绿色空间布局上，充分利用场地自然特色，打造丰富的观景平台及公共休闲空间。将立体绿化设计融入建筑形态，为建筑注入灵动与流畅的线条美感。在低区酒店配套及办公层，结合地块东北侧规划的城市公园绿地与整体建筑形态，打造出一个舒适而有趣的退台绿植花园。在中区公寓及酒店层，南北两角加入绿植阳台，充分利用转角位置的采光面，打破传统超高层公寓及酒店封闭的空间感受。在高区企业办公层，对南北角绿植阳台做出局部出挑，形成更为开阔大气的观景平台，为员工提供舒适健康的公共交流空间。同时巧妙地改变景观朝向，使南侧平台能远眺广州中心城区，北侧平台能远眺新塘万田生态公园。在塔楼屋顶，结合造型形成花园露台，配合景观植物的设计，打造舒适大气的空中会客厅。

本项目在思考与推敲的过程中，从场地条件出发，综合考虑造型美感与结构系统、建设造价、生态绿化及空间品质，最大化利用已建设施，极大地提升项目空间品质与经济价值。绿色设计是有机协调的过程,生态、品质、美观与经济性的平衡是未来绿色建筑的目标。丰盛 101 总部高层项目实现了由内到外结构与表皮的结合,打造出会呼吸的生态建筑。

(四) GWP 实践案例 3——广州城投增城总部二期

广州城投增城总部二期项目位于广州东部(新塘)交通枢纽中心增城未来 CBD。项目通过结合舒适性、昭示性、落地性、经济性及独特性等要点,为片区打造高品质超高层生态地标建筑。

项目在用地空间紧张、外部城轨环绕与场地开口等限制条件下,通过使用更高效的垂直"L"形楼栋设计,消化转角夹角,简化楼层平面,提高地下停车效率,提升楼层使用率,使户型更为方正好用。同时为最大限度挖掘并发挥用地价值,采用围合式规划布局最大限度利用面宽条件,预留最优户型设计条件,最大化围合花园空间,形成更大的小区内部空间。

项目平衡经济性与地标性,性价比较高。建筑高度上优化建筑体量、比例,以 100—200 米为最优高度搭配,满足规划部门要求的同时,最大限度减少公摊浪费与结构浪费,同时结合顶部构架,协调天际线,使整体小区群落更加协调。立面上通过高度标准模块化设计,提高空间使用率及控制整体工程造价,同时可根据业主实际运营需求,整体更换立面模组,适应不同形象功能需求。

项目通过建筑立面转角位嵌入生态绿轴的设计手法,增加景观资源。用生态景观消解建筑过长的立面,同时将绿化景观引入建筑空间,在有限的用地条件下,增加有效的绿化空间,打造生态办公居住体验。建筑空间内结合生态绿轴,打造特色空间,提供更多样化的空间体验。在用地日益集约的城市中,通过打造舒适高效的建筑产品,创造出一小片可供休憩呼吸的积极空间。

项目综合了经济性和地标性的平衡,突破场地限制,高度推演场地布局,从场地、价值、动线等不同维度寻找最佳解决方案,全过程控制工程造价与提高空间使用率,充分考虑与城市界面的协调和谐,打造出最具性价比的地标项目。

(五) GWP 实践案例 4——琶洲双塔总部高层

琶洲双塔总部高层项目位于琶洲核心 CBD 区,紧邻广州城市地标广州塔，与珠江新城、广州国际金融城隔江相望，坐拥广州中心城区的"黄金三角"发展优势。项目从企业主营的数字业务提炼出 0—1 二进制概念，融入整体造型及立面当中。该概念形象完美贴合琶洲互联网创新集聚区的规划定位，也契合入驻头部大数据企业的形象宣传需要，同时为城市创造了一座现代都市艺术雕塑般的超高层地标项目。

建筑形体上通过双塔旋转 45°布置手法，最大限度错开塔楼间视线，减少干扰。参考建筑立面模拟日照分析，采用吸热性能的玻璃组合，形成幕墙丰富的渐变排列效果，优化幕墙整体物理性能。流畅的竖向线条形成办公楼绿化呼吸阳台，白天作为城市街角垂直生态绿化景观，夜晚配合闪耀流动的灯光设计为城市增添一份都市动感。

双塔采用模块化节能幕墙系统，提升室内热环境，降低建筑能耗。立面表皮肌理提取"0"和"1"元素，使立面形象上具有独特性且有韵律美，同时还能兼顾遮阳与节能，在一定程度上避免双塔对视问题，达到概念与使用功能完美结合。

项目打造高质量景观体验，矩形的塔楼平面通过微处理切角形成垂直生态绿化阳台，形成丰富的立体绿化。精品商业裙楼入口配备高品质景观，形成景观退台，创造更多室外活动平台的同时，植入生态绿化景观，通过艺术的线性铺装及局部设置标志性水景，营造宜人"商业购物＋城市公园"活动场所，突出了商业的独特性，丰富了外立面，为城市创造独树一帜的商业地标。舒适性、美观性与绿色节能的完美结合，是绿色设计不断尝试的过程。

（六）GWP 实践案例总结

绿色设计是对建筑全周期的考量。因此，建筑专业在绿色设计全过程中承担着统筹整合的关键作用。在前期规划阶段，需要针对场地内外条件进行研究，探讨场地现状、地形地貌、气候条件、交通环境等因素，在宏观策略的指导下进行总体布局。在方案设计阶段，需要将环境和自然角度作为出发点，以空间为能耗的基本来源进行调控，以人的绿色行为作为切入点创造人性化的场所。在技术深化阶段，需要重点关注绿色科技和绿色构造材料，选择合理的围护体系、屋面做法、门窗系统、用材品类、机电设备形式，提升建筑的性能。在施工配合及运营调试阶段，需要平衡各系统的相互协作性，根据调试检测结果及数据分析评估及时制定调整方案，保证绿色设计措施的落地性及高效性。

绿色设计所带来的效益不限于节能与舒适性，同时也会带来独特的建筑美感及项目价值、区域价值的提升。通过结合地域气候、当地文化、周边环境、设计标准等条件，绿色设计的理念能催生出有别于传统的建筑设计逻辑，大至布局、空间、形态、表皮，小至节点、构造、设备选型等方面。绿色设计的发展既是当代社会发展的需求，也是对未来建筑高品质的引领。

五 碳中和下绿色建筑的发展策略

（一）丰富绿色建筑政策体系，完善激励政策

绿色超高层建筑拥有巨大的城市经济发展综合效益，同时又是一项复杂性广、政策性强的工程。因此，在发展前期需要政府的大力支持及重视。目前国务院、各部委及各地政府均出台对绿色建筑的相关政策，主要以行政强制、鼓励引导为主。在推广绿色建筑过程中，主要采取财政补贴、金融信贷的激励方式（见表2），但总体来看，补贴力度不足以推动绿色建筑广泛实施。此外，财政补贴政策短期内能够有效支持绿色建筑推广，但长此以往，易对政府财政造成负担。因此，应当丰富绿色建筑政策体系和完善激励政策。

其一，提高对绿色建筑的财政资金补贴，包括为绿色建筑上下游企业提供税收优惠。通过设立发展绿色建材、循环经济的专项资金保证对绿色建筑项目的专项支持，对于绿色建筑的消费者给予一定补贴。同时根据绿色建筑成本投入和技术进步动态调整补贴额度，适当设置既有建筑节能改造的补贴上限，在发展绿色建筑的同时保证资金的高使用率。

其二，制定多元化激励政策。根据地区实际情况增加涵盖设计、施工、运营全过程的税收优惠、流程优化、科技支持等激励措施，将行政强制、财政激励等政策与具体开发目标结合，实现绿色建筑发展目标的针对性效果提升。

其三，推动政策中金融信贷的使用，加大市场机制和经济杠杆的作用，补充政府作为单一主体的补助机制，引导市场资金向绿色建筑倾斜，间接限制传统建筑融资。探索绿色信贷、绿色债券、绿色保险、绿色信托及绿色基金等绿色金融产品，创新绿色金融相关产品，提高绿色金融产品

开放度，如绿色保险行业继续研发推广绿色建筑财产保险、绿色建筑可再生能源保险等，增加市场投放率。宣传绿色投资理念，增加社会投资者。以国际上较为完善的法律监管体系和较为成熟的运作体系为借鉴，与国际接轨，助力"双碳"目标实现。

其四，保证政策的落地性，确保激励政策简单可行。从开发商、消费者等各方利益角度出发，根据不同绿色建筑开发阶段制定侧重不同方面的奖补政策，切实保障政策落地实施。

表2　　　　　　各省市区绿色建筑补贴政策

	区域	政策文件	主要内容		区域	政策文件	主要内容
1	北京	《北京市装配式建筑、绿色建筑、绿色生态示范区项目市级奖励资金管理暂行办法》	1. 二星级标识项目50元一平方米；2. 三星级标识项目80元/平方米；3. 单个项目最高奖励不超过800万元	4	江苏	《关于推进全省绿色建筑发展的通知》	1. 一星级15元/平方米，二星级、三星级项目按一定比例给予配套奖励；2. 运行标识项目，在设计标识奖励标准基础上增加10元/平方米
2	上海	《上海市建筑节能和绿色建筑示范项目专项扶持办法》	1. 运行标识项目：二星级50元/平方米，三星级100元/平方米；2. 装配整体式建筑示范项目AA等级60元/平方米，AAA等级100元/平方米等	5	山东	《山东省省级建筑节能与绿色建筑发展专项资金管理办法》	一星级15元/平方米、二星级30元/平方米、三星级50元/平方米，单一项目最高不超过500万元，获得二星级、三星级设计标识的，先拨付50%、获得运行标识再拨付50%
3	广东	《支持推广绿色建筑及建设绿色建筑示范项目》	1. 二星级25元/平方米，单位项目最高不超过150万元；2. 三星级45元/平方米，单位项目最高不超过200万元等	6	浙江	《浙江省绿色建筑条例（修正本)》	1. 开发绿色建筑的研发费用，可享受税前加计扣除等优惠；2. 使用住房公积金贷款购二星级以上绿色建筑的，贷款额度最高可上浮20%

	区域	政策文件	主要内容		区域	政策文件	主要内容
7	河南	《河南省绿色建筑行动实施方案》	对使用新型墙体材料,并获得绿色建筑星级评价三星级、二星级、一星级的建筑返还已征收的新型墙体材料专项基金,并给予一定的容积率返还优惠	10	福建	《福建省绿色建筑行动实施方案》	1. 对于二星级及以上建筑,给予省节能资金奖励;对于房地产开发企业开发星级绿色建筑住宅小区项目,按照一星级、二星级和三星级分别奖励容积率 1%、2%、3%。 2. 对获得绿色建筑星级的项目,省级财政按建筑面积奖励 10 元/平方米
8	湖北	《关于促进全省房地产市场平稳健康发展的若干意见》	1. 将以奖励容积率的方式,鼓励房地产业转型; 2. 一星级、二星级、三星级绿色建筑,按总面积的 0.5%、1%、1.5% 给予容积率奖励; 3. 装配式项目,给予容积率奖励,免征全装修部分对应产生的契税	11	河北	《河北省促进绿色建筑发展条例》	绿色建筑新技术、新材料和新设备等研发费用可享受税前加计扣除等优惠政策
9	湖南	《湖南省绿色建筑发展条例》	1. 对二星级以上绿色建筑、超低能耗建筑以及采用立体绿化技术建造的绿色建筑,可以给予适当的资金奖励; 2. 使用住房公积金贷款购买二星级以上绿色建筑商品房或者超低能耗建筑商品房,贷款额度上浮一定比例	12	陕西	《关于加快推进陕西省绿色建筑工作的通知》	1. 二星级绿色建筑 45 元/平方米,三星级绿色建筑 80 元/平方米; 2. 省财政对一星级、二星级、三星级的奖励标准为 10 元/平方米、15 元/平方米、20 元/平方米

	区域	政策文件	主要内容		区域	政策文件	主要内容
13	重庆	《重庆市绿色建筑项目补助资金管理办法》《关于完善重庆市绿色建筑项目资金补助有关事项的通知》	1. 金级绿色建筑标识项目 25 元/平方米，不超过 400 万元； 2. 铂金级绿色建筑项目 40 元/平方米，不超过 400 万元； 3. 市级金级绿色建筑标识项目 10 元/平方米，不超过 160 万元； 4. 市级铂金级绿色建筑标识项目 15 元/平方米，不超过 160 万元	16	山西	《关于印发山西转型综改示范区绿色建筑扶持办法（试行）的通知》	1. 绿色民用建筑项目，三星级 100 元/平方米，单个项目最高不超过 200 万元； 2. 获评为近零能耗的建筑，按其地上建筑面积给予 200 元/平方米奖励，单个项目最高不超过 300 万元
14	辽宁	《辽宁省绿色建筑行动实施方案》	对获得二星级及以上的绿色建筑项目和绿色生态城区，可申请中央财政奖励	17	内蒙古	《关于积极发展绿色建筑的意见》	1. 对于三星级评价标识减免城市配套费 100%； 2. 二星级评价标识的减免城市配套费 70%； 3. 一星级评价标识的减免城市配套费 50%
15	云南	《云南省人民政府关于印发云南省降低实体经济企业成本实施细则的通知》	对认定的绿色供应链、绿色园区、绿色工厂、绿色产品和工业产品生态（绿色）设计示范企业给予 50 万—200 万元一次性奖励	18	贵州	《加快绿色建筑发展的十条措施》	1. 从省级城乡建设发展专项资金中安排资金对星级绿色建筑、可再生能源应用、既有建筑节能和绿色化改造等项目进行奖补； 2. 依法给予税收政策扶持，绿色生态小区按规定享受西部大开发税收优惠政策

续表

	区域	政策文件	主要内容		区域	政策文件	主要内容
19	新疆	《关于印发全面推进绿色建筑发展实施方案的通知》	1. 二星级 20 元/平方米； 2. 三星级 40 元/平方米； 3. 对建筑面积超过 1 万平方米，达到或优于国家标准的被动式建筑、超低能耗建筑，给予 10 元/平方米奖励，最高不超过 100 万元	22	海南	《海南省住房与城乡建设厅关于实施绿色建筑行动有关问题的通知》	获得二星级、三星级运行标识的项目可按规定申请中央财政奖励和分别返还 20%、40% 基础设施配套费
20	黑龙江	《黑龙江省绿色建筑行动实施方案》	1. 住建部门对取得绿色建筑标识项目并继续开展绿色建筑业务的相关企业，在信用评价、资质升级等方面予以优先考虑或加分；在国家、省级评优活动及各类示范工程评选中，对绿色建筑项目优先推荐、优先入选或适当加分。 2. 支持金融机构对购买绿色住宅的消费者在购房贷款利率上给予适当优惠	23	宁夏	《宁夏回族自治区绿色建筑示范项目资金管理暂行办法》	1. 一星级 15 元/平方米；二星级 30 元/平方米；三星级 50 元/平方米，单一项目最高不超过 100 万元。 2. 通过自治区验收评估的装配式建筑示范项目按照 100 元/平方米标准给予一次性奖补，单一项目不超过 200 万元
21	吉林	《吉林省建筑节能奖补资金管理办法》	1. 三星级设计标识的项目 25 元/平方米。 2. 二星级设计标识的项目 15 元/平方米。 3. 一星级设计标识的项目将根据具体情况给予适当奖补。 4. 利用土壤源热泵和深层、浅层地下水源热泵技术供热制冷项目，建筑面积奖补 60 元/平方米；利用污水源及工业废水等低温热能热泵技术供热制冷项目，按照建筑面积奖补 30 元/平方米	24	青海	《青海省绿色建筑行动实施方案》	1. 三星级评价标识的项目，城市配套费返还 70%； 2. 二星级评价标识的项目，城市配套费返还 50%； 3. 一星级评价标识的项目，城市配套费返还 30%

（二）全链条渗透，全方位普及减碳教育

目前绿色超高层建筑发展主要依靠政府强制推行，开发商对于全生命周期节能效果、投入产出比效益认知不足，专业技术人员有待补充。由于标准体系中专业指标偏多，用户体验感不足。因此，需要从政府、投资、开发、供应、设计创作、组织机构等各部门各环节实现全链条渗透，广泛引入低碳、可持续发展理念，全方位普及减碳教育，让绿色低碳成为未来城市发展的标准。

其一，全方位普及绿色教育，营造绿色氛围。联合中国公益组织机构积极推广绿色减碳主题研究成果，将绿色建筑行动作为全国节能宣传周、全国低碳日、减碳宣传等活动的宣传内容，提高公众认知度，营造绿色发展氛围。将绿色减碳理念作为向企业、从业人员拓展的普及教育，强化其对绿色建筑先进理念的认知，了解绿色建筑全生命周期。相关行业可开展学术交流、技术研讨等活动，深度拓展绿色思维。

其二，将绿色超高层建筑理念渗透设计、生产、建造、运行全过程，实现协同合作。根据世界绿色建筑理事会（WorldGBC）的报告《亚太地区隐含碳入门》，提出各个部门应采用以下措施：政府应积极提供绿色政策支持，严格监督运行；投资者应设定隐含碳排放的基准和目标，要求顺应场地条件进行低碳、零碳全生命周期分析；开发商应优先使用低碳、零碳的产品，寻求低能耗创新的产品，充分了解绿色超高层建筑投入；设计师应普及客户绿色理念，使用低碳及零碳产品，优化结构设计，寻求创新方案；产品供应商应优先使用回收材料，应用循环经济原则，优化生产过程中的能源效率，使用可再生能源，促进行业合作，开发创新低碳建筑材料和产品，从而有效实现绿色理念的全链条渗透。

六 对2023年绿色设计发展趋势的预测与展望

2022年16日，习近平总书记在党的二十大重点强调了"推动绿色发展，促进人与自然和谐共生"，"必须牢固树立和践行绿水青山就是金山银山的理念，站在人与自然和谐共生的高度谋划发展"。作为城市缔造者，

我们更需要积极响应国家政策，顺应时代的需要，"尊重自然，顺应自然，保护自然，构建人与自然的生命共同体"。建筑作为城市中与自然连接的重要媒介，其重要性是不可比拟的，如何平衡城市与自然的生态关系是关联每一个参与到城市建设中的人的事情。

美国设计理论家维克多·巴巴纳克出版了一本引起极大争议的专著《为真实世界而设计》（*Design for the Real World*）。他说："设计的最大作用并不是创造商业价值，也不是包装和风格方面的竞争，而是一种适当的社会变革过程中的元素。他同时强调设计应该认真考虑有限的地球资源的使用问题，并为保护地球的环境服务。"如今，这一"有限的资源论"逐渐受到大家的认可。对于城市而言，绿色设计不应只是局限于建筑单一物体，更应基于生态资源的自然发展规律，从城市经济、交通、产业、建筑等多层次出发，以有限的资源发挥绿色经济、绿色交通、绿色产业、绿色建筑等无限的可能，全方面构建绿色城市智慧网络，通过多维度的绿色渗透与绿色监督，深度搭建绿色城市的共生框架。

在城市的建设中，建筑始终是人类经济、科技与智慧的产物，现代城市空间的主角，其构成需要众多专业领域的共同参与。建筑贯穿从政府、投资商、开发商、设计师、产品供应商到研究机构等上下游全链条经济群体。实现每个群体参与到绿色设计的全生命周期，需要每一个环节群体相互协调与支持，共同创造全产业链的绿色环境氛围。

建筑是空间与自然环境融合协调而生，是理想与现实之间权衡博弈的成果。对于设计者而言，绿色建筑设计是一个不断思考的过程，需要综合场地气候、当地文化、周边环境、设计标准等因素，从研究、设计、施工到运营，我们的创作更是在塑造一个有生命的载体，每一个建筑都可以承载厚重与城市记忆。我们希望以绿色理念引领我们的建筑设计，从人的角度出发，尊重每个场地，在设计的过程中深度探索最佳的解决方案，关注空间、建筑美感的协调统一，构建有趣、实用、独特的空间，兼具经济性、美观性、生态性，创造高品质作品才是未来绿色设计推崇的解决思路。

德国哲学家海德格尔曾经提出"建筑应是一种诗意的栖居"。这是对建筑诗意栖居的表达媒介和情感的解读，也是我们对未来绿色建筑所营造的诗意生活的期许。从建筑设计的角度，绿色建筑设计是更大限度地实现人与自然和谐共生的高品质建筑。绿色设计引领着产业的未来发展方向，是建筑行业必将面临的重大挑战，也是未来行业结构调整，实现行业高品质发展的重大机遇。

参考文献

徐伟、倪江波、孙德宇等：《我国建筑碳达峰与碳中和目标分解与路径辨析》，《建筑科学》2021 年第 10 期。

邵韦平、马泷、解立婕：《高层建筑的现状与未来》，《建筑学报》2019 年第 3 期。

余德强、贺伟、张俊：《2019 版〈绿色建筑评价标准〉与 LEED、WELL 标准的对比研究》，《砖瓦》2022 年第 10 期。

王静、陈东宇、刘艺蓉：《德国绿色建筑评价标准 DGNB–2018 版本的修订与启示》，《南方建筑》2021 年第 5 期。

李琳：《纽约首个 WELL 认证的高层办公楼——公园大道 425 号大厦》，《动感（生态城市与绿色建筑）》2017 年第 2 期。

丁一民：《谈深圳平安金融中心大厦超高层建筑结构设计的绿色亮点——超高层结构受力控制因素风荷载效应设计》，《建筑设计管理》2017 年第 7 期。

丁一民：《谈超高层超大建筑深圳平安金融中心大厦机电技术的绿色实践》，《建筑设计管理》2017 年第 8 期。

丁一民：《谈深圳平安金融中心大厦 BIM 绿色技术在机电专业设计管理中的实践应用》，《建筑设计管理》2017 年第 6 期。

李彦贺、王鸿章、林丽思等：《深圳平安金融中心 BIM 技术综合应用》，《施工技术》2017 年第 6 期。

刘蕾：《超高层建筑的绿色设计策略研究》，硕士学位论文，天津大学，2014 年。

方舟、范宏武、韩继红：《上海中心大厦超高绿色建筑技术特色》，《建设科技》2013 年第 14 期。

张巍：《BIM 技术在造价咨询服务中的应用研究——以上海中心大厦项目为例》，《建筑经济》2017 年第 5 期。

韩继红、范宏武、方舟、孙桦：《对中国超高层建筑实现绿色低碳发展的思考和实践》，《建筑》2010 年第 10 期。

周伟民：《超高层建筑幕墙抗火策略——以上海中心大厦内幕墙为例》，《建筑技艺》2016 年第 6 期。

贺丽：《我国绿色建筑政策措施与政策目标的协同研究》，硕士学位论文，西安建筑科技大学，2020 年。

李张怡、刘金硕：《双碳目标下绿色建筑发展和对策研究》，《西南金融》2021 年第 10 期。

Victor Papanek, *Design for the Real World：Human Ecology and Social Change*, New York, Pantheon Books, 1971.

绿色建造引领城乡建设转型升级

李丛笑　　王茂智　　张爱民*

长期以来，由于片面追求经济规模和发展速度，我国城乡建设形成粗放型发展方式，造成了"高污染、高耗能、高排放"局面，与国家倡导的绿色发展理念存在较大的差距。新时代对城乡建设工作提出了更高要求，在国家碳达峰碳中和战略目标指引下，城乡建设面临更大挑战，迫切需要转型升级。城乡建设作为推动绿色发展的重要载体，亟须改变以低成本要素投入、高生态环境为代价的传统发展方式，涉及发展理念、生产和生活方式等系统性变革。以绿色发展理念为指引，通过建造理念、建造方式转型升级，推动形成适应绿色发展的新型建造方式，加快实现建筑产业升级和生态环境保护"双赢"的高质量发展格局，成为各级城乡建设主管部门的重点工作。

绿色建造强调从绿色策划、绿色设计、绿色施工及绿色交付等建造全过程进行统筹实施，采用资源能源高效利用、生产效率大幅度提高、工程品质显著提升的建造方式，实现人与自然和谐共生的建造活动，成为与绿色发展相适应的新型建造方式。开展绿色建造工作作为推动城乡建设转型升级的重要抓手，既是开展生态文明建设、落实绿色发展理念的重要举措，也是推进建筑业绿色转型发展、践行"双碳"战略目标的重要内容，对于推动城乡建设高质量发展具有重要意义。

---

* 李丛笑，中国建筑股份有限公司双碳工作小组办公室副主任，研究方向为绿色建造、绿色建筑；王茂智，中建科技集团有限公司绿色发展研究中心，研究方向为绿色建造；张爱民，中建科技集团有限公司绿色发展研究中心，研究方向为绿色建造。

一　绿色建造基本情况介绍

（一）绿色建造的内涵

按照住建部《绿色建造技术导则（试行）》规定，绿色建造是指根据绿色发展的要求，通过科学管理和技术创新，采用有利于节约资源、保护环境、减少排放、提高效率、保障品质的建造方式，最大限度实现人与自然和谐共生的工程建造活动。绿色建造通过将绿色发展理念融入建造活动的全过程、全要素，改变传统落后的生产方式和消费模式，促进建造方式的转型升级。绿色建筑概念逻辑如图1所示。

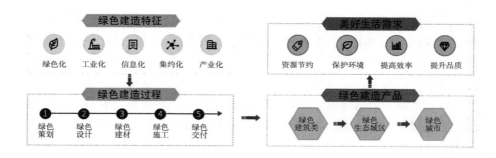

图 1　绿色建造概念逻辑

绿色建造是新时代工程建设高质量发展的集中体现，是在绿色发展理念指引下，建筑行业绿色转型升级的必然要求，在满足质量合格和安全保证等基本要求基础上，实现更高层次、更高水平的质量和安全。

（二）绿色建造的特征

绿色建造的特征主要体现在建造活动绿色化、建造方式工业化、建造手段信息化、建造管理集约化及建造过程产业化五个方面。

1. 建造活动绿色化

建造活动绿色化特征体现在通过建造策划、设计、施工及交付全过程一体化绿色统筹，综合采取能源资源节约、生态环境保护、资源循环利用、可再生能源利用等绿色举措，有效转变高投入、高污染和高排放的粗放型建造方式。推进建造活动绿色化，首先，从绿色低碳策划开始，通过整体降碳控碳的统筹与策划，明确绿色建造总体实施路径和碳减排总体路线图。其次，通过一体化绿色设计、绿色施工及绿色交付全过程统筹实施，确保绿色策划内容的执行落实。按照节材优先策略，优先选用低碳结构体系，应用高性能、高强度、高耐久性建筑材料，加强建筑材料的循环利用，发展性能优良的预制构件和部品部件，大力开展建筑垃圾的减量化，减少水泥、钢筋、玻璃等高碳建材使用和浪费，实现材料资源节约及减少碳排放的目标。

2. 建造方式工业化

建造方式工业化特征体现在通过新型工业化建造方式的采用，运用现代工业化的组织方式和生产手段，对建筑设计、构件生产、施工全过程的各个阶段和各个生产要素的系统集成和整合，有利于实现工程建设全过程绿色建造的发展目标，是一场生产方式的转型升级。装配式建筑作为实现建造方式工业化的主要途径，通过标准化工序取代粗放式管理，并通过工厂化生产、机械化作业，减少手工操作、现场作业和高空生产，从而提高建筑质量，减少使用后期维护成本。同时，减少现场作业的粉尘、噪声、污水，降低对周围环境的影响，较大缩短工程工期。

3. 建造手段信息化

建造手段信息化特征体现在通过正向 BIM、大数据、移动通信、物联网、云计算等信息技术在工程建造全过程中的应用，推动实现生产方式的根本性变革，提高工程建造效率，推动绿色化和增强精益化，促进建造活动整体素质的提升。如通过智慧工地平台的推广应用，实现对施工现场环境、实施情况、质量效果等动态监测、控制和优化管理，同时也有助于政府针对性地进行监管。此外，通过"互联网＋"等信息化技术应用，构建工程总承包项目多参与方协同工作模式，实现产业链各参与方的协同工作。

4. 建造管理集约化

建造管理集约化特征体现在要从全局角度采取高效的集约管理模式，运用一体化建造方式系统推进，对各环节进行统一筹划与协调，通过统筹兼顾、多措并举，对工程各要素统筹与平衡，并通过融合与集成创新，实现更高水平建造活动。以工程总承包、全过程咨询及建筑师负责制等为代表的集约化管理模式，打通了工程建设全产业链条，运用协同管理平台，更好地从资源能源配置上，形成工程总承包统筹实施、各专业公司协同配合、上下游企业联动的完整绿色产业链，有效激发市场主体的能动作用，并带动社会相关产业和行业的发展。

5. 建造过程产业化

建造过程产业化特征体现在要运用产业化的思维和视角重新审视工程建设活动，通过产业链上下游的互利关系将相关产业资源通过绿色化目标进行汇聚整合，从传统建造的分散性流程模式向全产业链模式转化，形成完整的绿色建造产业链条，将工程建设活动纵向集合成产业链而实现价值增值。要从产业链的前端开展绿色化策划、设计，并通过总包、分包、建材企业协同推进绿色施工，形成一条闭环的、可持续发展的新型建筑产业链，让产业链上下游企业获得持续收益，实现工程建设活动整体生态效益最大化。

（三）绿色建造发展概述

建筑业作为国民经济发展的重要支柱产业，在我国经济社会发展、城乡建设和民生改善等方面起到重要支撑作用。但是我国主要是以粗放式城乡建设发展方式为主，资源能源大量消耗、生产方式落后低效、温室气体大量排放的建设方式尚未根本扭转，对城乡建设的可持续发展已经造成了巨大压力和挑战。党的十八大以来，党中央将生态文明建设纳入"五位一体"总体布局，绿色发展的理念逐渐深入人心，达成普遍共识。

2019 年，住建部主持编写了"致力于绿色发展的城乡建设"系列教材，并在全国范围内开展了 10 余次培训，其中在《绿色建造与转型发展》教材中，系统地提出了绿色建造的概念内涵、"五化"特征、发展目标和实施路径。2020 年，住建部印发的《关于开展绿色建造试点工作的函》，决定在湖南省、深圳市、常州市开展绿色建造试点，旨在通过先进地区工程实践探索绿色建造创新体系，为全国推行绿色建造创造可复制、可推广的经验。2021 年，中共中央办公厅印发了《关于推动城乡建设绿色发展的意见》，对推动城乡建设绿色发展做出了系统部署，将实现工程建设全过程绿色建造作为重要方面，有力促进城乡建设转型升级。同年，住建部发布了《绿色建造技术导则（试行）》，系统明确了绿色建造的总体要求、主要目标和技术措施，是指导各地绿色建造工作、推进城乡建设绿色发展的重要文件。2022 年，住建部印发的《"十四五"建筑业发展规划》中，提出要持续推进绿色建造试点工作，总结提炼并形成可复制、可推广的经验做法。此外，住建部发布了《城乡建设领域碳达峰实施方案》，要求推进绿色低碳建造，大力发展装配式建筑，推广钢结构住宅等工作，推动城乡建设方式绿色低碳转型。

二 2022 年绿色建造重点工作

2022 年，住建部等行业主管部门通过试点示范、科技创新和组织管理创新等形式，全面推进绿色建造工作，取得试点工作稳步推进、标准支撑不断加强、科技示范全面启动、政策要求不断强化等良好效果。

（一）试点工作稳步推进

根据住建部绿色建造试点工作要求，湖南省、常州市、深圳市三地区积极开展绿色建造工作顶层设计，组织编制绿色建造试点工作实施方案，科学谋划、精心部署，强化任务分工和责任落实，有序推进本地区绿色建造试点工作。

1. 湖南省

组建高规格绿色建造"智囊团"，包括 17 位中国工程院院士、21 位境外专家和 74 位国内专家，涵盖结构设计、建筑设计、绿色建筑、装配式建筑、BIM 技术、智慧运维等各个领域，指导试点工作。出台《湖南省绿色建造试点实施方案》，开展《湖南省建筑工程绿色建造评价技术导则（试行）》等系列标准研究。遴选确定全省第一批绿色建造试点项目（包括长沙机场改扩建工程等 9 个项目），并确定了全省第一批绿色建造试点城市（长沙市、株洲市、湘潭市），同步开展绿色建造试点工作。

2. 广东省深圳市

成立深圳市绿色建造学会，聘请多名院士指导试点工作。出台《深圳市绿色建造试点工作实施方案》，开展"推进绿色建造产业化措施研究""绿色建造产业链研究——基于区块链技术的绿色建材数字化管理""绿色建造标准体系""绿色建造技术体系"等研究工作。明确了绿色策划、工程标准化设计、信息技术集成应用、建筑垃圾减量化等六大方面试点内容，遴选确定了全市第一批绿色建造试点项目（包括碧海花园棚户区改造项目等 15 个项目）。

3. 江苏省常州市

建立了工作联席会议制度，明确市政府、各辖市、区政府和市相关部门分管领导的工作职责，加强试点工作的研究决策、统筹推进和督促落实。出台《常州市绿色建造试点工作实施方案》，开展"常州市绿色建造技术导则""常州市绿色建造评价标准"等相关研究。组织开展了两批次绿色建造试点项目征集工作，遴选确定了上海交大设计研究总院木结构研究中心项目等 20 个项目。

（二）标准支撑不断加强

近年来国家和地方主要围绕绿色化、工业化和信息化方面相继出台一些系列标准规范，为开展绿色建造实践工作提供有力支撑。在绿色建造统一维度标准方面，2019 年，雄安新区发布实施《雄安新区绿色建造导则》，成为国内第一本以绿色建造为主的导则；2021 年，住建部组织编制并发布实施《绿色建造技术导则（试行）》，为我国进一步形成完善的绿色建造实施体系提供有力支撑；2022 年，一些发达省市或试点地区也相继发布实施绿色建造导则。此外，针对我国绿色建造还没有全局性的评价标准等现状，住建部绿色建造专家委员会主任肖绪文院士组织编制行业首部《建筑工程绿色建造评价标准》（T/CCIAT0048 - 2022），规范绿色建造评价方法，进一步推动和开展绿色建造实践活动，绿色建造标准支撑能力显著增强。

（三）科技示范全面启动

为推动绿色建造发展，住建部强化科技示范支撑引领，在 2022 年科学技术计划项目增加绿色建造科技示范工程类别，明确绿色建造科技示范任务，具体包括开展 BIM 正向设计、绿色施工和数字化交付工程应用示范及绿色建造效果评估，依托工程项目实施设计、生产和运营维护协同联动的项目管理机制等内容。旨在通过科技示范工程的组织实施模式，开展绿色建造新技术研发及集成应用，发挥科技示范对绿色建造工作的带动和引领作用，经过立项申报、初审及终审等环节，共有 44 项进入初审环节，最终20 余项获批正式立项第一批绿色建造科技示范工程。

（四）政策要求不断强化

"双碳"背景下，国家碳达峰相关政策对绿色建造的要求不断强化，其中，国务院印发的《2030年前碳达峰行动方案》中要求推进城乡建设绿色低碳转型，推广绿色建造方式和绿色低碳建材，并从新型建筑工业化、建材循环利用、绿色设计和绿色施工管理等方面明确具体要求。住建部印发的《城乡建设领域碳达峰实施方案》，要求从发展装配式建筑、推广智能建造、全面推广绿色建材、强化建筑垃圾管控及资源化利用等方面统筹推进绿色低碳建造，确保2030年前，城乡建设方式绿色低碳转型取得积极进展，"大量建设、大量消耗、大量排放"基本扭转。此外，各地方政府及城乡建设主管部门相继出台碳达峰实施方案，明确推进绿色低碳建造的任务举措和保障措施。

三　绿色建造发展存在的问题

近年来，虽然我国绿色建造快速发展，在智能建造应用、建造工业化发展等方面取得显著成效，但仍然存在一些突出问题，具体表现如下。

（一）基础理论不系统

在概念和内涵理解上，现阶段无论是普通群众，还是建筑专业人员，或者政府相关部门，对绿色建造的认知存在偏差，普遍停留在绿色建筑等概念层次上。究其原因，当前工业化建造、智能建造等诸多概念未得到有效整合，绿色建造的概念内涵缺乏理论支撑，而绿色建造相关研究既不深入也不具体，相关理论研究既不成熟也不成系统，导致人们对绿色建造内涵边界认识存在偏差，对绿色建造的推广实践工作造成障碍。

（二）标准体系不完善

从国家和地方标准情况来看，目前在绿色化和工业化这两个方向的标准规范发展速度快，初步形成较为完善的标准基础，但是在绿色建造统一维度标准方面，目前仅有行业指导文件，尚未有标准规范，尤其是国家标准的缺失，各地执行较弱，不同单位实践存在不一致及误区。而且我国在绿色化、工业化等领域标准规范采取分别推进的方式进行，相互割裂，较为分散，尚未形成合力。

（三）配套政策不到位

目前我国尚未形成较为完善的绿色建造政策体系，从国家层面来看，我国在城乡建设绿色发展方面还没有专门立法，关于工程建设责任方的绿色建造职责及保障制度缺乏法律支撑，导致一些既有相关政策的落实工作不到位，落实效果一般，推进绿色建造工作进展缓慢。从地方层面来看，虽然部分地区实施了《绿色建筑发展条例》，但涉及绿色建造的相关内容要求较少。此外，目前相关政策制定主要从绿色建筑、绿色建材、绿色施工及建筑工业化等方面分别推进，不利于整体推进绿色建造工作。

（四）人才保障不充分

绿色建造的推进，需要与绿色发展理念相适应的工程建设全过程专业人才队伍支撑。但从人才现状看，农民工作为建筑业从业主体、人工成本高、年龄结构老龄化的现状没有改变。此外，对工程项目全过程绿色化全面把握的绿色建造人才还很缺乏，尤其是建筑全生命周期各环节"都在行"的复合型人才比较少，我国绿色建造人才保障不充分的问题突出。

四 解决问题的对策及政策建议

推动绿色建造工作作为一项系统工程，需要以问题和需求为导向，围绕加强科技支撑、完善推广机制、健全标准体系、开展评价工作、完善配套政策等方面，加强顶层设计、系统集成和协同创新，推进形成与绿色建造发展相适应的新体制机制，实现绿色建造高质量发展。

（一）加强科技支撑

科技创新作为推动绿色建造发展的原动力，绿色建造的科技创新，将推动城乡建设领域绿色化、工业化、信息化以及管理科学的发展，促进工程建设活动的能源资源高效利用，环境污染有效控制，作业强度大幅度降低，建造效率更大提升，推动建筑业生产方式转型升级。应积极引导科技资源要素向绿色建造方向倾斜，鼓励通过项目合作、科技专项、定向研发等形式，重点围绕绿色建造基础理论、传统建造技术革新、绿色建造技术融合创新、智能建造与建筑工业化协同发展等方面加大研发力度，提升科技创新对绿色建造的支撑能力。

（二）完善推广机制

绿色建造的整体推进需要建立一套完善的推广机制，要在现有推广机制基础上，从理念氛围、政策法规、技术体系和管理方式等全方位综合考虑，加快形成与绿色建造相适应的推广机制，推动绿色建造更广泛地实施。要强化绿色建造发展顶层设计，建立绿色建造实施框架，明确绿色建造发展目标和重点任务，细化阶段性工作安排及任务分工，明确时间表、路线图及实施路径。

（三）健全标准体系

全面梳理绿色建造内涵边界，对工程建设项目绿色策划、绿色设计、绿色施工、绿色交付等全过程进行整合，有序衔接绿色设计、绿色施工、建筑工业化等标准体系，逐步建立和完善以绿色建造评价标准为骨干，绿色化、工业化、信息化等众多标准相配合的绿色建造标准体系。要强化政府指导，构建市场驱动、社会参与的标准化工作模式，统筹利用强制性标准、推荐性标准等形式，增强标准落地实施的影响力和执行力。

（四）开展评价工作

绿色建造评价是对绿色建造概念及内涵特征的具体化，为工程建设主管部门开展量化考核提供了科学依据，同时也为工程建设相关责任方开展实践探索提供指导和参考，是推动绿色建造发展的重要手段。开展绿色建造评价工作，要构建符合时代发展需要、与绿色发展理念相适应的绿色建造评价体系，包括编制统一规范的绿色建造评价国家标准、地方标准，出台绿色建造评价管理办法、工作规程，有序规范绿色建造评价活动。要健全市场化推进机制，推进绿色建造第三方评价，利用市场机制和调节手段调动各方利益主体的主动性，激发市场主体活力。

（五）完善配套政策

绿色建造的环境保护、节能减碳等外部性特征，决定了需要发挥政府的政策引领作用,通过"有形的手"将有限的资源汇聚到绿色建造工作上来。要完善绿色建造配套政策,构建以法律法规为保障、以激励政策为手段的政策制度体系,通过不断完善相关政策制度体系,激发工程建设主体绿色建造积极性,提高社会公众绿色建造意识,推动绿色建造快速发展。

五 "双碳"背景下绿色建造发展展望

在建筑领域"双碳"背景下,未来"绿色建造"将向低碳、零碳方向发展,在绿色"策划—设计—建材选用—施工—交付"建造全过程的关键环节采用碳排放约束机制和优选低碳创新技术,实现建造全过程低碳统筹控制和低碳一体化。绿色策划阶段,要通过碳指标约束,明确绿色建造实施路径和碳减排路线图;绿色设计阶段,要明确能耗和碳排放指标及设计和验收要求,推进规划设计源头减量,制定多样化的碳减排方案,择优选择绿色低碳的建筑形体和结构体系,科学确定绿色低碳技术和产品;绿色建材选用阶段,要构建以性能指标和碳排放指标为约束,以技术经济性为依据的建材选用机制,因地制宜应用绿色建材;绿色施工阶段,要完善绿色施工组织保障及管理体系,建立健全施工碳排放核算体系,强化施工过程碳排放计量监测、统计核算和考核评价;绿色交付阶段,要核定绿色低碳建材实际使用率,核查建造能耗计量监测数据,完成建造过程碳排放评估。

以打造低碳产品为理念,采用建造全过程碳排放监测和管理平台,清晰掌握项目全过程低碳建造动态碳排放情况,实现建造过程碳排放监测、测算、分析、预测、评估、决策等主要功能,提供数字化、可视化的建造过程碳排放管理,挖掘减碳潜力,引导各参与方协同减碳,形成项目碳足迹和碳标签,从打造绿色建筑、绿色社区、绿色生态城区等绿色产品向打造零碳建筑、零碳社区、碳中和城区等低碳产品延伸发展。"双碳"背景下,绿色建造发展要以低碳建筑、社区、城区为载体,以低碳技术创新驱动,以低碳化为目标,以工业化为基础,以智慧化为手段,以绿色化为引领,推动全生命周期、全过程及全参与方协同减碳,实现低碳建造、智慧建造、工业化建造融合发展,推动工程建设全过程低碳转型升级,引领我国城乡建设高质量发展。

参考文献

叶浩文、李丛笑：《绿色建造引领城乡建设转型升级》，《中国建设报》
  2021 年 11 月 15 日第 2 版。

肖绪文：《绿色建造发展现状及发展战略》，《施工技术》2018 年第 6 期。

毛志兵：《"双碳"目标下中国建造的实现路径》，《建筑》2022 年第
  14 期。

肖绪文、刘星：《关于绿色建造与碳达峰、碳中和的思考》，《施工技术》
  （中英文）2021 年第 13 期。

张季伟等：《绿色低碳节能建筑的发展趋势及影响》，《施工技术》（中英
  文）2021 年第 16 期。

建筑装饰的绿色设计与施工
——探索装配式装修的应用

陈建功[*]

陈建功[*]

一 大力推动绿色发展，促进行业转型升级

中国共产党于 2020 年 10 月 26—29 日在北京召开第十九届五中全会会议提出推进生态文明建设，促进人与自然和谐共生。大力倡导绿色生产生活方式，全面推动经济社会绿色转型。要求各行业加快推动绿色低碳发展，常态化持续性地改善环境质量，明确了"十四五"时期要把绿色发展作为经济社会高质量发展的总纲领。

建筑装饰作为经济发展不可或缺的重要组成部分，其与居住模式、工作环境、健康生活息息相关。随着环保意识的逐渐加强，民众越来越注重绿色建筑装饰的发展状况。为了适应市场需要，建筑装饰行业开始转型升级，大力倡导绿色发展理念，积极推动和普及绿色建造，坚持绿色设计、推进绿色施工、使用绿色材料，从而推动行业可持续发展。住建部等七部委于 2020 年 7 月联合发布《绿色建筑创建行动方案》，提出到 2022 年城镇新建建筑中绿色建筑面积要达到总面积的 70%。

政策激励带来的"红利期"，促使绿色发展成为建筑装饰行业高质量发展的重要"风口"，建筑装饰行业涌现出一批勇于承担行业中绿色发展重任的企业，在绿色设计、绿色科技、装配式发展、绿色施工等方面不断创新，打造绿色示范项目，为行业的绿色健康发展树立标杆。置身于势不

---

 * 陈建功，苏州金螳螂建筑装饰股份有限公司，设计研究院院长，主要研究方向为室内设计与施工。

可当的绿色浪潮下，坚持绿色发展是装饰企业的必然选择。面对日趋激烈的市场竞争环境，企业要想实现绿色发展，只有不断加大绿色产品和技术的研发力度，提高自身科技水平，高度重视绿色设计、绿色施工、绿色选材，不断提升科学化、智能化的管理水平和施工水平，才能在未来的市场竞争中占有一席之地。

二　建筑装饰行业基本现状分析

（一）建筑装饰行业的发展

建筑装饰是指对建筑物内外层以及空间进行二次加工的过程，在保护主体结构完整的情况下，利用装饰性材料和饰品物件，完善建筑空间的使用功能、美化建筑空间的视觉效果。随着建筑装饰行业的不断发展，1996年后，建筑装饰由公共建筑装饰、住宅装饰装修和幕墙工程三大部分组成。

建筑装饰产业链由设计—施工—材料供应—工厂化部品部件加工等环节组成，经历了快速起步期（1978—1988年）、震荡期（1989—1993年）稳步发展期（1994—2000年）和快速发展期（2005年至今），我国建筑装饰行业逐步发展成为一个专业化领域。

（二）2017—2022年建筑装饰行业市场规模分析

近年来，中国建筑装饰行业在受到固定资产投资增速放缓、建筑业总承包制推行和企业资质改革的影响，以及整个市场环境又受到新冠疫情的冲击下，依然保持了产值规模的稳步增长。根据相关数据，中国建筑装饰行业完成工程总产值由2017年的3.94万亿元增长到2021年的5.24万亿元，整体增长23.86%。预计2022年中国建筑装饰业总产值将增加至5.63万亿元（见图1）。

我国建筑业整体加快升级转型，带动了国内建筑装饰材料产品企业的快速发展。随着国内企业不断加大研发力度，包括装配式装修、建筑新材料在内的国产化新技术、新模式、新产品不断涌现。预计2022年中国建材及非金属矿商品出口额和进口额将分别达到521.5亿美元和307.3亿美元（见图2）。

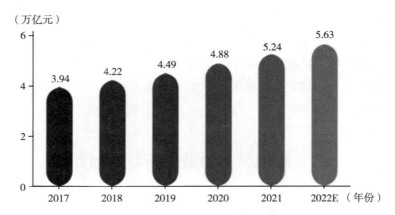

图1   2017—2022 年中国建筑装饰业总产值及预测趋势
资料来源：中国建筑装饰行业协会、中国产业研究院整理。

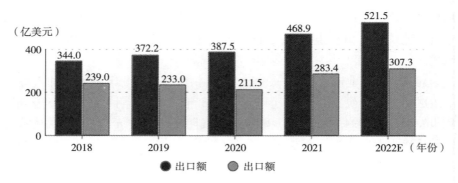

图2   2017—2022 年中国建材及非金属矿商品进口额和出口额及预测
资料来源：中国建筑装饰行业协会、中国产业研究院整理。

三 绿色设计背景下装配式装修的发展机遇

装配式装修是一种将工业化生产的部品部件通过可靠的装配方式，由产业工人按照标准化流程，采用干法施工的装修模式。

（一）政策驱动

住建部于 2022 年 1 月 25 日印发的《"十四五"建筑业发展规划》提

出，"十四五"时期，我国已初步形成了"智能建造"与"新型建筑工业化"协调发展的政策体系和产业体系，其中，装配式建筑在新建建筑中的比重超过 30%，并形成了一批智能化、装配式建筑产业基地。各地还分别针对装配式建筑出台了相关的优惠政策，主要有四大类：①财政奖励或补贴。对于预制率或者装配化率达到一定水平的建筑，给予一定补贴。②税收优惠。增值税即征即退或减，按 15% 的税率征收企业所得税。③容积率奖励。容积率差别核算或给予一定水平的容积率奖励。④用地和金融政策支持（见表 1）。

表 1   **装配式装修相关政策**

颁布日期	颁布部门	政策规划	简介
2022 年 1 月	住建部	《"十四五"建筑业发展规划》	积极推进装配式装修方式在商品住房项目中的应用，推广管线分离、一体化装修技术，推广集成化模块化建筑部品，推动装配式装修与装配式建筑的深度结合。大力推广装配式建筑应用，积极推进高品质钢结构住宅建设，鼓励学校、医院等公共建筑优先采用钢架构。培育一批装配式建筑生产基地
2021 年 3 月	国务院	《中华人民共和国国民经济和社会发展第十四个五年计划和 2035 年愿景目标纲要》	发展智能建造，推广绿色建材、装配式建筑和钢结构住宅，建设低碳城市
2020 年 8 月	住建部	《关于加快新型建筑工业化发展的若干意见》	装配式建筑、星级绿色建筑工程项目应推广全装修，积极发展成品住宅，倡导菜单式全装修，满足消费者个性化需求。推进装配式装修方式在商品住房项目中的应用，推广集成化模块化建筑部品，改善装修品质，降低后期维护成本
2020 年 7 月	住建部	《关于推动智能建造与建筑工业化协同发展的指导意见》	积极推动装配式建筑发展，建立专业化、规模化、信息化的标准部品生产体系
2020 年 7 月	住建部	《绿色建筑创建行动方案》	推广装配式建造方式以及装配式装修。打造装配式建筑产业基地，提高建造质量

（二）装配式装修与"双碳"战略

2021 年 10 月 21 日，中办、国办发布《关于推动城乡建设绿色发展的意见》，要求实施建筑领域碳达峰、碳中和行动，要求大力发展装配式建筑，重点推动钢结构装配式住宅建设。中共中央、国务院在 2021 年 10 月 24 日发布了《关于完整准确全面贯彻新发展理念做好碳达峰碳中和工作的意见》，即"双碳'1 + N'"政策体系中的"1"，要求持续提高新建建筑节能标准。超低能耗、近零能耗、低碳建筑有望实现规模化发展。2021 年 10 月 27 日，国务院发布《2030 年前碳达峰行动方案》，要求加快推进新型工业化，积极推动装配式建筑，推广钢结构住宅建设，促进建筑材料循环利用，加强建筑的绿色设计和绿色施工管理。

一方面，装配式装修的标准化设计、工业化生产、装配化施工，可以明显降低现场劳动力需求，减少产业整体能耗，提升产业整体效率。另一方面，装配式装修采用的新材料可以大幅改善传统装修材料不可回收利用、高能耗、高污染的问题，装配式新材料不但可以降低材料损耗，而且可以回收并二次循环利用，更符合节能减排、可持续发展的需求。

（三）装配式装修与疫情防控及医养结合

随着 2020 年武汉火神山和雷神山医院的相继拔地而起，装配式建筑的高效率、标准化的优势展现得淋漓尽致，让人们对装配式的效率和优越性有了更深的了解。以装配式为发展驱动力的建造方式变革已形成不可阻挡的发展态势。而装配式装修作为装配式建筑的重要组成，是一种新型的工业化装修方式，具有标准化设计、工厂化生产、装配化施工、信息化协同的特点，可以满足大批量地隔离酒店、隔离方舱的快速改造。

新冠疫情常态化以来，大量工程面临工期紧张、劳动力资源短缺、原材料涨价等问题，势必会造成成本的上升和工期的二次延迟。尤其是酒店住宿行业，将面临重大考验，传统的酒店装修在应对频繁的消毒作业时，需要提前对室内的墙、顶、地做好防护以免对传统装修材质的表面造成损伤；而采用装配式装修所建造的酒店，可以快速实现可逆操作拆装，无论在应急改造、翻新、维护、成本、改变经营策略上都有明显的优势，同时还可避免闲置造成资源浪费，以及一定程度上的环境污染，给这类企业经营者带来了信心，让酒店行业有更多的机会推动行业的发展。

近年来，国家从政策导向到金融扶持都在向医养结合市场倾斜，而医养项目具备的"标准化要求高、工期紧、重环保"等特点，与装配式装修"多、快、好、省"等特征完全吻合，政策环境有利于促进装配装修行业的快速发展。

（四）装配式装修与高品质住宅建设

目前，装配式装修部品产品主要包括顶、墙、地、厨、卫五大硬装体系及智能化、地暖、布线、给水、门窗、隔断、后置品等功能体系，基本上能够完全覆盖室内装饰的各个部分，如高品质住宅、保障房建设、城市更新、商场广场装修、商务楼装修、酒店、医疗和养老等。但受限于不同地区、项目的装饰风格、功能需求、经济指标等要素影响，各业态在选择装配式部品产品时会进行灵活搭配。

2021 年 11 月 24 日，国务院副总理刘鹤在《人民日报》撰文强调，必须实现高质量发展，要适应我国人民对住宅的高质量要求，更好地解决居民住房问题，推动房地产行业的健康发展与良性循环。在绿色建筑、装配式建筑成为品质标配，以及各类品质"新政"持续出台的政策背景下，房企所能做的就是在成本增量和提高分数之间找到最优解，而在主体结构的分数难以大幅提升的情况下，装配式装修成为"增分"的关键。装配式装修，采用的材料通过工业化生产，并应用先进的技术工具及理念，大幅提升装修的经济效益和社会效益，可满足用户的核心诉求，提升建筑的品质，助力装配式工程项目用同样的价格得到更高的装配率得分，成为开发商成本控制、加快周转变现以及品质提升的最优解。

四 装配式装修的案例应用分析

（一）国内外"装配式"装修实践案例一——深圳医学科学院（筹）办公场所

深圳医学科学院（筹）办公场所位于深圳市坪山区创新广场，项目为中建科技 EPC 项目。整个项目采用装配式装修体系，为 2000 平方米的全新办公室，打造专属的办公室内装饰装修解决方案，整体工期交付仅用45 天。

项目前台选用天然石材肌理，搭配白色亚克力背景和木纹墙面，点线面的运用和材料搭配，拼接出凹凸有致的立面效果。

大会议室的主要功能为党员活动室、交谈议事、头脑风暴等，整个空间运用装配式内装工艺，以柔和清新的纯白吊顶与细腻原木的墙板饰面为空间铺上一层温润基底，让该空间在满足功能性的同时更具有放松感。

该项目报告厅采用装配式内装吸音隔音材料，顶面采用具备吸音功能的穿孔装配版吊顶和木色玻镁吸音板，美观与功能兼顾，避免了大空间产生的回声杂音，同时也展现了报告厅的颜值。

该项目工期仅为 45 天，最主要的原因是采用装配式内装技术，不仅可以充分解决高效装修问题，同时还可以解决传统装修带来的污染问题。这是技术变革带来的转变，得益于装修底层逻辑和工艺工法的变革。

（二）国内外装配式装修实践案例二——柴印民宿酒店

装配式装修的技术工艺，越来越多地被广泛使用。不仅是在大型公建项目室内空间装修的领域，而且一些小型的改造项目也在更多地使用装配式装修。

该项目的客房改造中，主要运用了装配式装修工艺，如客房区域的墙面、地面，卫生间的隔墙、吊顶，还有淋浴区的装配式墙面与柔性防水底盘。整个改造过程达到边营业边改造，全过程干法施工，减少噪声污染，避免环境脏乱不堪的窘境。

卫生间的改造主要考虑其功能性与便利性。首先在色彩布局上，一改原卫生间墙面大面积高饱和度的绿色，使空间色彩与居室内保持一致，由外向内延伸。卫生间的隔墙、吊顶，还有淋浴区的装配式墙面与柔性防水底盘，更大限度降低了传统施工带来的污染问题。

建筑的原始结构为砖混结构，改造后的空间产生新的墙体，所以在设计中采用了更加环保，安装速度更快，隔音效果更好的装配式隔墙。

（三）国内装配式装修实践案例三——浙江康复医院西溪院区

浙江康复医院西溪院区是集医疗、康复、护理、教育、科研于一体，具有国际化标准的康复专科医院。

公共区域的墙面运用筑匠木纹系 095W 印刷合金钢板，真实的原木色彩有效地打造出温馨的视觉效果，同时能抑制 99% 的大肠杆菌等细菌，整体采用一体化设计，模块化、装配式安装。

多功能厅集学术、会议、活动于一体，立面采用防火钢代木，顶面采用筑匠声学板将声音和视觉美学结合，材料达到国际不燃性最高级 A1 级，可为空间提供最大限度的防火安全。

门诊大厅为整个空间的重要节点，且人流量大，在墙面的处理上运用品质要求更高的合金钢板，表面采用 PVDF 氟碳漆进行涂层处理，整体立面平整抗压、耐腐蚀、耐氧化，且运用装配式装修的内装工艺，从而达到工期短，效果好，环保佳。

五 2023 年绿色建筑装配式装饰行业的政策建议

（一）规范装饰装修市场行为

全面完善系统性政策法规，积极推进装配式工程，制定相关《装配整体式住宅发展纲要》，明确未来住宅产业化的发展路径、发展模式、发展规划、发展目标和具体实施办法。

（二）完善技术规程和标准规范体系

制定相关技术标准的整体性编制规划，从规划、勘察、设计、生产、施工、检验、检测等方面制定住宅建筑技术标准体系，编制系列技术标准、产品标准、图集手册等；完善强制性和推荐性标准相结合的住宅建筑标准化体系；企业建立适用装配式工程的工法体系。

（三）完善宣传和教育培训机制

充分利用社会媒体，通过典型案例分析、经验交流等形式，搭建政府、协会、企业、公众"四位一体"的住宅产业化宣传以及培训体系，进行客观宣传，取得全社会对这项工作的支持，为推动住宅产业发展奠定更加坚实的基础。

加强对工程技术及管理人员的培训，培养出一大批优秀的项目管理人才，以及一批熟悉装配整体式住宅的管理人才。"借智"专家，组建专家库，把专家"请进来"，为装配整体式住宅各类技术难题、重大危险源监管等工作提供智力支持。对复杂问题，由专家到工地为工程"把脉问诊"，及时保障施工质量和解决安全隐患。

（四）探索专业化和一体化建设模式

推行装配式建筑工程的设计、施工和构件生产一体化总承包模式。政府投资的装配式建筑工程项目优先采用设计、施工、构件生产一体化总承包模式，鼓励业主、设计、施工与构件生产企业组成装配式工程"联合体"，积极培育一批集设计、生产、施工为一体的"一条龙"服务企业，大力推广建筑装修一体化，鼓励组建具有系统集成功能的一体化公司。推进相关产业链建设。进一步提高装备制造生产能力、配套产品生产能力和企业一体化总承包能力，提升装配式住宅关键产品生产能力和工程建设水平，提高装配式住宅产业成熟度。

（五）发挥行业监管作用

充分发挥行业协会在规范行业秩序、建立从业人员行为准则、促进企业诚信经营、开展行业教育培训等方面的作用。引导行业协会结合行业特点，规范开展评优、评奖工作，对在年终业绩排名靠前的装饰装修企业给予一定的资金奖励，运用诚信监管平台，对社会信用不良的装饰装修企业加强监管，提升社会公信力。

六　2023 年建筑装饰行业发展的预测与展望

（一）产品质量国际化

近年来，由于外资、技术、管理、营销等领域大量的改革，装饰工程中的装饰材料的价格完全放开，以及装饰行业的绝大多数都是非国有企业，在资源的市场化分配下，装饰材料行业产品质量提升的成效显著。不但传统陶瓷、玻璃、涂料、木材型材、家具等产品的品质达到了世界一流的水准，并且五金配件、配套电器、金属制品等科技含量高、知识含量高的产品研发起点越来越高，许多产品的品质已接近国际水平，而中高档装饰材料的国产化率也在逐步提高。

（二）技术化

新型技术将会被广泛应用。BIM 是指在建筑工程的各项信息资料的基础上，构建出一个立体的建筑模型，并利用数字信息进行模拟的工作平台。它不仅包含了建筑的信息模型，还包含了施工过程中的管理行为，可以将二者有机地结合在一起，为设计人员和施工队伍提供一个共同的工作平台，提高施工效率，节约成本，缩短工期，使建筑的整个生命周期得到有效的管理。

（三）产品更新周期缩短，环保要求提高

随着产品更新周期的缩短，公众环保意识的提高，其对环保质量和健康的要求不断提高，环保标志的认证也日益受到各方的关注。由于更加重视装饰后的内部品质，装饰材料的无毒、环保已经是目前家居装饰行业的一个新的卖点和热点。对自然材料的偏爱，使过去被忽视的"低"档次、高附加值的自然饰物将会大量地投入装饰工程中，从而彻底扭转室内环境品质下降的状况。

（四）市场集中程度将进一步提高

我国建材行业的一个重要特征是市场集中度较低，但是自 2005 年起，行业内部整合速度有了显著提高。整合行业资源，是实现全球化发展的必由之路，也是行业从发展到成熟的一个必然过程。随着市场化资源配置水平和产业化发展水平的提高，在业内排名靠前、资产规模大、管理能力强的公司，可以利用资本市场的优势，以重组并购的方式扩大规模，从而形成专业的配套生产、设计、施工一体化的集团，进而占据市场竞争地位。但这也导致一些经营不善的中小型企业不可避免地会被市场所淘汰。

（五）节能环保与科技创新的发展与融合

节能环保是指在工业发展过程中，注重资源的循环利用，提高资源和能源利用效率，降低建设对环境的损害，达到人与环境、建筑与环境的和谐共生。科技创新，就是通过研究和应用新材料、新技术、新工艺，从而提高生产效率，减少环境污染，促进产业升级和技术进步。绿色环保是科技创新的目标，而科技创新是实现环境保护的关键。两者缺一不可，也是

整个产业未来的发展方向。

结　论

随着我国城市化进程的加快，建筑装饰作为现代城市建设与发展的重要环节，对人们生活环境的改善有着极大的影响。2021 年，中国提出将力争在 2030 年前实现碳达峰、2060 年前实现碳中和。而装配式建筑作为一种新型建造方式，可以推动传统建筑业从分散、落后的手工业生产方式，跨越到以现代技术为基础的社会化大工业生产方式，有利于实现"提高质量、提高效率、减少人工、节能减排"的"两提两减"目标，提升建筑业对实现"碳达峰、碳中和"目标的贡献度，是建筑行业转型发展的必由之路。

参考文献

本刊编辑部：《大力推动绿色发展 促进行业转型升级》，《中国建筑装饰装修》2020 年第 11 期。

陈向国、刘京佳：《更好发挥装配式建筑减碳功用》，《节能与环保》2021年第 9 期。

宋春华、DONG Wanting：《建设韧性城市，提高城市可持续发展能力与水平》，《建筑实践》2021 年第 1 期。

王本明：《装配式建筑的发展给装饰行业带来的机遇与挑战》，《中国建筑装饰装修》2018 年第 11 期。

张大龙：《我国装配式住宅现存问题及应对策略》，《居业》2019 年第10 期。

陈道普：《装配整体式工程推进过程中存在的问题与对策》，《工程质量》2018 年第 8 期。

绿色能源

智慧能源助力绿色经济发展路径及实践

王　磊　封红丽[*]

2020年9月，国家主席习近平代表我国向世界作出庄严承诺：我国二氧化碳排放力争于2030年前达到峰值，努力争取2060年前实现碳中和。自此之后，我国各地掀起争取实现"双碳"目标的热潮。党的二十大再次强调，要实施全面节约战略，发展绿色低碳产业，倡导绿色消费，统筹产业结构调整与污染治理、生态保护、应对气候变化，加快发展方式绿色转型。

能源作为国民经济的命脉，在推进能源转型和提质增效方面发挥着重要作用。与此同时，伴随着数字经济的发展，互联网理念、先进信息技术正与中国能源行业深度融合，正在推动能源互联网新技术、新模式和新业态的兴起。越来越多的传统行业需要用数据来连接，建立在数据基础上的数字经济，成为拉动经济增长和产业转型升级的"引擎"。

在此背景下，智慧能源应运而生，以电力为核心纽带，构建多类型能源互联网，利用数字化技术与能源行业深度融合，实现电热冷气水横向多能互补，纵向源网荷储多能协调，从而实现整个能源系统清洁、低碳、安全、高效，推动整个能源产业转型升级。通过智慧能源提高用能效率，正逐步在行业应用中成为现实。

* 王磊，腾讯科技（深圳）有限公司能源事业部总经理，主要研究方向为智慧能源；封红丽，国网综能规划设计研究院研究员，主要研究方向为能源电力、综合能源服务领域。

一 碳中和对中国的重要意义及面临的挑战

（一）碳中和对中国的重要意义

"双碳"目标提出之后，在党的十九届五中全会、中央经济工作会议、2021 年全国"两会"以及中央财经委员会第九次会议等重要场合，党中央对碳达峰碳中和工作作出部署，明确基本思路和主要举措。碳达峰碳中和是党中央经过深思熟虑作出的重大战略决策，只有纳入生态文明建设整体布局，才能推动经济社会绿色转型和系统性深刻变革。

截至目前，全球有 137 个国家或地区提出了碳中和愿景，其中 2020 年已有 54 个国家实现碳达峰。然而，中国碳排放量仍在攀升中，占全球碳排放总量的 27.2%。据 BP 能源统计，2021 年中国的二氧化碳排放量约为 105.23 亿吨，居全球首位。我国的能源资源禀赋具有"富煤、缺油、少气"特点，煤炭的占比至今仍高达近 60%，而油气的占比较低，且对外依存度较高。实现"双碳"目标，发展清洁能源对中国具有重要意义。碳达峰碳中和是高质量发展的内在要求。"十四五"是全面建设社会主义现代化国家新征程的起点，立足新发展阶段，贯彻新发展理念，构建新发展格局，坚定不移推动高质量发展成为贯穿中国经济中长期发展的逻辑主线。保障能源安全是构建现代能源体系的前提。积极推进能源结构从化石燃料向清洁能源转化，有助于提升中国能源独立性。发展清洁能源将为经济转型、注入更多动能、创造更多就业机会。

从行业角度看，我国主要的碳排放来源是高耗能行业，尤其是电、热、气、水的生产和供应行业。根据 IEA 数据，中国电力与热力部门碳排放占比最高，达 51%，其次为工业部门（28%）、交运部门（10%）、建筑部门（4%）（见图 1）。

从碳排放区域看，全国碳排放的"三高"省份有内蒙古和新疆；"三低"省份为北京；总量低、强度高和年复合增长率高的代表性省份有宁夏。

（二）中国面临的挑战

实现碳达峰、碳中和，是我国实现可持续发展、高质量发展的内在要

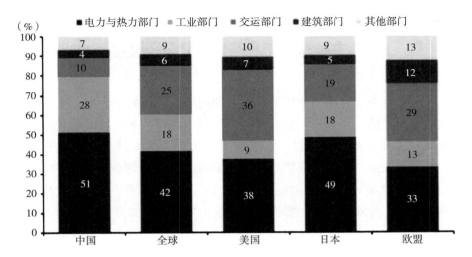

图1　全球及主要国家能源各领域碳排放占比

求，也是推动构建人类命运共同体的必然选择。中国实现碳达峰、碳中和的郑重承诺向国际社会充分表明了中国经济转型的方向和决心，将给中国发展带来一系列新挑战和新机遇。

中国实现碳中和面临的首要挑战，就是实现这一目标的减排速度和力度远超发达国家，要直面三大挑战：

一是从碳达峰到碳中和的缓冲时间短。发达国家大多已在1990年左右实现碳达峰，而中国在2030年左右才能实现碳达峰。到2060年实现碳中和，中国必须用30年时间完成发达经济体60年完成的任务，可以预见中国实现碳中和之任务艰巨，而且这一进程很可能遭遇外部压力。从目前的国际形势看，以美国为首的发达经济体已通过各种渠道向中国施压。

二是单位GDP碳排放强度水平高。中国单位GDP能源强度是世界平均水平的2倍多，是欧盟的4倍多。中国单位GDP碳排放强度是世界平均水平的3倍多，是欧盟的6倍多，且很大程度要依赖经济发展方式的转变，降低能耗和碳排放水平。

三是统筹碳减排和经济发展要求高。欧美主要国家已完成工业化，经济增长与碳排放已脱钩，而我国尚处于工业化阶段，能源电力需求还将持续攀升，经济发展与碳排放仍存在强耦合关系。这意味着碳减排将直接制约我国经济发展增速。

二 国外主要国家实现碳中和路径及经验借鉴

为了应对全球气候变化，各国都在积极推动绿色转型发展，大部分国家以调整能源结构为基础，加快推进政策条例制定，加强技术研发，对各产业制定了碳中和实现路径。根据权威机构统计的全球碳排放数据，中国、美国、欧盟、印度、俄罗斯 5 个国家或地区占全球碳排放量的 64%，占比分别为 28%、14%、10%、7% 和 5%。从行业来看，全球碳排放主要来源于电力、工业、交通、建筑几大行业，2020 年，这些行业分别占据全球总碳排放量的 40%、25%、21% 和 8%。目前大量国家与地区提出了碳中和目标，如美国、欧盟、英国等提出要在 2050 年实现碳中和。

（一）美国

美国是全球第二大碳排放地区（仅次于中国），每年的碳排放量在全球市场中占 15% 的比重。为了应对气候变化，美国亟须加大对碳排放量的控制力度，积极推动绿色转型发展，以能更快实现碳中和目标。目前，美国已开始加大对基础设施、清洁能源等领域的建设力度。

根据美国 2021 年 2 月拜登签订的《巴黎协定》，预计将会在 2050 年实现碳中和。以此为背景，目前美国已经有 6 个州通过立法制定了相应目标，到 2045 年或 2050 年实现 100% 的清洁能源，这也将有力推动美国碳中和目标的实现。

为了实现 "3550" 碳中和目标，美国拜登政府计划投资 2 万亿美元用于国内基础设施、清洁能源等领域的建设，具体措施包括：在交通领域，要大力发展新能源汽车产业，推进城市零碳交通、"第二次铁路革命" 等计划的实施；在建筑领域，要积极推动绿色建筑建设，促使建筑节能升级；在电力领域，要大力推动光电、风电等新能源项目建设；除此之外，美国还需要加大对储能、绿氢、核能、CCS 等前沿技术的研发力度，降低低碳成本。

以美国苹果公司为例，2019 年苹果公司的二氧化碳直接排放量为 5.05 万吨，电力排放量为 86.2 万吨，其他间接排放量为 2500 万吨。苹果公司也制定了自己的碳目标，即 2020 年实现运营碳中和，包含办公室、零售店和数据中心；到 2030 年，实现供应链碳中和。实现路径主要从以下三方面发力：一是可再生电力。包括 100% 使用可再生电力、发展储能技术等。二是通过低碳设计，提高材料利用率、选用低碳材料、降低产品能耗；三是能源效率。通过高能效运营、能效更高的供应链、提高运输效率来降低碳足迹。电力碳排放，有 83% 来自电站提供的清洁电力，12% 来自直购电，5% 来自绿证。2019 年，自有光伏、风力发电量 20 多亿度。供应链减排方面，目前已经有 17 个国家 71 家供应商企业承诺 100% 使用可再生能源来制造苹果产品。原料替代（绿色采购）方面，优先采购水电丰富地区生产的电解铝，甚至在加拿大投资上游电解铝企业，研发了不用碳素电极的技术，减少了一部分碳排放。

（二）德国

德国是全球最积极实施能源转型的国家，1990 年就实现了碳达峰，并且从 2000 年至 2019 年，德国的碳排放量从 8.544 亿吨降到 6.838 亿吨，降幅近 20%。其可再生能源也在不断增长，煤炭消费量在下降，每年下降 1.4%。德国转型的进步归功于其系统的政策法规、完备的监管制度、清晰的能源转型战略、统一的碳排放权交易系统、持续的科研投入等。

德国于 2021 年 5 月通过了《德国联邦气候保护法》的修订版法案，核心内容包括德国实现碳中和的时间将从 2050 年提前到 2045 年，同时将提高减排目标，2030 年温室气体排放较 1990 年减少 65%（1990 年作为基年），高于欧盟减排 55% 的目标。德国政府还宣布了一项新的气候行动计划，以支持不同部门实施新的气候目标。为此，德国政府将提供高达 80 亿欧元的资金支持。气候行动计划涵盖碳价、财政救济、建筑、交通、农林、能源、工业、研发、筹资等领域。为提前实现碳中和目标，德国在能源领域也实施了一系列低碳转型措施，包括：为化石燃料排放的二氧化碳定价，逐步淘汰煤电；将传统建筑翻新成绿色建筑，提高能源效率；加大对新能源电池和氢能等能源技术领域投资的力度；大力倡导绿色交通，增加民众参与等。

（三）日本

2020 年 10 月，日本菅义伟内阁宣布 2050 年实现碳中和；2021 年 4

月，日本进一步提出要在 2030 年前比 2013 年减排 46% 的中期目标。为此，日本政府拟定清洁能源、绿色金融和全产业电动化转型整体方案，决心在全球气候治理大变局中谋求规则主导权。

日本政府设立 2 万亿日元"绿色创新基金"，公开招募企业，支援企业研发脱碳技术。该基金设立降低海上风电成本、新型太阳能蓄电池研发、构筑大规模液化氢供应链、"绿氢"制造等 18 个项目。2021 年，日本新能源与产业技术综合开发机构（NEDO）宣布启动全球首个二氧化碳综合运输系统的实证试验，计划在 2023—2026 年，将京都府舞鹤市燃煤电厂排放的二氧化碳进行液化，每年将约 1 万吨的液化二氧化碳用专门的运输船运送至北海道苫小牧市的接收点进行填埋。

日本政府在能源、运输和制造、家庭和办公三大领域划定了 14 个去碳化重点发展产业，即海上风电、氨燃料、氢能、核能；汽车和蓄电池，半导体和通信，船舶，交通物流和基建，食品、农林和水产，航空，碳循环；建筑，下一代住宅、商业建筑和太阳能、资源循环、生活方式等相关产业（见图 2）。

图 2　日本实施碳中和行动 14 个重点领域

资料来源：日本经济产业省。

针对不同的碳中和应用场景，日本也给出了不同的解决方案（见表 1）。

表1   日本碳中和应用场景及解决方案

行业	方案名称	解决方案提供企业	方案概要	成效
IT基础设施	数据中心低碳化及楼宇废热利用通用技术开发	NTT DATA；先端技术高砂热学工业；大阪大学；国际电气通信基础技术研究所	日本环境省为彻底削减数据中心耗电而实施的通用技术开发。该技术主要特点是：数据中心三大耗电要素（ICT设备、空调、电源）的节能化；统一管理系统实现节能70%；通过废热利用进一步实现节能；"产学官"结合的开放式创新	数据中心耗电三大要素实现进一步节能化，同时通过高效回收的废热再利用于楼宇的技术，在世界上首次实现将这些技术统一联动控制（机器学习），实现70%的节能率
可再生能源	利用AI技术的高精度太阳能发电量预测技术	东芝	关注可再生能源的主力电源化，支撑电力企业高效运维的系统	利用独有的气象预报提高预测精度；AI推定PV设置条件以提升预测精度
机械制造	工业炉最优运维服务	关西电力	用IoT传感器探测工业炉内部，通过可视化系统，提供远程监控服务，实现预防保全、节能	实现可视化、预防保全、节能效果

资料来源：腾讯公司据公开资料整理。

　　总结以上各国实现碳中和的路径，基本通过三种途径减碳：一是调整能源结构和产业结构；二是针对重点行业减碳和提高碳吸收能力，如工业、建筑、交通、农业；三是完善体制机制，重点是政策、市场和金融机制等。具体来说，一是调整能源结构，推动能源脱碳；二是发展清洁能源，降低能源消耗过程中的碳排放；三是降低工业碳排放，打造低碳工业；四是降低建筑碳排放，推进绿色建筑；五是降低交通碳排放，发展交通脱碳；六是提高生物碳吸收，发展低碳农业；七是利用碳交易机制，发展绿色金融。

三　能源数字化成为实现碳中和的重要技术支撑

　　实现"碳达峰、碳中和"战略目标，能源领域是主战场、主阵地，能源行业低碳转型是重要实现路径和战略选择。当前，数字产业正在成为经济转型升级的新引擎，以数字化转型为载体驱动能源行业结构性变革、推动能源行业低碳绿色发展，既是现实急迫需求，也是行业发展方向。

（一）能源数字化减碳技术路径

在碳中和与数字化转型的双重推动下，能源行业的数字化转型进程迅速加快。通过数字化技术实现能源生产、运输、消费、存储等各环节的优化，实现增效降本，是实现我国碳中和目标的重要路径。近年来，能源数字化市场快速膨胀，各大能源企业开始探索数字化转型路径，相关的数字能源公司如雨后春笋般涌现。截至 2022 年 11 月，公司名称包含"数字能源"的注册企业已经达到 57336 家，仅近半年内注册的企业就达上万家。

从能源数字化减碳技术发展看，减碳技术路径分为新兴技术和现有技术两种方式。新兴技术主要包括 CCUS 和氢能技术，现有技术包括能效提升、循环经济、电气化，其中，能效提升可以通过数字化手段实现，如利用 AI 等数字化手段或者通过工业流程化、预测性维护等手段实现能效提升（见图 3）。

新兴技术	现有技术
CCUS 碳捕集和封存利用 ●CCUS是工业和煤电等领域大规模碳移除的最终选项，是实现碳中和不可缺少的抓手；其技术路径多样、产业链复杂，需提前布局科技含量高的关键技术	**能效提升（如数字化手段）** ●如利用AI等数字化手段进行能效提升 ●如工业流程优化、预测性维护
H2 氢能 ●氢气是重要的工业生产原料，也可在多个方面助力能源转型；其技术路径多样（如制氢过程）、产业链正在形成，需提前布局科技含量高且低碳的关键技术	**循环经济** ●如利用科技手段提高废钢回收效率， ●加速废钢产业链的搭建，提高短流程炼钢比例
	电气化 ●寻找工业流程中电气化替代的机会，并和可再生能源耦合

图3 能源数字化减碳技术路径

以重点领域工业领域为例，具体的工业行业脱碳路径见图4。

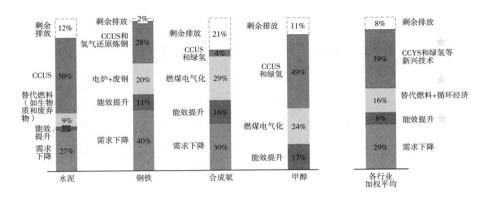

图4 工业领域减碳路径

注：图中比重为1.5度路径下至2050年各脱碳杠杆占比。因四舍五入导致的误差本书不作调整。

（二）能源数字化技术应用场景

未来能源系统将朝着四个方向发展：减需求、去碳化、去中心化（分布式）、数字化。数字化技术将渗透在能源体系变革的各个方面，如电力、燃气、新能源、碳市场等（见图5）。

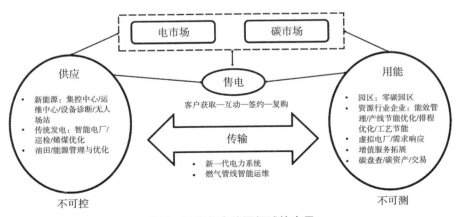

图5 数字化在能源领域的应用

1. 数字化技术在电力行业低碳发展的应用场景

在电源侧，数字技术可以降低运行成本和运检成本，提升转换效率，增加可再生能源的出力和消纳，通过实时感知和全生命周期管理提升安全水平；在电网侧，让电网变得"可观、可测、可控、可追溯、可考核"，"自感、自测、自控、自检、自愈"，推动电网从刚性向智慧、柔性转变；在负荷侧，满足用户与电网、电源、售电公司进行"双向互动"，提升客户对峰谷电价及动态实时电价的体验，将用户端可调控负荷变成资源；在储能方面，高效管理储能电池的"储—放"周期，提高电池的利用率和系统效率，降低运维成本；在交易方面，基于区块链进行点对点能量交易、绿电交易，实现电力市场交易模式创新。

数字化技术在电力行业低碳发展的应用场景之一是综合能源服务。数字化技术是实现综合能源协同优化和高效利用的关键支撑（见图6）。

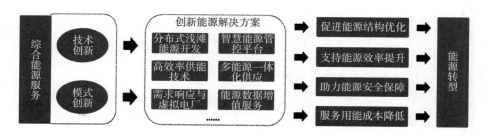

图 6　数字化在综合能源服务中的应用

2. 数字技术促进钢铁行业碳减排应用场景

一是赋能产品研发。建立材料开发全链条数据库，结合冶金原理、模型及工业大数据，构建以大数据和材料信息学为基础的钢材研发体系，加速高性能、轻质高强度钢材的研发进程，提高研发效率。高性能钢材可增加材料的使用寿命，减少物料损失；减轻汽车等交通工具重量，减少燃料消耗，间接赋能下游用钢行业减少碳排放。

二是助力生产运营。智能化、无人化生产操作：在炼铁、炼钢、轧钢等主要工序，实现各工序的智能化闭环控制，以及无人铁水运输车、无人行车和工序专用机器人等各类智能装备，提升生产操作精细化水平，减少由于生产操作不合理导致的多余能耗物耗。跨工序、跨层级的协同优化：建设集控中心，实现跨工序的调度排产优化、能源预测与调度优化、碳足迹分析追踪，从生产全局角度提升能源与资源利用效率。

三是打通产业链协同。建设产业级工业互联网平台，汇聚钢铁生产企业、加工运输和仓储服务商、金融服务机构等行业主体，打造智能钢铁生态圈，降低企业间交易成本，缓解地段产品过度同质化导致的恶性竞争，有效化解产能过剩，从而减少过度生产导致的碳排放。

数字技术促进钢铁行业碳减排应用场景：生产过程优化，如图7所示。

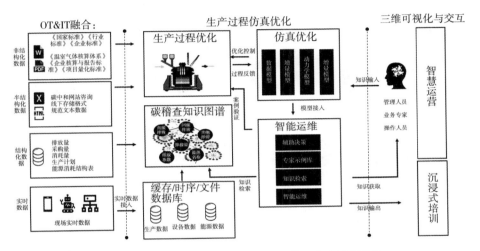

图7　数字化应用于钢铁行业应用场景：生产过程优化

3. 数字技术促进化工行业碳减排应用场景

一是赋能低碳化工产品与工艺研发。通过对产品结构及工艺合成过程的仿真模拟开发低碳工艺及高性能产品，从源头节能减排。

二是赋能生产制造及企业管控优化。基于动态流程模拟仿真技术，对化工装置工艺参数进行动态优化，实现过程控制的智慧化，减少生产过程中的能耗物耗。开展集中化的生产装置能源消耗预测与调度优化、不同工艺单元的碳资产核算统计与分析，为内部生产节能减排提供指导建议。基于企业级工业互联网平台，加强生产与业务的协同，实现资源优化调度，提高资源利用效率，减少碳排放。

三是赋能化工行业资源配置优化。基于油品及化工品电商平台，开展线上交易撮合，缩短从炼厂到二级代理商、加油站等的采购过程，降低交易成本，提高行业资源利用水平，缓解供需失衡和产能过剩（见图8）。

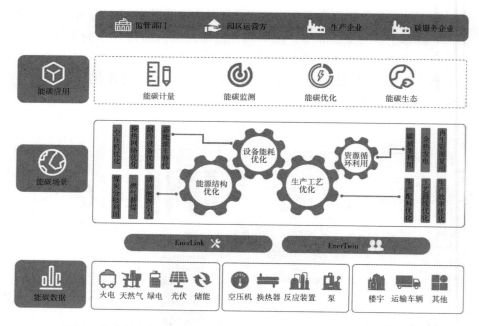

图 8　数字技术促进化工行业碳减排应用场景：化工园区零碳管理

　　利用先进数字化技术，协助园区综合利用能源结构优化、用能设备降耗、工艺优化降碳、能源尾气回收等手段实现能碳全过程、全周期管理，实现从高碳到低碳、低碳到零碳的转变。

　　4. 数字技术助力政府部门对"双碳"进行监管与决策

　　政府机构，通过数字化技术实现可监管、可决策、可报告的功能。支撑省市级能源宏观调控，实现能源消费总量与强度"双控"形势分析。通过对能源大数据分析，为区域用能源优化管理提供决策支持。为节能监察、碳排放管理等提供数据报告（见图 9）。

　　用能企业，通过数字化技术，实现可计量、可控制、可服务特点。规范重点用能单位能源计量，建立分级能耗指标体系。实现企业综合用能对标分析，帮助企业控制能源成本。建立健全企业能源管理体系，提供能源精细化管理服务。

图9　数字技术助力政府部门对"双碳"进行监管与决策

四　腾讯助力碳中和的能源数字化实践

"十四五"是碳达峰的关键期、窗口期，通过数字化建设，可在节能、降耗、减排、污染监管等领域利用数字化、智能化技术实现行业数字化转型，从而实现从数据采集到数据应用的全生命周期管理，加强行业大数据整合共享和应用能力。

在碳中和的发展道路上，作为我国重要的头部互联网企业，腾讯已构建了四大类的应用，包括连接协同、智能降碳、智能生产、数字化运营，重点通过完善自身能源连接器（EnerLink）、能源数字孪生（EnerTwin）对于生态的开放接口能力，使其更具有通用性、包容性，以及接纳更多生态伙伴的能力，实现联合方案的推广。未来，腾讯将基于电网发电、石油、钢铁、燃气、矿山、化工等多个领域，推出10余个解决方案。

（一）"腾讯＋伙伴"为能源行业提供数字化解决方案

围绕连接和智能技术，腾讯制定了专业的智慧能源行业方案，主要从连接协同、智能生产、节能降碳和数字化运营四个方面入手（见表2）。为能源行业提供数字化的解决方案，具体包括"双碳"主题（能源资源企业"双碳"管理）、综合能源服务（工业园区/企业综合能源）、智慧场站（智慧变电站、智慧水电等）、能效提升（能源与资源企业）、智慧公用事业（智慧水务、燃气生产运行）。

表 2　　　　　　　　　　　能源行业数字化解决方案

技术手段	解决方案
连接协同	移动协同解决方案； 数字化班组； 智慧用工服务管理； 加油站移动营销
智能生产	智慧变电站； 露天矿运行车辆； 防碰撞系统； 全真互联产线
节能降碳	综合能源服务； 化工园区零碳管理
数字化运营	公共事业智慧服务； 电子数字孪生； 化工智能安全管理； 运检业务提升方案

（二）基于 EnerLink 和 EnerTwin 构建的腾讯能碳工场

随着能源领域数字化、智能化进程的不断深入，单一个体、单一技术已经很难满足行业日益复杂的数字化需求。腾讯云一方面从全真互联众多技术中，选取整合能源企业所需要的关键能力，构建能源连接器（EnerLink）和能源数字孪生（EnerTwin）两大数字底座，支撑各类业务场景的落地实现；另一方面腾讯云搭建能碳工场，聚合生态伙伴，共建能碳生态圈，共创数字能源解决方案。

全真互联，即通过多种终端和形式，实现对真实世界全面感知、连接、交互的一系列技术集合与数实融合创新模式（见图10）。全真互联可以重塑生活方式、推动产业升级、助力社会向善发展。基于全真互联，腾讯打造了面向能源行业的 EnerLink 和 EnerTwin 平台产品（见图11）。

腾讯2022年6月已发布面向能源和资源行业的多技术融合产品系列，EnerLink 重点面向连接协同，EnerTwin 重点面向业务智能，提供数字孪生、空间引擎、AI 智能和高性能计算等，由此构建丰富的 SaaS 生态能碳工场（见图12）。

图 10　全真互联技术全景

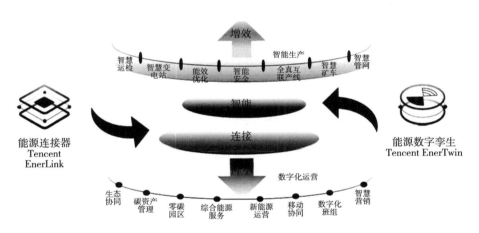

图 11　基于能源连接器和能源数字孪生的平台产品

（三）腾讯数字化技术在电力行业的典型应用——综合能源服务

能源行业正在经历深刻的变革，碳中和进一步催生综合能源服务的蓬勃发展。综合能源在迅速发展的同时，也面临着诸多挑战。一是商业模式。用户侧综合能源服务成熟的商业模式还在探索中，目前不少业务形态停留在示范阶段，未能大规模复制推广。二是特别是大型国企，大多采用投资驱动模式，"以客户为中心"的理念和商业模式仍未取得突破。三是

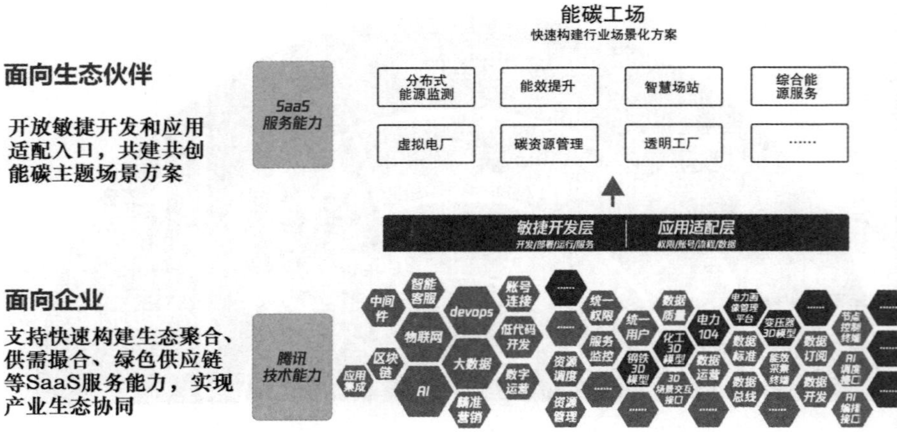

图 12　能碳工场：平台 + 生态圈示意

注：能碳工场是基于 EnerLink 构建以"绿色低碳、能效优化"为主题的生态聚合 SaaS 生态——能碳工场。

需求的多样性。初期投资成本高，客户多样化需求，定制化要求高，实现投资规模效应有难度。

基于以上综合能源服务的特点，腾讯推动综合能源服务的发展，一方面可以通过"能源 + 服务"捆绑销售，提高获客能力，增加客户黏性，持续挖掘客户需求，获得更多增值服务；另一方面在大力发展分布式能源和智能家居过程中，通过能源数据采集和分析以及数字化的客户互动，提供用能建议方案，带动更多产品和服务销售。通过构建"稳态 + 敏态"的数字化平台，支撑业务稳定运行和快速创新（见图 13）。

构建综合能源服务数字化平台的两种思路：一体化系统和多个专业系统的快速集成整合。腾讯智慧能源 EnerLink 和 EnerTwin，实现数字融合能源、连接助力低碳。EnerLink 和 EnerTwin 从连接和智能出发，助力能源资源企业数字化转型和低碳绿色发展。综合能源服务生态平台如图 14 所示。

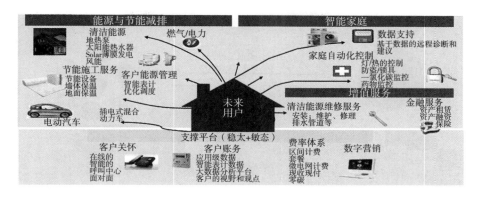

图13 "稳态＋敏态"的数字化平台

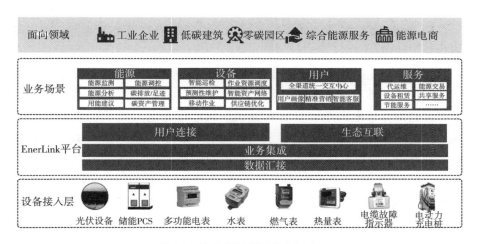

图14 综合能源服务生态平台

1. 典型案例一：腾讯独有的连接能力，助力售电公司与中小用电企业的连接

2021年11月，国家发改委发布了《国家发展改革委关于进一步深化燃煤发电上网电价市场化改革的通知》。其中，文件明确提出，有序推动尚未进入市场的工商业用户全部进入电力市场，10千伏及以上的用户要全部进入。腾讯利用政策红利，积极开展售电公司与中小用电企业的数字化链接（见图15）。

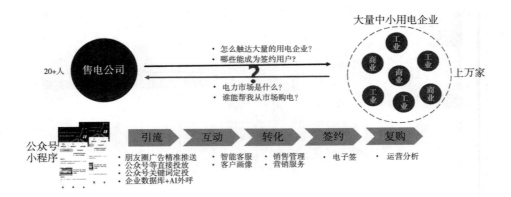

图 15 腾讯数字化助力售电公司与中小用电企业的数字化链接

2. 典型案例二：腾讯和港华能源联合打造综合能源智慧生态平台，助力零碳智慧园区

通过数字化手段助推能源和工业园区转型升级，推动全社会实现"双碳"目标。江苏省泰州市海陵区是全国工业百强区，腾讯联合港华能源打造综合能源智慧生态平台，实现光伏、储能、充电一站式的能源协同管理、分析、预测和优化，为海陵区的"太阳城"和零碳城市建设提供强大的平台支撑。

该区域面积为 370 平方千米，连接海陵工业园、新能源产业园、物流园、高铁商务区及周边区域，配置分布式光伏、充换电站、工商业节能、用户侧储能、区域能源站、燃气分布式能源、智能配电网VPP/需求响应、能碳管理和交易、智慧生态平台等功能要素。预计未来年减碳 30 万吨。

3. 典型案例三：腾讯参与国家电投总部大楼服务网项目

腾讯深度参与国家电投"清洁、低碳、智慧"总部大楼服务网的智慧园区、智慧建筑、综合能效管理建设项目，其应用场景如图 16 所示。设计了国家电投总部大楼能源数字化解决方案（见表 3）。

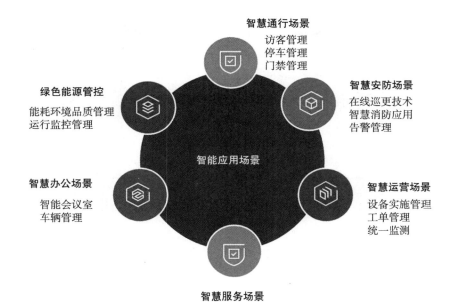

图 16　国家电投总部大楼智慧应用场景

表 3　　　　　　　　　国家电投总部大楼能源数字化解决方案

目标	数字化业务
园区综合能源运营管理	能耗监测，使人们了解各楼层、各区域、各关键用能设备用能信息； 能效数据分析，耗能设备台账，为低碳节能改造提供数据支持； 能源看板，使用能情况更加透明化、精细化、可追溯化
大厦智慧建筑管理	适配智慧建筑场景的物联网类操作系统； 针对建筑内的硬件、应用、服务等资源，提供物联、管理与数字服务； 赋予建筑协同的智慧，为建筑管理运营者与建筑业主方提供安全高效的建筑综合管理系统
员工高效办公	企业微信、小程序 C 端触达广泛，助力办公效率； 办公资源全局协调，精细配置，避免等待耗时； 智能办公工具辅助； 智慧会议管理与引导； 信息推荐

目标	数字化业务
便利生活服务	丰富的服务类应用生态，全面覆盖园区生活； 资讯精准推送； 打造特色智慧场景； 小程序 C 端触达； 智慧员工餐厅； 便利店购物； 智慧预约

五 结论与建议

（一）结论

低碳目标下，数字技术在能源革命战略中正发挥重要作用，可以助力能源行业降本增效，成为引领能源产业变革的原动力。总结上文，得出以下几点结论：

第一，实现"双碳"目标，积极推进能源结构从化石燃料向清洁能源转化，有助于保障我国能源安全，提升中国能源独立性，将注入更多动能、创造更多就业机会，助力我国绿色经济高质量发展。

第二，为了应对全球气候变化，各国都在积极推动绿色转型发展。美国、德国、日本等大部分国家以调整能源结构为基础，加快推进政策条例制定，加强技术研发，针对工业、建筑、交通等重点行业减碳和提高碳吸收能力，通过完善政策、市场和金融机制等，对各产业制定了碳中和实现路径。

第三，中国实现碳中和面临三大挑战：碳达峰到碳中和的缓冲时间短、单位 GDP 碳排放强度水平高、统筹碳减排和经济发展要求高。这意味着碳减排将直接制约我国经济发展增速。

第四，通过数字化技术实现能源生产、运输、消费、存储等各环节的优化，实现增效降本，是实现我国碳中和目标的重要路径。从能源数字化减碳技术发展看，减碳技术路径分为新兴技术和现有技术两种方式。新兴技术主要包括 CCUS 和氢能技术，现有技术包括能效提升、循环经济、电气化，其中，能效提升可以通过数字化手段实现，如利用 AI 等数字化手段或者通过工业流程化、预测性维护等手段实现能效提升。

第五，作为我国重要的头部互联网企业，腾讯在能源数字化方面开展了众多实践。为能源行业提供数字化的解决方案，具体包括"双碳"主题（能源资源企业"双碳"管理）、综合能源服务（工业园区/企业综合能源）、智慧场站（智慧变电站、智慧水电等）、能效提升（能源与资源企业）、智慧公用事业（智慧水务、燃气生产运行）。

（二）建议

实现碳中和，意味着中国以煤炭为主的能源结构需发生重大转变，缓解工业化和城市化持续推进带来的减排压力，破解技术和资金难题，任务重、时间紧、压力大。同时，碳中和将进一步加快中国经济高质量发展步伐，重塑中国核心竞争力，并带来新的市场和新的利润。为了加快推进碳中目标的实现，可以重点从以下四个方面突破。

1. 减少碳排放：重点领域部门能源转型

在电力领域，供应侧通过利用清洁能源开展绿色发展，消费侧采取电气化和节能提效手段，电网侧扩大新能源接入并保障安全运行；在工业领域，加大清洁能源替代传统化石能源力度，提高能效，发展循环经济；在交通领域，推广电动汽车，实施电气化铁路，增加充电桩/换电站，在汽车制造生产过程中尽量推广应用可再生能源；在建筑领域，实施整个生命周期内的建筑脱碳，推广新型建筑材料、装配式建筑、智能家居等。

2. 推动碳捕集发展：技术固碳 + 生态固碳

一是加快研发 CCUS（碳捕集与封存）技术。该技术主要涉及捕获、运输、封存和利用四个环节，产业链较长，目前成本高，为 300—900 元/吨。二是直接进行空气碳捕集（DAC）。该技术目前仍处于起步阶段，且同样面临成本高的问题，约 200 美元/吨。三是增加碳汇，如植树造林、森林管理、植被恢复等。

3. 完善碳交易市场：尚在起步，潜力巨大

当前我国的碳交易市场尚处于起步阶段。自 2011 年开始仅有 8 个交易试点，到 2017 年从电力行业开始启动碳排放权交易市场（三步走：基础设施建设、模拟运行、深化完善），再到 2021 年《碳排放权交易管理办法

（试行）》正式施行，全国碳市场进入"第一个履约周期"。未来市场空间巨大，每年碳排放量在 30 亿—40 亿吨，现货交易金额在 12 亿—80 亿元，期货交易额金额在 600 亿—5000 亿元，未来可期。

4. 配套支撑绿色金融：引导金融资源/碳金融体系

在绿色金融领域，要引导金融资源或央行政策对金融机构增加绿色资产配置，强化环境风险管理，提升金融业支持绿色低碳发展的能力。进一步发展壮大绿色金融市场，创造新型碳产品，如 2021 年 3 月 18 日，国开行发首单 200 亿元"碳中和"绿色金融债券。同时，拓展碳信用、碳风险管理等新型金融产品。

参考文献

陈英龙：《走绿色发展之路　打造"清洁、安全、高效"的智慧能源体系》，《澎湃新闻》2022 年 7 月 14 日。

张瑜：《中国的"碳"都在哪里》，《新浪财经》，2021 年 4 月 20 日。

严翠：《数字能源蔚然成风 各大公司加速入场》，《证券时报》2022 年 3 月 18 日。

林诿：《美国为碳排放大国　实现"碳中和"目标仍有很长路要走》，新思界网站，http://www. newsijie. cn，2022 年 7 月 29 日。

中国财政科学研究院全球风险治理研究中心研究员：《德国绿色发展路径选择与启示——基于"碳中和"路线图的政策实践》，中国金融出版社 2022 年版。

李清如：《实现双碳目标的财税政策工具——以日本为例的分析》，《中国社会科学报》2022 年 7 月 19 日。

虚拟电厂在我国发展的现实需求

庄双博[*]

2022 年新冠疫情、极端高温天气频发、俄乌冲突导致的局部动荡等多重原因导致全球能源危机凸显，在这一背景下电力能源安全成为全球各地区共同关注的重点。由于我国对于新冠疫情的合理防控，以及对海外纷争的公平站位，我国电力能源供应并未因此受到严重影响。但北半球的极端高温天气导致居民用电短时间内飙升，以及各流域水量降低导致的水力发电工程电力生产降低，致使部分地区出现拉闸限电现象，对于复产复工产生了不良影响，缺电严重地区甚至影响到居民的正常生活。在这一背景下，虚拟电厂概念被各界视为在目前条件下缓解电力紧张的有效手段，虚拟电厂概念成为资本追逐的热点。

一 新环境下的电力能源紧张

2022 年 6 月，热浪席卷北半球，各地区迎来史上罕见的极端高温天气。我国也不例外，据不完全统计 6—7 月全国各地气象部门合计发布了超 1.5 万次高温预警，其中 71 个气象站监测数据为有史以来最高温度。8 月，重庆、四川、湖北等多地刷新观测史上的高温纪录，12 日，中央气象台发布全国级别红色高温预警，这也是我国建立气象预警机制以来的首次。极端高温给人们的生活和工作带来巨大影响，其中最让人印象深刻的是炎热的天气下停电带来的无法采用电器降温的体验。

进入 8 月后四川多地进入限电模式：大型商场缩短营业时间、关闭非

---

* 庄双博，《中国民商》杂志执行副总编，主要研究方向为新经济新业态的发展。

必要照明、空调运行减半，室内温度保持 28—29 摄氏度；部分写字楼中央空调停运，员工携带小风扇，而吹出来的热风作用有限；富士康、宁德时代、京东方、长虹等龙头企业也纷纷停工……

四川的限电固然源自极端高温天气导致的用电量上升，同时也和其电力供应特点有关，四川 82% 的电力供应来自水电，而较长时间段的高温干旱导致主要流域严重缺水，导致全省水电发电能力下降 50% 以上。与此同时，四川还是西电东输的重要输出端，在这种情况下四川虽然削减但却依然没有彻底停止外送电力。加之高用电负荷下电网设备在极端高温天气中运行环境较差，增加了故障概率也是影响终端用电的重要因素。

回顾 20 年我国的发电量和电力消费总量，可以看出消费总量的变化一直紧随发电量的增长，这说明由于发电量的限制，电力消费并未达到满足。而历年在暑期、天气灾害、政策限制等客观环境下的限电措施也并不少见，而限电一般是以限制工业用电保障生活用电为主。

2000 年以来有四次大规模限电情况发生，无一不导致工业品价格上升：2003 年全年出现拉闸限电的省市合计 22 个，主要是国内重工业增速过快叠加持续高温天气，兼之主要水电站水位较低，导致了电力供需矛盾。此次限电期间工业品价格上行明显，6 月至 12 月期间螺纹钢价格上升 20%，水泥价格上升 11%。2008 年初我国南方地区遭遇冰雪灾害，电力设施受损严重，温度骤降导致居民用电量激增，全国 17 个省市拉闸限电。1 月至 3 月螺纹钢价格上升 11%，水泥价格上涨 5%，工业增加值从 2007 年 12 月的 18.5% 降至 2008 年 1 月的 15.4%。2010 年 5 月"十一五"末对节能减排目标完成情况开展统计并实行问责制，8 月由国务院成立督察组对重点地区进行节能减排专项督查。为实现节能减排目标，多省市开始对工业生产进行拉闸限电，国内工业增加值同比从 8 月的 17.2% 降至 11 月的 13.6%，8 月至 11 月期间螺纹钢价格上涨 11%，水泥价格上涨 14%。2021 年我国出口恢复向好进而拉动工业用电高增，加之高温天气原因和新能源车充电需求增加致使居民端用电需求大增，多重因素下导致多省份能耗双控不达标，9 月国家发改委印发的《完善能源消费强度和总量双控制度方案》对新增能耗 5 万吨标准煤及以上的"两高"项目加强指导。广西、广东、安徽等地实行阶段性限电，陕西、云南等地对"两高"行业推行限产措施。期间国内工业增加值从 5 月的 8.8% 降至 9 月的 3.1%，5 月至 10 月螺纹钢价格上升 10%，水泥价格上升 35%。

在"双碳"目标的要求下，相信我国在今后可见的一段时间内，对于不可再生能源使用的降低还将持续，在这种背景下如何利用占比更低的不可再生能源保障居民和工业的用电安全将是一个重要课题。

二 我国能源特点及发展现状

能源按照基本形态分为一次能源和二次能源。一次能源是指在自然界现成存在的天然能源，包含煤炭、石油、天然气、页岩油、水能、风能等；二次能源是指通过加工转换而成的能源，包括电力、煤气、蒸汽以及各种石油制品等。一次能源又可以分为可再生能源（水能、风能、潮汐能、生物质能等）和非可再生能源（煤炭、石油、天然气、页岩油等）。其中非可再生能源大多经过亿万年形成、短期内无法再生成，可再生能源可以短期持续再生成，除此之外非可再生能源一般是通过燃烧产生热能，在这一过程中会产生大量 SO_2、CO_2 等和烟尘，造成大气污染。而可再生能源是通过能量转换为电能的，不但取之不尽用之不竭，而且也没有废气排放，也被称为清洁能源，可再生能源将是人类今后采用的主要能源方式。

据水电水利规划设计总院发布的《中国可再生能源发展报告 2021》，2021 年我国可再生能源装机容量突破 10 亿千瓦，占全国电力装机容量的 44.8%，常规水电、抽水蓄能、风电、太阳能发电、生物质发电等装机容量均位居世界第一；可再生能源发电量 2.48 万亿千瓦时，占全部发电量的 29.7%。

我国 2021 年可再生能源应用总量达 7.5 亿吨标准煤，占一次能源消费总量的 14.2%，减少二氧化碳排放约 19.5 亿吨。2022 年我国可再生能源占比增速仍旧保持显著上升。根据国家能源局发布的数据，2022 年上半年，我国能源供需总体平衡，能源供给能力和质量持续提升。在增强化石能源保障能力的同时，大力发展可再生能源，新增发电装机中非化石能源发电装机占比达到 83%，可再生能源发电装机突破 11 亿千瓦。水电、风电、太阳能发电量较快增长，同比分别增长 20.3%、7.8%、13.5%。

由于总体用电量的需求持续提升，非可再生能源仍然是我国电力能源的主要供给类型。除此之外，我国能源分布极不均衡，煤炭资源主要分布在西北地区和华北地区，其中晋陕蒙宁地区储量较高，占全国总储量 60%以上；石油、天然气主要分布在西部地区、华北地区、东北地区和部分海域；作为最主要的可再生能源的水能主要分布在西南地区。而我国的主要能源消费地区集中在东南沿海地区，这种能源产区和消费区分布的不均衡导致能源运输和电力传输成为保障用电安全的重要手段。以 2022 年四川限电为例，在本地区用电紧缺的情况下，四川依然在对外传输电力能源，这也从侧面表明我国电力仍然处于相对紧缺阶段。

2022 年的俄乌冲突让欧洲人民度过了一个真正意义上的寒冬，这也从侧面体现了能源安全的重要性。我国煤炭、石油、天然气也都有一定量的进口占比。以 2021 年为例，煤炭进口量占国内总供给的 7.40%、石油进口占 72.05%、天然气进口占 44.93%。这一系列数据显示，我国的非可再生能源对外依存度依然较高，国内的能源安全存在一定隐患，而可再生能源则纯粹依靠天时地利，大力发展新能源是把能源安全掌握在自己手中的重要手段。

在气候危机频发的背景下，降低碳排放已经成为全球共识，我国也主动做出了减排承诺，这体现出我国的责任担当意识和绿色可持续发展的正确抉择。在日益增长的电力消费需求和短期内难以实现飞跃式发展的可再生能源转化电能的现状下，如何保障各行业健康发展和居民用电安全是重要课题。在这种背景下，虚拟电厂的发展或许是缓解这种供需矛盾的一个重要选择。

三　虚拟电厂的概念及国际经验

虚拟电厂的概念早已有之，"虚拟电厂"一词最初是在 1997 年 Shimon Awerbuch 博士所著《虚拟公共设施：新兴产业的描述、技术及竞争力》一书中出现：虚拟公共设施是独立且以市场为驱动的实体之间的一种灵活合作，这些实体不必拥有相应的资产而能够为消费者提供其所需要的高效电能服务。虽然虚拟电厂的概念已经提出二十余年，在欧洲、北美也已经有荷兰功率匹配器、FENIX 等虚拟电厂示范应用项目，但目前虚拟电厂并没有官方的定义。欧洲的虚拟电厂项目主要关注分布式能源的安全并网，同时建构出电力市场中稳定的商业模式。随着我国分布式能源的快速发展，逐渐产生了虚拟电厂的发展需求，如何利用虚拟电厂合理使用电力能源将成为电力系统关注的方向。

顾名思义，虚拟电厂并不是现实物理意义上的发电机构，虽然也参与电力能源的发送传输，但更多是利用信息技术对电力生产端、电力消费端、储能设备、传输设备等各环节进行梳理聚合，进而进行数据分析并得出合理的运行策略，最终实现电力能源的优化调配。虚拟电厂既可以作为提供电力输送的"正电厂"，也可以作为电力"消费"的"负电厂"，从这种意义上看，虚拟电厂更像一个通过数据监测系统、信息通信系统和数据运算系统，实现电力能源在分布式电源、储能设备、电力消费端等各环节协同优化的管理系统平台。

随着虚拟电厂的市场化发展，其电力生产端将不仅限于分布式电源，在储能设备快速发展的支持下，传统电源也将加入虚拟电厂的电力生产端，可以实现在用电低谷阶段低价储存，在用电高峰阶段出售。一方面通过差价收益提高参与者的积极性，另一方面促进削峰填谷实现电力安全。

虚拟电厂具有以电力生产端为主的解决分布式电源问题和以电力消费端为主的电力市场交易促进削峰填谷两大主要功能。我们可以借鉴欧美国家的相关经验。

（一）以电力生产资源聚合为主的欧洲虚拟电厂

欧洲较早开始探索虚拟电厂，主要关注点在电力生产端，最初的几个项目多为分布式电源并网也就是以电资源聚合为主。2000年，虚拟电厂项目VFCPP在欧洲由德国、荷兰、西班牙等5个国家的11家公司联合启动，项目以中央控制系统通信为核心，搭建了由31个分散且独立的居民燃料电池热电联产（CHP）系统构成的虚拟电厂；2005年，FENIX项目由英、法等8国的20家机构联合启动，该项目以FENIX盒、商业型虚拟电厂和技术性虚拟电厂为创新点，分别在英国和西班牙实施，为接下来虚拟电厂的设计奠定了框架基础；2012年，挪威国家电力公司Statkraft在德国建立了第一个商业化虚拟发电厂，并向英国提供1吉瓦（GW）灵活燃气发电；2013年，德国Next–Kraftwerke公司研发的虚拟电厂Next Pool开始为德国4大输电网运营商（TSO）提供控制储备服务。Statkraft和Next–Kraftwerke的案例标志着欧洲的虚拟电厂产业全面进入商业化阶段。

Next–Kraftwerke这家欧洲最大的虚拟电厂运营商之一成立于2009年，

其前身是德国清洁技术公司 Next‑Kraftwerke GmbH，主营业务为应急发电机、风力涡轮机和沼气发电厂的聚合工作，从而弥补电网波动；2011 年公司研发的虚拟电厂平台首次投入测试，完成了从可再生能源到输电网运营商的储能运输控制；2020 年，公司和东芝成立合资企业，拓宽虚拟电厂在日本的业务布局；2021 年，公司被壳牌公司以现金全资收购。

目前，Next‑Kraftwerke 公司在德国、比利时、奥地利、法国、波兰、荷兰、瑞士和意大利运营着 13930 个分布式能源单元，接入发电装机容量 10613 兆瓦，2019 年参与电力交易量 15.1 太瓦时。公司 2020 年实现营业收入 5.95 亿欧元，成为德国最大的虚拟电厂运营商。

Next‑Kraftwerke 的主要业务大致有三项：第一项业务是向可再生资源电力生产企业提供服务，此项业务解决了新能源电力生产企业因电力生产的随机性和波动性无法向输电网运营商按时保量地提供承诺的电量，进而需要从其他发电企业购买昂贵电力以平衡电量所花费高昂成本问题。同时，也可以凭借虚拟电厂对电力生产端和电力消费端实时监控的数据，给新能源电力生产企业提供数据支持和咨询服务，进而降低成本或促成新的交易扩大盈利。第二项业务是向输电网运营商提供短期柔性储能服务，虚拟电厂接收到输电网运营商发出的增加或者减少输送电量的要求后会传递给可以调度的新能源发电厂，在这一过程中虚拟电厂要根据新能源发电厂的不同特性进行数据调整，以便最终输电网络运营端收到更加精确的电力能源。第三项业务是通过对电力消费端的监测、运算和调控为输电网络运营商提供服务，当电力资源紧张时可以从供给端和需求端进行双向调控，需求端的调控也是输电网络运营商调峰调频的重要手段。与此同时，虚拟电厂还可以通过市场交易削峰填谷获取一定的交易分成。

（二）以电力消费侧聚合为主的美国虚拟电厂

在过去的 20 年，美国电价上涨了 59%，得益于丰富的太阳能资源，在政府的大力支持和补贴下，家用光伏系统已成为降低用电成本的重要选择。根据全球综合数据资料库 Statista，2021 年美国家用光伏装机容量达到 22.5 吉瓦，同比增长 20.9%。美国的光伏大多是自发自用，但是随着光伏等需求量的增加，美国也逐渐开始实行需求侧响应，以应对用电高峰时期的供应紧张情况，并逐渐将需求侧响应演化为虚拟电厂计划。美国能源零售商开展虚拟电厂计划，通过提供低价储能电池或现金，换取家庭一部分电力的控制权，必要时给零售商提供电力，零售商的虚拟电厂聚合这些储能并在用电峰期提供给需要的用户，从而获取辅助服务收益。

2015 年 5 月，特斯拉与太阳能面板安装商 SolarCity 合作推出家用储能产品 Powerwall。Powerwall 系统搭配特斯拉家用太阳能电池 Solar Roof，白天利用太阳能电池对 Powerwall 进行充电，或者在非用电高峰期利用电网进行充电，在用电高峰期向用户家中供电，内置电池容量 7—13.5 千瓦时。Powerwall 实现了家庭用户电能的自发自用，避免电网停电时家庭断电的情况。用户可在手机 App 上实时了解光伏发电、家庭的用电、Powerwall 的储存电量以及电网的供电情况，并通过手机 App 对 Powerwall 进行自定义设置，达到个性化节流的目的。

可以把 Powerwall 看成一个单体的虚拟电厂，随着项目的发展不断成熟，2016 年 8 月特斯拉宣布斥资 26 亿美元收购 SolarCity。基于用户数目的不断增加，特斯拉与 Energy Locals、Green Mountain Power、PG&E 等公共事业公司和电力零售商先后开展了虚拟电厂项目。项目一方面帮助 Powerwall 继续扩大安装量，另一方面电力零售商通过与 Powerwall 使用者签订协议，能够获取这些分布式电池电力的部分使用权，实现聚合需求侧的资源以及虚拟电厂的商业化扩张。

2017 年，特斯拉与佛蒙特州公用事业公司 Green Mountain Power 合作开展虚拟电厂项目。Green Mountain Power 成为 Powerwall 的渠道销售商，以低于市场价 400 美元的折扣价给用户安装 Powerwall，并且提供 10 年分期付款每月 55 美元的购买方式。但用户需要签订协议放弃一部分电池控制权，允许电力公司使用设备中储存的部分能量对电力系统进行削峰填谷。Green Mountain Power 虚拟电厂聚合家用储能资源，参与调频市场、动态容量供应市场和交易电力批发市场并获取利益。

2022 年，特斯拉与加州公用事业公司 PG&E 合作开展了名为 "E-mergency Load Reduction Program" 的虚拟电厂项目。PG&E 用户在拥有 Powerwall 的前提下可以通过特斯拉应用程序自愿注册加入该虚拟电厂项目。由于加州夏季温度较高，对于电网造成的负荷过大，参与项目的 Powerwall 用户可以在电网面临巨大压力时向电网提供电力，每度电可获得 2 美元收益。

四 我国虚拟电厂发展现状

我国虚拟电厂起步较晚，主要原因是分布式电源的发展相对迟缓，对于虚拟电厂的需求尚未形成现实基础。但是随着社会的发展，以及"双碳"目标的提出，绿色能源已经成为我国发展的重要方向。根据中电联发布的《2022 年三季度全国电力供需形势分析预测报告》数据，2022 年前三季度，全国新增发电装机容量 11463 万千瓦，其中，新增非化石能源发电装机容量 9402 万千瓦（见图 1）。截至 9 月底，全国全口径发电装机容量 24.8 亿千瓦，其中非化石能源发电装机容量 12.1 亿千瓦，同比增长 15.4%，占总装机容量的比重为 48.79%，同比提高 3.1 个百分点，电力延续绿色低碳转型趋势。从非化石能源发电装机容量结构看，水电 4.1 亿千瓦，占 33.88%；核电 5553 万千瓦；并网风电 3.5 亿千瓦，占 28.93%，其中，陆上风电 3.2 亿千瓦、海上风电 2726 万千瓦；并网太阳能发电 3.6 亿千瓦，占 29.73%（见图 2）。火电 13.1 亿千瓦，其中煤电 11.1 亿千瓦，占总发电装机容量的比重为 44.8%，同比降低 3.1 个百分点。

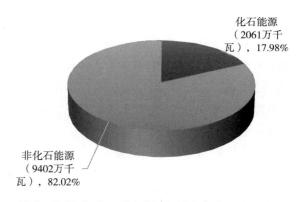

图 1 2022 年前三季度我国新增发电装机容量情况

我国的虚拟电厂起步于"十三五"时期，目前已有响应细则出台并建成多个试点项目。"十三五"时期，我国江苏、上海、河北等地开展了电力需求响应和虚拟电厂的试点工作。其中，江苏率先于 2015 年出台官方文

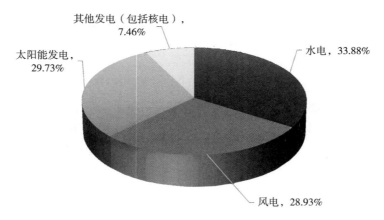

图2　2022年前三季度我国非石化能源发电装机容量情况

件《江苏省电力需求响应的实施细则》指导电力需求的调控。此后，中国虚拟电厂进入研发、探索阶段。2019年，国家电网提出"泛在电力物联网"，并建成国内首个虚拟电厂——国网冀北虚拟电厂，实现了发电和用电的自我调节。到目前为止，北京、上海、广东、江苏、浙江等地先后开展虚拟电厂项目试点。2022年6月，《北京市"十四五"时期电力发展规划》首次将虚拟电厂的建设纳入电力发展规划中。我国可供参与虚拟电厂运营的控制资源体量庞大，可调负荷资源超过5000万千瓦，虚拟电厂也随基础资源的快速发展而受到重视。

我国的虚拟电厂发展主要分为提升能效、紧急切负荷、需求侧管理、新型虚拟电厂四个阶段。

（1）提升能效阶段

本阶段通过对商业和民用建筑中的制冷、制热、照明、工业电机、家用电器等高能耗设备进行改造升级，提升用电能效并收取成本费用。本阶段主要工作是改造升级用电端设备，并且收取相应改造成本，虽然在今后的电耗节省方面会有所体现，但是较多用户只看到短期投入，导致用户参与度与积极性不高，加之政策配套不健全、前期成本过高等问题，此阶段发展相对缓慢。

（2）紧急切负荷阶段

本阶段通过毫秒级精准控制切负荷，快速解决电力平衡出现的缺口问题，以保障电网稳定安全运行。本阶段主要是优化电网安全稳定控制策略，利用新技术将传统拉闸限电模式优化为精准、实时、快速切负荷模式。但是本阶段主要在电网紧急情况下使用，缺乏灵活运用模式。

（3）需求侧管理阶段

本阶段通过营销宣传、现金补贴、法律法规等方式引导用户科学合理用电。本阶段需要人工介入干预，需要一定的提前时间量。2019 年、2022年上海和广东分别开展虚拟电厂试点工作，在预测出现电网尖峰负荷问题前，以短信、邮件等方式提前向用户发出邀约，引导用户开展需求侧管理，降低尖峰期电力负荷，并给予负荷相应的政策补贴。此阶段注重单次、大规模的调节作用，虽然相比第二阶段改善了经济激励机制，但多由政策补贴支持，社会成本很高，在经济欠发达地区难以推广。①

（4）新型虚拟电厂阶段

本阶段是指发展到相对成熟的阶段，主要通过聚合可调节的电力资源参与到电网的调控和运营中，提升电网系统调节能力，合理分配电力输送、稳定电网运行。

我国虚拟电厂已经在各地开始试点，并且已经获得了一定的成绩（见表1）。以下以相对成熟的国网冀北虚拟电厂和上海虚拟电厂发展为案例，介绍我国虚拟电厂的发展现状。

表1　　　　　　　2019—2022 年我国虚拟电厂试点项目

省份	项目名称	运行时间	公司	资源类型	详细内容
河北	国网冀北虚拟电厂示范项目	2019 年 12月 11 日	国网冀北电力	综合型	首个实时接入与控制蓄热式电采暖、可调节工商业、智能楼宇、智能家居、储能、电动汽车充电站、分布式光伏等 11 类 19 家泛在可调资源，容量约 16 万千瓦，涵盖张家口、秦皇岛、廊坊三个地市
广东	广东深圳自动化虚拟电厂	2020 年 10月 26 日	深圳供电局	综合型	首套自动化虚拟电厂系统已在深圳110 千伏投控变电站投入试运行，承载该系统的装置占地不足 1 平方米，可凭借前沿的通信和自动化聚合技术，发挥出与大型电厂等效的调峰、电压控制等功能

① 王宣元、刘蓁：《虚拟电厂参与电网调控与市场运营的发展与实践》，《电力系统自动化》2022 年第 18 期。

续表

省份	项目名称	运行时间	公司	资源类型	详细内容
华北	华北国网综能虚拟电厂	2020 年 12 月 1 日	国网综合能源服务集团有限公司	综合型	聚合 15.4 万千瓦可调资源参与华北电力辅助服务市场；该虚拟电厂累计对接筛查负荷 20 余万千瓦，成功接入可调负荷 10 万千瓦，按照当前接入水平计算，该虚拟电厂每天可创造 23 万千瓦时的新能源电量消纳空间
江苏	江北新区智慧能源协调控制系统虚拟电厂	2021 年 1 月 5 日	江苏南京供电公司	综合型	通过串联分布式光伏、储能设备及各类可控负荷，参与电网协调控制系统虚拟电厂调峰辅助服务市场，按需增减各类能源使用比例
安徽	安徽合肥虚拟电厂	2021 年 1 月 25 日	合肥供电公司	综合型	实现光伏、储能、充（换）电、微电网等多种电力能源形式互联互动；目前，合肥虚拟电厂接入光伏电站达 120 兆瓦，相当于新增一座可为 18 万户居民用户供电的电厂。预计三年内合肥区域虚拟电厂总容量占比将达到夏季降温负荷 400 万千瓦的近两成，相当于少建设一座 80 万千瓦传统电厂
浙江	浙江丽水绿色能源虚拟电厂	2021 年 3 月 22 日	浙江电网	侧重于水电发电侧	丽水绿色能源虚拟电厂由全市境内 800 多座水电站组成，利用光纤、北斗通信等新技术，将全域水电发电信息聚合，进行智慧调度；可参与辅助电网调峰工作
上海	上海虚拟电厂	2021 年 5 月 1 日	国网上海电力	侧重于需求侧响应	通过开展规模化的"削峰"和"填谷"，虚拟电厂需求响应行动在不到两天时间内完成。累计调节电网负荷 56.2 万千瓦。消纳清洁能源 123.6 万千瓦时，减少碳排放约 336 吨
湖北	武汉市虚拟电厂试点项目	2021 年 6 月 1 日	湖北电网武汉供电公司	综合型	可在武汉市东西湖、黄陂，汉口后湖、百步亭、徐东、南湖、东湖高新等区域局部降低监控负荷 70 万千瓦，折合电网基建投资 12.8 亿元，减少碳排放 300 万吨

省份	项目名称	运行时间	公司	资源类型	详细内容
浙江	浙江平湖县域虚拟电厂	2021 年 6 月 21 日	国网平湖市供电公司	综合型	汇聚分布式发电、储能、工业、综合园区、商业、居民 6 大类 18 小类用户侧资源，建成后日前、日内、实时可调资源共计 200 兆瓦以上
广东	广州市虚拟电厂	2021 年 9 月 13 日	广州供电局	侧重于需求侧响应	已注册各类用户 30 家，完成签约 15 家，邀约响应能力约 250 兆瓦，实时响应能力约 15 兆瓦
广东	深圳网地一体虚拟电厂平台	2021 年 11 月	深圳供电局、南网科研院	侧重于需求侧响应	部署于南网调度云，网省两级均可直接调度；负荷侧资源在接到该局调度下发的紧急调控需求后，10 分钟内负荷功率即下调至目标值，为电网提供备用辅助服务
广东	国电投深圳能源发展有限公司虚拟电厂平台	2022 年 6 月 8 日	国电投深圳能源发展有限公司	侧重于需求侧响应	由国家电投集团上海发电设备成套设计研究院牵头研发，目前参与广东现货市场交易并获利，平均每度电收益 0.274 元
浙江	国网浙江综合能源公司智慧虚拟电厂平台	2022 年 6 月 30 日	国网浙江综合能源公司	侧重于需求侧响应	聚合 3.38 万千瓦响应资源参与省级电力需求响应市场，所有参与企业均达到补贴最大区间
广东	深圳虚拟电厂管理中心	2022 年 8 月 26 日	深圳市发展和改革委员会、南方电综合型网深圳供电局	综合型	已接入分布式储能、数据中心、充电站、地铁等类型负荷聚合商 14 家，接入容量达 87 万千瓦，接近一座大型煤电厂的装机容量 采用"互联网 + 5G + 智能网关"的先进通信技术，打通了电网调度系统与聚合商平台接口，实现电网调度系统与用户侧可调节资源的双向通信，可满足电网调度对聚合商平台实时调节指令、在线实时监控等技术要求，为用户侧可调节资源参与市场交易、负荷侧响应、实现电网削峰填谷提供坚强技术保障

（一）国网冀北虚拟电厂

2017 年 10 月，由国网冀北电力公司和中国电科院组成的专家团队代表中国向国际电工技术委员会（IEC）提交了虚拟电厂提案。经过激烈竞争，于 2019 年获批正式立项，该提案成为 IEC 在虚拟电厂领域首批国际标准。

2019 年底，国家电网冀北虚拟电厂示范项目投运。本项目实时接入并控制了蓄热式电采暖、可调节工商业、智能楼宇、智能家居、储能、电动汽车充电站、分布式光伏等 11 类 19 家可调配资源，容量约 16 万千瓦，涵盖张家口、秦皇岛、廊坊三个地市。公开数据显示，冀北电网夏季空调负荷达 6 吉瓦，10% 空调负荷通过虚拟电厂进行实时响应，相当于少建一座 600 兆瓦的传统电厂。"煤改电"最大负荷将达 2 吉瓦，蓄热式电采暖负荷通过虚拟电厂进行实时响应，预计可增发清洁能源 720 吉瓦时，碳减排 63.65 万吨。

冀北虚拟电厂示范项目接入的可调节资源，总容量为 358 兆瓦，最大调节能力为 204 兆瓦，占总容量的 57%。冀北虚拟电厂参与华北调峰辅助服务市场，可调节资源在参与虚拟电厂聚合优化前，其运行功率曲线总和与尖峰平谷时段划分基本一致，即虚拟电厂集中在平/谷时段用电，不考虑电网运行情况；在参与虚拟电厂聚合优化后，冀北虚拟电厂一直投入自动发电控制（Automatic Generation Control，AGC）受控模式，控制期间积极追踪调控指令，在电网晚高峰时期将用电延后，到后半夜低谷调峰困难时期，快速抬升低谷用电负荷。

虚拟电厂调节速率可定义为调节资源响应调度指令的速率，冀北虚拟电厂实际最大调节功率为 154 兆瓦，最大调节速率为 15.7 兆瓦/分钟，为虚拟电厂额定有功功率的 4.4%，调节性能良好。

冀北虚拟电厂参与华北调峰辅助服务市场的流程主要包括注册、日前运行、日内运行、结算 4 个阶段。在注册阶段，虚拟电厂运营商/负荷聚合商上报企业信息、可调节资源明细等，调控机构审核虚拟电厂运营商/负荷聚合商入市资格并公布入市名单；在日前运行阶段，虚拟电厂运营商/负荷聚合商申报功率曲线、价格、调节能力等信息，调控机构进行市场预出清，并下发虚拟电厂次日 96 点功率计划等，虚拟电厂运营商/负荷聚合商接收功率计划并分解；在日内运行阶段，调控机构每 15 分钟完成市场出清并下发实时功率计划,虚拟电厂运营商/负荷聚合商接收功率计划并分解;在结算阶段,调控机构根据历史运行功率、电量数据等核定虚拟电厂调节电量及收益,虚拟电厂运营商按照合同约定将收益分解至各个可调节资源。

冀北虚拟电厂自 2019 年 12 月投运以来,全程参与了华北调峰辅助服务市场出清,已在线连续提供调峰服务超过 3200 小时,累计增发新能源电量 34.12 吉瓦时,单位电量收益为 183 元/兆瓦时,虚拟电厂运营商/负荷聚合商和用户总收益为 624.2 万元。其中,虚拟电厂运营商/负荷聚合商收益为 395.95 万元,用户侧资源收益为 228.25 万元。目前,冀北虚拟电厂智能管控平台上已有 2 家虚拟电厂运营商/负荷聚合商代理可调节资源参与调峰市场运营。[①]

(二)国网上海虚拟电厂

2021 年,国家电网在上海黄浦区开展了国内首次基于虚拟电厂技术的电力需求响应行动,是史上规模最大的一次试运行。当时参与试运行的包括黄浦区商业楼宇、世博 B 片区综合能源中心、电力公司自有楼宇等在内的建筑超过 50 栋,释放负荷达 10 兆瓦,仅 1 小时的测试,就能产生 150 兆瓦时的电量。试运行累计调节电网负荷 562 兆瓦时,消纳清洁能源电量 1236 兆瓦时,减少碳排放量约 336 吨。

在本次试运行活动中,以对用户体验影响不大为前提,系统在用电高峰时段对虚拟电厂区域内的相关建筑中央空调的温度、风量、转速等多个特征参数进行自动调节。

以上海项目为例,还是在系统平台上,负荷集成商进行竞价。三级的架构,即平台、负荷集成商、用户。补贴价格根据响应时间也有区分。用户在 30 分钟之内进行削峰,补贴是基准价格的 3 倍,30 分钟到 2 小时之间是基准价格的 2 倍,时间更长补贴就更低。补贴的来源目前主要是各省的跨省区可再生能源电力现货交易购电差价的盈余部分,所以还是有一些制约,很多省份还没有开始现货交易。

2020 年,进一步引入了前滩新能源、蔚来汽车、远景能源、5G 基站

---

① 王宣元、刘蓁:《虚拟电厂参与电网调控与市场运营的发展与实践》,《电力系统自动化》2022 年第 18 期。

等新主体参与聚合调控，有效扩充虚拟电厂建设范围、丰富建设类型。2021 年，上海市虚拟电厂的参与方式主要通过聚合形式参与，将各级别虚拟电厂进行统一，共同参与市场运营。2019—2021 年上海虚拟电厂项目实施情况如表 2 所示。

表 2　　　　　2019—2021 年上海虚拟电厂项目实施情况

时间	交易名称	出清情况	参与主体
2019 年 12 月 5 日	迎峰度冬专项试点交易	响应时长：2 小时 电量：1.83 万千瓦时 收益：43950 元	4 家运营商及其 226 个客户，共 8.7 万千瓦负荷
2020 年 6 月 25 日	端午节填谷需求响应交易	容量：1.7 万千瓦 电量：4.02 万千瓦 价格：1.2 元/千瓦时	2 家虚拟电厂运营商
2020 年 9 月 29 日	"十一"填谷需求响应交易	容量：2.5 万千瓦 价格：1.2 元/千瓦时	综合能源服务公司、蔚来汽车、腾天节能、前滩新能源 4 家虚拟电厂
2021 年 5 月 6 日	"双碳"主题虚拟电厂需求响应	削峰容量：6.2 万千瓦 价格：2.4 元/千瓦时 填谷容量：2.1 万千瓦 价格：0.96 元/千瓦时	腾天节能、前滩新能源、综合能源服务公司、5G 铁塔基站等

2022 年 8 月 18 日，国网上海浦东供电公司与上海海昌极地海洋世界有限公司、上海诺信汽车零部件有限公司等 6 家新片区用电客户代表签署了虚拟电厂合作协议。浦东供电公司临港能源服务中心主任王威介绍："当电网出现波动时，电力公司将在征得用户同意后，通过精准、柔性的负荷调节，达到电量的实时供需平衡。"今后，上海海昌极地海洋世界有限公司等 6 家用电客户将在关键时刻变身为一座座可以参与电网调节的虚拟电厂，和电力公司共同守护新片区的电网安全。

截至目前，上海市虚拟电厂已基本具备不依靠政府补贴而独立参与市场竞争获取利润的能力，这是一个独立可持续发展的条件。现有的虚拟电厂投资主体主要为虚拟电厂运营商，包括电力安装、运维、节能企业。在利益的激励下，相信有更多的运营主体逐渐加入上海市虚拟电厂的运营中，随着涵盖范围的不断扩大，我国电力结构转型升级将会产生更多可能性。

五 我国虚拟电厂的发展展望和难点

虽然我国的虚拟电厂正处于初步试点阶段，但是通过实践已经探索出在我国现有条件下的发展雏形，并且获得了一定的成果，尤其在节能减排和优化新能源电力系统的方面拥有十分可观的发展前景。在满足峰值负荷需求方面，根据国家电网测算，如果通过煤电机组建设满足 5% 的峰值负荷，需投资约 4000 亿元。而通过虚拟电厂的方式进行优化，在满足同等需求的前提下，只需要花费 400 亿—570 亿元的建设、运维和激励资金即可。

我国目前可调负荷资源超 5000 万千瓦，根据《虚拟电厂市场发展前景及实践思考》一文中的测算，按照在全国构建不少于最大负荷 5% 的可调节负荷资源库，预计到 2025 年，需构建可调负荷资源库约 7850 万千瓦；到 2030 年底，由于可再生能源占比提高，需构建的可调负荷资源响应能力提高，按 6% 计算届时资源库容量约为 10620 万千瓦。考虑项目可行性，虚拟电厂可构建的可调资源潜力按照响应能力需求容量、投资成本按 1000 元/千瓦计算，预计 2025 年、2030 年，虚拟电厂投资规模分别至少约为 785 亿元、1062 亿元。

2022 年 11 月 3 日，国家能源局总经济师鲁俊岭在 2022 年 APEC 工商领导人中国论坛上透露，截至目前中国风电、光伏发电装机规模分别达到 3.48 亿千瓦和 3.59 亿千瓦，占全球风电、光伏装机总规模的 1/3 以上，连续多年稳居世界首位。分布式能源的高速发展也为虚拟电厂提供了现实需求的土壤。

（一）我国虚拟电厂发展所面临的挑战

虽然虚拟电厂有诸多优点，但是大范围推广还面临很多挑战。其中比较显著的挑战有以下三个层面：技术层面、政策层面、商业模式层面。

1. 技术层面

来自技术层面的挑战是虚拟电厂发展最直接、最根本的第一道难关，虚拟电厂的关键技术主要包括以下四点。

第一，状态感知和灵活聚合技术，指的是前期信息和资源的聚合阶段。通过上述介绍可知，虚拟电厂的规模越大，效用也会相应越高。但是随着电力生产端和消费端两个方面的规模越来越大，其中所需要的数据监测、数据传输以及电力调配输送的量级也会越来越大。如何能够更加精确地监测两端数据，是虚拟电厂运营的基础工作。

第二，信息预测和容量计算。只有数据监测并不能在短时间内完成电力调配，尤其在电力市场交易阶段，随着市场电价的波动、负荷和电量的变化，虚拟电厂的市场交易会有较大波动，如何提前做好预测就显得无比重要。如果能够根据历史数据和当下环境准确地预估电价、负荷和电量的走势，那么在虚拟电厂的市场交易阶段将有助于合理定价、优化投标。

第三，市场交易和优化决策在数据监测和信息预测的前提下，如何根据已有的数据进行市场交易和优化决策就显得尤为重要，因为不同场景和市场条件下的交易和优化决策决定了虚拟电厂的运营效益和承担的风险。

第四，补偿结算和效益评估在确定优化决策的前提下还要进行补偿结算和效益评估。分布式能源并网是虚拟电厂市场化运营下需要承担的必要成本，效益评估则是反查所执行的优化决策和经营策略的优劣判断。[1]

对以上这四个技术层面的每一项挑战展开讨论都是一个篇幅不小的文章，除以上四个技术层面外，还有很多具体细节技术问题尚待加强，例如随着规模的扩大，信息安全问题必然成为保障虚拟电厂安全运营的一个重点项，如用户数据安全、系统防范被攻击等问题。总之，虚拟电厂的发展尚待一个国家级的、全面系统的技术标准出台，这既利于统一管理也有助于市场推广。

2. 政策层面

在完成技术层面的挑战之后，虚拟电厂还有来自政策层面的缺失。政策不完善是制约虚拟电厂发展的重要原因之一。虚拟电厂终归要形成一个相对成体系的较大规模方可展现出其优势，目前的虚拟电厂并未有一个相对完善的政策支持体系。投资方、建设方、运营方、参与者、监管方等都没有一个明确的规章制度，系统体系设计、成本分摊机制、市场交易规则等关键问题并未清晰规划。这在一定程度上形成了当前单独探索、各自为政的局面，不利于健康、快速、高效发展。

3. 商业模式层面

与政策层面相关的还有商业模式的问题。虚拟电厂目前并没有一个相

---

① 葛鑫鑫、付志扬、徐飞等：《面向新型电力系统的虚拟电厂商业模式与关键技术》，《电力系统自动化》2022 年第 18 期。

对成熟清晰的商业模式，投资者、建设者、运营者如何从中获得收益，尚待进一步研究实践。这也造成了当下电力能源相关机构参与热情不高的现状，虽然有些企业开始布局虚拟电厂，但也是缓慢探索，更多机构持观望态度的现象较为明显。如何探索一套符合我国电力市场特征的商业模式，是虚拟电厂面临的重要课题。

（二）我国虚拟电厂发展的几个要点

虽然虚拟电厂的发展还面临很多挑战，但结合当前我国"双碳"目标和分布式电力能源快速发展的基本环境，发展虚拟电厂是当下的现实需求。如何使虚拟电厂真正参与到电力系统调控、提供调峰调频辅助服务和电力市场交易中去，是我们面临的重要课题。

针对我国的现实情况，实现健康安全地发展虚拟电厂可以从以下几点着手：

第一，积极引导多方参与虚拟电厂国家标准的设计规划建设工作。正如上文所述，虚拟电厂目前还没有一个国家级的成体系标准，这导致有意参与虚拟电厂建设的参与者持观望态度。仅仅依靠企业单打独斗地摸索是无法完成的，需要政府、研究机构、企业、高等院校、商协会等参考每外先进经验，结合国内现状，通过设计、规划、试点等多方位实践，最终制定出一套适合国情的国家级建设标准。

第二，鼓励用户积极参与虚拟电厂的建设。没有分布式电源和电力消费端的数据支持很难实现虚拟电厂的健康运营，如何让用户了解虚拟电厂的优势并积极参与其中，需要相关部门积极宣传和引导，必要时制定相关鼓励补贴机制。

第三，加强推进监测技术、大数据计算、能源调控技术研发。技术的发展是虚拟电厂发展的基石，没有先进技术的支撑空谈虚拟电厂发展是空中楼阁。只有在相关监测技术、大数据计算、调控技术的配套下，虚拟电厂才可以实现分布式电源、储能、负荷和热点联动智能调控管理，实现规模化效益，实现电力系统的高效、安全、平稳运行。

第四，持续大力发展分布式电源和储能技术。虚拟电厂的主要作用是调控电力资源的合理分配，只有在分布式电源和储能技术发展到一定程度才能够实现最大化效用。结合"双碳"目标，继续大力推动分布式新能源和储能技术发展和落地是发展虚拟电厂的前置条件。

　　第五，加快完善相关市场化交易机制。虚拟电厂的合理性和经济性在海外得到了验证，如何使其适应国内的发展现状，并进而形成健康有序的市场交易机制是相关机构积极探索实践的重要课题。一方面可以规范市场交易，避免投机者扰乱电力交易市场；另一方面也可以吸引更多的民间资本投入到虚拟电厂的建设中来。

　　虚拟电厂在2022年呈现出突飞猛进的态势，但是目前还处于分散式试点阶段。相信随着我国分布式能源的进一步发展，虚拟电厂的特点将更符合我国电力工业的要求和发展方向，虚拟电厂也将会有更广阔的发展前景。

参考文献

王宣元、刘蓁：《虚拟电厂参与电网调控与市场运营的发展与实践》，《电力系统自动化》2022年第18期。

葛鑫鑫、付志扬、徐飞等：《面向新型电力系统的虚拟电厂商业模式与关键技术》，《电力系统自动化》2022年第18期。

尹玉霞：《德国虚拟电厂发展经验》，《中国电力企业管理》2022年第19期。

王伟、刘敦楠：《面向"双碳"目标的上海虚拟电厂运营实践》，《中国电力企业管理》2022年第13期。

庄双博：《虚拟电厂的现实需求》，《中国民商》2022年第8期。

封红丽：《虚拟电厂市场发展前景及实践思考》，《能源》2022年第7期。

新型电力系统建设下能源服务发展机遇

封红丽[*]

一 综合能源服务与新型电力系统的关系

（一）新型电力系统与综合能源服务的内涵与特征

新型电力系统是以实现碳达峰碳中和、贯彻新发展理念、构建新发展格局、推动高质量发展为内在要求，以确保能源电力安全为基本前提，以满足经济社会发展电力需求为首要目标，以最大化消纳新能源为主要任务，以坚强智能电网为枢纽平台，以源网荷储互动与多能互补为支撑，具有清洁低碳、安全可控、灵活高效、智能友好、开放互动基本特征的电力系统。

从外因上看，"双碳"目标的提出加速了我国能源转型的步伐，必然要求以新型电力系统为支撑。新能源大规模接入电网必然要求构建源网荷储友好互动体系。而综合能源服务在提高可再生能源比重和提升能源利用效率方面具有明显优势，将助力"双碳"目标的实现。从内因上看，我国能源行业的重心已从"保障供应"转移到"以用户为中心的能源服务"，与综合能源服务核心特点相吻合。内外部多重因素倒逼能源企业向综合能源服务转型。

综合能源服务是一种新型的为满足终端客户多元化能源生产与消费的能源服务方式，即在供电、供冷热、供气、供水等综合供能的基础上，整合储能设施及电气化交通等要素，通过分布式能源、天然气冷热电联供和

---

* 封红丽，国网综能规划设计研究院研究员，主要研究方向为能源电力、综合能源服务领域。

能源智能微网等方式，结合大数据、云计算、物联网等技术，实现多能协同供应和能源综合梯级利用，提高能源系统效率，降低能源生产与消费成本。新型电力系统进一步推动综合能源服务的发展，综合能源服务是新型电力系统的重要支撑，两者具有相辅相成、互相促进的特征与相互关系（见图1）。

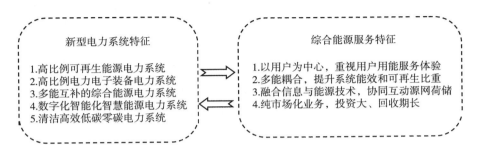

图1　新型电力系统与综合能源服务的特征及相互关系

（二）"双碳"目标、新型电力系统、综合能源服务三者关系

随着大规模集中式、分布式新能源逐步接入，电力系统在供需平衡、清洁能源消纳等方面面临重大挑战。改变以火电为主的传统电力系统运行方式，主动构建适应新能源占比逐渐提高的新型电力系统，是"双碳"战略目标指引下实现能源电力领域绿色低碳转型的必由之路。

发展综合能源服务是支撑新型电力系统构建的重要举措。综合能源服务可以在多能协同互补、分布式能源开发利用、微电网建设应用等方面发挥积极作用，推动源网荷储协同互动，提高终端电气化及能效水平，是加快能源产业数字化、智能化转型的重要路径，是提升能源系统效率和可再生能源比重的重要手段，有利于电力系统安全高效运行。"双碳"目标出台后，用户对综合能源服务的接受度也大大提高，极大促进了综合能源服务的发展，同时构建新型电力系统也为综合能源服务在终端规模化应用提供了新的入口。因此，新型电力系统下，综合能源服务将面临更多新的市场机遇有待挖掘。

二 新型电力系统建设下市场环境变化

（一）政策趋势：低碳化发展势在必行

2020 年 9 月 22 日以来，习近平总书记先后 50 多次在国内外重要场合就碳中和发表重要讲话。2022 年 10 月 16 日党的二十大中，习近平总书记再次强调：推动绿色发展，促进人与自然和谐共生。积极稳妥推进碳达峰碳中和。立足我国能源资源禀赋，坚持先立后破，有计划分步骤实施碳达峰行动。完善能源消耗总量和强度调控，推动能源清洁低碳高效利用，加快规划建设新型能源体系等。再次强化了实现碳达峰的决心。

为实现"双碳"目标，构建以新能源为主体的新型电力系统必然要求充分调动用户侧灵活性资源，参与电力系统整体的资源优化配置，这也为综合能源服务创造了新的市场机遇。综合能源服务原本是能源供给消费革命和电力体制改革背景下催生的新业态，但为实现"双碳"目标，严格实施能源"双控"制度，要求持续加强清洁能源开发利用，进一步控制能源消费总量，提高能源利用效率，降低碳排放强度，因此这对综合能源服务又提出了新要求，赋予了新内涵。发展综合能源服务是助力国家"双碳"目标实现和能源安全新战略落地的重要抓手。综合能源服务着重在能源消费侧发力，促进能源清洁开发和高效利用，加快新技术新模式创新，激发能源市场活力，助力降低化石能源消费、提高能源利用效率。

（二）能源消费结构变化：可再生能源将成为能源消费增量主体

在"双碳"目标约束下，要大力发展非化石能源，必须推动构建新型的电力系统，统筹好非化石能源特别是新能源与化石能源之间的互补和优化组合。立足以煤为主的基本国情，传统能源逐步退出要建立在新能源安全可靠的替代基础上，逐渐提高非化石能源在能源结构中的比重。2022年，预计中国非化石能源占一次能源消费比重在 17.3% 左右，达到世界平均水平，煤炭消费比重降至 56.0% 以下。截至 2022 年 9 月底，我国可再生能源利用总量已超 7.5 亿吨标准煤，占一次能源消费总量的 14.2% 以上；可再生能源装机容量 11.46 亿千瓦，占全国电力装机容量的 46.2% 。[①] 中共中央、国务院发布的《关于完整准确全面贯彻新发展理念做好碳达峰碳中和工作的意见》中提出，到 2025 年非化石能源消费比重达到 20% 左右，到 2030 年非化石能源消费比重达到 25% 左右，风光装机容量将达到 12 亿千瓦以上。《"十四五"可再生能源发展规划》提出，"十四五"时期可再生能源在一次能源消费量增量中占比超过 50%，可再生能源发电量增量在全社会用电量增量中占比超过 50% 的目标。这表明在"十四五"时期，可再生能源将由能源消费增量补充成为增量主体，有效控制化石能源消费和碳排放量增长，是能源系统转型的重要里程碑。

（三）市场变化：建设全国统一电力市场体系已见雏形

当前我国电力资源配置正处于"计划向市场转型期"，电力系统处于"新型电力系统过渡期"，电力市场建设面临重大挑战，保供应、促转型、提效率、优化资源配置等多重目标相互交织，电力系统特征和运行机理日趋复杂，亟待统筹。在 2021 年 11 月 24 日中央全面深化改革委员会第 22 次会议审议通过了《关于加快建设全国统一电力市场体系的指导意见》。紧接着 2022 年 4 月 10 日，《中共中央 国务院关于加快建设全国统一大市场的意见》发布，并提出"健全多层次统一电力市场体系，研究推动适时组建全国电力交易中心"。2022 年 7 月 27 日，国家能源局局长章建华强调，要健全适应新型电力系统的市场机制，建立全国统一的电力市场体系，推进适应能源结构转型的电力市场建设，深入推进能源领域"放管服"改革，通过市场化的方式实现化石能源消费总量持续减少的同时，要保持能源安全供应能力不下降。根据中电联数据，2022 年 1—9 月，全国各电力交易中心累计组织完成市场交易电量 38889.3 亿千瓦时，同比增长 43.5%，占全社会用电量比重为 59.9%，同比提高 16 个百分点。[②] 全国统一电力市场体系建设提速，将打破跨省跨区交易壁垒，现货市场、绿电交易将迎发展新机遇。这为综合能源服务发展提供了更大的市场空间和商业模式创新空间。

---

① 资料来源：国家能源局网站。
② 资料来源：中国电力企业联合会网站。

（四）技术变化：数字技术与能源技术深度融合

党的二十大再次强调，要加快建设数字中国。加快发展数字经济，促进数字经济和实体经济深度融合，打造具有国际竞争力的数字产业集群。随着大数据、云计算、区块链和人工智能等新一代信息技术的快速发展，能源行业的数字化转型进程迅速加快。通过数字化技术实现能源生产、运输、消费、存储等各环节的优化，实现增效降本，是实现我国碳中和目标的重要路径。截至 2022 年 11 月，公司名称包含"数字能源"的注册企业已经达到 57336 家，仅近半年内注册的企业就达上万家。传统能源央企也在纷纷成立数字能源公司。2022 年 1 月，国务院印发《"十四五"数字经济发展规划》，提出到 2025 年，数字经济核心产业增加值占国内生产总值比重达到 10%，数据要素市场体系初步建立，产业数字化转型迈上新台阶，数字产业化水平显著提升。而综合能源服务是加快能源产业数字化、智能化转型的重要路径，对于提升能源系统效率和产业链供应链现代化水平具有重要作用。因此，数字化发展成为综合能源服务业务的重点拓展方向。

（五）用户需求变化：从"以生产为中心"向"以用户为中心"转变

从内因上看，受互联网思维的影响，我国能源行业的重心已从"保障供应"转移到"以用户为中心的能源服务"。新能源大规模接入电网要求必须构建源网荷储友好互动体系，双重因素倒逼传统能源企业向综合能源服务转型。综合能源服务内涵丰富、潜在需求和节能减排贡献潜力巨大。据测算，到"十四五"时期，我国综合能源服务产业将进入快速增长期，市场潜力规模超万亿元。发展综合能源服务既是助力国家"双碳"目标实现和能源安全新战略落地的重要抓手，也是支撑新型电力系统构建的重要举措，更是推动能源电力行业可持续健康发展的重要途径。

三 面临的挑战

新型电力系统的高渗透可再生能源、高比例电力电子设备、高增长的电力负荷需求特点，决定其主要面临三方面的挑战：一是能源供应。新能源"小发电量、弱稳定性"特点突出，冬夏期间电力需求存在较大缺口。二是安全运行。系统运行特性日趋复杂，电压、频率调节能力方面面临严峻考验。三是清洁消纳。新能源出力与负荷存在反调峰特性，系统调峰能力明显不足。

就电网而言，其"双高""双峰"特性明显，备用容量不足。新型电力系统背景下，存在三方面挑战：一是电网传统同步稳定和新形态稳定问题交织。高比例新能源机组连锁脱网加大了故障冲击，高比例电力电子设备带来宽频振荡、无法实现锁相同步等问题，对电网频率稳定造成威胁。二是电压控制和电压稳定问题突出。大规模新能源并网地区电压调节压力显著增加，直流集中馈入地区电压调节性能下降，存在直流与新能源的电压协调控制问题，交流短路容量不足时，协调控制十分困难。三是频率调节和频率稳定问题突出。直流及新能源替代常规电源，系统频率调节能力显著下降。单一直流故障、多回直流同时换相失败，对送受端电网产生巨大有功功率冲击。

特别是 2022 年夏季，我国多地发布高温预警，居民用电进入高峰，同时企业加快复工复产，全社会用电量快速恢复，进入季节性用电用煤高峰期。同时，广东、浙江、河北、河南、江苏、山东等多省份用电负荷创历史新高。据中国南方电网公司公布的数据，2022 年 7 月 25 日 15 时 23 分，南方电网统调负荷达 2.23 亿千瓦，比去年最高负荷增加 645.9 万千瓦，增幅为 2.99%，首创当年新高。当天 14 时 27 分，广东电网统调负荷当年第一次创历史新高，达到 1.42 亿千瓦，较去年最高负荷增长 4.89%。每当各地全面进入电力迎峰度夏关键期，能源供给保障都面临新的挑战，成为社会各界关注的焦点。

四 面临新的市场机会及市场潜力

（一）数字化市场成为未来主攻方向

数字化是能源的发展趋势，未来市场发展前景更为广阔。构建新型电力系统，实现电力系统"源网荷储"全环节、"发输变配用调"全过程的数字化。电力数据的广域量测、实时计算和在线反馈，将推动电力系统智能化升级，使电力系统更加柔性、可控、安全、绿色。《"十四五"数字经济发展规划》的出台，为我国数字经济发展提供了良好的政策和资金保障。预计未来 5 年数字经济相关的总投资在 15 万亿—20 万亿元。

在众多数字能源企业中，既有能源央企在数字化领域的新建子公司，也有 IT、通信等行业龙头的数字能源布局，更有大量以数字能源为方向的初创企业出现。传统能源央企也在纷纷成立数字能源公司。"十四五"新发展阶段，国家电网提出"三融""三化""三条主线"的数字化推进新思路。2021 年末，南网成立数字电网集团有限公司，集中力量攻坚南网数字电网转型规划。三峡集团旗下的综合能源业务平台公司三峡电能也成立了数字能源科技公司。同时，华为、腾讯、阿里也纷纷成立数字能源技术有限公司，全面铺开数字能源业务。

从能源数字化业务拓展方向看，要着力推动 5G、云计算、边缘计算、物联网、大数据、人工智能等数字技术在节能提效领域的研发应用，积极构建面向能效管理的数字孪生系统。推动企业深化能源管控系统建设，以及基于能源管控系统探索实施数字化碳管理，协同推进用能数据与碳排放数据的收集、分析和管理。推动重点用能设备、工序等数字化改造和上云用云。推广以工业互联网为载体、以能效管理为对象的平台化设计、智能化制造、网络化协同等融合创新模式。据艾瑞建模测算，2021 年中国电力数字化核心软件及服务市场规模为 414 亿元，2021—2025 年复合增长率为 19.3%，预计 2025 年市场规模达 839 亿元。

（二）灵活调节资源市场亟待建立

当前，国内可再生能源电力发展迅猛，社会用电短期峰值负荷不断攀升，加之极端天气的影响，新能源电力电量充分消纳与系统调节能力不足的矛盾越发凸显，系统灵活性提升的重要性也日益提升。极端情况下，2030 年电网备用容量缺口将达到 2 亿千瓦。据中电联数据，2021 年全国灵活调节电源占比达到 17%，而《"十四五"现代能源体系规划》提出，到 2025 年灵活调节电源占比达到 24% 左右。这意味着灵活性调节电源还有 6% 的市场空间亟待建立。电力市场加速建设是解决构建新型电力系统过程中各类主体间利益矛盾的最佳手段，在全国统一电力市场体系顶层设计下有望全面提速，市场化环境下用户侧需求响应、具备灵活调节能力的火电、储能、抽蓄等或优先受益。

1. 开展需求响应是近期提升电力系统灵活调节能力的重要途径，潜力大、前景好

新型电力系统具有多元化、小型资源化、分散化的特点，通过以综合能源服务商或 VPP 身份参与需求响应是支撑新型电力系统用好的有效手段。根据"双碳"目标，中国 2030 年可再生能源装机将达 12 亿千瓦，但专家预测有望提早达成。这意味着，电力系统也需要相应地加速提升灵活调节能力。但仅仅依靠煤电灵活性改造是无法完全满足未来新型电力系统的灵活性需求的。尤其 2022 年入夏以来全国日发电量快速攀升，7 月 13 日全国调度发电量达到 278.54 亿千瓦时，最高负荷达到 12.22 亿千瓦，均创历史新高。随着可再生能源电力大规模接入，电网"双高""双峰"特性明显，备用容量不足。预计"十四五"时期电网负荷最大日峰谷差率将达到 36%，"十五五"时期将达到 40%，电网调峰压力持续增加。预计 2025 年、2030 年全社会用电最大负荷将分别达到 15.7 亿千瓦、17.7 亿千瓦，需构建可调负荷资源库分别约为 7850 万千瓦、10620 万千瓦，测算届时投资规模分别至少为 785 亿元、1062 亿元。

2. 抽水蓄能是当前技术最成熟、经济且最具大规模开发条件的绿色低碳灵活调节电源

抽水蓄能与风电、太阳能发电、核电等联合运行效果最好。为落实新型电力系统要求，构建以抽水蓄能作为储能主体推动风光大规模发展的重要举措迎来发展新局面。截至 2022 年 9 底，全国已建抽水蓄能装机容量 4300 万千瓦。根据国家能源局 2021 年发布的《抽水蓄能中长期发展规划（2021—2035 年）》，到 2025 年抽水蓄能投产总规模达到 6200 万千瓦以上；到 2030 年投产总规模达到 1.2 亿千瓦左右。据此测算，"十四五"时期投资额约为 3700 亿元，2030 年投资 7200 亿元。

3. 新型储能是建设新型电力系统、推动能源绿色低碳转型的重要装备和关键技术支撑

"十三五"以来，我国新型储能实现由研发示范向商业化初期过渡，实现了实质性进步。根据 CNESA 全球储能项目库的不完全统计，截至 2021 年底，全国已投运电力储能项目累计装机规模 461 吉瓦，同比增长 30%。其中，市场增量主要来自新型储能，累计装机规模达到 5.73 吉瓦，同比增长 75%。2022 年 10 月，国内共发布 175 个电力储能项目（含规划、建设和运行），规模共计 51.44 吉瓦。其中，新型储能项目 141 个，规模

合计 10.63 吉瓦/24.48 吉瓦时，运行项目规模 44.25 兆瓦/100.85 兆瓦时。根据 2021 年 4 月国家发改委、国家能源局发布的《关于加快推动新型储能发展的指导意见》，到 2025 年，实现新型储能从商业化初期向规模化发展转变，装机规模在 3000 万千瓦以上；到 2030 年，实现新型储能全面市场化发展。事实上，目前各省份规划的新型储能发展目标合计超过 6000 万千瓦，是国家能源局《关于加快推动新型储能发展的指导意见》文件中提出的 2025 年将达到 3000 万千瓦目标的两倍。目前储能项目造价大多在 1500—3000 元/千瓦时，项目间由于边界条件不同造价差异较大。按照 2 小时的储能时长测算，到 2025 年新型储能投资规模至少1200 亿元。

4. 近中期仍以煤电灵活性改造作为过渡时期重要灵活性资源

在储能和需求响应的发展不足以支撑高比例的可再生能源电力系统的情况下，近中期煤电运行灵活性改造仍旧是 2021—2030 年电力系统脱碳过渡时期的重要灵活性资源。火电机组灵活性改造具有调峰能力提升显著、单位调节容量投资小、周期短、见效快等优点，可以在充分保障电网安全稳定运行的前提下，缓解"以热定电"和可再生能源消纳之间的矛盾。同时，由于目前我国火电占比较高，因而实施火电灵活性改造是提升电力系统灵活性较为现实可行的选择。2021 年 10 月，国家发改委、国家能源局联合印发《关于开展全国煤电机组改造升级的通知》。通知提出，存量煤电机组灵活性改造应改尽改，"十四五"时期完成灵活性改造 2 亿千瓦，可增加系统调节能力 3000 万—4000 万千瓦。据中电联统计，煤电灵活性改造单位千瓦调峰容量成本在 500—1500 元。据此测算，"十四五"时期，我国煤电灵活性改造投资额为 150 亿—600 亿元。

（三）节能市场是长期奋斗战场

1. 工业领域由于其巨大的能耗占比，成为首要的节能对象

目前，工业部门能源消费占全国总终端能耗的 65%，工业碳排放占全国碳排放总量的 40% 左右，是我国最主要的碳排放部门之一，其中钢铁生产占 15.2%，为全国第二大排放源和工业领域第一大排放源。应重点持续提升用能设备系统能效。实施电机、变压器、锅炉等设备能效提升计划，加强重点用能设备系统匹配性节能改造和运行控制优化。根据 2022 年 6 月工信部等六部门印发的《工业能效提升行动计划》，到 2025 年，重点工业

行业能效全面提升，数据中心等重点领域能效明显提升，绿色低碳能源利用比例显著提高，节能提效工艺技术装备广泛应用，标准、服务和监管体系逐步完善，钢铁、石化化工、有色金属、建材等行业重点产品能效达到国际先进水平，规模以上工业单位增加值能耗比 2020 年下降 13.5%。

2. 公共机构节能推广是目前较易实施的重要节能领域

一是国家对公共机构节能率先垂范有要求；二是开展公共机构的节能业务风险相对较小。据初步统计，2021 年全国约有 157.8 万家公共机构（由中央或地方财政全部或部分支出运行成本的公共建筑，包括政府机关、医院、学校、场馆设施），其能源消费总量约为 1.6 亿吨标准煤，占全国总能耗 3% 左右。2021 年 6 月 4 日，国管局会同国家发改委发布了《"十四五"公共机构节约能源资源工作规划》，提出力争到 2025 年，实现公共机构能源和水资源消费总量与强度双控，公共机构能源消费总量控制在 1.89亿吨标准煤以内，碳排放总量控制在 4 亿吨以内。此外，国家发改委、国家能源局 2022 年 5 月 30 日发布的《关于促进新时代新能源高质量发展的实施方案》提出，到 2025 年，公共机构新建建筑屋顶光伏覆盖率力争达到 50%。公共机构用能费用靠国家财政拨付，用能稳定，是参与需求响应、实现绿电交易的负荷资源，节能和能效服务市场空间和潜力大。宜都现有 174 家公共机构，2021 年用电量为 2400 万千瓦时，支付用电成本1600 万元，折合每家公共机构年用电成本在 10 万元左右。如果再加上气、煤、油、市政热力、水等能源资源费用，一个公共机构的能源资源服务费用约 50 万元。据此测算，2025 年前，158 家能源托管机构的能源托管费用预计约为 7900 亿元。

3. 数据中心、5G 基站等新型基础设施节能市场应重点突破

数据中心是高耗能的行业，电力成本占数据中心营运成本的 50% 以上。随着云计算、5G、虚拟货币等技术迅猛发展，数据需求呈几何级增长，数据中心的数量与日俱增，用电规模也急剧攀升。2021 年，我国数据中心耗电量为 2166 亿千瓦时，较 2020 年增加 44%，占全社会用电量的2.6% 左右。我国数据中心年用电量已占全社会用电的 3% 左右。预计到2025 年，全国数据中心能源消耗总量达 3500 亿千瓦时，约占全社会用电量的 4%；到 2030 年，全国数据中心能源消耗总量为 5915 亿千瓦时，占全社会用电量的 5% 以上。另外，随着我国的 5G 技术迅猛发展，5G 基站的能耗同样惊人。截至 2021 年底，我国累计建成并开通 5G 基站 142.5 万

座，基本实现乡镇以上覆盖。值得注意的是，2021 年 5G 网络整体能耗约为 250 亿千瓦时，碳排放超过 1500 万吨。预计 2026 年 4G 全部升级为 5G 后，基站耗电量将占全社会用电量的 2.1%，运营商将承担较大的电费成本。因此，数据中心和 5G 基站将成为今后节能潜力市场的重要方面。

（四）能源交易市场是未来重要的新兴市场

全国统一电力市场的建设，意味着未来将实现全国更大范围内电力资源的共享互济和优化配置，进一步提升电力系统的稳定性和灵活性。一方面，各层级电力市场之间将相互耦合、有序衔接，跨省跨区交易存在的市场壁垒有望打破。另一方面，在新能源接入比例攀高下，现货市场与中长期市场将互融互补发展，同时，绿电交易等模式将加速规模化，逐步形成适应新型电力系统的交易机制。

1. 电力现货市场化交易电量占比将大幅提升，辅助服务费用或破千亿

目前中国已经初步建立了覆盖中长期、现货、辅助服务交易的电力市场体系。2022 年 1—9 月，全国各电力交易中心累计组织完成市场交易电量 38889 亿千瓦时，占全社会用电量比重为 59.9%，同比提高 16 个百分点。现货市场试点逐步推广，现货电量比重或进一步提升。预计到 2023 年底，市场化交易电量占比将在 80% 左右，参与交易的市场主体数量将增加到 800 多万户，是之前的 80 倍，届时绿色电力交易占比也将逐渐提高。辅助服务市场机制逐渐完善，用户侧参与费用分摊，市场规模有望扩大，预计到 2025 年辅助服务费用或突破千亿元规模。届时，大量用户入市有望带来售电公司第二曲线，技术型售电公司、负荷聚合商、虚拟电厂等新业态有望脱颖而出。

2. 全国统一碳市场将带来千亿级市场规模

我国目前碳排放总量超过 100 亿吨/年，以 2025 年纳入碳交易市场比重 30%—40% 测算，未来中国碳排放配额交易市场规模将在 30 亿吨以上，与欧盟总排放量水平相当。基于中国碳论坛及 ICF 国际咨询公司共同发布的《2020 中国碳价调查》报告的研究结果，2025 年全国碳排放交易体系内碳价预计将稳定上升至 71 元/吨，全国碳排放权配额交易市值总规模将达到 2840 亿元。全国碳市场首批以 2225 家发电行业起步，"十四五"时期，预计石油、化工、建材等八大行业控排企业有 8000—10000 家。

3. 未来绿电需求或至万亿千瓦时，高耗能行业将成为绿电交易重点市场

2022 年 1—9 月，全国全社会用电量 64931 亿千瓦时。其中，绿电交易成交电量已超 200 亿千瓦时，核发绿证超 5000 万张，折合电量超 500 亿千瓦时。而仅全国电力交易中心就已完成绿电交易 136.3 亿千瓦时，是 2021 年的 21 倍。随着全国碳市场扩大及欧盟碳税启动，将有更多高碳高耗能企业进入绿电市场。根据《中国电力统计年鉴（2021）》的数据，铝冶炼、化工、钢铁、水泥、石化加工、互联网相关企业的用电量合计为 17543.3 亿千瓦时，约占全社会总用电量的 21%，假设上述行业中企业有 10% 的绿电需求，则对应的绿电需求量为 1754.3 亿千瓦时。据国际能源署（IEA）预测，若要达成"双碳"目标，中国在 2020—2060 年期间，电力行业快速低碳转型的同时用电量将增加 130%，2030 年和 2060 年的用电量将分别超过 9 万亿千瓦时、16 万亿千瓦时，其中可再生能源电力比重将从 2020 年的约 25% 上升到 2030 年的 40% 和 2060 年的 80%。据此可推算出 2030 年来自可再生能源发电的绿电将超过 3 万亿千瓦时。届时，绿电交易将更加普及，如按照绿电交易规模将达到新能源发电量的 20%、交易价格粗略按照 0.6 元/千瓦时计算的话，2030 年绿电交易的收益规模将达到 3600 亿元。

参考文献

封红丽：《新型电力系统建设下电力多元化服务发展机遇分析》，《能源》 2022 年第 9 期。

王晶晶：《浅析 5G 时代基站耗能情况及应对策略》，安科瑞电气股份有限公司，2021 年 9 月 10 日。

国际能源署：《中国能源体系碳中和路线图》，2021 年 9 月 29 日，https：//www.iea.org/reports/an－energy－sector－roadmap－to－carbon－neutrality－in－china？language＝zh。

汪磊：《新能源行业专题研究：再谈绿电运营商与传统电力企业的不同？》，https：//baijiahao.baidu.com/s？id＝1724083041246926763&wfr＝spider&for＝pc。

《电力市场化改革提速多领域将受益》，《潇湘晨报》2022 年 8 月 4 日。

《10 月国内共发布 175 个电力储能项目》，财联社，2022 年 11 月 10 日。

李慧：《全国碳交易要来了!》，《中国能源报》2021 年 6 月 13 日。

《5G 无线网络节能体系研究与展望》，《通信网》2022 年 9 月 18 日。

蒋洪强、李勃、张伟：《推动数据中心绿色低碳发展》，《中国环境报》 2022 年 2 月 9 日。

我国的碳市场建设与交易实践

郑喜鹏　杨紫薇[*]

我国高度重视利用市场化机制，推动温室气体减排和绿色低碳发展的制度创新，并将碳排放权交易市场作为落实中国碳达峰目标与碳中和愿景的重要抓手之一。自 2010 年我国首次提出要建立和完善碳排放交易制度以来，我国碳市场的建设已经历了十余年的发展历程。期间我国碳市场经历了概念提出、试点运行、制度完善等一系列摸索与实践过程，并最终于 2021 年 7 月实现了全球碳排放覆盖量最大的全国碳市场启动运行，是全球应对气候变化进程的里程碑。

一　碳市场基本情况概览

（一）碳市场的设计原理

温室气体排放是典型的负外部性问题。各类经济主体均会产生温室气体排放，温室气体的不断累积会加剧气候变化问题并产生社会福利损失，但这一损失未能充分反映在各经济主体的生产成本中，这将导致市场失灵，无法对经济主体的排放行为形成有效约束。

解决这一负外部性问题，将外部性内部化，主要方法有二（见图 1）：一是"庇古税"[①] 演化而来的碳税，政府利用价格手段，直接为外部性定

---

　　* 郑喜鹏，北京中创碳投科技有限公司总经理，执行董事，研究方向为热能工程、环境保护等；杨紫薇，北京中创碳投科技有限公司高级分析师，研究方向为碳市场、绿色金融等。
　　① 庇古税是指针对任何产生负外部性市场活动的税，通过税收手段迫使企业实现外部性的内部化，纠正不良或低效的市场结果。

价。二是"科斯定理"① 演化而来的碳交易市场，政府利用数量手段，通过设定减排目标及排放总量，利用市场交易机制为外部性定价。我国目前是采取第二种方法，即建设碳市场。通过市场机制为温室气体排放定价，在特定范围内合理分配减排资源，降低温室气体减排成本，最终引导市场有效减排，达到预期减排目标。

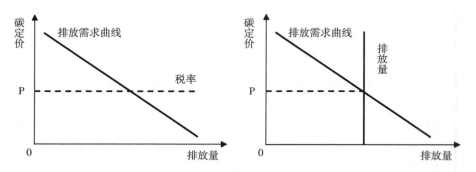

图 1　碳税和碳市场定价方式

（二）碳市场的基本概念

碳市场是指以控制温室气体排放为目的，以温室气体排放配额或温室气体减排信用等标的物进行交易的市场，是基于市场化机制控制温室气体排放的政策工具。政府为落实国家应对气候变化政策和温室气体排放控制目标，遵循"总量控制与交易"的原则，在一定履约周期内设定碳排放的总量控制目标，并通过配额的形式下发给纳入碳市场管控范围的重点排放单位，同时允许企业在二级市场上进行配额交易，通过市场机制调剂配额盈缺。纳入碳市场的主体每排放一吨二氧化碳，就需要有一个单位的碳排放配额用于履约。若企业实际排放量超出政府发放的初始配额数量，则需在市场上购买配额，以补齐配额不足部分的缺口；若企业实际排放量低于政府发放的初始配额数量，则可以在市场上出售富余的配额，以获取收益（见图 2）。

---

① 科斯定理是指在存在外部性的情形下，一个经济体系内部的资源配置与产出的经济效率可能受到影响，明确设置清晰的产权制度是优化资源配置的基础。

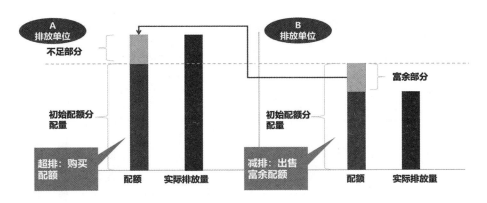

图2　碳市场交易原理

根据市场是否具有履约强制性，碳市场可分为强制性碳市场和自愿性碳市场。强制性碳市场要求纳入碳市场管控的重点排放单位必须上缴一定数量的碳配额，以完成履约。自愿性碳市场是指出于履行社会责任、扩大社会效益等非履约目标，企业或个人主动采取碳排放权交易行为以实现减排和获利。根据交易目的的不同，碳市场可分为一级市场和二级市场。一级市场是指政府将碳配额向控排企业进行初始分配的市场体系，二级市场是指控排企业、减排企业及其他参与主体开展碳配额、碳减排量交易的市场体系。

碳市场创新利用市场价格机制，发挥市场在资源配置中的决定性作用，控制和减少温室气体排放，引导企业节能降碳，为处理好经济发展与碳减排的关系提供有效的环境经济政策工具。我国建立碳市场是利用市场机制控制和减少温室气体排放、推动经济向绿色低碳转型升级的重大制度创新，是深化生态文明体制改革的迫切需要，也是落实中国2030年碳达峰和2060年碳中和目标的重要政策工具。

（三）全球碳市场发展概况

碳排放权交易作为一种运用市场手段限制温室气体排放的政策工具，正被全球范围内越来越多的国家和地区采纳。截至2022年4月，全球共有34个碳市场正在运行中，覆盖全球碳排放的17.55%。目前全球范围内，主要的碳市场体系包括欧盟碳市场、美国区域温室气体减排倡议、韩国碳市场、新西兰碳市场等，以及中国全国碳市场和各试点碳市场。此外，巴西、土耳其和巴基斯坦等近 20 个国家和区域也在考虑或计划建立碳市场，使这一政策工具在其气候变化政策组合中发挥作用。

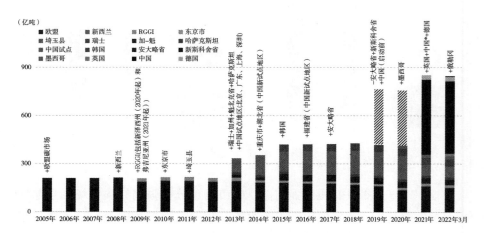

图 3　2005—2022 年 3 月全球碳市场规模

资料来源：ICAP：《全球碳市场进展 2022 年度报告》。

自 2005 年以来，全球碳市场所覆盖的排放占全球温室气体排放的比例扩大到之前的 3 倍。过去 16 年中，全球碳市场呈强劲增长态势。2021 年全球碳市场交易总额约为 7600 亿欧元，同比增长约 164%，交易总量达到 158 亿吨二氧化碳当量，同比增长约 24%（见图 3）。交易量增加的同时交易价格也不断上涨，全球碳市场配额价格整体处于上升通道，不同市场间配额价格悬殊（见图 4）。

随着全球对温室气体减排问题的持续关注，越来越多的行业企业参与到碳市场中。参与主体呈现出多元化趋势，包括政府机构、金融机构、国际组织、企业和个人。

二　我国碳市场的建设历程

（一）试点碳市场建设历程

我国碳市场建设起步于地方碳市场试点。2011 年 10 月，国家发改委印发《关于开展碳排放权交易试点工作的通知》，明确提出将在北京、上

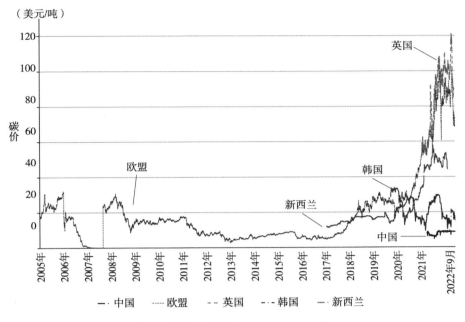

（美元/吨）

图 4　2008—2021 年全球碳市场价格

海、天津、重庆、湖北、广东和深圳七省市启动首批碳市场试点，国内试点碳市场建设由此起步。自 2013 年起，国家发改委开始陆续发布包括电解铝、电力、钢铁等 24 个行业的《温室气体排放核算方法与报告指南（试行)》，明确各具体行业温室气体核算边界、核算方法以及在国内适用的相关参数默认值。在方法学基础上，我国试点碳市场建设正式展开，深圳、上海、北京、广东、天津试点碳市场陆续启动运行并开展实质交易。2014年，湖北、重庆试点碳市场先后启动运行。2016 年，福建试点碳市场启动运行。八大试点碳市场的建立，既符合我国国情，又具有当地特色，率先开展了制度设计、数据核查、配额分配、交易平台建设等工作的探索与实践。截至 2021 年，我国各试点碳市场已覆盖各区域内 20%—40% 的温室气体排放量，且履约情况良好，试点碳市场已成为各区域内重要的减排手段。

　　针对试点碳市场交易情况，2013—2022 年 9 月八大试点碳市场整体配额成交金额呈现稳定的波动上升态势，配额成交量自 2016 年大幅上涨后呈现小幅波动（见图 5）。各试点碳市场交易规模之间呈现较大差异，广东、湖北、深圳碳市场交易活跃度排名前列。各试点碳市场金融工具发展程度也存在差异，如广东、北京等地区开展了较多种类的碳金融产品创新，包括碳远期交易、碳资产抵质押融资、碳掉期、碳期权等。其中配额远期合约、借碳托管等创新形式比较活跃。

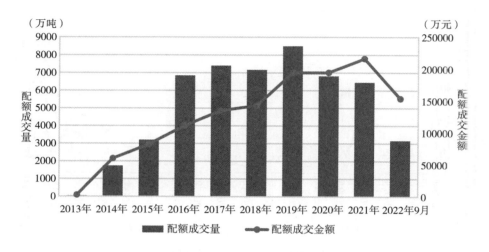

图5　2013—2022 年 9 月八大试点碳市场交易规模

尽管中国在试点阶段试点数量较少，但覆盖的碳排放量仅小于欧盟碳交易市场，跨越了中国东部、中部、西部地区，结合各自具备的经济结构特征和资源禀赋，为全国统一碳市场的建立提供了多层次参照和丰富经验。试点地区在继续发挥现有作用的基础上，待条件成熟后将逐步向全国碳市场过渡，试点地区重点排放单位也将被逐步纳入全国碳市场，实行统一管理。

（二）自愿减排市场建设历程

温室气体自愿减排市场是中国碳交易体系的重要组成部分，是企业更为低成本抵销自身碳排放的补充工具。根据生态环境部出台的《碳排放权交易管理办法（试行）》，国家核证自愿减排量（China Certified Emission Reduction，CCER）是指对我国境内可再生能源、林业碳汇、甲烷利用等项目的温室气体减排效果进行量化核证，并在国家温室气体自愿减排交易注册登记系统中登记的温室气体减排量。

2012 年 6 月，国家发改委分别印发了《温室气体自愿减排交易管理暂行办法》和《温室气体自愿减排项目审定与核证指南》，明确 CCER 项目的申报、审定、备案、核证、签发等工作流程。CCER 项目于 2014 年正式启动备案审核工作，并于 2015 年启动交易。2017 年 3 月，由于存在交易量小、个别项目不够规范等问题，国家发改委暂缓受理 CCER 项目的备案申请，并牵头修订《温室气体自愿减排交易管理暂行办法》，已备案的 CCER 存量项目依然可以参与市场交易。2020 年 12 月，生态环境部出台《碳排放权交易管理办法（试行）》，申明"重点排放单位每年可以使用国家核证自愿减排量抵销碳排放配额的清缴"，但相关具体管理规定仍未出台，CCER 重启时间待定。2021 年 9 月，中办、国办出台《关于深化生态保护补偿制度改革的意见》明确了未来政策支持的三大 CCER 核心项目类型，即林业、可再生能源和甲烷利用。

根据国家发改委披露的数据，截至 CCER 项目重启备案前，目前 CCER 审定项目共 2856 个，备案项目共 1047 个，获得减排量备案项目共 287 个。获得减排量备案的项目中挂网公示 254 个［见图 6（a）］。从项目类型看，风电、光伏发电、农村户用沼气、水电等项目较多，详细备案数与减排量情况如图 6 所示。截至 2022 年 11 月，CCER 项目交易累计成交量超过 4.4 亿吨二氧化碳当量。①

各试点地区的核证自愿减排量，参照 CCER 的规定设立，例如广东碳普惠核证自愿减排量（PHCER）、福建林业碳汇减排量（FFCER）、北京林业碳汇抵销机制（BCER）等。

重点排放单位可以使用一定比例的国家或试点碳市场核证自愿减排量抵销配额清缴以完成履约，从而形成以配额交易为主导，CCER 交易为辅的双轨体系。自愿减排企业可以使用核证自愿减排量进行公益性注销，有效促进能源结构优化、生态保护补偿和企业社会责任履行。自愿减排市场有助于通过鼓励在减排成本较低的地区或行业进行投资减排，降低总体减排履约成本，调动社会自愿参与碳减排活动的积极性，同时通过调整抵销量的使用比例，达到调控价格、稳定碳市场的目的。

① 资料来源：《中国应对气候变化的政策与行动》白皮书，2021 年。

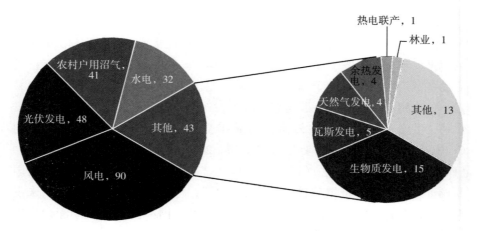

（a）CCER获得减排量备案（挂网公示）项目数（个）

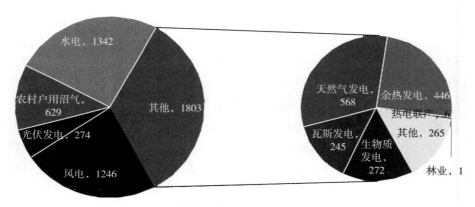

（b）CCER备案（挂网公示）减排量（万吨）

图6　CCER 项目备案数与减排量

资料来源：中国自愿减排机制官网网站。

（三）全国碳市场建设历程

2014 年，借鉴试点碳市场的建设经验，国家发改委牵头开展全国碳市场的顶层设计和建设筹备工作，印发《碳排放权交易管理办法》，首次从国家高度明确了建立全国统一碳交易市场的长期规划。2016 年，《关于切实做好全国碳排放权交易市场启动重点工作的通知》要求确保 2017 年启动全国碳市场并开展交易。2017 年 12 月，《全国碳排放权交易市场建设方案（发电行业）》印发，明确碳市场的建设将以发电行业为突破口，市场建设分为基础建设期、模拟运行期、深化完善期三个阶段稳步推进。

2018年，应对气候变化职能由国家发改委转隶至生态环境部。在已有的发电行业建设方案下，生态环境部于2019年12月，发布《关于做好2019年度碳排放报告与核查及发电行业重点排放单位报送相关工作的通知》，明确重点排放单位温室气体排放核算、核查、复核与报送等工作内容，为配额分配、市场试运行等做好准备。2020年12月，《2019—2020年全国碳排放权交易配额总量设定与分配实施方案（发电行业）》和《纳入2019—2020年全国碳排放权交易配额管理的重点排放单位名单》印发，明确全国碳市场管理办法、配额分配方案、纳入重点企业等内容。2021年，《碳排放权交易管理办法（试行）》正式实施，7月16日全国碳市场正式启动上线交易，地方试点碳市场与全国碳市场开启双轨并行运转，尚未被纳入全国碳市场的企业将继续在试点碳市场进行交易，纳入全国碳市场的重点排放单位不再参与地方试点碳市场。

全国碳市场作为直接管控企业碳排放的政策工具，是我国首次从国家层面将温室气体控排责任全面和直接地落实到企业，通过市场机制倒逼企业加快推进绿色低碳转型。在增加对控排企业政策约束和减碳成本的同时，也通过交易机制提供了更为灵活的融资工具和交易资产，帮助企业低成本履约。

三　全国碳市场的发展现状

（一）全国碳市场的核心要素

1. 覆盖范围

在交易主体上，全国碳市场现阶段仅覆盖发电行业的重点排放单位，即2013—2019年任一年度温室气体排放量在2.6万吨二氧化碳当量及以上的企业及其他经济组织[①]。纳入配额管理的发电机组包括300兆瓦等级以上常规燃煤机组，300兆瓦等级及以下常规燃煤机组，燃煤矸石、煤泥、水煤浆等非常规燃煤机组（含燃煤循环流化床机组）和燃气机组。温室气

---

① 含年度温室气体排放量达到2.6万吨二氧化碳当量及以上的其他行业自备电厂。

体上，目前仅纳入二氧化碳。

2. 总量设定

全国碳市场现阶段根据重点排放单位年度实际产出量，结合配额分配方法及碳排放基准值，核定各重点排放单位的配额数量。通过各地配额基数"自下而上"加总，遵循"适度从紧"和"循序渐进"的原则，最终研究确定全国配额总量。

3. 配额分配

全国碳市场现阶段实行全部配额免费分配，并采用基准法核算发电行业重点排放单位所拥有机组的配额量，基本计算公式为：企业配额＝企业实物产出量×行业碳排放强度基准值，意味着对发电企业施加以实物产出量为基础的碳强度控制。发电行业重点排放单位每年向所在省级主管部门提交与排放量相等的配额，配额盈缺可通过市场交易调节。

4. 监测、报告与核查

全国碳市场现阶段基于核算开展碳排放的监测、报告与核查（MRV），基本核算公式为：电厂燃煤燃烧排放量＝燃煤消耗量×燃煤元素碳含量×碳氧化率×（44/12）。MRV 机制的基本流程如图 7 所示。

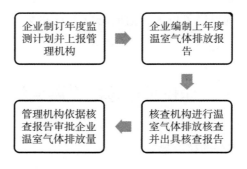

图 7　我国 MRV 机制基本流程

5. 履约考核

在履约时间上，全国碳市场第一个履约周期要求重点排放单位完成 2019—2020 年两个年度的碳排放履约清缴，履约期为 2019 年、2020 年两个自然年，履约清缴截止时间为 2021 年 12 月 31 日。

在履约数量上，设定配额履约缺口上限，燃煤机组为经核查排放量的 20%，即设置 20% 的亏损上限，燃气机组则无须承担配额缺口部分的履约义务。

在未履约处罚上，重点排放单位未按时足额清缴碳排放配额的，由企业生产经营所在地设区的市级以上地方生态环境主管部门责令限期改正，处 2 万元以上 3 万元以下的罚款；逾期未改正的，对欠缴部分，等量核减其下一年度碳排放配额。

6. 抵销机制

重点排放单位可以通过 CCER 机制抵销配额清缴，每年抵销的比例不得超过应清缴配额总量的 5%。

7. 交易结算机制

在交易主体上，全国碳排放权交易主体包括重点排放单位以及符合国家有关交易规则的机构和个人。但在全国碳市场第一履约周期内，生态环境部尚未公布其他机构和个人参与碳交易的条件，仅允许重点排放单位参与交易。交易品种上，当前交易产品包括碳排放配额（CEA）现货和可用于抵销的 CCER 现货。

在交易方式上，具体形式包括挂牌协议交易、大宗协议交易和单项竞价，并规定挂牌协议交易的成交价格在上一个交易日收盘价的 ±10% 之间确定，大宗协议交易的成交价格在上一个交易日收盘价的 ±30% 之间确定。

在交易支持系统上，全国碳市场建设采用"双城模式"，由上海环境能源交易所承建全国碳排放权交易平台，负责交易系统建设和维护，由湖北碳排放权交易中心承建全国碳排放权注册登记平台，负责登记结算系统建设和维护。全国碳市场整体运行框架流程如图 8 所示。

（二）全国碳市场的发展现状

全国碳市场于 2021 年 7 月 16 日，正式启动第一个履约期交易，年覆盖约 45 亿吨二氧化碳排放量，发电行业重点排放单位共 2162 家，是目前全球覆盖规模最大的碳市场。第一履约周期内，全国碳市场累计运行 114 个交易日，碳排放配额累计成交量为 1.79 亿吨，累计成交额为 76.61 亿元。

在年度交易情况上，2022 年 7 月 15 日，全国碳市场运行满一周年，市场整体运行健康有序，市场核心要素及基础设施经受了检验，完成闭环运行。全年配额累计成交量为 1.94 亿吨，累计成交额为 84.92 亿元。交易方式多样，以大宗交易为主（占 83%）。交易价格稳中有升，年度价格涨幅超 20%（见图 9）。

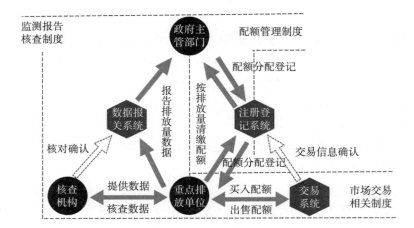

图 8　全国碳市场整体运行框架流程

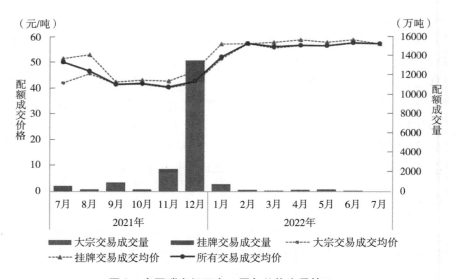

图 9　全国碳市场开市一周年总体交易情况

注：统计时间为 2021 年 7 月 16 日至 2022 年 7 月 15 日。

在重点排放单位上，全国碳市场覆盖的重点排放单位在不同省份间的分布存在较大差异。重点排放单位最多的省份是山东省，共 338 家，最少的省份是海南省，仅 7 家（见图 10）。

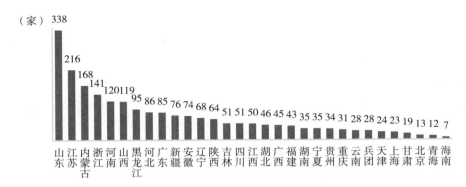

图 10　全国碳市场覆盖重点排放单位地区分布

　　在数据披露情况上，各省份间碳排放数据公开披露率存在较大差异。截至 2021 年底，就 2019—2020 年排放情况来看，广东、海南、云南、甘肃四个省份公开披露率较高，实现碳排放数据公开全覆盖，公开披露率达 100%，新疆等地公开披露率较低（见图 11）。

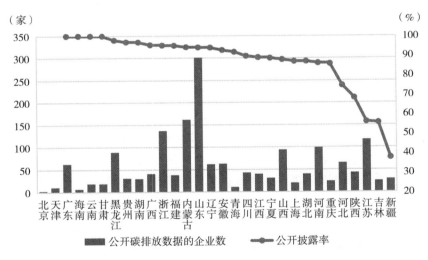

■ 公开碳排放数据的企业数　━●━ 公开披露率

图 11　全国碳市场 2019—2020 年度各省份碳排放数据披露情况

　　在履约完成情况上，生态环境部《关于做好全国碳排放权交易市场第一个履约周期碳排放配额清缴工作的通知》要求各地于 2021 年 12 月 15 日前 95% 的企业完成履约，12 月 31 日全部完成履约。按履约量计，全国碳

市场第一履约期履约完成率达 99.5%，按企业数计，履约完成率约
94.5%，基本达到预期。各省份履约完成情况见图 12。该通知也明确了
2021 年允许企业使用 CCER 抵销不超过 5% 的应清缴配额。使用的 CCER
除了不得来自纳入全国碳市场配额管理的减排项目，对 CCER 的种类和产
生时间均没有任何限制，市场上 CCER 存量大部分得以一次性集中消纳。

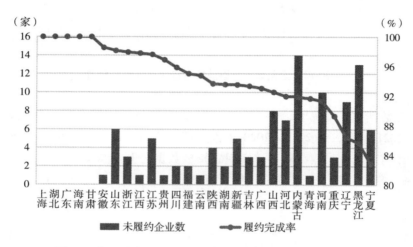

图 12　全国碳市场 2019—2020 年度各省份履约完成情况

　　在碳排放数据质量上，碳排放数据质量问题得到高度重视，生态环境
部有序开展碳排放报告质量专项监督帮扶，并于 2022 年 6 月印发《关于高
效统筹疫情防控和经济社会发展调整 2022 年企业温室气体排放报告管理相
关重点工作任务的通知》，将燃煤元素碳含量缺省值从 0.03356（吨碳/吉
焦）调整为 0.03085（吨碳/吉焦），规定当燃煤元素碳含量实测 3 个月及
以上时可采用其他月份算术平均值代替未实测月份数据，燃煤元素碳含量
"高限值"得到及时修正，为发电企业提供更加清晰的减碳指引。

　　在碳市场金融化上，碳资产作为一种多功能金融资产的属性逐步得到
加强。广州期货交易所于 2021 年 4 月揭牌，将在证监会的指导下逐步推进
创新型碳期货产品研发。中国证监会于 2022 年 4 月发布《碳金融产品》
（JR/T 0244 –2022），明确了典型碳金融产品的实施流程，引入多元化碳
金融产品，有助于更好地发现价格和进行风险管理。

（三）全国碳市场发展面临的挑战

1. 缺乏高层级的法律支持

碳市场是人为建立的政策性市场，需要强有力的上位法约束来保障交易履约的强制有效。但目前全国碳市场建设的法律依据为生态环境部部门令《碳排放权交易管理办法（试行）》，该办法作为部门规章，受限于法律效力层级不高，其违约惩处力度有限。对于重点排放单位而言，2万元以上3万元以下的未履约罚款，相较于数十万、数百万的配额缺口购买成本微乎其微。对于数据造假、违规交易等市场违法操纵行为也尚未明确处罚细则，违法收益和罚金额度不对称，导致市场主体对于依法合规参与碳市场交易缺乏信心，影响市场强制履约的积极性，不利于形成稳定而有力的市场预期。

2. 长期总量目标和定价机制不明

全国碳市场目前的配额分配主要采用强度控制，尚未实现真正意义上的总量控制，缺乏清晰的总量目标与国家碳达峰碳中和目标合理衔接，以明确全国碳市场落实"双碳"目标政策工具的定位。此外，第一个履约期的配额分配方案未向市场主体提供长期稳定的政策预期，缺失中长期的建设路线图总体指导市场发展方向。一方面，目前配额总量的设定较为宽松且全部免费分配，配额供给长期大于需求，难以引导市场预期和企业减排工作；另一方面，长期稳定的定价机制缺失，导致企业难以判断未来配额分配方案约束力度及自身盈缺状况。由于未来配额分配的不确定性，配额盈余较多的大集团对剩余配额存在惜售心理，不利于推进减排进程和价格发现。

3. 履约工作流程有待优化

全国碳市场第一履约期内，在2021年7月至12月交易2019年、2020年两年的配额，是对过去年份重点排放单位碳排放情况的追溯，不能影响企业已经结束的排放行为。全国碳市场尚未形成成熟的预分配—核算—配额调整—配额清缴流程，难以指导企业提前规划本年度减排工作，难以充分发挥碳市场对企业实际碳排放管理工作的促进作用。此外，各地配额最终核定与配额履约清缴间隔时长不足，留给重点排放单位参与市场配额交易的时间有限，导致企业、中介服务机构等较难获取市场供需信息，也一定程度上阻碍了碳市场流动性增强。

4. 信息披露机制尚不完善

《碳排放权交易管理办法（试行）》对全国碳市场的主要参与方都提出了信息公开的要求，但在具体操作和落实上，缺乏公开渠道、规范模板、明确内容等详细规定。各企业、各地方公开的内容和渠道不统一，信息填写不规范，甚至部分企业不愿意披露，导致信息披露内容的可信度不高，可用性不强，披露质量不高，难以支撑市场研究分析。此外，部分合规意识不强的企业违法篡改或编造煤样实测数据，试图通过造假降低自身排放量以减轻履约成本，相关核查机构、咨询机构等能力参差不齐，难以判断排放数据的准确性，核查能力有待提升。针对数据监测、报告、核查的标准和流程需要进一步严格管理，加强数据虚假披露的监管和处罚。

5. 市场交易活跃度不充分

根据目前的交易量测算，全国碳市场现货交易换手率在 2% 左右。而目前全球范围内交易最活跃、发展最成熟的欧盟碳市场，现货换手率约45%，期货换手率更是超 500%。相比之下，我国碳市场尚处于发展初期，换手率偏低，流动性不足，市场总体活跃程度还有较大提升空间。全国碳市场交易量呈现显著的"潮汐现象"，日常交易活跃度低，临近履约期结束时交易活跃度激增，近 90% 的交易集中在履约截止前的 2 个月内，日均交易户数不足 20 家。交易主体、交易产品有限，重点排放单位交易需求不高，交易量少价低，导致碳价难以反映配额稀缺性，价格信号失真。

6. 其他覆盖行业推迟纳入

全国碳市场在启动之初，只针对发电行业和其他行业自备电厂的碳排放进行监管。近几年中国一直计划将更多行业纳入全国碳市场，但随着2022 年核查通知印发，也并未提及有关扩容的计划。目前针对何时增加下一个行业，尚未有官方时间安排。全国碳市场推迟扩容的原因主要包括：一是碳排放数据基础不牢，其他行业排放机理相对复杂，收集可靠数据困难。二是配额分配难度较大，利用基准法分配配额，由于行业排放数据积累不足，难以确定合理的行业基准值。三是市场运行机制不成熟，市场活跃度有限，机制设计的完善不能简单依赖扩容改善或解决。四是部门间的协同配合不充分，碳市场的推进工作需要与其他政府部门大力合作，与宏观经济规划与产业发展协同。

7. CCER 制度改革进展缓慢

自愿减排机制是全国碳市场重要的补充机制，全国 CCER 项目于 2017

年暂停新项目签发，仅限于存量项目交易，市场存量项目供给远小于需求，难以满足碳市场抵销和自愿碳市场碳中和需求，存在一定程度的供需失衡。但目前 CCER 制度改革进展迟缓，至今仍未有明确的恢复时间和改革方向。亟须主管部门重启 CCER 机制，指导市场有序发展。此外，CCER 之外还有多种自愿减排量产品和碳普惠产品，交易标的类型纷杂、产品未实现标准化，尚处于多类型市场自主发展的初期阶段，有待进一步加强规范管理。

四　我国碳市场的未来展望

（一）国务院出台高层级管理条例

国家层面亟须出台更高层级的法律法规，加强高位阶法律制度建设，对碳市场的覆盖范围、配额分配、履约考核以及交易运行等机制作出统一规定，进一步完善协同监管制度，为我国碳市场平稳有序运行提供有力的法律保障。《碳排放权交易管理暂行条例》作为更高层级的法规，现已被纳入《国务院 2022 年度立法工作计划》，其出台将成为我国碳市场进一步完善的重中之重，有助于支撑市场信心，明确碳市场的地位和作用，促进各部门分工配合监管，让全国碳市场运行建立在完备的法治建设基础之上，稳定交易主体的制度和市场预期。

（二）市场基础制度进一步完善

国家相关主管部门需要进一步完善全国碳市场的基础制度和法律法规，强化顶层设计，深化履约周期相关安排。

1. 设定长期、稳定的政策预期

生态环境部应联合其他政府部门制定行业长远减排目标和配额长期总量方案，研究和制定全国碳市场发展路线图，逐步与我国碳达峰碳中和目标相衔接，指导行业进行长期减排，形成配额长期紧缺的预期，促进企业将减排纳入长期规划。

2. 拓展市场覆盖行业和主体范围

为持续强化市场功能建设，预期主管部门将按照"成熟一个，纳入一个"的原则，逐步扩大全国碳市场覆盖范围，丰富市场交易主体。在覆盖行业上，从电力行业拓展至钢铁、有色等其他八大重点排放行业。在覆盖主体上，逐步明确个人、金融机构、非控排企业等非重点排放单位参与碳市场交易的相关规定，提高社会参与减排的积极性。

3. 构建长期、有效的碳定价机制

合理确定企业排放成本与政府发放的配额总量，渐进式引入配额拍卖机制，公平分配碳排放指标，建立长效碳储备机制，稳定市场交易价格水平，引导碳价发挥市场信号作用。

4. 优化配额分配及履约考核机制

进一步完善从预分配、核算、配额调整到配额清缴的一系列流程，预留各地配额最终核定与配额履约清缴间隔时长，给予市场交易主体参与配额交易充分的时间。争取在当年分配当年的配额，引导企业有效规划本年度的节能减排工作，并明确配额结转规定及有效期。

5. 加强碳市场数据基础建设

数据质量直接影响碳市场交易体系的有效运行，相关主管部门应切实加强重点排放单位碳排放数据管理，加大对核查机构和核查人员的资质管理以及能力建设，加大对数据造假行为的惩处力度。持续规范和优化数据监测、报告、核查的工作流程，注重历史排放数据汇总分析，不断提升数据质量。

6. 加强碳市场金融属性

鼓励碳金融创新，支持包括碳远期、碳期货、碳期权等相关金融衍生品的开发和流通，改善配额流动性，提升交易活跃度，丰富企业交易策略。完善碳金融监管体制，联合金融监管部门开展碳市场交易监管，充分利用金融科技等手段，有效监控市场运行风险。

7. 持续提升碳市场信息披露力度

推进重点排放单位加强碳信息披露，在具体操作和落实上，明确公开统一的渠道、模板、内容、格式、期限等详细要求，增强披露数据的可比性、可靠性和可读性。全面披露碳市场交易数据、配额履约清缴和企业奖惩情况，充分发挥社会公众对碳市场运行的舆论监督作用。

（三）推动 CCER 机制有序重启

在遵照国际原则、立足国情的基础上，主管部门需进一步规范自愿减排项目的审定和减排量的核证，尽快出台对 CCER 项目交易管理办法的修订，推动重启备案申请。项目配套更为具体严格的总量控制、项目类型、项目审定、减排量核证等方面管理规定，加强对审定与核查技术服务机构的监督管理。着重解决 CCER 项目的审批效率、历史遗留项目准入、项目类型是否区别对待、与碳市场立法和配套管理办法的衔接等关键问题。加强对项目业主、审定和核查技术服务机构以及交易平台、注册登记系统的信息披露，推动建立联合征信惩戒管理机制。充分发挥市场机制的激励作用，加强 CCER 价格发现功能，保障 CCER 的高质量和公信力。

（四）推动试点向全国碳市场过渡

2022 年 4 月，《中共中央　国务院关于加快建设全国统一大市场的意见》出台，明确建设全国统一的碳排放权交易市场是打造统一的要素和资源市场的重要内容。下一阶段试点碳市场在与全国碳市场持续并行一段时间，支撑地方"双碳"工作，有序开展创新探索的基础上，预期将逐步平稳过渡到全国碳市场体系下，融入全国碳市场的统一规范和监管机制，形成分层互补、相互促进、有机统一的碳市场，更具规模性、整体性、一致性地助推国家减排目标的实现。

（五）完善与其他工具的协同机制

全国碳市场应与我国鼓励低碳减排的其他机制和政策工具加强衔接，积极推进碳市场与绿电市场、用能权市场、传统能源市场等相关毗邻市场协同，为"双碳"工作的整体全面开展提供支撑。目前由于暂时缺乏绿电交易与碳交易相衔接的机制与政策，建设风电、光伏等可再生能源发电项目的企业凭借同一项目，理论上可以获得 CCER 交易与绿电交易"双重收益"，相应地消费者也将承担来自电力市场和碳市场的双重成本转嫁。为使绿电、绿证、碳配额、CCER 等政策工具合理共存并最大限度发挥减排降碳效应，应重视碳交易与其他减排政策工具的有效互补，合理设定不同工具间的转化机制，增强各类市场间的耦合衔接，避免多头管理、重复叠加压力，充分发挥价格信号引导作用和市场的资源配置作用。

（六）持续开展碳市场能力建设

加强碳市场培育和引导，持续推进碳交易能力建设培训。面向重点排放单位、第三方核查机构和相关技术从业人员等主要群体，提供市场原理、交易规则、参与策略等方面的系统培训，提升企业、机构和个人了解碳市场、开展碳管理、加强碳减排和参与碳交易的知识与技能。建立完善碳排放管理员等职业资格管理机制，提高排放数据监测、报告与核查质量。加强碳交易专员、碳市场、控排企业、碳金融市场专员的统一管理，提供精准化的碳交易服务。整合地方碳交易终端，打造一体化的碳市场数据分析平台和用户交易终端，不断提升碳市场运行绩效和管理水平。

（七）加强与国际碳市场间的链接

碳排放交易体系的一个关键优势是不同的碳市场可以连接起来，创造更大、更具流动性的碳市场。连接将允许某一碳市场的管控企业使用来自另一个碳市场的配额进行履约，从而使不同碳市场中的碳价实现对接和趋同。《巴黎协定》第六条指出，鼓励采用国际碳市场等国际合作方式，帮助各国实现国家自主贡献（NDC）减排承诺目标。国际上已有多个不同国家间碳市场链接的成功案例，例如 2017 年瑞士与欧盟碳市场、2018 年加拿大安大略省与加州魁北克省的双向链接等。全世界碳市场的链接有助于扩大市场规模和流动性，在更大范围内发现合理的减排成本以实现协同增效，降低碳市场整体的减排成本，同时营造公平的竞争环境，避免"碳泄漏"风险。在稳步发展国内碳市场的基础上，积极对标和对接国际市场，探索不同国家间碳市场链接的可能性，充分利用中国作为全球最大规模碳市场的优势，主动参与全球减排市场的标准制定、机制建设和市场连通，将有助于提升中国碳定价对国际减排市场的话语权，打造具有国际影响力的碳定价中心。

五　结论与政策建议

（一）结论

碳市场通过市场机制发送价格信号来激励减排降碳行动，是推动产业结构调整、加快经济社会发展全面绿色低碳转型的有力政策工具之一。我国碳市场建设从启蒙、试点、建设到启动运行，十年磨一剑。其间市场制度框架基本确立，配套基础设施不断健全，碳金融产品不断创新，地方试点卓有成效，有许多成功经验和创新实践值得肯定，充分展示了具有中国特色的碳市场制度。但全国碳市场建设也面临着一些有待解决和完善的问题，在数据基础、交易表现、机制体制等方面还有提升空间。总体上，作为目前全球规模最大的碳市场，我国碳市场建设已在多方面取得积极进展，市场各方应始终坚信在党中央、国务院的正确领导下，在各级主管部门自觉站在"两个维护"高度坚决贯彻中央各项部署，积极开展推进碳市场健康有序发展各项工作的大力推动下，全国碳市场发展前景广阔，未来可期。

（二）政策建议

在全国碳市场未来建设完善阶段，需借鉴各方成功经验，加强统筹协调，做好顶层设计，完善符合我国国情和市场规律的碳市场交易机制与体系。建议着重从以下几个方面开展工作：一是求真务实，从机制体制完善上多下"真"功夫，有效保障碳排放数据的准确可靠，真正筑牢全国碳市场有效规范运行的生命线。二是未雨绸缪，抓紧研究和制定"双碳"目标下，全国碳市场从强度控制为主向总量控制为主过渡的工作方案，完善碳市场总量设定和碳定价机制。三是稳中求进，逐步扩充覆盖行业，适时逐步引入个人、机构投资者进入市场交易，丰富多层次碳金融产品体系，持续提升碳市场交易活跃度。四是统筹统一，加快建立统一的碳排放核算体系，为建设全国统一碳市场打下坚实的数据基础。五是包容协同，全国碳市场建设和完善过程需要更加开放包容、与时俱进，积极探索与其他政策机制的协同，有效推动能源转型，助力"双碳"目标的顺利实现。

参考文献

唐人虎、林立身：《全国碳市场运行现状、挑战及未来展望》，《中国电力企业管理》2022 年第 7 期。

陈志斌、孙峥：《中国碳排放权交易市场发展历程——从试点到全国》，《环境与可持续发展》2021 年第 2 期。

鲁政委、叶向峰、钱立华等：《"碳中和"愿景下我国碳市场与碳金融发展研究》，《西南金融》2021 年第 12 期。

宋旭、宾晖：《从地方碳试点到全国碳交易中心》，《中国环境管理》2021

年第 1 期。

王科、李思阳:《中国碳市场回顾与展望（2022）》,《北京理工大学学报》（社会科学版）2022 年第 2 期。

孙文娟、张胜军、孙海萍:《全国碳排放权交易市场首个履约周期运行情况及后市展望》,《国际石油经济》2022 年第 2 期。

谭柏平、邢铈健:《碳市场建设信息披露制度的法律规制》,《广西社会科学》2021 年第 9 期。

绿色供应链

科技赋能银行绿色信贷风险管理体系构建

魏 生 童 阳*

一 可持续发展背景下的绿色金融

（一）可持续发展的内涵

"可持续发展"的理念，最早出现在世界环境与发展委员会（WCED）《我们共同的未来》报告中，并在 1992 年联合国环境与发展大会的《关于环境与发展的里约宣言》和《21 世纪议程》中得到进一步的明确。可持续发展更强调经济、社会、资源和环境保护等方面的协调发展，实现了从经济向社会、从单一性向多样性、从独立性向协调性、从主体单一化向主体多样化转变。可持续金融是传统金融与现代环保意识的融合，帮助全社会形成节约资源、降低消耗、增加效益、改善环境的经济增长模式，并衍生出绿色金融、环境金融、气候金融、ESG 投资、环境风险管理、企业社会责任、影响力投资等创新概念。

（二）绿色金融概念辨析

"绿色金融"缺乏一个广泛被接受的定义。综述业内相关研究，其内涵总体可以总结为三类：一是"绿色金融战略"，即通过金融业务运作体现绿色理念，推广节能环保等政策，最终实现可持续发展的终极目标；二是"绿色产业支持"，即以银行为主的金融机构在贷款政策、对象、条件、

* 魏生，中国生物多样性保护与绿色发展基金会绿色企业工作委员会首席金融分析师、博士，研究方向为大数据、区块链、互联网金融、金融电子化、企业 IT 架构；童阳，中国生物多样性保护与绿色发展基金会绿色企业工作委员会金融分析师，研究方向为大数据、互联网金融、金融电子化、互联网贷款产品、数字风控体系、银行线上渠道建设。

种类及方式上，优先扶持绿色产业，并在信贷投放手续、期限、利率等政策方面给予倾斜；三是"绿色金融手段"，即基于绿色金融产品的制度安排，如绿色信贷、绿色债券、绿色保险、绿色基金、绿色租赁、碳金融、绿色指数等，为环保政策提供金融与资产市场手段。

狭义上，绿色信贷可理解为绿色金融范畴下的商业银行信用贷款业务，即借款人用于节能环保、清洁生产、清洁能源、生态环境、基础设施绿色升级及绿色服务等绿色产业领域的贷款。绿色信贷有两个层面的内涵：一是政策层面。即国家通过对于环境保护、节能减排的一系列政策与制度安排，激励引导商业银行在信贷审核的过程中实现"绿色配置"，更多地将信贷资金投向环境友好型的行业和项目。二是业务层面。即商业银行把环境风险分析和社会责任融入信贷风险管理流程。通常有三种形式：第一，通过信贷工具，包括贷款品种、期限、利率和额度等，支持绿色金融项目；第二，在信贷业务流程中增加环境风险评价，对违反节能环保相关法律法规的项目和企业采取停贷、缓贷或提前收回贷款的措施；第三，通过信贷手段引导企业在生产经营中提高环境风险意识，减少环境问题的发生。

二　中国绿色金融发展现状

（一）国内绿色金融发展政策环境

我国一直以来都是绿色金融发展的坚定支持者和倡导者，因此，在绿色金融发展方面也具备一定的领先优势。特别是党的十八大以来，生态文明建设更是上升为国家战略。近些年，我国制定和出台了一系列促进绿色金融发展的政策制度，逐步探索构建我国绿色金融体系。例如，为实现碳达峰、碳中和目标，人民银行及时确立了"三大功能""五大支柱"的绿色金融发展政策思路。其中，"三大功能"主要是指，充分发挥金融支持绿色发展的资源配置、风险管理和市场定价三项功能。"五大支柱"主要包括完善绿色金融标准体系、强化金融机构监管和信息披露要求、逐步完善激励约束机制、不断丰富绿色金融产品和市场体系、积极拓展绿色金融国际合作空间五个领域举措。

除此之外，人民银行还从七个方面，继续强化政策支持与创新试点推动：一是构建长效机制，完善金融支持绿色低碳转型的顶层设计；二是推动金融机构开展碳核算，进一步完善绿色金融标准；三是探索实施更多的货币政策工具，构建多层次绿色金融市场体系；四是推动金融机构开展风险评估和压力测试，强化对气候相关金融风险的审慎管理；五是推动地方金融改革创新试点；六是继续推动相关制度规则与国际接轨，进一步提高金融市场开放水平，积极参与全球气候治理；七是运用金融科技手段，更加精准地发现和应对风险，依托监管科技，管理和切实防范可能的金融风险。表1是人民银行、银保监会等金融监管部门出台的绿色金融领域政策汇编。

表1　　　　　　　　　金融监管部门出台的绿色金融领域政策汇编

年份	部门	法规/制度/政策名称
1995	人民银行	《关于贯彻信贷政策与加强环境保护工作有关问题的通知》
	国家环保总局	《关于运用信贷政策促进环境保护工作的通知》
2004	国家发改委、人民银行、银监会	《关于进一步加强产业政策和信贷政策协调配合控制信贷风险有关问题的通知》
2007	国家环保总局、人民银行、银监会	《关于落实环保政策法规防范信贷风险的意见》
		《关于改进和加强节能环保领域金融服务工作的指导意见》
	人民银行	《关于防范和控制高耗能高污染行业贷款风险的通知》
	银监会	《节能减排授信工作指导意见》
2008	环境保护部、人民银行	《关于规范向中国人民银行征信系统提供企业环境违法信息工作的通知》，把企业的环境绩效信息纳入民银行征信
	环境保护部	《绿色信贷环保指南》
2012	银监会	《关于印发〈绿色信贷指引〉的通知》
2013	银监会	《关于绿色信贷工作的意见》
		《关于报送〈绿色信贷统计表〉的通知》

年份	部门	法规/制度/政策名称
2014	银监会	《关于印发〈绿色信贷实施情况关键评价指标〉的通知》
		《银行业金融机构绩效考评监管指引》设置社会责任类指标
2015	国务院	《生态文明体制改革总体方案》，从信贷、绿色股票指数、绿色债券、绿色发展基金、上市公司披露信息、担保、环境强制责任保险、环境影响评估、国际合作等方面具体提出了建立绿色金融体系。"建立绿色金融体系，发展绿色信贷、绿色债券，设立绿色发展基金"被写入中国"十三五"规划
	银监会	《能效信贷指引》
2016	人民银行、财政部等七部委	《关于构建绿色金融体系的指导意见》
		《落实〈关于构建绿色金融体系的指导意见〉的分工方案》
2017	人民银行	把"绿色金融"评估指标，纳入"银行业存款类金融机构宏观审慎评估（MPA 考核）"的"信贷政策执行情况"项目
	银行业协会	《中国银行业绿色银行评价实施方案（试行)》
2018	人民银行	《关于建立绿色贷款专项统计制度的通知》
		《关于开展银行业存款类金融机构绿色信贷业绩评价的通知》《银行业存款类金融机构绿色信贷业绩评价方案（试行）》，"绿色信贷业绩评价定量指标"包括绿色贷款余额占比、绿色贷款余额份额占比、绿色贷款增量占比、绿色贷款余额同比增速以及绿色贷款不良率 5 项
2019	国家发改委等七部委	《绿色产业指导目录（2019 年版）》
	银保监会	《关于修订绿色贷款专项统计制度的通知》
2020	银保监会	《关于绿色融资统计制度有关工作的通知》
		《关于推动银行业和保险业高质量发展的指导意见》

年份	部门	法规/制度/政策名称
2021	国务院	《国务院关于加快建立健全绿色低碳循环发展经济体系的指导意见》
	国家发改委	《关于引导加大金融支持力度促进风电和光伏发电等行业健康有序发展的通知》
		《关于振作工业经济运行推动工业高质量发展的实施方案的通知》
	人民银行	《关于印发〈银行业金融机构绿色金融评价方案〉的通知》
2022	银保监会	《银行业保险业绿色金融指引》

（二） 商业银行绿色金融产品体系

商业银行通常拥有完善的金融服务产品体系，可为绿色产业、相关企业及个人客户，提供多元化的融资、顾问、支付结算等综合服务。例如，针对节能环保企业和绿色项目的资金融通、资产盘活增效、战略扩张整合、财务报表优化、财富管理等需求，可提供绿色信贷、绿色债券承销、绿色资产证券化、绿色产业基金、绿色并购融资、绿色理财、绿色投资、绿色财富管理等产品与服务；针对环境权益交易市场，可提供交易资金清算结算与存管、环境权益抵（质）押授信、交易财务顾问等服务。除此以外，还可提供包括绿色租赁、绿色信托、绿色保险、绿色证券等在内的集团化综合金融服务。

银行的绿色信贷产品创新主要通过商业模式、交易结构、抵押担保方式等方面的创新来实现，包括从表内业务向表外延展。从产品层面，面对企业客户，一是可以通过传统的信贷方式，向绿色产业和绿色项目提供支持，如传统的项目融资、银团贷款、流动资金贷款等，以及绿色供应链金融业务、绿色零售业务等；二是可以在绿色金融的细分领域，结合节能环保行业的特点，开发多种多样的创新绿色信贷产品，如基于担保方式创新的合同能源管理未来收益权质押贷款、碳资产质押贷款、环境权益（包括碳排放权、排污权、水权、用能权、林权等权益）质押/抵押贷款、节能环保特许经营权收益权质押融资、损失分担模式风险机制安排等，以及基于拓展资金来源的国际资金转贷款等；三是通过非信贷的方式，为绿色产业和绿色项目提供融资服务，如绿色债券、绿色信托、绿色基金等方式。面向个人客户，也可以提供绿色标识产品消费贷款、新能源汽车消费贷款、绿色建筑按揭贷款、绿色低碳主题信用卡、绿色光伏贷款、绿色普惠农林贷款、绿色柜台债等服务。表 2 是商业银行绿色金融产品与服务汇编。表 3 是商业银行绿色信贷典型案例汇编。

特别需要指出，绿色供应链金融是绿色金融、供应链金融和绿色供应链三者的有机结合，除了遵循应有的业务风险管控逻辑，还应关注环境保护和绿色金融特有的要素，体现企业经济发展与生态环境相结合。基于细分模式，一是银行通过运用供应链金融产品要素设计，加大对绿色金融领域绿色产业、绿色项目的金融支持力度，例如设定专门面向绿色设备生产商的生产与销售、下游企业购买绿色设备的行业或客户业务政策，或支持下游贸易商或企业采购绿色标识产品，运用票据、控货融资、绿色产品买方信贷、保付代理、应收账款质押融资等工具，发展绿色标识产品贸易融资。二是在提供供应链融资服务的过程中，除了考虑财务、技术和市场等因素，还要对产业链上的中小企业的环境绩效进行考虑，如可对供应商的绿色评级、环境绩效评价等提供差异化且更优的融资服务方案。

表 2　　　商业银行绿色金融产品与服务汇编（以绿色信贷为主）

客户类型	产品分类	特色产品及创新项目示例
企业客户	传统信贷类产品	项目融资、银团贷款、流动资金贷款、绿色供应链金融等
	特色信贷类产品	能效融资、转贷款、碳资产质押贷款、排污权抵押贷款、特许经营权质押贷款、合同能源管理专项融资产品、林权抵押贷款、光伏贷、环保贷、绿票通等
	非信贷类融资服务	融资保函、委托贷款、绿色债券、绿色资产证券化、绿色基金、绿色信托、绿色租赁等
个人客户	信贷类产品	绿色消费贷款、绿色按揭贷款
	非信贷类产品	绿色理财、绿色信用卡、绿色柜台债

表 3 商业银行绿色信贷典型案例汇编

银行	产品名称	产品特色及要素解析
工商银行	项目运营期贷款 运营资金贷款 特定资产收费权支持贷款	在项目已经建成投产的前提下，为满足借款人灵活安排资金、降低融资成本等需求而发放的，用于替换为建设该项目所形成的负债性资金，以项目运营产生的持续稳定的现金流、特定资产的收费权为主要还款来源的贷款；优先支持实体经济特别是绿色能源、环保产业、先进制造业以及民生领域城市公用事业客户
农业银行	绿色债务融资工具	在银行间市场发行的，在绿色项目界定、募集资金管理和后续信息披露等方面具有特殊性，专项用于节能环保、污染防治、资源节约与循环利用等绿色项目
	生态修复贷款	为生态修复贷款开通审批绿色通道，向从事生态修复工程，符合国家最新绿色产业指导目录中的生态修复产业范围要求的借款人发放的，满足其生态修复过程中产生的合理资金需求的贷款
	清洁能源产业贷款	向从事清洁能源项目建设、运营的企事业法人发放的，为清洁能源产业贷款开通审批绿色通道，可用于项目前期、中期、后期的设备购置、材料采购、工程款支出、运营维护和日常管理支出等
	可再生能源补贴确权贷款	对于已列入国家财政及相关部门审核公布的补贴清单，且已实施并网发电的项目，在已经获得应收未收的财政补贴证明材料的前提下，项目持有人以已确权的财政补贴相对应的应收账款质押申请贷款，满足生产经营周转需求
	绿色节能建筑贷款	向从事绿色节能建筑项目设计、建造、运营、维护，建筑可再生能源应用系统的设计和建造，以及既有建筑节能和绿色化改造等活动的企事业单位提供的金融支持
中国银行	绿色金融固定资产贷款	为解决企业在节能环保、清洁生产、清洁能源、生态环境、基础设施绿色升级、绿色服务六大领域固定资产投资活动的资金需求而发放的贷款，资金使用场景包括基本建设、技术改造、开发并生产新产品等活动及相关的房屋购置、工程建设、技术设备购买与安装等

银行	产品名称	产品特色及要素解析
中国银行	绿色金融贴现	设立绿色通道，为六大环保领域的商业汇票的持票人在汇票到期日前，将票据权利转让给银行，取得资金贴付
	绿色债券	向投资者发行，将募集的资金投向清洁能源类、清洁交通类、低碳改造类等可持续发展项目，承诺按一定利率支付利息并按约定条件偿还本金的债权债务凭证，具有审批效率高、资金用途宽松、增信方式灵活、透明度高等优势
	绿色权益支持贷款	在持续经营具备综合偿债能力的情况下，以企业的"权益"收入为第一还款来源，满足环保企业生产经营资金需求
	绿色金融供应链产品	为六大环保领域的客户，基于在交易环节与贸易链条的商业行为数据，在收付结算等方面提供的表内融资服务，如订单融资、保理等业务
建设银行	PPP 贷款	针对环保领域 BOT、BOO、TOT、ROT 等多种模式的 PPP 项目，向以建设运营的项目或项目运营公司发放的贷款
	可再生能源补贴确权贷款	向可再生能源企业发放的，以已确权应收未收的财政补贴资金为依据，用于企业日常经营周转及偿还负债性项目
	节能贷	向承担节能项目改造的节能服务公司或用能单位发放的，用于合同能源管理项目建设与运营的资金需求
	碳中和债	作为绿色债券融资工具的子品种，募集资金专项用于具有碳减排效益的绿色项目，包括清洁能源（光伏、风电、水电等）、清洁交通（电气化的轨道交通等）和低碳改造（绿色建筑、机场等）等具有低碳减排效益的绿色项目

银行	产品名称	产品特色及要素解析
交通银行	绿＋信贷	满足清洁能源生产企业、环保装备制造企业、节能环保设备使用企业、生态环境治理企业等领域融资需求，涵盖流动资金贷款、固定资产贷款、银团贷款、法人账户透支等信贷业务产品，同时也积极开展排污权、碳排放权、林权、国家新能源补贴等创新抵质押担保方式
	碳资产抵质押融资	将碳配额纳入金融押品范畴，发放短期贷款支持，帮助企业盘活存量碳资产，如碳排放配额和CCER、林业碳汇等，挖掘碳减排潜能，在提升碳市场交易流动性和活跃度的同时，可用市场化的碳交易机制促进企业减排意愿
浦发银行	绿色资金撮合业务	围绕绿色客户及项目的股权及债权全流程"融智＋融资"需求，为客户引入不同渠道的特色服务模式，包括但不限于融资租赁（直租或回租）、保险（保险债权融资计划、保险信托）、券商（公司债）、信托（信托贷款）等模式，满足绿色产业客户经营以及绿色项目的建设
	绿色信用卡	引入绿色权益设计，在满足客户对信用卡产品基础性便利消费需求的同时，奖励客户低碳生活方式，培养促进群众的低碳环保意识
兴业银行	合同能源管理融资	适用于节能服务公司向银行申请融资用于合同能源管理项目建设、运营，采用项目未来收益权质押或其他担保方式，以其分享的节能效益作为主要还款来源的融资产品
	排污权抵押融资	以有偿取得的排污权作抵押向银行申请，盘活无形资产
招商银行	银融通	发电企业在项目建设期通过租赁公司购买设备，银行通过租赁公司发放对发电企业购买设备的融资款项
	应收新能源补贴款无追保理业务	针对补贴企业，基于"降两金"考核，通过无追保理业务，实现应收可再生能源补贴款下表，降低坏账计提，提升当期会计利润

续表

银行	产品名称	产品特色及要素解析
其他银行 （零售业务）	绿色建筑按揭贷款	为购买绿色建筑、被动式建筑和装配式建筑而提供的贷款
	绿色汽车消费贷款	为购买节能型、新能源汽车等绿色交通工具而提供的贷款
	绿色标识产品贷款	为购买具备绿色标识产品而提供的贷款
	绿色低碳信用卡	鼓励进行绿色消费，如兴业银行中国低碳信用卡、光大银行绿色零碳信用卡、中国农业银行金穗环保卡等
	绿色光伏贷款	为支持家庭安装分布式光伏发电设备而提供的贷款
	绿色普惠农林贷	为满足农户、林户生态化生产而提供的贷款

（三）商业银行绿色信贷发展情况

根据人民银行发布的金融机构贷款投向报告，截至 2021 年末，全国本外币绿色贷款余额达 15.9 万亿元，同比增长 33.1%，高于各项贷款增速 21.7 个百分点，全年绿色贷款增加 3.95 万亿元。2021 年末的绿色信贷余额在我国金融机构人民币各项贷款余额中占 8.25%。各年度绿色信贷余额及增幅如图 1 所示。

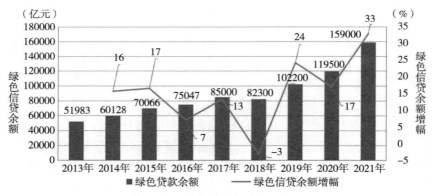

图 1 中国绿色信贷余额及增幅

中国是全球唯一设立绿色金融改革创新试验区的国家①。在国家对绿

---

① 2017 年 6 月 26 日，人民银行、国家发改委、财政部、环保部、银监会、证监会、保监会 7 部委联合印发了江西省赣江新区、贵州省贵安新区、新疆维吾尔自治区哈密市与昌吉州和克拉玛依市、广东省广州市、浙江省湖州市与衢州市等地区建设绿色金融改革创新试验区总体方案。

色发展、生态文明高度重视的背景下，部分区域中小银行正在逐步成为地方绿色转型的重要力量，纷纷根据自身的战略需要，结合当地产业情况，制定绿色金融战略与规划，设立绿色金融专门机构或专业团队，开展绿色金融产品创新，积极发展绿色金融业务。特别是湖州银行，绿色信贷业务在贷款余额中占比接近25%。

（四）绿色信贷业务持续创新策略

我国银行业金融机构在绿色发展理念引领下，逐渐开展绿色信贷产品创新，信贷支持力度不断加强，信贷服务广度持续拓展，信贷产品日趋丰富。

1. 从复制传统信贷模式起步

在绿色信贷发展早期，银行主要是用传统的信贷方式向绿色产业和绿色项目提供支持，如传统的项目融资、银团贷款等。之后，银行开始在传统信贷的基础上展开创新，如推出能效贷款、国际转贷款、合同能源管理专项融资、光伏贷等产品。在小微企业融资方面，部分银行针对产业园区推出"园区贷"，通过对集聚产业上的小微企业提供一站式、链条式金融服务，提高能源利用效率、促进土地节约集约、实现污染减排少排。在面向个人提供绿色金融服务方面，部分银行对个人客户绿色出行、垃圾分类、绿色公益等日常绿色行为进行积分，根据个人绿色积分不同为个人客户提供"绿色信用贷"，鼓励个人客户低碳生活、支持绿色发展。

2. 利用数字化工具提升效率

科技的进步为绿色信贷发展注入了新动能，随着数字化水平的提升，绿色信贷发展方式开始从传统的线下走向线上。一是绿色金融管理系统化。人民银行已在浙江省上线绿色金融信息管理系统，并计划在长三角地区推广；一些地方政府如湖州搭建了"绿色金融服务综合平台"，实现政府采购"云上采"、金融政策"线上兑"、企业贷款"线上提"；银行业金融机构陆续建立绿色信贷系统，逐步实现绿色信贷统计、分析、风险管理自动化与智能化。二是绿色信贷服务线上化。新冠疫情让金融服务加速向线上化转型，现代科技的进步为绿色信贷发展提供了更多可能性，"e抵快贷""电力快贷""林农快贷"等一批线上信贷产品不断涌现，线上和线下的相互融合更好地促进了绿色信贷的发展。

3. 创新绿色资源权益担保方式

银行在传统抵（质）押担保方式上实现了新突破，以绿色资源权益如碳排放权、排污权、用能权、合同能源管理收益权、林业碳汇等环境权益为抵（质）押方式，推出一批绿色信贷创新产品。如广东碳排放权抵（质）押融资实践已开展得较为成熟，出台碳排放权抵（质）押融资实施规范，并形成了区域性的碳排放权抵（质）押融资标准。兴业银行落地了碳中和债、林业碳汇质押融资等与碳中和相关的产品创新。汇丰银行为航运物流集团海丰国际提供的结构化抵押贷款解决方案中，引入了可持续发展关联贷款，将融资成本与企业能否实现可持续发展目标相挂钩，激励客户减少温室气体排放、推动可持续经营。

三 绿色信贷风险管理框架

（一）绿色信贷风险管理内涵

商业银行开展信贷业务的关键是控制风险，基本原则通常包括：第一，安全性原则，指尽量避免信贷资金遭受风险和损失；第二，流动性原则，指能按预定期限收回贷款资金，或者在不发生损失的情况下将信贷迅速转化为现金；第三，收益性原则，指通过合理的运用资金，提高信贷资金的使用效益，谋取利润最大化，力求银行自身的经济效益和社会效益的统一。因此，银行必须认真分析融资项目的潜在风险，针对与项目资产和现金流量直接相关的风险因素，建立较为完善的风险管理体系，包括政治风险、法律风险、完工风险、经营风险、环境风险等，才能较好地开展业务。针对绿色信贷项目，满足国内环境经济政策和产业政策要求，强化银行的环境法律责任，在信贷战略中纳入环境机遇分析，实现资金的"绿色配置"，并在操作实践中借鉴国际行业标准，开展环境风险调查、社会影响评估与审计，将环境和社会风险分析纳入银行信贷审核标准与流程，将环境条款和条件写入贷款协议，将环境风险管理成本纳入贷款利率，将环境风险管理纳入贷后管理等新举措，已成为银行层面打造绿色信贷风险管理体系的通用做法。

我国沿着"自上而下"的顶层推动和"自下而上"的基层探索两条路径，持续推动绿色金融体系建设，在绿色金融改革创新和国际合作两大领域均取得令人瞩目的成绩，并且同步完善了绿色金融标准、统计制度、信息披露、评估认证等一系列基础性制度安排，初步形成一批可复制、可推广的有益经验。

本节将尝试总结国际国内商业银行在绿色信贷风险管理方面的最佳实践，分析可能存在的绿色金融市场风险、绿色金融机构风险与绿色产品风险，剖析我国现行绿色信贷风险系统性防范工作中存在的问题，进而提出一个绿色信贷金融风险管理体系框架，以及与之配套的制度设计、组织安排、技术指标改进，目标是与当前的立法、组织体系和金融监管指标体系相兼容，涵盖对绿色信贷项目的市场、机构、产品等系统性风险的预警、防范、调控与处理等全流程各环节措施。

（二）绿色信贷风险管理策略

1. 国际赤道原则

随着环境问题的国际化和资本市场的国际化，银行的信贷行为也受到国际上其他与其业务相关的国家的绿色信贷政策的影响，最为著名的就是国际通用的赤道原则（Equator Principles，EPs）。作为银行层面的贷款项目融资环境和社会风险管理指南，赤道原则包括一整套评估技术工具和实施程序，帮助商业银行规避环境风险以维护银行利益，是用于确定、评估和管理贷款项目融资中环境和社会风险的国际行业标准。2008 年，兴业银行成为国内首家采纳赤道原则的金融机构。截至 2021 年底，国内共有七家银行先后采纳赤道原则。

2. "双层"政策架构

绿色信贷政策属于政府的宏观制度范畴，与银行层面的绿色信贷管理体系互相影响，互相促进。一是国家环保调控政策层面。通常包括：强化银行的环境法律责任，人民银行、银保监会、环保部对积极实施绿色信贷的银行进行行政表彰和资源支持，推出限制贷款行业或者淘汰技术和设施的名录，制定有利于环保产业的税收或者补贴政策等。二是银行信贷执行机制层面。例如，在贷前环境审查机制中，最具有中国特色的是"环保一票否决制"和"绿色审批快速通道"。贷后环境监测机制，通常包括动态跟踪监测机制和环保合规信息沟通协调机制。表 4 列示了国内绿色信贷执行机制（贷前、贷后）。

表 4 国内绿色信贷执行机制（贷前、贷后）

流程	机制名称	机制说明
贷前环境审查	环保一票否决制	通常包括以下三个方面的审查内容： 一是必须符合国家产业政策和市场准入标准，必须已通过用地预审，必须取得有审批权的环保部门出具的环评合格报告，必须符合区域整体规划和污染排放指标要求； 二是必须查询贷款申请人的环保状况，凡发现有环保违法或被环保部门实施处罚的，贷款或融资申请一律不予批准； 三是必须将企业的环保信息作为企业评价授信审查的必要条件之一，并且要根据实际情况及时压缩授信
	绿色审批快速通道	针对绿色环保、清洁能源、循环经济、节能降耗等项目，设立快速审批通道，缩短审批的时间，优先审批发放贷款，必要时启动联合评价程序，提高审查审批工作时效
贷后环境监测	动态跟踪监测机制	一是将环保风险管理纳入日常贷后管理工作中，理顺预警管理流程，明确环保信息收集、分析、核实和预警职责，跟踪监督企业的环保治理进度、整顿验收情况等，对全过程各个环节进行风险监控和评价； 二是及时查询人民银行的征信系统，及时更新企业的环保信息，在银行资产管理中标注"企业环保信息"； 三是建立客户环保信息数据库，对国家环保总局实施"区域限批"及叫停项目和公布的"绿色信贷"黑名单企业，国家发改委等联合下发的环保违规煤矿等进行了系统监测，将企业的环境违法信息及时、准确地公布； 四是建立定期访察制度，确保及时发现企业在环保方面存在的问题，积极防范环境违法突发事件带来的信贷风险
	环保合规信息沟通协调机制	一是构建包括银行在内的金融机构与企业及环保相关的政府部门之间的一体化信息机制，互通信息、相互监督，做到真正的信息共享； 二是与各级环保部门建立经常性的信息交换制度。与省、市各级环保局建立日常信息沟通机制，及时了解环保新政策、环保执法新情况以及企业环保守法新动态等； 三是积极拓宽信息渠道，对取得的环保信息制定专门流程进行分析、核实，对可能带来的信贷风险发出预警，形成多层次、全方位的预警信息管理机制； 四是银行提供使用环境信息的反馈情况，政府部门由此可以了解绿色信贷的执行效果

3. 商业银行实践经验

根据近五年中国绿色信贷余额及违约率统计数据分析，我国绿色信贷项目的不良率大大低于银行业的总体不良率，从而保障了资产质量和投资回报处于相对高的水平。这主要是因为我国银行在近年来的实践中，逐步摸索出一套相对成熟的风险管理策略经验和方法，体现在以下三个方面：

一是通过企业估值、开展放贷和融资服务时的环境审计，构建了能够转化为资产风险的环境风险指标。例如，针对绿色信贷，建立风险监测和评估机制，关注影响"不良贷款率"的环境要素；针对绿色债券，关注其所支持项目"杠杆率""偿付能力"的环境问题；针对绿色基金，则关注资金空转、"洗绿"等指标。

二是有意识地区别公司整体和项目个体的融资，分别设计有不同侧重的管理方案。因为涉及生态环保类项目的融资周期长、规模大，贷款风险也大，因此环境风险管理主要分析其物理风险如何转化为金融资产的市场风险、信用风险、操作风险等，分析"物理形态"的风险如何转化为金融风险，分析环境风险如何将当前显性的风险转化为长远隐性的风险。

三是主动开展绿色金融风险控制，通过产品创新和业务流程管理规范，提升风险防控能力。大银行带头开展业务，在社会环境责任履职方面表现突出，引发国内绿色金融发展潮流，也带动中小银行的积极参与，不少银行在绿色金融业务上已经逐渐形成一套特色产品体系，明确了绿色金融产业政策和绿色信贷的客户底线，区分了行业和经营范围的激励和约束，具体体现在：一是制定绿色金融或绿色信贷方面的正式管理制度，并贯彻执行；二是根据企业客户的污染风险进行分类，扶持保护环保企业、限制打压污染企业，对环境保护实行严厉的"一票否决制"；三是对"两高一剩"行业进行贷款管控或余额限制等。

（三）风险管理难点痛点分析

1. 绿色信贷市场基础设施不健全

（1）绿色信贷法律环境不完善

金融市场良性发展的基础是要有规范的法律环境，绿色信贷市场也是如此。国内绿色信贷市场目前还处于初级发展阶段，虽然国内已经对环境保护进行了初步的立法，但大部分环境保护法律法规尚且停留在原则性规定层面，缺乏具体实施的法律条文和相关司法解释，所以出现了法规不严、可执行性差等问题。

（2）绿色信贷项目认定标准不统一

当前我国存在多口径的"绿色目录"，相关目录的绿色定义与行业范围不尽相同。实际操作过程中，对绿色信贷项目认定存在差异，可能出现同一个项目在不同绿色标准下得出不同结论，严重影响绿色信贷从业人员对项目的认定执行。

（3）企业环保信息披露不足

我国企业的环保信息披露水平总体较低，披露次数少，披露内容不够全面客观，对于负面的信息甚至不予披露。根据其披露内容，社会舆论无法起到有效的监督和批评作用，进而影响了商业银行开展绿色信贷业务的积极性。

（4）银行与政府信息共享不畅

在美国绿色金融市场中，政府监管部门、环保部门和金融机构之间通过一套健全的环保法律体系和高效的信息沟通机制，有条不紊地开展绿色金融业务工作和监督工作。而我国关于银行绿色金融业务缺乏统一口径的信息披露标准，尚未形成高效的信息沟通机制，商业银行绿色信贷业务的执行效率和管理效率还有待提升。

2. 绿色信贷风险管理维度增多

（1）项目收益不确定性较多

现阶段，很多绿色项目具有一定公益性质，从事绿色环保业务的企业，其产品往往具有较大的创新性，产品在市场的需求情况不确定性较大，这会造成项目本身利润率不高，与银行追求信贷项目更高收益率的目标相悖。同时，绿色项目往往资金需求量大、回报周期时间长，这也增加了项目的风险性，在收益与风险的双重压力下，银行有可能放弃部分绿色项目的信贷投放。例如，排污治理、新能源技术开发等项目都属于中长期项目，还款期为十年甚至更久，但这些项目的资金需求量往往较大，并在短期内无法获得较多利润回报。

（2）绿色信用评级较为困难

我国尚未建立广泛统一的绿色金融信息平台，绿色投融资过程中缺乏信息透明度，商业银行对通过信用审查和评估来识别和防范信用风险存在较大难度。当前，我国少有信用评级机构、资产评估机构、会计师事务所开展绿色金融相关业务，缺乏绿色金融的第三方评估和评级标准，缺乏第三方认证机构对绿色金融评估的质量要求，在对企业出具的信用评级报告中也很少单独披露发行人的绿色信用记录、项目绿色程度、环境因素对信用风险的影响等。

（3）"漂绿"道德风险尤为突出

绿色信贷项目较之传统信贷项目，道德风险更加突出，项目风控防控难度也更大。一些企业，以"绿色"之名融资，行扩大产能或其他非绿色之实；一些公用事业项目，则存在部分项目夸大实际需求，通过绿色融资支撑不必要的基础设施建设，刺激地方投资和经济增长。然而实际投产后，如果实际开工不足，将导致投资收益率过低，甚至出现亏损，给地方财政造成压力，也给提供融资的机构带来较大冲击。

（4）环境风险量化存在难度

一般地，银行传统企业信贷风险管理依赖于分析企业财务指标，而绿色信贷投放不仅承担着实现经济发展的任务，还需要承担生态和社会协调发展的多重任务，传统财务指标不能完全满足支持绿色信贷发展的需要，还需考虑环境风险等非财务指标。银行评估绿色信贷项目的环境风险需要考虑多维度因素，如碳及温室气体排放、能源使用、自然资源使用、生物多样性、废物污染、环境政策等。

目前绿色项目的环境正外部性和污染项目的负外部性均未实现内部化的市场定价，很大程度上抑制了资本进入，弱化了绿色金融政策的激励作用。适应范围广泛的环境风险评价指标体系和收益模型尚未建立，理论研究有待推进。此外，银行缺乏环境风险敞口的数据积累以及灵敏度较高的风险分析工具，较多银行对绿色信贷环境风险的认识仍停留在政策层面。

（5）项目跟踪和后评价挑战较大

绿色信贷项目除了隐含传统信贷风险的引发条件，还受到来自环境恶化和社会不利因素的影响带来的风险。由于环境恶化等风险引发绿色信贷项目产生较大的损失时，企业主体需要为项目造成的环境和社会负面影响进行赔偿，商业银行持有的以环境资源为标的的各种金融资产的价格难以获得企业主体业绩支撑而出现贬值，从而可能因恐慌性抛售金融资产而产生巨大损失。企业主体存在挪用信贷资金、变更资金使用用途的动机，加之绿色信贷项目具备一定的专业性和门槛，对商业银行信贷客户经理和风险经理的贷后检查提出的挑战较大。

3. 环境权益评估和处置不易

我国商业银行在绿色信贷业务开展过程中，结合节能环保行业的特点，尝试基于担保方式进行产品创新，即开发各类环境权益抵质押融资产品。在实践过程中，我国面临着环境权益政策框架不完善、环境权益市场金融化程度总体偏低、环境权益市场作用发挥不充分等问题，导致商业银行在开展绿色信贷业务时对环境权益资产的评估和处置殊为不易。

（1）环境权益政策框架不完善

以碳排放权为例，直到 2017 年底，全国才开始建立统一的碳排放权交易市场（火电行业），但目前市场活跃度仍有待提升。从国内看，全国统一的碳排放权交易市场相关制度位阶低，监管规则、统计制度、披露要求等细则尚不明确。此外，碳排放权资产的法律属性不明确、价值评估体系薄弱，阻碍了以碳排放权为抵质押品的绿色信贷产品的推广与创新。从国际看，碳定价权被发达国家掌握，我国在碳定价和交易中处从属地位、话语权较小。

（2）环境权益市场金融化程度总体偏低

以碳排放权交易市场为例，部分地区和金融机构陆续开发了包含碳排放权抵质押融资在内的碳金融产品，但大多为探索性的尝试，产品数量不多，金额不大，尚未形成规模交易。总体上看，碳金融仍处于零星试点状态，区域发展不均衡，缺乏系统完善的碳金融市场，不能满足控排企业的碳资产管理需求，更不足以辐射和服务"一带一路"等相关区域的碳交易。此外，专业化投资者群体不发达，碳金融发展缺乏专业的长期资金支持。由于市场运行机制仍不稳定，碳资产估值较难，部分碳金融产品业务逻辑难闭合。

（四）绿色信贷风险管理体系框架

尽管目前国内绿色金融发展取得较为明显的成效，但具有真正成体系的风险防控能力的商业银行并不多。通过借鉴国内外金融机构的典型经验，基于上文提出的风险管理痛点难点分析，本部分尝试提出一个可供对照执行的绿色信贷风险管理体系参考框架，如表 5 所示。首先，通过顶层设计，确定绿色信贷风险管理的主要目标和防范原则，并为此搭建与之相适应的管理架构及人员梯队。其次，以赤道原则为基础，完善环境和社会风险管理所需的基础政策制度，并据此严格执行年度绿色信贷政策。最后，把风险防范分解成若干个环节，科学设定各环节的管理内容、管理标准和管理要求，把各环节的风险管理职责落实到具体的部门和岗位，通过对各节点的精细化管理，最终实现绿色信贷风险控制的目的。

表5   绿色信贷风险管理体系参考框架

框架	领域	体系内容
顶层设计	主要目标	一是贯彻国家绿色信贷宏观调控政策精神，激励引导资金合理流向。 二是保障绿色金融市场规则规范运行，防范市场欺诈与金融犯罪。 三是在满足商业银行信贷业务的三大原则（安全性、流动性、收益性）基础上，引入环境风险和机遇因素，按照风险可控、商业可持续原则，调控信贷行为达到既定的绿色发展规划目标
	防范原则	一是对本源进行深入研究，及时识别和判断，预防绿色金融风险。 二是正确对待风险隐蔽性，通过策略预判防范，缓解绿色金融风险。 三是主动管理应对绿色金融风险，避免问题累积，防止风险扩大
	借鉴经验	赤道原则——三个级别划分界定绿色金融风险。 碳金融实践——重视流动性与产品创新，合理分配配额及动态调整。 可持续发展融资行动计划——多部门联合出台政策，多措并举。 英国绿色金融战略——战略是对实践经验的总结，使行动更有效率。 主要发达国家绿色金融机构的成功案例，国内主要银行的实践经验
	ESG	一是编制与发布《绿色信贷发展战略》，并将其作为顶层设计开展宣贯。 二是提出将经济效益、社会效益和生态效益有机统一的指导原则。 三是追求长期可持续发展模式，确立社会责任为企业长期发展战略

续表

框架	领域	体系内容
管理架构	全面风险	在风险体制改革和风险管理方面实现"标本兼治"： 一是依托"三会一层"的治理架构，构建高水平的 ESG 管理体系。 二是"治标"，即积极构建与绿色发展战略相适应的绿色金融风险管理架构和完善的市场风险管理体系，全面强化内控"三道防线"体系，做好基础性制度建设，开展前瞻性风险分析。 三是"治本"，即由董事会、高级管理层及下设专业委员会主导，和企业文化建设、战略目标相结合，从源头上形成银行风险的偏好，持续优化信贷结构，构建企业文化和风险文化的承接点
	专职人员	一是总行层面成立社会责任工作领导小组、绿色金融专项推动小组，设立绿色金融专业部门，配置绿色金融专职人员。 二是在信息披露管理与机制方面，安排专职人员和外部监管部门对接，建立环境、社会与管治信息披露协同机制，有效回应利益相关方对 ESG 相关信息的问询，并定期发布社会责任报告
	管理举措	一是修订《风险管理总则》，引入环境和社会责任理念，完成风险偏好重检和更新，全面梳理风险管理政策制度。 二是将环境和社会风险管理贯穿信贷全流程，落实执行规范的信贷管理流程和内部控制机制，严控法律风险、管理信用风险、市场风险、操作风险等运营风险。 三是关注高环境和社会风险客户管理，对于评级为高风险的客户，除严控信贷、贷款余额新增以外，加强对风险变化情况的评估要求，明确贷前调查、授信审批、放款审核、贷后管理等环节具体管理要求及差异化管理措施。 四是优化预警管理流程，强化预警过程管理；完善督导体系，提高对突发风险事项的反应及处理能力，实现智能化运作及监控，减少运营过程风险。 五是持续完善包括会议监督、战略监督、履职监督、巡检监督、外审监督、沟通监督在内的全面监督体系，持续加强与外审的沟通与合作

框架	领域	体系内容
绿色政策体系	赤道原则	以国际化标准完善环境与社会风险管理，持续规范赤道原则项目全流程管理，包括： 一是参照赤道原则标准，执行工作全面自查与检查。 二是发布《合规建议书》，并督促加强整改，切实提升项目管理与执行效果。 三是发布赤道原则项目管理办法和信贷流程，通过全面对标《绿色信贷指引》等外部监管规章，从中提炼合规风险要点与流程重点环境，进一步加强赤道原则项目管理，在信贷业务审核准入、存续期管理等环节加强环境与社会风险的精细化管理，为绿色金融业务合规创新保驾护航。 四是在本行信息系统的信贷流程中开发赤道原则项目筛选功能，建立全面的赤道原则管理系统并将其放入核心 IT 信管系统
	制度完善	完善环境和社会风险管理需要制定的基础政策制度，包括： 一是授信政策应明确绿色信贷支持方向及重点领域。 二是制定绿色信贷相关行业的政策，对于授信总量较大且属国家重点调控的限制类以及有重大环境和社会风险的行业应制定专门的授信指引，对于关注的重点行业客户应制定内涵清晰的环境和社会风险清单。 三是制定环境和社会风险的管理制度，规定环境和社会风险管理的流程和操作要求，实行全流程管理。 四是制定环境和社会风险尽职调查、合规审查的规范，明确分行业、分类型的标准化的环境和社会风险尽职调查、合规文件和合规风险点审查的清单，并对特殊客户制定补充清单。 五是制定客户环境和社会风险管理状况的放款审核清单，并制定资金拨付和管理的办法和程序。 六是制定或转发绿色信贷统计制度；制定客户重大环境和社会风险的内部报告制度、应急处置预案和责任追究制度等
	政策执行	所有授信客户，据其环境和社会风险，实施分类分层、名单制管理，采取差异化的授信政策，建立动态跟踪机制
		对"两高一剩"行业实行限额管理，对达到环保要求的企业给予鼓励，多分配资源
		严格执行"环保一票否决制"，严守合规底线，加强高风险管控
		将环境和社会风险管理要求全面嵌入贷款"三查"的流程
		对于涉外项目的环境和社会风险管理做出专门的规定

框架	领域	体系内容
绿色政策体系	政策执行	完善绿色金融产品和服务体系,为发展绿色信贷业务制定综合金融服务方案,持续加大绿色信贷专门产品、专业方案的支持力度,加强绿色信贷考核(含定量指标、绩效评价、激励约束机制)及资源配备
		持续系统、统计和文档管理方面对环境和社会风险管理提供支持
全流程管理	实施方法	把风险防范分解成若干个环节,科学设定各环节的管理内容、管理标准和管理要求;按照有效制衡的原则,把各环节的风险管理职责落实到具体的部门和岗位,通过对各节点的精细化管理,来实现绿色金融风险控制的目的
	管理特征	全面性、全程性、全方位性、全员性
	过程环节	一是大规模收集和整理风险管理的初始信息。 二是评估风险产生的原因和发展状况(含风险辨识、风险分析、风险评价等)。 三是制定合理的风险管理方针和策略(含风险承担、风险规避、风险转移、风险转换、风险对冲、风险补偿、风险控制等)。 四是探究最优的风险管理决策和解决方案(含内控、外包方案等)。 五是风险管理的监督与改进
	系统支持	绿色信贷风险管理信息系统应提供实现对绿色金融业务识别认定、环境效益评估和赤道原则项目评审等 IT 能力支持,通过流程梳理与服务集成,支持客户管理、业务管理、风险管理、运营管理和统计分析等绿色金融全生命周期的业务全流程办理: 一是绿色信贷风险管理基础模块,设置内容包括绿色风险管理理念、绿色风险管理偏好、管理架构、人员职责与权限等,实现绿色金融业务识别与判定、环境效益测算、集团绿色金融资产管理等功能。 二是绿色信贷风险目标与政策模块,管理目标包括风险容忍度,以及信用风险、市场风险、操作风险的管理政策;涉及政策包括绿色授权政策、绿色不良资产管理政策、绿色抵押政策、绿色信用评级政策等。 三是绿色信贷客户管理模块,实现绿色金融客户标识、重大环境风险客户名单制管理,在系统中实现对绿色金融客户的分级管理和重点沙盘客户的营销管理等功能。

框架	领域	体系内容
全流程管理	系统支持	四是绿色信贷风险监测与识别、风险评估、风险应对模块，涵盖绿色风险识别管理规定、绿色风险管理系统使用和维护规定、绿色风险限额处理等，实现环境与社会风险管理、赤道原则项目评审和绿色金融资产质量管理等功能。 五是绿色信贷业务内部控制模块，功能包括完善银行等金融机构内控结构及其运行、独立的内部审计、规范的操作程序。 六是绿色信贷风险信息处理与报告模块，功能包括建立环境和社会风险信息库，建立信息周报、信息月报、行业分析报告、产品信息、案例汇编、客户营销动态和品牌宣传素材等，实现业务报表、财务报表和风险监测报表的提取及监管报表的制作与提取等。 七是绿色信贷业务后评价与持续改进模块，功能包括建立绿色金融专项业务资源、财务资源分配管理模块以及绿色金融业务考核评价模块，实现总分行绿色金融业务的业绩认定、分配、计量和考核，通过业绩计量和绩效分配来科学、有效地促进业务发展

四 科技赋能银行绿色信贷风险管理体系转型方案

（一）金融科技的核心价值

金融科技赋能银行业，本质是通过新一代信息技术的引入，实现银行业全流程的效率提升，创造新的业务模式、应用、流程和产品，从而对银行服务的提供方式造成重大影响。互联网技术与金融科技的发展可以总结成四个阶段，从 1.0 金融电子化阶段（20 世纪 70 年代中后期）、2.0 金融信息化/移动互联网金融阶段（20 世纪 90 年代中后期）、3.0 数字化金融/机器辅助决策阶段（2010 年前后开始至今）到 4.0AI 金融/价值互联网阶段（代表未来趋势）。当前我国金融科技正处于第三个发展阶段，金融机构更加主动地参与到科技创新和技术引进过程中，业务流程也被众多金融科技服务参与主体拆解，实现了整体分工精细化和模块化；金融管理理念正朝着智能化、创新化方向发展，实现了从客户获取、产品到风险控制的完整闭环，代表性应用案例如客户画像、反欺诈、决策引擎等，如图 2 所示。

图2　金融科技赋能银行业务

（二）科技赋能绿色信贷风险管理体系转型

通过本文第三节的全面梳理可知，绿色信贷风险面临的关键问题主要来源于以下几个方面：一是绿色信贷市场基础设施不健全，导致银行在认定绿色项目、获取绿色项目必要信息方面存在难度；二是绿色信贷风险管理维度增多，导致部分企业凭空捏造绿色项目及相关支撑材料从银行骗取信贷资金，或假借绿色之名融资但资金实际并未投入绿色项目，或因发生环境问题而导致企业信用风险暴露；三是环境权益评估和处置不易，导致银行在绿色信贷项目的投放中容易出现杠杆率过高、社会资本中途退出导致项目瘫痪等风险。

利用金融科技工具推动数据与绿色信贷场景的深度结合是解决上述问题的关键，基于"数据＋模型＋平台"的全信贷周期的风险管理体系将成为发展方向。在前文绿色信贷金融风险管理体系参考框架下，银行可着力构建完整的、具有自主知识产权的全面绿色信贷风险管理能力，涵盖风控模型、策略、数据、分析四个方面的量化风控要素，覆盖贷前、贷中、贷后三个阶段的风控流程。

以下将分别阐述银行通过"基于区块链中台打造绿色金融联盟"从而解决绿色信贷市场基础设施不健全问题，通过"基于风控业务中台打造绿色信用风险管理能力"从而解决绿色信贷风险管理维度增多问题，通过"基于绿色标签打造环境风险量化风控模型"从而解决环境风险量化问题的"两平台一模型"转型方案。

1. 基于区块链中台打造绿色金融联盟

通过快速、便捷、低成本地建设与实施区块链数据平台，利用区块链技术所带来的可信数据能力为整个绿色信贷市场提供安全可靠的数据服务，从而为绿色信贷市场打造一个各方相互信任的"绿色金融联盟"，解决绿色信贷基础设施不健全、信息不对称的问题。

基于区块链中台打造的绿色金融联盟主要由三大部分组成：

一是区块链技术基础底座部分。主要是由区块链基础设施、区块链BaaS服务平台组成，为整个区块链中台提供成熟稳定的技术基础；目前区块链中台会整合采用主流的开源区块链技术进行实施，通过制定区块链技术接入标准，依托区块链部署实现区块链的分布式节点与管理的快速部署、自动发布、证书管理、节点监控等，并在此基础上，提供联盟链、私有链、跨链等技术支持。

二是区块链服务中心部分。主要是汇聚与沉淀区块链的技术能力与服务能力，为顶层应用提供支持，整个区块链数据中台的主要服务能力有联盟管理服务、区块链浏览器服务、智能合约仓库服务、用户区块链身份验证服务、数据快速上链API服务、链上数据鉴权服务、联邦计算服务等。

三是业务应用场景部分。根据绿色信贷业务场景，基于区块链基础所建设的各类应用支持，主要包含环境权益交易场景应用、环境权益交易数据场景应用、绿色信贷产品场景应用、业务流程审批场景应用及风险控制场景应用等。

在通过区块链中台打造的"绿色金融联盟"基础上，基于区块链快速实施落地的技术底座，并依托技术底座结合场景，不断进行业务创新与探索改造，通过区块链技术能力、数据能力、应用能力的沉淀，形成一个成熟稳定可信的数据环境，为环境权益交易及绿色项目投融资过程提供可信的数据信息基础。虽然银行目前仍然较多基于传统的风控模型并结合背书方进行信贷产品服务，但区块链技术的出现及其天然的可信数据环境，可以有效地为信贷产品服务提供创新基础。同时，区块链中台将进一步简化绿色信贷业务场景各参与方的数据上链过程、缩短项目时间周期和成本等，从而大大有利于银行减少绿色信贷投放中的信息不对称问题。

2. 基于风控业务中台打造绿色信用风险管理能力

绿色金融"环境"与"金融"的叠加风险使得金融机构识别与防范绿

色项目风险困难，信息不对称问题使得银行等金融机构难以获得清晰的绿色企业画像，绿色标准繁杂更是增加了定义绿色企业的难度，这些问题可能进一步导致政府补贴资金错配、监管机构持续性监控困难等问题。为了最大限度地解决上述问题，金融机构需要运用金融科技手段，构建一套具备整合信息、识别绿色企业、持续性监控绿色企业等功能的平台，以防范和减轻绿色金融风险。因此，本部分将尝试基于多方数据，利用大数据、人工智能等新兴计算技术，搭建绿色信贷风控业务中台，从宏观和微观两个层面选取多维度指标评价绿色企业和绿色项目，量化企业绿色发展水平并进行持续性监测，为银行防范绿色信贷风险提供解决方案。

绿色信贷风控业务中台将集成政务数据、互联网公开数据、企业上报数据、绿色交易数据、绿色金融政策法规数据等多方数据。政务数据既包括环境相关的政府数据，如环境方面的许可证、环保执法和安全事故、地方各维度实时环境数据等，还包括不同绿色认证标准下的企业数据，如制造业下的绿色工厂、绿色园区名录，建筑业下的绿色建筑创新获奖名单等；互联网公开数据种类较多，如企业注册登记数据、专利数据、产品认证数据、网络环境投诉数据、招聘数据等，此外，企业在生产经营过程对外公布的环境相关数据也可纳入数据源；企业上报数据是企业在投融资或政策申请过程中，根据相关要求自行上报的数据，上报信息会与平台大数据交叉验证，从而帮助银行刻画出更清晰的企业画像；绿色交易数据如企业的碳配额等信息是反映企业环境信息的重要数据；绿色金融政策法规知识库则整合了绿色信贷政策、绿色信贷标准、绿色产业标准等信息。平台将通过多渠道获取上述种类丰富的数据，并在绿色信贷市场发展中不断融入更多的数据和信息。

图 3 是绿色信贷风控业务中台的逻辑架构，分三个层级。

（1）数据层

最底层是数据层，指的是打通绿色信贷业务各方数据孤岛，整合风险决策所需的数据源，构建统一的风险数据特征，提供口径统一、全面的、综合性的风险数据和风险特征管理能力，通常涉及政务数据、互联网公开数据、企业上报数据、绿色交易数据、绿色金融政策法规数据。

（2）平台层

中间是平台层，提供中台所能提供的一站式体系化的基础能力或共性服务，在此总结为"334"，即"三引擎、三（子）平台、四中心"。

第一，"三引擎"分别指的是风险决策引擎、风险模型引擎和图计算引擎。风险决策引擎作为统一的、端到端的实时计算和服务平台，可以支持"分层风险识别 + 个性化风险决策体系"，还可为风险策略提供全生命周期统一管理，包括可重用的简单规则、决策表、决策树和规则流等组件的编辑、部署、运行、监控等功能。风险模型引擎提供"无监督 + 半监督 + 有监督 + 深度 + 强化"可解释性 AI 风险模型的全生命周期管理，包括模型构建、部署执行、模型监控等功能，也可以和风险决策引擎紧密结合，建设端到端的指标管理及服务平台，实现高维度毫秒级实时聚合计算，全面提升风控效果。图计算引擎能够对业务场景进行实时分析，同时还提供自动化团伙欺诈的可视化分析报告，为事中、事后的欺诈案件调查提供基础工具。

第二，"三（子）平台"分别是指策略管理平台、指标管理平台和评价分析平台。后续最上层应用层的风险指标、规则、策略、评价矩阵的生成，都需要依靠此类平台实现。引入 AI 模型的价值在于充分开发大数据资源，可以面向"复杂模型 + 客群渠道"等实行多维度的精细化管理。

第三，"四中心"分别是指风险管理工作所需的共性基础功能，包括配置中心、控制中心、监控中心和报表中心。

（3）应用层

最上层是应用层，指的是绿色信贷风险决策各类场景中通常需要调用到的各类数据，以及指标、标签、规则、模型、评估矩阵等原子化风险业务能力。其中，风险关键监测指标主要包括各种基础性单一指标、复合指标、固定指标以及常用的风控模块库；与指标、标签配套的有风控规则库，通常是由专家根据多年经验从业务中抽象生成，通常涵盖注册、登录、交易、营销、支付等多个风控环节，沉淀出一系列的支付风控、交易风控、反洗钱、申请欺诈、授信风险、营销欺诈等规则库，具体运用于行业风险评估、信息置信评分、反欺诈评分、贷中行为评分、全景风险报告、企业风险图谱、企业风险雷达、渠道推广保护、账户安全保护、营销活动保护等现实业务场景。企业维度风险度量数据模型，通常需要基于财报、税务与发票、企业尽调、供应链画像、风险控制评估矩阵等内容。

对比传统风控系统，基于中台架构理念设计的智能风控中台具有实时化、精细化、敏捷化、智能化、联防联控、统一扩展六方面独特特性。①实时化：实时分析、实时预测、实时决策、实时防控，数据打通后构建闭环，不断迭代风控能力，对风险实时防控；②精细化：对客户、对业务等多视角精细化风险防控，而非离散视角，风险预测、发生、识别与防控等各个环节业务要求更加精细，可发掘更多关联关系；③敏捷化：结合具体风控业务敏捷落地风控能力，从风控点到线再到面敏捷化迭代新的风控能力对业务进行有效防控；④智能化：专家结合人工智能预测，而非纯自动化，提升规则预测防控的精准度，支持风控能力智能化自我迭代与增强；⑤联防联控：从原来的一点出险防范到平台级的联防联控，实现风险的更完整更全面视角的防控，打通数据和风险信息，实现最大化风险防控能力；⑥统一扩展：避免烟囱式建设，原子化风控能力，面向不同业务风控需求统一实现，中台能力可扩展。

3. 基于绿色标签打造环境风险量化风控模型

当前，不同银行对于环境风险的评估方法各有不同，但存在两个共性问题：一是环境因素数据的可获得性和可使用性较低，数据来源多局限于大企业，且获得的信息不具备可持续性和可比性。二是对于"绿色企业"的认定标准尚未与国民经济行业分类明确对应。

为解决上述问题，需要对环境风险评估体系有三点突破。一是要利用必要技术手段更加系统性地发现和关注企业有关环境的负面信息。银行在审核绿色信贷项目时，除了关注企业展示的绿色投入情况、节能计划、资源使用效率等正面信息外，还应当关注其项目实际的能源消耗量、污染成本、碳排放等情况，以及是否存在重大环保违规事件等。例如，利用遥感影像跟踪生产制造单元对周边环境的影响，有效识别废物排放、气候变化、生物多样性变化等情况。二是运用上文基于区块链中台打造的绿色金融联盟，获取企业更加客观真实的"绿色标签"，减少对企业信息披露的依赖性。例如，利用该中台数据对全网企业扫描，识别潜在的"绿色企业"。利用该中台提高识别效率、安全性和数据真实性，同时也可以为金融监管机构在"反洗绿"等方面提供高效服务。三是银行对绿色企业进行评级时，需要根据行业不同特点分别收集评估信息、分类研究和评估。行业对环境的影响存在异质性，各指标在不同行业中的重要程度不同，需要针对行业特性对指标进行重要性排序。面对高风险行业应当实行更严格的评级方法，纳入更多维度的评估指标。根据行业特点差异化处理，有利于得到更准确的评估结果。

评估环境风险的量化风控模型致力于准确识别环境风险对企业运营及财务的影响。环境风险对公司运营及财务的影响，可能是环境或气候事件

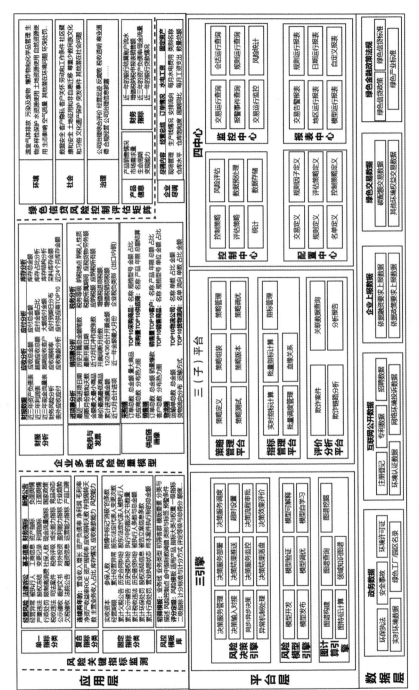

图3 绿色信贷风控业务中台逻辑架构

的直接结果，也可能是物理事件的间接或次要影响。环境风险量化风控分析框架可由两个主要部分组成：环境灾害损失模型和企业财务模型。环境灾害损失模型可用于估计因环境问题造成的企业价值损失或因自然灾害造成的业务中断造成的财务损失。然后，环境灾害损失模型的输出作为企业财务模型的输入，以调整其对企业财务报表（如资产、负债、收入、成本和利润/损失）的估计。这些调整后的变量可被用来估计银行审批所需的各种企业财务比率，如贷款与价值比率、股本回报率、资产负债率和利息保障比率等。

五　小结

由于银行绿色信贷业务受制于绿色信贷市场基础设施不健全、绿色信贷风险管理维度增多、环境权益评估和处置不易等问题，越来越多的绿色企业融资需求无法得到有效满足。利用金融科技工具，"基于区块链中台打造绿色金融联盟""基于风控业务中台打造绿色信用风险管理能力""基于绿色标签打造环境风险量化风控模型"，将有机会实现绿色信贷市场各参与方的信息平权、提升企业绿色资产交易的安全性和规范化，实现绿色信贷业务风险量化识别，降低银行信用风险与运营成本，打造出一条绿色信贷发展难题"破冰之路"。

在国家大力提倡下，绿色金融发展被再次推向新高潮。本文尝试采用架构思维，体系化地阐释了如何实现绿色信贷市场各方的深度融合，银行服务如何与业务场景无缝衔接，从底层架构、模式创新、技术创新以及顶层流程创新给银行如何建立绿色信贷数字化平台及风控体系提供了建议。对于银行来说，数据理念的提升迫在眉睫，银行需要做到会收、会管以及会用。银行建立量化风控模型仍然面临挑战，机器学习、人工智能等新一代信息技术工具可以有效提高信贷审批、风险评估等风险模型准确性，但从业务的角度，建立数据交叉验证的风险管理闭环，加强贷前、贷中以及贷后全流程管控能力才是关键。

建议银行以本文第三节和第四节建议方案为基础，自建以多方协作为模式的透明绿色信贷中台，继续深入支持绿色产业发展，为国家"双碳"等绿色目标的实现以及全球的可持续发展贡献金融力量。

参考文献

蓝虹：《商业银行环境风险管理》，人民邮电出版社 2020 年版。

杨姝影、罗朝辉、肖翠翠：《绿色信贷与环境责任保险》，中国环境科学出版社 2012 年版。

21 世纪资本研究院、汇丰：《中国绿色金融发展报告》，2021 年。

李丹：《发展供应链金融　促进乡村产业振兴——访全国政协常委、农业和农村委员会委员、中国农业发展银行原董事长解学智》，《中国金融家》2021 年第 3 期。

徐红萍：《金融机构如何进行环境信息披露》，《现代商业银行》2022 年第 18 期。

陈亚芹、别智：《商业银行绿色金融产品体系与业务创新》，《金融纵横》2021 年第 3 期。

邵骏、郑建锋：《商业银行绿色信贷可持续发展研究——以贵州省为例》，《区域金融研究》2019 年第 5 期。

钱立华、方琦、鲁政委：《2022 年绿色金融发展趋势：展望新目标、新阶段、新金融》，2020 年。

许越：《关于绿色金融的若干思考》，《新营销》2019 年第 13 期。

刘瀚斌、王昕彤：《绿色金融风险的理论研究及作用机理分析》，《上海保险》2022 年第 11 期。

唐靖楠：《论金融科技如何赋能绿色金融创新发展》，《科技经济市场》2022 年第 7 期。

赵忠世：《信贷全流程风险管理研究》，《中国金融家》2010 年第 4 期。

李崇纲、贾小婧、黄薇烨、李冰洁：《大数据在防范绿色金融风险中的探索实践》，新金融大数据，2022 年 5 月 30 日。

一站式绿色供应链金融综合服务平台的高效运营

罗润华　　刘云秀[*]

　　绿色供应链金融是将现有供应链金融、绿色金融和绿色供应链相互融合而创新发展的新型融资方式，依托核心企业自身实力及供应链上的真实交易开展业务，并强化对资金绿色化投向的重视。当前在"双碳"战略背景下，绿色供应链金融能在最大限度上引导企业加大绿色投资，减少污染物排放，实现经济与社会效益的共赢，如何构建综合服务平台并高质量发展是值得深入研究的问题。

一　绿色供应链金融整体情况

（一）绿色供应链金融概念

　　绿色供应链金融是供应链金融的绿色化再造，是碳达峰和碳中和对供应链金融提出的新要求，是绿色金融的一种创新型组织模式，同时也是融资模式的升级。绿色供应链金融体现在以下三个方面：第一，当前碳中和愿景给经济社会发展模式带来颠覆性改变；第二，碳达峰与碳中和目标的确立增加了我国产业体系建设的生态约束，从而对技术创新布局与技术发展方向提出了全新的要求；第三，绿色供应链金融是适应新时代背景的供

---

　　* 罗润华，深圳市骐骥前海科技产业研究院研究员，主要研究方向为供应链金融、现代物流等；刘云秀，深圳市骐骥前海科技产业研究院研究员，主要研究方向为供应链金融、现代物流等。

应链金融。从本质上讲，绿色供应链金融是一个集绿色生产实践、供应链金融和环境保护于一体的系统。基于绿色发展理念，构建供应链生态圈，凝聚金融资源。通过绿色生产与供应链金融的有机融合，提高企业的永续经营能力，起到推动生态文明建设和产业升级的作用。

（二）发展进程

从国际上来看，彪马公司、法国巴黎银行和国际金融公司于 2016 年便提出实施绿色供应链融资计划，与可持续应付账款融资模式类似。从国内实践来看，兴业银行 2006 年推出国内首个能效项目融资产品，并持续创新。

（三）发展模式

绿色供应链金融是绿色金融、供应链金融和绿色供应链金融三者的有机融合。当前，我国绿色供应链金融处于较为早期的阶段，更需要将三者逐步有机结合。平台整体框架的可能模式大致是"供应链金融 + 绿色金融"融合模式、"绿色供应链 + 绿色金融"融合模式，以及"链核心 + 产业金融新纽带"融合模式。

目前，我国的绿色供应链金融属于刚刚起步阶段，但绿色供应链金融的产品为整个行业乃至经济体系都注入了活力，为"双碳"背景下的供应链金融开启了绿色的发展道路。"双碳"政策的发布对全国的各行各业都产生了影响，供应链金融行业对于"双碳"政策也有其理解，所以不管是绿色票据等产品，还是行业新的发展趋势，都说明整个行业都在为国家达成"双碳"目标而不懈努力。

（四）平台图景

从发展模式上看，绿色供应链金融包含了三个子系统，形成内在的系统动力式运行机制和动力模型，绘就了绿色供应链金融平台结构图景（见图 1）。完整绿色供应链金融应包括产品绿色创新能力、回收产品价值、绿色生产投入等；而供应链演化的相关要素则为速率变量，主要是绿色创新能力增加速度、回收产品增加速度等相关变量。

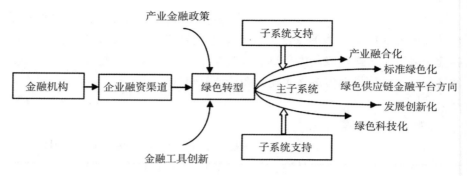

图 1　绿色供应链金融平台结构图景

二　2022 年运行状态

　　绿色供应链金融是供应链金融的绿色化再造，是国际上生态约束下供应链金融的新形态，其运行机理还没有得到充分展示，而我国才刚刚起步绿色供应链金融，其融合模式得到了清晰的构造，绿色供应链金融在我国的运行状态十分稳健并持续发展，初步形成了高效运营体系，取得了一些主要成就。截至 2022 年 6 月底，我国本外币绿色贷款余额达 19.55 万亿元，同比增长 40.4%。2022 年供应链金融资产规模较 2020 年增长 33% 左右，供应链金融的发展迎来爆发期。在供应链金融模式中，由于以融资为基础的资产主要是应收账款、存货等，这些资产的大小也会影响我国供应链金融的整体市场规模。目前，由于库存融资和预付账款融资的风控还较为有限，应收账款模式是银行应用最广的供应链金融模式。

（一）运营体系

1. 要素组成体系

　　绿色供应链金融要素体系包括基于节能环保、可持续化发展理念改造供应链全流程、全周期的诸多要素，其中金融工具应用要素、金融政策要素和产业链上下游产销环节绿色要素是主要要素。

2. 产品体系

　　从产品层面来看，绿色供应链金融产品包括三大类：一是绿色支付结算类产品。如票据、信用证、保函等结算工具在绿色产业或绿色交易支付结算环节的应用。二是绿色交易模式类产品。一类是基于核心企业购买环节应用于上游供应商的供应链融资产品，或者基于支付结算工具的融资产品如票据贴现、国内信用证福费廷业务等；另一类是基于核心企业销售环节应用于下游经销商的供应链融资产品如国内买方信贷、卖方担保买方融资等。三是延展创新类产品。一方面将绿色供应链金融向绿色交易银行产品延伸，实现企业融资和支付结算的有效融合；另一方面应用投行产品实现绿色供应链基础资产的多样化。

当然，从场景层面上，不同金融机构根据不同的绿色场景实现绿色供应链金融产品在可持续发展领域的探索与创新，根据特定绿色细分产业特征，顺延全产业链条不同交易环节各主体的金融服务需求，打造全方位、个性化的绿色供应链金融产品生态圈。

3. 环境风险评价体系

绿色供应链金融环境风险评价体系应实现从概念化、方向化的绿色引导逐步向标准化、可视化绿色风险管理的转变，不同金融机构在构建环境风险评价体系中，持续提高对绿色供应链金融环境风险的重视度，将环境风险因素纳入该体系。

（二）主要成就

虽然我国绿色供应链金融刚刚起步，但已经涌现了诸多实践案例。

1. 惠州绿色供应链金融

惠州在绿色供应链金融领域探索创新，其作为粤港澳大湾区重点发展的珠三角东岸世界级先进制造业集群之一，有着良好的发展绿色供应链金融的基础和条件，在具体发展行业上，主要聚焦于电子行业，推出了一系列可行性和创新性的举措。

惠州与深圳、东莞一起，是国家重点建设的电子信息先进制造业集群的所在地。其制造业日益绿色化，电子制造业是核心组成部分。惠州打造了核心企业主导的供应链金融服务平台，如 TCL 集团的"简单交易所"平台。自 2015 年成立以来，简单交易所始终坚持"融资促进生产"的原则，面向实体制造业供应链上下游，坚持创新驱动发展，先后推出交易云、信用云、汇科云、惠能云等综合服务模式。

在具体措施上，惠州借鉴了第一批地区的经验，研究制定了惠州规划。引导金融机构、企业和专业碳排放评估机构共同探讨，突破当前供应链金融模式瓶颈，探索商业模式创新。系统梳理绿色金融体系文件，参与广东省金融学会绿色供应链金融标准的认定和论证。

2. 广东以产业为落脚点推动绿色供应链金融发展

从自身产业特点出发，是推动绿色发展的更有效模式。从区域产业结构出发，开展重点领域和行业的供应链融资业务。例如，广东利用汽车产业优势，率先推进汽车制造领域项目。

中国人民银行广州分行指导广东金融学院绿色金融专业委员会制定《大湾区绿色供应链金融服务指南——汽车制造》，将金融"绿色"要素与汽车行业"供应链"要素有机结合，推动绿色供应链金融创新在广东率先推进。通过举办银企对接会，引导建设银行、中国银行等银行与当地车企建立合作关系，以绿色供应链金融支持当地汽车产业发展，如图2所示。

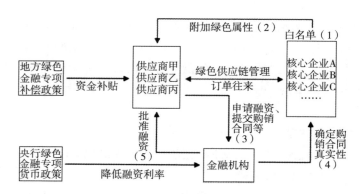

图2　粤港澳大湾区汽车制造业绿色供应链金融服务示意

3. 以北京、广东、湖北等为代表的地区碳资产管理业务率先推进

在我国努力实现"双碳"目标的推动下，以北京、广东、湖北等为代表的区域碳资产管理业务率先推进。碳资产交易所与金融机构合作，在部分试点地区开展供应链融资业务，开发绿色供应链金融新模式。TCL金融公司以"市场化碳账户＋绿色供应链融资"的模式，开展国内首个"绿色碳链"业务，将碳资产管理的低碳目标与供应链金融的普惠属性相结合，为银行发展特色产业绿色供应链金融业务提供有益参考。

4. 广州建设试验区实践经验

大力推进试验区建设。为深入推进广州绿色金融改革创新试验区建设，广泛普及、传播、推广绿色金融和绿色发展理念，营造绿色金融改革创新发展良好氛围，充分总结和展示自 2017 年 6 月广州绿色金融改革创新试验区获批以来的创新成果和工作亮点，大力推广和复制优秀成功案例，为社会经济绿色低碳转型发展提供强有力的金融支持，推动广州绿色金融高质量发展，在广州地方金融监督管理局的指导下，广州绿色金融协会组织开展首届广州绿色金融改革创新案例征集活动。入选的创新案例共有 30 个，覆盖政府、银行、证券、保险、基金、融资租赁、环境权益、绿色实体、服务中介等部门和机构，涉及金融支持低碳转型等方面，多维度、多角度展示广州绿色金融改革创新成果。

为实践提供政策支持。在平台建设方面也加大支持。2021 年 11 月 21 日广州开发区金融工作局印发了《广州市黄埔区、广州开发区促进绿色金融发展政策措施实施细则》通知。其中绿色供应链金融服务平台及其他绿色金融服务平台运营主体，按以下规定申请奖励：①拥有线上线下服务平台和受理窗口，并向企业提供一站式绿色供应链金融及其他绿色金融服务；②实际经营情况及服务效能由区金融部门组织专家团队进行评审认定；③综合考虑平台建设投入及其产生的社会经济效益等情况，给予每家平台运营主体最高 500 万元奖励；④平台奖励每年集中申报一次。

三 当前面临的问题与挑战

从绿色供应链金融运行的状况来看，当前存在的主要问题有以下内容。

（一）信息不对称及多层次信用穿透难

事实上，绿色供应链金融企业的数据应用与共享明显分离。由于市场主体之间缺乏必要的联系，存在数据差距。由于多方交易，信用无法覆盖，导致信用评价困难，整个供应链效率低。而各级政府部门和核心企业掌握了大量信息流和数据流，但这些具备一定价值的信息和数据的开放和共享程度处于较低水平，使金融机构不能很好地服务实体经济。

这也直接导致企业参与程度有待提升。一方面，核心企业尤其是大型国有企业，因增加风险、管理成本上升、没有带来直接经济效益等原因，对参与绿色供应链金融的认同感较低，甚至"避而远之"，在与上下游企业结算时，将付款安排、验收标准等关键条款的责任下移，导致垫资采购等资金压力落在了非优势地位的中小微企业上；另一方面，中小微企业缺少可抵质押的优质资产，又存在经营不稳定、资金缺乏计划性、财务制度不健全等问题，常遇到因验收安排等条款的约束，业务款项难以确认为"应收"，融资难度加大，经营困难加剧。

（二）传统监管手段不足

随着金融科学技术的应用，金融创新加速了绿色供应链金融产品不断更新迭代，在提高行业效率的同时也带来了更多的风险。现阶段，传统的监管手段已经很难取证、调查，有些企业会伪造票据或者流水来获取非法利益，给行业带来了巨大的挑战。在"双循环"新格局的发展下，金融科技的风险也渗透到（跨境）支付领域，这些因素都使不确定因素增加。

另外，企业授信依赖传统路径。绿色供应链金融模式中应付应收账款融资占据大部分，而纯信用的贷款比例偏低。核心企业的信用支持或传统的抵质押方式依然是以银行为代表的金融机构贷款模式的主流。

（三）绿色金融标准体系有待进一步完善

银行业对于绿色金融标准体系内容的制定，主要集中在绿色信贷上，其他创新业务大多还处于探索阶段。因此，对绿色供应链金融的认知存在较大差距和不同，对业务创新缺乏规范性指导，且在风险的及时有效识别上也难以较好地实现，不能够及时充分地发挥环境信息评价、多方监管、第三方评价等作用。

（四）数字赋能应用存在难点

绿色供应链金融数字化应用和技术如区块链、联邦学习法等创新技术尚未成熟，国内商业信用监管环境还待完善。核心企业虽有良好的资金资源条件，但出于规避信息泄露风险、审计问责等原因，对数字化和数据传递持审慎态度，导致数字化绿色供应链金融服务推广受限。例如《中国金融》数据显示，中国石油在油气内部产业链拥有超过 3000 家成员单位，外部产业链上下游更涉及 40 余万户实体企业，加上各产业流程非标准化，数字化流程改造难度大、管理成本高，需要花费较多的人力物力、财力。

（五）绿色金融的产业体系建设尚未实现

绿色供应链金融是一种基于供应链的绿色金融活动，但实际上它是一个系统工程，深受产业发展结构性的影响。目前，我国产业结构处于调整过程中，绿色产业体系尚未系统建立，绿色供应链金融仍处于探索阶段。

（六）绿色供应链融资评价标准缺乏

绿色金融领域环境绩效评价缺乏统一的标准。在具体实操层面，资金虽然投向绿色企业，但其经营活动并非绿色经营或不能产生绿色效益；虽然有些融资表面上不是绿色的，但有助于实现节能环保。整体上看，目前在绿色供应链领域还尚未形成全国统一的标准化的评价体系。

四 各地实践及解决对策

（一）各地实践

绿色金融近年来持续向上增长，节能降碳效果明显（见表1）。2022年"两会"期间，人民银行发文指出：我国已初步形成多层次绿色金融产品体系。

表1　　　　　　　　部分商业银行绿色金融发展情况

商业银行	绿色金融发展	节能降碳效果
工商银行	绿色贷款余额 18457.19 亿元	节约标准煤 3506.48 万吨；减少二氧化碳排放 8524.63 万吨
建设银行	绿色贷款余额 13427.07 亿元	节约标准煤 3506.48 万吨；减排二氧化碳当量 7388.66 万吨
华夏银行	绿色贷款余额 1800.43 亿元	折合节约标准煤 145.7 万吨；节水 1094.99 万吨
浦发银行	批复绿色行业相关授信业务超过 1200 亿元；绿色金融领域融资余额达 5000 亿元；绿色信贷余额超过 2600 亿元	—

1. 兴业银行

银行金融机构探索将供应链金融理念融入现有绿色产品中，为企业提供绿色供应链金融支持方案。兴业银行在支持方案中的主要服务对象是节能减排设备的采购企业，采购企业与核心企业签订购销合，采购企业可凭购销合同向兴业银行申请贷款。兴业银行在审查合同后，以设备作为抵押（或取得核心企业担保）提供信贷支持，如图 3 所示。

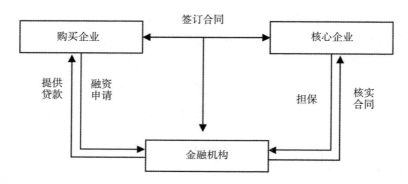

图 3　兴业银行绿色供应链金融模式

2. 浦发银行

浦发银行则聚焦于推广能源合同管理项目支持和清洁发展机制（CDM）项目。例如，节能服务公司与项目采购企业签订节能服务合同后，根据合同向浦发银行申请融资，并将项目应收账款划转给浦发银行。项目采购企业按合同约定的付款方式，在每个付款期向浦发银行支付款项，如图 4 所示。

3. 珠海香洲区数字化产业金融公共服务平台

珠海香洲区建设了数字化产业金融公共服务平台。平台通过后台数据与厦门国际银行"快 e 融"相结合的智能算法能够得出授信数据，包括政府金融政策补贴和银行优惠等都能得出，以此建立数字化产业金融公共服务平台，助力绿色供应链金融发展。数字与金融的结合，实现了"数据多跑路，企业少跑腿"，让企业融资贷款不再难，金融机构了解企业不再愁。

该平台自全面使用以来，入驻平台企业超 1400 家，金融机构 46 家，为企业对接央行货币政策工具提供服务，在融资领域创新建立"科技创新

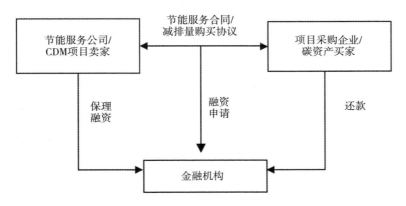

图4　浦发银行绿色供应链金融模式

再贷款"，加大宣传力度，打通企业沟通屏障，打通货币政策到企业的"最后一公里"。资产品超 100 个，线上促成企业成功融资超 140 笔，总授信额度超 31.7 亿元。

（二）解决对策

1. 建立信息共享机制，提升业界数据驱动能力

开放共享工商、税务、海关、信用等公共信息，推动供应链企业业务、信用、物流等数据信息开发共享，逐步形成透明对称的信息。支持鼓励供应链企业提升数字能力，建立并增强大数据思维方式，提升绿色供应链金融线上化、数字化水平。

2. 搭建绿色供应链金融公共服务平台

运用大数据、区块链等技术，连接各参与主体的数据信息，实现政策发布、信息共享、在线服务、在线交易、数据跟踪等公共服务功能，并支持各参与主体通过绿色供应链金融公共服务平台与央行征信系统、应收账款融资服务平台等实现对接，提高绿色供应链金融业务服务效率、降低业务成本、降低行业风险。推动成立供应链金融纠纷调解中心，以行业专业优势和法律专业优势对绿色供应链金融业务中产生的纠纷问题进行调节，推动绿色供应链金融行业健康可持续发展。同时，探索"产展销融"一体化的绿色供应链金融公共服务平台（见图5），打造绿色化合作机制体系，与银行、融资租赁公司等多家金融机构合作，为企业客户提供核心企业融

资、应收账款融资、订单融资、票据融资等多样化融资服务，缓解行业中小企业的资金压力。

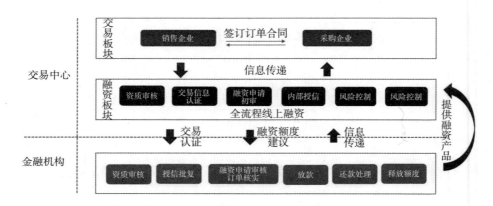

图5 "产展销融"一体化的绿色供应链金融公共服务平台

3. 建立风险分担机制，拓宽资本市场融资渠道

利用信用风险分担机制，支持金融机构增加对核心制造企业上下游中小企业的信贷供给。基于真实贸易等前提情况，支持通过同业拆借、信托等多种不同的组合方式来增强金融资金来源。同时，盘活优质资产，并加强风险防控，建立合理的信用审查机制，建立良好的制度环境，完善社会信用体系，完善相关法律法规，加强对绿色供应链金融的监管。

五　政策建议

（一）完善绿色金融体系，助力实现碳达峰、碳中和战略目标

一是加快绿色金融标准体系建设，为金融体系提供标准化的评价和识别方法体系，支撑绿色技术创新和绿色企业发展；二是逐步完善激励约束机制，鼓励银行业金融机构开展绿色技术创新投贷联动业务，引导金融机构加大绿色资产配置；三是持续丰富绿色金融产品市场，支持和培育以绿色科技投资为重点的私募股权和风险投资机构；四是为绿色科技创新企业提供担保等风险补偿，将绿色科技创新纳入国家融资担保基金重点支持领域之一。

（二）优化授信模式，完善风险评估体系，支持绿色供应链金融发展

一是完善监管机制，针对重点扶持行业的小微企业贷款，在信贷投放、产品创新、风控体制创新等方面给予独立的评价指标，对中小微企业贷款进行分层分类管理，银行落实尽职免责的具体要求；二是扶持政策性担保公司、保理公司、融资租赁公司发展，对国内绿色供应链金融配套服务机构给予风险补偿、融资担保基金等政策，通过"沙箱监管"进行试点后推广，营造良好的生态环境；三是引导传统金融机构开放观念，改变依赖核心企业的主体信用模式；四是支持金融机构引入第三方专业机构，通过互联网、大数据、区块链等技术手段，开展数据收集和分析、风险提示、综合评级、舆情监测、信用测评、信用体系建设等监测预警，控制好展业风险，重点加强日常运营环节的事中监管。

（三）试点电子凭证，构建绿色供应链金融数字化治理模式

一是鼓励企业应收应付款项上云平台，促进中小企业财务或交易流程数字化，鼓励核心企业以电子票据逐步替代传统应付账款，打造核心企业—上下游企业—金融机构三方生态平台；二是加快相关立法进程，尽快出台《中华人民共和国数据安全法》具体指引细则；三是尽快建设区块链国家级产学研实验室，并在央企国企中试点应用，打造数字绿色供应链金融的标杆及优秀案例。积极探索在数据共享分析与信息安全间的平衡，依托金融科技手段缓解供应链中信息不对称难题，切实提升绿色供应链金融服务效率和能力。

（四）提升绿色理念，构建新型绿色供应链金融合作模式

核心企业要做强做大，长期稳定经营，要转变观念，增强社会责任感，与供应链上下游企业实现共赢。中小企业要积极转变传统思维观念，打造绿色企业，树立绿色形象，获得绿色效益。银行应通过积极激励和减少信息不对称构建新型绿色供应链金融合作模式。

（五）提升金融机构产业投资研究能力，打造产学研一体化平台

各类金融机构要具备较强的产业投资研究能力，致力于搭建产学研一体化平台，全面提升金融机构的产业投资研究能力。一是不断加强金融机构基础产品和服务体系建设，建设绿色金融产品库，完善绿色金融服务功能；二是深入产业链，比行业更了解行业，建立较强的产业投资研究能力。

（六）金融科技助力绿色供应链金融，打造开放供应链综合服务平台

打破传统的单一银行信贷模式，建立集政府、环保部门、金融机构、核心企业于一体的开放互联网金融平台。利用金融科技构建场景，降维赋能，打通参与者信息孤岛，实现多点协同，数据信息共享，进行信用追踪。最后，降低中小企业融资成本，实现绿色发展目标。

六　2023 年预测及展望

（一）2023 年预测

国家越来越重视绿色供应链。绿色供应链政策制定步伐加快，且法律和政策体系日益完善，有利于企业建设绿色供应链的制度环境将逐步形成。行业龙头企业，通常会根据自身特点进行必要的创新。除了标准化模式，更多创新管理模式必将涌现。同时，绿色供应链管理的主体将从大型企业转移到中小企业，且国家将对绿色生产和绿色消费给予巨大的支持。随着相关法律法规政策的实施，建设绿色供应链的企业将从中受益。在以大企业为主导的同时，中小企业将更加受到关注。

在发展过程中，供应链金融科技的发展离不开产业数字化。以服务实体为抓手，以服务企业的数字化转型和工业互联为基础，再叠加金融科技，改善存在的长期融资难、应收账款催收期长等问题。与此同时，供应链金融科技在产业数字化中扮演"连接器"的角色，使产业链本身和不同产业链之间能够实现高质量的数据交换。

在金融机构方面，会进一步打造数字产业金融服务平台，加强场景聚合和生态对接，实现"一站式"金融服务。当越来越多的行业走向海外时，也会涉及多个地区和国家，给绿色供应链金融的发展提供新的发展机会，通过提供符合产业集群特点的供应链金融科技服务来进一步提升发展的质量。在科技层面，绿色供应链核心企业在部署时，以数字智能供应链为核心垂直推进数字化转型，将供应链变成供应链网络，提升供应链的效率和弹性，并针对上下游生态相关的产业和技术进行横向拓展。

（二）2023 年展望

金融"血脉"畅，经济"肌体"强。2023 年预计我国供应链金融市场透率将达到 49%，规模将达到 12.6 万亿元，2015—2023 年复合年均增长率达到 11.2%。绿色是当前社会、经济、产业发展面临的紧约束和导向目标。尽管绿色供应链金融发展领域还有很多方面要突破，但其突破过程中的磨合与经验积累将会有益于我国经济与国际市场进一步接轨，有利于引导科技创新拉动经济转型升级。发展绿色供应链金融，将有利于科技创新企业与国际资本更加有效地对接，也将有利于战略新兴产业向大湾区等国家战略区域领域集中布局，有利于科技创新企业的充分竞争与产业合作，"一站式"绿色供应链金融运营平台建设，将帮助国内金融机构提升金融综合服务能力，同时提高产业的运营效率。更多平台将秉持数字化和云原生的理念，持续运用科技助力环境保护、履行社会责任、完善治理结构，助力产业数字化、数字产业化，赋能实体经济。

展望 2023 年，绿色供应链金融综合服务平台的高效运营，将更深度地推动资源整合并创新企业融资模式，将更有效地实现科技赋能，激活数据价值，并将进一步实现长效机制，推动产业及经济的绿色发展。

参考文献

薛小飞：《商业银行绿色供应链金融的实践思考：模式、问题及对策》，《新金融》2022 年第 3 期。

单明威：《多方参与下的绿色供应链金融模式研究》，《环境与可持续发展》2019 年第 3 期。

黄晓宁：《绿色金融在供应链领域的创新应用》，《中国物流与采购》2018 年第 18 期。

陶可：《基于绿色供应链金融视角的中小企业融资模式研究》，《中国市场》2021 年第 13 期。

顾金星：《绿色供应链金融博弈模型研究》，硕士学位论文，大连理工大学，2017 年。

打造面向绿色经济的物流供应链体系

徐　岷　段梦渊　张晓晓[*]

随着我国提出"双碳"目标，推动绿色低碳经济的发展，从中央到地方，都在重点围绕绿色工厂、绿色产业园区、绿色标准等关键环节开展绿色产业体系建设，中国制造业"绿色浪潮"正在兴起。2022 年初，《"十四五"工业绿色发展规划》正式发布，明确到 2025 年，工业产业结构、生产方式绿色低碳转型取得显著成效，能源资源利用效率大幅提高，绿色制造水平全面提升。以传统工业绿色化改造为重点，绿色科技创新为支撑，大力实施绿色制造工程，推动我国绿色经济快速发展。作为绿色经济发展的重要支撑，面向绿色经济的物流供应链，即绿色供应链体系建设同样取得明显发展。

一　我国绿色经济体系发展进程

（一）绿色经济体系定义及重点发展行业

绿色经济体系即绿色低碳循环发展的经济体系。党的十八大以来，习近平总书记多次强调我国坚持走绿色低碳发展道路。党的二十大报告中，明确提出到 2035 年，我国将广泛形成绿色生产生活方式的发展目标，推进美丽中国建设，加快推动产业结构、能源结构、交通运输结构等调整优

* 徐岷，深圳市蕾奥规划设计咨询股份有限公司产业规划部经理，工程师，主要研究方向为产业发展、物流及供应链管理；段梦渊，深圳市蕾奥规划设计咨询股份有限公司产业规划部助理设计师，主要研究方向为产业规划、物流及供应链管理；张晓晓，深圳市蕾奥规划设计咨询股份有限公司城市设计事业部（TOD 规划研究中心）助理规划师，主要研究方向为城市规划、城市更新。

化，推动经济社会发展绿色化、低碳化，加快发展方式绿色转型。2021 年国务院发布《关于加快建立健全绿色低碳循环发展经济体系的指导意见》（以下简称《指导意见》）。根据《指导意见》，绿色经济体系指"全方位全过程推行绿色规划、绿色设计、绿色投资、绿色建设、绿色生产、绿色流通、绿色生活、绿色消费，是发展建立在高效利用资源、严格保护生态环境、有效控制温室气体排放的基础上"的产业体系。具体包括生产体系、流通体系、消费体系、基础设施体系、技术创新体系、法律法规政策体系六大体系。

同时，《指导意见》明确界定了我国在工业、农业、服务业三大产业领域中绿色经济的重点发展行业。其中，工业领域重点包含钢铁、石化、化工、有色、建材、纺织、造纸、皮革、电力、天然气、清洁能源、节能环保、新能源汽车等行业；农业领域重点包含生态种植、生态养殖、绿色食品、有机农产品等行业；服务业领域重点包含物流、垃圾分类回收、再生资源回收、供应链管理、电子商务等行业。

（二）绿色经济相关政策制定情况

党的十八大以来，国家各部委先后出台一系列纲领性文件促进绿色经济发展，各省、市、区级政府同样出台大量相关政策规定，涵盖生产生活的方方面面，政策覆盖面广、数量多。

其中，2019 年国家发改委制定《绿色产业指导目录（2019）》（以下简称《指导目录》），从产业发展维度，明确界定了绿色经济体系建设过程中的节能环保、清洁生产、清洁能源、生态环境、基础设施绿色升级、绿色服务六大重点产业门类，以及相关的一系列产业细分方向及关键环节，对绿色经济体系构建提出了明确的产业发展路径。

在《指导目录》的基础上，《指导意见》同时关注绿色供应链、绿色技术创新、绿色流通体系等方向，真正意义上成为我国绿色经济体系建设进程中最重要的纲领性文件，对我国绿色经济体系构建具有跨时代的影响力。

二 2022 年我国绿色经济与绿色供应链体系运行状况分析

（一）2022 年我国绿色经济体系建设情况

已初步构建较为健全的绿色生产体系。截至 2022 年 9 月，我国已初步在钢铁、电解铝、水泥、平板玻璃等行业建立落后产能退出长效机制①，高技术制造、装备制造等新兴产业占规模以上工业增加值比重持续提升，产业结构持续快速优化。截至 2022 年 9 月，钢铁行业去产能 1.5 亿吨；电解铝产能回落至 4040 万吨，日均产量环比下降至 11%②；水泥产量 156277 万吨，同比下降 12.5%③，创下自 2012 年起 11 年间的最低值④；规模以上高技术制造业增加值同比增长 8.5%，增速远高于工业增加值；装备制造业增加值同比增长 6.3%，快于全部规模以上工业增加值 2.4 个百分点⑤；多维度持续推进工业结构绿色化、低碳化升级。研究制定节能、绿色发展等国家级行业标准近 500 项；绿色工厂评价行业标准 41 项，涵盖焦化、石油炼制、尿素、烧碱等领域，涉及钢铁、化工、建材、有色、轻工、纺织、电子、通信等国民经济重点行业；建设工信部认定绿色工厂 2783 家、绿色园区 223 个、绿色供应品企业 296 家，逐步构建绿色制造体系，为我国经济体系绿色低碳循环转型提供重要支撑。

1. 流通体系绿色循环发展水平显著提高

我国工业体系在资源绿色循环、流通、提效等方面虽然依旧面临用能结构绿色化水平不高、节能提效技术创新及装备推广存在短板、重点用能行业节能挖潜难度日益加大等问题⑥，但较"十二五"末，绿色循环发展水平取得历史性突破。2022 年初数据显示：我国规模以上工业单位增加值同比能耗降低 5.6%，预计至 2025 年，规模以上工业单位增加值能耗较

---

① 工信部：推动工业绿色低碳循环发展"新时代工业和信息化发展"系列主题新闻发布会第八场，2022 年 9 月。

② 申万期货研究所：《有色金属：供应扰动频发，铝价再寻平衡》，2022 年 10 月。

③ 国家统计局：《前三季度国民经济恢复向好》，2022 年 10 月。

④ 中国水泥网水泥大数据。

⑤ 国家统计局：《前三季度国民经济恢复向好》，2022 年 10 月。

⑥ 工信部等六部门：《工业能效提升行动计划》，2022 年 6 月。

2020 年下降 13.5%；万元工业增加值用水量下降至 28.2 立方米，较 2015 年下降 51.6%，工业用水重复利用率提升至 92.9%[①]，单位 GDP 能源消耗、单位 GDP 用水量正大幅趋近世界平均水平；增设 46 个国家级多式联运示范工程，总量达 106 个。创新智慧绿色的公铁海多式联运工程技术，降低公路在交通运输体系中的占比，提高铁路和水路运输占比，有效降低物流运输碳排放水平的同时，降低运输成本，提高物流时效性。推广绿色低碳运输模式，有利于带动物流产业绿色化升级，促进生产生活资源流通体系的绿色化、循环化转型发展。

2. 绿色低碳生活方式，促进消费体系绿色低碳化转型升级

食品消费是我国消费体系绿色化转型升级的主战场。截至 2022 年 9 月，我国农产品加工转化率达到 70.6%，农产品加工产值在农业总产值中的比重提升到 2.5%，新增 5 万多个产地冷藏保鲜设施，农村网络零售额超过 2 万亿元。通过推动农产品加工、完善冷链物流设施、发展涉农电商等手段，在农业生产源头上加强解决减损管理，形成绿色健康的农产品消费方式。2022 年，预制菜成为食品消费领域的关注重点，由于预制菜需要保障食品安全，原材料均需符合对应的国家或行业标准。预制菜在生产制造过程中，采用原材料集中采购、中央厨房标准化规范化生产、急速冷冻技术、餐厨垃圾统一收运处理等方式，将绿色技术全过程融入。通过发展预制菜，减少传统食品行业收货、加工、分销、零售各环节的污染及碳消耗，提升我国食品消费领域绿色化水平。共享经济维度，上海发布数字经济"十四五"规划，国内首创提出了探索 NFT 交易平台的政策性文件，持续探索数字化共享经济发展路径；国家发改委等七部门印发专项文件，要求拓宽闲置资源共享利用和二手交易渠道，直接推动了"易货贸易"等天然绿色 ABS 共享经济发展，促进我国绿色消费体系持续发展升级。

3. 基础设施持续推进绿色化升级

我国《"十四五"可再生能源发展规划》，描绘了至 2025 年我国可再生能源的发展蓝图，风电、太阳能发电、地热、生物质发电成为我国未来能源领域的发展重点。2022 年，预计我国海上风电装机容量超 4000 兆瓦，超过英国、德国等欧洲能源强国，成为全球最大的海上风电市场，装机总容量达到全球的 40%（见图 1）。

---

① 工信部等六部门：《工业水效提升行动计划》，2022 年 6 月。

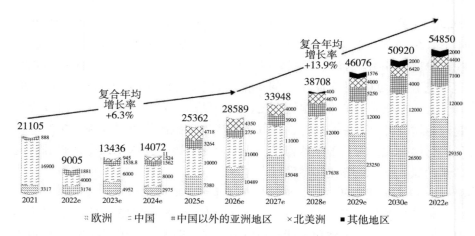

图 1　2022—2031 年全球海上风电新增装机容量走势预测（单位：兆瓦）

资料来源：全球风能理事会（GWEC）:《2022 年全球海上风电报告》（*Global Offshore Wind Report* 2022），https：//gwec. net/gwecs - global - offshore - wind - report/，2022 年 10 月 27 日。

（二）2022 年我国绿色供应链体系运行状况

绿色供应链这一概念最早由美国密歇根州立大学的制造研究协会提出，是指从环境保护出发，对供应链各环节进行节能环保设计，从而减少产品生命周期中的能耗和污染，包括绿色设计、绿色采购、绿色生产、绿色交付、绿色回收五个维度。我国绿色供应链体系整体处于发展起步期，随着"双碳"目标的逐步实现，我国绿色供应链体系将逐渐实现从追赶到并跑，最终实现领跑。①

1. 绿色设计意识觉醒，能力体系逐步构建

2022 年，全国众多城市围绕申办世界设计之都，发展大工业设计，其中，绿色设计作为工业设计重要发展方向，代表先进生产力的未来，其重要性逐渐受到各级政府的认可。截至 2022 年 11 月，我国已公布 4 批工业产品生态设计示范企业，含美的、联想、中联重科、施耐德电气、吉利等共计 340 家，涵盖电子电器、纺织、机械装备、汽车及配件、轻工、化工、建材、冶金八大领域。尽管 2022 年不确定性因素对我国经济产生了持续影

---

① 李刚、扶明亮：《绿色供应链管理国际研究热点及其演化可视化分析》，《供应链管理》2022 年第 4 期。

响，但中央财政仍然安排了 621 亿元生态环境专项资金，较 2021 年增加49 亿元，建立项目储备库，储备项目 10000 多个，总投资需求 6500 多亿元，重点覆盖绿色设计中的环境技术投资领域。

2. 绿色采购政策持续健全，取得了骄人的成绩

截至 2022 年 9 月，国务院等各中央部委先后出台《国务院关于印发"十四五"节能减排综合工作方案的通知》《关于进一步释放消费潜力促进消费持续恢复的意见》《关于推动轻工业高质量发展的指导意见》《财政支持做好碳达峰碳中和工作的意见》等一系列政策，明确提出完善绿色采购标准，加大绿色低碳产品采购力度，包括推广应用装配式建筑和绿色建材、加大新能源及清洁能源公务用车和用船的政府采购力度等，并提出在政府采购文件中规范绿色低碳采购要求，加大绿色产品的采购。① 政府政策逐步完善的同时，企业对绿色采购的重视程度统一持续提升。同时，部分制造业企业出台相应机制，鼓励优先采购采用环保技术的供应商，也有部分企业接轨国际企业 ESCS 标准，对供应商提出环境监测要求。

3. 绿色生产方式逐步广泛形成

能源领域，截至 2022 年 7 月，我国清洁能源消费比重从 2014 年同期的 16.9% 上升到 25.5%，清洁能源占能源消费增量的 60% 以上；北方地区清洁取暖率达 73.6%，替代散煤 1.5 亿吨以上。建筑领域，截至 2022 年上半年，我国新建绿色建筑面积占新建建筑的比例已超过 90%，从对现有存量建筑的绿色化改造，到新型水泥等绿色建材使用，再到大力推广装配式建筑，我国已逐渐全面实现新建建筑的绿色节能。此外，我国在经济受到不确定性因素冲击的同时，并未放松对新能源、新能源汽车、绿色环保等产业集群的持续建设。

4. 绿色物流交付方式发生改变

新能源货车、高铁货运等绿色物流交通工具正逐步替代传统交付方式。2022 年，在传统燃油卡车销售下降的背景下，新能源轻卡货车销量逆势上扬，前九个月累计销售 1.84 万辆，占全体轻卡销量的份额较 2021 年大幅提升。2022 年上半年，顺丰使用自研"方舟 40"无人机，为上海疫区群众配送大量蔬菜、生鲜、抗原试剂、应急药品等物资。无人机物资配送使

---

① 耿丹丹：《〈激荡 20 年〉绿色采购正青春——回顾绿色采购 20 年风雨历程》，《中国政府采购报》2022 年 6 月 27 日。

用城市低空物流网络，有效补充多种场景下高频高效运力需求。美团数据表明，3 千米范围内，常规配送需要 28—30 分钟，依托无人机，可将时间压缩至 15 分钟以内。此外，2022 年"双 11"期间，部分物流公司逐步开始采用高铁货运方式，取代传统的货车运输，同时在大数据算法的加持下，结合电商前置仓库建设，绿色交付方式在减少碳排放的同时，极大提高了物流交付效率，未来将持续替代传统的物流交付方式。

5. 绿色回收发展势头良好

随着前些年新能源汽车的高速发展，2022 年初，我国真正迎来第一波动力锂电池退役潮，废旧电极材料对生态环境和人体健安全带来极大的隐患的同时，也面临着原材料短缺的危机，倒逼绿色回收的发展。仅 2022 年 1—6 月，我国废旧锂电回收超 13 万吨，累计节约数万吨金、镍、钴、锂等重要金属原材料。

（三）当前我国绿色经济体系发展过程中面临的突出问题

1. 绿色经济评价标准有待提升

绿色经济定义广泛，我国已明确出台《指导目录》，从产业发展的角度清晰界定了绿色经济的具体内容，并针对绿色供应链领域的物料清单、采购控制、信息化平台建设已出台详细标准。然而在产业绿色计划、绿色生产、绿色交付、绿色回收等绿色供应链领域，国家级评价标准尚未出台，有待完善。作为重点领域的新能源汽车产业，为支撑我国"双碳"目标的实现，亟待加强能源消耗、碳排放等领域绿色技术标准的制定。同时，在新能源物流车等乘用车领域，仍待加强与国际技术评价标准的协调。

2. 绿色人才队伍建设有待加强

绿色经济与绿色供应链发展所需的绿色人才队伍建设处于起步期。绿色人才需要熟练掌握实现经济活动各环节可持续性相关的绿色技能以及广泛的绿色技能知识。根据相关企业统计数据，从招聘市场看，绿色技能岗位需求以每年 8% 的速度快速增长，约有 10% 的职业要求中提出求职者需要具备绿色技能，然而同期绿色人才规模增长仅为 6%，存在明显的供需缺口，难以满足绿色经济发展的巨大需求。①

---

① 领英：《2022 年全球绿色技能报告》，https：//economicgraph. linkedin. com/research/global – green – skills – report，2022 年 10 月 27 日。

三 基于绿色经济发展理念的物流
供应链先进实践案例

（一）深圳湾生态科技园

园区维度，深圳湾生态科技园打造智慧能源云平台，通过数字化手段，对园区入园企业能源消耗进行管控，建设绿色园区的同时，从能源供应链维度入手，促进企业生产方式绿色化、低碳化升级。能源云平台服务主要包括园区内企业用电需求与企业购电售电合同上云，以及对企业能源数据进行负荷预测两大维度。园区智慧运营管理公司英飞拓智园通过对需求侧的精准把控，与中国南方电网合作，采用"期货"的一次性购电方式，以低于市场价的金额成交，供给到园区企业，实现购电售电差价的运营盈利；同时通过对园区耗能大户的定制服务、用电高峰时段的精准调控，拿到政府能耗补贴。用智慧化手段降低园区整体能耗，创造出每年1.3—1.5千瓦的电能耗运营盈利。

（二）华为

企业维度，华为将绿色环保要求融入采购质量的优先战略以及采购业务的全流程中（见图2）。华为通过对标客户具体要求和行业顶级的实践经验，将绿色环保理念融入供应链业务全流程，打造绿色供应链。在原材料获取、生产制造、运输、交付各环节提出明确具体的环保要求，确保环保合规。同时，通过供应链业务激励供应商绿色化、低碳化升级，打造有竞争力的绿色供应链体系。在供应商认证、选择、现场审核、绩效管理等全流程各个环节中，都提出了较为明确的绿色环保要求。于2013年启动绿色供应链项目，经过近10年的发展，华为已经对所有的供应商提出绿色供应链升级要求，推动Top100供应商及高能耗型供应商制定碳减排目标，打造有竞争力的绿色供应链。华为结合供应链数字化转型的时间经验，提出供应链"绿数成赢"的绿色供应链理念，设计了基于实物流通的碳核算架构，以开展碳足迹的管理及追踪。

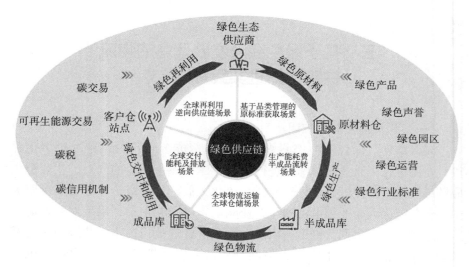

图 2　华为绿色供应链管理体系

资料来源：华为投资控股有限公司：《2021 年可持续发展报告》，2022 年。

四　2023 年我国绿色经济及绿色供应链发展形势预期

（一）国内维度

党的二十大报告中明确提出"推动绿色发展，促进人与自然和谐共生"。未来，我国将坚持"加快发展方式绿色转型，实施全面节约战略，发展绿色低碳产业，倡导绿色消费，推动形成绿色低碳的生活方式和生产方式"。2023 年，随着党的二十大精神的深入落实，发展绿色物流供应链体系，促进绿色经济体系构建，提高我国产业链和供应链韧性将成为各级政府的工作中心。此外，软实力提升同样成为来年我国各级政府的重点工作之一。工业设计作为地方软实力的重要体现，将迎来长足的发展，从而促进绿色创新与绿色增长，对我国绿色供应链体系建设产生积极的影响。

（二）国际维度

自 2018 年起，国际经济面临新一轮的全球性经济低迷，随着 2019 年新冠疫情的暴发，2023 年面临后疫情时代全球经济格局的重构，发展绿色经济及绿色供应链体系将成为我国经济复苏、扩大双循环的关键契机。同时，俄乌冲突导致全球能源价格提升，或将诱发全球性能源和粮食危机，直接导致国际绿色政治经济陷入发展停滞乃至"回摆"。外部环境逐渐偏离低碳绿色发展的正确轨道。国际市场的不稳定，导致我国绿色经济体系与绿色供应链体系的建设产生了较大的不确定性因素。国际绿色技术及绿色标准产生变化，欧美以气候变化为名，单边设定了贸易和技术壁垒。例如，欧盟制定的全新的碳边境调解机制，本质上成为准入门槛，直接导致我国相关绿色工业产品出口难度激增。

2023年，在国内绿色经济稳定向好发展及国际绿色经济发展"回摆"的双重态势影响下，我国绿色供应链体系发展将存在较大的不确定性。预计2023年，绿色（生态）设计示范企业将增至300家；绿色产品采购占比将进一步上升；清洁能源消费比重将超28%，新建建筑中绿色建筑占比将达到95%，绿色生产方式进一步形成；新能源物流车、无人机等绿色流通方式将进一步取代传统方式，我国绿色供应链仍将保持强劲的发展态势。

五　绿色经济及绿色供应链体系构建相关政策建议

绿色经济和绿色供应链的核心是强调经济效应、社会效益和环境效益三者之间的平衡，控制制造业对环境的负面影响，提升资源利用效率。我国在发展绿色经济的过程中，相关的法律法规、评价和监管体系，以及激励机制仍有待进一步完善。本文针对目前政策方面突出的短板，提出实操性较强的建议。

（一）加快出台相关标准，完善绿色经济及绿色供应链评价体系，加强法律监督

进一步完善环境立法体系和环境保护条例。新环保时代对供应链提出了新的挑战，且工业发展和环保产业具备共生共存的可能性，我国亟须推动环境立法体系的完善，加速更全面更多元的环境保护条例的出台。注重产品生命周期各阶段的环境影响因子和废弃物无害化处理产生的环境影响，完善管理条例，严格监管企业落实节能减排措施。

建立绿色供应链评价体系。建议围绕供应链目标，对供应链整体各环

节（尤其是核心企业）运营状况以及各环节之间的营运关系等进行事前、事中和事后的分析评价，强调供应链环节中主体之间的信息共享和考核企业的绿色水平，强调供应链各环节的闭环运作、企业之间的合作和客户需求的分析。评价标准的指标考核从时间、顾客、合作关系与成本效益四个角度参考制定。

普及环境管理标准。鼓励各企业采用环境管理体系标准（ISO 14000）。鼓励各企业积极实施绿色供应链管理，增加企业社会影响力。增加公众参与和监督。

（二）鼓励出台新型金融政策，引导绿色基金在国内的应用与发展

进一步建立与绿色基金发展相适应的配套体系。完善相关制度，建立绿色基金标准与投资管理规范，规范基金出资人、管理人、中介机构的行为；构建绿色基金、绿色投资数据库，加强信息披露，强化绿色基金的监督机制；建立绿色基金评价标准与机制，以便充分发挥扶持政策的效果，做到有选择、有效率的支持。

政府资金发挥引领作用，优化市场资源配置，健全绿色基金激励机制。政府可以结合现有的各项环保专项资金投放方向，对目前主要依赖政府资金的各领域绿色投资需求进行汇总和梳理，确定政府出资的合理规模，拨付专项资金建设绿色基金。政府资金发挥引领作用，经过一段时间的引导和扶持后，政府资金可以有序退出，完全交由市场运作。对于多种资本合作的绿色产业基金，应通过完善基金管理运作机制，坚持市场化运作原则，对政府与社会资本在权、责、利之间的分工与合作进行合理界定，政府对社会资本进行合理让利与风险补偿。

优化绿色基金在国际绿色金融合作中的作用。国际投资的绿色化和环境社会责任承担已经成为关注热点，而绿色基金也会成为全球绿色金融合作的重要路径。加强绿色金融的国际合作，支持社会资本和国际资本设立各类民间绿色投资基金将成为绿色发展的合作重点。

（三）出台产业扶持政策，促进工业设计为绿色经济体系及绿色供应链体系深度赋能

积极落实支持绿色设计计划。被列为国家级、省级绿色设计产品目录的企业，可享受一次性奖励政策。通过绿色设计促进传统产业改造和节能

环保新产业发展，推动生产、流通、消费、分配和建设等环节的节能增效，加强保护生态环境。

保障绿色产业发展，积极落实绿色产业扶持政策。针对国家发改委印发的《指导目录》中列举的绿色产业，提供相应的补贴政策，扶持发展相关产业的企业未来的进一步升级。

（四）出台补贴政策，鼓励企业采用绿色计划、绿色采购、绿色交付、绿色生产、绿色回收，促进供应链绿色化发展

对符合环境评估标准的企业，通过返税、返租、专项奖励资金、政策优惠等方式，提供部分奖补资金。

对采用绿色物流和逆向物流的企业提供部分补贴，促进物流运输领域新能源汽车更新，推动绿色供应链体系构建。

六　结语及未来展望

党的二十大报告，提出了新时代中国特色社会主义制度建设的理论方法和实践路径，特别是在未来经济发展方式上，明确了高质量高水平发展的总体目标。高质量高水平发展的目标要素中，经济的可持续性和环境的可持续性，是绿色发展的两个基本维度。当我们在讨论绿色经济及绿色供应链课题时，必须从理论和制度保障的方面，系统化地研究绿色经济及绿色供应链与中国经济整体结构的逻辑关系，最基本的就是绿色经济及绿色供应链的可持续性。因此，无论是不同产业链的特殊需求，还是不同场景的技术应用，都必须以可持续性发展为要义，重新定义供应链体系在绿色经济中的功能作用。在政策层面上，更加精准施治，确保经济整体结构的高质量高水平发展。

参考文献

李刚、扶明亮：《绿色供应链管理国际研究热点及其演化可视化分析》，《供应链管理》2022 年第 4 期。

戚依南、毛志刚：《中国入世 20 年来国内绿色供应链管理研究现状、热点
　　与展望》，《供应链管理》2020 年第 10 期。

朱庆华、窦一杰：《绿色供应链中政府与核心企业进化博弈模型》，《系统
　　工程理论与实践》2007 年第 12 期。

绿色金融

绿色金融中心建设与绿色金融产业发展

邹伟明　　邹海林*

中国是肩负人类使命实现"双碳"目标的决定性推进者。目前，中国也是全球绿色金融的引领者。自上而下的政策推动和自下而上的实践创新密切结合，形成了具有中国特色的绿色金融发展路径，为保障中国的绿色发展发挥着巨大作用。

2022年，全球经济不确定性仍然在增加，经济下行压力继续增大。展望2023年，政治、军事、经济、气候等方面的风险因素仍然非常突出，国际金融市场仍将维持震荡状态，全球经济预计不容乐观，全球新发展格局将持续演进。

2022年，中国经济发展表现出良好的韧性，宏观经济总体向好，政策继续引导金融业加大支持实体经济力度，资产质量和资本充足情况良好。展望2023年，保民生、稳内需、稳预期、促外贸政策会持续发力。

金融是现代经济的血液，而绿色金融是实现人类可持续发展梦想的绿色血液。在国家"双碳"战略的指引下，绿色发展已经成为推动我国经济增长的新引擎，其中绿色金融是推进绿色发展的重要路径。

一　绿色金融中心建设

根据2022年8月26日在北京召开的"2022中国国际绿色金融与绿色

* 邹伟明，深圳市智慧城市建设协会执行会长、研究员，主要研究方向为智慧城市、数字经济、产业战略；邹海林，深圳市骐骥前海科技产业研究院，产业分析顾问，主要研究方向为人工智能、元宇宙、金融科技。

低碳建筑论坛"披露的信息，我国建筑全过程能耗占到全国能源消费总量的 45%，碳排放量占到全国排放总量的 50.6%。未来，绿色金融支持建筑业的绿色低碳转型发展前景广阔，建设期项目可以充分利用绿色信用债、绿色开发贷、绿色供应链 ABS、绿色保险、综合能源管理等绿色融资工具；出售类项目可以利用绿色按揭或公积金贷款；持有类项目可以利用绿色 CMBS 融资、绿色 REITS 等绿色融资工具。而且，绿色建筑已经从既要强调节能、节地、节材、节水和环境环保等建筑本身的绿色性能，到必须同时强调智慧、健康、安全、数字化和智能化转变。

（一）中国三大金融中心的建设经验

1. 香港中环国际金融中心的建设经验

香港中环属于香港的中西区，地理位置优越，具有高效的交通系统和健全的基础设施，是世界上著名的中央商务区。中环绝大部分的土地用于商业和综合开发、政府机构及社区用房、公共空间，道路占地比例是最大的一部分，占总面积的 1/3 左右，住宅用地很少。区域内集中了大量的金融、保险、投资、财务、地产和国际企业总部，以及律师、审计、会计师事务所，中介评估、商会和其他各式服务机构。中环作为香港心脏的商业地带，集结和凝聚了高端服务业，调控着整个香港的经济脉搏。

带状的高密度城市为发展公共交通创造了得天独厚的良好条件，加上香港政府一贯大力发展公共交通的政策，使公共交通成为港岛居民往来中环的主要出行方式。可以说，打造以地铁、巴士为主的公共交通绿色出行系统是香港中环金融中心建设的突出经验。

经验一：采取政府规划主导、市场化调整的集约优化模式发展，减少资源浪费，自然也减少了碳排放。

经验二：前瞻性立体交通规划，交通便利赋能城市化发展，培养出市民公共交通绿色出行的良好习惯。

经验三：广泛邀请公众参与城市设计，兼顾可持续发展和公众的期望。

经验四：实行商业建筑所有权、经营权以及管理权分离的管理模式，确立了中环系统化的高效运营机制。

经验五：香港商业建筑其中颇具特色的一个特点，是许多富丽堂皇的政府建筑和商业大厦的大堂规划成行人通道，这成为打通区域人流交通微循环的关键措施。

经验六：新一届特首把发展区域碳交易中心、推进绿色金融和 ESC（环境、社会、管治）金融作为重要发展策略。

2. 北京金融街金融中心的建设经验

作为中国金融业与世界对话的窗口，经过 30 年的谋划建设与发展，金融街已发展成为集金融决策监管、标准制定、资产管理、支付结算、信息交流，以及国际合作于一体的国家金融管理中心。金融街汇集了我国最高金融监管机构如金融稳定发展委员会、人民银行总行、银保监会、证监会等国家金融监管机构，金融行业协会和中外银行、保险公司、基金公司、资产管理公司、电信、电力等企业总部和地区总部，以及中国现代化支付系统、中债登、中国结算、网联清算等金融基础设施，还有众多全球著名金融巨头如高盛、摩根、UBS 等的中国总部。

金融街区域内金融机构目前管理的金融资产总额达 110 万亿元，占全国金融资产总额的约 35%，各类金融机构约 1900 家，总部型机构 175 家，外资金融机构 143 家。核心街区内矗立着 64 栋重点商务楼宇，是国内世界 500 强企业聚集度最高的区域。

经验一：统一规划、集约化整体开发，大大减少了建设周期的碳排放。

经验二：市政设施先行，酒店、购物中心、公寓等商务设施配套完善。

经验三：金融产业机构参与高端办公楼宇的建筑设计与硬件设施配置，减少碳浪费。

经验四：多措并举，服务优先，持续优化金融产业营商发展环境。

3. 上海陆家嘴金融中心的建设经验

陆家嘴金融贸易区于 1990 年经国务院批准建立，总面积 31.78 平方千米。目前从业人员 50 多万人，其中金融从业人员约 23 万人。俗称小陆家嘴的陆家嘴金融中心区是上海金融核心聚集区，面积 1.7 平方千米，规划建筑总面积约 435 万平方米。

经过 30 多年来的开发建设，陆家嘴已经成为金融机构特别是外资金融机构及总部经济高度集聚、要素市场完备、资本集散功能强劲的经济增长极。目前，陆家嘴金融中心区聚集了 12 家国家级要素市场和金融基础设施，中外企业机构 3 万余家。

经验一：率先打破城市规划惯例，组织国际方案征集规划，制定一流的规划方案。

经验二：财政及国有资产管理部门共同出资成立由国资占大股东地位的开发公司，实施市场化开发模式，减少重复建设带来的碳排放。

经验三：发挥政府的推动作用，制定有效的税收优惠及财政补贴等政策，吸引了各类高端资源集聚与整合配置。

经验四：利用浦东综合配套改革试验区以及自贸区的政策优势，增强集聚功能。

经验五：创造与国际通行规则相衔接的金融制度体系，及与总部经济等现代服务业发展相适应的营商环境。

（二）中国三大金融中心建设存在的局限

1. 土地紧缺，发展空间普遍受限

北京金融街区域近年来各金融机构新增写字楼需求量约在 300 万平方米，相当于还需要一个金融街；上海陆家嘴作为上海国际金融中心核心功能区，根据目前建成或即将建成商务楼的容积率计算，将无法满足不断增加的金融机构、公司总部以及各类服务机构进一步入驻的需求；香港中环早就一地难求，只能持续填海造地，对海洋生态环境不友好。

2. 功能不均，交通组织考虑不周

三大金融中心普遍存在职住不平衡、认路走路难、就餐娱乐难、进出停车难、休闲文化设施不足等问题，办公楼较多，商业、娱乐、文化、公寓、住宅较少，出现金融人才早晚上下班疲于奔波，白天热闹非凡，晚上冷清无人的普遍现象。

三大金融中心在建设之初虽都做了周密的交通组织规划，但由于前瞻性不够、主观和客观条件限制等原因，还是没能很好地处理地下、地面、地上各分层的轨道交通、汽车和人行交通组织，绿色出行受限。

3. 年代局限，建筑绿色规划滞后

由于国内金融中心的规划建设都是在中国确定"双碳"目标之前的年代，受思维和技术的局限，无论是城市规划、建筑设计，还是在建筑材料选择、建造设备制造、建筑内部设备设施的配备、能耗管理、建筑施工，以及建筑物使用的整个生命周期管理等方面，绿色专项规划都存在滞后现象。

（三）国内外金融中心建设经验与局限带来的启示

1. 绿色引领，金融中心建设必须前置碳管理专项规划

控制城市碳排放是实现"双碳"目标的关键，建设增量与更新存量都面临挑战。未来中国新金融中心的建设用地，基本上都属于城市化进程中的城市更新范畴，在中国城市化发展进入下半场的现今，这是一个规模扩张和质量并重的新阶段。

推进城市绿色发展和绿色有机更新，可以避免高碳"锁定"效应。城市发展要以内涵集约、绿色低碳为发展路径，严格控制大规模拆除、大规模增建、大规模搬迁，注重品质、保护历史文化，实现高质量发展。新金融中心建设亟须形成绿色发展思维和技术体系，前置碳管理专项规划，充分运用减碳技术，控制城镇无序蔓延、优化城市功能结构、修复自然生态空间、推进绿色有机更新，谋求高质量的碳达峰。

2. 中国未来的金融中心建设应该关注的重点

重点一：金融中心规划建设必须要有足够的前瞻性、系统性、均衡性、低碳性，尽量避免先天性的规划缺陷，注重主动减碳与被动减碳双重叠加效应。

重点二：全球性金融中心普遍存在产业发展空间不足问题，应尽可能准确预判产业空间规模，以减少扩区建设、重复建设带来的额外碳排放。

重点三：科学合理地规划地下、地面、地上楼宇及它们之间的空间布局，重点优先规划立体交通的通达性、人性化、低碳性。

重点四：协同周边区域，尽量避免职住不平衡、生活配套服务欠缺等问题。

重点五：大力发展绿色建材、智慧建筑，推广超低能耗建筑、零碳建筑。

二 中国绿色金融中心建设之路

（一）中国金融中心的全球地位

根据 2022 年 9 月 22 日发布的《第 32 期全球金融中心指数报告》（GFCI 32）。全球前十大金融中心排名依次为纽约、伦敦、新加坡、香港、

旧金山、上海、洛杉矶、北京、深圳、巴黎，中国四个城市跻身前十（排名与得分详见表 1）。

表 1　　　　　第 32 期全球金融中心指数前十大金融中心排名与得分

中心	GFCI 32		GFCI 31		较上期变化	
	排名	得分	排名	得分	排名	得分
纽约	1	760	1	759	0	▲1
伦敦	2	731	2	726	0	▲5
新加坡	3	726	6	712	▲3	▲14
香港	4	725	3	715	▼1	▲10
旧金山	5	724	7	711	▲2	▲13
上海	6	723	4	714	▼2	▲9
洛杉矶	7	722	5	713	▼2	▲9
北京	8	721	8	710	0	▲11
深圳	9	720	10	707	▲1	▲13
巴黎	10	719	11	706	▲1	▲13

资料来源：《第 32 期全球金融中心指数报告》（GFCI 32），2022 年 9 月 22 日。

（二）国内新金融中心建设案例分析

根据中国对金融业的发展需求，我们判断国内金融中心建设将会持续保持热度。其中，位于粤港澳大湾区的深圳，就拿出了市中心最好的地块——香蜜湖度假村城市更新单元，作为深圳未来数十年新金融中心的承载地。

1. 深圳建设国际金融中心战略

《粤港澳大湾区发展规划纲要》明确了粤港澳大湾区四个中心城市在建设国际金融枢纽中的地位与分工。深圳市国民经济和社会发展"十四五"规划对深圳金融产业的定位是打造全球创新资本形成中心、建设全球金融科技中心、扩大金融业对外开放。

2021 年，深圳金融业克服新冠疫情影响，全年金融业实现增加值 4738.8 亿元，同比增长 7.6%，占 GDP 比重 15.4%，两年平均增速达 8.3%，高于全国两年平均增速 3 个百分点；实现税收 1662 亿元，占全市总税收的 24%，继续稳居各行业首位。其中绿色信贷余额 4485 亿元，增长 28.6%，显著高于各项贷款平均增速。

2. 深圳打造新金融中心提出的发展重点

科技金融：创建促进科技和金融紧密结合的试验区。

金融科技：抢抓全球金融科技加速发展契机，全面推动金融科技产业在福田区快速、健康、创新、集聚发展。

绿色金融：建设国家绿色金融示范城区，满足实体经济转型带来的绿色低碳投融资需求。

公益金融：打造成为国际公益金融中心与社会影响力投资产业发展高地。

文化金融：高标准建设运营深圳金融文化中心，打造国际一流、综合性、新型金融文化综合体。

3. 深圳香蜜湖新金融中心的规划建设思路

深圳需要提升国际金融中心能级，加速打造继北京金融街、上海陆家嘴、香港中环之外，中国面向世界的第四座金融中心，其差异化核心竞争力是"金融创新"。而低碳化的香蜜湖新金融中心规划建设正当其时。该中心可以充分发挥深圳体制、机制和科技驱动优势，有别于金融街"总部金融"、陆家嘴"外资金融"、中环"离岸金融"特色，将成为新一代"绿色创新金融"产业中心。

（1）发展目标

打造成为全球领先的国际金融创新中心，建立金融业核心承载绿色高地。

（2）产业战略

大力推进"金融+"战略，打造全球创新资本形成中心、全球金融科技中心、全球可持续金融中心、国际财富管理中心，助力深圳建设国际领先的全球金融创新中心城市，打造最核心金融产业集聚和创新平台。

（3）总部经济功能

规划成为中国金融总部经济南方新极点。以金融总部为导向，巩固和发展传统金融优势地位，重点把握银行、证券和保险传统金融"三驾马车"，积极引入金融机构总部功能。鼓励金融机构在香蜜湖新金融中心设立管理总部、业务运营总部、国际业务部、私人银行部、资金营运中心、票据中心、银行卡中心、研发中心、投资与决策中心、营销中心等具有总部功能的机构。

（4）引领性区域协同功能

以深圳香蜜湖新金融中心为原点，按泛香蜜湖新金融中心的发展思路，协同现有 CBD 金融总部及未来车公庙风投/创投大道，东联动红岭新兴金融产业带、盐田特色金融集聚区，西携手深圳湾科技金融核心区、前海深港国际金融城、宝安湾滨海国际金融中心，北辐射北站产融结合示范区，南与香港国际金融业深度合作。领军深圳其他六大金融产业集群及深港金融业协同合作，形成"1+6+1"发展载体，把香蜜湖新金融中心打造成为粤港澳大湾区第一，也是唯一的"粤港澳大湾区金融 CBD"（G-FCBD）。

（5）突出全球可持续金融中心定位

依托联合国环境规划署绿色金融服务实体经济实验室、粤港澳大湾区绿色金融联盟，探索绿色金融新模式，持续强化粤港澳大湾区和国际绿色金融交流合作。争取全球可持续金融中心、深圳国家气候投融资促进中心落户福田。

4. 中国内地三大金融中心对比分析

中国改革开放以来，内地金融产业在北京西城区、上海浦东新区建设的两大金融中心引领下，得到了迅速的发展。深圳经济特区建立后，以城市行政、经济、文化中心所在的福田区为中心集聚发展金融业，目前已经成长为可以对标北京西城区、上海浦东新区的中国内地三大金融中心区之一。在金融业增加值占辖区 GDP、金融业增加值占全市 GDP 比重方面，深圳福田区甚至超越了上海浦东新区和北京西城区，详见表2。

表2　北京西城、上海浦东、深圳福田三区金融业发展状况比较

比较区名	金融业增加值（亿元）		金融业增加值/辖区 GDP（%）		金融业增加值占全市 GDP 比重（%）	
	2016 年	2020 年	2016 年	2020 年	2016 年	2020 年
西城区	1680.2	2653.8	46.9	52.4	39.4	38.6
浦东新区	2399.09	4164.7	27.2	31.5	50.4	58.1
福田区	1253.15	2024.76	35.2	约40	43.6	48.3

资料来源：《香蜜湖度假村城市更新单元金融产业规划研究报告》，2022 年 7 月。

（三）建设迎接元宇宙时代的下一代金融中心

互联网时代之后，元宇宙时代正在加速向我们走来。未来的元宇宙将成为各行各业创新竞争的新高地。元宇宙这个具有全新概念的、物理与虚拟世界交融的、互动共生的新世界，将会改变我们传统概念上的工作、生活、社交，以及社会和城市形态。

基于真实世界搭建的元宇宙场景，可以将人们无法触手可及的场景进行高精度仿真还原，将以往无法实现的跨时空、跨行业工作场景搬到你的会议室，将全球金融交易交给人工智能技术打造的数字人按照时空规律执行操作；也能够在会议中一秒钟切换来到你投资的矿山、油田，或者远在阿拉斯加的合成生物基地，你可以视察工作进度，与现场工作人员讨论如何改进工业机器人的工作效率；或者分身有术地派出多个虚拟人形象在各个不同的元宇宙会议室，与大家面对而坐，一起讨论碳汇互换、外汇交易，讨论项目、市场及售后；还能够让人们下班后动动手指就能携朋友来到银装素裹的阿尔卑斯山滑雪，听着呼呼大风从耳边吹过，不时有寒雪飘下融化在鼻尖上……

考虑到未来的新金融中心一旦建成，形态功能将固化锁定数十年，而新金融业态天生就有实现元宇宙的"基因"，比其他行业更适合元宇宙场景的应用。所以，应在新金融中心建设中超前谋划，规划建设迎接元宇宙时代来临的下一代金融产城空间——"双24－元宇宙全栈综合体"。

1. 建设"双24－元宇宙全栈综合体"的背景

元宇宙时代来临，工作生活模式被颠覆、边界会进一步被打破，时空会多模态运行。写字楼没人写字、支付没有现金、工作往云端迁移、国际金融业8小时工作制瓦解的时代正在到来。未来新金融中心建设的是国际性的、未来至少四十年不落后的智慧型新金融商务空间，考虑到城市规划建设的长周期性和滞后性，我们的城市有必要未雨绸缪，创造全球实时在线的商务办公与社交生活融合无边界空间，打造虚拟与现实并行及交互的"全球24时区制、全天24小时无休"的"双24制"元宇宙全栈综合商务空间，建设办公、商业、酒店、文康体各业态智慧融合，工作、吃、住、行一站式解决的高效率、可迭代进化的未来型智慧商务社区。

2. 规划"双24－元宇宙全栈综合体"的思路

（1）全球首创彻底打破工作、生活、社交边界的"商＋住＋餐＋交＋文＋康＋体"融合一体，实现"虚拟＋现实"无缝交互的未来化元宇宙全栈世界。

（2）全球首创完全实现全"双 24 制"（全球 24 时区制、全天 24 小时无休）时空在线，不间断运营的人类创新时空全栈载体。

（3）楼宇经济的 5.0 版本，楼宇经济可得到"3 倍物理空间利用 × N 倍数字空间叠加"的指数级效益，但需要突破现有的思维范式，需要创新突破城市规划、建筑设计、消防法规及政策的条条框框。

（4）建筑设计全面打破"地上地下""建筑内外"边界，打造一个"无远弗届"的智能化元宇宙全栈世界。

3. 实现"双 24 - 元宇宙全栈综合体"的功能

基本功能板块包括"双 24 制"的、具备元宇宙功能的办公商务空间、洽谈会议空间、无人公寓酒店、无人餐饮、智慧商业，以及社交、文化、娱乐空间和健康医疗保障空间等。"双 24 - 元宇宙全栈综合体"的功能板块如图 1 所示。

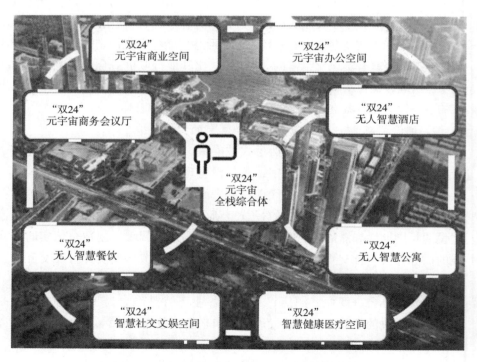

图 1　"双 24 - 元宇宙全栈综合体"的功能板块示意

4. 建设"双 24 – 元宇宙全栈综合体"的策略

绿色低碳专项规划先导。绿色低碳建筑必须从城市规划、建筑设计，建筑材料选择、建造设备制造、建筑内部设备设施的配备、能耗管理、建筑施工，以及建筑物使用的整个生命周期等方面进行考量。

在绿色低碳专项规划基础上，结合项目产业规划、建设规划，以新一代智慧城市系统解决方案的顶层设计为引领，以建筑信息模型（BIM）、地理信息系统（GIS）、物联网（IOT）、未来 6G 技术等为基础，整合城市地下地上、历史未来、多维尺度，建立完善的城市信息模型（CIM）和城市感知数据平台，在筑牢未来新金融中心数字基座的基础上，来规划建设"双 24 – 元宇宙全栈综合体"。

三　绿色金融产业发展

（一）经济金融发展态势

2022 年国内外形势仍然复杂严峻，全球经济体未来都面临许多不确定性的挑战。总的来看，中国第三季度经济恢复回稳，明显好于第二季度，生产、需求持续改善。随着国内防疫政策不断优化，稳增长政策持续发力，物价温和可控为宏观政策操作提供了充足空间，出口仍有较强支撑，中国经济延续恢复态势，但恢复程度不及预期。

预计 2022 年第四季度，内需恢复仍然需要较长过程。乐观预计，第四季度 GDP 增长 5% 左右，全年增长 3.5% 左右。2022 年第四季度及全年中国经济金融主要指标及预测见表 3。

表 3　　　　2022 年第四季度及全年中国经济金融主要指标及预测　　　单位:%

指标	2019 年（R）	2020 年（R）	2021 年（R）	2022 年（F）				
				Q1（R）	Q2（R）	Q3（E）	Q4（F）	全年（F）
GDP	6.0	2.2	8.1	4.8	0.4	3.8	5.0	3.5
规模以上工业增加值	5.7	2.8	9.6	6.5	0.6	4.3	5.8	4.3
服务业增加值	7.2	1.9	8.2	4.0	-0.4	3.0	4.0	2.7

续表

指标	2019 年（R）	2020 年（R）	2021 年（R）	2022 年（F） Q1（R）	Q2（R）	Q3（E）	Q4（F）	全年（F）
固定资产投资额（累计）	5.4	2.9	4.9	9.3	6.1	5.9	6.0	6.0
房地产开发投资额（累计）	9.9	7.0	4.4	0.7	-5.4	-7.9	-7.2	-7.2
消费品零售总额	8.0	-3.9	12.5	3.3	-4.9	4.0	5.5	2.2
出口（人民币计价）	5.0	4.0	21.2	13.2	12.7	14.9	5.0	11.1
进口（人民币计价）	1.7	-0.2	21.5	8.3	1.9	6.3	4.0	5.0
居民消费价格指数（CPI）	2.9	2.5	0.9	1.1	2.2	2.8	2.8	2.2
工业品出厂价格指数（PPI）	-0.3	-1.8	8.1	8.7	6.8	2.4	-2.0	4.0
广义货币（M2，期末）	8.7	10.1	9.0	9.7	11.4	12.0	12.0	12.0
社会融资规模（存量，期末）	10.7	13.3	10.3	10.5	10.8	10.8	10.5	10.5
1 年期 MLF	3.25	2.95	2.95	2.85	2.85	2.75	2.75	2.75
1 年期 LPR	4.15	3.85	3.80	3.70	3.70	3.65	3.65	3.65
人民币兑美元即期汇率	6.97	6.54	6.37	6.35	6.66	7.05	6.90	6.90

注：R 表示实际值，E 表示估计值，F 表示预测值。

资料来源：中国银行研究院。

展望 2023 年，中美关系还可能回不到正常轨道，地缘冲突仍然持续，全球疫情如果仍然不能结束，中国经济主基调仍然会是全球复杂多变形势下的"弱复苏"。中国经济金融发展的主旋律仍然会是平衡防风险、稳增长与可持续性之间的关系。预计疫情影响趋弱，信心修复、经济继续恢复，中国金融市场有望继续维持具有韧性的相对稳健运行势态。

（二）我国绿色金融的"三大功能"与"五大支柱"

中国是全球首个建立系统性绿色金融政策框架的国家。早在 2016 年 8 月，人民银行、财政部、国家发改委、环境保护部、银监会、证监会、保监会印发的《关于构建绿色金融体系的指导意见》，就已经确立了中国绿色金融体系建设的顶层架构。2022 年，进一步落实了碳达峰碳中和重大决策部署，把完善绿色金融政策框架和激励机制作为绿色经济的工作重点。

2021 年，人民银行确立了绿色金融发展的总体政策思路：以资源配置、风险管理和市场定价功能为"三大功能"，以绿色金融标准体系、金融机构监管和信息披露要求、激励约束机制、绿色金融产品和市场体系、绿色金融国际合作为"五大支柱"。

目前，中国多层次绿色金融产品和市场体系已经基本形成，国内统一、国际接轨、清晰可执行的绿色金融标准体系逐步建立。2022年，中国绿色金融顶层设计在继续完善，引导和撬动了更多资本进入碳减排领域，推动能源结构、产业结构、生产和生活方式全方位绿色低碳转型；推动完善绿色金融和转型金融的标准；开展金融机构碳核算并强化信息披露；稳步推进气候风险压力测试；完善提升金融系统支持绿色低碳发展的激励约束机制；更好发挥全国碳排放权交易市场的定价作用，实现碳减排。

（三）我国目前的绿色金融发展状况

在人民银行、银监会、保监会等七部委出台的《关于构建绿色金融体系的指导意见》这一顶层架构设计的指引下，绿色金融激励约束政策与制度创新不断发展，绿色金融激励约束政策从"导向性"越来越走向"实质化"。绿色金融各项标准的不断出台与落地，有效地促进和规范了我国绿色金融健康、快速发展。

1. 绿色信贷

绿色金融特别是绿色信贷发展，引导了公共部门、私营和非营利部门的资金流动，促使绿色产业成为新经济增长点。2022年第三季度末20.9万亿元的本外币绿色贷款余额资产质量整体良好，绿色贷款不良率远低于全国商业银行不良贷款率。

碳中和为中国带来了大量的绿色信贷需求，不同研究机构对未来30—40年实现碳中和所需新增投资需求进行了不同口径的研究测算。中国绿色金融委员会测算，未来三十年内中国在确定的211个领域内将产生487万亿元的绿色低碳投资需求。

但是，目前绿色信贷产品还未满足相关需求。据中国金融学会绿色金融专业委员会的绿色金融路线图研究，中国银行业目前所提供的绿色信贷占全部对公贷款余额的比重约为10%，但根据估算未来绿色投资占全社会固定资产投资的比重应该超过25%。

2. 央行的碳减排支持工具与低碳专项再贷款

2021年11月，央行推出两个新的结构性货币政策工具，一是碳减排支持工具，二是煤炭清洁高效利用专项再贷款。两个工具提供资金支持的方式都采取"先贷后借"的直达机制，金融机构自主决策、自担风险，向相关领域内的企业发放优惠利率贷款，央行对于符合要求的贷款按贷款本金的一定比例予以低成本资金支持。

2022 年 7 月 13 日，央行政策司司长邹澜在国务院新闻办公室新闻发布会上介绍，碳减排支持工具累计发放 1827 亿元，支持银行发放碳减排领域贷款 3045 亿元，带动减少碳排放超过 6000 万吨。煤炭清洁高效利用专项再贷款已经累计支持银行向企业发放低成本贷款 439 亿元。

2022 年第三季度，首批外资银行被纳入人民银行设立的碳减排支持工具金融机构范围名单。德意志银行（中国）有限公司、法国兴业银行（中国）有限公司拔得头筹，成为首批纳入碳减排支持工具外资银行金融机构。

3. 绿色债券

气候债券倡议组织（CBI）预计，全球绿色债券的年度发行量有望在 2022 年底突破 1 万亿美元大关，中国绿色债券市场将继续成为快速发展的全球绿色债券市场的重要引擎之一。

2021 年与 2022 年上半年（H1）国内绿色债券发行对比见表 4。

表 4　　　　2021 年与 2022 年上半年国内绿色债券发行对比

	2022 年 H1 规模（亿元）	2021 年 H1 规模（亿元）	变化（%）	2022 年 H1 只数（只）	2021 年 H1 只数（只）	变化（%）
贴标绿色债券	4100.69	2452.46	67.21	260	200	30.00
其中：仅碳中和债	1194.00	1180.39	1.15	74	89	−16.85
仅蓝色债券	52.00	10.00	420.00	7	1	600.00
碳中和/蓝色债券	5.00	0.00	—	1	0	—

资料来源：中诚信绿金绿色债券数据库。

4. 绿色消费金融

2022 年以来，包括平安银行、中信银行、浦发银行在内的数十家银行开始试水个人碳账户，激励用户践行绿色行为。例如，利用绿色行为兑换绿色权益，通过步行或单车出行积累"绿色能量"，以绿色能量兑换单车或公共交通优惠券。

在绿色金融高速发展的大背景下，消费金融机构在线上化层面开启了绿色信贷的初步实践。

兴业消费金融股份公司发布的《2021—2023 年绿色消费金融与可持续发展行动计划》显示，公司在利用科技赋能节能减排方面，通过自然语言处理、智能语音识别、语音合成等技术，在客户服务方面累计减少碳排放量 1182.70 吨，在贷前、贷中、贷后各个环节中实现零纸张服务，累计减少碳排放量达 52.73 万吨。

5. 可持续金融、气候投融资、转型金融、ESG 投资

2022 年以来，绿色金融发展呈现出新态势、新模式。中国绿色金融的含义已逐渐扩大到以金融支持绿色低碳转型为核心的更多领域，涵盖了可持续金融、气候投融资、转型金融、ESG 投资等方面，它们之间虽然有一定的差异性，但没有明确的界限，其本质都是金融支持绿色低碳转型。

（1）可持续金融——为支持国际可持续发展目标实现而建立的金融手段和体系

目前，中国的可持续金融领域包括绿色债券、资管机构的 ESG 产品基金，还有股票和股权投资基金等。绿色债券在地产、农业、能源等各个行业已经有项目落地，如中国银行发行的 18 亿元规模的与生物多样性相关的人民币债券。据中证指数公司数据，截至 2022 年第三季度末，国内绿色指数化投资基金规模超过 1300 亿元，相比去年同期增长 16%。清洁能源、绿色交通等主题的绿色基金占主导地位，增速不断提升，具有较大发展潜力。

（2）气候投融资——为实现国家自主贡献目标和低碳发展目标，引导和促进更多资金投向应对气候变化领域的投资和融资活动

2021 年 12 月底，生态环境部、国家发改委、工信部、住房和城乡建设部、人民银行等 9 部门联合印发《关于开展气候投融资试点工作的通知》，引导资金投向气候变化领域、新兴产业、非化石能源、工农业温室气体排放、增加绿地（森林、草原等）面积等。

（3）转型金融——主要是为低碳转型活动提供资金支持的金融活动，更具灵活性、针对性和适应性

通过金融激励约束机制引导实体经济转型，有效推动企业增加减碳方面的投资，促进碳减排、碳吸收和沉降等技术和行业的发展，发挥金融的

资源配置作用，鼓励绿色产业发展的同时，适度减少甚至抑制一些高碳行业的发展，通过碳交易领域促进产业的绿色低碳转型。

（4）ESG 投资——将环境、社会、治理三个因素作为投资和资产配置依据的活动，是目前绿色企业在资本市场融资的重要参考指标

2022 年 6 月，国务院国资委公布《提高央企控股上市公司质量工作方案》，文件表示力争到 2023 年相关专项报告披露"全覆盖"，以健全 ESG 体系，推动央企控股上市公司 ESG 专业治理能力、风险管理能力不断提高。

据联合国责任投资原则组织（UNPRI）的数据，截至 2022 年 6 月 30 日，中国市场已有 103 家机构签署了 UNPRI。其中，资产管理者 75 家，资产所有者 4 家，服务提供商 24 家。从 2012 年起，中国开始参与 UNPRI，至 2017 年签约数量仍为个位数。2017—2018 年，签约数量激增。2020—2021 年，除拉丁美洲（77%）外，中国是签约数量增长最快的市场，涨幅为 46% 。中国签署 UNPRI 机构数量见图 2。

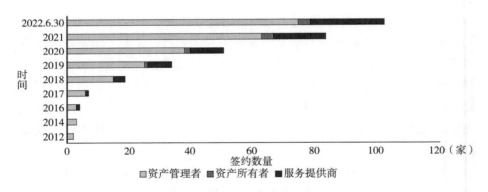

图 2　中国签署 UNPRI 机构数量

资料来源：UNPRI、第一财经研究院。

6. 银行业自身的碳中和

（1）银行业绿色金融需求

过去几年，中国在绿色金融体系建设方面取得了巨大的进步，成为全球最大的绿色金融市场之一。银保监会在 2022 年发布的《银行业保险业绿色金融指引》中提到，银行保险机构要从战略高度推进绿色金融，并明确提出要将 ESG 纳入管理流程和全面风险管理体系。目前，银行自身运营

方面的碳中和日显重要，银行业也希望在碳中和相关的金融服务中找寻业务成长机遇。

（2）打造创新、多元的绿色金融产品体系

目前来看，银行推出碳金融产品和服务的积极性较高，逐步形成了多元化的绿色金融产品体系，包括碳排放权、排污权、用能权、水权、碳汇、节能环保项目特许经营权、绿色工程项目收益权、可再生能源补贴等抵质押贷款以及环境权益回购、保理、托管等金融产品。

（3）充分发挥金融科技的作用，推动银行业自身的绿色转型

金融业是人类最早应用数字计算的产业，在全球经济范式演进至全面进入数字经济时代的今天，科技进步更是带来了金融产业革命性的进化。国家"十四五"规划明确提出，要"稳妥发展金融科技，加快金融机构数字化转型"。金融产业生态正在全面向金融科技转型，不论是传统金融机构还是新金融机构，想在数字经济时代分一杯羹都离不开金融科技。中国金融科技在绿色金融中应用场景如图3所示。今后一段时期是金融科技发展的战略机遇期，可能出现颠覆级的科技创新，从而深刻改变金融生态。

7. 商业银行绿色信贷实践

近年来，国内主要商业银行的绿色信贷规模增长显著。根据银保监会数据，截至2021年末，国内21家主要银行绿色信贷余额达15.1万亿元，占其各项贷款的10.6%。绿色信贷环境效益逐步显现，按照信贷资金占绿色项目总投资的比例测算，21家主要银行绿色信贷每年可支持节约标准煤超过4亿吨，减排二氧化碳当量超过7亿吨。

2022年7月，建设银行发布了首份《环境信息披露报告》，披露绿色金融发展战略规划及服务碳达峰碳中和行动方案，明确"致力成为全球领先的可持续发展银行"的战略愿景，真实地反映在支持经济社会绿色低碳转型方面的探索实践。建设银行相关数据显示，截至2022年9月末，全行绿色贷款余额达到2.6万亿元。2021年共发行ESG主题债券454.95亿元、承销绿色债券1240.37亿元。

8. 绿色金融改革创新试验区

中国是全球唯一设立绿色金融改革创新试验区的国家。经过五年的改革实践，国家绿色金融改革创新试验区取得一定成效。人民银行通过《中国区域金融运行报告（2021）》公布了绿色金融改革创新试验区的成绩单。2020年末，六省（区）九地试验区绿色贷款余额达2368.3亿元，占全部

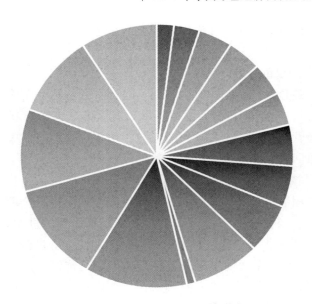

绿色金融监管 2%
绿色资产证券化 3%
绿色保险 4%
绿色供应链金融 4%
绿色基金 4%
绿色识别 4%
绿色能源管理与交易 5%
绿色资产管理与交易 5%
绿色投融资平台 6%
绿色债券 8%
绿色信托 1%
环境风险管理 12%
ESG 数据库 12%
环境效益测算 10%
绿色信贷 10%
碳金融 9%

图 3　中国金融科技在绿色金融中的应用场景

注：调查范围内的六十余家机构在绿色金融领域运用金融科技各场景数量占这些机构全部绿色金融科技场景数量的比重。

资料来源：清华绿色金融发展研究中心。

贷款余额比重的 15.1%，绿色债券余额 1350 亿元，同比增长 66%。

2022 年 9 月，人民银行研究局发文《完善绿色金融体系助力绿色低碳高质量发展》表示，下一步将深入推进绿色金融改革创新试验区建设。总结推广试验区有益经验，适时启动试验区升级扩容。充分发挥绿色金融在服务京津冀协同发展、粤港澳大湾区建设、长三角一体化发展等重大国家区域发展战略中的积极作用。

9. 参与国际绿色可持续发展体系

随着人民银行构建了绿色金融标准体系、金融机构监管和信息披露要求、激励约束机制、绿色金融产品和市场体系、绿色金融国际合作"五大支柱"，商业银行绿色金融工作的积极性大大提高。"双碳"目标下，金融机构加强在气候风险的评估和披露要求方面与国际接轨也是大势所趋。

截至 2021 年 10 月，全球共有 260 家银行成为负责任银行原则（PRB）签署方。中国 PRB 签署银行共有 15 家，数量居于全球第 2 位。此外，中国内地赤道银行已扩容至 9 家。

（四）2023 年绿色金融展望

1. 绿色经济发展动力继续加大

人民银行于 2022 年 10 月 28 日发布的 2022 年第三季度金融机构贷款投向统计报告显示，绿色贷款保持高速增长。截至 2022 年第三季度末，中国本外币绿色贷款余额 20.9 万亿元，同比增长 41.4%，比上年末高 8.4 个百分点，高于各项贷款增速 30.7 个百分点，前三季度增加 4.88 万亿元。其中，投向具有直接和间接碳减排效益项目的贷款分别为 8.32 万亿元和 5.56 万亿元，合计占绿色贷款的 66.4%。

在国家"十四五"规划和 2035 年远景目标中，明确提出：推进能源革命，建设清洁低碳、安全高效的能源体系，提高能源供给保障能力。2022 年 4 月，有关部门颁发《中共中央 国务院关于加快建设全国统一大市场的意见》，提出将能源和生态环境市场纳入要素和资源市场，要"结合实现碳达峰碳中和目标任务，有序推进全国能源市场建设"。这是推动企业、产业、行业绿色发展转型的又一有力指引。

2022 年 10 月，党的二十大报告中，进一步强调了推动绿色发展，促进人与自然和谐共生目标。可以展望，2023 年中国的绿色金融将会迎来一波较大的发展。

2. 绿色金融高速增长态势不会改变

中国银行研究院于 2022 年 11 月 30 日发布了《2023 年经济金融展望报告》，认为："无论是国家项目还是地方支持政策，资源、资金都在向清洁能源和绿色项目靠拢。2022 年 5 月初，人民银行就再度增加 1000 亿元再贷款额度，截至目前，支持煤炭清洁高效利用专项再贷款总额度达到 3000 亿元。展望 2023 年，中国经济将步入内外需增长动能转换期，发展面临的内外部环境和条件或将有所改善，宏观经济各项指标将较上年有所回升。但回升的幅度取决于疫情防控措施的持续优化以及国内市场需求和信心的修复程度。考虑到多种因素变化的不确定性，在悲观、基准、乐观三种情景下，预计 2023 年 GDP 分别增长 3.6%、5.3%、6.6% 左右。"

绿色金融也会受到 2023 年 GDP 增长"悲观、基准、乐观三种情景"的不同影响。但是，我们相信中国经济会继续长期向好，绿色金融作为支撑绿色经济发展的核心力量，继续保持高速增长的态势不会改变。

3. 数字人民币应用可望成为中国绿色货币的全球示范

中国法定数字货币的研究及实践一直处于世界领先地位。数字人民币是纯数字化的绿色无纸货币，能够实现货币生命周期的全数据化绿色管理，支持数字资产的交易和流通，将大大提升货币的使用效率。国家法定货币数字化绿色变革是绿色金融发展的重大举措，数字人民币产业生态链可以大大加速推进金融及经济绿色发展进程。

在全国范围内，数字人民币从最开始的局部试点，到多个城市应用测试，正快速发展。目前，已在批发零售、餐饮文旅、政务缴费等领域形成一批涵盖线上线下、可复制可推广的应用模式。可以乐观预期，2023 年数字人民币的国内和国际化应用将会得到进一步的快速发展，加速中国绿色金融的发展进程。未来，数字人民币可望成为中国绿色货币的全球示范。

参考文献

中共中央、国务院：《关于完整准确全面贯彻新发展理念做好碳达峰碳中和工作的意见》，中国政府网，2021 年 10 月 24 日。

人民银行：《2022 年三季度金融机构贷款投向统计报告》，中国政府网，2021 年 11 月 1 日。

人民银行：《2022 年度中国银行业发展报告》，中国银行业协会网站，2022 年 9 月 1 日。

中国银行研究院：《2022 年四季度经济金融展望报告》，中国银行研究院网站，2022 年 9 月 28 日。

中国银行研究院：《2023 年经济金融展望报告》，中国银行研究院网站，2022 年 11 月 30 日。

前海产业智库：《香蜜湖度假村城市更新单元金融产业规划研究报告》，2022 年 6 月 30 日。

21 世纪资本研究院、汇丰：《中国绿色金融发展报告暨中国金融业推动碳达峰碳中和目标路线研究（2021）》，新浪科技网站，2022 年 4 月 2 日。

兴业消费金融股份公司：《2021—2023 年绿色消费金融与可持续发展行动计划》，新浪财经网站，2021 年 11 月 15 日。

深圳市骐骥前海科技产业研究院：《罗湖突破性打造数字人民币应用先行示范区策略建议》，2021 年 7 月 20 日。

中国绿色债券市场发展状况分析及展望

柏文喜[*]

一 绿色债券介绍

（一）绿色债券的定义

绿色债券是指通过发债融资，将所得资金专门用于资助符合规定条件的绿色项目或为符合绿色认定条件的项目进行融资的债券工具。

（二）绿色债券的特征

相较于普通债券而言，绿色债券必须符合以下几项要求：债券募集资金的用途、绿色项目的评估与选择程序、募集资金的跟踪管理以及要求出具相关年度报告等。也就是说，该类债券所募集的资金须用于符合相关认定标准的绿色项目，而绿色项目必须经过必要的评估与认定程序，募集资金的使用需要进行后续跟踪管理，债券资金的使用情况和相关项目运行情况也需要按要求出具年度报告。

（三）绿色债券的发展历史与标志性事件

2016 年苹果公司发行了 15 亿美元绿色债券，这也是第一笔由美国科技公司发行的绿色债券；2017 年 6 月苹果公司发行了第二笔 10 亿美元的绿色债券；2018 年中国发行的绿色债券超过 2800 亿元；目前国内绿色债券存量规模接近 6000 亿元，居全球前列。

2019 年 11 月 8 日上午，苹果公司再次发行了 22 亿美元绿色债券，使

---

[*] 柏文喜，中国企业资本联盟副理事长，经济学硕士，研究方向为公司金融与资本市场。

得苹果公司以 47 亿美元的总发行额成为美国最大的绿色债券公司发行人；2020 年 12 月 8 日，国家开发银行在北京面向全球投资人发行"长江大保护"专题"债券通"绿色金融债券，发行规模不超过 50 亿元；2021 年 2 月，国内首只碳中和债券发行；2022 年 6 月 9 日，新加坡总理公署部长兼财政部和国家发展部第二部长英兰妮在可持续投资与金融大会演讲时宣布，政府推出了新加坡绿色债券框架，并将在数月内根据该框架发行第一只政府绿色债券。

2022 年 7 月 29 日《中国绿色债券原则》正式发布，9 月 1 日招商银行在银行间市场发行 2022 年第二期绿色金融债券，为全国首单适用《中国绿色债券原则》的商业银行绿色金融债券；11 月 24 日，由梅塞德斯－奔驰集团股份有限公司担保、以梅赛德斯－奔驰国际财务有限公司为发行人的首只外资非金融企业绿色熊猫债由中国银行承销发行成功，标志着中国绿色债券市场对外国公司打开了大门。

二　绿色债券政策的发展演变

2020 年以来，随着绿色债券市场持续快速发展，我国绿色债券顶层设计相关政策持续完善，行业规范文件陆续出台，支持绿色债券发展的地方配套政策也不断推出。

（一）绿色债券的国内外绿色标准逐步接轨

2021 年 7 月 1 日，人民银行、国家发改委、证监会联合发布的《绿色债券支持项目目录（2021 年版）》开始实施，明确了绿色债券定义、支持目录，为推动我国绿色债券市场发展提供稳定框架的同时，也提供了灵活空间，实现了与欧盟标准的进一步协同。该文件采纳国际通行的"无重大损害"原则，对绿色债券界定标准进行了明确和细化，比如对煤炭等化石能源清洁利用项目等不再纳入支持范围，而增加了绿色农业、绿色建筑、可持续建筑、水资源节约和非常规水资源利用等新时期国家重点发展的绿色产业领域类别，也与当前国家产业政策及转型导向更趋一致。

（二）绿色债券规范类文件持续出台

2021 年 3 月，银行间交易商协会印发《明确碳中和债相关机制的通知》，有力推动了绿色债券市场碳中和债的标准化进程。5 月，环保部印发《环境信息依法披露制度改革方案》，提出 2025 年基本形成强制性环境信息披露制度，建议将强制性环境披露要求纳入绿色产品和绿色制造评估体系。9 月，绿色债券标准委员会发布《绿色债券评估认证机构市场化评议操作细则（试行）》《绿色债券评估认证机构市场化评议标准》和《绿色债券评估认证机构市场化评议材料清单》等配套文件，明确了市场化评议申请步骤、市场化评议内容及评议结果运用等内容，以及评估认证机构开展绿色债券评估认证业务需满足的条件，进一步规范了绿色债券评估认证行业。2022 年 7 月 29 日，《中国绿色债券原则》由绿色债券标准委员会正式发布，明确绿色债券定义及思想核心要素，进一步明确绿色债券的募集资金要 100% 投向绿色项目，实现了与国际绿色债券标准接轨。

（三）支持绿色债券发展的地方配套政策出台

山东省 2021 年 9 月 1 日发布了《关于支持开展碳排放权抵质押贷款的意见》，推动碳排放权抵质押贷款进一步规范化、标准化、规模化发展。重庆市在 2021 年 9 月 22 日出台了《重庆市"碳惠通"生态产品的价值实现平台管理办法（试行）》，推动建设生态产品价值实现平台，促进以绿色金融工具落实"双碳"目标、加快推动绿色低碳发展。而更多省份的类似政策也在不断出台之中。

三　2022 年以前国内的绿色债券市场

2021 年国内绿色债券市场共发行 652 只绿色债券，发行量同比大幅增长 123.29%。其中人民币绿色债券的发行金额为 6115.06 亿元，同比增长 172.84%。

以下为国内绿色债券市场历年来的发行与运行情况。

（一）绿色债券发行的币种结构

发行币种以人民币为主，外币绿色债券以美元为主，欧元绿色债券近年来也开始发行。绿色债券发行的币种结构已经多品种化（见表1）。

表1　　　　2016—2021年我国不同币种绿色债券发行　　　单位：亿元、只

年份	人民币元	美元	港元	欧元	加拿大元	新加坡元	发行数量
2016	2090.31						76
2017	2237.80					5.00	173
2018	2187.52	10.00	26.00		6.00		201
2019	2976.85	65.25	80.00				352
2020	2241.27	40.20		5.00			292
2021	6115.06	66.40		8.00			652

资料来源：Wind数据库。

（二）绿色债券的发行场所

绿色债券的发行场所以境内银行间债券市场、上海证券交易所和深圳证券交易所为主，2021年境内市场合计发行人民币绿色债券6115.06亿元。境外发行涉及香港联合交易所、新加坡证券交易所和澳门金交所、伦敦证券交易所等地，2021年境外市场合计发行66.4亿美元及8亿欧元绿色债券，其中在香港联合交易所发行57.6亿美元、8亿欧元绿色债券，在新加坡证券交易所发行2.6亿美元绿色债券，在澳门金交所发行5亿美元绿色债券，在伦敦证券交易所发行1.2亿美元绿色债券。发行场所构成见表2。

表2　　　2016—2021年我国绿色债券在境内外发行场所总量

年份	银行间（亿元）	上海（亿元）	深圳（亿元）	香港	其他场所
2016	1867.36	222.95			
2017	1894.78	288.64	54.38		5亿新加坡元
2018	1723.82	403.88	55.82	26亿港元、4亿美元	6亿美元、6亿加拿大元、4亿元人民币

续表

年份	银行间（亿元）	上海（亿元）	深圳（亿元）	香港	其他场所
2019	1958.35	836.54	156.96	80 亿港元、48 亿美元、25 亿元人民币	17.25 亿美元
2020	1321.24	688.28	231.74	25.5 亿美元、5 亿欧元	14.7 亿美元
2021	4770.39	1149.39	195.28	57.6 亿美元、8 亿欧元	8.8 亿美元

资料来源：Wind 数据库。

（三）绿色债券的期限结构

2021 年绿色债券发行期限以短期为主，1 年期以内、1—3 年期发行数量占 18.40%、44.79%，较 2020 年提升 8.81 个、8.49 个百分点；3—5 年期、5—10 年期发行数量占 18.40%、13.96%，较 2020 年下降 7.63 个和 9.67 个百分点；10 年期以上发行数量占比保持稳定。

（四）绿色债券的发行评级

在公布债项评级的绿色债券中，2020 年 AAA 级绿色债券数量为 302 只，占 65.99%；2021 年 AAA 级绿色债券的数量为 302 只，占 81.84%，发行评级逐步向高等级债券集中。

（五）绿色债券发行人的区域构成

我国 2021 年绿色债券的发行人集中于发达地区，以北京及东部沿海地区为主，北京、广东、江苏、上海、天津、浙江、山东、福建的发行金额合计占 80.19%。其中 2174.14 亿元绿色债券的发行主体来自北京，广东、江苏、上海的发行主体分别发行 507.60 亿元、383.04 亿元、338.54 亿元绿色债券，而其他省份的绿色债券发行占比均低于 5%。

（六）绿色债券发行的行业结构

人民币绿色债券的发行主体以公用事业、金融业和工业领域为前三大行业，合计占 92.23%，发行金额占比依次为 35.06%、30.81% 和 26.36%。能源行业的发行金额占比为 5.10%，材料行业、可选消费行业的发行金额占比分别为 1.06%、0.85%。

（七）绿色债券发行人的所有制构成

绿色债券发行人以中央和地方国有企业为主。央企和地方国企发行金额占比分别为 60.83%、35.66%，而民营企业发行金额占比为 1.51%，上市公司发行金额占比为 1.09%，外商独资企业、中外合资企业的发行金额合计占比不到 1%。

（八）绿色债券的品种结构

绿色债券发行品种构成中，金融债占比不断下降，公司债占比上升。2016—2020 年金融债发行金额占比由 78.90% 下降至 12.14%，公司债发行金额占比由 9.05% 上升至 32.66%。资产支持证券、企业债的发行金额占比总体呈上升趋势。2021 年以来，人民币绿色债券发行金额最多的中期票据占 27.40%，金融债、资产支持证券、公司债、短期融资券占比在 10% 到 20% 区间。品种结构见图 1。

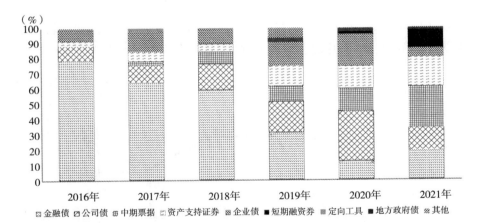

图 1　2016—2021 年人民币绿色债券发行品种结构

资料来源：Wind 数据库。

2021 年 2 月，作为响应"3060"碳达峰、碳中和目标的工具，碳中和债首次出现并获得发行人和投资者欢迎，发行规模迅速增加。截至 2021 年 12 月末，碳中和债共发行 2525.52 亿元，占 2021 年人民币绿色债券发行总额的 41.30%。碳中和债的发行主要来自中央和地方国企，发行主体所属行业以公用事业、工业、金融业为主，债券评级均为 AA + 及以上。

（九）绿色债券的绿色认证情况

获得绿色认证的债券占比呈下降趋势。2016—2021 年境内共发行 1685 只绿色债券，其中获得独立第三方评估认证的绿色债券 886 只，占 52.58%。分年度来看，2016 年境内绿色债券发行前获得绿色认证比例的 为 73.68%，之后连续三年下降，2019 年绿色债券进行绿色认证的比例仅 有 41.84%，2020 年进行绿色认证的绿色债券占比回升至 52.88%，而 2021 年绿色债券发行前进行绿色认证的比例再次降至 50% 以下。

（十）绿色债券的发行利率相比普通债券的平均发行利率低

2016—2021 年发行的绿色债券与普通债券的 236 组有效数据对比 中，140 组数据中绿色债券的平均发行利率相对较低（绿色债券占优）、 占 59.32%，96 组数据中普通债券的平均发行利率相对较低（普通债券 占优）、占 40.68%。2016—2021 年，绿色债券的年平均发行利率较同期 限普通债券低 24 个基点，其中 2021 年绿色债券的平均发行利率较同期 限普通债券低 22 个基点。绿色债券与普通债券发行利率对比情况见 图 2。

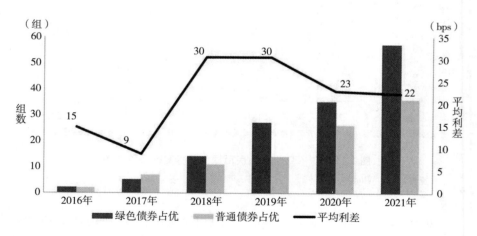

图 2　绿色债券、普通债券发行利率对比

资料来源：Wind 数据库。

（十一）绿色债券的存量规模持续增加

2016 年我国绿色债券存量仅为 2038.96 亿元人民币，2017 年我国绿色债券存量则包括 4064.47 亿元人民币计价债券以及 5 亿新加坡元计价债券，此后又陆续新增了港元、美元、欧元、加拿大元计价的绿色债券。截至 2021 年 12 月末，我国绿色债券存量分别包括 11146.72 亿元人民币、154.55 亿港元、40 亿美元、13 亿欧元、6 亿加拿大元计价的债券，较 2020 年大幅增长。绿色债券历年存量情况见表 3。

表 3　　　　　2016—2021 年我国境内外绿色债券存量规模　　　　　单位：亿元

年份	人民币元	港元	美元	欧元	加拿大元	新加坡元
2016	2038.96					5.00
2017	4064.47					5.00
2018	6220.11	9.50	26.00		6.00	5.00
2019	7878.48	67.25	106.00		6.00	5.00
2020	8772.76	98.95	80.00	5.00	6.00	5.00
2021	11146.72	154.55	40.00	13.00	6.00	5.00

资料来源：Wind 数据库。

（十二）绿色债券的交易状况

从现券交易情况来看，银行间市场是绿色债券的主要交易场所，多年来均有 90% 以上的人民币绿色债券在此成交。我国绿色债券现券交易规模持续增长，人民币绿色债券 2016 年和 2017 年的现券交易量较少，2018 年以后成交量上升较大，2021 年人民币绿色债券现券交易成交规模为 8451.71 亿元，同比增长 37.62%。

四　2022 年国内绿色债券市场

到 2022 年 6 月末，我国绿色债券存量规模约 1.5 万亿元，位居全球第二。在"双碳"目标下 2022 年绿色债券制度体系不断完善，绿色债券发行增速迅猛。绿色债券显示出明显的成本优势，二级市场交易热度也显著提升。

（一）绿色债券制度体系建设进展

2022 年 3 月，上海证券交易所发布《"十四五"期间碳达峰碳中和行动方案》，提出"扩大绿色债券发行规模、完善绿色债券制度建设、提高绿色债券类产品的投资吸引力"等绿色债券市场建设行动措施，助力企业低碳融资需求，并提出将通过宣传培训、深化债券品种创新、推进公募REITs 绿色发展等措施引导和推动绿色债券市场发展，扩大绿色债券发行规模。针对"漂绿""绿色债券市场监管""第三方评估认证"等问题，上海证券交易所将完善相关制度体系，提升绿色债券市场发展质量。在提高绿色债券类产品投资吸引力方面，将通过"推动政府部门出台绿色债券专项奖励措施"和"在交易系统内推出绿色债券交易集中展示板"等行动，激励相关市场主体参与绿色债券市场建设。

2022 年 6 月，由中、欧等经济体共同发起的可持续金融国际平台（TPSF）发布了《可持续金融共同分类目录》（以下简称《共同分类目录》）。该《共同分类目录》已覆盖"农业、林业和渔业""制造业""电力、燃气、水蒸气和空调的供应""供水；污水处理、废物管理和修复活动""建筑业""运输和储存" 7 个门类，共包含 72 项有关气候变暖减缓的经济活动。在应用方面，中外债券发行主体可参照《共同分类目录》中所列的经济活动分类标准，并按照国内外绿色债券发行要求，发行《共同分类目录》贴标绿色债券。

2022 年 6 月，上海证券交易所和银行间交易商协会先后推出转型类债券，助力重点行业绿色低碳转型。《上海证券交易所公司债券发行上市审核规则适用指引第 2 号——特定品种公司债券（2022 年修订）》对于上海证券交易所低碳转型公司债券发行相关的募集资金用途、信息披露等提出明确要求。《关于开展转型债券相关创新试点的通知》对银行间交易商协会转型债券发行、募集资金用途、信息披露等提出明确要求。

2022 年 7 月 29 日，首个融合中国实践情况与国际标准的绿色原则框架《中国绿色债券原则》由绿色债券标准委员会正式发布，明确绿色债券定义及思想核心要素，进一步明确绿色债券的募集资金要 100% 投向绿色项目，实现了与国际绿色债券标准接轨。

2022 年 9 月，经向人民银行、证监会报备，绿色债券标准委员会正式发布绿色债券评估认证机构市场化评议结果，合计 18 家机构通过绿色债券标准委员会注册，对推动绿色债券市场行业自律和规范发展具有重要作用。

（二）国内绿色债券市场运行状况

1. 绿色债券规模与数量高速增长，多领域实现绿色资产证券化产品首单发行

2022 年上半年，国内绿色债券的发行规模达到 4100.69 亿元，较去年同期增长 67.21%；绿色债券发行 260 只，较去年同期增长 30.00%。其中碳中和债发行 74 只，规模达 1194.00 亿元；蓝色债券发行 7 只，规模达 52.00 亿元；碳中和、蓝色双贴标债券发行 1 只，规模为 5.00 亿元。普通绿色债券新增发行规模超 3000 亿元，同比增长近 50%。截至 2022 年上半年，中国境内普通绿色债券存量规模约 1.5 万亿元，占境内外绿色债券总存量规模的 71.43%。

2022 年上半年，绿色债券发行规模和数量占债券发行总规模和总数的比例均明显增长，规模占比较去年同期上升了 1.65 个百分点，数量占比较去年同期上升 0.78 个百分点。绿色资产证券化产品发行领域较去年上半年实现多个突破，多个产业领域、地区均进行了资产证券化产品首单发行。

据不完全统计，截至 2022 年 11 月 4 日国内共发行绿色债券 285 只，发行规模为 7554.04 亿元。其中绿色贴标债券 179 只，发行规模为 2815.04 亿元；非贴标绿色债券 106 只，发行规模 4739.6 亿元。就发行人构成来看，其中央企 112 只，地方国企 64 只，其他企业 23 只。首单按照《中国绿色债券原则》发行的绿色债券由招商银行于 9 月 1 日在银行间市场发行，首只外资非金融企业发行的绿色熊猫债由梅赛德斯－奔驰财务公司于 11 月 24 日在国内市场成功发行。2016 年至 2022 年上半年普通绿色债券发行数量与规模见图 3。

2. 绿色债券二级市场交易热度提升明显

2022 年上半年绿色债券二级市场交易热度上升明显，绿色中期票据交易额占比超过三成；可持续发展挂钩债券交易升温。2022 年上半年二级市场绿色债券现券交易 696 只（上年同期 316 只），金额达 4538.32 亿元

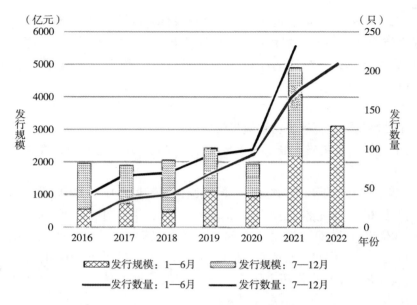

图 3　2016—2022 年上半年普通绿色债券发行数量及规模统计

资料来源：中央财经大学绿色金融国际研究院。

（上年同期 2546.33 亿元），交易金额同比增长 78.23%。在所有交易品种中，绿色中期票据交易金额最大，为 1707.21 亿元，占 37.62%；绿色金融债次之，交易金额为 1264.73 亿元，占 27.87%；绿色企业债和绿色超短期/短期融资券交易金额分别为 477.93 亿元和 464.71 亿元，占比分别为 10.53% 和 10.24%；其余券种占比均不足 10%。

3. 绿色债券成本优势明显，七成以上优于同类债券

2022 年上半年，76.70% 的绿色债券显示出较好的成本优势，发行成本低于可比债券 1—180 个基点。2022 年上半年，贴标绿色债券中可比同类债券为 103 只，其中 79 只绿色债券（其中 25 只为碳中和债）发行成本低于可比债券 1—180 个基点。76.70% 的绿色债券低于当天发行的同类债券票面利率，包括 50 只中期票据、19 只公司债、4 只企业债、4 只金融债和 2 只短期融资券。

4. 银行、清洁能源和火电行业绿色债券发行集中度较高

从发行人的行业构成看，2022 年上半年绿色债券集中度较高的包括银行、清洁能源、火电、公用事业、融资租赁行业等，规模占比为 70.45%、

数量占比为 50.01%。其中，清洁能源为绿色债券重点支持领域，募资使用约占其总募资规模的 40%；碳中和债品种中，2022 年上半年发行集中度较高的包括火电、清洁能源、融资租赁等行业，规模占比为 62.60%、数量占比为 53.33%。

2022 年上半年，绿色债券募集资金投向清洁能源产业发展的金额约为 1225.08 亿元，占境内新增绿色债券发行规模的 39.40%，使用规模同比增长 4.57%；用于基础设施绿色升级项目的约 538.86 亿元，占境内新增绿色债券发行规模的 17.33%，使用规模同比增长 11.06%；用于节能环保产业的约 37.8 亿元，占境内新增绿色债券发行规模的 1.22%；用于清洁生产产业发展的约为 12 亿元，占境内新增绿色债券发行规模的 0.39%。其余的 66 只、约 1290 亿元的绿色债券资金投入行业不明确或者从公开渠道无法查询到。2022 年上半年国内普通绿色债券募集资金投向构成见图 4。

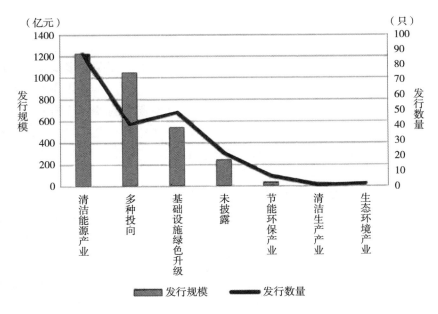

图 4 2022 年上半年国内普通绿色债券募集资金投向

资料来源：中央财经大学境内普通绿色债券募集资金投向统计。

五　绿色债券市场发展展望

自绿色债券开始发行以来，我国绿色债券的发行规模和数量不断上升并呈加速趋势，存量规模迅速扩大的同时交易活跃度也不断上升。作为支持"双碳"目标实施的金融工具的重要组成部分，绿色债券将会越来越得到资本市场、政策层和监管层，以及企业界的重视。虽然目前我国绿色债券市场发展仍然受到不少因素制约，绿色标准也有待优化，绿色债券市场规模仍然较小且存在部分"漂绿"现象，但是绿色债券的未来无疑是值得期待的。

（一）推动国内绿色标准的统一与国际绿色标准的接轨

《绿色债券支持项目目录（2021 版）》统一了国内绿色债券的支持范围，但所涉及的各部委规章在具体发行流程、资金使用规定等方面仍存在诸多差异，不同部门的绿色债券优惠政策也不尽相同，国内绿色标准在实践中尚未实现完全统一。中外绿色标准及相关政策也存在诸多差异，如国内外对于募集资金投向项目等绿色标准存在较大差异，导致部分国内发行的绿色债券无法纳入国际绿色债券数据库而得到资本的较高认同，反过来加大了绿色资本跨境投资我国绿色债券市场的交易成本。推动国内绿色标准的统一以及与国际绿色标准的接轨势在必行。

（二）促进市场规模提升和规范化发展

截至 2021 年末，人民币绿色债券仅占国内债券市场总体存量规模的约 1%，显示出我国绿色债券的规模依然较小。绿色债券在国内的发展速度也慢于绿色贷款，前者存量规模仅约为后者的 1/10。"漂绿""洗绿"现象在绿色债券发行中还或多或少存在，部分企业以绿色项目名义，或包装原本不符合绿色标准的项目来募集资金，所募集资金也并未真正投向绿色项目，在损害绿色债券发行人声誉的同时，也会加大绿色债券投资者甄别成本和降低绿色债券市场诚信度。另外，国内尚未发行绿色国债，绿色债券市场发行定价也缺乏市场基准，绿色债券定价的市场化程度仍待提升。

加快探索建立风险分担机制和国内绿色债券市场基准价格等金融创新，

拓宽对于民营企业和中小企业的增信支持手段，尝试发行绿色主权债券，加大对碳中和债的发行，鼓励创新乡村振兴债、可持续发展挂钩债券（SLB）等各种债券新品种，多维度推动广义的绿色、社会、可持续范畴的债券发行增长来扩大绿色债券供给与扩容势在必行。有效发挥市场主体、中介机构积极性，完善绿色债券市场机制，优化发行结构，促进绿色债券市场规模的提升和规范化发展，是未来绿色债券业务发展的重要命题。

（三）加大政策支持力度，促进投资端需求释放

我国绿色债券发行普遍存在期限偏短现象，从而造成与绿色项目投资期限较长的期限错配，而发行主体以央企和地方国企为主且有进一步向国有企业集中的趋势，绿色债券品种相对单一和缺乏支持地方建设的绿色市政债，认证审核与信息披露、投后跟踪等多项要求也导致绿色债券的低利率优势在相当程度上被抵消等，这都影响了贴标发行绿色债券的积极性。税收减免、补贴等绿色项目投资鼓励与优惠政策的具体落实普遍不够，获得免税优惠的国内绿色债券较少，与境外发行的多只绿色债券均获得免税优惠待遇差别比较明显。

优化发行审批流程，加大财政贴息、担保政策，创新支持力度，降低商业银行持有绿色债券的风险权重，提高绿色债券质押率，以降低绿色债券发行成本来提升绿色债券的吸引力，是提高国内投资者参与绿色债券市场积极性的必要措施。加大境外投资者跨境投资我国绿色债券的便利政策力度，吸引保险公司、证券公司及境外机构投资者进入绿色投资领域以丰富绿色债券投资者类型，向国际发行人提供实务操作指南及配套信息服务，设置弹性规则及激励机制，降低发行绿色债券的成本与难度，鼓励更多国际机构进入我国市场发行绿色熊猫债，促进释放投资端需求，持续优化绿色债券投资者结构，也是政策层面需要考量的重点。

六 绿色债券案例

（一）绿色债券案例 1：22 广铁 G2

1. 债券基本信息

2022 年 9 月 21 日，广州地铁集团有限公司 2022 年面向专业投资者公开发行绿色公司债券（第二期）（专项用于碳中和），即 22 广铁 G2 发行。

本次债券发行总规模不超过 100 亿元，采用分期发行方式，本期债券为第五期发行，发行规模不超过 20 亿元（含 20 亿元）。发行期限为 5 年，票面利率为固定利率，债券票面金额为 100 元，按面值平价发行，具体信息如表 4 所示。

表 4　　　　　　　　　绿色债券 22 广铁 G2 基本信息

债券全称	广州地铁集团有限公司 2022 年面向专业投资者公开发行绿色公司债券（第二期）（专项用于碳中和）
发行人	广州地铁集团有限公司
发行规模	20 亿元
票面金额	人民币壹佰元（RMB100 元）
发行价格	按面值平价发行
发行方式	本期债券发行方式为网下面向专业机构投资者询价配售
评级机构	中诚信国际信用评级有限责任公司
主体评级	AAA
债项评级	无评级
期限	5 年
发行利率	2.88%
托管机构	中信证券股份有限公司

2. 发行人基本情况

自 20 世纪 90 年代以来，广州地铁集团有限公司建设施工和通车运营都得到市政府的大力扶持和政策保障，公司各线路的建设均纳入了当年度广州市重点建设项目之中。公司在轨道交通建设和经营方面处于全国领先地位，资产规模大、财务信誉好、融资能力强，早已成为各家银行争相引入的战略合作重点客户。公司以"建设为了运营，运营为了经营，经营为了效益"的"一体化"地铁经营理念，逐步形成了轨道交通设计、建设、运营和附属资源开发业务一体化管理模式。公司拥有一批具有突出创新能力和掌握专业技术能力的优秀人才，可通过工程中心整合地铁设计、建设和运营等方面的专业技术人才队伍，成为承担重大科技项目研究的领军人。经过二十余年发展，当前公司形成了领导团队经验丰富、员工集体精简高效、学历职称分布合理的人力资源发展态势。公司多年来在国内行业开展了大量的城市轨道交通科研课题研究工作，具备突出的自主创新能力和引进、消化、吸收再创新能力，以及集成创新能力。加强新技术、新产品、新工艺，新线网内资源共享，系统优化与技术改进，节能减排等方面的研究，取得了大量的研究成果。

3. 第三方评估认证

本期债券募集资金对应的项目为城市轨道交通类项目。该类项目的运营可持续为城市居民提供绿色的出行方式，相对于公交车和出租车出行，减少化石能源的直接消耗，具有环境友好的优点。因此，本期债券募集资金拟投放项目符合《关于促进应对气候变化投融资的指导意见》（以下简称《气候投融资意见》）、《绿色产业指导目录（2019 年版）》（以下简称《绿色产业目录》）和《绿色债券支持项目目录（2021 年版）》（以下简称《绿债目录》）中有关类别。

城市轨道交通项目符合《气候投融资意见》中"1. 减缓气候变化"项下"控制工、农业、废弃物处理等非能源活动温室气体排放"；符合《绿色产业目录》中"5. 基础设施绿色升级——5.2 绿色交通——5.2.7 城乡公共交通系统建设和运营"项下的"城市轻轨、地下铁道等快速轨道交通，城乡公交道路（含快速公交道路）建设、改造及运营"的内容；符合《绿债目录》中"5. 基础设施绿色升级——5.5 绿色交通——5.5.1 城乡公共客运和货运——5.5.1.5 城乡公共交通系统建设和运营"项下的"城市地铁、轻轨、有轨电车等城市轨道交通设施建设和运营"的内容。

4. 积极成效

（1）构建低耗高效、安全便捷的交通系统

本期债券募集资金对应的绿色轨道类交通项目符合当地城市及交通总要求，并已纳入省级及市级规划中，轨道交通系统与传统小汽车、公交系统相比具有低耗高效、安全便捷等特点。项目的实施可有效地减少乘坐私家车产生的燃油消耗，有效地缓解交通领域对石油的依赖。

（2）减少污染物排放，改善大气环境

轨道交通是一种先进的城市快速交通系统，以电力驱动，无大气污染及水环境污染等环境问题。此外，由于替代部分地面交通而减少了汽车尾气排放，有利于改善城市的大气环境。轨道交通是一种绿色交通工具，相比常规燃油小汽车更符合绿色出行理念，并对于建设绿色循环低碳交通发挥着积极的作用，进而推动低碳经济的发展。

（3）改善居民出行条件

本期债券募集资金对应的轨道交通类项目具有客运量大的优势，且轨道交通具有不受地面交通堵塞影响的特点。因此，轨道交通类项目能够合理输送客流，满足区域出行需求，改善市民出行条件，同时有利于缓解当地中心城区的交通拥堵，减少公共客运压力，有利于提升城市形象。

（二）绿色债券案例 2：22 红狮 GN001

1. 债券基本信息

2022 年 9 月 7 日，红狮控股集团有限公司 2022 年度第一期绿色中期票据（22 红狮 GN001）发行。本次债券发行规模为 2.8 亿元，发行期限为 3 年，票面利率为 3.35%，按面值发行，具体信息如表 5 所示。

表5   **绿色债券 22 红狮 GN001 基本信息**

债券全称	红狮控股集团有限公司 2022 年度第一期绿色中期票据
发行人	红狮控股集团有限公司
发行规模	2.8 亿元
票面金额	人民币壹佰元（RMB100 元）
发行价格	按面值发行
发行方式	公募
评级机构	中诚信国际信用评级有限责任公司
主体评级	AAA
期限	3 年
发行利率	3.35%
托管机构	银行间市场清算所股份有限公司

资料来源：《红狮控股集团有限公司 2022 年度第一期绿色中期票据募集说明书》，2022 年 9 月 7 日。

2. 发行人基本情况

红狮控股集团有限公司（以下简称红狮集团）是中国企业 500 强、中国民营企业 500 强和国家重点支持十二家全国性大型水泥企业之一，拥有水泥、环保、金融及类金融投资三大板块。2021 年，水泥产能 1.1 亿吨、总资产 680 亿元、员工 17000 余人，实现销售收入 655 亿元。

立足水泥主业。坚持创新驱动和绿色发展，采用国际先进新型干法工艺，用"低碳、安全、环保"方式制造水泥，工艺、技术、装备和环保处于国际一流水平。在国内 11 个省和老挝、尼泊尔、印度尼西亚、缅甸等国家有 50 余家大型水泥企业，同时布局多个大型海外水泥基地，实现国内外协同发展。打造水泥"生态圈"，聚焦水泥窑协同处置固废、飞灰水洗、资源化利用等环保业务，已投产和在建项目 20 余个，年处置规模 290 万吨，居全国同行前列；打造智慧物流、供应链仓储等生产型现代服务业，为红狮集团和第三方提供优质服务，自身也形成新的产业。

3. 积极成效

（1）固废集中处理，减少偷排超排现象

本期债券募集资金拟投项目可将固废进行收集并统一处理，有利于缓解生活垃圾和工业固废随意排放的混乱局面，减少了未经处理而偷排、超排的可能性。这可以有效地改善城市的环境条件，对改善居民生活条件、提升居民健康水平产生十分重要的作用。同时，对提高城市及周边地区生态建设和污染控制水平，创造人与自然和谐的环境，建设空气清新、环境优美、生态良好的宜春具有重要意义。

（2）促进社会及经济可持续发展

固废综合处理可对城市建设和经济的发展产生巨大的间接经济效益和社会效益。固废综合处理项目通过飞灰水洗技术，以及水泥窑协同处置生产水泥熟料，使最终产品对环境没有负面影响，从而消除了城市生活中威胁人们健康生存的一个隐患，使生态环境与资源再生利用走上可持续发展的道路，为工业、社会文化、招商引资和可持续发展创造有利条件，以最终实现经济可持续发展。

（三）绿色债券案例 3：广西旅发 2022 绿色中票二期（专项乡村振兴）

1. 债券基本信息

"广西旅游发展集团有限公司 2022 年度第二期绿色中期票据（专项乡村振兴）" ［以下简称广西旅发 2022 绿色中票二期（专项乡村振兴）］，基本信息如表 6 所示。

表6   广西旅发 2022 绿色中票二期（专项乡村振兴）基本信息

债券全称	广西旅游发展集团有限公司 2022 年度第二期绿色中期票据（专项乡村振兴）
发行人	广西旅游发展集团有限公司（以下简称广西旅发）
发行规模	2 亿元
票面金额	人民币壹佰元（RMB100 元）
发行价格	按面值发行
发行方式	本期债券发行方式为公募发行
评级机构	中诚信国际信用评级有限责任公司
主体评级	AA +
期限	3 年
发行利率	4.800%
托管机构	银行间市场清算所股份有限公司

2. 发行人基本情况

广西旅游发展集团有限公司（以下简称广西旅发）成立于 2014 年 3 月，是经广西政府批准、由广西城建投资集团有限公司（以下简称广西城建）和广西旅发大健康产业集团有限公司（以下简称广西大健康）合并重组而成，公司初始注册资本为 30.00 亿元，控股股东为广西国有资产监督管理委员会（以下简称广西国资委）。截至 2021 年末，公司注册和实收资本均为 30.00 亿元，广西国资委为公司的唯一股东和实际控制人。

公司作为广西重要的旅游基建及服务主体，主要从事广西的旅游服务、南宁市五象新区核心区基础设施建设等业务。此外，公司子公司广西城建作为广西棚户区改造的融资主体，以"统贷统还"的方式解决广西各区县棚户区改造融资需求。

3. 第三方评估认证

本期债券募集资金拟投放的巴马赐福湖国际养生中心项目一期符合《绿色产业目录》中"4. 生态环境产业——4.1 生态农业——4.1.10 森林游憩和康养产业"下的"依托森林、草地、湿地、荒漠和野生动物植物资源等，开展游览观光、休闲体验、健康养生等活动"内容。符合《绿债目录》中"四、生态环境产业——4.2 生态保护与建设——4.2.2 生态农产品供给——4.2.2.4 森林游憩和康养产业"下的"在不破坏地表植被、生物多样性和生态系统的前提下，依托森林、草地、湿地、荒漠、高山、湖泊、河流、海岸带和野生动物植物等自然景观资源开展的游览观光、休闲体验、健康养生等设施建设"内容。

因此，本期债券全部的募集资金用于绿色产业领域，符合中国银行间市场交易商协会发布的《非金融企业绿色债务融资工具业务指引》和绿色债券标准委员会发布的《中国绿色债券原则》对募集资金投向绿色产业领域的比例相关要求。

4. 积极成效

（1）环境效益

本期债券募集资金拟投项目为巴马赐福湖国际养生中心项目一期，该项目的开发有利于引领巴马高端健康服务业和养生休闲度假业发展，有利于保护生态环境以及优质的长寿养生资源。巴马的养生旅游声名鹊起，"世界长寿之乡"的称号是重要的助推力之一。"养生传奇"吸引来成千上万的外地人，以养生为目的的"候鸟人"大量涌入巴马，带来了环境污染、原住民生活被干扰等一系列问题和变化。因此，本期债券募集资金拟投项目的建设有利于引领巴马高端客户市场发展，通过大力发展健康服务业和养生休闲度假业态，实现巴马从中低端的观光旅游向高端新兴产业发展，以减轻环境压力。同时，本期债券募集资金拟投项目将加强赐福湖长寿养生资源保护，整治赐福湖水域及周边生态环境，逐步取消网箱养鱼，营造良好的水域生态和景观环境；在盘阳河、赐福湖等水域可视范围内及旅游风景区加强植树造林、封山育林，特别是加强水域两岸裸露山头植被的恢复，营造良好的生态环境，该项目的森林覆盖率在74%以上，森林生态环境得到提高，有利于保护巴马的生态环境及优质的长寿养生资源，具有良好的环境效益。

（2）经济效益

巴马赐福湖国际养生中心项目一期依托巴马优质的养生、度假资源，可以通过发展高端的健康养生度假休闲项目，带来高端消费群体，增加就业，为巴马的财政、税源以及拉动地方现代服务业、农业产业化和现代化提供更多的发展空间，发展旅游业实现乡村振兴，可带来较好的经济效益。

（3）社会效益

健康是人全面发展的基础和必要条件，关系到一个国家和民族发展的根本。随着人民群众生活水平的不断提高，对健康服务的需求正在从传统的疾病治疗转为更加重视疾病预防和保健，以及追求健康的生活方式，对健康体检、健康咨询、健康养老、体育健身、养生美容以及健康旅游等新兴健康服务的需求都在快速增加。人们对于原生态的自然资源和长寿养生，以及对无污染食品和良好生态环境有着更高质量的要求。本期债券拟投放项目响应发展健康服务业，创新服务模式，发展新型业态，不断满足多层次、多样的健康服务需求，有利于促进健康服务业快速协调发展，可带来良好的社会效益。

参考文献

国家金融与发展实验室：《中国绿色债券市场的发展特征、制约因素及政策建议》，2020 年 3 月 30 日。

东吴证券：《绿色债券市场规范化的又一座"里程碑"——〈中国绿色债券原则〉出台》，2022 年 8 月 10 日。

中央财经大学绿色金融研究院：《碳双周刊》2022 年第 4 期至第 28 期。

《今年以来绿色债券发行规模增近五成　助力实体经济高质量发展》，《中国证券报》2022 年 11 月 7 日。

绿色经济发展与投融资转型

李 勇 强 宏[*]

　　加快发展方式绿色转型，是党中央立足全面建成社会主义现代化强国、实现第二个百年奋斗目标，以中国式现代化全面推进中华民族伟大复兴作出的重大战略部署，具有十分重要的意义。同时，推动绿色低碳发展是国际潮流所向、大势所趋，绿色经济已成为全球产业竞争制高点。

　　发展方式的绿色转型离不开政策保障和市场的支持。要完善支持绿色发展的财税、金融、投资、价格政策，加大对绿色低碳产品、技术等支持，完善绿色低碳标准体系，健全资源环境要素市场化配置体系，加快健全绿色低碳技术体系，营造政策引领、科技、产业、金融、人才等多要素融合的绿色生态圈，推动形成绿色转型的社会环境，共同推动绿色经济的可持续发展。而在此体系中，绿色金融起到的作用至关重要。因此，本文从绿色经济的定义、绿色金融政策及市场、绿色经济投融资转型，以及对未来发展趋势的展望等角度对绿色经济、绿色金融的发展与转型等进行分析论述，旨在梳理行业现状，分析发展态势，厘清发展空间，提供发展建议，为我国构建绿色低碳循环发展经济体系贡献绵薄之力。

一　绿色经济的定义及发展

（一）绿色经济的定义

随着社会的发展和科技的进步，国家及市场对绿色经济的定义已经上

---

　　* 李勇，深圳市骐骥前海科技研究院研究员、西安交大国家技术转移中心广东中心主任，研究方向为数字经济与碳达峰碳中和等领域；强宏，深圳市骐骥前海科技研究院首席经济学家，研究方向为产业经济分析，出版多部专著。

升到了更高的层面、有着更广泛和更系统化的内涵。2021 年 2 月，国务院正式发布了《关于加快建立健全绿色低碳循环发展经济体系的指导意见》，绿色经济是涵盖了绿色规划设计、绿色投资融资、绿色建设、绿色生产流通、绿色生活消费等内容的绿色低碳循环发展经济体系。

绿色经济具备以下多个特征：以市场及资本为导向，以实体企业和基础产业为基础，以科技创新为引领，以社会、经济、生态协调发展为主旨，致力于维护环境友好、资源节约的可持续发展经济体系。

（二）绿色产业所包括的六大方向及 211 个细分行业

为进一步厘清产业边界，2019 年 7 月国家发改委发布了《关于印发〈绿色产业指导目录（2019 年版）〉的通知》，文件较为系统地界定了绿色产业所包含的六大产业及 211 个细分行业。这六大产业包括节能环保产业、清洁生产产业、清洁能源产业、生态环保产业、基础设施绿色升级和绿色服务。

二 中国绿色金融政策及市场进展

（一）中国绿色金融政策进展情况

长期以来，中国经济高速发展的同时，不可避免地面临生态破坏、环境污染等挑战。中国政府已将生态文明建设和环境保护纳入国家发展战略，但传统的环境末端治理手段，不足以完全消除污染，有效地将治理端口前移，成为中国生态文明体系建设的重中之重，也是中国构建绿色金融体系的重要目的。

自 2012 年以来，我国颁布了一系列绿色金融政策，自上而下地构建出具有中国特色的绿色金融政策管理体系，取得了举世瞩目的成就。

2012 年 4 月，人民银行正式发布《绿色信贷指引》，为银行业金融机构在绿色金融领域的发展指明了战略方向。2015 年 9 月，中共中央、国务院颁布《生态文明体制改革总体方案》，首次明确提出建立中国绿色金融体系的战略及顶层设计，鼓励各类金融机构发展尝试绿色保险、绿色债券、绿色信贷、绿色基金等创新性绿色金融工具，推动我国生态文明建设。2015 年 12 月，国家发改委颁布《绿色债券发行指引》。2016 年 8 月，人民银行、财政部等多部委发布《关于构建绿色金融体系的指导意见》，确立了我国绿色金融体系顶层架构，开启了中国绿色金融发展的新纪元。中国是全球最早形成系统性绿色金融政策框架的国家之一。

2017年6月，人民银行、国家标准化管理委员会等发布《金融业标准化体系建设发展规划（2016—2020）》。2018年3月，我国银行业协会发布《中国银行业绿色银行评价方案》。2020年5月，人民银行、国家发改委等发布《关于印发〈绿色债券支持项目目录（2020年版）〉的通知（征求意见稿）》，进一步细化了《绿色产业指导目录（2019年版）》的分类。2020年7月，人民银行发布《关于印发〈银行业存款类金融机构绿色金融业绩评价方案〉的通知（征求意见稿）》。

2021年，人民银行确立了"三大功能""五大支柱"的绿色金融发展政策思路，并将"落实碳达峰碳中和重大决策部署，完善绿色金融政策框架和激励机制"列为重点工作。2021年4月，正式发布《绿色债券支持项目目录（2021年版）》，有史以来第一次统一了我国绿色债券的标准。2021年7月，实施了《银行业金融机构绿色金融评价方案》。同年第三季度，人民银行发布首批绿色金融标准，正式启动了我国绿色金融标准的编制。2021年10月底，人民银行牵头完成二十国集团首个可持续金融框架性文件《G20可持续金融路线图》。2021年12月，生态环境部联合国家发改委、工信部等九部委开展气候投融资试点，指导试点地方积极参与全国碳市场建设，研究和推动碳金融产品的开发与对接。2022年1月，人民银行印发《金融科技发展规划（2022—2025年）》。2022年2月，人民银行、国家市监局、银保监会、证监会联合印发《金融标准化"十四五"发展规划》，推动经济社会绿色发展和低碳转型。2022年6月2日，银保监会发布《银行业保险业绿色金融指引》（以下简称《指引》）。《指引》推动银行业保险业绿色金融领域的最重要手段在于明确由董事会或理事会承担绿色金融主体责任，这将自上而下推动银保机构加快绿色金融发展。《指引》明确要求支持清洁低碳能源体系建设。当前风电成本不断下降，若未来新能源机构融资成本下降，将显著利于我国风电装机量的提升。《指引》再次强调，碳中和不搞"一刀切"，这意味着提升绿色金融服务质效的同时不会对传统能源造成严重冲击。2022年8月15日，生态环境部等九部门印发《关于公布气候投融资试点名单的通知》（以下简称《通知》），要求各省（区、市）生态环境部门按照生态环境部统一部署，指导试点地方根据《通知》要求做好气候投融资试点工作，其他管理部门按照《通知》中涉及的重点任务分工做好指导工作。各部门应加强统筹协调，高质量建设气候投融资试点。

（二）中国绿色金融市场进展情况

"十三五"时期，与"双碳"相关的金融产品创新不断涌现，应用场景不断深化，服务国家重大战略实施，与国家重大战略相辅相成。如绿色信贷、绿色债券等绿色金融成熟产品规模不断突破，为绿色产业积极提供资金。其他典型产品如绿色保险、绿色信托、绿色基金、碳金融等也得到大力发展，绿色金融市场不断发展。

（1）绿色信贷

截至 2021 年末，我国绿色信贷余额为 15.9 万亿元，占总信贷的 8.3%，同比增加 33%，快于总贷款增速 21.5%。总体体量全球第一。

从资金投向来看，目前绿色信贷的重点投资方向为清洁能源和基础设施绿色升级，截至 2021 年末分别占绿色信贷的 46.5%、26.5%。随着绿色产业的发展，基建类贷款占比小幅下降，以节能环保为代表的其他投向贷款占比上升。

从主体来看，以对公贷款为主。2020 年底，对公绿色信贷占 99.6%；个人绿色信贷占比较低但比年初增长 56%，显示出良好增长潜力。

从区域来看，以东部和西部为主。东部和西部绿色信贷占比高，2020 年底占比合计达 78%；东部和中部地区绿色信贷增速较高，分别为 24% 和 27%。

从机构来看，大型银行绿色信贷占比高，2020 年底占比达到 70%；中型和小型银行绿色信贷增长较快，比年初分别增长 26% 和 22%。

（2）绿色债券

绿色债券余额为 1.7 万亿元。总体体量全球第二。

近年来，随着绿色发展理念的普及，不少金融机构将绿色债券作为重要的践行工具。我国绿色债券余额突破 1 万亿元，成为全球第二大绿色债券市场，而证券公司已成为绿色债券承销主力军。中国证券业协会数据显示，2021 年全年作为绿色公司债券主承销商或绿色资产证券化产品管理人的证券公司共 50 家，承销（或管理）102 只债券（或产品），合计金额 1376.46 亿元，同比增长超过 50%。

　　绿色资产证券化（绿色ABS）是一种新型债务融资工具，是绿色债券的重要组成部分。与绿色金融债券、绿色公司债券等其他绿色债券不同的是，绿色ABS不以公司作为承担还款责任的债务主体，而是剥离出一部分基础资产，形成资产池。

　　ABS即资产证券化，是以基础资产未来所产生的现金流为偿付支持，通过结构化设计进行信用增级，并在此基础上发行创新型融资工具的一种融资方式。绿色ABS是在其基础上要求特定的基础资产属于绿色项目及其相关资产未来产生的现金流，或者筹集到的资金运用于绿色环保产业。

　　根据上海证券交易所2018年业务问答来看，绿色资产证券化产品的认证标准包括三个条件，满足其中一点便可认证为绿色ABS产品：

　　第一，关于基础资产要求不低于70%属于绿色环保领域；

　　第二，关于募集资金投向要求不低于70%投放至绿色产业项目；

　　第三，关于原始权益人主营业务，要求其属于绿色环保产业，且该部分收入超过总收入的50%，或者该部分收入与利润之和超过发行ABS证券的30%。

　　对于开展主体的规定，银行和企业都可以开展绿色资产证券化的融资活动。对于基础资产规定，符合监管机构要求的基础资产都可以作为绿色资产证券化的基础资产。

　　2019年以来，绿色债券余额保持20%以上的高增速，2021年6月末以来，增速环比连续上行。2021年末，绿色债券规模达1.7万亿元，同比增33%，尤其是绿色城投债，占新增融资比重明显抬升，为近40%。从发行主体来看，地方政府、金融机构、公用事业行业的企业为主要发债主体。2021年末，地方政府、金融机构、公用事业企业的绿色债券余额分别占绿色债券余额的36%、16%和14%。

　　（3）银行在绿色金融产品体系的布局

　　目前形成完整的绿色金融产品体系的银行较少。对比各家银行，仅有兴业银行推出了完整的绿色金融服务体系（见表1），江苏银行推出了绿色金融产品和特定服务模式（见表2）。

表 1   **兴业银行绿色金融集团化产品体系**

企业金融板块

基础产品	特色产品		投资银行	绿色供应链	现金管理
项目融资	绿创贷	特许经营权质押	绿色债务融资工具	绿色票据（池）	绿色结构性存款
流动资金贷款	环保贷	碳资产、排污权质/抵押	绿色产业基金	绿色信用证	跨行现金管理
	绿票通	节能减排融资	绿色资产证券化	国内保理	"掌上交费"公众平台
		碳资产管理计划	绿色股权投资基金	反向保理	
		合同能源管理	绿色并购融资	订单融资	
			蓝色债券	买方信贷	
零售金融板块	金融市场板块	兴业租赁	兴业信托	兴业基金	证券服务
低碳信用卡	绿色资产管理	直接租赁	绿色信托融资	绿色主题债券基金	非金融企业绿色债券
私人银行业务	绿色投资	售后回租	绿色并购投融资	绿色产业基金	绿色 IPO 及股权融资
万利宝——绿色理财产品	ESG 投资	节能环保设备厂商租赁	绿色股权投资	绿色 PPP 基金	绿色产业基金
绿债指数理财产品			绿色资产证券化	绿色并购基金	资产证券化业务
绿色按揭贷款			绿色债券投资		
绿色消费贷款					
绿色经营性贷款					

表 2   **江苏银行绿色金融产品**

行业专项融资产品	重大项目服务模式	环境权益类融资产品	政银合作类融资产品
固废贷	生态环境导向（EOD）项目融资模式	排污权抵押贷款	绿色创新组合贷
光伏贷	美丽乡村建设项目服务模式	合同能源管理贷款	环保贷

行业专项融资产品	重大项目服务模式	环境权益类融资产品	政银合作类融资产品
补贴确权贷款	长江大保护项目服务模式	碳配额质押融资	节水贷
低排贷	低碳园区项目服务模式		绿票 e 贴
土壤修复贷款	ESG 表现挂钩贷款 绿色供应链 金融 - 绿票贷		苏碳融

（4）绿色基金

截至 2022 年 1 月 28 日，ESG 概念基金规模约 2604 亿元。

2022 年 6 月 28 日，我国批准了首批 8 家公募基金上报的碳中和 ETF 产品。

（5）绿色保险

根据保险业协会统计数据，2018—2020 年，保险业累计提供 45.03 万亿元保额的绿色保险保障。2020 年末，保险资金运用绿色投资增长 32% 以上，余额达 5615 亿元。

2020 年，保险资金运用绿色投资的 38% 流向基础设施绿色升级，32% 流向清洁能源，其中，流向清洁能源的保险资金增长较快，增速在 31% 以上，节能环保和绿色服务增长也较快，但规模较小，合计不超过 1000 亿元。

（6）绿色信托

绿色信托规模在 2019 年实现 150% 以上的增长，2020 年稳步攀升至 3593 亿元。

（7）环境权益交易市场

排放核算体系是碳中和目标的基础性工作。通过统一的核算标准明确产品生命周期各环节的碳足迹核算与管理，并有针对性地进行节能减排部署，对总体温室气体排放控制至关重要。为量化减碳成效，全社会碳核算势在必行。生态环境部数据显示，截至 2022 年 3 月，试点阶段的碳市场共覆盖 20 多个行业、近 3000 家重点排放企业，累计覆盖 4.4 亿吨碳排放量，累计成交金额约 104.7 亿元。全国碳排放权交易市场数据显示，自 2021 年

7 月启动以来，截至 2022 年 7 月 15 日，全国碳排放权交易市场纳入发电行业重点排放单位 2162 家，覆盖约 45 亿吨碳排放量，累计碳排放配额（CEA）交易量达 1.94 亿吨，累计成交金额约 84.92 亿元。随着未来更多行业和企业被纳入碳市场，以及金融行业开展碳相关的金融服务，多数企业都要进行碳核算与碳资产管理。

金融机制方面。当前我国全国碳市场流动性不足的重要原因在于参与主体相对受限，而且因政策细则尚未落地，机构投资者进入碳市场进行投资或提供经纪、做市等一系列服务的资质尚不明确。未来一段时间，明确投资者资质、加快纳入机构投资者将成为提升我国碳市场流动性、保障碳价稳定的重要议题。

交易工具方面。第一，由于碳配额获取及使用存在时滞，开发用以风险规避的标准化合约、提升市场流动性的需求最为强烈。碳期货作为最为重要的风险规避手段，是优先级最高的碳金融工具。我国期货市场经历长期发展，品种较其他衍生品而言相对丰富，市场经验相对充分。2021 年广州期货交易所揭牌，碳期货"只欠东风"的局面终于扭转。我们认为，在强大的市场需求下，碳期货有望成为碳市场的主力交易工具。第二，我国期权市场起步较晚，期权产品仍然相对较少，投资门槛仍相对较高，为防止出现过多投机现象，碳期权的优先级可以适当延后。第三，碳远期及碳掉期等其他衍生工具虽然有较为多样的场外交易尝试，但由于场外交易风险可控度相对较弱，可择机发展。

融资工具方面。第一，全国碳市场启动后，碳质押在我国已有多个落地项目，市场经验充分，是重要发力方向。第二，碳债券及碳基金作为控排企业的重要融资手段，同样具有较好发展前景，然而由于当前碳价波动仍相对较大，其产品设计等方面相对复杂，优先级位于碳质押之后。第三，碳回购/逆回购等融资能力相对前二者较差，可择机发展。

支持工具方面。第一，碳指数作为参与者了解碳市场全貌的重要工具，其推出、完善的优先级最高；第二，碳保险、碳托管等在当前全国及区域碳市场履约率仍然相对较高的前提下，需求相对较弱，未来随碳配额收紧，其重要性将逐渐体现。

三 新格局下的绿色经济投融资转型

（一）"双碳"总体目标下绿色金融的发展空间

1. 总体绿色经济投融资体量

据测算，2021—2050 年绿色金融领域共可产生 487 万亿元投资需求（2018 年不变价）。假设 10 年投资周期，绿色金融结构与社融相同，则对应 305.8 万亿元绿色金融余额增量，绿色信贷、绿色债券两大主要项目 30 年年均复合增加率（CAGR）为 9%、14%。

绿色信贷综合收益优于传统对公信贷，展望未来，如政策支持落地，综合收益优势有望进一步提升。绿色信贷测算净资产收益率（ROE）为 8.22%，较传统对公信贷高 7.4 个百分点，归因资产质量优，减值压力小。若风险加权系数下降至 75%，绿色信贷的测算 ROE 达 10.97%，较传统对公信贷高 10.1 个百分点。

2. 绿色金融对能源、建筑、工业、交通等重点领域的支持

据奥纬咨询估算，2020—2060 年，仅电力、钢铁、交通出行、建筑和房地产行业约需 140 万亿元。从目前融资情况来看，每年约有 1.1 万亿元资金缺口，总资金缺口达 44 万亿元。

从 2020 年到 2060 年，钢铁行业在电炉钢工艺优化和一体化高炉项目的折旧方面，存在 3 万亿—4 万亿元的资金缺口，大约是整个钢铁行业资金缺口的一半。建筑和房地产行业也面临巨大的"绿色"资金缺口，其中，建筑材料领域的资金缺口为 2 万亿—3 万亿元，建筑施工及运营领域的资金缺口为 6 万亿—8 万亿元。能源行业虽然资金缺口最大（15 万亿—20 万亿元），但却拥有相对清晰的脱碳路径，对必要技术的理解基本到位，面临的主要问题是资金支持力度不足。其中，光伏领域缺口为 6 万亿—8 万亿，风电为 4 万亿—6 万亿元，电网和储能为 4 万亿—6 万亿元。交通运输方面，公路缺口为 6 万亿—8 万亿元，航空、船运、铁路等共约 2 万亿—3 万亿元。

44 万亿元的资金缺口中，预计 3 年期以内及 3—5 年的绿色信贷缺口均小于 5 万亿元，5 年以上绿色信贷缺口为 5 万亿—10 万亿元，绿色债券缺口为 5 万亿—10 万亿元，绿色直接融资缺口为 15 万亿—20 万亿元。

（二）从传统模式到 ESG 投资策略

1. ESG 理念的来源

ESG 理念即环境（Environmental）、社会（Social）和治理（Governance）的缩写。一般来讲，环境评价因素包括碳排放、环境环保政策、垃圾废弃物危废医废污染及管理政策等，社会评价因素包括内部管理、人员培训、劳动制度、产品责任、职业健康安全、乡村振兴等，治理评价因素包括公司的内部治理、高管的薪酬福利、贿赂和腐败等。

2. 全球 ESG 投资市场概况及发展趋势

据联合国支持的负责任投资原则组织（UNPRI）的统计，截至 2021 年 5 月 11 日，全球已有近 3969 家机构签署 UNPRI，包括 2915 家投资管理机构和 611 家资产所有者，资产管理总规模超过 100 万亿美元。其中，机构投资者占比近 75%，2020 年度考虑 ESG 投资的欧洲养老金占比达 89%。2006—2020 年 UNPRI 协议签署方资产管理规模如图 1 所示。

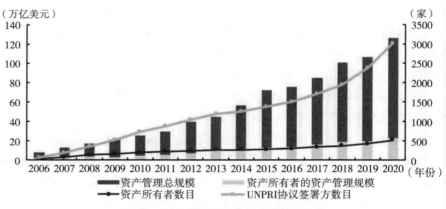

图 1　UNPRI 协议签署方资产管理规模

根据全球可持续金融协会（GSIA）的统计，ESG 产品的资产配置以上市公司股票和固定收益产品为主，合计规模占比达 87%；其中投资上市公司股票的体量超过 50%（见图 2）。随着主题投资、影响力投资的推广，固定收益、另类资产投资占比有所提升，主要体现在 ESG 主题债券发行逐渐增加、基础设施建设投资规模变大。

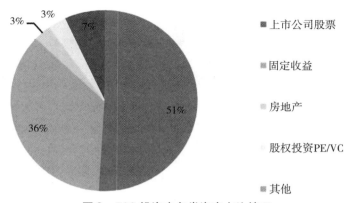

图 2　ESG 投资中各类资产占比情况

从私募投资来看，一级市场资本也在加速整合 ESG 策略，私募股权融资占比近 50%。根据全球另类资产数据供应商 Preqin 的统计，2011 年至2020 年 11 月底，已有 4500 多家承诺 ESG 投资的私募基金完成募资，总募资额达到 3.12 万亿美元。截至 2020 年 10 月底，整合 ESG 的私募基金的年度募资规模占比达到 43.5%，较 2016 年的 37.5% 提升 6 个百分点；完成募资的整合 ESG 的私募基金的数量占比为 23.6%，达到近十年的最高纪录。并且，整合 ESG 的私募基金平均募资规模远超未整合 ESG 的私募基金（见图 3），其中私募股权融资规模占 50%（见图 4），远超未整合 ESG 的私募基金。

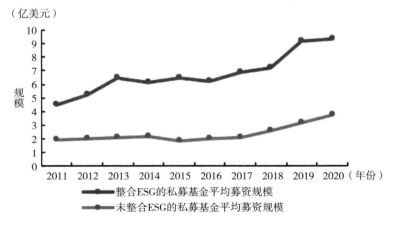

图 3　整合 ESG 和未整合 ESG 的私募基金平均募资规模

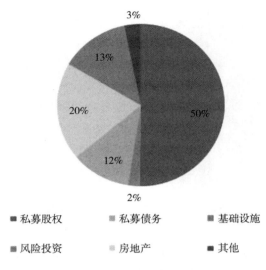

■ 私募股权   ■ 私募债务   ■ 基础设施

■ 风险投资   ■ 房地产   ■ 其他

图 4　私募基金融资构成

其中，整合 ESG 的私募基金平均募资规模连续 2 年超过 9 亿美元，较未整合 ESG 私募基金平均规模高出 150%。

海外 ESG 投资越来越重视对气候风险的分析和管理。根据 UNPRI 的统计，UNPRI 签约投资者（包括资产所有者和资产管理机构）的气候变化相关财务信息披露工作组（Task Force on Climate – related Financial Disclosure，TCFD）报告披露数由 2018 年总计 480 家增至 2020 年的 2097 家，占所有 UNPRI 信息披露机构的比重从 33% 升至接近 100%；报告气候相关信息披露的机构资产管理规模由 2018 年的 42 万亿美元增至 2020 年的 111 万亿美元，占所有 UNPRI 信息披露机构资产管理总规模的比重从 47% 升至接近 100%。以全球活跃的固定收益领域的领导者——太平洋资管（PIMCO）为例，其构建了识别、评估和管理气候风险的框架，设计了 7 个专有工具（包括气候宏观跟踪器、碳排放强度分析、就气候变化问题与发行人接触等），旨在帮助项目组合经理更好地管理和减轻与气候相关的信用风险。

3. 加快构建我国特色 ESG 体系

在 2022 年的第二届 ESG 全球领导者峰会上，生态环境部应对气候变化司司长李高在致辞中表示，我国高度重视应对气候变化，实施积极应对气候变化国家战略，并且将积极营造有利于 ESG 发展的政策环境。[①] "双碳"目标提出后，ESG 投资的引领作用更加凸显，我国积极构建中国特色 ESG 体系，推动经济高质量发展。

（1）国内现状：顶层设计驱动，先行发展绿色投资

政策驱动。自上而下，四条主线引导 ESG 投资发展。ESG 投资在我国起步较晚，目前实践多源于投资机构和社会组织自发，资产所有者的进入相对缓慢，整体规模仍有较大提升空间。近年来日渐加速。

具体有四大驱动力，包括"碳中和"战略目标、绿色金融加快布局、社保基金积极参与和监管政策的引导助力。

市场概况。起步阶段，整体向上空间较大。

中国证券投资基金业协会的公开调查结果显示，境内有超过八成的调查对象对 ESG 投资有所关注（见图 5），但实际已开展 ESG 投资的机构占比不足两成。从实际的 ESG 投资参与者来看，我国签署 UNPRI 原则的机构经历了从投资管理机构向数据服务商，再向资产所有者拓展的发展历程，全社会 ESG 实践不断深化。国内目前已有 58 家签署 UNPRI 原则（见图 6）。

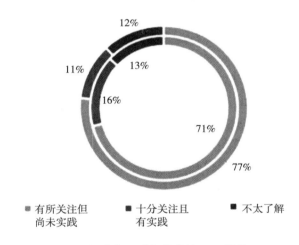

图 5　国内超八成机构关注 ESG 投资

注：内圈：证券投资机构；外圈：股权投资机构。

① 许洁：《第二届 ESG 全球领导者峰会圆满收官　中国企业用新实践提升竞争力》，证券日报网，2022 年 7 月 1 日。

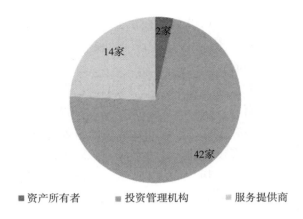

图 6　国内有 58 家机构签署 UNPRI 原则

资产配置。股债为主，聚焦绿色投资。我国 ESG 投资主要集中于股票和债券，相关金融产品日趋多元化。

从实践形式来看，我国二级市场上 ESG 投资相对一级市场更成熟，但近期呈现出从二级市场向一级市场拓展的趋势。投资者也开始关注一级市场 ESG 投资，整合 ESG 的尽职调查和股东参与已落地。

从管理方式来看，我国的 ESG 投资逐渐由主动投资向被动投资拓展，主要集中在绿色领域。

（2）未来 ESG 投资的发展趋势

在"碳中和"发展目标以及对环保资金加码布局的大背景下，中国 ESG 项目将迎来了巨大的发展机会。参考国外经验，中国国内 ESG 项目可能有四个主要发展方向值得关注。

第一，投融资体系由泛化趋向规范，涉及融资工具、评估系统、信息发布的规范等。

第二，投资领域更加聚焦绿色产业和科技创新，顺应碳中和战略和"十四五"规划转型方向。

在绿色经济领域，可关注五大重点发展行业。具体来看，一是光伏、风电、氢能等清洁能源产业链将迎来蓬勃发展，业内测算所有清洁能源装机存量（包括风电、太阳能发电、水电、核电、生物质和燃氢机组等）占比有望在 2025 年前后超过 50%。二是配套电力基础设施有望迎来新一轮投资，包括特高压建设、储能技术等。三是新能源汽车将实现对传统燃油汽车的广泛替代。市场乐观预期下，新能源汽车渗透率有望从 2020 年底的 5.3% 提升至 2025 年的 25% 以上，2060 年交通电气化率可能超过 80%。四是在环保与节能提效领域，建筑业、钢铁、水泥等工业将迎来绿色化技术路线转型。五是碳吸收相关前沿技术的研发和推广将加速，包括二氧化碳捕集/利用/封存（CCUS）、生物质碳捕集与封存（BECCS）等。

在数字经济领域，可重点关注五条主要投资主线。具体来看，一是数字技术的创新应用主线，包括高端芯片、人工智能关键算法、量子计算、量子通信、神经芯片、DNA 存储等。二是数字产业化发展主线，包括人工智能、大数据、区块链、云计算、网络安全等新兴数字产业，以及相关的通信设备、核心电子元器件、关键软件等产业。三是产业数字化转型主线，包括工业互联网和数字化转型促进中心建设，个性定制、柔性制造等新模式，众包设计、智慧物流、新零售等服务业新模式。四是数字化基础设施建设主线，包括 5G 通信与数据存储、处理的基础设施、物联网感知设施、通信系统、大数据中心等。五是数据安全、网络安全服务主线，包括网络安全基础设施建设、人工智能安全技术创新等。

第三，投资策略的本土化应用，积极发展整合 ESG 和可持续主题投资，依据国情有条件地进行负面筛选。

第四，评价指标的差异化调整，具体包括以下三个方面。

环境方面，海外环境因子考察的自然资源、污染、气候变化等维度大多适用于我国，可以结合国情调整因子比重，比如更加重视能耗、碳排放、碳足迹等。

社会责任方面，在借鉴海外关于员工、隐私、数据安全、供应商等考察维度的同时，建议增加乡村振兴、灾害救助、普惠金融等中国特色栏目。

企业治理方面，除类似海外关注董事会、薪酬、腐败、税收透明等因素外，建议增加中小股东利益保护、信息披露等特殊考察维度。

（三）绿色金融科技

2021 年是"十四五"规划的开局之年，也是碳中和元年。金融科技在支持绿色金融发展的过程中发挥了重要作用，且已在如绿色资产识别、环境气候风险管理、环境数据共享等领域显现成效。2021 年，活跃在中国绿色金融领域的科技公司有 84 家，相较上一年增加 25 家。

1. 2021 年中国绿色科技金融的特点

（1）以企业性质和业务模式划分

服务于绿色金融领域的中国科技公司主要包括环境信息大数据提供商、以服务绿色金融为主业的金融科技公司、金融机构下属科技服务子公司、互联网科技公司四大类主体。相较 2020 年，2021 年以各类云服务商为代表的传统互联网科技公司积极拓展绿色金融服务与业务应用，为各类绿色金融场景提供系统性解决方案。同时，科技公司也正在布局并探索金融科技在绿色保险领域的应用。市场呈现出从推动单一产品创新到提供系统性解决方案、从服务信贷投放到助力绿色产业投资的转变。

（2）从产品结构看

目前主要集中在绿色信贷、绿色债券、绿色保险、绿色基金、绿色信托、绿色租赁、环境权益交易、碳金融等领域。其中，绿色信托、绿色租赁业务领域则刚刚起步。

（3）从技术应用来看

AI、大数据、云计算仍是目前推动绿色金融发展的三大支柱性技术。2021 年全社会数字化进程加快，区块链和物联网应用呈现爆发性增长。可以预见，在未来实现绿色金融全流程实时信息采集的过程中，区块链和物联网技术将得到更具规模的发展和应用。

（4）从提供的服务和应用场景看

相关科技公司在绿色金融领域中主要提供数据供给服务、系统开发服务、SaaS 平台服务、针对具体业务场景的系统化解决方案与生态服务。

（5）从应用主体看

相关科技公司在绿色金融领域目前以服务金融机构、企业、政府部门为主，但在金融监管、个人用户应用场景方面的开发还较为有限。面向金融机构，科技公司主要是为其提供环境大数据信息服务和 ESG 资产、绿色资产识别与评价工具、绿色资产管理与监测平台；面向企业，科技公司主要为其提供融资对接平台、碳核算及能效管理工具；面向地方政府，科技公司则为其开发企业能耗与碳排放平台、金融机构绿色贷款绩效及环境信息披露等功能。但在金融科技助力监管部门环保违规监控与稽查、推动企业环境信息披露，以及个人绿色金融场景方面还未有较成熟的应用。

2. 绿色科技金融发展的不足之处

2021 年，金融科技支持绿色金融在绿色主体识别与认证贴标方面取得了显著进展，但在环境数据核算与披露、量化模型评估方法及精度等方面，现有产品仍存在识别与分析方法简单、数据维度单一、可靠性与时效性差等问题。在现有的应用场景中，需要进一步强化金融科技支持能耗与环境信息采集、绿色项目识别、环境风险筛查与监控、环境信息披露等方面的力度和质量。

3. 央行印发《金融科技发展规划（2022—2025 年）》

2022 年初，人民银行印发《金融科技发展规划（2022—2025 年）》（以下简称《规划》），提出新时期金融科技发展指导意见，明确金融数字化转型的总体思路、发展目标、重点任务和实施保障。

《规划》强调，高质量推进金融数字化转型，健全适应数字经济发展的现代金融体系，为构建新发展格局、实现共同富裕贡献金融力量。要坚持"数字驱动、智慧为民、绿色低碳、公平普惠"的发展原则，以加强金融数据要素应用为基础，以深化金融供给侧结构性改革为目标，以加快金融机构数字化转型、强化金融科技审慎监管为主线，将数字元素注入金融服务全流程，将数字思维贯穿业务运营全链条，注重金融创新的科技驱动和数据赋能，推动我国金融科技从"立柱架梁"全面迈入"积厚成势"新阶段，力争到 2025 年实现整体水平与核心竞争力跨越式提升。

《规划》提出八个方面的重点任务。一是强化金融科技治理，全面塑造数字化能力，健全多方参与、协同共治的金融科技伦理规范体系，构建互促共进的数字生态。二是全面加强数据能力建设，在保障安全和隐私前提下推动数据有序共享与综合应用，充分激活数据要素潜能，有力提升金融服务质效。三是建设绿色高可用数据中心，架设安全泛在的金融网络，布局先进高效的算力体系，进一步夯实金融创新发展的"数字底座"。四是深化数字技术金融应用，健全安全与效率并重的科技成果应用体制机制，不断壮大开放创新、合作共赢的产业生态，打通科技成果转化"最后一公里"。五是健全安全高效的金融科技创新体系，搭建业务、技术、数据融合联动的一体化运营中台，建立智能化风控机制，全面激活数字化经营新动能。六是深化金融服务智慧再造，搭建多元融通的服务渠道，着力打造无障碍服务体系，为人民群众提供更加普惠、绿色、人性化的数字金融服务。七是加快监管科技的全方位应用，强化数字化监管能力建设，对金融科技创新实施穿透式监管，筑牢金融与科技的风险防火墙。八是扎实做好金融科技人才培养，持续推动标准规则体系建设，强化法律法规制度执行，护航金融科技行稳致远。

4. 绿色科技金融未来的发展趋势

展望未来，国内外正就可持续金融发展形成一系列新的共识，包括建立支持转型金融的政策框架、金融要支持生物多样性保护以及将绿色金融与普惠金融有机融合等。这些方向性的共识，意味着金融科技支持绿色金融发展可能在如下几个领域获得更大的创新应用空间：第一，生物多样性保护。金融科技助力生物多样性保护等各类环境风险评估。第二，碳核算与碳资产管理。金融科技为碳金融提供系统化解决方案。第三，转型金融。金融科技为企业减碳转型提供全过程量化与认证服务。第四，ESG 评价与投资。金融科技将小微企业纳入绿色金融支持范畴，推动绿色普惠金融发展。第五，绿色农业。数字技术赋能对绿色农业活动的识别和金融支持。

（四）上市公司与绿色经济

在目前的政策法规和市场经济环境下，上市公司更加关注环保、社会和管理资讯的发布。以 2021 年 12 月 13 日成分股调整完成之后，作为沪深 300 指数成分股的上市公司为统计对象，截至 2022 年 6 月 8 日，已有 272 家沪深 300 上市公司发布 2021 年 ESG 报告，发布报告的公司数量占全部沪深 300 指数上市公司的 91%。过去三年，报告发布数量持续增长，越来越多的沪深上市公司开始实践 ESG 信息相关披露。

在环境信息披露方面，重点关注报告是否披露了与应对气候变化、水资源管理、危废处理、资源能源利用效率这四项关键指标相关的信息。

根据统计，在发布了 2021 年 ESG 报告的公司中，有 6 成以上的沪深 300 上市公司披露了以上四项关键指标，危废处理和资源能源利用效率相关的信息披露程度较高，分别为 79% 和 92%；应对气候变化披露率和水资源管理披露率分别达 62% 和 63%，仍有待进一步提高。公用事业和能源行业披露应对气候变化信息的公司分别达 88% 和 83%，反映出水力、电力、核能、石油石化、煤炭公司这些直面气候目标和"双碳"目标影响的公司，已经认识到气候变化的严峻性以及"双碳"目标落实的迫切性，并开始积极采取行动。

1. 案例一：华能国际推进能源结构转型①

华能国际是国内规模最大的上市发电公司之一。截至 2022 年 6 月 30 日，公司拥有可控发电装机容量 122199 兆瓦，境内电厂上半年上网电量 1965.44 亿千瓦时。

公司发电装机结构中，仍以燃煤发电为主 [见图 7（a）]。截至 2021 年底，可控装机规模为 92118 兆瓦。燃煤机组规模结构合理，小机组比例很低，30 万千瓦以下等级占比仅有 5.73%；超过 54% 是 60 万千瓦等级以上的大型机组 [见图 7（b）]，包括 16 台已投产的世界最先进的百万千瓦等级的超超临界机组和国内首次采用的超超临界二次再热燃煤发电机组。

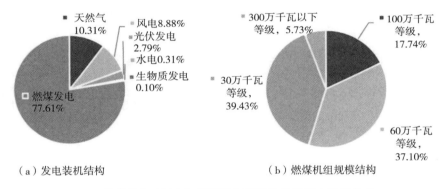

（a）发电装机结构　　　　　　　（b）燃煤机组规模结构

图 7　华能国际 2021 年燃煤机组规模结构及发电装机结构

近年来，公司大力推进能源结构转型，低碳清洁能源比例不断提高。风电、太阳能、天然气、水电、生物质发电等低碳清洁能源装机占比，从 2018 年的 15.93% 提高至 2021 年的 22.39%（见图 8）。

公司大力推进能源结构转型，低碳清洁能源比例不断提高。截至 2022 年 6 月 30 日，公司风电装机容量为 12481 兆瓦（含海上风电 3161 兆瓦），太阳能发电装机容量为 4478 兆瓦，水电装机容量为 370 兆瓦，天然气发电装机容量为 12243 兆瓦，生物质能源装机容量为 160 兆瓦，低碳清洁能源装机容量占比提升至 24.33%。

---

① 资料来源：东方证券 ESG 专题研究系列之三：《"碳"察中国绿色经济新机遇》，2022 年 8 月 5 日。

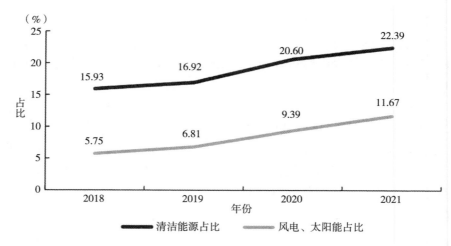

图 8　华能国际的清洁能源装机占比逐步提高

公司的创新力度持续增强，节能环保指标保持领先。公司不断加大科技创新力度，科技成果转化持续推进，科技创新工作取得新进展。海上风电、高温材料、燃机自主运维、深度调峰全过程节能等重大重点科技项目加快推进。全国产 DCS 在公司系统 7 家电厂 12 台机组推广应用；50 台风机完成国产化 PLC 改造应用；智能化本质安全管控项目大幅度提升了安全管理工作的智能化水平；污泥垃圾耦合发电技术、汽轮机低压缸零出力技术实现规模化应用。2022 年上半年，公司获得发明专利授权 63 件，实用新型专利授权 1472 件，国际专利授权 5 件。公司火电机组的能耗水平稳居行业领先地位，污染物排放水平符合或优于国家标准，燃煤机组均已实施烟气超低排放改造。

2. 案例二：宝钢股份碳中和路线①

宝钢股份力争 2023 年实现碳达峰，2025 年具备减碳 30% 工艺技术能力，2035 年运营过程中产生的碳排放量相比 2020 年力争降低 30%（见图 9），2050 年力争实现碳中和。公司从提升能效和优化能源结构两方面着手。在能效提升方面，宝钢股份在过去 5 年通过技术改造、合同能源管理项目、维修工程等硬件投入的项目实现技术节能量 46.06 万吨标准煤，单

---

① 资料来源：东方证券 ESG 专题研究系列之三：《“碳”察中国绿色经济新机遇》，2022 年 8 月 5 日。

位综合能耗降至4.62兆瓦时/吨粗钢（见图10）。

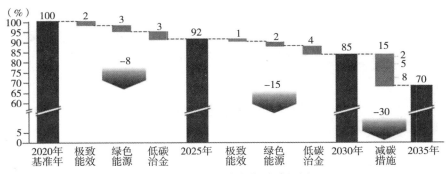

图9　宝钢股份中长期减碳规划

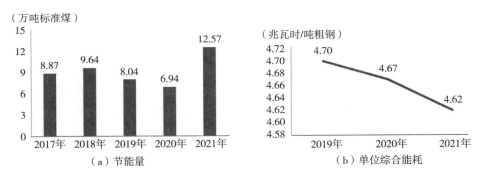

图10　宝钢股份技术节能量及单位综合能耗变化趋势

在宝钢股份的总碳排放结构中，煤焦燃烧排放占比约90%，优化能源结构、摆脱对传统化石燃料的依赖成为宝钢股份的首要目标。在能源结构优化方面，宝钢股份本着"应设尽设"理念，扩大清洁能源自发电规模，进一步提升公司内部可再生能源电力装机容量。

（五）社会资本的广泛参与

国务院办公厅于2021年11月10日发布《关于鼓励和支持社会资本参与生态保护修复的意见》，给出了社会资本的参与方式：一是自主投资模式；二是与政府合作模式；三是公益参与模式。

社会资本可通过以下方式在生态保护修复中获得收益：第一，采取"生态保护修复＋产业导入"方式，利用获得的自然资源资产使用权或特许经营权发展适宜产业；第二，对投资形成的具有碳汇能力且符合相关要求的生态系统，申请核证碳汇增量并进行交易；第三，通过经政府批准的资源综合利用获得收益等。可以在自然生态系统保护修复、农田生态系统保护修复、城镇生态系统保护修复、矿山生态保护修复、海洋生态保护修复、探索发展生态产业等重点领域展开合作试点。

四　结论与政策建议

（一）结论

整体而言，我国在"双碳"目标的指引下，积极推动和落实各项绿色经济政策，促进了经济高质量发展。在此低碳转型过程中，实体经济的发展转型、新技术研发不仅需要更多的绿色金融的支持，也为金融打开了更大的空间，金融和实业将构建新的可持续发展模式。相信在"十四五"时期，乃至到 2060 年，中国作为负责任的大国，将持续推动绿色产业集聚，制定绿色经济行业标准，实践数字低碳，打造示范项目，推动绿色消费，丰富绿色金融产品及支持体系，构建国内国外双循环的坚强绿色供应链，加快建立健全绿色低碳循环发展经济体系，勇于承担自己应尽的国际义务和应发挥的国际号召力、影响力，为全球数字"双碳"可持续发展提供中国式现代化的参照体系。

（二）政策建议

政策制度是绿色经济有序发展的重要保障，同时也关系到人类生存和经济社会发展的生态权益。为进一步高效有序推动我国绿色经济及绿色投融资的健康发展，需要进一步完善绿色经济发展的制度保障体系、构建绿色经济发展的产业和金融支撑体系，强化绿色经济发展的绩效考核。绿色经济政策的支持引导，应在继续保持以大型国有企业为重的同时，加强对民营企业、中小企业的扶持。采用适度且因地制宜的环境规制手段，加强对污染行为的监管及处罚，提高企业污染成本，促进企业环境信息透明机制的建立，为公众参与监督提供保障。在绿色金融政策领域，建议在不同的层面推动政策导向。

1. 国家层面政策导向

一是大力发展绿色信贷和绿色直接融资，加大对金融机构绿色金融业绩评价考核力度。

二是尽快统一绿色债券标准，建立协调一致的绿色债券评级标准。

三是大力发展绿色保险，充分发挥保险费率调节机制作用。

四是制定相关具体政策，支持符合条件的绿色产业企业优先上市融资。

五是支持金融机构和相关企业走出国门，在国际市场开展绿色融资。

六是在统一国内绿色金融标准的基础上，推动国际绿色金融标准趋同，有序推进绿色金融市场双向开放。

七是重视并推动气候投融资工作。

八是培育完善绿色交易市场机制。进一步健全排污权、用能权、用水权、碳排放权等交易机制，降低交易成本，提高运转效率。加快建立初始分配、有偿使用、市场交易、纠纷解决、配套服务等制度，做好绿色权属交易与相关目标指标的对接协调。

2. 以广东省为例的地方政策导向

一是建立健全绿色低碳投融资体系，加大节能环保、新能源、新能源汽车、碳捕集利用与封存等领域的投融资支持力度。

二是大力发展绿色信贷、绿色债券、绿色基金、绿色保险，拓展绿色融资渠道。支持政府投资基金布局绿色低碳领域，鼓励通过市场化手段设立广东省绿色低碳发展基金。

三是支持符合条件的绿色产业企业上市融资，支持金融机构和相关企业在国际市场开展绿色融资。

四是加快建设粤港澳大湾区绿色金融共同市场，有序推进绿色金融市场双向开放，推动绿色金融标准趋同，强化与国际标准衔接。

五是充分发挥广东省环境权益交易所等平台功能，搭建环境权益与金融服务平台。

六是高质量建设广州绿色金融改革创新试验区，支持广州期货交易所探索发展碳期货产品。支持深圳建设国家气候投融资促进中心，支持深圳证券交易所发展绿色债券。

七是探索建立生态产品价值实现机制。

八是培育绿色交易市场机制。推进用水权、用能权、排污权和碳排放权市场化交易。研究建设粤港澳大湾区碳排放权交易市场，推动碳排放交易外汇试点，支持符合条件的境外投资者参与广东碳排放权交易。

九是联合港澳开展碳标签互认机制研究与应用示范。加快建立初始分配、有偿使用、市场交易、纠纷解决、配套服务等制度，做好绿色权属交易与相关目标指标的对接协调。

五　2023 年绿色经济发展与投融资转型展望

据国家气候战略中心测算，为实现"两碳"目标，到 2060 年，我国绿色财政投资需求将达到约 139 万亿元，年均约 3.5 万亿元，占 2020 年国内生产总值的 3.4%，占全社会固定资产投资总额的 6.7%。绿色财政投入的长期资金缺口每年将超过 1.6 万亿元。

预计 2025 年，我国绿色金融企业数量将达到 10.8 万家，国内 21 家主要绿色金融企业投资余额将达到 11.59 万亿元。绿色交通、可再生能源和节能环保项目贷款余额和增长规模位居前列。绿色金融投资的环境效益正在逐步显现。21 家主要银行的绿色金融投资每年可支持节约标准煤 3.2 亿吨以上，减少二氧化碳当量 7.3 亿吨以上。绿色金融投资在实现二氧化碳排放峰值和碳中和目标方面发挥着重要的支持作用。

展望新的一年，尽管疫情防控、宏观经济、国际局势等因素对绿色经济和绿色投融资的发展造成不确定性，但笔者认为中国经济绿色低碳转型的中长期趋势不变，中国绿色经济和投融资市场还有很大的增长空间，自上而下的政策驱动仍是最重要的驱动方式。

预计 2023 年有几个趋势值得关注。一是对"中国式"绿色经济和投融资的政策探讨。党的二十大报告提出建设"中国式现代化"，绿色经济和绿色金融在当中应发挥怎样的作用，如何在绿色经济政策新导向、绿色经济各产业融合发展、绿色投融资信息披露、评级方法、绿色金融分类、绿色投融资支持绿色经济可持续发展体系建设等方面体现中国的特点？这些问题在 2022 年已经有不少讨论。预计未来一年这方面的讨论会更多，且可能形成一些初步成果。二是技术创新对绿色经济发展的推动作用将得到更加充分的体现。经济增长与环境发展间的制约关系不可改变，但可以通过技术来平衡关系，实现可持续发展的道路。科学技术创新驱动着绿色经济的发展，其能为企业提供高效清洁的发展方式，提高资源利用率，提高环境的承载能力。一方面要对创新积极引导，技术创新不应只注重数量还应注重创新质量。若只注重数量，那么技术创新只会浪费资源，且对绿色经济的发展起不到积极作用。另一方面应建立协同创新多元主体参与机制，积极将高校、企业、科研机构等纳入创新主体中，大力培养科技创新人才，鼓励高校开展相关的课程或专业。同时，政府要着力优化企业绿色技术创新环境，鼓励金融机构向中小企业提供资金支持，推动企业创新与高等院校、科研机构进行合作，实施绿色制造核心技术攻关。三是传统产业的绿色低碳转型将成为未来一年我国绿色经济的发展重点。如水泥、钢铁等高投入、高消耗、高污染的产业，应作为转型的重点对象，加强各生产要素之间的合理配置，注重产业结构向高级化、"软"化方向发展，以发挥自身资源优势为基础，通过对生态产业进行合理规划、加强金融方面支持来促进产业转型升级，推进传统工业绿色工程的建设。四是对"反漂绿"问题的持续关注。人民银行已经多次提及在发展绿色金融时要重视"反漂绿"，关注重点是绿色信贷和绿色债券；而在境外，绿色 ESG 投资基金也是"反漂绿"的前沿，欧盟出台的《金融服务业可持续性相关披露条例》（SFDR）已经对各类资管产品产生影响。预计照此趋势，资本市场特别是公募基金的"反漂绿"问题会逐步受到境内监管机构的重视。五是对金融机构碳核算的政策推动。近一两年，从中央到地方都在摸索金融机构资产层面碳核算的做法。此前，人民银行拟定《金融机构碳核算技术指南（试行）》，并在绿色金融改革创新试验区试点。预计 2023 年，这些试点工作或能产出初步经验和实践以作推广。此外，银行的气候压力测试、银行个人客户的碳账户等相关问题也会是政策和标准关注的新兴领域。

参考文献

《国务院关于加快建立健全绿色低碳循环发展经济体系的指导意见》，2021年2月22日。

国家发改委：《绿色产业指导目录（2019年版）》，2019年2月14日。

《广东省人民政府关于加快建立健全绿色低碳循环发展经济体系的实施意见》，2021年12月3日。

浙商证券：《商业银行的作为与担当："双碳"背景下的绿色金融》，2022

年 2 月 13 日。

平安证券：《绿色金融系列（五）：绿色投资新时代，ESG 布局新阶段》，
2021 年 5 月 12 日。

中国金融学会绿色金融专业委员会：《碳中和愿景下的绿色金融路线图研
究》，2021 年 12 月。

奥纬咨询：《应对中国气候挑战：为转型提供融资，实现净零未来》，2022
年 7 月。

东方证券：《东方证券 ESG 专题研究系列之三："碳"察中国绿色经济新
机遇》，2022 年 8 月 5 日。

汇丰银行：《中国绿色金融发展报告》，2022 年 4 月。

安永（中国）：《中国绿色金融发展回顾与展望》，2022 年 3 月。

碳金融创新与低碳投融资

高正琦[*]

一 推动碳金融创新，助力低碳投融资

全球经济自工业革命以来的迅速发展，造就了人类历史上的发展奇迹，但同时也带来了前所未有的巨大的能源环境问题。如何控制和减少碳排放问题已经成为迫切需要解决的重要难题。长期以来，很多人普遍认为金融和控制碳排放之间并没有什么必然联系，直到人们发现气候变化不仅是环境问题，更是发展问题。随着可持续发展理念逐步深入人心，碳金融成为解决气候变化问题的主要抓手。

以习近平同志为核心的党中央立足国际国内统筹发展大局，做出在2030年前实现碳达峰、2060年前实现碳中和的重大战略决策。"双碳"目标的提出对我国生态文明建设、引领全球气候治理、实现"两个一百年"奋斗目标具有重大意义。Huang 和 Zhang（2021）采用 PSM - DID 方法通过实证研究表明，中国设立碳金融试验区的这几年时间有效地减少了环境污染，绿色金融政策的确有利于我国环境改善。但碳中和目标的实现需要巨量资金投入，业界普遍认为实现碳中和所需的投资总额达到百万亿元级别。清华大学2020年在其发布的《中国长期低碳发展战略与转型路径研究》报告中曾指出，我国要实现2℃温升控制目标的总投资需求约为127万亿元。单靠政府资金投入远远无法满足如此巨大的资金需求，需要包括金融体系在内的市场资金充分参与，碳金融的发展将在我国碳中和实现过程中居主导地位。

＊ 高正琦，天津排放权交易所有限公司董事长，主要研究方向为绿色金融。

　　碳金融的创新发展将通过市场手段引导环保低碳产业的发展，增强其竞争优势。通过碳金融市场机制引导传统行业的低碳转型，对我国生态文明建设具有重要意义。本文从碳金融创新视角，探究如何推动我国的低碳投融资活动，助力实现"双碳"目标。

二　碳金融的理论基础及欧盟碳金融发展实践经验

（一）碳金融理论基础

　　碳金融概念可以分为狭义与广义两类：狭义碳金融是指与碳排放权交易相关的金融活动。为了实现控制温室气体排放搭建的关于温室气体的交易平台，具体来讲包括三类业务：碳排放权交易、碳金融衍生品交易和低碳投融资业务。企业碳排放需要承担相应的金融代价和成本，面临碳排放限制有关因素带来的社会风险和机会等，而碳金融是市场发展的工具，可以降低其风险和成本。广义碳金融又可以叫作绿色金融，包含一切为支持环境改善、应对气候变化和资源节约高效利用的金融活动。具体来讲，为实现节能环保、清洁能源的开发和利用、绿色交通和绿色建筑等项目投融资、运营及风险管理等所提供的金融服务都可以称为广义碳金融。本文涉及的碳金融主要指的是狭义碳金融。

　　碳金融的理论基础来自经济学中关于环境问题的外部性的讨论。经济学家庇古认为，如果私人净边际产品小于社会净边际产品，则会出现正外部性，否则就会出现负外部性。因此，当投资存在负外部性时，私人成本与社会成本的分离导致出现市场失灵。在此情况下，政府需要通过行政手段加以干预。而碳金融的本质就在于，通过碳交易制度将外部性问题内部化。也就是通过将经济主体的碳排放的负效应纳入成本，实现负外部性的内部化。控排企业基于环境成本考虑，可通过引入低碳技术和清洁能源等，在提高生产效率的同时降低碳排放。而出售碳配额的企业可以这种方式实现外部性收益。全社会进而通过市场机制作用实现碳减排和绿色可持续发展。

（二）欧盟碳金融发展实践

　　碳金融在发达国家起步较早，目前已经初步形成了由政府财政主导，银行业和资本市场提供投融资支持，围绕碳排放权交易体系开展碳交易的多元化低碳投融资模式。2005 年，欧盟为实现在《京都议定书》中承诺的减少碳排放量的义务，正式开始实施欧盟碳排放交易体系（EU – ETS）。EU – ETS 是全球首个跨国碳排放交易市场，也是欧盟碳金融市场的核心。欧盟碳排放交易体系在限额交易基础上，通过将碳排放量与成本直接挂钩，达到节能减排目标。另外，欧盟国家主张以政府为主导的"自上而下"的碳交易市场发展框架。具体来讲，首先在确定碳减排长期目标的基础上，测算该目标下的碳预算，最后在各国间进行碳排放配额分配。欧盟碳排放交易体系已经成为目前全球规模最大的碳交易市场，覆盖了 45% 的碳排放。EU – ETS 的发展可以分为四个阶段（见表 1）：

第一阶段，2005—2007 年的初步试验阶段。初期有 28 个成员国加入，实行"总量控制和负担均分"的原则，根据各国历史排放水平来确定对应的碳排放额度。限排行业主要集中在能源、钢铁、水泥和造纸等高排放行业，排放量占欧盟总排放量的近 50%。

第二阶段，2008—2012 年的全面发展阶段。EU – ETS 增加了 3 个成员国家，覆盖了欧盟约 45% 的碳排放量。在行业范围进一步扩大的同时，减排的气体范围也增加了。在这一阶段中，欧盟进一步完善了原来的碳配额分配制度，在原有依照历史水平确定分配额的基础上增加了核查和监督环节。进一步完善二级市场交易制度，通过设立市场稳定基金制度不仅将碳价格控制在合理水平，而且保护了碳市场参与者的积极性。在这一阶段EU – ETS 修订相关法律法规，保障了碳金融市场的有力发展。

第三阶段，2013—2020 年的逐步成熟阶段。这一时期 EU – ETS 已经涵盖了超 11000 个实体单位和超 12000 座工业基础设施。而为了达到 2050 年减排 60%—80% 的长期目标，欧盟碳金融市场的要求也更加严格，在分配制度上开展改革，通过市场化的拍卖机制逐步取代免费配额分配机制，不仅灵活有效地减轻了配额供给超标的问题，而且进一步提高了减排效率。

第四阶段，2021 年至今的全面完善阶段。EU – ETS 开始实施碳泄漏规则。2026 年后，预计将逐步取消碳泄漏风险小的行业免费配额。总体免费配额将从最高占比 30% 到最终逐步取消。同时，开展低碳融资基金项目，帮助碳排放强度较高的重点部门如工业和电力等部门开发低碳技术，降低其温室气体排放。

纵观 EU – ETS 近些年的发展历程，我们可以发现，碳金融政策的发展和完善需要与时俱进,在不断地发现问题和解决问题中日臻完善。尽管在发展道路上也曾遇到低迷期,但欧盟各个国家在应对气候问题上的深度共识,促使 EU - ETS 体系的成功,不仅体现在显著的减排成效,而且体现在欧盟在国际气候谈判中能够不断掌握部分话语权。

表 1　　　　　　　　　　　**欧盟碳交易体系发展历程**

阶段	配额分配方式	主要内容
2005—2007 年 初步试验阶段	"自上而下" 基于历史排放水平,免费发放	限排行业主要集中在能源、钢铁、水泥和造纸等高排放行业
2008—2012 年 全面发展阶段	配额总量逐步下降	行业范围进一步扩大;核实和监督环节;改革市场交易制度
2013—2020 年 发展成熟阶段	配额年度降幅增加,逐步用拍卖代替免费发放	通过市场化机制逐步取代计划式机制,总量控制严格。覆盖的行业扩展,包括交通、电力与能源、制造业等
2021 年至今 全面完善阶段	逐步取消免费分配,从第四阶段最高 30% 到逐步取消	更有针对性的碳泄漏规则。建立低碳融资基金

三　我国碳金融市场发展现状

(一) 我国碳金融市场发展现状

从 2011 年开始,我国通过 "先地方试点,后全国推广" 方式逐步推进碳金融市场。首批试点碳市场包括北京、上海、天津、广东、深圳、重庆和湖北七省市。"双碳" 目标提出后,碳金融市场顺理成章地成为促使完成这一工作的重要抓手和核心工具。

2021 年 7 月,全国碳排放权交易市场开始启动并上线交易。历经十年探索,中国碳交易市场由 "试点" 走向全国,将成为实现碳中和目标的重要工具。首批参与全国碳排放权交易的重点排放单位共有 2225 家,总碳排放量超过 40 亿吨。作为全球覆盖温室气体排放量最大的碳市场,我国的碳交易市场下一步还将稳步扩大行业覆盖范围,充分发挥市场机制作用,控制和减少温室气体排放。相对于全国碳市场建立前几年,2017 年后,我国碳市场成交金额和成交量都有了进一步的提升（见图1）。截至2022年10月21日，全国碳市场配额累计成交量达1.96亿吨，累计成交金额达85.8亿元。

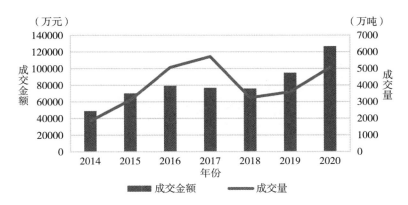

图1　全国统一碳市场建立前后几年碳市场配额成交额和成交量

（二）碳金融市场发展存在的问题

尽管我国碳金融市场发展时间不长，但也已经取得了显著的成果，直接推动了我国节能减排工作的顺利开展及低碳经济的发展。但目前我国碳金融市场仍然存在一些不足，亟待完善，主要表现在以下几个方面。

1. 碳金融市场体系不够成熟完善

我国碳金融相比欧盟起步较晚，可以欧盟经验作为借鉴。但目前很多方面实施效果仍然不佳。例如，近些年欧盟加大了通过拍卖配额的方式分配碳排放配额的机制，极大地推动了交易效率的提升。但在我国，碳交易仍然是通过国家宏观及区域自主结合方式确定免费配额总量。很多地区基于地方经济发展并降低企业经营成本的角度考虑，碳配额总量设置较为宽松。

2. 碳市场交易价格不合理，碳价无法真实反映供需关系

2022年10月26日，全国各个碳市场中成交均价最高的是北京绿色交易所的122.17/吨，而最低价格为福建海峡交易中心的30.68元/吨，价格差距为90元/吨左右。各个交易市场的价格差距在近些年呈现扩大趋势（见图2）。而从各个碳市场的价格波动情况看，北京绿色交易所的交易价

格波动相对其他交易所较大，而且碳价总体呈现上涨趋势。其他交易所比如天津市场碳价格波动幅度不大，总体趋势平稳。碳交易价格的长期不合理，不利于发挥交易市场的有效性，也不利于通过排放权交易实现碳减排的目标。

3. 社会参与度较低，碳市场流动性相对较低

我国碳市场交易是政府主导的。控排企业往往是以履约为主要目的，被强制参与。市场价格对资源配置的调节机制作用非常有限，导致交易价格的变化并没有真正地代表供求关系。在这种情况下市场主体参与交易自主意愿有限，也导致了我国碳市场的流动性严重不足。

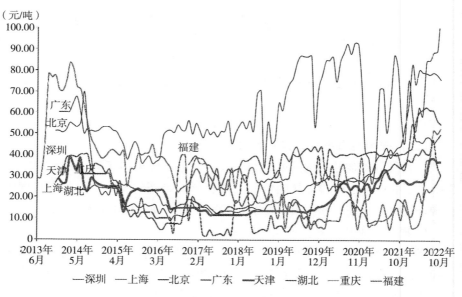

图2　我国主要排放权交易所成交均价

资料来源：天津排放权交易所。

4. 碳市场的金融化程度不足

目前，我国碳市场的交易品质主要以现货为主，部分市场推出了碳金融产品的衍生品，但规模都比较小而且交易范围有限。碳期货产品受政策影响也还未推出，仍在研发过程中，抑制了碳市场中的避险需求。但欧盟的碳市场在2005年就已经推出了与碳排放挂钩的期货产品，期货产品的交易量已经达到碳交易总量的90%以上。而且欧盟碳金融产品交易的主体不

仅包括控排企业，还包括各类金融机构投资者。而我国金融业只是对某些领域开展融资贷款业务，碳交易领域金融业涉及很少。引入专业金融机构投资者参与碳交易，可以极大地提升碳金融产品的创新速度及发展。

四 碳金融创新激励机制分析

（一）碳金融创新的利益相关者与驱动因子

碳金融的动力机制指在相关要素作用下促使经济系统中的利益相关者倾向于低碳投融资的驱动力结构及作用规则的过程。碳金融激励机制中的主要利益相关者包括政府、金融机构和企业，它们之间的关系如图3所示。

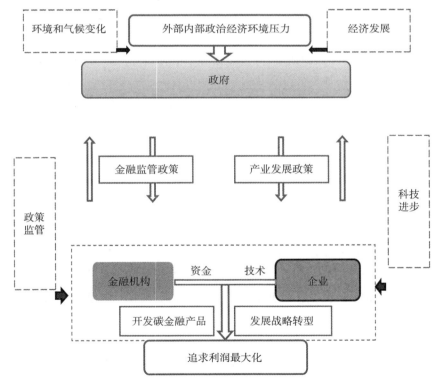

图3 碳金融激励机制中利益相关者及关系

政府层面看，其主要任务包含"双碳"目标约束、行业监管制度及规章等的制定及公众生态环保意识的培养等。实现"双碳"目标压力下，各级政府需要将这些压力转移到市场中，利用财政政策、法律法规约束及排放行业政策引导等，建立利益驱动及制度约束，激励商业银行和企业利用碳金融产品及交易实现碳金融市场的不断活跃，助力绿色低碳产业发展。但目前，仍有部分地区政府对"双碳"目标的认识和决心不足，甚至出现积极性不高和"随大溜"的情况。金融机构及企业为政府实现经济转型、应对气候变化挑战等方面提供助力。

金融机构可以实现资金的融通，作为经济主体，主要目标是追求利润，因此，只有当碳金融产品能够给其带来利润并有利于控制风险时，金融机构才能积极研究市场开发新产品，有动力发展。金融机构在政府绿色产业政策的引导下，通过产品创新交易工具等推动碳金融发展并获得收益，从而将外在动力转换为内在动力，并形成行业内部的良性竞争。

企业在政府环境保护相关法律法规要求下，会积极寻求政策支持及资本支持。一方面，政策压力下积极降低环境成本。另一方面，资本支持下加强技术改造，树立绿色低碳的企业形象。企业根据所处行业，会受到政府绿色产业政策引导及获得商业银行的绿色金融产品供给。

政府是碳金融创新发展的主要压力承担者和核心驱动方。因此，在碳金融创新活动中驱动因子来自政府职能的规范履行。长期以来，我国在低碳经济发展中缺少综合配套政策，约束机制缺失造成很多企业在转型发展中陷入市场失灵状态，阻碍了其可持续发展。金融机构主要是银行参与碳金融活动承担的风险较大，因而动力不足。驱动因子主要来自碳金融产品的利润。金融机构需要通过构建完善的碳金融风险控制管理体系，开发平衡风险和收益的创新型碳金融产品。企业碳金融交易的驱动因子是供求关系驱动下的企业利润水平的提升。

多重主体参与创新活动，相互之间将呈现复杂的创新网络。充分调动不同参与主体的积极性，发挥创新网络的协同作用，积极利用好创新资源，从而实现创新活动价值的最大化。

（二）顶层设计——碳金融创新激励体系构建

碳金融创新激励体系的战略路径与发展的基本要点如下：

第一，政府在激励体系中处于核心地位。任何一个创新体系中必然要有一个主导者，尤其是在创新活动的起步阶段，主导者的意义至关重要。政府就是碳金融创新激励机制的核心主导者。原因是：政府是构筑链接金融机构和企业的桥梁和纽带。一方面，政府鼓励金融机构开展碳金融产品创新。另一方面，政府会通过财税政策加大对低碳发展企业的资金支持力度，依托产业政策鼓励碳排放企业调整经营战略，实现技术创新和产品创新。

第二，构建集合银行和企业的利益共同体。积极发挥政府的主导作用，促进创新激励体系中企业和金融机构核心目标趋于一致。金融机构和企业的核心目标都是实现利润最大化，而且企业利润是金融机构利润的根本源泉。政府低碳环保相关扶植补贴等财政政策实施效果的实现，需要借力商业银行的具体实施措施。因此，将低碳环保项目实施效果纳入银行的业绩评价，从而进一步捆绑银行和低碳企业，发挥财政资金的积极作用，推动低碳产业发展。

第三，非银行金融机构与银行协同创新。适当放松对金融机构从事碳金融业务的管制。商业银行与非银行金融机构充分参与的碳金融创新是实现优势互补协同创新的基础，也可以充分调动社会资本参与碳金融市场的积极性。

（三）碳金融创新激励机制核心因素及影响

通过以上两个方面的分析可以发现，碳金融创新激励体系能够持续健康发展取决于政府监管、经济发展水平、环境与气候变化及科技进步四个驱动因素。

1. 政府监管因素

碳金融交易体系核心主体是政府，目标是实现低碳发展，因此政策是决定碳金融市场持续健康发展的首要因素。政府监管主要包括两个方面：一是碳排放监管。碳排放监管会影响碳排放的供求关系，政府对配额分配方式及相关标准的规定和调整，直接决定着控排主体的范围及市场参与者的预期。二是碳金融创新产品的监管。金融监管下的碳金融创新产品的适时推出，会直接提升碳金融市场的流动性和风险管理水平，同时提高市场的规模和效率。

2. 经济发展水平因素

我国经济经历了较长时间的快速发展，工业化程度得到提升，开始转型向绿色高质量发展。经济总体的规模会持续增加，且会更加注重结构调整和绿色低碳。经济总体的规模、阶段及景气程度，都会对碳金融市场产生深刻影响。

3. 环境与气候变化因素

较长时间和大范围持续的环境和气候变化现象，比如前些年频繁发生的雾霾，会迫使公众正视环境问题的严峻性，促使政府和企业积极开展节能减排行动。在公众普遍意识到环境和气候变化问题严重性后，碳市场的供求关系和碳价也会发生变化，从而碳金融市场的发展在一定程度上也为节能减排贡献市场力量。

4. 科技进步因素

科技进步是解决碳排放问题的核心要素。企业是科技进步实施的主导者。但实现科技进步需要政府和金融机构的有力支持，包括政策支持和资金配套支持。在以上因素的合力驱动下，企业自身依靠科技进步和产品创新，调整经营战略降低成本，实现由高碳向低碳的转变。

五　驱动碳金融创新的三个维度分析

碳金融激励机制中的核心主体是政府，在政府的推动下金融机构和企业建立利益共同体，形成合力协同创新。本文将从工具创新、模式创新和制度创新三个维度，构建碳金融推动低碳投融资活动的创新价值链，促进低碳投融资活动的活跃度和成熟度提升。

（一）工具创新——探索创新性碳金融产品

1. 碳金融期货市场

与一般的商品不同，碳排放权交易过程中存在更大的政策性和技术性风险。政府基于维护市场稳定的需要，往往不希望碳排放交易市场中出现较大的价格波动。因此，在我国《期货交易管理条例》中规定，期货交易只能在政府批准的专业期货交易所进行交易，目前试点碳交易市场并不具备期货交易的资格。

在国际市场中，碳期货却是起步最早也是市场最活跃的碳金融产品。EU－ETS 的发展历程证实，碳期货的推出与否，直接决定着碳金融市场的规模大小。目前，欧盟碳期货交易规模是碳现货的约30倍，规模放大效应非常明显，其他金融产品无法与之相比。不仅如此，碳期货曾在EU - ETS历史上发挥过重要作用。例如在2007年，欧盟碳市场曾发生现货价格锐减，交易量萎缩的危机。但是，碳期货市场内却能够始终保持供求稳定状态，甚至带动现货价格逐渐趋稳。可见，碳期货工具帮助EU - ETS成功克服市场风险。

碳期货的推出是必然趋势。全国统一的碳排放权交易现货市场目前已经启动运行一年多时间，推出碳期货的条件也正逐步趋于成熟。而且对于交易主体控排企业来讲，碳期货是重要的套期保值手段，可以实现有效的风险规避。因此，我国碳期货的推出是必然趋势，只是时间问题。但要注意，在全国市场基础上推行碳期货交易，仍面临很多挑战。需要建立基于市场的价格发现机制，并使现货交易具备较大的市场流通规模和高效率，为期货参与者提供盈利空间和市场环境。碳期货交易杠杆率相对较高，现货市场细微的缺陷会被放大，套利空间的出现会对市场稳定产生冲击。而且，碳排放权交易活动涉及主体多，如果现货交易风险与期货交易风险相互叠加，风险将会进一步放大。因此，作为碳市场的重要交易工具，碳期货的推出是必然，需注意建立碳期货市场与碳现货市场间的价格传导机制。在此基础上，使两个市场的政策调整趋于同步，统筹协调发展。

2. 碳资产质押融资

碳资产质押融资是指金融机构基于企业目前已经获得的，或未来可能获得的碳资产作为质押物，开展抵押担保并给予融资的一种业务模式。由于在碳交易机制下，碳资产是具有市场价值的，可以作为质押物或抵押物发挥担保增信功能。碳质押融资业务作为碳市场的一种新型融资方式，可以推动企业节能减排，实现环境和经济双重收益。

作为质押物的碳资产，既包括项目产生的也包括基于配额交易获得的碳资产。由于在质押过程中监管易和变现风险小的优点，碳配额和CCER作为碳资产近年来受到了极大的关注。但由于碳资产的价值会随着碳市场价格波动和交易情况而发生变化，一旦价格波动较大，碳资产作为质押物的变现能力将受影响。为此，碳资产质押融资必须引入碳资产管理第三方机构为企业提供质押担保，履行碳资产的持有和处分权力，并借助其碳资产管理方面的专业能力，实现风险控制。

3. 碳资产管理

上面我们提到的碳资产管理机构，就是伴随着碳交易的广泛开展，应市场需求而产生的专业碳金融创新机构。其开展的碳资产管理业务是指以取得碳资产为基础，系统性和战略性地围绕碳资产开展的开发、规划和交易等管理行为。碳资产管理是企业依靠碳资产实现价值增值的过程。随着全国碳市场正式开启，碳排放权作为一种资产标的进行公开交易，对于排放企业、个人、行业组织都将带来巨大影响。未来伴随碳交易的规模扩大，碳资产价值将会逐步提升，企业碳资产管理将更受重视。

资产管理的核心目标是实现资产的保值和增值。因此，有效的碳资产管理包括：第一，物理层面碳排放管理。包括碳排放目标的确定、减排措施的比较和识别、降低碳排放计划的制定，也包括对碳排放源及排放种类等相关数据的统计和分析等。第二，碳排放风险管理。主要是碳排放超预期的成本分析，包括财务管理、监督和应对，以及如何运用管理机制和金融手段控制和降低风险。第三，碳资产增值管理。以对碳金融市场工具产品的深入了解及熟练操作为基础，开展碳资产盘活，从而实现碳资产保值增值。

现在很多企业已经开始通过组建碳资产管理机构或者成立专门的碳资产管理平台等开展碳排放统计核算、盘查等工作，试图盘活碳资产并参与碳排放交易。但我国地区碳市场的碳配额发放往往较为宽松，对违规行为处罚力度不大。相信随着国家碳排放管控力度的加大，企业碳排放成本必然随之上升。碳资产管理必将是企业的不二之选。例如，新能源行业是碳市场的最大受益者之一，通过碳资产管理，新能源车企通过做"卖碳翁"受益颇大。以特斯拉为例，过去五年特斯拉通过出售碳排放积分获得了超44 亿美元的营业收入，甚至超过公司同期净利润。因此，碳资产管理类的第三方机构将伴随着碳市场的活跃及规模的扩展不断发展。

（二）模式创新——交易结构创新提升交易效率

碳金融模式创新的目标是提升资本作为资源的配置效率，进而推动低碳投融资。在实现这一目标过程中，主要制约因素来自交易机制中不利于市场机制发挥效果的环节。因此，我们从交易结构角度分析提升碳金融交易活跃度的几个方面。

1. 增加碳交易主体

适时开放碳交易主体限制，尤其是引入机构投资者参与交易对提升市场流动性作用重大。目前，我国碳配额分配机制的核心是根据发展需求设定配额总量。但这样会导致碳配额存在时滞，而且预期不稳定。很多地方甚至出现发放的碳配额剩余存量较大，碳市场过度供给的情况。这样的机制会导致挂牌企业多数倾向于在临近履约期时根据核定配额进行交易，价格在履约前后波动较大。而且我国碳市场是割裂的，很多碳金融工具无法规模化运用。参与主体主要是控排企业，机构投资者无法参与碳市场交易，导致碳金融产品流动性严重受限。

2. 碳配额拍卖

借鉴欧盟经验，在部分碳交易较为活跃的地区试点碳配额拍卖。欧盟主要是结合有偿拍卖和免费发放两种方式供应碳配额，但其中有偿拍卖占比逐步提升，已经超一半。但我国目前仍然是以配额免费发放为主，其占比超过 90%。广东在试点采用配额免费发放与有偿拍卖相结合的制度，效果比较显著，也在一定程度上推动了广东地区的碳成交量与成交额大幅增长。因此，可以预见在不远的将来，全国碳市场中也将逐步采用配额的免费发放与有偿拍卖相结合的制度，并会逐渐提升配额有偿拍卖占比。

3. 建立碳金融风险管理体系

完善的风险控制和管理体系是碳市场顺利发展的前提。建立碳金融风险预警体系，在金融体系原有风险控制预警体系基础上应加入碳金融产品的独特指标，如定性指标中可以考虑企业的 ESG 披露情况。通过动态权重调整机制，根据业务调整变化，及时调整指标和权重，并提升预警体系的有效性。参考 CDM 机制执行理事会方法学，建立低碳项目监测体系。国际金融机构的风险管理模型如信用度量模型，可以提升信用风险度量准确性。也可以借鉴使用计量模型和财务指标结合方法，识别不同种类的风险。但鉴于碳金融业务比传统业务的复杂性更大，可以采用多重组合模型开展度量，提升模型度量的准确性。

（三）制度创新——碳市场的金融化之路

碳排放权交易标的物的等质性和可分割性等特性，保证了可以开发出具有投资价值和流动性的多元化金融产品，并能够在保证减排措施投资稳定和收益性的同时规避各类金融风险。但我国碳金融市场仍然处于起步阶段，尤其是其金融属性的发挥仍显不足，加强碳排放权交易的金融属性的主要目标是增强市场的流动性和提高市场的交易效率。为增强碳市场的金融属性，可以着力重视以下几个方面。

1. 完善碳市场结构及监管部门分工

为规范碳市场，应构建完善的明确分级的一级和二级碳市场结构。我国碳交易的一级市场，是指国家生态环境部及各个省份发改委创造和分配碳排放权配额和已审定备案项目的减排量两类基础性碳资产。碳配额分为有偿分配和无偿分配。所谓二级市场，指碳流通市场，是已发行的碳金融产品买卖交易场所，对于实现碳交易的核心目标、引导资金流向而言，具有重要意义。但在我国二级交易市场的地区主管模式下，很多地区会基于自身经济发展目标制定碳控排指标。全国统一的碳市场正式启动运营并开始交易后，将成为实现碳减排的重要市场机制。在此基础上，试点交易所会逐步将重点控排企业转向全国市场，其主要发展目标将转变为助力地方低碳经济发展。

2. 规范碳市场交易信息的披露

目前，我国各个碳市场交易信息披露质量及时间规范没有统一的要求。有的碳市场无法实现交易信息的实时披露，甚至还出现缺少年报披露的情况。有些企业虽然披露年报但出现年报质量下滑的问题。最基本的信息披露不能够做到完善准确，会导致投资者及相关机构了解碳金融交易的成本过高，进而产生信任危机，丧失交易意愿。碳金融的制度创新，需要碳金融市场监管和管理政策的统一。全国范围的碳市场刚刚成立一年多，很多行业还没有被纳入交易。全国和地方碳市场的权责划分和信息协同共享很重要。

3. 规范的企业碳账户信息系统

借鉴发达国家碳核算体系的系统化方法学，科学准确地核查各类企业生产过程中的碳排放量，构建我国统一规范的企业碳账户平台。企业所处行业繁多，排放行为千差万别，碳账户的建立需要一套科学严谨的方案及碳资产管理基础。目前，我国已经初步建立个人碳账户并逐步扩大了碳账户覆盖范围。通过与企业合作以自下而上的方式整合各方专业资源，可以为企业碳账户的建立提供数据支撑。

4. 碳金融科技创新——围绕投融资开展产品开发和服务

碳市场金融化之路，离不开数字科技、新型区块链科技，以及碳核查、碳核算和碳交易人才等其他要素的支撑。碳排放数据具有不透明性、数据核查和监管困难等问题，而标准化交易和数字技术、空中传感器测控技术、机器学习和人工智能监控技术，以及区块链技术等，可为碳金融市场的碳排放数据核查、监测质量提供技术支撑，从而增强碳信用市场的透明度，也为提高碳金融市场的运行效率，并进一步增加市场流动性贡献力量。可见，为保证低碳投融资活动能够顺利有效地开展，需要在各类要素的配置上提升效率并实现对接技术的协同整合发展。

（四）创新驱动下的低碳投融资活动分析

2022 年 8 月，生态环境部联合国家发改委等九部委联合发布了我国首批气候投融资试点地区名单。这也标志着我国正式启动气候投融资工作，气候投融资进入快速发展的轨道。目前气候投融资已经成为解决气候变化资金缺口，实现绿色低碳发展的重要支撑。气候投融资概念是建立在绿色金融基础上的，相对传统的低碳投融资概念更广泛，而比绿色金融概念范围小。在原有低碳投融资基础上，气候投融资突出强调了增汇，以及为受到气候变化不利影响并积极开展绿色转型的能源、粮食系统和基础设施等行业提供资金支持。因此，未来气候投融资将逐步取代低碳投融资而成为投融资领域中被广泛关注的领域。

在以上三个层面的碳金融创新的基础上，为助力低碳投融资活动的全过程，我们还需要在低碳投融资活动的各个环节（见图 4）中推动以下工作。

1. 碳金融的工具创新为低碳投融资提供多元化的投资产品

模式创新可保证投融资活动效率提升并创造新价值。制度创新则放眼长远，从本质上保障了低碳投融资活动未来规模化的展开。碳金融创新从工具到模式再到制度三个层面联动，将推动低碳投融资活动的不断兴旺发展。

2. 低碳投融资全过程的指导教育

与传统金融产品相比，碳金融产品的操作难度更大，而且风险也更大。因此，对投资活动前后的综合分析能力和综合素质的要求极高。目前在金融机构中甚至还存在对碳金融衍生品开发不了解的情况。专业机构如此，更别提其他非专业主体了。因此，由环境保护政府部门和金融监管部门引导，在金融机构、企业以及个体投资者之间进行相应的教育培训和知

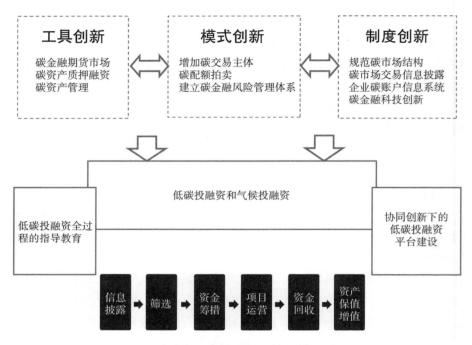

图4 碳金融创新下的低碳投融资活动

识普及就显得十分必要。这种有针对性的主题教育可以使得市场参与主体对碳金融交易的操作方式方法有更加深入的认知。同时，也让公众充分认识到发展和参与碳金融市场的好处。

3. 协同创新下的低碳投融资平台建设

低碳投融资活动能够顺利开展需要以上三个层面创新的协同推动。建立统一规范的低碳投融资平台，能够实现项目开发全过程的规范化运营。首先，从低碳投融资过程的各个环节上看，从信息披露环节到资产回收及资产增值和保值环节都可以在信息平台上展现。其次，在项目发现环节，碳金融创新的各个主体通过平台，实现高质量的低碳投资项目信息共享，从而资金供求双方得以对接。再次，平台上集合了创新产品的风险预警与风险控制系统，促进实现科学系统的信息共享和披露机制。最后，在低碳投融资平台可以实现科学统一的项目绩效评价功能。

六　推动碳金融创新及低碳投融资发展的建议

（一）借鉴欧盟碳市场发展经验，接轨国际碳市场

从前文可以看出，欧盟碳排放交易体系的建立也经历了摸索改革、不断修正完善的过程。而我国作为后发展国家可以借鉴其前期实践发展经验，同时再结合国外理论研究，融合中国基本国情，在适度优化基础上制定有利于低碳投融资活动的科学合理的碳定价机制、碳信用机制等。

我国碳金融市场是全球碳市场的重要组成部分，碳金融市场的发展涉及国家利益和国际关系，必须要和国际碳金融市场的规则法规接轨。此外，碳金融交易制度的完善本身也是实现碳金融创新和低碳经济发展的重要手段。未来实现可持续发展的国家战略，需要碳金融市场的规模扩张，进而带动低碳投融资规模扩张和水平提升。我国经济转型发展过程中需要在碳市场建设方面与国际接轨，这对于我国可持续发展战略的实施具有重要意义。

我国碳市场与国际接轨，有利于我国加强国际连接，提升碳定价话语权，加快低碳技术布局和国际市场拓展。控制碳排放，是我国作为负责任的大国的主体发展责任，同时也是政治和经济战略。目前，作为全球碳排放最大，也是控排压力最大的碳市场，我国必须要加强对未来全球碳价机制、碳市场发展趋势等方面的研究，积极参与全球范围内的碳市场规则的制定，在全球碳市场的未来发展中发挥核心引领作用。

（二）健全碳交易监管体系，保障市场稳定发展

全国范围统一的碳金融监管法律法规体系有待建立。目前我国还没有一个全国范围的碳金融相关的法律法规。碳金融法律法规的建立主要是针对碳排放权交易产品创新机制及风险防范进行监管。这对于规范和促进碳市场的发展非常重要。但目前在各个试点地区，监管主体的职能配置并不统一，地方性特色明显。另外，出台的相关政策也是针对低碳经济和清洁能源发展等方面，具有政策引导性质，但层次较低，力度不够，从而也导致了各个碳市场的区域性特征明显。碳金融如要实现创新发展，需要跨部门和跨行业的协同监管。为了进一步促进各试点地区碳金融发展在全国范

围内的统一，应加快出台统一的监管文件和细则。在法律层面，对碳金融所涉及的金融活动给予严格规范，保证实施。

从政府监管角度看，目前碳现货市场与碳期货市场分属于不同的主管部门，两个主管部门的不同监管目标会导致在碳期货市场管理中产生一定程度的不协调。碳现货市场的主要监管部门生态环境部主要考虑气候变化、国际气候变化谈判等宏观内容，而碳期货市场的监管部门证监会则关注金融市场价格发现和套期保值等金融属性。因此，若要实现碳现货市场和碳期货市场的良性互动协同发展，两个监管部门必须达成共识，明确碳交易标的物的金融属性，通力协作构建一个包含地方发改委、生态环境部、金融管理部门和金融行业企业等各个主体的多元化碳金融监管体系。加强监管并完善价格管理制度及统计核算制度，将推动碳交易顺利有序开展。

（三）完善碳交易市场机制，提升市场有效性

碳市场本身就是最大的碳金融创新。因此，碳金融创新的核心在于碳交易制度层面的创新。在控制风险的前提下，对于市场能够实现的资源配置过程，政府可以适度放开政策约束。比如，放松对碳交易主体的限制，引入机构投资者，让多元化和专业型碳交易主体进入市场开展碳交易，可以提升碳市场的流动性。在考虑行业发展现实的情况下，适当降低碳排放配额分配中的免费配额比例。碳市场中配额的分配方法对引导企业的气候低碳投融资活动非常重要，因此，适当地降低免费配额所占比例，可以进一步激励低碳环保投资行为，这也是碳交易市场化手段解决碳排放问题的集中体现。

建立健全全国和地方碳排放交易所的职能分配机制。全国统一碳排放权交易所的建立对我国碳金融的发展意义重大。伴随着全国统一碳市场的建立，未来市场交易覆盖行业更加全面。地方碳交易机构必须转变经营战略，未来主要开展碳资产交易经纪人业务，同时开展服务地方性降碳及碳资产管理服务等业务。在进一步推动碳交易制度日趋完善的前提下，形成全国统一碳排放权交易平台为主、地方性交易平台服务为辅的多层次碳金融市场结构。

（四）建立全国碳账户信息平台，制定信息披露制度

由于碳排放监测和核查比较困难，依靠市场自身去确认碳排放数据也

会十分困难，从而不利于在碳金融市场上开展正常交易。因此，政府层面需要构建全国统一的碳账户信息平台，制定碳排放信息披露制度，定期审查企业碳排放情况，在严格监管下创造一个更加公平的交易市场。

进一步完善碳资产核查管理等相关法律。在此基础上完善强制性信息披露制度和风险防控体系，保证市场的公开透明。完善碳交易信息监测及披露制度，也有利于碳配额分配方法的改革。通过设立全国统一的企业碳账户信息平台，也能增强碳市场的透明度，推动碳金融产品的创新。进一步地，建立覆盖低碳投融资全过程的信息平台也可以推动提升投融资活动的效率，更好地引导资本的有效配置。

（五）构建利益共同体，协同创新碳金融产品

尽管很多金融机构已经意识到碳市场的巨大空间，也制定出很多吸引人的服务碳金融发展的战略规划等。但受限于自身在碳金融产品开发设计和风险管理等方面的能力水平，现实发展结果往往并不令人满意，与国际的碳金融发展差距非常明显。另外，在碳交易配额发放标准及定价方面也的确存在一定难度。因此，要建立政府在碳金融市场发展中的核心地位，开展投资者教育，建立金融机构和企业的利益共同体。金融机构主动与碳资产管理机构合作，推动碳排放权质押、碳回购、碳借贷等碳金融业务的创新，增强碳金融市场活力。金融机构也可以与碳资产核查和管理机构、法务机构和科研院所等合作，推动金融科技创新及开发创新型碳金融产品。

适应碳市场发展需要，尽快研发推进碳期货产品的上市交易。另外，在全国碳市场全面稳步运营和地方试点交易经验的基础上，在现有覆盖发电行业基础上逐步扩大交易覆盖行业。积极推动在金融机构和企业共同利益体前提下的碳期货产品、碳资产质押融资及碳资产管理三个层面的碳金融产品创新。

认识碳资产管理的重要性，进一步提升碳资产管理水平。碳资产管理为企业实现碳资产的保值和增值提供重要的管理过程。但目前，我国各类型企业在碳资产管理方面认识不足，积极性也不高。因此，建议制定大中型企业管理人员碳资产管理学习制度，建立企业内碳资产管理部门。同时，也需要培育专门的碳资产管理公司，依靠专业性的知识服务推动产业链整体碳资产管理能力提升。

参考文献

黄剑辉、张超:《打造数字化碳金融平台助力碳中和目标达成》,《现代国企研究》2022 年第 4 期。

李丹:《从碳市场到碳金融的"碳"路实践——写在全国碳市场开市一周年之际》,《中国金融家》2022 年第 7 期。

刘帆、杨晴:《碳中和目标下加快我国碳金融市场发展的思考与建议》,《金融发展与研究》2022 年第 4 期。

马丽丽、赵华伟:《国内外碳金融研究综述》,《区域金融研究》2021 年第 8 期。

任宝祥、王汀汀:《碳交易市场的建设和碳期货合约的设计》,澎湃网,2021 年 4 月 19 日。

王红玲、徐浩:《"双碳"目标下中国碳金融发展现状、存在问题与对策建议》,《农村金融研究》2021 年第 10 期。

王文、刘锦涛、赵越等:《气候投融资时代开启》,《中国银行保险报》2022 年 7 月 19 日。

臧宁宁:《从欧盟碳市场看我国碳市场金融属性建设》,《中国电力企业管理》2021 年第 19 期。

朱兰:《"双碳"目标下加快推进我国碳金融市场发展的路径探究》,《农村金融研究》2021 年第 10 期。

Huang H. and Zhang J. , "Research on the Environmental Effect of Green Finance Policy Based on the Analysis of Pilot Zones for Green Finance Reform and Innovations", *Sustainability*, Vol. 13, No. 7, 2021.

绿色经济循环智能创新发展

日本制造中的循环经济

白益民[*]

一 探究日本发展模式，推动循环经济的中国实践

（一）全周期特色的日本循环经济模式

2021 年 7 月 1 日，为统筹推动经济发展与应对环境问题，国家发改委印发了《"十四五"循环经济发展规划》，指出发展循环经济是中国经济社会发展的一项重大战略。大力发展循环经济，对保障国家资源安全，推动实现碳达峰、碳中和，促进生态文明建设具有重大意义。然而，中国发展循环经济的实践较少，面临着经验不足的困境。

日本作为最早实施循环经济的国家，不仅构建了具有鲜明全周期特色的循环经济模式，同时也取得了极大的生态效益及经济效益。探究日本发展模式以及完善循环型经济的过程，对于推进中国循环经济发展具有一定的借鉴意义。当然，中国和日本在社会背景、经济体制等方面都存在着诸多不同之处，但是，最重要的是能够在不同基础上互相学习，善于取长补短，才能不断进步。

循环经济的实现并不能一蹴而就，而是需要多方面协调一致的行动。首先，就需要各个层面的研究与创新，包括社会、科技和商业上的多重努力，这实际上是一个庞杂的系统性工程。循环经济并不只是单纯的政策性规划，其重点应从保护环境转变为基于完整所有权和责任的商业模式。通过构建具备一定经济效益的循环经济，完全可以改变一个国家的竞争力。

---

* 白益民，中国社会科学院全国日本经济学会理事、中国生物多样性保护与绿色发展基金会绿色企业工作委员会首席经济学家，主要研究方向为产业组织、日本经济等。

很长一段时间以来，学术界对循环经济的研究，往往侧重于财政、金融、产业政策等方面的调控手段，而对支撑循环经济的市场体系重视不够。事实上，推动循环经济的关键，就在于完善市场机制。日本发展循环经济的核心，就在于其遵守并按照自然资源和生态资源稀缺性的成本收益原则，积极发挥了市场在生态资源和自然资源配置中的决定作用。

（二）财团企业在日本循环经济建设中的主导作用

2022 年 8 月，日本环境省宣布计划到 2030 年使日本国内的循环经济市场规模达到 80 万亿日元（约合 4 万亿元人民币），目前这一市场的规模为 50 万亿日元。显然，想要形成如此庞大的市场化循环经济发展规模，不能够仅仅依靠政府部门设置时间表或者通过制定相关法律来实现，更要充分发挥财团企业在日本循环经济建设中的主体作用。

所谓的日本财团企业，并不能完全用西方经济理论来进行解读，因为这是由东方"三井商道"孕育的较为特殊的事业形态。现代的日本财团内部各成员企业之间并不存在上下级的支配关系，在经营决策方面保持着各自的独立性。因此，日本财团企业也被称为"横向集团企业群"。正是这些财团企业构成了日本的产业主体，因此在发展循环经济的过程中它们必然会起到决定性的作用。

如今，三井、住友、三菱、富士、三和、第一劝银六大财团控制着日本的经济命脉，在日本拥有的 52 家世界 500 强企业中，出身六大财团的就有 40 多家，占比超八成。据统计，六大财团共计控制日本全国 60% 以上的总资产，55% 以上的总资本，60% 以上的销售额，20% 左右的就业人员，因此说财团控制着日本的经济命脉一点都不为过。

在经济领域中，传统的汽车工业所耗费的资源与能源的数量十分巨大，一直以来都是对社会环境影响最大的基础产业。而日本汽车以其节省能源、低排放的特性，在竞争激烈的世界汽车产业领域，占有举足轻重、不可替代的地位。实际上，作为日本主导产业的汽车业，在发展过程中处处散发着浓厚的"循环经济"色彩，这其中最具代表性的就是隶属于三井财团的丰田汽车。

二 学习"蓑羽鹤"的丰田汽车

(一)以"蓑羽鹤"为榜样的普锐斯汽车

一直以来，日本丰田汽车都将一种名为蓑羽鹤的小鸟视为公司上下学习的自然界榜样。蓑羽鹤又称闺秀鹤，体长不超过 100 厘米，每年 10 月下旬在喜马拉雅山下集结，成群结队飞越空气稀薄，气候条件恶劣的珠穆朗玛峰，去遥远的印度过冬，迁徙距离长达 4000 千米。它们是怎么做到飞跃海拔超 8000 米的珠穆朗玛峰的呢？显然不是依靠自身的力量，而是巧妙有效地利用了各种自然能量。

对此，丰田汽车认为，人类是自然界的重要组成部分之一，在与自然和谐共存的同时，更要像蓑羽鹤一样善于汲取自然界的智慧。数十年间，丰田研发的一系列高效、环保、节能的创新产品，实际上都是基于这样的理念。对此，丰田汽车公司专务董事立花贞司在接受记者采访时曾表示，丰田希望人与自然和谐相处，从而达到一种理想状态，还专门制定了同自然环境实现协调发展的策略目标。

1992 年 1 月 16 日，丰田汽车发布了名为"地球宪章"（The Earth Charter）的发展策略，这是一个阐述丰田开发和销售低排放汽车的目标文件。随后的 1993 年 9 月，丰田研发中心"G21"团队决定创造一款定位于环保且实用的汽车产品，这里的"G21"就是研发"面向 21 世纪的汽车"的意思。1994 年底，G21 团队设计出一款混合动力概念车——普锐斯（Prius）。

1997 年，丰田普锐斯正式投放市场，这也是世界上第一款大规模量产的混合动力汽车。受限于当时的技术水平，丰田普锐斯第一代产品的生产成本曾一度高达 32000 美元，但是售价只有 16929 美元，这意味着每辆汽车都是亏本出售。但是这辆车却意义非凡，不仅是丰田推行减少空气污染排放和提高传统燃油效率的探路者，同时也是日本循环经济的代表作之一。

丰田普锐斯车体的结构设计以及专门的标志都有利于回收拆解再利用，同时在一些部件上也大量使用了塑料树脂等当时的新材料，有一些部件甚至还使用了丰田汽车专门开发出的聚乳酸等生态塑料，这种以生物为原料的塑料易于分解，便于回收再利用。对于传统材料，丰田则通过更为科学的设计实现拆解、粉碎再利用。到 2006 年底，丰田普锐斯车型的整车循环利用率已经超过了 90%。

（二）体现循环经济理念的"堤工厂"

丰田普锐斯的循环经济理念还体现在其车辆组装工厂上。堤工厂位于日本爱知县丰田市，于 1970 年投入生产，这里不仅是丰田普锐斯的成产地，同时几款丰田的热销车型如凯美瑞、卡罗拉等也在此生产。作为能源消耗大户的汽车生产厂，在堤工厂里面采用了大量的环保举措，将汽车制造所产生的能源消耗以及污染降到最低。

丰田堤工厂车间顶部安装了超 1 万块的太阳能发电板，可以为工厂提供大约 50% 的电力，为空调、风机、灯光照明等提供足够的电力。工厂外墙均呈现出淡黄色，这种墙体涂层是一种特殊的环保材料，可以利用化学技术产生类似于植物光合作用的效果，起到净化空气的作用。当然，作为丰田汽车的环保示范厂，堤工厂的循环经济成功之处并不是外在的技术层面而是内在的理念。

在堤工厂内部，由厂长领导牵头，从各生产部门抽调人员组成专门的项目小组。项目小组对成员的要求十分严格，不仅需要精通质量控制、熟悉生产流程，同时还必须具备良好的组织协调能力，因此大多数小组成员都是有着三十多年工龄的高级技术工程师。并从"控制发生量"和"对已经发生的废弃物进行处理"两方面同时下手，开发和推广零排放的相关技术。

而要实现"循环经济"模式，重要的课题首先是要改变全厂数千名职工的思想意识。于是，丰田堤工厂提出了把"垃圾"视为"资源"的观点，并提出"混在一起是垃圾，分开就是资源"的口号。于是工厂内的"垃圾站"也更名为"资源站"。如今，堤工厂的循环利用中心并不是简单意义上的废弃物处理设施，同时也是一个发布环境信息的基地。

在丰田堤工厂门口有一处名为"鲤太郎池"的清水池，几条鲜活的鲤鱼游得正欢，这里实际上是工厂排放工业用水的出口，鱼池正是利用净化后的工业废水修建而成的。多年来，丰田堤工厂已接待了大量的国内外参观者，参观者在这里不仅可以清晰地看到丰田汽车循环经济的实际落地模式，同时也可以更加深刻了解丰田的循环理念。

三 汽车的生命永远没有终结

（一） 废弃物零排放的"3R"原则

进入 20 世纪 90 年代，日本率先提出全面建设循环型社会的口号，脱离过去"生产—回收—再利用"的简单循环模式，开始探索面向全社会的有序循环经济发展模式，力图实现日本经济发展战略的二次突破。1993 年，日本政府通过《环境基本法》，从法律政策层面促进了循环经济体系的建立与完善，也是在同一年，丰田汽车开始在日本国内企业推行循环经济。

1998 年，丰田汽车提出了"在 2003 年底之前所有工厂实现填埋废物零排放"的目标。对此，丰田汽车表示，谁拥有了先进的环保技术，谁就拥有了未来汽车领域竞争中的话语权。汽车行业的三个阶段都涉及环保问题，即制造阶段、消费使用阶段与废弃阶段。在制造阶段和废弃阶段，主要的难点就是实现废弃物的回收再生利用，而填埋废物零排放就是实现此目标的关键问题。

1999 年 7 月，继此前出台了相关的环境法律文件后，日本又制定了《构筑循环型经济体系（循环经济展望1999）》（以下简称《展望》），提出要建立物质循环型社会和制定循环型社会推进计划。《展望》的内容主要是推行"1R"原则向"3R"原则的转变。进一步减少了废弃物，提高了回收率。所谓"1R"即回收（Recycle），"3R"则是减少原料（Reduce）、重复利用（Reuse）和回收（Recycle）。

2000 年，日本国会正式通过了《循环型社会形成推进基本法》，并将建设循环型社会列为基本国策。作为世界上首部关于推动循环型社会形成方面的立法，《循环基本法》详细规定了国家、地方政府、企业和国民的义务与责任，其中政府提供宏观制度框架的规范与引导，同时引入企业责任制，明确了企业与民众需要在不同环节分别承担不同的义务。

（二） 丰田汽车提出的"5R"行动与"再生理念"

实际上，有效的循环经济商业模式不局限于推行的"3R"原则，而是要在设计、制造、消费、使用以及回收再利用的所有阶段，都要选择符合其经营状况的循环型措施，设计以生命周期为目标的循环计划。因此，丰田汽车提出了"5R"行动，即在原有"3R"原则的基础上增加了替换（Refine）和能源回收利用（Retrieve Energy），将循环经济理念应用于生产、服务的每个环节。

所谓"替换"（Refine），即指在不影响汽车生产质量基础上从清洁性和环保性上考虑，尽可能地选用产生污染物较低的材料进行替代。如为了减少汽车车身涂装和保险杠涂装过程中产生的甲苯、二甲苯的排放量，丰田汽车对保险杠涂装面漆采用水性漆。此外，丰田汽车还使用来源于树木等植物的"纤维素纳米纤维"材料代替传统汽车钢材和塑料，在实现轻量化的同时也更加环保。

对汽车工厂生产过程产生的废漆渣等危险废物，则送往丰田汽车公司的环境中心危险废物焚烧中心进行焚烧，焚烧炉燃烧余热作为余热锅炉热源，加热水产生蒸汽，提供生产用汽，从而形成丰田汽车公司的"能源回收利用"（Retrieve Energy）。同时，焚烧炉燃烧产生的废渣过去直接进行填埋处理，如今则可以送到水泥厂作为生产水泥的部分原料。

2001 年，为了提高报废车的拆解、零部件的再生利用性能，丰田汽车专门成立了汽车再生利用研究所，力争其汽车的回收再利用率能够达到95%以上。2002 年，日本制定了《汽车循环再利用法》，以法律的形式对报废车辆的回收利用作出了具体规定。于是，丰田于 2003 年进一步提出"再生理念"，该理念成为其环保措施的核心。

（三）利用旧零件的循环回收体系

事实上，日本报废汽车的回收，最开始也是把回收钢铁作为首要任务。但是，随着处理费用与废旧钢铁价格关系的改变，这种以废旧钢铁为主体的传统回收利用体系显然已经不再适用。于是，将废旧的汽车中还相对有价值的零部件进行拆卸并重新加以利用的循环型回收体系，逐渐成为日本政商两界关注的重点，建立废旧零件回收循环机制也被提上了日程。

丰田金属株式会社（TOYOTA METAL）就是一家专门负责报废汽车的回收再利用的公司，其由丰田通商（50%）、丰田汽车（48.3%）和爱知制钢（1.7%）共同投资构成。据丰田金属株式会社的负责人介绍，这里每天可以处理超过 1200 辆的报废车，回收 400 吨铁，处理 150 吨的汽车碎屑，同时还可以回收 700 千克纯铜，整个回收工厂每年能创造产值 40 亿—

50 亿日元。

如今，已经形成了以丰田金属株式会社为中心的完整报废汽车回收再利用的体系。一辆汽车的生命在丰田人的眼里永远没有终结——报废汽车的座椅将被制成汽车的隔音材料，树脂制成的保险杠被再次制成保险杠、车内饰品。连废弃的发动机油、齿轮油都将被回收，成为锅炉、焚烧炉的助燃油。可以说，一台完成使命的汽车将成为一辆新汽车或其他物品生命的开始。

四　碳中和里的循环逻辑

（一）贯穿"全生命周期碳中和"的理念

碳中和是当下国际社会热议的话题之一，碳中和自然也就成为汽车行业未来发展的风向标。循环经济作为一种科学的、先进的经济发展模式，改变了传统的"制造—使用—废弃"的线性经济模式，能够以更少的资源投入创造出更多的社会经济价值，对于实现"碳中和"目标具有重要价值。因此，循环经济与"碳中和"实际上是相互成就的关系。

近年来，在掀起世界能源革命方面，美国特斯拉似乎是业界公认的代表。不过，碳中和是个宏大的愿景，汽车产业想要仅依靠"纯电"这一条路径来实现这一目标，似乎并不符合实际要求。要知道，纯电动汽车（EV）的电池在生产、制造乃至后端回收环节中，都会对环境产生较大的负担。所以，只是将汽车产业的"碳中和"理解为汽车本身的电动化，无疑是肤浅的。

丰田汽车清楚地意识到，对于车企而言，挑战碳中和的目标难度大，仅靠汽车技术进步是不够的。加快产业链、供应链低碳转型实际上已成为新能源汽车时代碳中和的关键。只有通过产业链上中下游的联动，实现汽车全产业链条和全生命周期的碳中和，才具有现实意义。这其实正是丰田汽车多年来坚持不懈践行"环保车只有普及才能真正为环境做贡献"的基本理念。

为此，丰田汽车提出了"全生命周期碳中和"的理念。相较于中国本土品牌的全面换道超车，德系、美系品牌的"All in"纯电，日本丰田汽车酝酿的是一整套面向未来的全方位电动化技术。丰田汽车持续在 HEV

（混合动力）、PHEV（插电式混合动力）、BEV（纯电动）、FCEV（氢燃料电池电动）的全方位电动化领域中，为用户提供了丰富多样的选择。

（二）丰田汽车的氢能战略

自 1992 年启动氢能源汽车项目至今，在 30 年的探索过程中，丰田汽车的氢燃料电池车已历经 3 代技术研发，期间还发布了多款概念车和氢燃料电池混合动力汽车。丰田汽车手握超过 6000 件关于氢燃料电池汽车的核心专利（见图 1），包括燃料电池车、氢气生产与供应技术、燃料系统软件控制技术、燃料电池堆技术与高压储氢罐技术等。

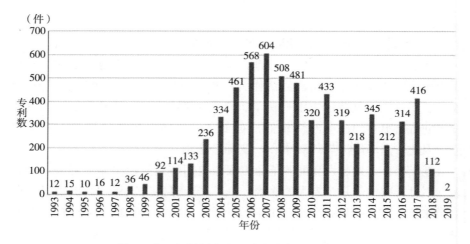

图 1　丰田氢燃料电池系统全球专利申请情况

在 2014 年推出第一款量产氢燃料电池汽车时，丰田汽车绝大部分的相关专利技术布局就已经完成了，此后则是根据销售反馈情况通过解决实际应用中发现的问题而补充申请，主要集中在控制系统和电堆系统等领域。丰田汽车无疑是当今在氢能源领域投入最大、押注最多的汽车厂商。于是，有一种观点认为"丰田汽车是在豪赌氢燃料电池汽车的未来"。

实际上，氢能技术是对循环经济的最好诠释。氢气可以来自氯碱、炼焦、炼油等工业的副产品，也可以来自太阳能、风能、水能、潮汐能、生物能等可再生能源电解制氢。以燃料电池为转化装置，通过氢气与氧气的化合反应产生电能和水，然而再通过分解水而得氢，如此实现循环往复利用。由此，氢能循环也充分体现了循环经济"减量化、再利用、资源化"的"3R"原则。

2020 年 12 月，日本丰田汽车宣布，旗下氢燃料电池汽车 MIRAI 全新换代上市销售。丰田新一代的 MIRAI 基于 TNGA 架构全新打造，整车动力系统布局也发生了重大变化，不仅生产成本更低，还大大提高了续航里程。相较于老款车型的续航 650 千米，新一代 MIRAI 的最高续航里程可以达到 850 千米，同时还配备了丰田汽车最新的自动驾驶系统和动态雷达巡航系统。

（三）与奥委会建立全球合作伙伴关系

2021 年 7 月，在东京奥运会的开幕式上，日本网球运动员大坂直美手持火炬点燃圣火。无论是火炬还是圣火，燃料都不是传统的天然气，而是氢气，显然这是日本氢能战略的重要象征。丰田汽车也为东京奥运会提供了 500 辆燃料电池汽车，用来接送运动员和工作人员。不仅如此，东京奥运会选手村所在的东京都中央区晴海，也是日本首个全面引入氢能源的街区。

在北京 2022 年冬奥会和冬残奥会上，实现"100%'绿电'运行"是最引人注目的亮点所在。而在各场馆实现"100%'绿电'运行"的同时，场外运行的交通工具也为本届冬奥会及冬残奥会增添了"一抹绿色"。北京冬奥组委官方统计结果显示，冬奥会及冬残奥会期间节能与清洁能源车辆的使用规模达到了 85.84%，为历届冬奥会及冬残奥会最高。

其中，贡献最大的当属首个与国际奥委会及国际残奥委会建立移动出行领域全球合作伙伴关系的汽车企业——丰田汽车。据悉，北京冬奥会期间，丰田汽车向北京冬奥组委交付了 2205 辆官方用车，包括首次在中国投入大规模使用的 140 辆氢燃料电池汽车第二代 MIRAI，以及专为奥运会开发设计的 107 辆柯斯达氢擎（含 2 辆福祉车）。

北京冬奥会期间，丰田的氢燃料电池汽车累计行驶里程 397104 千米，减少二氧化碳排放 113737.44 千克。以相当优异的成绩，助力北京 2022 年冬奥会和冬残奥会贯彻"绿色"理念。冬奥会结束后，丰田汽车表示，未来将继续积极推进赛事交通服务用车中氢燃料电池汽车的后续使用，希望以此为契机推动中国未来氢燃料产业领域的不断发展与进步。

五　丰田的中国环保战略

（一）氢能领域里合作的共同努力

丰田汽车意识到，要推动中国新能源汽车事业的发展和汽车产业碳中和目标的实现，单独一家企业不可能实现碳中和，需要与志同道合的伙伴一起共同努力才行，于是丰田汽车开始和中国企业展开多方面的合作。北京冬奥会上使用的北汽福田氢燃料电池巴士，就是由丰田汽车向北汽旗下的北汽福田提供氢燃料电池技术和零部件设计生产的。

实际上，丰田汽车在中国氢燃料汽车领域合纵连横的布局远不止一家北汽福田。2020 年 6 月，日本丰田汽车联合一汽、东风、广汽、北汽、北京亿华通等 6 家中国企业在北京签署合营合同，成立"联合燃料电池系统研发（北京）有限公司"。主要业务是商用车燃料电池系统研发工作，落户北京亦庄经济技术开发区。其中丰田汽车持股 65%，北京亿华通持股 15%，另外 4 家车企持股比例均为 5%。

不难发现，在这 6 家的合资公司股东里，一汽、广汽、北汽等中国车企都是丰田汽车氢燃料技术的潜在客户。丰田汽车一开始就与中国大型国有车企形成联盟关系，其目的在于把丰田在氢燃料电池方面包括电堆、储氢等在内的技术积累，尽可能地在更大范围内得到应用，未来在推广氢燃料电池汽车方面占得先机，更有利于其提前占领中国市场、绑定客户。

对于中国新能源氢燃料汽车市场，丰田汽车公司执行董事、中国本部 CEO 上田达郎在"联合燃料电池系统研发（北京）有限公司"的签约仪式上表示："（丰田）公司将把业务重点首先放在京津冀、长三角和珠三角拥有燃料电池基础的地区，以后向更多的地方进行普及。只有实现普及，环保汽车才能为环保做出贡献，所以需要不断扩大朋友圈，以更加开放的姿态开展与中国的合作。"

（二）环保领域里全方位的合作共建

当然，不只是氢能源领域的合作，日本丰田汽车在中国环境领域布局很早就开始了，当时是以合资工厂为主体。早在 2004 年，从事汽车拆解和废钢回收的天津丰通资源再利用有限公司和以废钢为原料的天津虹冈铸钢有限公司在天津开发区正式投产，解决了汽车磨具生产过程中废料回收的难题。既节约了资源，又对生产过程中产生的锌等有害物质进行了回收，有效地保护了环境。

同样是在 2004 年，广汽丰田也以构建中国第一环境企业为目标，率先建立了"低碳工厂""低碳产品""低碳渠道"三位一体的低碳发展模式，将绿色经营理念贯穿于采购制造、销售运输、配件物流供应等每个阶段，全面践行"可持续发展的生产工厂""可持续发展的汽车产品""可持续发展社会的公益活动"的发展模式，构筑起一条绿色全产业链。

为了实现"绿色采购"，广汽丰田推出了《中国绿色采购指南》。要求对零部件、原材料、设备、物流等生产、流通环节的供应商，优先导入低油耗、低排放的环保汽车产品。2013 年，广汽丰田再次发布新版《中国绿色采购指南》，对供应商提出了明确的要求与倡导，广汽丰田也是中国国内第一家率先将环保要求延伸至下游销售渠道的制造业企业。

以广汽丰田南沙工厂为例，为了实现碳中和，工厂大规模导入太阳能发电系统后，每年发电量达到了 1020 万千瓦时，基本相当于上万户家庭 1 年的用电量总和。同时工厂采用"浓缩液回收"装置之后，不仅每年可节约工业用水 100 万吨，还实现了废水的 100% 回收利用。2020 年该工厂生产单车二氧化碳排放量相比 2006 年时减少了 46%、废弃物排放则减少了 88%，成为名副其实的"绿色工厂"。

在广汽丰田内部设有展示相关理念的环境馆，主要是介绍广汽丰田的一系列环保措施，包括展示了混合动力汽车、绿色全产业链规划、废气废水的回收利用技术，以及太阳能循环发电系统等先进的环保技术，同时还有广汽丰田"绿色工厂"能源理念的全面呈现。作为"广东省环境教育基地"，广汽丰田的环境馆长期对公众开放，供大家参观和学习。

六　爱知生态城镇计划

（一）爱知汽车产业集群

2005 年 3 月，世博会在日本爱知县名古屋市召开。爱知世博会的主题为"自然的睿智"，同时也将用不同的文化阐释"宇宙、生命和信息""人生的'手艺'和智慧""循环型社会"这三个副主题。日本爱知县是丰田汽车总部的所在地，因此丰田汽车非常重视这次世博会，其展馆是以21 世纪的"移动梦想、乐趣、激情"为主题，并充分体现了循环经济的这一概念。

丰田的爱知世博会展馆是以地球再生机制循环运行为主体，因此被命名为"地球循环型展馆"。丰田展馆在建设之初就计划全面使用循环材料，力求展馆在拆除后可以实现"零"建筑废弃物。为此，展馆的外壁材料使用的就是再生纸，并在内饰中添加了洋麻材料，这些都是再生或可重复使用的建筑材料。此外，丰田展馆还运用了风力发电技术以实现运营过程中的零排放目标。

正是以爱知世博会为节点和契机，爱知县颁布了"爱知生态城镇计划"，全力构建资源循环型社会。为实现生态城镇建设，爱知政府做出了积极的努力。一方面是面向市民的普及宣传、信息提供等工作，另一方面则支持鼓励当地企业积极建设先进的循环利用设施和研究开发机构。作为爱知县最重要的企业，丰田汽车在"爱知生态城镇计划"中的作用不言而喻。

以丰田汽车为核心不断向外延申，大量的供应商依层次结构聚集在爱知县境内，最终形成了爱知汽车产业集群。如今的爱知县是日本最发达、工业化程度最高的地区之一，也是日本国内领先的制造业中心。自 1977 年以来，爱知县的工业产品产值就一直名列日本第一。其中，以丰田为代表的汽车制造业占当地工业总产值比重更是超过了四成，可谓是名副其实的地方支柱产业。

（二）爱知生态城镇计划

由于有丰田汽车的存在，"爱知生态城镇计划"的重要内容之一就是汽车产业集群的循环经济建设，正如前文中提到的那样，汽车作为工业产品，资源使用量巨大。爱知县汽车产业集群的存在，使该县的产业废弃物中的钢铁、塑料、玻璃等材料的比例远高于日本的平均水平。因此，能够在日本工业第一强县爱知县实现循环经济体系就意味着这一模式具备可推广性。

2012 年，爱知县颁布了"新爱知生态城镇计划"，旨在进一步促进爱知县的"动脉产业"与"静脉产业"的交互发展。所谓的"动脉产业"是指开发利用自然资源形成的产业，是资源—产品—消费的过程，相对于

"动脉产业","静脉产业"则是指围绕废物资源化形成的产业。而循环经济正是由"动脉产业"和"静脉产业"组成的一个完整的物质流体系。

在"新爱知生态城镇计划"的鼓励下,以丰田汽车为中心的支柱产业集群,通过和关联企业合作开展资源回收,建立一套区域内的循环再利用体系。早在 2010 年 10 月,丰田汽车率先建设起了世界上第一个"电池到电池"的回收项目,并成功从废弃的混合动力汽车电池中提取到了镍、钴等稀有金属,实现了废弃动力电池的闭环管理和稀有金属的循环利用。

2019 年,丰田汽车回收并粉碎汽车 66.76 万台,循环利用重量 16.36 万吨,资源再利用率高达 96%;回收安全气囊 60.97 万个,循环利用重量 430.33 吨,资源再利用率高达 97%;处理氟利昂 150.17 吨。2012 年以来,丰田汽车的汽车粉碎残渣(ASR)和安全气囊的废弃资源再利用率始终保持在 93% 以上,这远远超过了日本《汽车回收法》中要求的 70% 再利用率,循环利用的效果相当可观。

(三)三个层面最具代表性的三种循环模式

循环经济已经成为一股潮流和趋势,其中包含了小循环、中循环、大循环三个层面最具代表性的三种模式。在企业层面上建立起的小循环模式,也就是简单组织厂内各工艺之间的循环。中循环实际上就是企业之间的循环经济,是把不同的工厂组合起来,从而形成资源共享的产业共生体,最终让一个工厂的废气、废热、废水、废渣等废弃物成为另一个工厂的能源与原料。

而所谓大循环与中循环比较起来,实际上有本质的不同:首先,大循环不仅包括生产领域,还包括消费领域,中循环则只包括生产领域。其次,大循环的区域范围要比中循环大得多。中循环只是针对一个产业园区(工业园区)讲的,面积有限,大循环的区域面积要比其大得多,既可以指整个国际范围内的大循环,也可以指一个国家、一个地区范围内的大循环。

显然,丰田汽车所在的爱知县就是一种在全社会层面上可以实现的大循环模式。爱知县资源相对有限,但工业水平较高,资源的回收再利用就显得尤为重要,特别强调建立循环型社会。爱知县的资源再生系统可分为三个子系统:废物回收系统,废物拆解、利用系统以及无害化处理系统。通过这种大循环模式,爱知县已经成为日本循环经济发展水平最高的地区之一。

事实上，对于区域性大循环模式，循环经济不应该只是一种强制性的行为规范，更应该成为一种理念、一种共识。发展循环经济是涉及各行各业、千家万户的事业，需要政府、企业和社会各界的共同努力。大型的产业集团对于循环经济的认识已经足够，但中小企业显然还未意识到其重要性，因此构建由上下游企业形成的循环经济产业链，才是促进循环经济发展的有效措施。

七 循环经济的"三井商道"

（一）循环经济本质上是一种生态经济

2020 年，日本出台的《循环经济展望 2020》指出，与传统的线性经济呈现出的从原材料到废弃物的单向线程有所不同，循环经济在回收再利用等领域已基本形成了资源流动全流程的闭环流动，从而有效实现资源的循环利用。显然，发展循环经济需要一个健全的市场化环境，并非仅受制于政府的行政管制，同时也要符合市场生态的需求。

从本质上看，循环经济是一种生态经济，也是可持续发展理念的具体体现和实现途径。要把环境保护、经济发展和社会民生作为一个系统工程统筹规划，立足于生态，着眼于经济，强调经济建设必须重视生态资本的投入效益，认识到生态环境不仅是经济活动的载体，也是重要的生产要素。因此，发展循环经济的基础与前提就是构建一套完善成熟的产业生态系统，如图 2 所示。

作为参与到自然界物质循环的一个特殊有机体，产业生态系统具有开放性、循环性、层次性、本土性、经济性、调节性以及演进性等特点。其中，不同于传统的产业系统，物质在产业生态系统中的流动是循环式的，价值流不是单向的而是循环的，因此并没有严格意义上的废弃物。所以，生态系统内的循环是有多种物料和能量参加的多方位的循环经济模式。

所谓的产业生态系统，与自然生态系统近似，是多个主体之间依存共生的多维度系统。可以将产业生态系统定义为，由能够对某一产业的发展产生重要影响的各种要素组成的集合及其相互作用关系，是由产业链条中各类参与者以及产业发展的支撑因素与外部环境等构成的产业赖以生存和发展的有机系统。从某种意义上看，就是日本传统意义上"三井商道"的

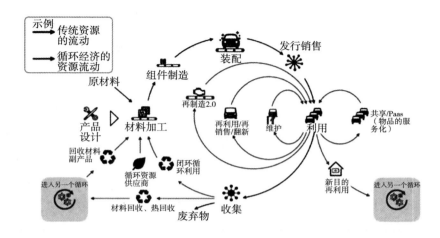

图 2 产业生态系统资源流动示意

资料来源：日本经济产业省网站。

生态体系。

在历史上，丰田汽车与三井财团之间有着割舍不断的渊源。作为三井财团二木会（总经理会议）的重要成员之一，丰田汽车从建立之初就曾多次接受三井财团的帮助，从资金支持、企业合作到人才培养，可以说日本丰田汽车中蕴含了很深的"三井商道"基因。如今，像曾经的三井财团一样，丰田汽车也承担起了培育构建全球汽车产业循环生态体系的重任。

（二）生态经济中的"三井商道"

实际上，在丰田汽车构建循环经济的过程中，三井财团一直都未曾走远。2019 年，丰田汽车、三井物产和中国格林美公司三方联合，共同开展退役锂电池残余电量简易快速判断研究，探讨并验证梯次利用该电池建立储能系统。在废旧电池回收、检测分选项目中，合作三方将通过格林美与三井物产的合资公司"武汉三永格林美汽车零部件再制造有限公司"推进全国性回收网点建设，以及在循环再利用方面与主机厂、电池生产商的深入合作。

三井物产隶属于三井财团，是世界上最大的综合商社之一。作为日本产业的先锋官，三井物产也是最早关注循环经济的公司之一，并在世界范围内有许多相关的项目。在能源领域，三井物产在巴西同巴西国营的石油公司合作，提高当地生物质能燃料乙醇工厂的生产能力，燃料乙醇的原料是甘蔗。此外，三井物产还积极参与新西兰等地区的绿色氢开发项目。

在社会生活领域，三井物产参与了日本北九州生态工业园区的开发工作，它是利用填海造田建的园区，其功能是引进循环经济的企业进驻园区，进行废弃物的回收和再利用，三井物产除园区开发外，还投资建立了汽车以及废旧饮料瓶的回收、再利用企业。另外，三井物产在日本北海道和东芝（属三井财团）利用回收塑料转变热能，和日本三洋电器进行废旧家电的回收再利用。

2020 年 5 月，三井化学与丰田通商（综合商社）达成协议，在位于大阪的蒸汽裂解装置车间，加工由芬兰生物燃料生产商耐斯特提供的生物原料。通过该项目，三井化学成为日本第一家使用生物原料的裂解公司。此外，三井化学还是日本首家以生物碳氢化合物工业规模生产可再生塑料和石化品的公司。三井化学总裁兼首席执行官桥本修表示，化工行业将在实现循环经济中发挥重要作用。

2022 年 2 月，日本三井物产、三井化学和中国科思创达成协议，采购由三井化学生产的苯酚和丙酮，用于生产聚碳酸酯，这种材料可应用于汽车前大灯、LED 照明、电子和医疗设备以及汽车车窗等领域。随后，由三井化学生产的首批基于质量平衡方法生产的苯酚从其大阪工厂运抵科思创位于上海漕泾的一体化生产基地，这也是亚洲首批经认证的可再生原材料。

"为了实现循环经济，我们不仅探求塑料回收的发展，也关注向生物质原材料的转变。"对此，三井物产基础材料事业部首席运营官古谷卓志表示："凭借我们与科思创和三井化学的长期合作伙伴关系，我们成功在亚洲交付了首批可再生苯酚。三井致力于为以实现循环经济为目标的客户提供解决方案，这只是我们（循环经济）旅程的开始。"[①]

八　官民一体共建商业新模式

（一）官民合作的"循环经济伙伴关系"

2021 年 1 月，为了加速发展循环经济建设，日本环境省和日本最大的

---

① 资料来源：《三井化学与三井物产向科思创交付亚洲首批经认证的可再生原材料》，科思创官方网站，http://www.covestro.com。

经济团体——"经团联"达成了一致，共同建立官民合作的"循环经济伙伴关系"，并于次年正式结成伙伴关系。日本方面认为，全球资源、能源的不断开发以及人口对粮食需求的增加，使得废弃物数量激增，这种背景下，循环经济可以促进可持续发展，形成一种新的商业模式，这在后疫情时代有着巨大的竞争优势。

"经团联"全称为经济团体联合会，成立于1946年。"经团联"主要任务是"凝聚经济界的总意志、动员经济界的总智慧、左右政府的内外政策、贯彻经济界的总要求"。"经团联"有1658家企业会员，均是在东京证交所一部上市的头部企业，对日本政治、经济发展有举足轻重的影响。一直以来，"经团联"的会长、副会长、理事等职位均由各大财团的主要负责人担当。

自成立以来，"经团联"便一直担当协助日本政府制定产业政策、依据相关国家政策协调企业行动等重要角色，因此日本媒体也经常将"经团联"的会长称作"财界总理"，可见其重要性。丰田汽车原社长丰田章一郎曾在20世纪90年代出任"经团联"会长，而同样来自丰田汽车的奥田硕也在21世纪初担任过"经团联"会长一职，可见丰田汽车在"经团联"中的核心地位。

（二）循环经济圆桌会议

2021年3月，日本环境省和世界经济论坛（WEF）共同召开了"循环经济圆桌会议"，圆桌会议主要是介绍日本企业在循环经济建设过程中所采取的措施。圆桌会议提出在推进完善建设循环型社会中相关各项制度建设的同时，政界、财界和国民的通力合作才是实现资源、产品价值最大化和资源消费最小化，减少废弃物，最终形成循环经济商业模式的关键。

实际上，早在2003年日本政府便每五年发布一次《循环型社会推进计划》，至今已累计发布四次，相关目标已设定到2025年（见表1）。这期间每1—2年还会对计划实施情况进行检查，目前已累计进行了10次检查，检查重点包括循环型社会推进指标目标进展情况、循环型社会推进进展总体评估和未来发展方向、各相关主体实施情况、国家层面主要进展等。

表 1   日本历次《循环型社会推进计划》总体目标

指标	2000 年 基准年	2010 年 第一次	2015 年 第二次	2020 年 第三次	2025 年 第四次
资源产出率（万元/吨）	25	39	42	46	49
资源循环利用率（%）	10	14	15	17	18
废弃物循环利用率（%）	36	—	44	45	47
最终处置量（百万吨）	56	28	23	17	13

通过制订长期战略计划和定期评估机制，日本政府可以迅速了解循环经济的进展情况，从而更好地构建完善法律体系和采取政策支持措施，有效促进废弃物减量化、再利用和资源化。然而，正如前文所说，循环经济建设的主体核心是财团企业，"政府搭台，企业唱戏"，这也是日本环境省与"经团联"建立"循环经济伙伴关系"的原因所在。

（三）日本众多制造企业都在积极推行循环经济

不只是丰田汽车，日本的众多制造业企业都在积极推行循环经济。例如，针对日益严重的资源紧缺问题，松下确立了"循环经济型事业"的理念，开始推进资源有效运用和顾客价值最大化的活动，这一活动也是对现有的"循环型制造"模式的升级。力争在经营过程中减少资源浪费，增加再生资源的使用率，全力提升资源利用效率，用实际行动践行节能减排。

2022 年 1 月，松下联合丰田汽车和东京大学就电池资源和回收利用展开联合研究。丰田金属事业部首席运营官 Masaharu Katayama 表示：我们将不仅提供电池材料，还将通过促进循环利用，利用我们在循环利用方面的知识，为减少环境负荷和形成循环型社会做出贡献，以"静脉业务"为主。[①]"静脉经济"的核心思想其实是"变废为宝"，即让经济活动能够循环起来。

与丰田汽车同属三井财团的东芝也制订了以 2021—2023 年度为活动期间的"第 7 次环境行动计划"，针对重点项目"重视气候变化""推进循环经济"和"保护生态系统"三大活动领域。核心同样为构建提高资源利用率和提升企业价值并存的循环经济型商业模式，目标包括到 2023 年实现控

---

① 资料来源：《松下、丰田和东京大学联手推进电池循环经济》，动点汽车公众号，2022 年 1 月 29 日，https：//baijiahao. baidu. com/s？id=1723243621326685799&wfr=spider&for=pc。

制废弃物产生量 3.3 万吨，累计提高塑料资源循环利用量 2200 吨等。

未来，日本企业一定会进一步加快发展循环经济的脚步，将资源循环上升到集团战略的高度，进一步完善制度，积极向全球企业宣传日本循环经济和技术解决方案。将循环经济作为提高竞争力的重要法宝，提高企业的中长期竞争力，有效利用有限的资源，争取未来建设有 500 万亿日元（约 30 万亿元人民币）经济效益的世界市场（见图 3）（详见《2021 年版日本环境、循环型社会、生物多样性白皮书》）。

图 3　循环经济市场规模

参考文献

张鸥：《日本发展循环经济的成功经验总结及对中国的启示》，硕士学位论文，东北财经大学，2011 年。

许建军、许凤霞：《循环经济在丰田汽车公司及其在津投资企业生产中的应用》，《环境保护与循环经济》2010 年第 11 期。

张安迎、童昕、谷川宽树：《日本爱知县从产业集群到生态城镇的发展经验》，《国际城市规划》2022 年第 4 期。

肖明辉：《论市场在循环经济发展中的决定作用——以日本建设循环社会

为例》,《资源再生》2016 年第 3 期。

白益民:《三井帝国在布局》,中国经济出版社 2022 年版。

黄洁:《把湿抹布拧干!》,《机电一体化》2009 年第 3 期。

李晓华、刘峰:《产业生态系统与战略性新兴产业发展》,《中国工业经济》
2013 年第 3 期。

[日] 吉田文和:《日本的循环经济》,温宗国等译,中国环境科学出版社
2008 年版。

彭海斌:《广汽丰田的"绿色经营"哲学》,《第一财经日报》,https://
www. yicai. com/news/4729996. html,2015 年 12 月 23 日。

王永明、任中山、桑宇等:《日本循环型社会建设的历程、成效及启示》,
《环境与可持续发展》2021 年第 4 期。

薛枫:《循环经济中三井物产的探索与创新》,新华网,http://
finance. sina. com. cn/g/20060601/15462616569. shtml?from = wap,2006
年 6 月 1 日。

城市矿产再生资源循环利用

张大林　谢雪平[*]

中国经济的快速发展导致资源过度耗费、环境严重污染，探索高效节能的社会经济增长方式、大力发展再生资源产业是构建我国循环经济体系，解决我国面临的资源和环境危机，实现节能减排与经济增长双赢目标的重要途径。

废玻璃是再生资源的一种，一旦随意丢弃就成为很难处理的环境污染物，既占用大量填埋场地，而且污染环境、不易降解，造成大量的资源和能源浪费。一般而言，每生产 1 吨玻璃制品消耗 1.1—1.3 吨原料，包括 700—800 千克石英砂、100—200 千克纯碱和其他化工原料，还要消耗大量的煤、油、石油焦和电。

因此，将废玻璃作为一种资源，用以生产产品，既符合循环经济的要求，也是城市矿产再生资源循环利用的一项重要内容。

一　城市矿产再生资源循环利用的基本概念

（一）城市矿产

"城市矿产"是工业化和城镇化过程中产生的、有较高经济价值并可回收利用的二次资源。具体是指广泛蕴藏在废旧通信工具、机电设备、汽车、电子产品、家电、玻璃、金属和塑料中，可循环利用的钢铁、橡胶、有色金属、稀贵金属、塑料、废纸、废玻璃等资源，其利用量相当于原生

* 张大林，广东丰乐集团有限公司董事长，主要研究方向为能源经济、循环经济、投资管理等；谢雪平，广东丰乐工商管理研究院研究员，主要研究方向为中国经济增长。

矿产资源。"城市矿产"是对可回收资源规模化再生利用的形象比喻。

（二）循环经济

循环经济是指以资源节约和循环利用为特征、与环境和谐发展的经济模式，是将经济活动组织成"资源—产品—再生资源"的反馈式流程。其特征是低开采、高利用、低排放。所有的物质和能源能在这个不断进行的经济循环中得到合理和持久的利用，以把经济活动对自然环境的影响降低到尽可能小的程度。

（三）再生资源循环利用

再生资源循环利用是循环经济的关键组成部分，是重要的国家资源战略，是实现碳达峰和碳中和的重要抓手。再生资源与原生资源相比，可以节约大量能源、减少污染排放、有效保护环境和生态。特别是在当前原生资源日益短缺、开采成本不断上升、价格逐渐攀升的情形下，充分利用再生资源，既能降低成本，又能降低碳排放和污染物排放，还可为经济建设提供保障。

（四）废玻璃回收利用

玻璃行业一直是"矿石—生产—消费—废弃"的纯消耗型单循环经济链，资源消耗大、能源消耗高、废弃物难处理一直制约着玻璃行业的可持续发展。

废玻璃是指在社会生产生活中产生，已经失去原有全部或部分使用价值，经过回收、加工处理，能够作为原料被循环利用的玻璃及其制品。作为一种生活垃圾，既给人们的生产和生活带来了不便，又对环境造成了污染，占用了宝贵的土地资源，增加了环境负荷。

二 废玻璃循环利用的发展阶段、回收特点与难点分析

（一）废玻璃回收利用历史发展阶段

我国废玻璃的回收利用起步较晚，总体来说，经历了以下几个发展阶段：

第一阶段为废玻璃应用于小平拉厂的飞速发展阶段。在 20 世纪 70 年代末和 80 年代初，改革开放初期，为解决平板玻璃供需矛盾，国家提出了"全民办建材"的策略，国内出现了以废玻璃为原料生产平板玻璃的小平拉厂。

第二阶段为废玻璃应用于小平拉厂的衰落阶段。由于废玻璃生产的再生玻璃质地很脆、环境污染严重、能耗大等缺点，衰落是大势所趋。再加上我国其他平板玻璃尤其是浮法玻璃大力发展，国家建材局等有关部门开始淘汰小平拉厂。

第三阶段为废玻璃回收利用的全面发展阶段。开始有专业的公司从事废玻璃的回收分拣加工，有公司开始引进、研制废玻璃在建材行业等行业的应用，例如玻璃纤维、玻晶石等。从国家层面也开始重视废玻璃的回收利用，将废玻璃列入大力发展的再生资源。

(二) 我国废玻璃回收利用的特点

1. 我国废玻璃回收利用起步较晚

发达国家从 20 世纪 60 年代开始将废玻璃作为一种资源利用。我国废玻璃回收利用相比发达国家起步较晚，主要是由玻璃工厂自行回收边角废料，酒厂回收酒瓶，各城镇废品收购站回收的废玻璃数量较小。期间由于各种原因，利用废玻璃生产玻璃几近消失。直到 2006 年 3 月，废玻璃的回收利用才又在相关政策中提出，我国开始重视废玻璃的回收利用。

2. 我国废玻璃回收利用的民众意识淡薄

民众对废玻璃回收利用的意识十分淡薄，居民端产生废玻璃后，常见的处理方法是将其和生活垃圾一起扔弃。民众意识十分淡薄原因有三：一是废玻璃回收价值低，废品站也不回收废玻璃；二是各社区没有回收废玻璃的途径，回收渠道不健全；三是我国尚没有实行大规模的垃圾收费制度，居民没有垃圾分类的经济压力。

3. 我国废玻璃回收利用经济效益波动较大

废玻璃行业在 2016 年以前长期处于不景气的状态，相关数据显示，2014 年我国约 22% 的废玻璃回收企业处于亏损状态。亏损的主要原因在于整体行情不景气，供应量超出预期，下游房地产等行业对玻璃的需求减少，以及新增产能的冲击，导致市场对废玻璃的需求不高。直到 2017 年后行业效应才明显改善，2019 年废玻璃回收的产值达到 39.4 亿元。

4. 我国废玻璃回收率不高

目前我国废玻璃的主要利用途径还局限于玻璃厂对废弃玻璃的自行消化，而城市生活垃圾中废玻璃的回收率为 13%—15%，远低于西方国家。平板玻璃厂为保证产品质量，一般不采用外购的废玻璃。对玻璃容器的循环利用以及废玻璃的熔融再利用还没有形成规模。

5. 我国废玻璃回收产业分散

玻璃回收缺乏统一有效的途径，导致废玻璃回收利用企业没有稳定的货源，无法和玻璃生产企业形成有效的合作，而废玻璃初加工的利润也微乎其微，这就导致了废玻璃回收市场的恶性循环。

在大城市中，废玻璃分拣、清洗、粉碎、储运系统没有完善建立，回收企业没有与玻璃工厂建立废玻璃原料定点供销系统，导致废玻璃回收产业分散。

（三）我国废玻璃回收利用的工艺及难点

1. 废玻璃回收工艺

废玻璃回收是将废玻璃收集起来后集中进行处理，得到合格的可用于生产生活的玻璃的过程。其工艺过程为：①清洗被污染的玻璃；②按要求进行破碎到合适的粒度大小；③剔出废玻璃中掺杂的金属、石块、泥土、陶瓷等杂物；④进行颜色的分选，将不同颜色的废玻璃分开堆放，进行回收使用（见图1）。

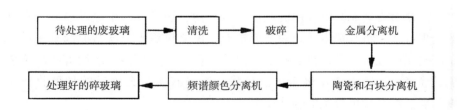

图1　废玻璃处理工艺流程

2. 废玻璃分拣加工利用中存在的问题

（1）废玻璃的分拣工艺精度需提高

玻璃生产对废玻璃的质量要求非常高，透明玻璃的原材料必须在颜色上保持高度一致，特别是棕色或绿色等有色玻璃，废玻璃的颜色误差不能超过一定的限值。而且，废玻璃不能包含陶片、石材、瓷片或金属等污染物，这些物质在玻璃熔制过程中无法被熔化，会影响产品的质量。

（2）废玻璃重熔后存在的问题，需进行工艺调整解决

①挥发引起的成分

配合料经过高温熔制后，化合物会分解，氧化物组分也有不同程度的挥发，导致该组分在玻璃中的含量将明显减少，特别当制品合格率不高时，经多次反复熔制的废玻璃其成分波动幅度就更难以控制，势必影响玻璃质量，甚至对玻璃制品的成形、退火及理化性能均产生影响，且重熔后的玻璃液具有还原性，会引起以变价元素为基础的颜色玻璃色泽的变化。

②耐火材料侵蚀影响玻璃质量

由于玻璃液对耐火材料的侵蚀，废玻璃成分中的氧化铝、氧化硅、氧化铁含量相对增加，因此其黏度和表面张力与使用配合料熔制的玻璃有所不同。废玻璃进入熔窑后，虽然通过热对流与固相反应其均匀性有较大改善，但要使废玻璃与原设计成分的配合料在成分上达到均匀一致的统一体很困难，玻璃体内部的局部区域内有着较大的不均匀性。特别是当使用较大比例的外购废玻璃时，玻璃制品易出现条纹和杂层，其性能下降。

③产生二次气泡

废玻璃块间所含的气体以及废玻璃中含有的少量的化学结合气都会随着加料进入玻璃液中，在重熔时易产生类似于二次气泡的微小气泡。特别是当废玻璃加入量较多时，整个配合料的气体比率降低给澄清均化带来困难。

（四）中国废玻璃回收利用体系模式

我国废玻璃回收利用体系模式可分为两种类型：第一种类型是以广东为代表的市场自发回收加工体系，可以简称自发市场模式；第二种类型为以上海为代表的政府介入管理，企业专业化操作的有初步产业化的回收加工体系，可以简称政企管理模式。

1. 自发市场模式

绝大部分城市的废玻璃回收均属于该类型模式，广大农村也如此。虽然每个地区具有不同的特征，但在产业化发展方面其本质一致，均为以收购大户为主收购废玻璃后交由玻璃厂处理的模式。

2. 政企管理模式

我国目前在废玻璃回收利用上做得最好的是上海市，其主要做法是政

府先规划好回收体系，其次大力扶持企业，再次给予专项资金支持，促使上海形成几个在再生资源回收上处于龙头地位的企业，例如在废玻璃回收上就有上海燕龙基集团。

三 近年废玻璃回收利用现状与存在的问题

（一）中国废玻璃产量及增速情况

据国家统计局和商务部公布的数据，2015—2020 年，废玻璃年产出量由 1953.7 万吨增长为 2212.16 万吨，年平均产出量为 2049 万吨，年复合增长率为 2.5%。

2018 年，受国际金融危机及房地产预期下行的影响，玻璃行业面临产能过剩、需求下降的状况，废玻璃产出量低至 1880 万吨，同比减少8.41%；2020 年中国废玻璃产量为 2212.16 万吨，为 6 年来新高，同比增长 4.2%（见图 2）。

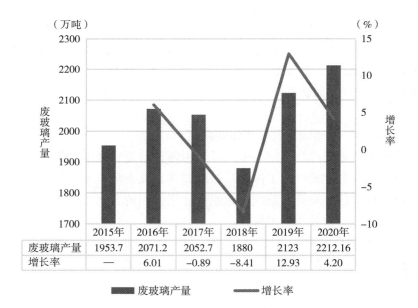

图 2 2015—2020 年中国废玻璃产量及增长率

从废玻璃的产生来源看，废玻璃主要源于废平板玻璃和废日用玻璃。以 2019 年数据为例，2019 年中国废平板玻璃产出量为 986.7 万吨，占总废玻璃的 46.5%；废日用玻璃产出量为 956.9 万吨，占总废玻璃的 45.1%；其他类废玻璃产出量为 179.5 万吨，占总废玻璃的 8.5%（见图3）。

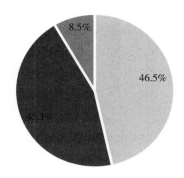

废平板玻璃 ■ 废日用玻璃 ■ 其他

图3　2019 年中国废玻璃产量占比

注：由四舍五入导致的误差本文不作调整。

（二）中国废玻璃回收量、增速及回收率情况

据国家统计局和商务部公布的数据，2015 年中国废玻璃年回收量为 850 万吨，回收率（回收量/产量）为 43.51%；2017 年废玻璃回收量达到顶峰，为 1070 万吨，回收量同比增长 24.4%，回收率为 52.13%；2020 年中国废玻璃回收量为 943.65 万吨，回收量同比下降 4.1%，回收率为 42.66%（见图4）。

从废玻璃的回收来源看，废玻璃的回收主要来源于废平板玻璃和废日用玻璃，同废玻璃的产生来源类似。以 2019 年数据为例，中国废平板玻璃回收量 591.6 万吨，占总废玻璃回收量的 60.1%；废日用玻璃回收量 299.1 万吨，占总废玻璃回收量的 30.4%；其他废玻璃回收量 93.3 万吨，占总废玻璃回收量的 9.5%。

从回收比例来看，整体的回收比例都不高，其中废平板玻璃回收比例较高，为 59.96%；废日用玻璃回收比例较低，仅为 31.26%，这就意味着产生的废日用玻璃大部分都没有被回收（见表1）。

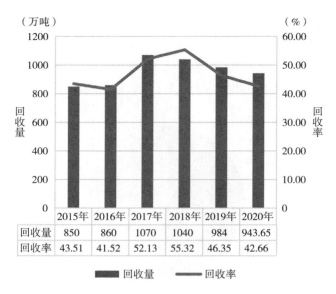

图 4　中国废玻璃回收量及回收率

表 1	中国废玻璃回收主要来源		
	2019 年废玻璃产量（万吨）	2019 年废玻璃回收量（万吨）	回收比例（％）
废平板玻璃	986.7	591.6	59.96
废日用玻璃	956.9	299.1	31.26
其他	179.5	93.3	51.98

（三）废玻璃回收利用中存在的问题与不足

1. 居民端废玻璃的回收率仍待提高，需政策支持

我国废玻璃回收利用的瓶颈仍未突破，尚未形成回收、仓储、物流、再利用的高效产业链，我国居民端废玻璃的回收率不足 10%。目前，仍有大量的废玻璃混入生活垃圾，加大了后端回收分拣难度，多数废玻璃被填埋处置，少量能进入回收利用环节。居民端的废玻璃回收需更多政策的支持。

2. 农村废玻璃回收亟待加强

近年来，农村地区废玻璃回收需求逐步上升，而回收能力相对滞后，回收站点少，布局不合理，缺少分拣加工设备，无法提供废玻璃回收、运输、储存、分拣等配套服务，客观上阻碍了农村废玻璃回收量的提升。

3. 精细化分拣水平低

废玻璃回收路径较为复杂，目前国内回收企业普遍规模较小，设备简陋，技术落后，分拣仍由人工进行粗略分类，不同类型、不同系列原料难以有效分离，下游企业利用过程仍需要花费人力和资金进行预处理，造成废玻璃回收环节成本高，回收利用率低。

4. "小散乱" 现象依然存在

废玻璃回收行业进入门槛低，行业中无组织、无管理的小回收主体占比较大，不少行业经营者无固定经营场所，经常处于"打游击"状态，而且部分企业游离在行业监管之外。部分企业缺乏规范处置能力，污染治理设施不完善，甚至没有相应的治理配套设施，易产生扬尘、废水等相关环境问题。

四　废玻璃回收利用的政策保障体系建设

（一）废玻璃回收利用政策支持和制度保障力度加大

针对废玻璃再生资源回收利用中的问题，在绿色发展理念的引领下，近年来，国家对再生资源与废玻璃回收利用重视程度提高，多项利好政策相继出台，持续为行业注入增长动力，推动行业向集聚化、集约化方向发展。

1. 再生资源回收层面

（1）党的二十大明确指出大力发展再生资源产业的必要性和紧迫性

为应对天然资源的日益枯竭、自然环境的不断恶化，大力发展循环经济已经上升到国家战略层面。党的二十大明确提出：我们要加快发展方式绿色转型，实施全面节约战略，发展绿色低碳产业，倡导绿色消费，推动形成绿色低碳的生产方式和生活方式。发展循环经济是走新型工业化道路的重要载体，也是从根本上转变经济增长方式的必然要求。作为循环经济的重要组成部分，大力发展再生资源产业具有现实的必要性和紧迫性。

（2）国务院发布《关于加快建立健全绿色低碳循环发展经济体系的指导意见》

2021年2月国务院发布《关于加快建立健全绿色低碳循环发展经济体

系的指导意见》，提出加强再生资源回收利用，鼓励地方建立再生资源区域交易中心。完善废旧家电回收处理体系，推广典型回收模式与经验做法。加快构建废旧物资循环利用体系，加强废纸、废塑料、废旧轮胎、废金属、废玻璃等再生资源回收利用，提升资源产出率和回收利用率。

（3）国家发改委、商务部联合出台《关于加快废旧物资循环利用体系建设的指导意见》

2022 年 1 月，国家发改委联合商务部等有关部门印发的《关于加快废旧物资循环利用体系建设的指导意见》，对于完善我国废旧物资循环利用体系，提高资源循环利用水平，提升资源安全保障能力，助力实现碳达峰碳中和目标具有重要意义。

（4）国家发改委发布《关于开展大宗固体废弃物综合利用示范的通知》

2021 年 5 月，国家发改委发布《关于开展大宗固体废弃物综合利用示范的通知》，提出了到 2025 年建立 50 个大宗固废综合利用示范基地，将回收利用率提升到 75% 以上的发展目标。

2. 废玻璃回收利用层面

我国针对废玻璃回收利用率低的现状，提出了一系列政策支持，包括技术规范、标准规范等。

（1）发布《废玻璃回收技术规范》，为废玻璃回收提供技术支持

2020 年 10 月，国家市场监督管理总局、国家标准化管理委员会批准发布了《废玻璃回收技术规范》（以下简称《规范》）。《规范》规定了废玻璃回收的总体要求，以及收集、分拣、运输和贮存要求。《规范》的实施应用，将更好地指导废玻璃的回收，为废玻璃的回收提供技术支持。

（2）《玻璃输液瓶回收规范》团体标准发布

2020 年 4 月，中国物资再生协会提出并归口的《玻璃输液瓶回收规范》团体标准在全国团体标准信息平台公布实施。

针对市场上存在输液瓶（袋）违规使用乱象等一些不规范行为，《玻璃输液瓶回收规范》团体标准对于规范输液瓶回收利用行为具有重要作用，在一定程度上解决了输液瓶回收难的问题，同时提升了输液瓶（袋）的规范回收利用水平，降低了对环境和人体健康的风险。

（3）《废玻璃分类及代码》国家标准通过审查

2018 年 2 月，全国产品回收利用基础与管理标准化技术委员会通过了《废玻璃分类及代码》《废电池分类及代码》两项国家标准审查，有助于规

范企业的废玻璃回收利用行为，提升废玻璃利用水平。

（4）下游日用玻璃行业发展指导意见明确加大废玻璃的应用比重

2021年5月中国日用玻璃协会发布了《日用玻璃行业"十四五"高质量发展指导意见》，明确指出，要提高资源综合利用效率，推广余热回收、水循环利用，大力发展废玻璃回收再利用，改善废玻璃加工质量，增加废玻璃应用比重。

（二）以城市矿产示范基地推动废旧物资回收体系建设

城市矿产示范基地不仅是推动资源再生利用的重要主体，而且是探索废旧商品资源化利用管理模式和政策机制的先行者，具有积极的示范作用。为支持示范基地建设，中央与地方政府共同推进设施建设、公共信息服务平台建设、技术开发和资源循环利用等工作。上海燕龙基再生资源利用示范基地就是国家为推进废玻璃回收利用特意给予扶持的基地，是我国再生资源循环利用的标志性示范基地。

上海燕龙基再生资源利用有限公司于2011年被国家发改委、财政部确定为国家城市矿产示范基地，并于2018年通过项目验收。经过20多年的发展，上海燕龙基已形成完善的收购、加工、销售体系和稳定的废玻璃购销网络，业务遍布全国大部分省市；在管理模式上拥有完善、灵活、高效的机制。

按照"可复制、可推广、可借鉴"的政策导向，公司已在上海、山东、江苏、安徽、河北等地建成废玻璃分选基地11个，在建工程5个，计划在2025年全国完成80个以上废玻璃的分选加工基地战略布局。

以国家城市矿产示范基地为契机，大力引进国内外的先进技术，不断提升产业层次，随着再生资源产业集聚效应形成，园区管理的规范化不断向前推进，再生资源产业将逐步被纳入城市总体规划。该模式适用于废玻璃、废电池、废包装等低价值回收利用企业，通过技术创新，改善产品结构，实现再生资源的高效利用。

五　废玻璃再生资源循环利用发展展望

鉴于废玻璃回收利用的特点及经济效益、环境效益，我国已在日用玻璃企业、平板玻璃企业、汽车玻璃企业、工业技术玻璃企业、电子及光学玻璃企业均实施了废玻璃的回收利用工程，并在北京、上海、广州、深圳等大城市居民生活小区设置了不同颜色的垃圾回收箱，专门分装生活废玻璃。

在国家政策和广大居民的高度配合下，废玻璃回收利用这个复杂且庞大的系统工程，将爆发出巨大的产业潜能。

（一）废玻璃回收利用企业数量会增加

根据国家发改委发布的《关于开展大宗固体废弃物综合利用示范的通知》文件的要求，可以预测，大宗固废综合利用示范基地数量会增加不少，废玻璃回收利用企业数量也将随着国家示范基地的引领作用而增加。

（二）"互联网＋"创新废玻璃回收交易新模式

"互联网＋回收"将创新回收交易的新模式，是废玻璃回收的发展趋势。在充分依托定点资质，布局覆盖社区、街道、商场等回收网点的基础上，实体企业与互联网企业合作或者自建"互联网＋回收"交易平台，将回收交易终端深入城市社区，将产生的废玻璃回收并转换为线上的货币或积分，实现废玻璃的云回收。"互联网＋回收"更新传统的废玻璃回收方式，通过整合线下回收队伍，优化废玻璃回收体系，解决传统回收中"规模小、不稳定、价格浮动"等问题，提高废玻璃回收效率，将废玻璃回收行业带入便捷、透明、规范的新时代。

（三）废玻璃回收网点较为分散，得渠道者将占得先机

废玻璃回收行业长期缺乏相关部门规范、监管，产业链各环节仍旧分散，未形成产业集群，对于下端再生企业来说，原料回收需打通各个分散的回收网点。可以说，回收渠道能力的强弱直接决定了废料及货源的稳定性。

回收渠道构成废玻璃下游利用企业的核心竞争力，多地布局可提高企业自身的资源收集能力。从废玻璃回收量来看，废玻璃的来源是回收利用企业盈利的基础。由于废玻璃资源分布的不平衡，如果企业进行单一或局部地区布局，其废玻璃回收量存在上限，如果将渠道拓展至全国甚至全球，就能有效提高废玻璃的回收量。

（四）龙头企业将进一步扩大市场占有率

废玻璃回收利用龙头企业在未来将进一步依靠技术一体化、地域广布局、收集先发优势的三重效应来实现市场占有率的提升。行业内的龙头公司将进一步拓宽产业链的上下游，从前端富集向后端深加工扩张，通过规模化、集约化提高回收利用率，从而降低成本，扩大盈利空间。此外，龙头公司借助盈利带来的竞争优势以及自身的融资优势，将进行多地域布局，形成规模效应。

六　结论和政策建议

（一）结论

1. 我国废玻璃回收利用的产业化水平较低

近年我国废玻璃年均产量约为 2000 万吨，整体的回收比例在 50% 左右，其中玻璃厂回收比例相对较高，接近 100%，居民端回收比例较低，不足 10%。

我国废玻璃回收利用率仍然处于较低水平，回收体系不健全，分拣机械化水平有待提高，产业链延伸少，产品附加值低，大量的废玻璃尚未得到有效的回收与利用。

2. 回收废玻璃的环保行动尚未成为全民行动

在发达国家，回收废玻璃和保护环境已经成为全民的良好习惯和自觉行动，很多欧美城市的商店和居民区都设有回收废玻璃的专门设施和存放废玻璃的专用垃圾箱。目前，我国虽然实施了垃圾分类收集管理规定，但居民的垃圾分类意识还需强化，乱扔垃圾的现象仍然十分突出，藏在城市垃圾中的废玻璃回收率较低，大多数废玻璃随着生活垃圾被丢弃填埋。

在居民中普及废玻璃回收的知识，加强废玻璃回收利用的重要性、公益性的宣传和行动引导，是缩小我国废玻璃回收水平与发达国家废玻璃回收水平差距的关键环节。

3. 符合中国国情的废玻璃回收体系亟待建立健全

近年来，我国在不断探索建立健全符合中国国情的废玻璃回收体系，寻找可持续的循环利用模式促进废玻璃循环利用产业的形成和发展。以国家城市矿产示范基地为契机,大力引进国内外的先进技术,不断提升产业层次,形成产业集聚效应,通过技术创新,改善产品结构,以期实现废玻璃回收的高效利用。

(二) 对废玻璃回收利用的建议

我国废玻璃回收率仅50%左右,与欧美发达国家(80%以上)相比偏低。与此同时,由于受到下游房地产等行业需求减量、新增产能的冲击等因素影响,废玻璃回收行业面临不确定性。

1. 学习其他国家先进经验,提高废玻璃回收率

(1) 德国

德国有严格的玻璃瓶退押金与垃圾分类制度。对于玻璃制品的回收,普通的饮料瓶可到商场退瓶取回押金,剩余的玻璃瓶可作为垃圾分别投放至绿色、透明、白色以及褐色等分颜色的玻璃瓶收集箱中。德国对乱扔垃圾有严格的处罚措施,垃圾中的废玻璃回收利用率接近100%。

(2) 瑞典

瑞典的垃圾分类处理系统分两大类:家庭生活垃圾与超市回收垃圾。家庭生活垃圾分类比较细,主要有残食类、报纸类、有色玻璃类、硬纸板类、金属类、硬塑料类、透明玻璃类、软塑料类。超市回收垃圾分类主要有金属类、包装盒类、塑料包装瓶与罐子类、回收报纸杂志类。垃圾分类提高了回收率。

2. 强化垃圾分类政策,助推废玻璃回收行业的协同发展

随着城市化进程快速推进,城市人口也大幅增加,生活垃圾日益增多。在垃圾产生源头进行分类可减少混合垃圾处理费用,有利于环境污染最小化,以及经济效益最大化。目前,我国虽然实施了垃圾分类收集管理规定,但居民的垃圾分类意识还需强化,乱扔垃圾的现象仍然十分突出。因此,建设并完善分类投放、分类收集、分类运输、分类处理的生活垃圾分类处理系统,将藏在城市生活垃圾中的废玻璃进行分类,有利于提高回收率。

3. 在玻璃生产行业压实生产者责任,加强玻璃产品生产企业的全生命周期管理

2017年国务院办公厅发布《生产者责任延伸制度推行方案》(以下简称《方案》),率先对电器电子、铅蓄电池、汽车和包装物等产品实施生产

者责任延伸制度，生产企业可通过自主回收、联合回收或委托回收等模式回收废弃物并再利用。

《方案》如能尽快在玻璃生产行业推广应用，在生产者责任延伸制度下，玻璃生产企业将通过对产品进行全生命周期管理，更利于保障废玻璃来源稳定，降低回收成本，同时生产企业熟知自家产品特性，可最大限度发挥废玻璃的利用价值。

4. 加大对废玻璃回收环节的补贴与政策支持

从发达国家的实践来看，在环境政策中由生产者和消费者共同承担产品的经济责任，适当补贴回收处置环节的利润，可在消除负外部性的基础上，使回收循环得以延续。

一方面，政府部门要大力宣传废玻璃分类回收的重要性；另一方面，由于回收废玻璃的工作不能完全市场化，要出政策补贴废玻璃回收企业。同时，提高居民投售的废弃玻璃制品的回收价格，从而提高居民的积极性。回收企业和居民端双管齐下，将有利于提高废玻璃的回收率。

参考文献

徐美君：《国际国内废玻璃的回收与利用》，《建材发展导向》2007 年第 2 期。

《"废玻璃分类及代码"和"废电池分类及代码"两项国家标准通过审查》，《再生资源与循环经济》2018 年第 3 期。

《商务部发布中国再生资源回收行业发展报告（2020)》，《再生资源与循环经济》2021 年第 8 期。

才秀芹、曾雄伟、冯明良等：《废玻璃的回收处理与利用》，《玻璃》2010 年第 2 期。

张大林：《城市矿产再生资源循环利用》，广东经济出版社 2013 年版。

《中国再生资源行业发展报告（2019）正式发布》，《再生资源与循环经济》2019 年第 11 期。

欢欢：《国家发展改革委：将建设 50 个大宗固废综合利用示范基地》，《中国设备工程》2021 年第 6 期。

《废玻璃回收技术规范》，国家市场监督管理总局，国家标准化管理委员会，2020 年 10 月。

《第 24 届全国玻璃窑炉技术研讨交流会会议资料》，2021 年 10 月。

闵敏：《废玻璃的回收价值及途径研究》，《中国资源综合利用》2017 年第
    11 期。

狄磊刚：《废玻璃的回收和再利用》，《玻璃》2019 年第 6 期。

数字经济赋能绿色经济发展

曹 宇 王 虎[*]

党的十八大以来，生态文明建设摆在全局工作的突出位置，绿色经济加快发展。为了保持良好的发展势头，应当在我国绿色经济既有的良好基础上，发挥数字经济的优势。近年来，我国构建"以数据为关键要素的数字经济"，以更好地赋能绿色经济发展。

一 数字经济的内涵和数据资产的重要性

国家发改委 2022 年 10 月向全国人大提交的《关于数字经济发展情况的报告》指出，党的十八大以来，我国加快推进数字产业化和产业数字化，推动数字经济蓬勃发展，数字基础设施实现跨越式发展，数字产业创新能力加快提升，产业数字化转型提挡加速，公共服务数字化深入推进，网络安全保障和数字经济治理水平持续提升，数字经济国际合作行稳致远。

我国数字经济规模多年位居世界第二。据中国信息通信研究院，2021年我国数字经济规模达到 45.5 万亿元，增速高于同期 GDP，占 GDP 比重达到 39.8%。数字产业化规模达到 8.4 万亿元，产业数字化发展进入加速轨道，规模达到 37.2 万亿元。[①]

---

* 曹宇，浙江知识产权交易中心副总经理，分管知识产权金融创新、园区服务、信息数据、标准化和数据知识产权化，跨技术和知识产权两界，美国 UCLA 计算机博士；王虎，广州华享知识产权服务有限公司执行合伙人，广东省谐合知识产权调解中心主任，律师/专利代理师/知识产权师。

① 中国信息通信研究院：《中国数字经济发展报告（2022 年）》，2022 年。

（一）数字经济的内涵

数字经济以信息和数据为中心，基于现代信息技术和数字技术，以大数据与人工智能技术为基础，通过智能网联、智能分析、虚拟现实、金融科技等切入口，将数字化、智能化、网络化、金融化融合在一起，形成以信息技术驱动的新型经济形态，以促进经济结构转型升级和助力经济社会发展。

中国信息通信研究院提出，数字经济具体包括四大部分：一是数字产业化；二是产业数字化；三是数字化治理；四是数据价值化。

（二）数据资产的重要性

数据资产是指可用于收集、存储、分析和利用的数据。

数据资产在数字经济中发挥着重要作用。数据资产能够帮助企业更好地了解客户，促进营销，预测未来发展趋势。数据资产也能够帮助政府获取经济发展和政策实施的有效信息，提高公众服务质量，等等。

（三）我国数据要素化布局领先全球

2019 年 10 月党的十九届四中全会首次将数据纳入生产要素范畴，在全球各国较早地布局"以数据为关键要素的数字经济"。

数据要素化是将数据确立为重要生产要素，并通过各类手段让其参与社会生产经营活动的过程。[①] 在数据要素化的内涵仍在不断发展中的背景下，我们提出数据要素化包含：①数据的合规产出和价值的提升；②数据的知识产权化；③数据的定价和交易。

数据要素的流通，集中反映了构建以数据为关键要素的数字经济的水平。我国在这方面布局早、试点多，经验领先全球。2020 年 3 月中共中央、国务院印发《关于构建更加完善的要素市场化配置体制机制的意见》，提出培育数据要素市场。2022 年 12 月中共中央、国务院印发《关于构建数据基础制度更好发挥数据要素作用的意见》，这是我国数据要素化具有里程碑意义的一步。

自 2014 年我国各地陆续建设数据交易所，为数据要素市场积累了经验。从 2014 年起步的"大数据"交易所（以贵阳大数据交易所为代表），

---

① 梅宏：《数据要素化迈出关键一步》，《经济日报》2023 年 1 月 3 日。

逐步走入"数据"交易所（以上海数据交易所为代表）。据不完全统计，截至 2022 年 10 月，全国已经成立或拟成立的数据交易所（中心）共计 46 家（见表 1）。

表 1　截至 2022 年 10 月全国已经成立或拟成立的数据交易所（中心）

序号	成立时间	机构名称	所在地区	备注
1	2014 年	中关村数海大数据交易服务平台	北京	无工商注册
2		北京大数据交通服务平台	北京	无工商注册
3		香港大数据交易所	香港	续存
4	2015 年	贵阳大数据交易所	贵州贵阳	续存
5		华东江苏大数据交易中心	江苏盐城	续存
6		武汉东湖大数据交易中心	湖北武汉	续存
7		武汉长江大数据交易中心	湖北武汉	续存
8		华中大数据交易所	湖北武汉	续存
9		重庆大数据交易平台	重庆	无工商注册
10		西咸新区大数据交易所	陕西西安	续存
11		交通大数据交易平台	广东深圳	无工商注册
12		河北大数据交易中心	河北承德	无工商注册
13		杭州钱塘大数据交易中心	浙江杭州	续存
14	2016 年	上海数据交易中心	上海	续存
15		浙江大数据交易中心	浙江杭州	续存
16		哈尔滨数据交易中心	黑龙江哈尔滨	续存
17		丝路辉煌大数据交易中心	甘肃兰州	无工商注册
18		广州数据交易服务平台	广东广州	已注销
19		亚欧大数据交易中心	新疆乌鲁木齐	续存
20		南方大数据交易中心	广东深圳	续存
21	2017 年	青岛大数据交易中心	山东青岛	续存
22		河南平原大数据交易中心	河南新乡	续存
23		河南中原大数据交易中心	河南郑州	续存
24	2018 年	东北亚大数据交易服务中心	吉林长春	续存
25	2019 年	山东数据交易平台	山东济南	续存

序号	成立时间	机构名称	所在地区	备注
26	2020 年	安徽大数据交易中心	安徽淮南	无工商注册
27		北部湾大数据交易中心	广西南宁	
28		山西数据交易平台	山西太原	无工商注册
29		中关村医药健康大数据交易平台	北京	无工商注册
30	2021 年	北京国际大数据交易所	北京	续存
31		贵州省数据流通交易服务中心	贵州贵阳	无工商注册
32		北方大数据交易中心	天津	续存
33		上海数据交易所	上海	续存
34		华南国际数据交易公司	广东佛山	续存
35		西部数据交易中心	重庆	续存
36		深圳数据交易所	广东深圳	续存
37		合肥数据要素流通平台	安徽合肥	续存
38		德阳数据交易中心	四川德阳	续存
39		长三角数据要素流通服务平台	江苏苏州	续存
40		海南数据产品超市	海南海口	无工商注册
41	2022 年	湖南大数据交易所	湖南长沙	续存
42		无锡大数据交易平台	江苏无锡	续存
43		福建大数据交易所	福建福州	续存
44		广东数据交易所	广东广州	续存
45		青岛海洋数据交易平台	山东青岛	无工商注册
46		郑州数据交易中心	河南郑州	无工商注册

2021 年 11 月 25 日上海数据交易所成立，是我国推动数据要素流通、释放数字红利、促进数字经济发展的一项重要举措。董事长张琦表示，数据资产化发展是赋能数字经济价值最大化、实现数据资源最优配置的路径，上海数据交易所积极推动数据从资源到资产的跳跃。上海数据交易所致力于打造数据流通过程当中的由技术方和服务方构成的数商新业态，对接超 500 家数商，包括数据合规评估服务商、数据质量评估服务商、数据资产评估服务商、数据交付服务商、数据分类分级服务商、数据安全服务商、数据咨询服务商、数据治理服务商、数据中介服务商等。

（四） 我国数据知识产权部署领跑世界

世界知识产权组织（World Intellectual Property Organization，WIPO）于 2019 年开辟对话会系列"知识产权与前沿技术的 WIPO 对话会"［WIPO Conversation on Intellectual Property（IP）and Frontier Technologies］，规划每年举行两到三次对话会。其初心是，"前沿技术为经济增长提供了机遇。为了使所有人抓住这些机遇，我们需要确保知识产权制度继续促进创新创造，并确保知识产权行政管理制度不断发展"。

自 2019 年首次对话会以来，前三次对话会谈的都是知识产权与人工智能（AI）的关系，而第四次对话会（于 2021 年 9 月举行）改为"数据：在完全链接的世界里超出 AI 范畴"（Data：Beyond AI in a Fully Interconnected World）。总干事邓鸿森在开幕式强调，前沿技术目前代表着 3500 亿美元的市场，最快在 2025 年可能成为 3.2 万亿美元的市场，"如果说数字化是未来经济的引擎，那么数据就是它的燃料"。本次对话会两天中来自 113 个国家的 1000 多人讨论了广泛的话题。主线一：什么是数据以及为什么数据在数字经济中如此重要，并建立认识和理解；主线二：数据如何融入现行的全球知识产权制度，以及这些现行规则是否足够。在对话会中专家指出，知识产权框架所依据的社会政策是鼓励创造并对产生发明所需的投资进行补偿，在目前的知识产权框架下，专利权保护具有工业应用的有用创新，商标是品牌建设的支柱，版权保护的是思想的原始表达而不是思想本身。

世界知识产权组织 2021 年 9 月的对话会题目是"数据与知识产权"，而我国"构建数据知识产权制度"的部署在 2021 年 10 月国务院《"十四五"国家知识产权保护和运用规划》中已经明确。2021 年 9 月至 2022 年，数据知识产权质押、数据知识产权交易等在我国浙江省杭州市等地进行了试点。2023 年 1 月 1 日正式实施的《浙江省知识产权保护和促进条例》在全国率先探索数据知识产权保护运用，明确通过存证、登记等方法，对经过一定算法加工、具有实用价值以及智力成果属性的数据进行类知识产权保护。

二　数字经济支持绿色经济发展

我们看到，我国多年来绿色经济发展已经得益于数字经济，数字产业化、数据价值化、数据化治理等有着广泛的赋能绿色经济的实践。研究表明，一是数字经济和绿色经济的发展指标高度耦合①，二是数字化治理对绿色经济发展有促进作用并能够以统计模型验证。数字经济和绿色经济发展耦合、数字经济促进绿色经济发展，不是偶然的，因为数字经济和绿色经济同属知识产权密集型产业，而知识产权密集型经济符合美国罗默（Paul Romer）等学者的内在生经济增长理论。

（一）绿色经济的内涵

绿色经济是指在经济活动的过程中倡导经济发展的同时，把生态环境的保护放在经济发展的首要位置，从而达到可持续发展的目的，其内涵包括：①经济可持续发展：结合经济和社会发展，体现更高的经济效益与社会效益的统一。②经济结构调整：以节约资源、保护环境、提高生态效益为目标，将绿色技术和绿色产品引入市场。③可持续管理：强调资源可持续使用、环境保护和可持续管理，防止资源浪费、环境污染、生态破坏，提高生态稳定性。④经济实体转型：强调经济实体的转型，推动建立具有绿色发展理念的经济实体，改变传统经济发展的模式。

（二）我国绿色经济的发展方兴未艾

我国绿色经济多年来发展迅猛。2019 年 9 月，国际能源署署长法提赫·比罗尔博士说："中国是清洁能源发展的主力军，从太阳能发电到电动汽车，中国在现有的许多成功案例中都发挥了主导作用。中国为实现其碳中和目标所做的努力将会促进更广泛的低碳技术蓬勃发展，并在未来几十年内推动大幅削减使用化石燃料。"②

综合数据表明，我国绿色经济的发展是多线条的、全面的，表现在：①能源结构持续优化；②绿色制造步伐加快；③能耗持续降低；④环保产业从大而强；⑤碳市场活跃度稳步提高；⑥国家绿色技术交易中心成立，开启绿色低碳技术的升温模式。③④

---

① 何晓洁：《低碳转型背景下数字经济与绿色经济协调发展研究》，《对外经济统计》2021 年第 4 期。
② 1991IT：《国际能源署报告：中国能源领域的碳中和路线图》，新浪科技，2022 年 1 月 17 日。
③ 许娟、陈英葵：《我国绿色经济发展现状与展望》，《可持续发展》2021 年第 11 期。
④ 曹红艳：《绿色发展纵深推进》，《经济日报》2022 年 1 月 5 日。

关于绿色经济多线条、全面发展的"加速因素"，政产学研已经有一定共识。例如，联合国开发计划署（United Nations Development Programme，UNDP）在《中国的绿色发展2021年核心进展》报告中列举了3个"加速进程的重要因素"：绿色金融、绿色技术，以及通过国际合作推动绿色发展。

1. 绿色金融国际主流化

绿色经济发展呼唤绿色金融。在我国，2016年是"十三五"规划起航之年，人民银行牵头印发《关于构建绿色金融体系的指导意见》，我国成为全球首个制定绿色金融顶层设计的国家。同年9月，我国作为G20轮值主席国，首次将绿色金融纳入G20峰会议题，开启和推动了绿色金融国际主流化进程。

据人民银行《2018年中国绿色金融发展报告》，绿色基金、绿色保险、绿色信托、绿色PPP、绿色租赁等新产品、新服务和新业态不断涌现。2018年，中国共发行绿色债券超过2800亿元，绿色债券存量规模接近6000亿元，位居全球前列。德勤中国2021年11月指出，当下中国的绿色贷款余额和绿色债券存量规模均居世界前列，绿色资产质量整体良好，绿色贷款不良率明显低于各项贷款平均不良率，绿色债券也尚无违约案例。

近年来，上海证券交易所（以下简称上交所）绿色金融成果不断。上交所在绿色产业股权融资、绿色债券、绿色指数及绿色投资基金方面不断取得成效，绿色产品不断丰富，市场规模不断扩大。同时，上交所积极参与国际交流和宣传推广，是我国首个加入联合国可持续证券交易所倡议的证券交易所。

上交所的成绩与其绿色发展顶层设计是分不开的。2022年3月《上海证券交易所"十四五"期间碳达峰碳中和行动方案》发布，强调：①优化股权融资服务，推动企业低碳发展；②加快绿色债券发展，助力企业低碳融资；③拓展绿色投资产品，助力绿色投资。

2. 绿色技术创新蓬勃发展

绿色技术是指有利于节约资源、提高能效、防控污染、实现可持续发展的技术，主要包括替代能源、环境材料、节能减排、污染控制与治理、循环利用技术。

学者研究指出，绿色技术具有"双重外部性"的特点：绿色技术创新不仅会产生技术溢出效应，还会通过降低环境成本产生环境外部性。[①] 有研究指出，绿色技术创新，可以看作是对绿色经济发挥影响的一个传导机制（见图 1），环境规则通过绿色技术创新和环境成本两个路径，造成成本、投资、生产率的变化，从而对绿色经济产生抑制或促进的影响；其中绿色技术创新提高生产率，进而促进绿色经济。[②]

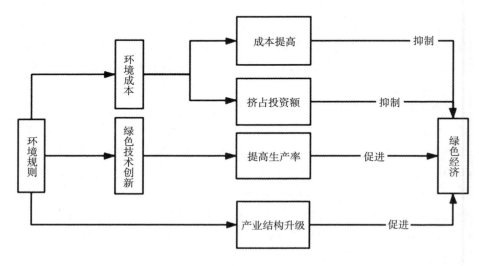

图 1　绿色技术创新和环境成本对绿色经济的作用路径

资料来源：许娟、陈英葵（2021）。

衡量绿色技术创新，学界主要采取指标法[③]。指标法主要采用研发支出和绿色专利数量，分别代表创新投入和创新产出。从绿色专利数量看，我国绿色技术创新趋势不断向上。全国绿色专利每年申请数从 2008 年的 4.3 万余件，增长至 2021 年的 15 万余件；每年授权数从 2008 年的 1.9 万余件上升到 2021 年的 18.4 万余件，年复合增长率达 17.5%。[④]

3. 绿色技术创新得到资本市场的支持

绿色技术创新得到了我国资本市场的有力支持。2022 年 10 月 19 日，

---

① 伦晓波、刘颜：《数字政府、数字经济与绿色技术创新》，《山西财经大学学报》2022 年第 4 期。

② 许娟、陈英葵：《我国绿色经济发展现状与展望》，《可持续发展》2021 年第 3 期。

③ 伦晓波、刘颜：《数字政府、数字经济与绿色技术创新》，《山西财经大学学报》2022 年第 4 期。

④ 零壹智库：《中国绿色技术创新指数报告（2021）》，2022 年 5 月 18 日。

香港联合交易所（以下简称香港联交所）发布《特专科技公司上市制度》
咨询文件（行业语"18C 章"），推动大型先进科技企业在香港联交所主板
上市，面向五大行业的特专科技公司：①新一代信息技术；②先进硬件；
③先进材料；④新能源及节能环保；⑤新食品及农业技术。

　　针对新能源及节能环保行业，安永咨询做了解读和比对。新能源行业绿
色技术包括生产、传输和分配及储存等方面，节能环保行业绿色技术包括环
境修复和减排两方面，具体见图2。科创板和18C 章所鼓励的绿色技术既有
重叠又有所不同，有利于我国绿色技术的多元化的发展，具体见表2。

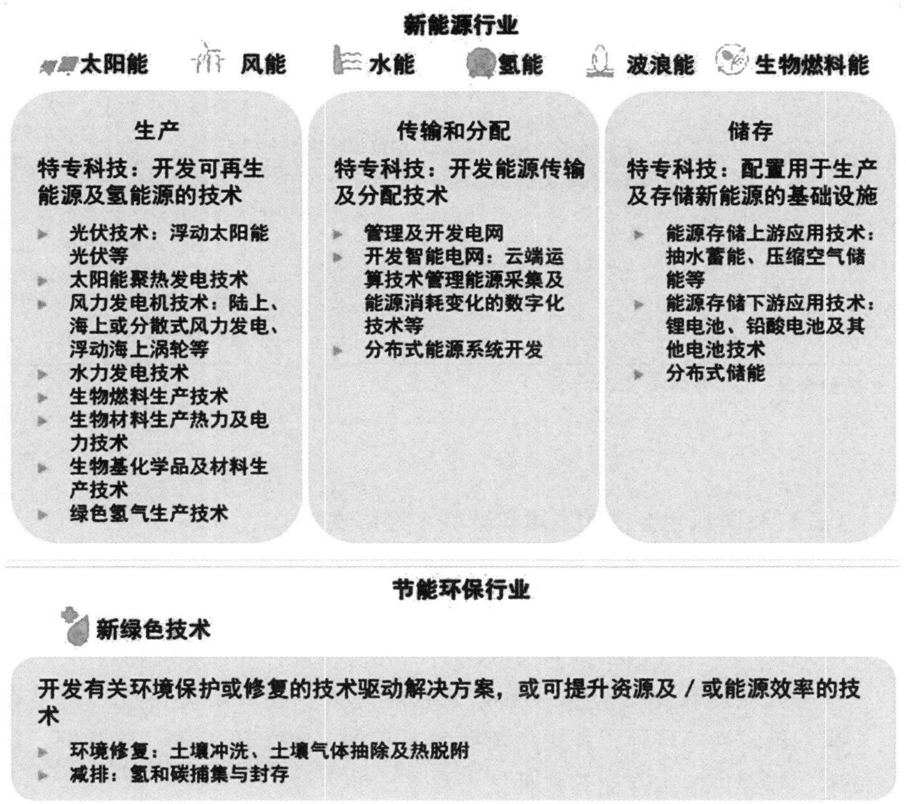

图2　新能源及节能环保行业绿色技术

资料来源：安永咨询（2022）。

表 2 　　　　　　　　　新能源及节能环保行业绿色技术及比较

领域	类别	内容	相同点	不同点
新能源行业	科创板	主要包括先进核电、大型风电、高效光电光热、高效储能及相关服务等	均包括风电、光伏生产技术储能技术	18C 章未明确提及科创板包含的先进核电技术； 18C 章专门提及了新能源传输技术，而科创板未明确提及； 18C 章专门提及了氢能及生物燃料技术
	18C 章	新能源生产、新储能及传输技术		
节能环保行业	科创板	主要包括高效节能产品及设备、先进环保技术装备、先进环保产品、资源循环利用、新能源汽车整车、新能源汽车关键零部件、动力电池及相关服务等	均包括环境保护技术	科创板将新能源车业务列入节能环保行业，而18C 章列入先进硬件行业； 在行业举例上，18C 章仅提及与土壤相关的修复，没有明确提及污水处理等其他环保行业； 18C 章对于提升资源效率的技术举例局限于氢和碳捕集与封存，未明确提及其他节能环保技术
	18C 章	新绿色技术		

资料来源：安永咨询（2022）。

（三）我国绿色经济的发展需要数字经济支持

1. 生态环境保护需要数据作为基础

生态环境保护是政府、企业、团体多方参与的系统的长期工程，因此需要收集、整理和分析多方面的数据，以利于决策、评价和评估。

生态环境的数据除具有大数据的特征之外，还具有多维度、高复杂性、高不确定性等特性。在采集数据的过程中，需要传感器、监测网、信息技术、数据传输和存储等多种技术和系统的支撑。

2. 减排监测、报告与核查需要数据的支撑

自愿减排市场的建设离不开数据。①监测数据是自愿减排市场的前提，监测数据包括空气污染物排放量、温室气体排放量、水污染物排放量、固体废物产生量等。通过监测数据，可以清楚地了解整体现状，以及

参与者的情况。②报告和核查也需要数据的支撑，包括参与者的减排实施情况以及减排收益情况等。

3. 改良生态环境和绿化行动需要数据评价

改良生态环境和绿化行动的经济效益、社会效益和环境效益的评价，需要通过对相关数据的定量定性分析。所收集的数据应当包括改良前后的气象、土壤、水质、植被、生物资源等环境数据，以及人力物力的投入。

三　数字经济赋能绿色经济发展的作用机制

研究表明，可以把数字经济赋能绿色经济的机制划分为直接作用机制和间接作用机制：①直接作用机制：数字经济将生产、分配、交换和消费的全过程串联起来，降低了交易成本和信息搜寻成本，提升绿色经济的效率；②间接作用机制：数字经济通过优化产业结构升级、提高技术创新水平、深化市场程度来提升绿色经济效率。①

在数字经济转向"以数据为关键要素的数字经济"的时期，进一步厘清数字经济对绿色经济发展的赋能机制正当其时，以求新一轮的更有效的赋能。

（一）赋能框架

本文就数字经济赋能绿色经济提出"4+1+4"架构（见图3）：其第一个"4"是关于数字经济的，从中国信息通信研究院的数字经济"四化框架"（数字产业化、产业数字化，以及起支撑作用的数字化治理、数据价值化）② 出发，以数据要素化代替数据价值化，以表述新兴的"以数据为关键要素的数据经济"；其"1"是赋能关系，其第二个"4"是关于绿色经济的，即绿色产业化、产业绿色化，以及起支撑作用的技术绿色化、金融绿色化。

---

① 刘强、马彦瑞、徐生霞：《数字经济发展是否提高了中国绿色经济效率》，《中国人口·资源与环境》2022 年第 3 期。

② 中国信息通信研究院：《全球数字经济白皮书（2022 年）》，2022 年 12 月。

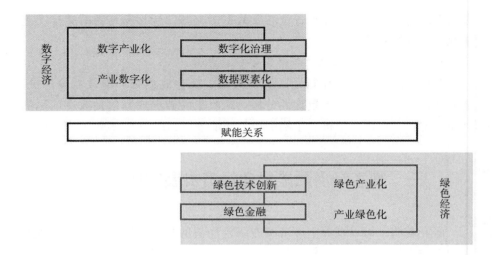

图3　数字经济赋能绿色经济的"4 + 1 + 4"架构

1. 以数据要素为关键要素的数字经济的"四化框架"

中国信息通信研究院提出的数字经济的"四化框架"较好地概况了历年来数字经济发展的主要部分：一是数字产业化基础实力持续巩固，ICT服务部分在数字产业化的主导地位更加巩固，软件产业和互联网行业在其中的占比持续小幅提升；二是产业数字化发展进入加速轨道，工业互联网成为制造业数字化转型的核心方法论，服务业数字化转型持续活跃，农业数字化转型初见成效；三是数字化治理正处在从用数字技术治理，到对数字技术治理，再到构建数字经济治理体系的深度变革中；四是数据价值化，正形成数据资源化、数据资产化、数据确权，以及数据的定价、交易、流通的链条。

中国信息通信研究院进一步指出，数据价值的挖掘不断深入。基于数据采集、标注、分析、存储等全生命周期价值管理链的数据资源化进程不断深化。数据资产化探索逐步深化，数据确权在顶层规划中有序推进，数据定价、交易、流通等重启探索，迎来新一轮建设热潮。

数字经济已经转向"以数据为关键要素"的新阶段，因此可以用"数据要素化"代替"数据价值化"，形成数字经济框架的新表述。数据要素化的内涵尚在不断发展中。数据要素化的内容可以包含：①数据的价值化，包括数据的合规产出、数据价值的提升等；②数据的知识产权化，包括数据确权、新的知识产权保护机制等；③数据的流通化，包括数据的定价、交易等。

2. 绿色经济的"四化框架"

在"4＋1＋4"框架中的第二个"4"是绿色经济的"四化框架"：绿色产业化、产业绿色化，以及技术绿色化和金融绿色化。

自联合国环境规划署（UNEP）于2008年发起绿色经济倡议之后，绿色经济的发展可以使用"绿色产业化"以及"产业绿色化"的概念进行整理。在我国，2011年3月发布的国民经济与社会发展"十二五"规划被称为"中国的绿色发展规划"。在绿色产业化方面，2019年2月国家发改委、工信部、自然资源部、生态环境部、住房和城乡建设部、人民银行、国家能源局联合印发了《绿色产业指导目录（2019年版）》，提出了绿色产业发展重点。而在产业绿色化方面，人们对"绿色"的认识从环境改善层面上升到"绿色＋制造""绿色＋汽车""绿色＋商业"等层面，这有利于培育绿色经济的新增长点，进而实现广泛的产业绿色化。

在绿色产业化和产业绿色化过程中的两个重要的手段是技术绿色化和金融绿色化。

"技术绿色化"，即绿色技术创新，包括发展节约资源、提高能效、防控污染、实现可持续发展的技术。绿色技术创新的一个表征是绿色技术专利申请和授权情况，近年来我国该指标飞速增长。

"金融绿色化"，即绿色金融，更强调对环境保护和对资源有效利用的程度。在实践中，2021年4月人民银行、国家发改委、证监会联合发布《关于印发〈绿色债券支持项目目录（2021年版）〉的通知》，对绿色债券的支持领域和范围进行科学统一界定，促进提升我国绿色债券的绿色程度和市场认可度。

3. 赋能关系

将数据要素化的3个部分与绿色经济的4个部分两两配对之后再进行梳理，比较重要的赋能关系包括：①数据的产出和价值的提升，对领域内绿色技术创新提出新的要求，更多的数据也意味着从事绿色产业的企业拥有更多的资源；②数据的确权，包括数据知识产权等新尝试，使企业拥有更多的资产，并以此获得更多的绿色金融支持；③数据的定价和交易，促成企业的数据变现，促使绿色产业内部数据的互通有无。

（二）直接作用机制

数字经济通过智能环境管理、智能产品设计、跨时空传播、居家办公等，降低了交易成本和信息搜寻成本，减少了能源消耗和污染排放，改善了供应链效率，促进了环境污染物的动态监测，是直接提升绿色经济效率的关键动力。①数字经济把生产、分配、交换和消费串联起来，降低了交易成本和信息搜寻成本，成为绿色经济效率提升的关键动力。②在生产端，数字经济促成智能环境管理系统，减少不必要的能源消耗和污染排放。③在消费端，数字经济改变了买方和卖方之间的交易方式，提高供应链效率。④在出行方面，数字经济促进居家办公，降低能源消耗和汽车尾气的排放。⑤在政府治理方面，数字经济减少了环境管理中信息不对称。

（三）间接作用机制

数字经济通过提升技术创新、产业结构优化、提高市场化程度间接地提升绿色经济发展。①数字经济本身具有技术属性，可缩短创新产品周期，改变创新要素的跨界配置。技术创新通过技术溢出和技术关联提升绿色经济效率，符合经济学的内生增长理论所认为的技术创新是经济效率提升的主要因素。②数字产业化驱动传统制造业向中高端转型，产业数字化则优化资源要素配置，淘汰高耗能、高污染传统产业，改善环境质量。③数字经济可拓展市场，减少交易成本，提高市场化水平，以及技术溢出和关联等效应均可提升绿色经济效率。

（四）数字经济赋能绿色经济的路径

1. 数字产业化促进绿色经济的效率提升

数字经济的发展对绿色经济的赋能，已经可以在统计学意义上观察到了吗？学界的回答是肯定的。例如，学者在一系列稳健性检验后得出结论，数字经济显著促进了绿色经济效率的提升；进一步地，通过分维度回归统计学方法发现，产业数字化和数字产业化两者相比，数字产业化对绿色经济效率的促进作用更强。①

---

① 刘强、马彦瑞、徐生霞：《数字经济发展是否提高了中国绿色经济效率》，《中国人口·资源与环境》2022 年第 3 期。

数字产业化赋能绿色经济的案例很多。在"双碳"领域，数字技术引领复杂场景下的节能减排。① 理想的能源网基本诉求多，能源品类多，需要进行有序配置以形成一个智慧能源体系，因此建设节能减排的能源网正是数字产业化大显身手的领域。我国最早推动数字化节能服务的邑通集团在雄安高铁站部署了完整的"建筑设备监控及能源管理系统"，接入数百种、上万个传感器设备及各类信息系统，对每年30多亿条数据进行存储与实时分析，实现20%以上的节能效率。

2. 绿色经济发展得益于数字化治理

绿色经济发展重视数字化治理的作用。例如，根据2021年2月联合国环境大会第五届会议整理的《2022—2025年中期战略》中，面对地球的三个危机（气候变化、生物多样性丧失和污染），提出了三类次级方案，即专题次级方案、基础性次级方案和扶持性次级方案（见图4）。

扶持性次级方案包含了联合国环境署提出的数字化治理的主要方向：①加快消费者和公民采用低碳行为和产品的过程；②加快和扩大可持续技术开发和应用；③扩大采用清洁技术和数字化循环办法；④通过提高数字公共产品（在对环境优先事项进行科学分析的基础上产生）的效果、作用和影响，来加快建立科学与政策的衔接；⑤加强全球和国家能力，实现环境治理和集体行动的数字化；⑥加快金融和经济转型，用数字公共产品和洞察为可持续投资提供参考。

3. 数据价值化、数据资产化促进绿色金融

数据价值以及数据资产对绿色金融产生的促进作用，目前还处于早期阶段。我们认为，经过一段时间的发展，在促进绿色金融方面，数据工作将从数据的采集、数据的提供，走向数据价值化、数据资产化，最终以数据资产的形式促进绿色金融。

2017年8月，G20绿色金融研究小组发布的《G20绿色金融综合报告》指出了公共环境数据对绿色金融的重要性。该报告指出，在金融机构寻找新的、可以带来环境效益的绿色项目或绿色资产的过程中，公共环境数据非常有价值。该报告把公共环境数据分为三类：一是物理趋势的历史数据，二是预测和前瞻性场景分析，三是污染成本和减排效益数据。

2020年，美国商品期货交易委员会（Commodity Futures Trading Com-

---

① 江小涓：《发挥平台企业引领作用 促进数字经济加快发展》，《瞭望》2023年第2期。

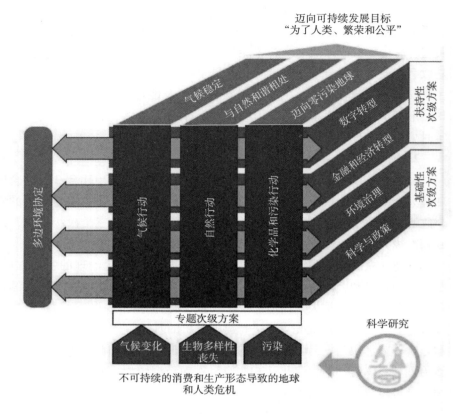

图4　三类次级方案应对地球的三个危机

资料来源：联合国规划环境署（2021）。

mission，CFTC）发布的报告《美国金融系统气候风险管理》（*Managing Climate Risk in the U. S. Financial System*）中，对数据的重要性以及数据是如何发挥作用的，专门进行了阐述。CFTC 报告指出了数据—模型—途径—指标的链条。报告根据数据的使用场景，对数据提出要求："在开发这种数据时，应考虑适用的时间范围，因为金融风险可能介于短期（相对于某些气候风险而言）和长期（在一个持久的资产类别的持续时间内）之间。数据应该允许自下而上和自上而下的分析，为用户使用场景（使用该产品或服务的特定情况）提供适当的细节。理想的情况是，数据可以支持各种各样的估计和预测，涵盖适当的时间范围、详细程度、地理覆盖面和与特定使用场景有关的可信度。"

四 数字经济赋能绿色经济发展的成就与挑战

（一）成就

1. 数据知识产权质押赋能环保企业

2021年9月，全国首单数据知识产权质押在浙江省杭州市滨江区完成。由滨江区市场监督管理局牵头，集聚政府机构、银行、担保机构、数据公司等多方主体，利用大数据、区块链等技术手段，采集企业生产、经营链上的各类数据，由区块链存证平台发放存证证书，将数据转变成可发证的数据知识产权，最后依据数据知识产权，企业得到银行授信。

本次全国首单有两家企业受益。其中蔚复来（浙江）科技公司提供的是垃圾分类运营活动产生的环保测评数据。数据由杭州高科技融资担保有限公司进行增信，最后公司获杭州银行科技支行授信500万元。

参与方于2022年3月发布了团体标准《数据知识产权质押服务规程》，主要技术内容包括采集、脱敏、存证、存储、评估、融资、处置。随后，杭州高新技术产业开发区（滨江）市场监督管理局于当年10月发布了浙江省地方标准《数据知识产权质押业务规范》的征求意见稿。

2. 绿色经济发展的数据标准体系建设形成体系

浙江省2022年度的"数字经济标准化提升试点"实施7个项目，每个项目300万元。本次重大项目的力度和广度在全国备受瞩目，竞争激烈，成功竞得的7家联合体从38家联合体中胜出，实至名归。该重大项目围绕数字经济发展重点领域，选取7个具有较好基础和发展前景的领域开展标准化提升试点，通过2—3年时间的试点，建立该领域结构合理、层次分明、能有效支撑产业创新发展的标准体系，争取主导制定一批国际标准、国家标准、行业标准和团体标准，推动相关标准得到有效实施，提高该领域标准化水平和高质量发展水平。

本次候选的领域有22个，其中绿色经济占比超过1/4，主要包括高效晶体硅太阳能电池、柔性薄膜太阳能电池、智能光伏组件等，智能逆变器、控制器、高效电力电子器件等关键器件，以及光伏智能管控平台，能源管理、智能运维、微电网交易等服务。

（二）挑战与关键问题

1. 数据要素的合规供给

在数字经济发展、数据安全的强监管时代，对于大量使用数据的企业来讲，做好数据资产的合规管理显得尤其重要。企业数据合规是指企业对数据的收集、存储、使用、加工、传输、提供、公开、删除等行为，应当符合国家相关法律、法规，既包括形式上使用数据合规，也包括数据信息内容本身的实质性合规。这需要企业准确识别数据全生命全周期各个阶段可能存在的各种违规行为，包括未授权访问、数据滥用、数据泄露等问题，以及未经许可侵犯个人信息、非法获取计算机信息系统数据、传播违法信息、侵犯知识产权、非法跨境提供数据等刑事犯罪风险，并应当为此做好相应的风险处置与合规管理，具体包括：

第一，数据收集阶段。这是企业获取数据的第一环节。不少企业为了尽可能多地获取用户数据，只注重追求数据的数量，而忽略由此可能产生的数据收集过程和收集方式存在的风险。根据《网络安全法》第二十二条的规定："网络服务具有收集用户信息功能的，其提供者应当向用户明示并取得同意；涉及用户个人信息的，应当遵守本法和有关法律、行政法规关于个人信息保护的规定。"2021 年 3 月颁布的《常见类型移动互联网应用程序必要个人信息范围规定》明确了各种类型的应用程序信息收集范围，相关企业进行数据收集时需要关注相关法律法规，避免数据收集中忽略该等要求而导致应用程序下架整改，甚至是面临法律处罚。需要提醒的是，企业通过与第三方共享、购买的方式收集数据的时候，需要审查第三方对数据是否具有所有权，以及审核第三方收集数据的方式是否合法、合规，避免因第三方数据管理不规范而引致企业面临不确定性风险。

第二，数据存储环节。在这个环节中，企业重点需要关注是否建立相应的数据存储安全机制，以及数据存储机制是否符合相关法律法规。涉及数据跨境流动的企业，应当尤其重视数据合规的问题，滴滴出行被国家网信办做出 80.26 亿元行政处罚的案例，其核心就是涉及数据过境问题。《中华人民共和国数据安全法》第二十七条，明确了开展数据处理活动应当依照法律、法规的规定，建立健全企业全流程的数据安全管理制度，采取相应的技术措施和其他必要措施，保障数据安全。2022 年 7 月 26 日，广州市公安局通报了一家技术公司在开发的一款"驾培平台"中存储了驾校培训学员的姓名、身份证号、手机号等个人信息达 1070 多万条，因未履行数据安全保护义务，导致 1000 余万条个人信息面临泄露风险，被警方行政立案，罚款 5 万元。这是广东警方适用《中华人民共和国数据安全法》的首批案例之一。在数据存储期限方面，企业应当按照《网络安全法》《互联网安全保护技术措施规定》《互联网信息服务管理办法》等相关规定。企业对于从用户、第三方以及公开渠道获得的与用户相关的个人信息或数据时，应当进行事前风险评估并将风险评估记录至少保存三年。

第三，数据使用环节。这是企业数据发挥资产价值的重要阶段，也是企业数据合规风险高发的环节。Verizon 发布的《2022 年数据泄露调查报告》指出，2022 年数据泄露事件中 82% 的违规行为涉及人为因素。企业不仅需要关注数据使用过程中的风险，还需要注意在利用数据时所使用的技术工具是否存在潜在风险。

第四，数据加工环节。企业在数据使用的过程中时常需要对数据进行加工再利用，由此对使用技术工具可能存在的风险点进行排查非常必要。特别应当注意的是，数据删除并不等同于数据销毁。《个人信息保护法》是目前唯一提到"删除"的法律法规，当中提及的"删除"是指从实现日常业务功能所涉及的系统中去除个人信息的行为，使其保持不可被检索、访问的状态。数据销毁，更侧重于安全的角度，确保存储数据永远删除，处于不可恢复的状态。在数据全生命周期使用阶段中，数据销毁环节作为数据处理的最后一环，必须引起企业的高度关注。稍有不慎，往往会被监管部门处以高额罚款，或者面临诉讼纠纷以及公众评价与信任的降低。

2. 数据要素的价值评估

在数据要素化的过程中，价值评估是一个重要的课题。目前，对数据要素的价值评估主要表现为对数据资产的价值评估。

数据资产属于无形资产，而且在无形资产的属性之外，数据还具备一些特殊的属性。这些属性应当在数据管理、数据治理、数据资产管理以及数据资产的价值评估等工作中得到很好的考虑。

数据资产的特殊属性业内多有探讨。例如：①光大银行 2021 年发布的《商业银行数据资产估值白皮书》提出数据资产的八大属性：非实体和无消耗性；可加工性；形式多样性；多次衍生性；可共享性；零成本复制性；依托性；价值易变性。②微众银行 2020 年发布的《打造数据新基建，释放数据生产力》报告提出数据的六个特性：数据具有易复制性（Replicable）；数据具有非排他性（Non - exclusive）和非竞争性（Non - competi-tive）；数据具有分散性（Scattered）；数据具有多样性（Heterogeneous）；数据具有价值聚合性（Aggregated）；数据具有价值认知多样性（Individu-ally - respectable）。

经典的资产评估方法包括成本法、收益法以及市场法三大类，数据资产价值评估也不例外，但需要结合数据资产的特殊属性，对经典的方法做出一定的改变。例如：①上述的光大银行报告提出，应当根据下列因素对估价进行修正：数据质量，数据应用（多维性、规模性、可用性），数据风险，数据在市场上的稀缺性。②中国信息通信研究院 2020 年《数据资产化：数据资产确认与会计计量研究报告》提出，应当根据下列因素对估价进行修正：数量维度（数据量、广泛性），质量维度（真实性、完整性、准确性），应用维度（稀缺性、时效性、有效性、经济性），风险维度（法律限制、道德约束、安全风险）。

3. 数据要素的高流动性

数据要素化的重要目的是打通堵点，增大数据供给的能力。美国麻省理工学院信息系统研究中心（MIT Center for Information Systems Re-search）近年前沿研究的中心思想（见图 5）是，在增大供给能力、追求数据变现（Data Monetization）的过程中需要结合多种能力，应当使用新的技术模式，聚焦数据流动性（Data Liquidity）的提升，从而加速数据的供给。

数据变现的基础，是拥有具备战略性的数据资产。前道工作是数据资产的获取，即把数据从当初的场景中解构出来，并使每项资产变成准确、完整、及时的资产，变成标准化、可搜索、可理解的资产。

数据资产的重复使用和重新组合的能力，定义为数据流动性（Data Liquidity）。由此，数据流动性是提高数据变现的重要方式。数据流动性的前沿技术模式，是建设价值—模块化—程序化界面的三位一体。以桑坦德银行英国分行（Santander UK）的开放银行为例，该行的"V3"产品（一种有关账户和交易的产品），实施了这种先进的三位一体：①价值。"V3"通过提供交易级和账户级数据，使初创企业和直接竞争对手等第三方获得价值。②模块化。"V3"可以由第三方整合到他们自己的产品中，而且不需要具体了解桑坦德银行使用的技术或内部数据结构。③程序化界面。"V3"遵循开放银行接口规范，向第三方提供数据。

图 5 数据流动性的提升驱动指数增长的数据变现

注："Value"即价值，"Highly Liquid SDA"即高流动性的战略数据资产。
资料来源：MIT（2021）。

五 结论和政策建议

（一）结论

我国绿色经济呈现多线条的全面发展的态势，在绿色技术创新、绿色金融等方面已经具备一定的优势。我国数字经济规模多年位居世界前列，正在从历来的数字产业化、产业数字化、数字化治理走向"以数据为关键要素"的数字经济。数字经济发展与绿色经济发展相互影响、相互耦合，数字经济成为绿色经济发展的主要推动力，绿色经济发展成为数字经济可持续发展的主要引领力量。

（二）政策建议

1. 加强数据监管，促进企业做好数据资产化

目前以数据作为核心生产要素的新模式新业态持续涌现，越来越多的领域都无时无刻不在收集、产生和利用数据。海量数据正在成为企业未来发展的重要战略资源。与此同时，关于数据的监管和合规审查也越来越受到关注。可以说，数据安全已经迈入了强监管的时代。

近年来，全国人大常委会先后制定相关法律、法规。早在 2017 年 6 月 1 日起施行的《中华人民共和国网络安全法》，是一部为了保障网络安全，维护网络空间主权和国家安全、社会公共利益，保护公民、法人和其他组织的合法权益，促进经济社会信息化健康发展而专门制定的统领性法规。其中第四章"网络信息安全"，从第 40 条到第 50 条，用了整整一章规范网络运营者在经营活动中对于数据的采集、加工以及使用等行为，以及应当承担的相应义务和责任。

2019 年 1 月 1 日正式实施的《中华人民共和国电子商务法》，作为规范电子商务活动的专门立法，其中第二十三条专门规定"电子商务经营者收集、使用其用户的个人信息，应当遵守法律、行政法规有关个人信息保护的规定"。

2021 年 9 月 1 日正式实施的《中华人民共和国数据安全法》，作为我国数据安全领域的基础性法律，明确了数据处理活动规则和数据安全保护义务，有力提升了国家数据安全的保障能力和数字经济的治理能力。

2021 年 11 月 1 日起正式实施的《中华人民共和国个人信息保护法》，作为总领个人信息保护的专门立法，构建了权责明确、保护有效、利用规范的个人信息处理和保护制度框架，为个人信息处理活动提供了明确的法律依据，为维护个人信息权益提供了充分保障。

在数据安全强监管的背景下，企业数据合规面临着更高的要求，以致越来越多的企业因数据不合规而被科以各类处罚。截至 2022 年 6 月 1 日，工信部已发布《关于侵害用户权益行为的 APP 通报》共 24 批，针对 App 违规收集、使用用户个人信息和骚扰用户等问题，要求整改的 App 高达数千款。微信、抖音、快手、携程等各大国民级 App 均存在违法违规收集用户个人信息的情况，行政部门对数据违规行为持续保持高压震慑。诸如滴滴出行，被国家网信办做出 80.26 亿元的行政处罚等，企业数据不合规管理的高额罚款事件正在为国内企业敲响警钟。企业正在享受的数据资源化所带来的"红利"可能成为企业的"负债"。在如此严格的监管态势下，数据风险排查与防范显然已成为企业通过数据资源化变现之前所必须跨过的一道门槛。

2. 加强绿色经济发展的数据标准体系的建设和完善

标准体系的建设，对一个领域的成长有着重要的贡献。例如，《新一代人工智能发展规划》于 2017 年 7 月由国务院发布，三年之后《国家新一代人工智能标准体系建设指南》由国家标准化管理委员会、中央网信办、国家发改委、科技部、工信部发布。

能够配合绿色经济发展的数据，以及其相关细分领域，经过数十年发展已经形成不小的体系，其内涵和外延还在变化中：

（1）数据采集、数据治理、数据价值化、数据知识产权化、数据资产促进绿色经济发展的机制多样，包括对绿色技术创新的影响，对提高生产率的机制和路径，对绿色金融的作用，等等。

（2）数据等需要的技术支撑，包括既有的大数据、数据安全、人工智能等，在促进绿色经济发展的场景中具有不同的特征和方式。

（3）数据知识产权的使用和运营，包括促进绿色经济发展而进行的数据知识产权交易、数据知识产权质押。

在当前各国各地充分竞争的环境中，既有行业的共识，又有尝试和提议，因此有必要进行标准化工作。由于领域丰富的内涵，应当形成体系化的标准系列，首先搭建标准体系的框架、制定标准的研制方向。在建设标准体系的工作中，对比较成熟的内容，编制标准或规范；对尚未普遍采用但切实可行的内容，使用指南型标准的形式，整理出一般原则和需考虑的因素。

3. 数据知识产权宜纳入衡量绿色基础创新的指标体系

以提高生产率而言，数据对各行各业生产效率的提升是有目共睹的，因此数据就像绿色技术创新一样，能够提高生产率，从而促进绿色经济发展。

就知识产权而言，数据知识产权正在发展中。目前看来，数据在经过数据采集、数据治理之后，与专利、版权、商业秘密各有交集，进而可以发展适用于数据的知识产权，即数据知识产权。

一旦数据知识产权的规范乃至法律确立，则在绿色经济中，可以比照绿色专利的发展路程，定义绿色数据知识产权。一旦绿色数据知识产权的定义建立，接下来在衡量绿色技术创新的时候，在纳入绿色专利的指标之余，可以逐步纳入绿色数字知识产权这个指标。由此发挥指标的导向作用，鼓励行业对绿色数据知识产权的投入。

4. 出台相关政策，推动数据要素化进程，保持全球领先优势

数据成为生产要素的过程中，尚需解决一系列的难题。梅宏提出，一是数据资源化，二是数据资产化，三是数据资本化。[①] 乔晗、黄朝椿提出，一是强化高质量数据要素供给，二是加快数据要素市场化流通，三是创新数据要素开发利用机制。[②] 中国信息通信研究院提出要解决四个问题，一是数据权利归属难以界定，二是数据估值定价缺乏依据，三是数据流通规则尚不完善，四是流通技术仍未成熟。[③] 微众银行提出，数据也需要像传统四大生产要素（土地、劳动力、资本、技术）那样，做到符合产权可界定、价值可评估、价值可流通、价值可存储四个基本条件[④]（见表3）。

表3　　　　　　　　　　生产要素的四个基本条件

生产要素	产权可界定	价值可评估	价值可流通	价值可存储
土地	地契清晰载明土地产权	根据面积、区位、土地性质、土壤成分来确定价值	土地有招拍挂市场	土地的价值稳定性高
劳动	劳动力的产权属于劳动者本人	根据过往职业和教育履历可评估劳动力价值	人才可以在市场上自由流动	人才的技能在若干年内保持稳定
资本	证券的产权归属明晰	证券价值可通过公司业绩来评估	证券可流通	证券价值可存续，尽管有波动
技术	可申请注册专利清晰界定和保护产权	专利价值可根据创新程度、权利期限、市场需求等评估	专利能许可转让，满足不同企业的需求	专利作为无形资产，一定时期内其价值稳定

资料来源：微众银行（2020）。

---

① 梅宏：《数据要素化迈出关键一步》，《经济日报》2023 年 1 月 3 日。
② 乔晗、黄朝椿：《构建以数据为关键要素的数字经济》，《人民日报》2022 年 6 月 23 日。
③ 中国信息通信研究院：《数据要素白皮书（2022 年）》，2023 年 1 月。
④ 微众银行：《2020 数据新基建白皮书》，2020 年 12 月。

因此，在浙江省、上海市、广东省等在数据资产、数据知识产权等方面先行先试的基础上，建议继续出台政策，进一步推动数据要素化的进程。

参考文献

安永咨询：《港交所 18C 章上市规则咨询文件与上交所科创板对比分析：新能源及节能环保行业》，2022 年 11 月 11 日。

G20 绿色金融研究小组：《2017 年 G20 绿色金融综合报告》，2017 年 8 月 7 日。

光大银行：《商业银行数据资产估值白皮书》，2021 年 1 月。

联合国环境规划署：《为了人类和地球：联合国环境规划署 2022—2025 年应对气候变化、自然丧失和污染的战略》，2021 年。

气候债券倡议组织：《中国绿色资产证券化报告：市场现状 2020》，2021 年 9 月。

微众银行：《2020 数据新基建白皮书》，2020 年 12 月。

中国信息通信研究院：《数据要素白皮书（2022 年）》，2023 年 1 月。

中国信息通信研究院：《数据资产化：数据资产确认与会计计量研究报告》，2020 年。

European Patent Office, *Patents and the Fourth Industrial Revolution：The Inventions behind Digital Transformation*, December 2017.

MIT, *Build Data Liquidity to Accelerate Data Monetization：Future - ready Companies Draw on Liquid Strategic Data Assets to Fuel Data Monetization*, Research Briefing No. XXI - 5, May 20, 2021.

Romer, Paul, "Endogenous Technological Change", *Journal of Political Economy*, Vol. 98, No. 5, 1990.

World Intellectual Property Organization, *Global Innovating Index 2022*, 2022.

U. S. Commodity Futures Trading Commission, *Managing Climate Risk in the U. S. Financial System*, 2020.

卫星服务助力绿色发展

王梦涵　苏晓玉　李　响[*]

一　遥感卫星应用服务内涵及方式

（一）遥感卫星应用服务内涵

自 20 世纪 70 年代以来，遥感技术得到了飞速发展，因其具备时效性高、覆盖面广、传感器多等优势，已成为地球动态监测的有效手段。利用遥感卫星搭载的可见光、红外、高光谱、雷达等载荷探测目标物体信息，获得探测数据，经由数据处理、数据解译与分析，获取地貌形态、地质构造、岩矿特性、土地利用情况、植被作物长势、水体特性、土壤特性、大气成分、火情分布、交通形态、建筑外形等所需信息，能够服务于矿产资源、环境监测、农业、林业、土地管理、城乡建设、防灾减灾、公共安全、测绘与地理信息等多个领域。我们将把遥感卫星所获取的信息进行二次加工，转换为行业领域所需的数据及专题信息，实现数据增值的过程称为遥感卫星应用服务。

（二）遥感卫星应用服务方式

目前，在遥感卫星对地观测领域，不同成像方式、不同波段、不同分辨率的数据并存，遥感数据日益多样化，遥感卫星应用服务方式主要

* 王梦涵，中国航天科工集团第三研究院航天海鹰卫星运营事业部遥感部算法工程师，研究方向为智能解译、定量遥感、多源数据融合应用；苏晓玉，中国航天科工集团第三研究院航天海鹰卫星运营事业部遥感部部长，研究方向为遥感数据处理、空间信息挖掘和卫星大数据应用；李响，中国航天科工集团第三研究院航天海鹰卫星运营事业部遥感部系统工程师，研究方向为遥感、地信技术行业应用。

包括遥感卫星数据增值服务、空间信息综合应用服务和软件支持服务三大类。

1. 数据增值服务

数据增值服务是通过对卫星遥感数据的获取、处理和分析，形成多模式、多空间分辨率可见光、高光谱、红外、雷达等载荷的辐射校正产品、几何校正产品、正射产品、反射率产品、融合产品及镶嵌产品等影像数据标准产品，数字高程模型（DEM）、数字表面模型（DSM）、数字正射影像（DOM）、数字线划图（DLG）卫星影像数据"4D"产品，以及定性、定量的目标分布、结构、功能等专题信息产品。将云计算、人工智能等技术与遥感数据增值服务相结合能够极大地提升数据处理效率、降低数据处理成本，拓宽客户群体，提升遥感数据的应用服务能力。

2. 空间信息综合应用服务

以遥感大数据影像为基础，利用遥感云服务、"互联网＋"及新一代遥感应用手段，实现卫星数据与行业应用深度融合，形成多领域空间信息综合应用服务及行业解决方案。智慧城市通过数据挖掘，提取城市水体、道路、植被、建筑物、屋顶不同建筑材料等信息，得到城市综合信息产品，用以监测城市变化，在城市管理、绿色发展方面发挥重要作用；数字农业通过遥感卫星监测土壤环境、作物种植类型、种植面积、作物长势、农业灾害（气象灾害、病虫害）、作物估产等信息，提供农业遥感信息综合服务，为完善农业大数据、保障粮食安全奠定技术基石；数字生态利用多源卫星影像数据及其他生态数据，构建统一的数据生态环境数据库，实现包括大气、水域、植被、土壤在内的生态全要素监测，为保障生态可持续发展提供生态信息综合应用服务。

3. 软件支持服务

软件支持服务通过开发软件实现多源遥感影像数据管理、数据处理、影像智能解译、定量反演及综合展示的软件产品，为地球资源调查与开发、国土整治、环境动态监测、地质灾害监测以及全球性研究，提供遥感软件定制化应用，广泛服务于自然资源、环保、城市、交通、农业、林业、水利、应急等多个领域。

二　国内外遥感卫星应用服务发展历史沿革

（一）数据源国内外对比

自第一颗遥感卫星发射以来，世界各国遥感卫星的对地观测能力不断提升。1960 年，美国气象卫星 TIROS－1 的成功发射，标志着遥感气象卫星发展的开始；1972 年，美国实施陆地卫星（Landsa）计划以来，Landsat1 至 Landsat8 卫星相继问世，地球资源卫星得以快速发展；1999 年后，以 IKONOS、OrbView、SPOT、IRS、ALOS 及 RapidEye 等为代表的陆地资源卫星成功发射，标志着陆地资源遥感卫星进入米级时代；2001 年后，以 QuickBird 为代表的高分辨率资源卫星发射成功，标志着商用陆地资源遥感卫星进入分米级时代；2014 年，WorldView－3 商用高分辨率遥感卫星的发射，使得卫星分辨率得以进一步提升。1980 年以来，雷达遥感发展迅速，美国的 SIR－C/X－SAR 卫星、日本的 JERS 卫星、欧空局的 ERS 卫星、加拿大的 RadarSat 卫星及德国的 TerraSAR 卫星等发射成功，极大地拓展了遥感卫星的应用领域；1960 年起，海洋卫星逐步发展，1978 年，美国发射了世界上第一颗海洋动力环境卫星 SeaSat。此外，在公益卫星（NOAA、Landsat、MODIS 等）和商业服务大卫星系统（WorldView、SPOT、Pleiades、Radarsat、TerraSAR－X/TanDEM－X 等）得以蓬勃发展的同时，英国萨瑞卫星技术有限公司（SSTL）的国际灾难监测卫星星座（DMC）、美国行星实验室公司（PlanetLabs）的 Dove、RapidEye 和 SkySat 卫星星座等商业遥感小卫星系统也得以快速发展。

我国航天事业历经 40 余年的发展，在空间技术和空间应用等领域取得了飞速进步。1988 年"风云一号"的成功发射，揭开了国产遥感气象卫星发展的序幕；1999 年，中巴地球资源卫星 01 星的成功发射，开启了我国传输型遥感卫星时代；2010 年，"天绘一号"的成功发射，实现了我国传输型立体测绘卫星零的突破；2012 年，ZY－3 成功发射，标志着我国第一颗自主的民用高分辨率立体测绘卫星发展的开始；高分辨率对地观测系统重大专项（以下简称高分专项）于 2010 年批准实施，自 2013 年起我国已成功发射了"高分一号"至"高分十四号"等系列卫星，共 23 颗，具备全色、多光谱、高光谱、C 波段全极化微波、立体测绘等多种成像能力，实现了亚米级高空间分辨率与高时间分辨率的有机结合，更是填补了国产卫星无法有效探测区域大气污染的空白，极大地提升了我国遥感数据的自给率。

新中国成立后，雷达卫星逐步发展，2012 年，"环境一号" C 星的成功发射，使我国首次获取了民用雷达有效载荷的成像数据。1980 年，我国开始重视海洋遥感卫星事业的发展，2002 年，我国第一颗海洋水色环境卫星（HY–1）发射成功；2011 年，我国第一颗海洋动力环境卫星（HY–2）发射成功。国产民用遥感卫星的相继发射，展现了我国遥感卫星产业的良性发展态势，降低了我国对国外遥感卫星数据源的依赖，提升了我国遥感卫星应用服务的能力。随着市场需求的不断增加，中国商业遥感已迈出步伐。2015 年，我国首个商用遥感星座"吉林一号"发射首星，该星座计划于 2030 年完成 138 颗卫星组网，届时将具备 10 分钟内全球任意地点的重访能力。同年，"北京二号"星座发射成功，该星座由 3 颗 1 米分辨率全色/4 米分辨率多光谱的光学卫星组成，对全球任一地点可实现每日重放。2018 年初，"高景一号"完成 4 星组网，形成了我国首个地面分辨率达到 0.5 米的商业遥感星座，促使国产商业遥感卫星数据水平进入国际一流行列。"珠海一号"遥感微纳卫星星座是中国首个由民营上市公司建设并运营的卫星星座，目前在轨运行 12 颗（高光谱卫星 8 颗），可实现空间分辨率优于 10 米、光谱分辨率优于 2.5 纳米的高光谱遥感数据 2.5 天全球覆盖，特定区域 1 天重访的监测需求。近几年，"珞珈一号""千乘一号""海丝一号""齐鲁一号""海南一号"相继发射，继续向卫星遥感商业化迈进。

在卫星数量方面，美国的忧思科学家联盟卫星数据库（UCS）显示，截至 2022 年 4 月，世界遥感卫星数量共计 1685 颗。美国拥有遥感卫星数量世界排名第一，为 708 颗，占 42%；第二为中国，数量为 424 颗，占 25%；第三为日本，数量为 64，占 4%。根据遥感卫星下游使用对象情况进行国内外对比分析（见表 1），我国民用卫星的发射数量与国外基本持平，商业卫星发射数量与美国仍有较大差距，但从本国使用对象的占比情况来看，商业卫星占比相对较高，美、中、日三国商业卫星数量占比分别为 61.86%、31.84% 和 28.12%（见图 1、图 2、图 3）。

表1   国内外遥感卫星下游使用对象对比（单位：颗）

下游使用对象		美国	中国	日本
商业		438	135	18
民用		25	25	19
军方		145	88	0
政府		66	175	27
两用卫星	民／商	5	／	／
	民／政府	21	1	／
	商／政府	1	／	／
	军／民	6	／	／
	军／政府	1	／	／
合计		708	424	64

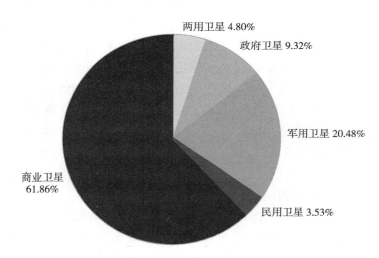

图1　美国遥感卫星使用对象占比

注：因四舍五入导致的误差本文不作调整，下同。

在卫星载荷方面，针对光学遥感卫星，国内外光学遥感图像的分辨率逐渐提高，美国商业卫星（GeoEye－1、SkySat、WorldView）、法国商业卫星（Pleiades－1A／1B）、韩国商业卫星（KOMPSAT－3A），国内"高分二号""高分七号""高分多模""吉林一号""北京二号""北京三号"及"高景一号"等数据均已达到亚米级分辨率，为自然资源监测、城市规划、

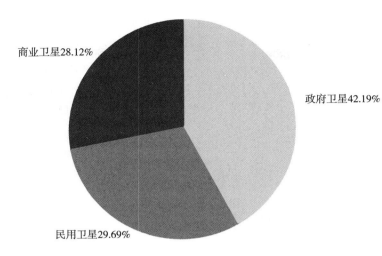

图2　日本遥感卫星使用对象占比

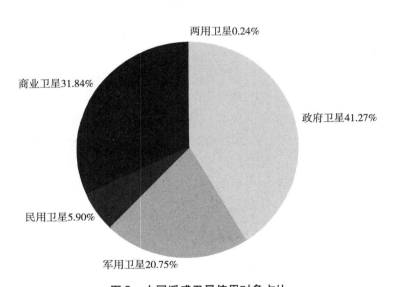

图3　中国遥感卫星使用对象占比

环境监测等民用方面提供了更清晰、更详细的数据来源；与此同时，卫星重访周期逐渐缩短，"吉林一号"通过星座组网已具备1小时的重访能力，可为高质量目标实测数据的获取及减灾应急管理提供有力支撑。针对高光谱卫星，国内 GF5 - AHSI 和 ZY102D - AHSI 数据的光谱范围为 400—2500纳米，光谱分辨率为 5 纳米，已达到国际先进水平，但在空间分辨率上，仍与国外有一定的差距，美国 TacSat3 - ARTEMIS 在具备同等光谱范围和光谱分辨率的同时，其空间分辨率提升了 6 倍。针对中长波红外载荷，国内 GF -5 红外数据波长范围涵盖 3.5—12.5 微米，空间分辨率达到 40 米，目前已处于国际领先水平。针对 SAR 卫星，COSMO - SkyMed、TerraSAR - X、Radarsat - 2、ICEYE SAR 小卫星星座、Capella SAR 星座、"高分三号"及"海丝一号"地面分辨率优于 1 米，处于国际领先水平，但国内的"高分三号"及"海丝一号"均为 C 频段，对于 X 频段和 L 频段的 SAR 数据尚属空白，在相应领域的研究仍需要较多地采用国外数据。

（二）数据中心与数据共享服务国内外对比

国外遥感卫星整体呈现数据类型丰富、共享程度高、分发服务能力强的特点。美国国家海洋和大气管理局（NOAA）可提供 POES、DMSP、GOES、MetOP、Jason - 2 等一系列卫星的丰富影像、气候和地表覆盖数据，美国国家环境卫星、数据与信息服务局（NESDIS）拥有多个国家数据中心和世界数据中心的大约 1300 个数据库，包含 2400 多种环境数据；美国地质勘探局（USGS）提供全面的全球卫星影像（MODIS、Landsat 等）、高程模型数据（ASTER、GDEM 和 SRTM）和其他地质资源研究数据；美国地球观测系统数据和信息系统（EOSDIS）存储和管理全部地球观测系统（EOS）卫星数据，包含历史综合性全球数据，具有快速的数据回放和产品分发能力；欧洲航天局（ESA）的哨兵系列科研数据中心可提供覆盖全球的高清、多波段且兼有主动与被动的遥感图像；日本宇宙航空研究开发机构可提供 ALOS World 3D 数字地表模型数据，其分辨率可达到 30 米，是现今精度最高的全球尺度的数字地表模型；Blackhe 和空客防务与空间公司（GEO - Airbus）可提供 SPOT、Pleiades、RapidEye 以及 TerrSAR 等多源卫星数据，可被应用于安全、石油和天然气、采矿和能源、农业、环境等各个领域。

近年来，为满足不断增长的遥感卫星应用服务需求，国内建立了中国资源卫星应用中心、国家卫星气象中心、国家卫星海洋应用中心、生态环境部卫星环境应用中心、应急管理部卫星减灾应用中心、水利部遥感技术应用中心等多个国家级、部委级、地方级和企业级的遥感中心，形成了多个公益性和商业性的遥感数据服务平台。陆地观测卫星数据服务平台集数据处理、存档管理、统一分发于一体，提供多源数据产品应用服务；国家地球系统科学数据共享服务平台建立了面向全球变化及应对、生态修复与环境保护、重大自然灾害监测与防范、自然资源开发利用等多领域主题数据库 115 个；地球大数据科学工程数据共享服务系统可提供美丽中国、信息海洋、生物多样性等 9 个专题的数据，支持面向个性化的需求定制化服务；中国科学院计算机网络信息中心建设的地理空间数据云，汇聚多源遥感卫星数据，可提供影像标准产品、遥感解译产品等多类产品。

（三）遥感卫星服务应用场景国内外对比

当前，遥感业务化应用日趋成熟，国内外遥感卫星已经广泛应用于自然资源、生态环境、农业、应急减灾等多个领域。

1. 自然资源

自 1977 年起，美国通过立法正式确立了 5 年一次的水分、土壤及相关环境的国家资源清查制度，2000 年改为每年清查，2001 年正式发布了年度清查报告。同时，将遥感卫星广泛地应用于森林资源调查、湿地资源监测及土地沙化荒漠化监测等各个领域。我国自 2012 年起，国产遥感卫星数据广泛应用于我国森林资源清查和林地变更调查、全国湿地资源监测和荒漠化监测等领域，实现了数据成果年度更新，利用遥感卫星技术极大地降低了人工成本，节省经费 30%，工作时间缩短了一半以上。

2. 生态环境

欧美等发达国家主要应用于大气环境、海洋环境和陆地环境三大方面。包括大气气温、湿度、CO、CO_2、O_3、CH_4 等主要污染物的浓度监测；叶绿素含量、泥沙含量、水温、水色等水质监测；固体废弃物的堆放量和分布及其影响范围等的监测。我国开展了气溶胶与灰霾、重点区域污染气体、区域水环境质量、自然保护区人类活动、资源开发生态保护等遥感监测工作，提升了我国的生态环境监测预警能力和水平，初步构建了天地一体化生态环境监测技术体系，为生态环境管理和决策提供了新的监测手段和信息支持。

3. 农业

卫星遥感技术已广泛应用于作物面积监测、作物长势监测、农业灾害监测、农作物估产、土壤资源监测、农业环境监测、渔业资源监测等各个领域，已成为农业高新技术新的增长点。美国农业部（USDA）及 NASA 等部门连续合作开展了农业和资源的空间遥感调查计划（AGRISTARS）、面积农作物估产实验（LACIE）计划、全球农业监测计划（GLAM）等一系列农业遥感应用计划，建立了农情遥感监测系统并不断完善。我国基于国产遥感卫星数据，开展了全国冬小麦种植面积监测、北方草原沙化监测及全国农业区划数据库遥感制图等工作，为农业资源的调查、监测与评价提供数据支撑。

4. 应急减灾

美国、日本、法国等利用卫星遥感技术进行灾害监测应用起步较早。美国的 EMS 系统、日本的 DRS 系统及欧洲尤里卡计划（EUREKA）的 MEMbrain 系统作为国际上较为成熟的灾害应急管理系统，实现了多源数据综合减灾应用服务。我国在地震、森林火灾、台风、洪水等灾害以及重大应急事件中，遥感卫星发挥着重要的作用。我国"高分三号""海丝一号"等 SAR 影像已广泛应用于地表沉降监测、地震监测、公路铁路形变监测等领域；中国气象局公共气象服务中心联合数字冰雹合作研发的全国气象防灾减灾可视化监控管理平台可实现对全国火灾、气象、暴雨、台风等多种灾害进行监测、预报、预警，提升了灾害防范和应急响应能力；中国科学院遥感应用研究所研制的国务院办公厅防汛遥感服务系统实现了全国主要流域的水灾监测预警，提高了防汛抗洪应急响应能力。

三 2022 年遥感卫星应用服务典型案例

当前，遥感卫星技术在应急服务、生态环保、农情监测、能源及矿产资源调查等领域优势不断凸显、作用持续提升，为林火扑救、生态红线监管、"水—能源—粮食"纽带安全体系构建、"双碳"减排工作提供了强有力的支撑，助力实现绿色、协同、低碳发展。

（一）典型案例一：遥感助力森林火灾监测，保护绿色资源

森林火灾是一种突发性强、波及范围广、破坏性大，且会对人类和生态系统造成巨大损失的自然灾害。由森林火灾造成的生物质燃烧不仅是造成土地类型变化、生态环境变化和气候变化的重要因素，还是气溶胶和大气微量气体产生的重要源头，对大气化学、辐射平衡产生重要影响，对生物多样性造成严重威胁。

近年来，全球极端气候加剧，世界森林大火频发，我国的森林火灾也

呈多发态势。据统计，2022 年前三季度全国共发生森林火灾 491 起，特别是 7 月以来，长江流域多地受持续高温少雨的影响，森林火灾多发。2022年 10 月 17 日，桂林市突发山火，火势迅速蔓延至周边县份，严重威胁着人民群众生命和财产安全。广西自然资源厅快速响应，指导广西自然资源遥感院充分发挥自然资源卫星遥感数据优势，利用广西卫星应用技术中心和高分辨率对地观测系统广西数据与应用中心等平台开展卫星遥感应急观测，10 月 17 日至 28 日，广西自然资源遥感院持续接收了"高分""资源""海洋""北京""高景"等一系列卫星遥感数据，快速、准确提取了火灾位置、火灾范围等信息，并结合当地地形、气象等信息对森林火灾蔓延特征和规律进行辅助分析与判断，快速制作出林火分布卫星遥感影像图、热红外遥感影像图等各类专题图 49 份，第一时间提供给桂林市自然资源局、桂林市人民政府、广西消防救援总队等部门作为扑火救灾指挥用图，为辅助森林火灾扑救工作科学决策提供重要参考。

（二）典型案例二：遥感助力生态红线监管

生态环境部卫星环境应用中心围绕国家生态保护修复监管的迫切需求，在人类活动高精度快速变化检测、大尺度生态干扰风险评估等方面取得重大突破，构建了"生态易损—干扰易达—资源易引"综合生态干扰风险评估模型，以反映生态系统易受人为活动和自然因素影响的可能性和破坏程度；实现了建筑物、道路、推填土等地物目标的自动识别（见图 4、图 5）；建成了国家生态保护红线监管平台，形成了从数据获取到成果应用的完整人类活动监管业务流程，具备了生态破坏问题的智慧监管能力，为中央生态环境保护督察和生态红线破坏监管等业务提供了有力支撑。

图 4　建筑物自动提取　　　　　图 5　道路自动提取

（三）典型案例三：遥感助力"水—能源—粮食"绿色协同发展

世界经济论坛《全球风险报告》曾指出，"水—能源—粮食"风险是当今人类面临的三大重要风险群之一。自 2019 年底，新冠疫情肆虐全球，国际形势变化及自然灾害频发，严重冲击作为战略性基础资源的水资源、能源、粮食安全。我国正处于高质量发展阶段，正在探索生态优先、绿色发展为导向的"水—能源—粮食纽带"① 协同发展模式，提升我国"水—能源—粮食"发展的可持续性和安全性至关重要。

在水资源方面，面向国家水资源与水生态安全重大战略需求，自然资源部国土卫星遥感应用中心以湖库水质定量化遥感监测为切入点，统筹国内外高光谱遥感卫星数据，构建了近 300 个星地同步观测数据集，并先后研发了多类水质指标反演模型，平均反演精度达到 80%，形成的单景及长时序水质反演产品，可有效反映出重点区域/流域湖库水质的时空变化情况，为水资源动态监测及水质监管提供有效的数据支撑（见图 6 至图 11）。

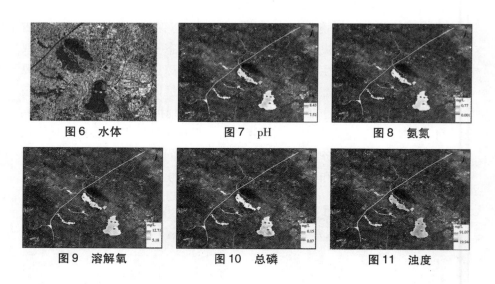

图 6　水体　　　　　　　图 7　pH　　　　　　　图 8　氨氮

图 9　溶解氧　　　　　　图 10　总磷　　　　　　图 11　浊度

---

① "水—能源—粮食纽带"在 2011 年德国波恩召开的"水—粮食—能源安全纽带关系会议"上被首次提出，成为纽带关系研究的里程碑事件。在 2022 年全国"两会"上，全国人大代表、陕西师范大学西北历史环境与经济社会发展研究院副院长方兰建议，加快构建"水—能源—粮食纽带"协同安全体系，提高"水—能源—粮食纽带"系统环境风险预警与防控能力，促进经济发展与生态环境协调统一。

在能源方面，自然资源部国土卫星遥感应用中心及国家发改委相关司局利用多源光学、热红外遥感影像数据，实现了对 568 家地条钢企业和 885 家钢铁企业的监测分析，为全面掌握我国钢铁厂数量和产能变化提供了技术及数据支撑。同时，以高分辨率影像为数据源，基于深度学习的目标识别技术，完成了全国范围内风力发电机的智能提取，有效获取了全国风力发电机的数量、规模、分布等信息，实现了新能源设施的遥感监测（见图 12）。

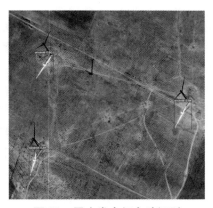

图 12　风力发电机自动识别

　　在粮食方面，我国农情监测技术处于世界领先地位，可提供农作物种植分布（见图 13）、地块面积、作物长势监测（见图 14）、土壤墒情（见图 15）、产量预测、病虫害监测等服务。我国自主研发的全球农情遥感监测系统（CropWatch 云），作为全球主要的 3 个农情监测系统之一，已为全球超过 170 个国家和地区提供定制化的农情信息服务，提高了粮食生产信息的透明度，为粮食安全提供保障。

图 13　农作物种植分布　　图 14　作物长势监测　　图 15　土壤墒情

（四）典型案例四：遥感助力"双碳"监测，推动低碳发展

2020 年习近平主席在第 75 届联合国大会中提到：中国将提高国家自主贡献力度，采取更加有力的政策和措施，二氧化碳排放力争于 2030 年前达到峰值，努力争取 2060 年前实现碳中和。这是中国基于推动构建人类命运共同体的责任担当，也是实现可持续发展内在要求的重大战略决策。开展大规模国土绿化行动，提升生态系统碳汇能力势在必行。

"高分五号"02 星的成功发射，可实现全球 1—4ppm 的二氧化碳探测和 20ppb 的甲烷探测。该星的可见短波红外高光谱相机实现了甲烷排放点源及其羽流的精准监测，首次破解天基大范围甲烷点源及排放量精准监测的国际性难题。2022 年 8 月 4 日陆地生态系统监测卫星的成功发射，标志着世界首颗森林碳汇主被动联合观测遥感卫星正式服役，该卫星通过"多角度＋多光谱＋超光谱＋偏振＋激光"的综合遥感监测手段，获取森林碳汇的多要素遥感信息，转变了传统的人工碳汇计量手段，提高了碳汇反演精度和效率，为我国更好地实现碳达峰、碳中和战略目标提供重要的遥感服务支撑。

四　我国遥感卫星服务产业短板

（一）数据共享壁垒仍然存在

目前，中国资源卫星应用中心、国家卫星气象应用中心、国家卫星海洋应用中心等民用卫星数据服务供应单位及北京二十一世纪空间技术应用股份有限公司、长广卫星技术有限公司、中国四维测绘技术有限公司等商用卫星数据服务供应商均有自己的数据处理、开发应用中心，但因缺乏数据的统一管理和国家数据政策的支持，各行业部门间"条块分割"，虽然国内已建设了多个公益性和商业性的遥感数据服务平台，但数据共享程度有限，其主要服务对象仍然是政府部门或行业领域，大众获取数据难度较大，数据使用不充分，导致具有巨大潜力的大众应用市场未被挖掘。

（二） 卫星数据处理精度仍有待提高

相较遥感卫星数据获取技术的发展，我国遥感卫星数据处理技术的发展呈现出滞后性。虽然我国遥感卫星数在图像分辨率方面与国外相当，但在遥感数据产品的几何、辐射等精度和稳定度方面还存在一定的差距。以SAR数据辐射精度为例，国外TerraSAR‐X卫星图像产品的绝对辐射精度可以达到0.6dB（RMS），RADARSAT‐2的绝对辐射精度为0.81dB（RMS），Sentinel‐1的端到端绝对辐射精度为1dB（3σ），而目前我国"高分三号"（GF‐3）SAR卫星的绝对辐射精度设计值为2.5dB（3σ）。几何定位精度方面，加拿大的RADARSAT‐2和意大利的COSMO‐SkyMed卫星经精密定轨、大气校正、地球运动因素消除处理后，聚束模式下的角反射器定位精度优于2米；德国TerraSAR‐X卫星的高分辨率模式则已达分米级的定位精度。我国GF‐3卫星经过全链路系统误差分析，采用厘米级精密轨道数据，通过系统时延消除、大气时延修正等多方面的补偿工作，其定位精度可达3米。然而由于高精度数字高程模型（DEM）数据缺乏等原因，GF‐3卫星图像产品的精度仍为几十米量级，图像产品几何精度的一致性仍然有待提升。

（三） 遥感应用产业缺乏市场效益推动

国外遥感卫星应用服务在为国土、林业、农业等传统遥感业务部门提供遥感数据及增值产品的同时，还能为金融、保险、互联网等跨领域行业提供商业辅助决策，以满足多领域用户在信息时代下的感知体验需求。国内遥感卫星应用尚未建立完善的市场驱动机制，对传统遥感业务部门之外的其他行业用户需求分析不足，应用外延少，在金融、保险、互联网、国家安全等领域的推广应用还有待加强。同时，我国尚缺乏清晰的遥感卫星产业商业化政策和运营模式，各类资金、企业投入遥感产业的良好发展环境尚未形成，在一定程度上制约了中国遥感卫星应用产业的发展。

（四） 缺乏即时遥感数据供应，卫星遥感商业化步伐稍显缓慢

目前国内遥感卫星的发展趋势是数量持续增长、分辨率不断增高、光谱信息更加丰富。在国家有关部门的大力支持下，社会公益性需求在一定

程度上得到了重视和满足，但对污染物泄漏、尾矿库、赤潮、溢油等突发事件的持续、动态、实时监测方面，其时效性和应急响应能力还有待提高。迄今为止，遥感卫星商业化道路稍显漫长，仍存在一些短板，其覆盖范围有限、交付周期长、成本高、不能提供综合性的数据分析方案，难以为商业市场用户提供经济高效的连续运营数据和市场情报数据，很难支撑商业及时决策。如在大宗商品交易市场，需要监控多个生产现场、及时评估全球大宗商品产量，以获取决策信息；在林木采伐业，提供经济高效的监测数据，以在早期发现盗窃和非法采伐，支撑快速采取应对措施；在能源市场，利用高频次、高质量的影像数据，快速更新生产基础设施和资产运行状态信息，及时确定风险管道段，以更低的成本和更高的覆盖率减少手动检查，以增加运营价值；面对保险市场客户，快速响应，及时准确地评估灾害损失，核实保险索赔信息，获取触手可及的低成本市场情报，才能提供真正有价值的辅助决策信息。缺乏即时的遥感数据有效供应成为严重制约遥感商业化应用发展的主要瓶颈。

五　遥感卫星服务产业政策建议

（一）制定开放的遥感数据政策

在鼓励民间资本投资遥感卫星领域的基础上，我国应制定开放的遥感数据政策，支持大规模遥感星座建设，鼓励商业遥感卫星项目建设，在允许发展0.5米光学遥感卫星影像的同时，视情进一步开放更高分辨率的遥感卫星影像；借鉴国外商业化遥感产业扶持政策，实施政府采购遥感数据计划，助力形成具有国际市场竞争力的商业遥感产业。

（二）鼓励遥感标准规范制定

统筹遥感数据获取、传输、处理、分发、运营服务等技术规范；鼓励高等学校、科研院所、企业机构等参与遥感应用标准化工作，形成遥感应用产品标准体系，提升自主技术标准的国际话语权。

（三）打破壁垒，完善数据共享机制

借鉴国外先进经验，完善数据共享机制，破解"条块分割"顽疾，对不涉及国家秘密的国产民用卫星数据，向纳税人公开，实现一星多用、多星共用，解决大众获取遥感数据难的问题，提升数据使用效率，促使数据发挥更大的效能。

（四）强化自主知识产权遥感卫星产业应用

在涉及国民经济命脉和国家安全的遥感卫星应用项目中，应优先采购和使用拥有自主知识产权的遥感卫星影像、产品和系统；在涉及遥感卫星应用各领域的项目评审中，相关评审机构要增加对应用国产遥感卫星影像和产品的可行性评价；各级政府和行业主管部门应加紧研究遥感卫星数据知识产权的相关政策，把知识产权保护工作作为遥感卫星应用管理的重要内容。

（五）完善卫星遥感人才选拔和培养制度，鼓励技术创新

加强地方卫星遥感技术培训。联合知名高等院校、科研院所推进卫星遥感基础理论研究、应用研究以及学科建设，共同培养高层次的卫星遥感综合型人才。完善人才保障政策，建立人才激励和评价机制。优化创新环境，构建创新平台，形成创新生态链，提升人才队伍技术水平和创新活力。加强国际合作与交流，掌握世界卫星数据处理及应用发展前沿技术，建立卫星应用关键技术和核心算法预研先行投入机制，加大对遥感应用关键技术研发的支持。

（六）鼓励绿色低碳可持续遥感应用示范研究

基于遥感技术加强绿色低碳示范应用。鼓励国家引导企业建设绿色技术应用验证中心、绿色技术应用创新中心、绿色技术应用工程研究中心等创新平台，聚焦污染治理、生态保护、应对气候变化、能源勘探、资源综合循环利用等领域开展典型示范研究，全面提升我国遥感卫星的数据应用服务能力，推进国家绿色发展。

六　2023 年绿色发展下遥感卫星应用趋势与展望

2022 年 10 月 16 日，习近平总书记在党的二十大中强调，"坚持山水

林田湖草沙一体化保护和系统治理，统筹产业结构调整、污染治理、生态保护、应对气候变化，协同推进降碳、减污、扩绿、增长，推进生态优先、节约集约、绿色低碳发展"。[①] 充分发挥遥感技术优势，落实精准治污、科学治污、依法治污总要求，聚焦碳达峰碳中和、美丽中国战略要求，推进监测范围向全覆盖、监测频次向高时效、监测业务向多领域拓展，实现由被动到主动、由监测到会诊、由评估到预警的转变。

（一）全面提升碳监测技术，助力推进碳达峰碳中和

以高精度温室气体综合探测卫星、大气环境监测卫星、高光谱观测卫星和地基遥感观测等为基础，建立多源数据同化反演模型，实现全球及区域主要温室气体、细颗粒物、沙尘、气态污染物等全球大尺度协同监测，为应对气候变化、减污降碳协同增效提供数据支撑；对排放源开展高分辨率、多要素、全天时监测，获取碳排放源、工业热污染源的热异常、污染成分等信息，实现重点区域污染排放源和温室气体排放源的高动态综合监测，提升污染源排放异常主动发现能力和重点省份碳排放量核算能力，服务区域减排监管与评估工作，助力减污降碳协同增效；逐步提升碳汇精细化、短周期监测水平，强化植被生产力、生物量等参数监测能力，有力支撑全国和区域生态状况调查评估工作。

（二）深入推进环境污染防治

发展即时智能监测小卫星星座，提升水生态环境状况、水生态环境质量指标、农业面源污染评估、城市和农村黑臭水体分布、河流断流干涸指数等指标监测能力；提升生态系统类型与生态参数精细化监测以及人类活动快速高精度监测能力；提升污染地块拆除、修复、开发利用以及受污染耕地粮食作物种植情况等的识别能力；提升固体废物堆场类型、位置、面积、体积以及尾矿库风险隐患等快速识别能力；提高海岸带人类活动类型、位置等识别精度和监测频次，拓展丰富红树林、海草床、盐沼植被、滩涂等全要素的滨海湿地生态系统监测，补齐海上溢油、赤潮、绿潮动态跟踪监测短板；提升多源卫星遥感数据协同应用和问题溯源能力。实现水环境、自然生态环境、土壤环境、固体废物、海洋环境、督察执法与应急

---

① 《中国共产党第二十次全国代表大会文件汇编》，人民出版社，2022 年 10 月。

遥感支撑等业务大范围、高重访、全天候的遥感监测能力目标。

（三）推进新型城镇化与区域可持续发展

我国正大力推进新型城镇化建设，针对城乡建设、交通、能源、民政等部门的业务化管理需求，开展"智慧城市""智慧交通""智慧能源"等遥感卫星综合应用；面向西部地区以及京津冀、珠三角、长三角等地区的生态保护、再生资源开发利用及可持续发展等需求，开展跨区域、跨领域的遥感卫星综合应用，助力建设"美丽中国"，走"集约、智能、绿色、低碳"之路。

（四）拓展国际化服务与应用

服务我国"走出去"战略和"一带一路"建设，拓展国际市场，面向减灾应急、资产及资源管理、粮食安全、智能交通等国际化需求，合作开发全球一体化信息服务平台，推动全球化遥感卫星应用服务，共同构建人类命运共同体。

参考文献

顾先冰、司群英：《国内外遥感卫星发展现状》，《航天返回与遥感》2000年第2期。

马玥、姜琦刚、李远华等：《国内外商用遥感卫星的定量化对比分析与评估》，《国土资源遥感》2016年第1期。

国家发展和改革委员会、国防科学技术工业委员会：《关于促进卫星应用产业发展的若干意见》，2007年11月16日。

国家发展和改革委员会、财政部、国家国防科技工业局：《国家民用空间基础设施中长期发展规划（2015—2025年）》，2015年10月26日。

生态环境部：《生态环境卫星中长期发展规划（2021—2035年）》，2022年10月26日。

装备制造业绿色升级创新服务平台建设

秦志红　　赵鹰翔[*]

在国家产业政策的大力扶持下，随着全球产业格局的演变，我国装备制造业取得了重大发展并逐步向中高端迈进，产业效益稳步提升，技术创新成效显著，集群化高质量发展，已经形成产品门类齐全、部分产品技术水平世界领先、产业规模庞大的完整产业体系，支撑着国民经济的发展。同时，我国装备制造业绿色化转型步伐加快，绿色制造体系建设深入推进，行业绿色制造服务平台有效支撑产业发展，对经济增长和就业起到显著的拉动作用。本文针对我国装备制造业绿色升级存在的装备水平制约行业绿色发展水平提升、支撑装备绿色升级的技术工艺滞后、装备制造业推广实施绿色制造体系的力度不够等问题，依据装备制造业由传统制造模式向绿色制造模式转变、装备再制造是绿色升级的重要发展方向等趋势，提出持续构建绿色制造体系、推行绿色再制造、大力发展绿色环保装备和新能源装备、打造绿色公共服务平台等装备制造业绿色升级发展路径，明确建设装备制造业绿色升级创新服务平台是推动装备制造业绿色升级发展的重要举措，并以塑料机械装备产业公共服务平台建设发展为例进行分析，预测未来装备制造业绿色升级创新服务平台建设的紧迫性、必要性、广泛性，力求推动装备制造业绿色升级发展。

---

* 秦志红，广东仕诚塑料机械有限公司总经理，主要研究方向为产业升级、技术创新管理等；赵鹰翔，广东双拉智造科技有限公司技术总监，主要研究方向为设备标准、技术创新等。

一　我国装备制造业发展概况

（一）装备制造业概念及内涵

装备制造业是一个国家制造业的脊梁，是关系国家战略安全和国民经济命脉的基础性、战略性产业，具有技术密集、附加值高、结构复杂、带动性强等显著特点。作为提升国家竞争力的关键载体、捍卫国家安全的根本保障、提高经济社会发展质量的核心支撑、推动产业升级的重要引擎，装备制造业发展水平是一个国家综合国力的重要体现。

"装备制造业"的概念由中国率先提出并进行系统分类。最早于1998年中央经济工作会议明确提出"要大力发展装备制造业"。装备制造业是为国民经济进行简单再生产和扩大再生产提供生产技术装备的工业的总称，即"生产机器的机器制造业"。装备制造业按照国民经济行业分类，主要包括通用装备制造业、专用设备制造业（仅特种车辆制造）、金属制品业、汽车制造业、铁路/船舶/航空航天和其他运输设备制造业、电气机械及器材制造业（不含家用电器制造）、仪器仪表制造业、计算机/通信和其他电子设备制造业8个大类185个小类中的重工业。

（二）我国装备制造业发展现状

在国家产业政策的大力扶持下，随着全球产业格局的演变，我国装备制造业取得了重大发展并逐步向中高端迈进，已经形成产品门类齐全、部分产品技术水平世界领先、产业规模庞大的完整产业体系，支撑着国民经济的发展。

1. 工业体系日趋完整

2010年中国取代美国成为世界制造业第一大国，2021年我国制造业增加值达到约4.87万亿美元（见图1），占我国GDP比重超过30%，占全球制造业增加值比重达到29.76%（约为排名第二到第六的美国、德国、日本、韩国、印度制造业增加值的总和），已成为全球门类最完整、规模最大的工业体系。同期美国制造业增加值约为2.34万亿美元，占该国GDP比重已经降到10.03%左右，占全球制造业增加值比重为14.30%。

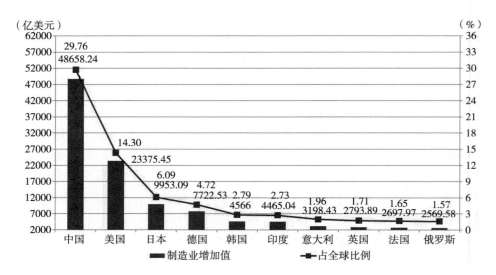

图 1　2021 年世界各国制造业增加值及占比情况（排名前十）

注：基于 2021 年美元计价的制造业增加值计算比例及排名。

资料来源：联合国统计中心（United Nations Statistics Division）。

2. 产业规模与效益稳步提升

根据国家统计局公布的数据，近年来我国装备制造业产业规模与效益稳步提升，2021 年我国装备制造业主营业务收入达到 46.04 万亿元，同比增长 15.37%，增速较 2020 年的 4.89% 大幅上升（见图 2）。2021 年，我国装备制造业规模以上企业达 10.51 万家，比 2012 年增长近 45.30%；增加值增长 12.90%，占规模以上工业增加值的比重为 32.4%；出口总额达到 2.10 万亿元，占我国全部出口总额的 17%，电力、通信、石化、矿业、航空等行业的大型成套设备出口快速增长。

3. 技术创新成效显著

装备制造业强化企业自主创新能力，行业整体发展水平不断提升，在重大技术装备国产化、核心技术研发、企业转型升级等方面取得显著成效，如高速铁路、盾构机、港口机械、起重机、5G 设备、新能源汽车、核能发电设备、工业机器人、木工/塑料专用机械装备等细分领域居于世界领先水平。

4. 集群化高质量发展

我国装备制造业集群培育发展的顶层设计逐步完善，大力培育先进制造

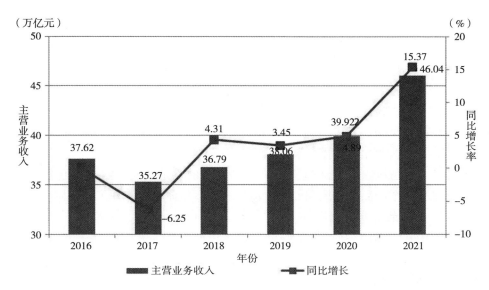

图2　2016—2021年我国装备制造业主营业务收入及同比增长情况

资料来源：国家统计局统计数据及相关公开数据。

业集群，遴选了广东省广深佛莞智能装备集群等涵盖智能装备、轨道交通装备、工程机械、新能源装备领域的一批具有较强竞争力的先进制造业集群作为培育对象，地方广泛开展培育发展先进制造业集群的公共服务活动、公共服务平台建设等实践，我国装备制造业逐步实现集群化高质量发展。

二　国内外装备制造业绿色发展现状

对于某一行业的绿色化，就是推动行业与环境的和谐共进，并使行业实现可持续、绿色化的健康发展。"绿色制造"是指综合考虑资源消耗、环境影响的现代制造模式，目标是使产品从设计、制造、包装、运输、使用、回收到报废处理的全生命周期中，资源利用率最高或资源消耗最低，对环境造成的负面影响最小，并使企业经济社会效益最优化和企业实现长期可持续发展。根据装备制造业绿色化升级的迫切需求，必须以积极推动产品"全生命周期"绿色化的理念，在装备制造的管理、材料、工艺、设计、生产、物流、回收、报废、循环使用等全生命周期，重点突破产品绿色设计、材料环保、工艺节能环保、回收处理绿色等方面的先进绿色制造技术，开展绿色制造技术和绿色制造装备的推广应用和示范，培育装备再制造、绿色制造咨询与服务、绿色制造软件等新兴产业。

（一）国外装备制造业绿色发展现状

目前，美国、日本、德国等工业发达国家仍然是重型装备制造业强国。装备制造业尤其是重型装备制造业耗能巨大，排放大量温室气体，因此各工业发达国家尝试通过使用清洁和高效的制造技术，实现绿色制造，通过减少整个产品生命周期的能源消耗及温室气体排放实现工业脱碳化。

1. 美国装备制造业

美国在 1900 年超过了英国，一跃成为世界第一大工业国（工业总产值约占世界的 30%）。美国的制造业从业人数在 1945 年达到了 38% 的巅峰，制造业产值占世界的比重在 1950 年达到了 40%，美国在汽车、飞机、钢铁等领域保持着绝对的优势，波音、通用、福特等美国公司生产的产品畅销海外。美国建立起人类有史以来最完善的工业体系，成为名副其实的"世界工厂"。美国将重型机械制造业列入高能耗、高技术和劳动双重密集型的制造业行列，因此美国一直将重型机械制造业转移到其他国家。2008 年国际金融危机后，美国重新认识到制造业实体经济的战略意义，提出"重振制造业"的目标，通过政府顶层谋划、大力扶持国防制造技术与装备发展。2011 年，美国发布《确保美国先进制造的领先地位》，提出重点发展新一代机器人、创新型节能制造工艺等；2012—2014 年，相继发布《先进制造伙伴计划》《制造业促进法案》《振兴美国制造与创新法案》《制造技术战略规划》《工业互联网战略》等政策，重点支持智能化、模块化、绿色可持续制造、增材制造等国防高端制造装备发展。当前美国在汽车装备、电子装备、核电装备、航空航天装备、医疗器械等领域处于世界领先行列，如西屋公司的核反应堆、卡特彼勒的大型机械、通用公司的大型燃气轮机、IBM 的处理器等，美国高端制造装备日益呈现出智能化、模块化、复合化、绿色化、极端化的全面发展态势。

美国已承诺，其 2030 年的温室气体净排放量将比 2005 年减少 50%—52%。该目标的实施路径为：绿色设计—绿色制造—清洁能源制造技术—

绿色供应链和回收循环。[①]

　　美国装备制造巨头如卡特彼勒宣布通过绿色设计和绿色制造科技升级，实现 2018 年到 2030 年间温室气体排放降低 30%，废水 100% 无害化处理和循环利用，废弃物填埋处理减少 50%，回收再制造的产品占销售额比重提升到 25%。通用电气宣布投资 CCUS 负碳科技，力争发电站设施碳排放的 95% 被捕获和循环使用。波音承诺减少各个环节的碳排放与材料消耗，同时购买碳排放权支持全球性气候控制。[②]

　　2. 德国装备制造业

　　德国在"一战"前积累了雄厚的装备制造业实力，工业机床、航空设备、军工、汽车、化工等居于领先行列，在"一战"和"二战"后随着德国经济衰落，德国装备制造业陷入低谷。20 世纪 60—90 年代，借助马歇尔计划的扶持，以及美国制造业向欧洲转移的机遇，德国重新崛起为世界装备制造强国。机械制造业是德国传统优势产业之一，产品出口额及国际市场份额均居全球首位，在机械制造业的 31 个领域类别中，德国的汽车、机械、医疗设备、电力传输设备、机械搬运、印刷技术等 17 个产业占据全球领先地位，具有高技术、高回报率、高附加值等特点。目前，德国大力推进工业 4.0 战略，通过在制造业领域大力应用物联网以及服务互联网技术，在向工业化第四阶段的迈进过程中装备制造业领域已经取得领先优势。

　　德国各装备制造业巨头积极响应联合国和欧盟节能减排号召，除配合政府安放检测设备采集排放数据之外，自 2010 年以来各知名品牌企业均逐年提高自主承诺减排力度。

　　3. 日本装备制造业

　　日本是继美国、德国之后在世界上第三个建立起以机床工业为主的装备制造业强国。从 1889 年日本池贝铁工厂建立并生产第一台机床开始，日本把机床工业作为制造工业乃至整个国民经济发展中的重点予以政策大力支持。从 1982 年以后，日本机床工业实力长期居世界首位，成为世界公认的数控机床装备、电子机械、电气机械、工业机器人、工程机械装备、传播和汽车装备等领域的装备制造业强国。与美国、德国以汽车、宇航工业

<hr>

① Charlotte Jee, "The Us Has Pledged to Halve Its Carbon Emissions by 2030", *MIT Technology Review*, April 22, 2021, https://www.technologyreview.com/2021/04/22/1023374/the-us-has-pledged-to-halve-its-carbon-emissions-by-2030.

② 资料来源：卡特彼勒、通用电气、波音于 2021 年发布的 ESG 公报。

等技术先进、价格较贵的一流高档先进数控机床为主攻方向不同，日本则瞄准大、中、小企业需求广泛的通用产品为主，重点开发价格中档但品质一流的数控机床产品。

日本装备制造业与美国、欧盟同步，积极参加联合国绿色经济发展联盟等绿色发展平台，政府制定严格的排放标准，领军品牌如日本丰田集团、SONY 等也都披露了各自的碳中和目标，比如丰田集团就提出"全生命周期碳中和"的口号，并把实现碳中和的截止日期从 2050 年提前到 2035 年。①

（二）我国装备制造业绿色发展现状

我国装备制造业绿色化转型步伐加快，绿色制造体系建设深入推进，对经济增长和就业起到显著的拉动作用。截至 2021 年底，我国已经推动建设了绿色工厂 2783 家、绿色产品设计 3159 种、绿色工业园区 224 家、绿色供应链管理示范企业 296 家，推广了 20000 多种绿色产品和 2000 多项节能技术及装备产品，打造绿色典型，引领工业绿色发展。同时，大量传统装备制造业进行绿色化改造升级，以环保装备制造为主的绿色新兴装备制造业增长迅速，2016—2021 年我国规模以上企业单位工业增加值能耗累计下降超过 15%，装备绿色化改造升级成效显著。但是我国的绿色装备制造业依然存在以下三方面的问题。

第一，装备水平制约行业绿色发展水平提升。装备制造业作为资本和技术密集型产业，能为其他制造业的绿色发展提供技术和装备支撑，是提高节能减碳能力的核心载体。受能源结构高碳化以及技术装备水平的制约，石油化工、建材、钢铁、有色等能耗较高的工业企业还不能全面达标排放。同时，我国装备制造业仍存在原材料的整体利用水平较低问题，其中在由原料到产品的制造流程中所消耗的能源强度比美国和日本等先进国家高出两倍以上，相应的碳排放强度也高出两倍以上。

第二，支撑装备绿色升级的技术工艺滞后。我国装备制造业部分企业虽然已经广泛采用新工艺、新方法对传统装备进行改造升级，积极减少能源损耗、碳排放等，但是装备制造过程中的加工工艺、装备关键部件的技术等满足用户绿色升级要求，需要一定研究应用周期，无法快速用于产业

---

① 资料来源：丰田公司官网及 2022 年 ESG 公报。

化，对装备绿色升级的支撑不够充分。

第三，装备制造业推广实施绿色制造体系的力度不够。《中国制造2025》明确提出要积极构建绿色制造体系，但是装备制造业仍存在企业绿色制造意识薄弱、推广实施绿色制造体系力度不够的问题，目前能够实现绿色设计、绿色制造、绿色流通以及产品循环回收利用等装备产品全生命周期的装备制造企业占比约25%，数量较少。同时，装备制造业相关行业标准和质量管理体系建设落后，部分产品的技术标准不够完善、实用性差，不能完全适应重大技术装备高质量发展需求。亟待以绿色制造服务平台为支撑主体，提供标准创制、计量检测、评价咨询、技术创新、绿色金融等服务，同时广泛开展政策法规宣贯、信息交流传递、示范案例宣传等活动，积极推动企业建设绿色制造体系。

（三）我国装备制造业绿色升级趋势

1. 装备制造业由传统制造模式向绿色制造模式转变

我国装备制造业将持续推进向绿色循环低碳发展，进一步提高装备制造业产品的可回收性与可拆解性，装备制造企业的绿色供应链管理更加成熟。产业结构绿色化发展将促进我国装备制造业加快淘汰落后产能，整治提升"散乱污"企业，同时聚焦装备制造业高端要素，重点推进以数字经济为主要内容的新兴产业发展，加速形成更多新的增长点，绿色化理念成为装备制造业结构调整重要内容。通过智能制造可加速装备制造业形成绿色化生产方式，优化装备制造企业人员结构，降低人员及资源的成本压力，持续强化资源利用以及优化能源使用，实现资源化、减量化、生态化的绿色理念。当前已经形成的一批传统制造业的绿色制造试点示范，可为装备制造业绿色化发展提供经验支撑。

2. 装备再制造是绿色升级的重要发展方向

装备再制造工程是一个综合考虑装备产品零部件全生命周期管理的系统工程，采用再制造成型技术（包括表面处理及其他加工技术）对原有零部件进行处理，使零部件恢复形状、尺寸、性能等指标，可在新产品上重新使用、长期使用，从而使产品或设备在资源利用率最高、对环境污染最小、投入费用最小的情况下重新达到性能要求。随着我国装备制造业的不断快速增长，装备的维修与保养、监测与运维、检测与诊断、改造与再制造等工业服务发展迅猛，同时智能制造、高端制造、数字经济的发展以及节能减排、"双碳"战略目标的要求,将极大地促进装备升级改造、自动化生产线技术改造、数字化车间技术改造及其再制造发展。

三　我国装备制造业绿色升级发展路径分析

(一) 持续构建绿色制造体系,推动装备制造业升级发展

我国一直坚持把节能减排作为促进经济绿色低碳转型升级的重要抓手,编制出台了清洁生产、资源综合利用、工业节能和发展环保装备等专项规划,《中国制造2025》明确提出了要努力构建高效、清洁、低碳、循环的绿色制造体系。我国加大落实力度,取得了明显成效。但是,面对当前的新形势和新要求,工业绿色发展不平衡、不协调、不系统的问题日益突出,为了继续深入推进工业节能减排工作,要持续构建由绿色企业、绿色产品、绿色供应链、绿色工厂、绿色园区等要素组成的绿色制造体系,完善装备制造业的低碳、节能、环保和循环型生产体系,构建从研发、设计、采购、运输、存储、制造、包装、流通加工、配送、销售、废弃物回收利用全过程的循环经济体系,引领和促进装备制造业升级发展。

(二) 推行绿色再制造,提升装备制造业绿色循环水平

《"十四五"循环经济发展规划》提出开展再制造产业高质量发展行动,结合工业智能化改造和数字化转型,大力推广工业装备再制造,扩大机床、工业电机、工业机器人再制造应用范围,同时推广再制造汽车零部件,进一步提高再制造产品在售后市场使用比例。《资源综合利用企业所得税优惠目录》(2021年版)明确对通过再制造方式生产的发动机、变速箱、转向器、起动机、发电机、电动机等汽车零部件,办公设备、工业装备、机电设备等零部件纳入国家企业所得税优惠目录。装备再制造是以先进技术和产业化生产为手段实现废旧装备功能恢复、性能提升的新型制造模式,通过在装备制造业推行绿色制造和再制造,推广清洁高效的生产工艺,降低产品制造能耗、物耗和水耗,提升装备产品能效、水效和资源利用率,不断提升装备制造业绿色循环水平。

（三）大力发展绿色环保装备和新能源装备，深入实施绿色制造

《"十四五"工业绿色发展规划》明确要大力开展绿色产品和节能环保装备供给工程，重点发展污染治理机器人、基于机器视觉的智能垃圾分选技术装备、干式厌氧有机废物处理技术装备、高效低耗能处理废水资源化技术装备、非电领域烟气多污染物协同深度治理技术装备、高效连续的挥发性有机物吸附—脱附、蓄热式热氧化/催化燃烧技术装备等绿色环保装备，以及大尺寸高效光伏组件、大功率海上风电装备、氢燃料燃气轮机、超高压氢气压缩机、高效氢燃料电池、一体化商用小型反应堆等新能源装备，统筹发展与绿色低碳转型，深入实施绿色制造。

（四）打造绿色公共服务平台，充分发挥对装备制造业支撑作用

《"十四五"工业绿色发展规划》明确提出，要积极打造绿色公共服务平台，优化自我评价、社会评价与政府引导相结合的绿色制造评价机制，强化对社会评价机构的监督管理；培育一批绿色制造服务供应商，提供产品绿色设计与制造一体化、工厂数字化绿色提升、服务其他产业绿色化等系统解决方案；完善绿色制造公共服务平台，创新服务模式，面向重点领域提供咨询、检测、评估、认定、审计、培训等一揽子服务，提升绿色低碳技术、绿色产品、服务供给能力。

四 装备制造业绿色升级创新服务平台建设发展

发展服务型制造也是推动装备制造业转型升级和发展方式转变的重要途径，依托行业龙头企业集聚相关资源，支持建设不同行业创新服务平台来大力发展服务型制造，推动产业高质量发展，而建设装备制造业绿色升级创新服务平台则是推动装备制造业绿色升级发展的重要举措。

（一）装备制造业绿色升级创新服务平台的定义与功能

创新服务平台是指为科技创新主体提供专业的社会化服务，从而促进社会创新活动的应用软件或者组织机构，具有科技助推、人才孵化、资源整合、信息共享等若干功能。其中装备制造业创新服务平台是整合广泛的

高校、科研院所、行业专家等科技创新资源和人才，检验检测、知识产权、金融等产业要素，为装备制造业企业提供产学研技术合作、成果转化、装备产品检验检测、产业人才培养与培训、技术咨询与诊断、产业金融等专业服务的综合性平台。该平台可以有效降低企业科技创新成本和风险，加快装备制造业科技进步；加速资源配置的流动效率和配置效率，提升产业链各环节的协同效应，进而促进整个产业的进步；通过绿色创新服务、绿色认证、绿色监管等相关服务，积极帮助装备制造业各相关企业协同行动，从而有效降低技术标准升级和绿色壁垒带来的竞争压力。

（二）装备制造业绿色升级创新服务平台的发展现状

1. 各类组织与平台深入提供专业公共服务

围绕装备制造业绿色升级，工信部作为国家政策平台进行了积极的规划和政策引导工作，并承担了信息统计发布、课题调研、人才培养工程建设等工作。作为产业绿色升级创新服务公共产品提供者，中国工业合作协会绿色制造专业委员会、北京生态设计与绿色制造促进会等组织，围绕产业升级和绿色转型创新，深入开展了产业调研、服务平台和大数据库建设、生态设计、绿色制造、专业咨询培训与服务、承接政府委托、国际交流与合作等服务，其中北京生态设计与绿色制造促进会组建了由 10 余名院士牵头、300 余名专家学者组成的绿色发展政策指导委员会和绿色低碳技术指导委员会，建设了产品生命周期评价基础材料数据库和资源环境分析研究系统，开发了具有自主知识产权的分析软件及信息化平台，累计完成了 10 余项涉及有色、化工、建材、机械、电子电器等领域的绿色低碳增值服务平台建设项目，承担了 40 余项绿色制造体系建设项目，发布了 50 余份企业产品生命周期评价和碳足迹研究报告，牵头起草制定了 30 余项绿色低碳相关行业和团体标准，形成了新的绿色低碳服务价值业态，引导上下游企业加强技术绿色改造和创新，推动产业链提质增效，激发企业新经济增长点，从而带动行业加快绿色转型升级，实现产业绿色高质量发展。在绿色设计、绿色制造、绿色监管、绿色检测等各领域，如塑料机械工业协会、扬州市绿色设计协会、"江西绿色生态"国际认证联盟等各类协会组织也提供了有价值的公共服务。北京中创碳投科技有限公司与联合国工业发展组织全球创新科技网络 ESG 与碳中和投资指导委员会共同编写了《全球清洁能源装备产业发展蓝皮书（2021）》，全面涵盖了清洁能源产业中的

"源""网""储"所涉及的所有清洁能源装备种类，并对清洁能源中发展较快、规模较大的光伏、风电、水电、生物质、储能装备产业单独成册，有效突出了目前的产业发展重点和热点。工信部推动成立中国绿色制造联盟，在浙江建立具备政府服务、企业需求、产融对接、案例展示、数据基础搭建等功能的绿色制造公共服务平台，创新开展"绿色制造＋互联网"融合模式的实践。

2. 涌现了众多深入开展绿色升级创新的优质企业

在各类专业装备制造领域涌现了许多技术先进、国际市场口碑优良的企业，它们凭借自身技术实力积极开展专业的各类服务，促进产业整体升级和绿色转型创新，实现生产过程和产品制造绿色化，如专注流延机专业装备制造的广东仕诚塑料机械有限公司，在积极推动塑料机械装备绿色转型升级方面，做出了突出贡献：一是挤出机采用电磁加热代替原来的陶瓷加热，最大热利用率从50%左右提高到98%，用电量节约30%以上，设备使用寿命延长30%；二是设备的表面处理以热喷涂代替电镀工艺，废水废液等污染物排放降低50%以上；单台流延机在15年使用周期内累计减排可超过3600吨二氧化碳；三是参与国家标准化委员会和工信部牵头组织的"橡塑机械环保（绿色、双碳）"和"橡塑机械智能制造"标准子体系制定，获评塑料机械标准化突出贡献单位。另外，中信戴卡股份有限公司、沈阳鼓风机集团股份有限公司、中车长春轨道客车股份有限公司、博创智能装备股份有限公司、巨轮智能装备股份有限公司、山东中琦环保设备制造有限公司、西安陕鼓动力股份有限公司等一大批装备制造业企业入选工信部绿色制造示范（绿色工厂）名单，全面推行绿色制造。

3. 塑料机械装备产业公共服务平台建设现状

作为高分子复合材料的"工作母机"，塑料机械是先进制造业的重要组成部分，带动能力强，产品应用领域广泛，具有智能数字化、绿色环保化和带动系数大、综合效益好等特点，符合新科技革命绿色、智能、健康可持续发展的方向。中国塑料机械工业协会作为全国性行业组织致力于建立一个行业交流服务平台，集聚全国从事塑料机械及配套件制造的企业、事业单位以及高等院校、科研院所，积极参与编制行业发展规划，发布行业技术动态、经济数据等相关信息，组织制定、修订塑机工业国家、行业、团体标准及技术规范，振兴中国塑料机械工业。针对塑料机械装备制造业生产流程比较长的情况，广东仕诚塑料机械有限公司建立"塑料薄膜装备产业全球服务平台",将 5G、大数据以及物联网等技术与工业互联网标识解析体系深度融合,借助包装机器人、数字云平台和 ERP 开发等,推动薄膜设备智能化、数字化、绿色化升级,实现内部工业制造流程优化和外部远程服务延伸,最终目标是打造一个可以让第三方接入、关联产业链供应商产品和服务发布、装备用户需求响应的行业生态平台。

五 推动装备制造业绿色升级创新
服务平台建设的建议

支持推动装备制造业绿色升级创新服务平台建设发展,充分发挥对装备制造业向智能化、数字化、绿色化升级的支撑作用,深入实施绿色制造、再制造,提升装备制造业绿色循环水平。

(一) 加强规划,对服务平台建设给予专项资金支持

依托各有关行业协会,根据行业发展规划集聚资源,在产业集群、产业园区、产业基地、产业聚集区推动建立各类专业公共服务平台,为装备制造业绿色升级提供支撑服务。围绕装备制造业绿色升级需求,加大对塑料机械等装备制造业公共服务平台建设和运营的支持,吸引和带动社会投资积极参与和共建平台,加快推动公共服务平台建设和规范运营,不断增强服务功能,提高服务质量。

(二) 通过服务平台积极推动企业参与国际标准制定

目前我国在特高压输变电设备、第四代核电设备、高铁装备、5G 设备等领域已经具有行业标准的制定权和决定权,但在电气装备、汽车交通装备、数控机床、航空航天装备等领域仍然需要强化国际标准制定权。依托装备制造业各领域绿色升级创新服务平台集聚优势资源,提供标准认证服务,推动装备制造业企业参与绿色认证、绿色监管体系等国际标准制定,参与国际市场竞争。

(三) 加强对服务平台的宣传推广

发挥网络、报刊等媒体的作用,加大对公益性、非营利性与市场化

服务相结合的装备制造业各领域绿色升级创新服务平台的宣传、推广，提高行业对平台资源共建、共享重要意义的认识，增强利用平台的主动性、自觉性和信任度，营造装备制造业参与绿色制造升级发展的良好氛围。

六　装备制造业绿色升级创新服务平台2023年发展预测

装备制造业绿色升级创新服务平台需要围绕提升绿色认证普及度、建立绿色标准体系等深入开展相关工作，推动装备制造业绿色升级发展。

（一）提升绿色认证普及度

目前美国、日本及欧盟相关国家的企业绿色认证普及度和覆盖率远远超过我国。2023年，我国接受绿色认证的企业总量占比需要力争超过25%，装备制造业10万家以上从业企业力争全部完成绿色认证。2025年，国家绿色认证体系覆盖的企业总量应该占雇员5人以上企业的50%以上，2030年力争80%以上的各类企业、100%的规模以上制造业企业，全部实现绿色认证和绿色监管检测服务。

（二）建立装备制造业绿色标准体系

我国在绿色设计、绿色供应链、绿色工厂、绿色园区、绿色制造科技、绿色能源科技等各个环节，已经储备了具有世界领先水准的技术储备和经验积累，凭借全社会和各类公共服务平台的力量，围绕装备制造业8大门类的技术水平和标准体系，建立具有世界领先技术标准制高点的绿色标准体系，并取得国际机构的支持，面向全世界广泛宣传。

（三）打造具有国际影响力的绿色发展论坛

通过各领域装备制造业绿色升级创新公共服务平台，积极借助博鳌亚洲论坛、"一带一路"国际合作高峰论坛、上海进口博览会、广交会、深圳高交会等具备国际影响力的重大活动平台，组织举办绿色发展论坛，积极宣传中国绿色标准和绿色成就，扩大国际影响力。

参考文献

徐宇辰：《中国装备制造业创新发展与国际借鉴的思考》，《中国发展观察》
　2022 年第 1 期。

毕超：《技术创新：制造业绿色化转型的关键》，《西部大开发》2021 年第
　7 期。

孙柏林：《装备制造业转型发展趋势：绿色化与智能化》，《自动化博览》
　2012 年第 10 期。

李金华：《中国绿色制造、智能制造发展现状与未来路径》，《经济与管理
　研究》2022 年第 6 期。

杨春永、高乃修、耿青等：《我国"碳达峰·碳中和"目标下工程机械绿
　色发展的技术路径探讨》，《润滑油》2022 年第 1 期。

范强贤：《装备制造特色产业基地技术创新公共服务平台建设研究》，《江
　苏科技信息》2012 年第 31 期。

单忠德、刘丰、孙启利：《绿色制造工艺与装备》，机械工业出版社 2022
　年版。

《"十四五"工业绿色发展规划》，中国政府网，http：//www. gov. cn/
　zhengce/zhengceku/2021 – 12/03/content_ 5655701. htm，2021 – 11 – 15。

《"十四五"循环经济发展规划》，国家发改委，https：//www. ndrc.
　gov. cn/xxgk/zcfb/ghwb/202107/t20210707_ 1285527. html，2021 – 07 – 07。

财政部、国家税务总局、国家发改委、生态环境部：《资源综合利用企业
　所得税优惠目录（2021 年版）》，http：//szs. mof. gov. cn/zhengcefabu/
　202112/t20211222_ 3777189. htm，2021 – 12 – 23。

绿色经济的实践活动与国际评价

ESG 发展新生态

赵狄娜[*]

ESG 是人类文明不断演进的一个新成果。工业文明的持续发展，到 20 世纪中叶，引发了一系列环境危机，人类开始逐渐认识到，工业文明的老路不可持续，世界需要改变，要不断走向生态文明。如今，全球经济社会发展在新冠疫情的冲击下受到严重打击，气候变化、环境污染、公共卫生等问题凸显，在这种背景下积极贯彻 ESG 发展理念已成为时代命题。

一 ESG 发展脉络[①]

ESG 是环境（Environmental）、社会（Social）和治理（Governance）的缩写，是一种新兴的关注企业环境、社会、治理绩效而非财务绩效的投资理念和企业评价标准。

ESG 理念最早起源于 18 世纪时兴起的宗教伦理投资（Ethical Investment），即通过传播宗教教义的方式影响资本市场的投资活动。到 20 世纪中期，开始进入早期社会责任投资。社会责任投资还有"基于价值的投资""绿色投资"等一系列别名。1970 年至 1990 年是社会责任投资稳健发展的时期，伴随着一系列重要环保会议的召开和环保法案的制定。如 1972 年在斯德哥尔摩举行的联合国人类环境会议，为环境保护共同方案的出台铺平了道路；1987 年出版了《我们共同的未来》，重点关注了多边主义和各国在实现可持续发展方面的相互依存关系，等等。但在这一阶段，社会

---

① 赵狄娜：《ESG 发展新生态》，《小康》2022 年 9 月下旬刊。

责任投资实际上仍然只是少数人的、自发的行为。

1990 年之后，ESG 投资逐渐开始兴起，对企业发展影响深远。世界上第一个社会责任投资指数——多米尼 400 社会指数（Domini 400 Social Index）于 1990 年发布，在全球范围内首次将可持续投资纳入评定标准。1992 年，联合国环境规划署金融行动机构在里约热内卢的地球峰会上成立金融倡议，希望金融机构将环境、社会和治理因素纳入决策过程。1997 年全球报告倡议组织成立，成为世界首家制定可持续发展报告准则的独立国际组织。2000 年，碳排放信息披露项目（Carbon Disclosure Proiect，CDP）正式成立，其数据库提供了全球大型企业温室气体排放管理活动的相关数据。

2004 年，联合国全球契约组织（United Nations Global Compact，UNGC）与 20 家金融机构联合发布了《关心者赢》（*Who Cares Wins*），首次明确了 ESG 投资的概念。2006 年，《联合国负责任投资原则》（*United Nations Principles for Responsible Investment*，UNPRI）正式发布，旨在鼓励将 ESG 因素纳入决策和实践的负责任投资，以创建一个兼具经济效率和可持续性的金融体系。2007 年，高盛首次提出 ESG 的概念。2009 年，全球影响力投资网络（Global Impact Investing Network，GIIN）成立，促使更多资金用于解决全球共同面临的难题，推动影响力投资的发展。2011 年，可持续发展会计准则委员会（Sustainability Accounting Standards Board，SASB）开始制定企业的可持续性发展和企业财务信息的相关准则。

2020 年 9 月，全球报告倡议组织、SASB、CDP、气候披露标准委员会（Climate Disclosure Standards Board，CDSB）和国际综合报告委员会（International Integrated Reporting Council，IIRC）五个主导机构联合发布了构建统一 ESG 披露标准的计划。几乎同时，世界经济论坛和四大会计师事务所也推出了统一标准。

《2020 年全球可持续投资回顾》显示，2020 年底全球 ESG 投资五大主要市场（澳大利亚、美国、加拿大、日本、欧洲）的投资规模总额达到 35.3 万亿美元，预计到 2022 年和 2025 年，全球 ESG 规模或将达到 41 万亿美元和 50 万亿美元。《2021 年全球机构投资者调查》显示，在调查的 200 名机构投资者中，52% 的投资者表示已经采用了 ESG 投资策略，73% 的投资者到 2021 年底增加 ESG 投资规模。

眼下，全球市场对企业 ESG 信息披露的需求还在不断增长中。随着全球化进程不断加快，企业之间相互关联和竞争更加激烈，环境、社会和治理成为影响公司能否竞争成功的重要因素。

二 ESG 生态现状

（一）国际 ESG 发展现状

联合国负责任投资原则组织是责任投资领域一个重要的国际组织，倡导通过投资行为，引导企业、经济和工业向着一个可持续发展的目标迈进，践行 ESG。目前，经过西方国家和联合国一段时间的实践后，由于市场已经达成了更加广泛的共识，ESG 开始在越来越多的国家和地区被半强制性或强制性采纳。

《ESG 投资》一书及当下全球可持续投资联盟的数据都介绍了目前全球 ESG 投资的发展现状。ESG 投资有三大特点：

第一，规模大。2020 年全球的 ESG 资产规模逾 35 万亿美元，高于 2018 年的 30.6 万亿美元和 2016 年的 22.8 万亿美元，占全球总资产管理规模的 1/3。假设增速为 15%（过去五年增速的 1/3），那么到 2022 年，ESG 资产规模预计突破 41 万亿美元（见图 1）。

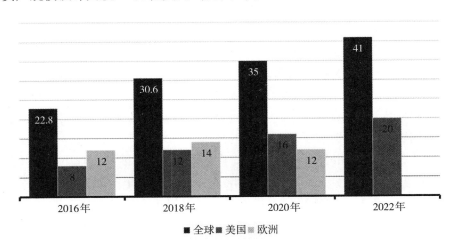

图 1 全国 ESG 资产规模（单位：万亿美元）

资料来源：全球可持续投资联盟。

第二，增速快。ESG 投资的增速非常快。以美国为例，预计 ESG 资产将以 16% 的年复合增长率增长，2025 年将达到 35 万亿美元。根据晨星公司数据，全球 ESG 投资的规模实际上是在快速增长的，2020 年上半年，美国 ESG 基金净流入 210 亿美元，几乎是 2019 年全年的总和，而 2019 年本身就是一个峰值，是此前最高纪录的 4 倍。

第三，方法单一。从投资方法使用的广泛度来看，最广为使用的是"负面/排斥性筛选"，总额约 15 万亿美元，"整合 ESG"总额约 10.4 万亿美元，而笔者最为看好的"企业参与"总额约 8.4 万亿美元。在不同的地区，ESG 的投资手段也有所区别。"负面/排斥性筛选"在欧洲占有最大的份额；"整合 ESG"是美国、加拿大、澳大利亚/新西兰和亚洲（除日本）的主要类别；在日本，则是"企业参与"方法占主导地位。

（二）中国 ESG 发展现状①

随着"双碳"目标上升为国家战略，在我国发展 ESG 的意义和价值也日渐凸显。从政策与监管层面看，ESG 是促进绿色转型的主要动力。从金融机构层面看，ESG 是应对气候风险、践行低碳投融资的重要抓手。从企业发展层面看，ESG 不仅为碳中和目标的达成提供基本保障，更是联结企业落地"碳中和"举措和实现自身可持续发展的重要路径支持。

"双碳"的开启让我国 ESG 投资迎来了"爆发年"，增长势头十分迅猛。截至 2020 年 10 月，中国 ESG 市场规模约 13.71 万亿元，比 2019 年增长 22.9%，其中绿色贷款规模占比超过 80%。我国 ESG 基金中，以环境为主题的基金数量和规模最多。截至 2022 年 11 月 6 日，我国环境主题的基金数量为 139 只，基金规模为 1426 亿元。

2021 年 3 月 1 日开始正式实施的《深圳经济特区绿色金融条例》，对金融机构提出了强制披露环境信息的要求。2021 年 6 月 28 日，中国证监会发布修订后的上市公司年度报告和半年度报告格式准则，对环境与社会责任信息披露做出了半强制性或强制性的规定。《2021 中国 ESG 发展白皮书》显示，2021 年中国 ESG 政策发展稳健，绿色金融政策体系的"五大支柱"（标准体系、信息披露、激励机制、产品创新、国际合作）进一步完善，ESG 投资延续了以往迅猛发展的势头。

---

① 赵狄娜：《ESG 发展新生态》，《小康》2022 年 9 月下旬刊。

自 2015 年国家建立绿色金融体系以来，以 ESG 为主题的基金成倍增长。2005—2021 年中国 ESG 基金新发行数量如图 2 所示。

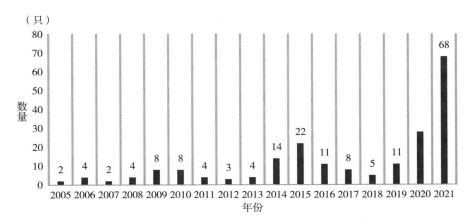

图 2　2005—2021 年中国 ESG 基金发行数量

资料来源：Wind 数据库、妙盈研究院。

（三）ESG 两大关键环节：披露与评估①

ESG 信息披露，即企业按照一定的披露标准和要求进行实质性信息披露。通过了解企业披露的 ESG 信息，那些具有长期发展潜力及符合可持续发展、"双碳"战略或者绿色发展的企业和项目就会获得投资者的青睐，从而引导市场资源向符合可持续发展要求、有利于"双碳"战略和绿色发展战略实施的方向进行配置。因此，ESG 披露是整个资本市场投资和资源配置的一项基础性工作。

通常来说，信息披露可以分为两大类：一是强制披露，二是自愿披露。强制披露一般是政府行政或者监管部门要求企业向社会公众披露信息。

当前，国际上主流的 ESG 披露标准主要有联合国环境规划署参与成立的全球报告倡议（GRI）、国际标准化组织（International Standard Organization，ISO）制定的社会责任指南标准 ISO 26000、可持续发展会计准则

---

① 刘考华：《ESG 两大关键环节：披露与评估》，《小康》2022 年 9 月下旬刊。

（SASB）、国际金融稳定委员会（FSB）于 2015 年设立的气候相关财务信息披露工作组标准（Task Force on Climate – related Financial Disclosure, TCFD）。从国内企业所用的 ESG 披露标准看，最普遍采用的是交易所发布的企业社会责任指引，即上交所 CSR 指引和深圳证券交易所（以下简称深交所）CSR 指引。

不同标准的内容、特色等见表 1。

表 1　　　　　　　　　全球主流 ESG 披露标准介绍

ESG 披露标准	标准释义	特色解析
GRI	在《可持续发展报告指南》基础上发展形成。GRI 2020 年度报告显示，约 52 个国家的近 3500 家各行业的领先企业使用这一报告框架，约占全球领先企业的 2/3。近期发布的 GRI 标准（2021 版）新增行业标准板块，将于 2023 年 1 月 1 日起生效	全球使用范围最广的 ESG 报告框架，因其模块化结构，可针对不同行业、不同要求拆分使用，也可组合使用，可量化程度较高
ISO 26000	列出了七个社会责任核心议题，分别是组织治理、人权、劳工实践、环境、公平运营实践、消费者问题、社会参与和发展	七大项下设有 37 个核心议题和 217 个细化指标，适用于所有类型的组织
SASB	采用行业分类法，为不同的行业制定行业相关的 ESG 议题。包含六个元素，即标准应用指南、行业描述、可持续性主题、可持续性会计准则、技术守则、活动度量标准	整体上更加精准，目的是通过非财务信息来帮助企业提高在决策和执行方面的效益
TCFD	基于组织运营核心的四项元素建立报告架构，即治理、策略、风险管理及指标和目标，并制定了针对所有行业通用的具体建议披露事项，旨在为市场参与者提供建议，以解决气候变化对其业务的财务影响	针对气候相关风险，将其分为与气候变化影响直接相关的实体风险和与低碳经济转型相关的转型风险两大类
CSR	深交所 2006 年发布《上市公司社会责任指引》，上交所 2008 年发布《关于加强上市公司社会责任承担工作的通知》	均要求上市公司充分关注包括公司员工、债权人、客户、消费者及社区在内的利益相关者的共同利益，促进社会经济的可持续发展

ESG 评价是 ESG 建设的关键环节，是衡量企业 ESG 绩效的工具。通过开展 ESG 评价，有利于"以评促改"，明确企业在 ESG 实务中需要着重改

进和加强的薄弱环节，推动企业持续深化 ESG 实践，提升企业可持续发展能力；有利于将绿色可持续发展由单向传递升级为双向传导，促进更多的市场主体积极参与 ESG 建设，推动 ESG 理念在我国良好健康发展；有利于为政府出台相关政策提供支持，从而充分发挥其作用；同时，可以帮助相关投资机构更科学更理性地对企业进行 ESG 投资。

目前，全球 ESG 评级机构数量有 600 多家。其中比较著名的国际评级机构有 KLD 研究分析公司、摩根士丹利资本国际公司（MSCI）、Sustaina-lytics、汤森路透、富时罗素、标普道琼斯和 Vigeo Eiris 等；国内较为著名的评级机构有商道融绿、社会价值投资联盟、嘉实基金、中央财经大学绿色金融国际研究院、上海华证指数信息服务有限公司、中国证券投资基金协会等。

不同的评级机构有着不同的指标体系，以及打分和量化的方法论。比如，MSCI 在 E、S、G 三个维度上有 10 项一级指标、37 项二级指标，采用 AAA、AA、A、BBB、BB、B、CCC 7 个等级。富时罗素在 E、S、G 三个维度上有 14 项一级指标和 300 多项二级指标，采用打分法，总分 5 分，高于 3.3 分的公司才可以纳入其指数产品中。

三　中国 ESG 发展成就

（一）绿色出行的特斯拉之路①

一直以来，特斯拉都在通过不断技术革新和生产流程优化，为用户提供更多绿色出行方式选择，为"加速世界向可持续能源的转变"创造最大环境效益。仅 2022 年上半年，特斯拉中国车主使用特斯拉充电网络累计行驶超过 28 亿千米，同比增长 61%，相当于绕地球 7 万余圈，实现二氧化碳减排量超过 65 万吨，为地球种下超过 130 万公顷森林。

2021 年，特斯拉陆续打通"318 川藏超级充电线路""西北大环线"等超级充电线路，在减少二氧化碳排放量的同时，身体力行地加速相关地区乃至全国"双碳"目标的实现。随着每位车主的出行，低碳环保的理念将传达到更广阔的地方。

---

① 于靖园：《逆风生长的特斯拉是如何炼成的》，《小康》2022 年 9 月下旬刊。

2022 年 6 月，特斯拉全球第 35000 根超级充电桩在武汉揭幕，同时，还宣布在湖北的超级充电网络已基本实现全省覆盖，其所有地市州的国道高速沿线，均至少铺设了一处特斯拉超级充电设施，共设有 38 座超级充电站、290 个超级充电桩，让每个心怀"环保梦想"的同行者，都能享受到绿色出行的便捷和高效。

在聚焦技术创新、提升充电效率的基础上，特斯拉针对车辆使用不同场景，坚持智能化管理，确保为车主提供更高效、更便捷、更可靠的充电出行体验。通过能量存储和优化配置，特斯拉光储充一体化充电站实现本地能源生产与用能的基本平衡：将阳光转化为电能，通过 Powerwall 储能设备储存能量，使用储存能量给车辆充电，为人类实现可持续能源利用迈出了一大步。

工厂选址上，特斯拉将 6 大工厂合理分布在美、亚、欧三大洲，以期缩短运输路线，减少运输中的碳排放；工厂设计上，特斯拉制定最优厂区流程管控，让运载生产材料的卡车直接在生产线所需部件的道口卸料，以减少运输产生的排放。此外，特斯拉还为工厂覆盖太阳能板屋顶，让工厂用电"自给自足"。数据显示，2012—2021 年，特斯拉太阳能电池板发电量已经超过了特斯拉车辆和工厂总耗电量，这些清洁能源足以为每一座特斯拉工厂和每一辆特斯拉车辆充电。

生产过程中，特斯拉以突破性科技将"绿色制造"压到每一处细节：特斯拉已经将工业固体废物资源再利用率提升至 94% 以上，将报废电池全部移交至电池回收白名单企业进行再生利用，每年回用中水超过 15 万吨，处理涂装和电池车间有机废弃物，叉车、员工班车采用锂电池等。特斯拉工厂已经成为制造界公认的世界"环保工厂"典范，实现对 92% 的电池原材料金属再利用，对 96% 的废弃物回收，100% 无害化处理。

不但将自身工厂打造成"绿色制造"标杆，特斯拉还以行业龙头的影响力，迅速助力中国搭建起完善、灵动的新能源汽车产业链。据了解，特斯拉本土化率已在 95% 以上，不仅在上海、江苏等长三角地区组建起"4 小时朋友圈"，提升上海临港区等产业集群经济效益，更推动我国新能源汽车行业"换道超车"，从汽车行业跟随者一跃成为全球新能源汽车行业的引领者，化身国际舞台不可忽视的"中国力量"。

（二）低碳实践铸就"新联想"①

2022 年 8 月 30 日，联想集团发布了第 16 份 ESG 报告，披露过去一年在推动产业链供应链低碳转型、强化信息披露与公司治理架构建设水平等方面的最新进展。通过数字化、智能化打造绿色制造、绿色供应链体系，从绿色产品设计、绿色工艺、清洁能源使用、回收等全生命周期环节进行绿色制造顶层体系的建设。

报告中，联想集团发布面向中国"双碳"目标而设定的短期、中期和长期的温室气体减排目标，承诺到 2030 年将实现运营性碳排放减少 50%、部分价值链碳排放降低 25%，并将于 2050 年实现净零排放。

联想集团在个人电脑生产制造基地推广使用新型低温锡膏技术。该技术使用低温焊接材料，焊接温度最高只有 180 摄氏度，比传统方法降低了 70 摄氏度左右，可将印刷电路板组装工艺的能耗和碳排放量减少 35%。大幅降低电力消耗，加快了焊接速度、增加产能，直接缓解了制造过程中的高热量、高耗能问题。

2019 年，联想集团及清华大学一起成立了中国低温工业联盟，把这项技术分享给更多行业伙伴。此外，联想集团还将这项技术扩展到其子模块供应商，这些供应商生产内存和指纹读取器模块等部件。在 2021/2022 财年，该集团已出货 1420 万台采用新型低温锡膏工艺制造的笔记本电脑，自 2017 年以来总出货量达 5000 万台，成功减少 1 万吨二氧化碳排放。

联想集团还进一步通过数字化、智能化打造绿色制造、绿色供应链体系，目前已逐步建立了完善的绿色供应链管理体系，每一个环节都遵循产品生命周期评估（LCA）的指导，提供供应、生产、物流、回收、包装五个绿色管理维度方案，以及绿色数据平台建设。除了将绿色技术应用于自身，还与价值链伙伴技术协同，共享绿色制造工艺，同时对外输出技术、服务与解决方案，将自身积累的经验和标准复制至一级、二级合作伙伴以及供应链上下游，由点带面一起减碳，以低碳科技带动全产业链绿色升级，合力减少产品碳足迹。

在上游采购环节，联想集团通过审计考核和能力构建等方式，推动上游供应商的绿色转型，建立一套包含准入和准出的供应商管理体系。基于

---

① 孙媛媛：《低碳实践铸就"新联想"》，《小康》2022 年 9 月下旬刊。

这一审核体系，联想集团会对供应商进行打分，并基于这个分数分配供应商的采购额度，判断是否符合合作标准。

此外，联想集团在产品报废管理、供应商环境表现、运输环节温室气体排放等多维度每年制定了供应商管理目标。截至目前，联想集团 94% 的供应商对其温室气体排放数据进行了第三方验证，92% 的供应商有公开的温室气体减排目标。联想集团也正在通过一些合同或沟通的方式鼓励供应链体系里的供应商加入 SBTi 科学碳目标倡议中，目前供应链体系里有约 28% 的供应商都加入这一倡议。联想集团将以采购额 95% 的供应商能够参与以科学为基础的减排活动为目标，继续将低碳转型理念全面推广至供应链上下游。在行业内率先引入新型竹浆纤维包装，并拥有相关专利，一举结束了近十年行业内没有新材料、新技术突破的历史。目前，所有的 ThinkPad 系列产品的包装全部采用 100% 再生料或竹纤维做缓冲物料，仅 2020/2021 财年已减少使用 140 吨包装物料。

从 2007 年开始，联想在台式机、笔记本、显示器、服务器等产品上全线应用废旧塑料再生技术，总计减少碳排放约 6 万吨，相当于种 300 多万棵树。2021 年 ESG 报告显示，联想集团不断扩大使用 CL PCR（闭环再生塑料）的产品范围，由上一个财年的 103 款产品增加至 248 款。预计到 2025/2026 财年，联想集团 100% 的个人电脑产品将包含消费后再生材料。

在产品生命周期末端管理方面，联想集团向主要市场的消费者和企业提供回收项目，并在世界各地为消费者及商业客户提供产品生命周期末端管理服务，针对已停止使用、生命周期结束或报废的产品、部件及外设采取的措施，包括再利用、翻新、再生制造、拆除、回收、分解、循环再利用、废弃物处理及处置。自 2005 年以来，联想集团已通过其签约服务提供商处理了 3 万吨的计算机设备。

在工信部公布的 2021 年度绿色制造名单中，联想集团旗下包括便携式计算机、平板电脑、移动通信终端、显示器、扩展坞在内的 10 个系列产品入选。此外，以"绿色生产 + 供应商管理 + 绿色物流 + 绿色回收 + 绿色包装"五个维度和一个"绿色信息披露（展示）平台"为核心的联想绿色供应链体系也获得了工信部的权威认可，并于 2019 年成功申报第四批绿色制造体系建设示范项目，从此联想成为绿色供应链管理企业。

（三）可持续赋能"依文创造"①

目前，不少国内的知名服装服饰企业主动披露社会责任报告或 ESG 报告，探索 ESG 理念与业务的融合。依文集团就是其中之一，一直把探索新技术、科技智能以及公益融入企业战略和主流业务中，致力于打造依托大数据为基础的服装行业产业互联网创新模型，以及做中国传统手工艺文化的挖掘、整理、创新和应用。

在推动全产业链上游面料工厂及终端销售升级新工艺、新科技的应用方面，依文集团近六年来集合了 400 多家优质的制造工厂，1600 多位全球设计师，2000 多家原料商，10 万多家零售商，搭建了依文数智—服装行业数字化产业平台，打造了服装生态链和数字化转型升级模型，构建了从消费端到供应端的数字产业模型，推动服装产业由传统制造业迈向高精尖产业的高质量发展道路。

同时，依文集团一直探索新技术、新工艺、新装备，并且与中科院及其他研究院校合作，创立产业实验室，推动纳米等各类新材料、新技术在服装产业内的转化和市场化应用。以市场为导向，绿色发展为目标，坚持走自主创新发展道路，提升产品的质量水平和科技含量，以满足更新换代的时代需求和市场需要。

作为龙头企业，依文集团有责任牵头建立产业生态，各取所长，打造大产业，推动整个产业的高质量发展。依文数智是依文集团打造的服装行业智能化产业平台，构建了从消费端到供应端的数字经济模型，提供了从数字化消费体验到供应链智能生产制造的"C to M"的全链条解决方案，实现了服装业与制造业的融合发展。

在数字化消费体验端，消费者通过试衣云镜和量体小程序等前端智能设备进行智能量体，在线自主选择面料、款式，通过形体数据比对、版型数据匹配，个性化"3D"定制服装的每个元素，直接生成订单，数据直接触达工厂，大大缩短了定制周期，提升了定制服务体验与交付效率，将产品直接送达消费者手中。同时为消费者提供形体着装建议、服装搭配建议，用数据技术赋能消费者全场景着装服务，赋能产业上下游。

"只有民族的，才是世界的。"中国品牌要走向世界，必须要有独特的

---

① 孙媛媛：《可持续赋能"依文创造"》，《小康》2022 年 9 月下旬刊。

中国元素，让世界读懂中国时尚。目前，依文集团建立了两个数据库：一个是中国民族美学纹样数据库，有 8000 多种民族美学纹样供全世界使用，成了讲述中国故事的最佳载体之一，是打造数字化运营生态非常重要的平台。第二个是中国手工艺者数据库，收录了 18000 多名绣娘，她们的绣龄、绣工、绣艺、作品都能够展示出来。这些都成为依文集团构建美好商业生态的基础。

（四）"产城融创"打造碳中和产业示范区[①]

目前，我国共有各类产业园区约 15000 家，其中国家级和省级工业园区 2543 家，多数位于环渤海、长三角、珠三角一带，贡献了全国一半以上的工业产值。与此同时，据统计，我国近 70% 的工业用能集中在工业园区，工业园区二氧化碳排放约占全国的 31%。产业园区是城市发展的核心单元，也是我国推进新型城镇化、实施制造强国战略最重要、最广泛的空间载体，成为我国实现"双碳"目标必须牵住的"牛鼻子"。"零碳园区"和"碳中和示范区"正成为下一阶段的新蓝图。

近日，中国科技咨询协会发布了 2021 年度中国最佳咨询实践案例研究，智囊机构的咨询实践"产城融创——珠海国家高新区三灶科技工业园'园镇一体化'产业战略发展规划项目"荣列其中。该案例明确提出，以绿色产业创新为突破点，推进产业格局重构，构建"碳中和产业示范区"和"零碳智慧园区（城镇）"，实现"产·城·融·创"一体化的高质量发展。

北京智囊维实企业管理有限公司（以下简称智囊机构）是产业生态的构建者，成立了三灶科技工业园"园镇一体化"产业研究项目联合小组，以共同打造粤港澳"三灶"碳中和产业示范区为突破点，同时把握当前国家双循环战略以及"碳达峰""碳中和"等重大战略导向下的区域产业协同发展趋势，抢占粤港澳大湾区的发展机遇，推动珠海金湾区、珠海高新区三灶科技工业园"园镇一体化"在珠海高新区乃至区域城市群发展中的产业分工定位，并使之融入绿色、低碳的产业发展格局。

"园区的核心是产业"，因此，园区首先要选对行业，选有发展前景的新兴产业，最好是能发挥本地优势的产业。2022 年 3 月，智囊机构在珠海

[①] 李鹏：《"产城融创"打造碳中和产业示范区》，《小康》2022 年 9 月下旬刊。

发起成立"珠海市金湾区智汇绿色低碳产业发展研究院",并以此为平台,整合相关产业资源,开始积极筹备"珠海国际零碳港"的建设。2022 年 4月,中和智汇(广东)绿色低碳产业发展有限公司正式成立,力争通过"三灶样板"的建设,使之成为国内首批领先的专注于绿色低碳产业服务和园区运营的专业机构。与此同时,通过布局全产业链的投资基金,发挥国企创投功能,由中企国云基金公司发起成立的"中企国云中和(珠海)产业投资基金"(基金规模 30 亿元)以及"中企国云绿谷(珠海)创投股权基金"(基金规模 10 亿元)以"产业 + 金融"的方式,推动产融结合,带动市场资源助推企业发展。

除了规划落地,智囊机构未来在绿色低碳产业发展上还有不少新举措。2022 年 4 月,智囊机构发起成立了珠海市金湾区智汇绿色低碳产业发展研究院,主管单位为珠海高新区三灶科技工业园管委会。研究院将专注于绿色能源、绿色建筑、绿色交通、新兴产业、循环经济、低碳(零碳)发展体制机制、碳资产管理、绿色低碳政策体系、绿色低碳科技的创新以及该领域专精特新企业的孵化、"双碳"人才培养等专业性研究与服务。

"双碳"是大势所趋,也孕育着巨大的商业机会,而园区是实践国家"双碳"战略的重要战场。为实现 2030 年碳达峰和 2060 年碳中和的目标,中国经济社会也将迎来系统性的变革。"碳中和"园区拥有良好的经济性和可复制性,全国"双碳"目标的完成需要大量的城市实现"碳中和",而"碳中和"城市的实现,需要大量的零碳产业园区累积而成。

四 中国 ESG 发展的机遇与挑战[①]

2022 年,全球经济形势错综复杂,俄乌冲突、全球能源价格高涨、高温、干旱以及新冠疫情持续不断等因素影响全球经济增长。而我国上半年的经济也低于预期,尤其是 3 月以来受国内新一轮新冠疫情的影响,我国经济下行压力明显加大。北京、上海、广东等主要省市受多轮疫情影响,上半年 GDP 增速分别为 0.7%、- 5.7%、2.0%。由此可见,我国经济已经进入关键期和新的发展阶段,坚定不移贯彻创新、协调、绿色、开放、

---

① 刘琪:《ESG 发展的机遇与挑战》,《小康》2022 年 9 月下旬刊。

共享的新发展理念成为新的要求。追求长期价值增长、兼顾经济和社会效益的 ESG 理念与国家新发展思想和新发展格局高度契合。

如何应用 ESG 发展理念，使企业在这一轮周期性经济发展中获得经济增长与可持续发展的双重收益，更好地融入世界新的经济舞台，是值得深入研究的课题。

第一，从环境角度来分析企业可持续发展能力。我国改革开放初期，以火力发电为主的能源消耗，给环境造成了极大的污染。2008 年全国 GDP 能耗平均值为 1.102 吨标准煤/万元，是世界平均水平的 2.2 倍。而 2018 年全国 GDP 能耗平均值为 0.52 吨标准煤/万元，是世界平均水平的 1.5 倍。2021 年，国家发改委颁布的《中华人民共和国国民经济和社会发展第十四个五年规划和 2035 年远景目标纲要》将单位 GDP 能源消耗降低目标值设定为 13.5%。由此可见，近十年来我国能源发展向绿色低碳转型取得了可喜的成绩。从当前能源消耗指标与经济指标分析可以看出，我国能源发展已经由以解决供需矛盾为主转变为以提升质量为主的发展阶段，在保障国家能源安全的同时，通过科技创新改善生态环境和应对气候变化，培育企业经济增长新动能，引导企业在发展经济的同时，更加注重环境的保护。

第二，社会责任方面。企业在创造利润、对股东利益负责的同时，还要承担对企业的利益相关者的责任，保护其权益，不仅在经济方面，更在社会、环境等领域获得可持续发展的能力。同时，在提高企业市场开拓能力、树立企业形象、增强企业竞争力以及促进企业创新等方面也具有重要的作用。当前，全球经济形势正在发生深刻的变化，中国企业融入国际竞争能力逐渐增强，企业应加强社会责任建设，以适应各国的法律法规对企业责任的要求，使企业持续、健康、稳定发展。

第三，公司治理方面。公司治理是新的经济体系中不可或缺的重要组成部分。公司治理包含公司组织形式、控制机制、利益分配、管理架构等。良好的公司治理表现对于企业长期运营至关重要，企业稳定健康的发展是在完善的公司治理框架下形成的。2019 年，港交所在修订的《ESG 指引》中新增了"管治架构"的强制披露规定，强调了管治架构的重要性、董事会的领导角色以及提高董事会在 ESG 方面的问责性。2022 年在《上市公司投资者关系管理工作指引》中也明确将"公司的环境、社会和治理信息"作为上市公司与投资者沟通的内容之一。为此，完善的公司治理能力越来越受到金融投资机构的重视，也是持续健康发展必须具备的条件。

五　未来 ESG 发展新展望

（一）预测：从自愿走向强制①

目前，就政策法规而言，我国企业尚未形成统一的 ESG 信息披露框架，企业 ESG 披露以自愿为主，强制披露仅限特定行业的部分信息。

不过，ESG 信息披露正在走向规范化。2020 年 9 月深交所发布《深圳证券交易所上市公司信息披露工作考核办法（2020 年修订）》增加了第十六条"履行社会责任的披露情况"，首次提及了 ESG 披露，并将其加入考核。同月上交所也制定并发布了《上海证券交易所科创板上市公司自律监管规则适用指引第 2 号——自愿信息披露》，明确指出企业在自愿披露环境保护、社会责任履行情况和公司治理一般信息的基础上，应根据企业所在行业、业务特点、治理结构，进一步披露环境、社会责任和公司治理方面的个性化信息。

就披露规模而言，我国发布 ESG 相关报告的企业数量逐年增多，从2019 年的 946 家增长至 2021 年的 1130 家。但中小型企业和民营企业披露率显著低于大型企业与国有企业。两组数据可以佐证。一是沪深 300 上市公司中有 266 家发布报告，占比达 88.67%，远高于中小型企业的披露率。二是 2021 年国有企业 ESG 相关报告披露率为 48.67%，远高于民营企业18.07% 的披露率。

ESG 对披露的细节，如透明度、实质性议题、参照标准、单位绩效等有更多要求。随着 A 股纳入明晟（MSCI）等国际指数、互联互通机制不断深化，资本市场双向开放对上市公司强化信息披露提出了新的要求。为此，2022 年上交所和深交所修订了上市的规则，在规则中明确提出，必须把 ESG 纳入公司治理体系中去。其中，新规明确了一些特殊情况出现时要进行相应的信息披露，以及如果发生一些恶性的事件，可能直接导致企业退市。

与此同时，随着国际可持续发展准则理事会（ISSB）的成立，一套综

---

① 刘彦华：《ESG 两大关键环节：披露与评估》，《小康》2022 年 9 月下旬刊。

合性的高质量可持续信息披露基准性标准将会制定出来，多位专家预计，ESG 信息披露的强制性将越来越强。

（二）积极构建中国特色的 ESG 评价标准①

ESG 在我国已进入加速发展时期，ESG 投资规模持续增长，ESG 监管体系加速构建，ESG 评级评价不断拓展，ESG 信息披露日益活跃。同时，与较为成熟的发达国家相比，我国在 ESG 领域仍然面临诸多挑战，如适应我国国情的 ESG 体系建设尚在探索阶段，国外评级机构对中国企业 ESG 评级结果普遍偏低，等等。因此，建立一套与国际接轨同时符合我国实际的 ESG 评价体系迫在眉睫。

所谓"中国特色"，一是要把五大发展理念中的绿色发展放在首位，在 ESG 中的"E"即环境上作出根本性的改变，而不是简单的形式上的调整，要从思想观念上积极引导新的发展，把生态文明和绿色发展作为中国投资原则的增加项，利用后发优势，在这方面作出成绩。

二是国际社会 ESG 最早的参与方都是国际大投行，中国发展 ESG 要从起点上作出改变，不只是面向投资，所有的企业都应该借助工具开展 ESG 工作，尤其是数量庞大的中小企业，它们的能耗问题、治理问题比大企业更多，将它们囊括进来，充分本土化，将其在生态文明、绿色发展领域的最新成果同党和政府的要求、人民的美好生活愿望结合在一起。

2020 年 7 月，中国生物多样性保护与绿色发展基金会组织专家对《ESG 评价标准》团体标准进行了立项，并于 2021 年 10 月 14 日发布《ESG 评价标准》（T/CGDF 00011—2021）。这一评价标准主要不是从投资出发，而是从环境、碳指标在投资中越来越重要的角度出发。这一标准非常注重中国特色，加大了环境的比重，对提升全球 ESG 认知和负责任投资原则都是很重要的有益补充，总体框架遵循科学、透明、公正三大原则，按照环境、社会、治理三大方面，提出了 18 个二级指标和 54 个三级指标。细节上强调了生物多样性、循环经济、绿色发展，区别于目录式管理，更强调动态管理。环境方面（E）包含履行政策执行、环境制度建立、可持续经营、环境风险管控、污染物排放及处置、资源能源利用、生物多样性

---

① 刘彦华：《积极构建中国特色的 ESG 评价标准——专访中国绿发会副理事长兼秘书长周晋峰》，《小康》2022 年 9 月下旬刊。

保护、碳排放管理；社会责任（S）方面包含环境友好、产品责任、客户责任、劳动者权益保护、社区责任、安全生产、生态文化；公司治理（G）方面包含了现代化治理、治理规划、治理行为等。

六　结论与政策建议

（一）结论

2022 年，全球极端天气事件频发，给各国经济和生产造成极大影响，应对气候变化已成为国际社会的共识，世界各国纷纷采取行动、多措并举，应对全球共同的挑战。能源、交通、制造、建筑、工业、农业等方方面面都会发生改变，投资方向也会发生根本性的改变，ESG 将会在这一轮经济周期中迎来发展机遇。

归根结底，希望中国企业充分利用 ESG 理念，在新一轮经济周期中脱颖而出。做中国特色的 ESG，不仅要使其对大大小小企业产生适当示范意义，同时还要与国际评价体系高度接轨，与国际评价机构进行积极沟通交流，宣介中国主张和理念，增进共识。

（二）政策建议

清华大学中国经济思想与实践研究院院长、中国国际跨国公司促进会成长型企业发展委员会特邀顾问李稻葵指出，疫情促进的数字化发展将进一步推动服务贸易成为未来国际贸易的主要推动力，在此过程中，ESG 起重要作用。政府需要制定与完善相关法律法规，建立相关体制机制，促进企业更好履行 ESG；并通过逐步提升碳排放税，形成全国统一碳排放市场，制定统一碳排放定价。政府、市场和企业三方需合力推动绿色低碳转型发展。

《中国上市公司 ESG 研究报告（2021）》称，中国上市公司的 ESG 发展迎来新的机遇，中国 ESG 投资将呈现八大发展趋势：一是 ESG 投资理念与新发展理念、新发展阶段的要求不谋而合。二是监管政策和信息披露将逐步完善，ESG 评价影响力将进一步扩大。三是 ESG 评级将成为评价企业中长期成长价值的重要参考。四是采用智慧手段开展 ESG 动态评价，将成为未来 ESG 投资的重要参考依据。五是投资者越发重视 ESG 投资策略，ESG 产品布局将明显提速。六是上市公司在 ESG 领域的良好表现对投资价值的正面影响进一步提升。七是中国 ESG 投资有望从公司向项目、重大技术扩展。八是社会、环境等领域代表不同利益的主体将被纳入，构建 ESG 发展新生态圈。

ESG 不再是遥不可及和高深莫测的理念，也不只是上市公司、大型国企才需要面对的问题，它是整个人类文明向善的推动力量，是让生活更美好、地球更好存续的重要路径。所有的企业都应该借助 ESG 工具开展工作，尤其是中小企业，它们的能耗问题、治理问题比大企业更多，将它们囊括进来，实现 ESG 的充分本土化，才可以在生态文明、绿色发展领域实现人民的美好生活愿望。

参考文献

［美］马克·墨比尔斯、卡洛斯·冯·哈登伯格、格雷格·科尼茨尼：《ESG 投资》，范文仲译，中信出版集团股份有限公司 2021 年版。

陈雳：《海外 ESG 的发展与启示》，中国首席经济学家论坛，2022 年 8 月 31 日。

王晓光等主编：《中国上市公司 ESG 研究报告（2021）》，社会科学文献出版社 2022 年版。

社会组织推动生态文明建设实践评析

——以中国生物多样性保护与绿色发展基金会为例

陈承新　王　静　胡　丹[*]

　　党的二十大，是中国进入全面建设社会主义现代化国家新征程、迈向第二个百年奋斗目标的关键时刻召开的一次十分重要的大会，也为社会组织发展指明了前进方向、提供了根本遵循。社会组织围绕党的二十大提出的重点任务，结合自身特点，在谋实做实落实党的二十大精神的着力点上下功夫，对于推动组织自身在中国式现代化进程中更好发挥作用具有重大意义。中国生物多样保护与绿色发展基金会（以下简称中国绿发会），从成立之初的单一物种保护不断拓展提升至全领域生态环境保护与可持续发展，以生物多样性保护和绿色发展为核心业务，坚持以习近平生态文明思想为指导，致力于在经济、社会发展转型中推动各领域深入贯彻"绿水青山就是金山银山"理念，从理论研究、路径创新、生态实践、问题分析、改进建议等方面展开了多角度、多层次的探索。本文以该组织为例，对当前社会组织推动生态文明建设实践作出评析。

---

　　* 陈承新，政治学博士，中国社会科学院政治学研究所当代中国政治研究室副主任、副研究员，中国社会科学院大学政府管理学院院长助理、公共政策系主任、研究生导师，美国芝加哥大学访问学者（博士后资格），主要研究方向为社会治理与民主政治；王静，中国生物多样性保护与绿色发展基金会新闻发言人、政研室主任、副研究员，北京市大兴区优秀青年人才，世界自然保护联盟（IUCN）教育与传播委员会专家库成员，主要研究方向为生态文明、绿色发展等；胡丹，管理学硕士，中国生物多样性保护与绿色发展基金会宣传部干事，内蒙古自治区侨联侨青联合会委员，主要研究方向为生物多样性保护与低碳绿色循环发展。

一 背景与历程

中国绿发会前身为中国麋鹿基金会，其发展与中国经济社会发展同频共振，尤其是与国家对生态环境保护重视程度的不断提升同向而行，先后经历了三个重要阶段。通过了解中国绿发会发展的背景与历程，可为进一步了解中国社会组织在新时期生态文明建设中发挥的重要作用奠定基础。

（一） 充满使命感的初创期

1985 年至 1992 年，为重引进麋鹿而成立基金会的初期阶段。1900 年，八国联军攻陷北京，加之永定河河水泛滥，致使当时北京南郊皇家猎苑中世界上仅有的 200 多头麋鹿种群在中国消失殆尽。1985 年 5 月，随着中英邦交深化，英国乌邦寺庄园主人塔维斯·托克侯爵提出，愿意将该庄园养护的 38 头麋鹿作为两国友谊的象征，送还中国。为使麋鹿顺利重归故土并繁衍生息，时任全国政协副主席的吕正操、包尔汉、钱昌照等同志发起并成立中国麋鹿基金会。到 1993 年，最初重引回国的 38 头麋鹿，已繁育增长至 200 余头，并在湖北石首的长江故道首次成功野放，麋鹿重引进项目成为世界物种重引进范例。截至目前，中国麋鹿数量已从最初的不足 100 只增加到 9000 余只，该物种实现繁荣。

（二） 与时俱进的拓展期

1992 年至 2009 年，是中国绿发会发展的第二个重要阶段。随着国际社会环境保护运动的兴起，特别是 1972 年联合国首次召开人类环境会议和 1992 年联合国召开环境与发展大会，中国随着改革开放的深入，与国际社会往来交流日益密切，环境保护理念也日益得到广泛重视。特别是 1992 年，中国正式签署联合国《生物多样性公约》，中国绿发会也已成功完成成立初期的麋鹿重引进任务，经理事会领导研究，认为应将业务范围由单一物种保护，扩展为生物多样性保护，将有利于推动我国与国际全面接轨。1997 年，经报中国科协批准，中国麋鹿基金会更名为"中国生物多样性保护基金会"，业务范围也随之拓展至生态系统多样性、物种多样性、基因多样性保护领域，为该组织未来在这方面的深入研究与实践奠定了坚实基础。

（三）提速升级的发展期

2009 年至今，中国绿发会进入发展的第三阶段。这一时期，随着全球经济形式的转变，绿色发展事业进程显著提速，生物多样性保护在绿色发展领域也日益显现出独特的社会经济价值。2009 年，中国生物多样性保护基金会在胡德平、胡昭广等第四届理事会领导下，更名为"中国生物多样性保护与绿色发展基金会"，中国绿发会进入 21 世纪的发展之路也由此更加明确。顶层设计完善也促进了内部发展变革。2015 年，中国绿发会深化机构内部改革，从管理体制、人员聘用、业务范围等多方面实现升级创新，邀请资深学术专家、行业领军人物、学科带头人等加入，广泛吸纳大学生、研究生等青年，以及长期在环保一线奋战的资深环保人士，形成了涵盖生态环境保护与研究、环境司法实践、社会发展调研、社会公益支持、绿色低碳服务、青年人才培养、科普教育宣传、国际交流合作等多领域的包含一系列专项基金和工作委员会等在内的工作组织架构，实现了业务范围拓展和内部转型升级。

二　做法与特点

社会组织是我国社会主义现代化建设的重要力量。改革开放以来，我国社会组织不断发展，在促进经济发展、繁荣社会事业、创新社会治理、维护公众利益、扩大对外交往等方面发挥了积极作用。进入新时代，社会组织日益成长并发挥越来越显著的治理功能，也随之获得越来越清晰的政策支持和引导。2016 年，中共中央办公厅、国务院办公厅《关于改革社会组织管理制度促进社会组织健康有序发展的意见》明确指出，"以社会团体、基金会和社会服务机构为主体组成的社会组织，是我国社会主义现代化建设的重要力量"。党的十八大报告提出，"加快形成政社分开、责权明确、依法自治的现代社会组织体制"。在如何参与推动治理的方向上，党的十九大报告进一步明晰，"全面深化改革总目标是完善和发展中国特色社会主义制度，推进国家治理体系和治理能力现代化"。

结合这一背景，笔者梳理并归纳了中国绿发会近年来在资政建言、标准完善、科研调查、生态保护实践等方面所开展的工作，进而总结其推进工作开展的特点，同时结合具体案例，分析中国绿发会在推动生态文明建设、生态环保理念创新等方面的情况。希望以此为基础，对人们了解中国社会组织在加强和创新经济组织形式、调节社会分配、维护社会公正和社会稳定等方面所能发挥的重要作用提供一个观察窗口。

（一）主要做法

1. 搭平台、设机构，组织化开展资政建言工作

搭建全国"两会"议/提案建议交流平台。一年一度的全国"两会"是参政议政的重要契机。让企业关注、民间关切的焦点问题，通过"两会"得到有效沟通和反馈，搭建"两会"代表和人民的沟通渠道，非常重要。秉持服务宗旨，中国绿发会发起并组织召开了全国"两会"议/提案建议会，以此作为平台，一方面在全国范围内广泛征集生物多样性保护、生态文明、环境保护和绿色发展等领域的建议；另一方面广泛联系全国和地方的人大代表、政协委员和建议人进行沟通、交流，通过这种实时的双向沟通机制，让人民群众、社会组织、专家学者一起为"两会"代表委员的议案、提案做服务，同时为代表委员关心的领域提供数据和技术支撑。

自 2016 年起至 2022 年，中国绿发会已连续举办 6 年全国"两会"议/提案建议会。结合自身调研和工作实践发现的问题，以及向国家有关部门、社会组织、环保志愿者等征集的建议，中国绿发会共汇编了 200 多份"两会"建议，聚焦社会各界最为关心、最有价值的生态环保领域议题，邀请部分全国人大代表、全国政协委员与会指导，其中有 40 余份建议获代表、委员认可、提交。

组织化开展立法、修法建议工作。中国绿发会通过设立法律工作委员会并由其牵头积极开展立法和修法的建议工作，通过这项工作的开展，将绿色发展和生物多样性保护的相关理念和内容，充分补充完善至相关法律中，以加强生态文明在我国司法体系中的呈现。近些年来，中国绿发会已经深度参与了数十项法律法规的起草和修订工作，其中包括固体废物法、森林法、黄河保护法、长江保护法、青藏高原生态保护法、野生动物保护法等法律的修订建议或立法建议，并获得有关部门的积极回复，有些法律建议被全部或部分采纳，成为中国社会组织开展司法实践工作的一个标杆。现列举几项法律建议的简要内容供读者参阅。

《中华人民共和国固体废物污染环境防治法》采纳中国绿发会建议

2018年8月，中国绿发会就《中华人民共和国固体废物污染环境防治法（修订草案）》（以下简称《草案》）提出了立法修改建议，包括总体建议9条，具体建议24条。

2020年4月29日，新《中华人民共和国固体废物污染环境防治法》（以下简称新《固废法》）由中华人民共和国第十三届全国人民代表大会常务委员会第十七次会议修订通过，并于2020年9月1日正式施行。经对比梳理发现，新《固废法》采纳了中国绿发会建议，主要包括以下九个方面。

一、细化界定固体废物

中国绿发会建议在附则中对固体废物予以明确界定，该建议得到了很好的回应。新《固废法》不仅对固体废物、工业固体废物、农业固体废物、危险废物做了细化界定，而且同样对建筑垃圾等作出界定。

二、明确污染担责

中国绿发会建议要明确固体废物污染担责，即"损害者担责原则"，实现谁污染谁负责。新《固废法》第5条做出明确规定："固体废物污染环境防治坚持污染担责的原则。"

三、提升全社会参与固体废物防治的意识

中国绿发会提出建议"希望全面提升全社会参与固体废物污染防治的意识，而且要充分发挥公众的参与"。新《固废法》第11条作出明确规定："国家机关、社会团体、企业事业单位、基层群众性自治组织和新闻媒体应当加强固体废物污染环境防治宣传教育和科学普及，增强公众固体废物污染环境防治意识。学校应当开展生活垃圾分类以及其他固体废物污染环境防治知识普及和教育。"

四、设置对举报人保护的条款

中国绿发会提出建议"发挥社会公众和新闻媒体的监督作用，鼓励检举揭发违法行为，并为举报者提供良好的保护和鼓励机制"。新《固废法》第31条规定："接到举报的部门应当及时处理并对举报人的相关信息予以保密；对实名举报并查证属实的，给予奖励。举报人举报所在单位的，该单位不得以解除、变更劳动合同或者其他方式对举报人进行打击报复。"

五、加强信息公开和公众参与

中国绿发会建议"强化信息公开和公众参与的规定,可以支持建立专门发布相关信息的平台,引入社会监督,一方面督促政府部门依法行政,加强监管。另一方面,保障固体废物处理全过程透明、公开,可追溯,倒逼企业履行环境责任,消除污染影响,同时也减少企业处置不当的法律风险。"新《固废法》在第 28、29、31、36 条予以明确回应,对信息公开和公众参与进行了具体的条款规定。

六、关注农村农业固体废物污染

中国绿发会在建议中提出,《草案》城乡协调不平衡,涉及农村农业污染的规定很少,当前农村农业的污染形势已非常严峻,建议应该设立单章或单节关注农村农业的污染。新《固废法》已在第五章专章规定建筑业、农业等固体废物专章,对农业农村固体废物污染进行规定。

七、规范新类型固体废物污染

针对外卖平台、网购快递等出现的新的固体废物污染源,中国绿发会在建议中提出要做出有效的规范。新《固废法》第 63 条做出了明确的规定。

八、修改进口固体废物条款规定

中国绿发会建议关于进口固体废物的规定要留有空间,避免"一刀切"的情况发生,新《固废法》在第 23、24、25 条中已进行了修改。

九、厘清环境公益诉讼与生态环境损害赔偿诉讼

这是《草案》法律规定中的焦点条款。中国绿发会建议《草案》能够把公益诉讼和生态环境损害赔偿诉讼的边界搞清楚,关系要理顺。新《固废法》第 121、122 条都分别对涉及固体废物污染的环境公益诉讼和生态环境损害赔偿诉讼做出分别的规定。重要的是在有关生态环境害赔偿诉讼的法律条款规定中接受了中国绿发会的建议,把"损害社会公共利益"的行为纳入环境公益诉讼的范畴,而不是归入生态环境损害赔偿诉讼中。这是一个重大的改变,这样规定,环境公益诉讼和生态环境损害赔偿诉讼并行发展,避免相互交叉甚至撞车的情况发生。

《中华人民共和国黄河保护法》吸纳中国绿发会建议

2021 年 4 月，水利部对《黄河保护立法草案》（以下简称《征求意见稿》）向社会公开征求意见，中国生物多样性保护与绿色发展基金会法律工作委员会（以下简称中国绿发会法工委）高度重视，并牵头举办了"黄河保护法讨论会"，邀请了来自湿地生态、环境法等领域的专家学者以及多位一线生态环境保护工作者共同参与，就黄河目前所面临的主要问题，结合《征求意见稿》的内容展开了深度交流和广泛讨论，并提出了很多富有建设性的观点和建议。会后经认真研究、汇总、整理，中国绿发会法工委针对《征求意见稿》提出 11 条总体建议和 15 条详细建议，并递交水利部。

其中 11 条总体建议为：

第一，进一步明确黄河保护法的定位；

第二，《征求意见稿》应更关注黄河的生态安全；

第三，以生态安全为指导思想，对黄河保护与发展的关系进行协调；

第四，将黄河生态用水纳入刚性约束；

第五，要高度重视黄河的生物多样性保护；

第六，应高度重视黄河水环境在整个黄河保护当中的风险防控问题；

第七，应在黄河保护法中真正落实损害担责原则，充分发挥公益诉讼的作用；

第八，黄河保护法应协调好与其他相关法律的关系；

第九，黄河流域新建项目应增加"生物多样性影响评估"；

第十，应明确黄河流域的职权负责机制；

第十一，黄河立法应保障公众参与。

2022 年 10 月 30 日，第十三届全国人民代表大会常务委员会第三十七次会议通过了《中华人民共和国黄河保护法》。比照该法内容可发现，在黄河流域范围囊括、政府部门层级职能明确、水土保持及对科学合理使用农药、科学处理处置农药废弃物等方面和删除条文中对外开放、"一带一路"的规定等内容，均采纳了中国绿发会法工委的修改建议。2023 年 3 月 1 日，这部法律正式实施。

2. 完善标准，提升绿色发展水平

重点引领团体标准建设。2015 年 3 月，国务院印发了《深化标准化工作改革方案》。方案指出，标准化在保障产品质量安全、促进产业转型升级和经济提质增效、服务外交外贸等方面起着越来越重要的作用。但是，从我国经济社会发展日益增长的需求来看，现行标准体系和标准化管理体制已不能适应社会主义市场经济发展的需要，甚至在一定程度上影响了经济社会发展，主要表现为标准缺失老化滞后、交叉重复矛盾、体系不够合理、标准化协调推进机制不完善四个方面。并提出"培育发展团体标准，放开搞活企业标准，激发市场主体活力；把该管的管住管好，强化强制性标准管理，保证公益类推荐性标准的基本供给""坚持国际接轨、适合国情。借鉴发达国家标准化管理的先进经验和做法，结合我国发展实际，建立完善具有中国特色的标准体系和标准化管理体制"等改革原则。

以此为指导，中国绿发会积极开展行动，申请并取得了团体标准制定和发布资格。截至 2022 年 11 月 21 日，已完成并发布了 34 项团体标准，其中包括紧密服务社会经济绿色发展的《生物多样性调查与监测标准》《企业碳评价标准》《中国责任投资原则（CNPRI）》《ESG 评价标准》等标准内容，在与政府主导制定的系列标准形成有效互补的基础上，积极推进国家生态文明建设，服务绿色发展。

《生物多样性调查与监测标准》

该标准适用于不同区域、面积大小不等的森林、荒漠、草原、内陆型江河湖泊等湿地、海岸滩涂、农田、城市等生态系统及物种多样性、遗传资源多样性方面的调查与监测（海洋生态系统除外）。对开展区域生物多样性本底调查、项目建设施工的生态环境影响评价、保护区（地）的设立与建设、被污染或被破坏地区的修复等相关工作具有指导意义。

《ESG 评价标准》

  该标准由中国绿发会标准工作委员会联合中国证券业协会、中国发展研究院、中国可持续发展研究会，以及国际中国环境基金会等机构共同制订。《ESG 评价标准》为企业和机构提供环境、社会及治理的评价体系，规定了评价的基本原则、实践要求、评价指标和评价方法等内容，旨在规范社会责任的同时，促进企业和机构在全球背景下的可持续发展，推进我国生态文明建设，构建人类命运共同体。

  除了积极制定团体标准，中国绿发会还就现行国家标准、行业标准和地方标准提出了修订建议。例如，针对月饼过度包装日益严重问题，为缓解由此造成的生产所消耗的能源成本和碳足迹增加、包装垃圾引发进一步环境污染等问题，并倡导公众理性消费、绿色消费，中国绿发会从提升标准规范力度角度出发，建议修订《限制商品过度包装要求食品和化妆品》国家标准。经过两年多的努力，中国绿发会成功推动《限制商品过度包装要求食品和化妆品》（GB 23350－2021）国家标准第 1 号修改单于 2022 年 8 月 15 日正式实施。该项标准由国家市场监督管理总局（国家标准化管理委员会）批准发布。修改单吸纳了中国绿发会部分建议，主要对月饼、粽子的包装做了更严格的规定，针对月饼和粽子的包装层数、包装成本、混装要求等进行了调整。

  积极参与国家职业标准修订。生态文明时代需要更契合时代发展需要的国家职业标准，实现社会经济发展方式的绿色转型，需要大批绿色技能人才提供强有力的专业支撑和保障。在坚持完善职业教育指导思想的基础上，为了把生态文明和低碳发展理念融入相关行业从业人员的职业理念中，中国绿发会经中国劳动和社会保障部授权，承担了 8 项国家职业标准的修订工作，参与了 1 项国家职业标准的制定工作，充分发挥中国绿发会在生态文明研究、生物多样性保护、绿色发展方面的专业优势，为培养绿色技能人才服务，为推进美丽中国建设贡献"绿色力量"。

  截至 2022 年 12 月，中国绿发会已全部完成 9 项国家职业标准的修订/制定工作，在传统的健康、安全的食品生产加工理念基础上，将生态环境保护、绿色发展、"双碳"目标等纳入标准的基础知识范畴,其中《肉制品加工工》《酱油酱类制作工》《食醋制作工》《畜禽屠宰加工工》四项标准修订已进入专家初审阶段。

3. 重视智力支持,开展专题科研项目

2016 年以来,中国绿发会重点组织开展了生态系统生产总值(GEP)核算、生态文明城市建设规划、三江源生态科考、卓乃湖溃坝考察(连续开展三次)、"罗布泊十年科学行动"(截至目前已连续开展三年)、黄河全流域科学考察(2020—2021 年)、高压输电线对候鸟迁徙影响调研等项目,从地区可持续发展和建设规划、水资源、气候、植被、土壤等生态环境状况,多角度分析、研究、记录,为推动绿色发展、积极应对气候变化,助力有关部门发展决策等提供了第一手的科学参考。此外,中国绿发会还于2022 年建立科研课题管理制度,面向国内外生物多样性、生态环境、绿色可持续发展、环境法治建设等方面的专家、学者和科研工作者开展科研课题资助,截至目前,共资助专项课题 11 项,涉及 11 家机构或单位。

卓乃湖溃坝考察

2011 年 9 月,青藏高原可可西里卓乃湖溃决,多年后干涸的湖床成为风沙源,引发了严重的沙尘暴,在三江源地区"独一无二"的自然演变会不会引发连锁反应,导致世界第三极生态环境出现变化?来自人类的干预应扮演何种角色,值得人们深思和关注。中国绿发会与中科院空天信息研究院联合开展的考察行动表明,卓乃湖南岸的湖滩沙化,将可能让藏羚羊丧失最关键的大产房!扩大的风沙源区可能影响整个流域乃至长江源的生态环境。中国绿发会联合有关部门多年持续科考调研认为,通过积极的人工干预,如在溃决处新修建阻水大坝,可涵养水源,逐步消除风沙威胁,减轻水患。卓乃湖溃决已成历史,但它的生态后果正在显现。该区域沙尘暴的起沙量很大,下游 20 千米处发现了移动沙丘、80 千米处发现了风沙堆积。虽然目前卓乃湖沙尘影响范围为局部地区,但未来影响不容忽视。中国绿发会已根据考察情况,形成建议提交国家有关部门。

4. 多措并举，推动生态环境保护

开展环境公益诉讼。2015年新《环保法》实施，中国绿发会作为适格主体，组建法律部并开展了环境公益诉讼系列工作。7年多来，中国绿发会已提起一百多例环境公益诉讼，占全国社会组织提起此类案件的绝大多数，在国内外备受瞩目。其中腾格里沙漠污染案、校园"毒跑道"案、淘宝网非法售卖汽车尾气"净化器"案、方圆玻璃企业大气污染案等案例，分别被最高法院、中国法学会案例法学研究会等评为年度公益诉讼典型案例，对推进中国环境司法进程起到了巨大推动作用。

校园"毒跑道"案

2016年4月全国范围内的部分幼儿园、小学学校的学生普遍出现发烧、流鼻血、头晕、过敏等症状，更甚者出现白血病的学生，引起学生家长的恐慌，同时学生家长发现出现这些症状的幼儿园、小学学校的塑胶跑道有刺激性味道，不禁怀疑孩子们出现这些症状与幼儿园、小学学校的塑胶跑道有关。中国绿发会第一时间介入并关注塑胶跑道，并将此事件定为"塑胶跑道事件"。

2016年6月21日，中国绿发会针对北京市朝阳区刘诗昆万象新天幼儿园、北京百尚家和商贸有限公司就塑胶跑道事件向北京市第四中级人民法院提起环境公益诉讼，请求拆除有问题的塑胶跑道，并对塑胶跑道污染的土壤和大气进行修复、赔偿损失等诉求。该案件于2016年7月21日获受理。在被告积极配合，并对问题跑道进行全面拆除等情况下，案件获调解结案。正是这起针对塑胶跑道事件的首起环境公益诉讼，不仅通过司法途径促进解决校园塑胶跑道污染问题、保护学生的身体健康，还促使有关部门对校园塑胶跑道铺设的国家标准进行了修订，从根本上成功推动了问题有效解决。

开展国际项目合作。中国绿发会承接无烟草青少年行动基金（TFK）项目活动，设立"环境保护促进中国控烟立法"项目，举办了两场控烟讨论会、一场控烟培训、一部控烟宣传片和一部控烟公益片。向司法部提交

13 部 2022 年立法项目建议，其中包括《公共场所控制吸烟条例》建议；对《电子烟管理办法（征求意见稿）》提出七方面的建议；2022 年 7 月向国家卫健委提交关于生态环境部作为烟草控制框架公约履约工作部际协调领导小组组成单位的建议函，得到积极回应。

此外，中国绿发会还携手联合国难民署，帮助巴基斯坦难民营减轻能源负担，改善基本生活状况，计划累计支持 3.5 万户阿富汗难民家庭以及巴基斯坦居民，推动当地清洁能源的使用。

（二）突出特点

1. 重视理念先行，引领生态治理创新

以"邻里生物多样性保护"理念指导生物多样性保护。邻里生物多样性保护（Biodiversity Conservation in Our Neighborhood，BCON），是指人们在生产、生活过程中开展的生物多样性保护。即在生产生活中就地、就近、因地制宜地开展生物多样性保护，尽可能减少对自然和野生动植物栖息地的干扰，减缓因人类活动持续扩张而带来的生物多样性急剧丧失趋势，推动可持续生计，实现人与自然和谐共生。邻里生物多样性保护是确保 2020 年后全球生物多样性框架成功的重要方法论。

以"碳平等"理念推动"双碳"目标。为践行国家"双碳"目标，中国绿发会提出了"碳平等"理念，呼吁以此作为指导路径，积极应对气候变化。碳平等的核心思想是"人人生来碳平等，具有平等的碳排放权和碳责任"（We're born equal of carbon：carbon rights and carbon responsibilities）。"碳平等"理念，建议从消费端出发，构建基于消费端的碳管理和减碳驱动。

以"基于人本的解决方案"鼓励发挥公众力量。基于人本的解决方案（Human-based Solution，HbS）主要指人类自身通过改变生产和生活方式，从主观意识出发，选择对生态环境更加友好的方式，进而推动市场和资本作出更加尊重自然的改变。该理论注重发挥社会经济发展中，人这一因素的主观能动性，通过每个人的行动，推动社会整体改变。如倡导每个人积极践行节约原则，通过减少浪费，譬如，少用一次性塑料制品、随手关灯、尽量选择公共交通工具出行等，减少非必要不必需的化石能源消费，以此减少碳足迹，以帮助人和动物更好地适应气候变化及其所带来的影响和挑战。

以"环境治理三公理"和"生态恢复四原则"指导环境治理和生态恢复。针对当前我国正在不断加大的环境治理和生态修复工作，中国绿发会结合实际，提出了"环境治理三公理"和"生态恢复四原则"。"环境治理三公理"即环境治理需要遵循并做到不扩散、不为害、充分公示；"生态恢复四原则"是指节约原则、自然原则、有限原则、系统原则。这两个理论相辅相成，在生态文明建设实践中发挥着重要的作用。

2. 重视多元参与，探索科普与传播创新

通过专业期刊建设和中国绿发会融媒平台搭建，将学术语言"科普化"、专业问题"亲民化"，思想研究"实践化"，以通俗易懂、风俗有趣的表述和案例，传播生态文明建设理念，对生物多样性与绿色发展领域存在的问题进行分析探讨，对绿色低碳科技进行落地推广支持。

如：创办 *Biodiversity Conservation and Green Development*（中文名称《生物多样性保护与绿色发展》，国际刊号为 ISSN 2749 - 9065）国际开放性学术期刊，聚焦生物多样性、可持续性、环境科学和生态文明方面的最新专家研究与动态、热点，发挥科普性、前沿性、创新性、综合性、便捷性等特点，提供关于环境政策和环境管理框架问题的快捷探讨与分析。搭建中国绿发会融媒平台，包括微信、微博、网站、澎湃问政号、今日头条、人民日报人民号、百家号、抖音、B 站等 40 多个新媒体平台。发扬公民科学家精神，广泛吸纳志愿者积极开展生态环保领域调研与保护工作，开设中国绿发会志愿者在线注册平台。在生态文明教育方面，近三年来，中国绿发会通过开展生态文明大讲堂系列活动，先后在北京大学、清华大学、中国人民大学、北京理工大学、浙江大学、南方科技大学、郑州大学、宁波诺丁汉大学、耶鲁大学、乔治城大学等 30 多所高校，分享生态文明研究和绿色发展实践领域最新动态。连续举办 3 届大学生环保知识竞猜活动。目前，中国绿发会已联合多所高校开展大学生生态文明读本和教材的编撰工作。

三　成效与问题

中国的发展正处于重要战略机遇期，也是中华民族伟大复兴战略全局与世界百年未有之大变局的历史性交汇时期。国内外环境的深刻变化既为生态文明建设带来新的机遇，也带来新的挑战和问题。在系统厘清中国绿发会发展历史背景和重点工作及特点的基础上，笔者重点分析总结中国绿发会在与各级政府工作衔接、科研与科普融合、国际交流合作、科学传播等方面所取得的成效与问题，以期为社会组织在中国快速推动生态文明建设的重要发展阶段妥善应对问题和挑战提供借鉴性思路。

（一）主要成效

1. 助力了政府主导的发展保护工作

近年来，政府不断加大保护力度，划定生态红线、建设自然保护区，使得我国纳入国家和地方政府保护地体系的范围不断扩大，对我国生态环境保护工作起到了积极推进作用。此外，由于人手不足、资金不足，以及面对诸如物种入侵、农业、基础设施项目、森林开发和采矿等方面的外部威胁困境，现有系统的保护效率还存在不足，并且随着保护物种的迁徙、移动和变化，政府保护体系短期内也难以实现灵活变通。在被评估的保护区中，只有20%—50%得到了有效管理。其中，边界范围和保护功能的不明确，导致日常维护储备以及监督执法困难等关键问题不断增加，侵占和改变自然保护区土地利用类型的情况时有发生，所有这些都严重威胁着对自然生态系统和濒危动植物的有效保护。中国绿发会联动人民广泛参与的保护行动，不仅与政府主导的保护措施形成了有效互补，也带动了更多公众参与到生态环保实践中来。以中国绿发会保护地项目、低碳工坊项目和生态文明驿站为例。

随时随地中国绿发会保护地

"中国绿发会保护地"体系是由社会组织倡导、运作的全国性生物多样性保护体系，致力于生物多样性、自然环境、自然资源和人文遗迹等保护，鼓励并支持志愿者、社会组织及社区申请加入，以人民群众保护为核心思想参与保护。保护对象包括但不限于动物、植物、不可移动的文

物、古树、自然奇观等。自建立以来该体系已取得丰硕成果并得到了社会各界的积极参与。截至 2022 年 11 月 22 日，中国绿发会已在西藏、新疆、河南、甘肃、内蒙古、宁夏、青海、海南、河北、湖北、湖南等 20 多个省、自治区，设立了自然生态系统类、生物多样性类、生态景观类等多种类型保护地 191 个，保护对象涉及暗夜星空、古树古文物、沙漠湿地、濒危植物五小叶槭，以及濒危动物中华对角羚、南海珊瑚、中华白海豚和斑海豹等各种类型。仅"中国绿发会保护地"体系吸纳志愿者就有 2 万余名，在生态环境保护、野生动物救助、宣传科普教育等众多领域成绩显著。随着保护地项目的实施和影响力逐渐扩大，项目直接推动江苏高邮市出台了全国第一个保护地管理办法。

低碳工坊

低碳工坊指践行生态文明和绿色发展理念，采取低碳减排措施，致力于实现碳中和的个人、场域、机构或其他实体，旨在发掘生产生活中低碳发展的具体实践与示范，通过一个个具体减碳的样板，展示技术、方式、做法上的绿色转型，以带动和促进人类社会持续降碳减排，实现碳中和与可持续发展。

低碳工坊体系对申报主体不设限制，凡是符合"低碳工坊"指导思想、建设目的和建设领域的个人、机构、企业等，均可申报，中国绿发会从以下几个方面（包括但不限于）给予重点扶持：

第一，推动各低碳工坊工作与国家政策积极衔接；

第二，不定期开展低碳工坊建设培训和交流活动；

第三，推荐优秀低碳工坊负责人申报中国绿发会"生态文明、生物多样性保护与绿色发展"科技奖励，对获奖人给予表彰奖励；

第四，低碳工坊建设过程中需要工作组协调解决和服务的其他事项。

截至 2022 年 11 月 22 日，中国绿发会已在各地成功推动开展 17 个低碳工坊。

生态文明驿站

生态文明驿站以生态文明思想为引领，面向资源节约、环境友好型产业发展，推动可循环回收利用，助力生态文明建设的个体、团队或机构等，是中国绿发会创新开展建设并面向社会各界开放申请，鼓励并支持志愿者团队、学校、社会组织及社区、企业等积极参与的生态文明建设实践体系。

生态文明驿站是中国绿发会传播城乡生态文明建设的重要窗口，中国绿发会生态文明驿站工作组通过审核、评估，对申报主体进行"生态文明驿站"授牌，并指导、服务其开展一系列生态文明实践活动，传播他们在这一领域的典型事迹和优秀故事，如同撒播"火种"一般，引导更多公众和团队参与进来。截至 2022 年 11 月 22 日，中国绿发会已在全国范围内开展建设了 95 个生态文明驿站。

2. 实现了科研与公益相得益彰

中国绿发会是民政部登记注册的公益性社会组织，同时是中国科协下属全国学会。综合两方面职能特点，中国绿发会将生态环境保护和科学研究有机结合起来，一方面结合生态环境领域的热点、重点议题，进行现场保护调研和宣传；另一方面通过科学考察，研究问题背后的原因及发展趋势，并形成科学报告和建议提交有关部门作为决策参考。

2021 年，中国绿发会成功入选中国科协学会能力提升专项"特色一流学会建设项目"特色创新学会，并以"深度参与全球科技与环境治理""打造大科学平台"为主要抓手，在创建国内一流创新学会的建设中，取得显著成绩。这些成绩也为科研项目的持续、深入开展，探索生态演替规律、全球气候变化应对及重大工程决策，以及做好当地生态环境保护决策等提供了扎实的科学依据。中国绿发会的 11 个会议也入选为中国科协 2022 年度"全国重要学术会议"。由中国绿发会负责组织实施并联合中国科学院空天信息创新研究院开展的"'亚洲水塔'失衡失稳对青藏高原河流水系的影响"项目，入选 2021 年度十个对我国科学发展具有导向作用的前沿科学问题。

3. 推动了社会各界"走出去"与"引进来"

随着积极开展国际交流与合作，目前，中国绿发会已加入约 40 个国际组织，有 25 名专家担任高级别职位；加入了 16 个国际大科学计划；2022 年组织了数十场线上线下国际科技会议，并且参加了百余场线上线下国际科技会议与活动。其中，2022 年 10 月 20 日，中国绿发会正式成为联合国政府间气候变化专门委员会（Intergovernmental Panel on Climate Change，IPCC）的观察员。中国绿发会开展的活动也得到了国际社会的积极支持。如，2022 年中国绿发会"世界地球日"（Earth Day）活动得到国际社会的大力支持，斯里兰卡大使帕利塔·科霍纳（Palitha Kohona）、巴基斯坦大使莫因·哈克（Moin UI Haque）、阿联酋大使阿里·扎希里（Ali Obaid Ali Al Yabhouni Al Dhahebi）、比利时前驻华大使帕特里克·奈斯（Patrick Nijs）、法国驻华大使罗梁（Laurent Bili）、玻利维亚大使馆临时代办贝尔蒙特等送上视频祝福。

在人才推荐与引进方面，中国绿发会也取得了一系列成就。比如在青年人才培养方面，中国绿发会国际部与北师大—港浸大国际联合学院双方共同发起的"可持续发展人才培养计划"正式落地，并签署谅解备忘录（MOU）。重点推荐具有生态环境保护相关实践与志愿活动的中国学子入读国际名校，并以其为"种子"，作为民间国际生态环保活动的沟通桥梁，截至目前已成功推荐近十余位中国学子成功入学。广泛联系在国外的华人学者和专家，邀请其加入中国绿发会顾问团队，目前已有 10 多位外籍专家服务于中国绿发会的科研与环保工作。

在国际交流过程中，中国绿发会积极建言，传播生态文明建设理念。如：2018 年底，中国绿发会向联合国《生物多样性公约》（CBD）秘书处建言，建议将生态文明纳入 2020 年后生物多样性框架的指导思想。该建议获 CBD 秘书处积极反馈。根据官方正式发布的消息，2020 年联合国生物多样性大会主题正式确定为"生态文明：共建地球生命共同体"。2020 年 11 月 4 日，由中国绿发会提交的建议《调整传统医药实现社会和环境可持续性》（*Adopting Traditional Medicine to Achieve Social and Environment Sustainability*）获世界自然保护联盟（IUCN）成员投票表决通过，为中医药产业在国际范围内的可持续发展提供了助力。

4. 扩展了科普教育与传播影响力

截至 2022 年 11 月 22 日，中国绿发会先后在湖南、福建、黑龙江、北京、广西等多个地区的政府机关、高校、企业和社团开展了 22 场"生态文明"专题宣讲，内容涵盖习近平生态文明思想学习、生态文明建设案例点评、绿色发展与"双碳"目标等；开展了面向全国各地中小学及其他教育单位学生开展的"塑料污染"生命关怀教育主题课堂，活动覆盖 15 个省份、2 个自治州、3 个直辖市，共 41 个地级市，472 所学校及教学单位约 15 万名中小学生。同时，中国绿发会作为中国科协政务信息系统信息员，围绕本年度开展的重点工作，累计报送政务工作信息 392 条，其中 362 条信息被中国科协信息处采纳，1 条信息被中国科协办公厅采纳，积分位列 144 家全国学会第 10 名。

在传播方面，2022 年度，截至 11 月 22 日，中国绿发会先后开展国际、国内重量级会议 200 多场直播活动，宣传触达 80 万人次；跟进时事热点并结合实践案例以及解决方略，推出 54 期《周道生态文明》在线专题讲座，累计达 191 期，触达 220 多万人次；中国绿发会开展的各项活动获媒体报道总计 519 条，其中包括中央广播电视总台、新华社、《人民日报》、学习强国等极具影响力的媒体平台。

此外，中国绿发会累计向有关部门建言献策百余次。建言内容涉及生态文明建设、生物多样性、绿色发展、污染防治、环境司法等不同领域。包括河北正定县调整施工方案保护崖沙燕栖息地、全面彻查哈尔滨河滩湿地大面积被烧荒毁林事件、取消限制水泥基渗透结晶型防水材料在防水工程中使用等。中国绿发会还通过大学生工作委员会、"绿色少儿"工作组等，在全国推动设立 18 个"绿少"基地，先后带动 4000 多名中小学生通过绿少平台参与了生态环保活动。

（二）存在问题

1. 对"绿水青山"第一位的重要性认识有待深化

生态文明建设强调"绿水青山就是金山银山"，要求把绿水青山放在第一位。但目前我国多地在政治决策、生态恢复时，还存在两方面突出问题：一是没有充分把生态环境保护放在首位，当经济发展和生态环境保护发生冲突时，依然秉持工业文明时代的"利用"思维，重发展，轻保护；二是在开展生态环境保护或恢复项目时，缺乏系统性思维，还存在割裂看待问题的情况，没有充分从整体生态环境状况及影响评估角度，对如何真正践行"绿水青山"，真正恢复并保护好生态环境，缺乏深刻认识。

参考案例一：滨海生态保护问题

南汇东滩地处上海最东南的海岸地带，位于长江入海口处，是上海乃至全国的一块非常重要的滨海湿地，也是迁徙候鸟的重要补给地和当地留鸟的繁殖觅食地。2018 年春季，当地出于完成绿化考核指标考虑，在南汇东滩开展植树造林工作，以"林"代"苇"，且种植的树木以水杉等树种为主，树种单一。此举不仅缺乏对滨海滩涂湿地生态环境恢复的科学考察与评估，挤占了其他生态系统的面积，还严重破坏湿地生物多样性，特别是对依赖芦苇生存繁衍的众多鸟类而言，影响巨大，也难以支撑当地的水生生物和鸟类的生物多样性，进而影响生态安全。

2. 对原生环境保护的重视力度有待加强

现有我国各地的湿地公园建设、园林绿化建设等项目中，还广泛存在以"人工"代替"自然"的情况。比如"一刀切"式的河道硬化；清除原有植被，改为单一的人工草坪或林木；"南树北种"等情况。这些做法一方面会破坏原生环境，导致生态环境恶化；另一方面也会花费大量养护资金，形成更多浪费。

参考案例二：崖沙燕栖息地问题

崖沙燕分布于世界各地，冬季南迁越冬，每年往返于我国北方地区和东南亚，是我国有益、有重要经济价值、有科研价值的"三有"保护动物。它们常筑巢于河流或湖泊岸边的沙质硬土悬壁上和河岸砂岩上，又被称"崖壁建筑师"。在一些地方政府提出的河道整治方案中，往往要进行河道硬化、建设景观大道等，这种规划方式会破坏河道自然堤岸及芦苇植被等，崖沙燕巢穴也会被大量铲平。

参考案例三：湿地公园建设问题

根据对北京南苑湿地公园建设工程施工前后生态状况的调研对比发现，施工建设后的区域鸟类数量为四五种，而施工前则是四五十种，下降约90％。目前全国各地湿地公园建设中，多采用铺设人工草皮等绿化方式，取代湿地原本的自然生境和杂草，生物多样性也因此迅速下降。此外，在园林绿化管理中所常用的喷洒农药防治害虫措施，虽然有助于迅速控制害虫影响，但会导致各类昆虫数量大幅下降，以昆虫为食的鸟类也因此受到严重影响，从数量大幅下降的北京雨燕上可窥一斑。总本而言，我国湿地公园建设仍然在遵循着传统工业化的建设思路和管理举措，未能充分考虑其与整体生态系统的联动与影响。

3. 重大工程项目的生物多样性评估有待增加

目前很多重大工程不断立项，包括水电、道路、机场、交通、风电等项目的建设，这些项目对促进我国经济发展具有积极意义。但任何工程项目的开展，都多多少少会对自然环境造成一定的影响，有的工程甚至会对生物多样性造成重大的破坏。在项目的环境影响评价中，还存在对生物多样性重视不足的情况，甚至存在环境影响评价为服务项目上马而造假的情况。

参考案例四：深圳湾航道疏浚工程环境影响评价造假事件

2021年3月3日，深圳市交通运输局在"深圳政府在线"发布《深圳湾航道疏浚工程（一期）环境影响报告书征求意见稿公众参与公告》。按照项目计划，该项目因"海上看深圳"游船旅游项目需要，预期在深圳湾开辟一条宽120米、底标−3.1米的航道。但中国绿发会发现，报告多处张冠李戴，把深圳的事儿套到湛江的头上，如"深圳湾航道疏浚工程是落实湛江市国民经济和社会发展'十三五'规划的体现"。环境影响评价报告书共出现35次"湛江"。后深圳市生态环境局发布对深圳湾航道疏浚工程环境影响评价造假事件作出处罚通告。

4. 企业履行社会责任意识和社会公众参与意识有待提高

环境责任是衡量企业社会责任的重要维度。在国家"双碳"目标的大背景下，我国企业在努力进行绿色低碳发展转型。据调查了解，当前中国企业对社会公益责任认知度最高，其次是经济责任，但在法律责任、环境责任以及企业文化责任上认知度偏低，企业在积极履行环境责任，不遗余力地维护人们美好的生存环境方面，还有待进一步加强。同时，一些重大工程项目和政府规划建设行动，对包括社会组织在内的公众参与开放力度还偏低，在有些项目的招标中甚至还存在排斥社会组织参与的规定。社会组织开展的环境公益诉讼还面临着立案难、审理周期长等问题，还需要社会各界（特别是政府有关部门）的进一步支持。

四 建议与展望

党的二十大报告强调要"引导、支持有意愿有能力的企业、社会组织和个人积极参与公益慈善事业"，体现了社会组织是国家治理体系和治理能力现代化的有机组成部分，社会组织参与是推进中国式现代化的应有之义。社会组织是沟通党和政府与人民群众联系的桥梁与纽带，是促进社会主义市场经济体制建立和完善、满足人民群众的物质文化需求、维护市场秩序的润滑剂，也是社会主义现代化建设所需的优秀专业技术人员和管理人才的培养基地，更是弘扬中华民族传统美德，有效地促进社会主义精神文明建设、扩大国际交往和国际影响力的重要渠道。要发挥好上述作用与功能，需要贯彻落实党的二十大精神，结合社会组织自身情况做好发展规划和改进。笔者重点结合中国绿发会实践，建议如次。

进一步学习领会习近平生态文明思想。只有做好生物多样性保护，才能建设好绿水青山。上述诸多问题的产生，根本上还是对生态文明思想的认识和学习力度不够，没有深刻理解习近平生态文明思想，应该结合具体案例，开设专题培训课程，进一步加强党政机关公务人员对生态文明的学习与思考，确保始终坚持把绿水青山保护放在政策决策的首位。

重视生态系统生产总值（GEP）核算，服务地方政策制定。建议进一步加大力度开展生态系统生产总值（GEP）核算体系建设，推动 GEP 和 GDP双核算，并积极开展生态产品价值实现机制及路线图的试点工作。目前中国绿发会已在这方面进行了实践，如为乌兰察布市制定国家生态文明建设示范市规划，在普洱、兴安盟等地区开展 GEP 核算，在普洱开展生态产品价值实现机制及路线图的试点，均取得了积极成效并获认可。

强化生态保护领域法治建设。环境公益诉讼是一项节约国家资源，充分发挥民间力量的具有专业性和强有力监督性的工作。建议进一步加强对社会组织开展环境公益诉讼的支持力度。一方面可以有效强化公众深度参与生态环境保护行动；另一方面社会组织可以通过一些典型案例的开展，对整个行业的健康发展起到法治监督的作用，进而促进相关行业重视和落实绿色发展。同时建议在立法领域加强绿色发展领域的规划布局，进而引导产业绿色发展转型。

开放并支持社会组织参与企业 ESG 评价。建议有关部门和机构，进一步强化企业 ESG（环境、社会和治理）工作，通过开展企业 ESG 评价，将广大民营企业纳入 ESG 评价体系中来，并对表现优秀的企业予以重点扶持。

党的二十大报告强调，"中国式现代化是人与自然和谐共生的现代化"；要"坚持绿水青山就是金山银山的理念，坚持山水林田湖草沙一体化保护和系统治理，生态文明制度体系更加健全，生态环境保护发生历史性、转折性、全局性变化，我们的祖国天更蓝、山更绿、水更清"。中国绿发会作为党领导下的社会组织，业务范围和工作实践始终紧密围绕习近平生态文明思想展开，结合其在社会经济各领域发展中的"服务"功能定位，在未来展望方面，亦可从以下方面重点着力。

深度参与全球环境治理，深入推动生态文明国际化。在国际社会，工业文明的资本主义发展模式依然占据主导地位并持续发挥着影响力。中国已经将生态文明写入《宪法》，并在国际社会承诺将在 2030 年"碳达峰"，2060年实现"碳中和"目标。在生态文明领域方面，中国已经走在了世界前列。中国绿发会作为生态环保领域的社会组织，可以充分发挥桥梁和纽带作用，加强与国际社会的交流与合作，推动生态文明的国际主流化发展。

拓宽公众参与渠道，加强跨领域合作。全民参与是做好生态文明建设的重要动力，中国绿发会现在已经凝聚并引导了一批公众长期、持续地参与到生态环保工作中来，可以在突破环保领域闭环，实现文化、艺术等跨领域深度合作方面，持续发力，全面普及生态文明建设理念和经验，推动社会、经济、文化等全面向绿色发展转型。

　　发挥专业学会影响力，多学科推动科技进步。生态文明建设涉及经济社会发展的各个方面，这些方面的进步均离不开科学技术的不断进步和支撑。这就要以习近平生态文明思想为引领，充分发挥交叉学科优势，加强跨学科、跨专业科学研究，推动科技进步，中国绿发会作为国家级专业学会，可以在这方面深度发力，做好生态治理和绿色发展的服务与引导。

参考文献

卢善龙、橡树：《无人区科考四天三夜：卓乃湖退水区沙尘暴远超想象》，《生物多样性保护与绿色发展》2022 年第 3 期。

周晋峰、Little Jane：《污染治理"三公理"》，《生物多样性保护与绿色发展》2022 年第 2 期。

周晋峰：《GDP 与 GEP 的双考核制将成未来的方向》，《生物多样性保护与绿色发展》2022 年第 1 期。

了解中国，世界会不同

——罗马俱乐部中国委员会首份学术报告（摘录）

[挪威] 乔根·兰德斯*

一　中国投资、建设与发展历史和现状

（一）对基础设施的密集和大量投资

中国创造了经济大幅增长的奇迹，人民生活质量加速改善，资本存量和投资大幅增加。这些成果的取得主要是由一系列以生产力为中心的经济改革所驱动，进而促使国家经济连续增长。在 1953—1978 年，中国的生产力以每年 1.1% 的速度缓慢增长，而在 1979—1994 年，随着以市场经济为中心的改革的引入，生产率迅速增长到每年 3.9%。到 20 世纪 90 年代初，生产力对产出增长的贡献在 50% 以上，而资本贡献的份额下降到 33% 以下。[①]

基础设施投资，通过乘数效应，极大地增加了中国经济内部的资本和流动性供应，交通的改善也促进了全国大片地区的快速城市化。事实证明，调动尚未开发的人力资源，并将其转化为城市经济发展所需的劳动力至关重要。基础设施投资是非常可观、有前景的，这体现在基础设施投资占中国固定资产投资总额的份额多年来稳步增长，从 2007 年的不超过

---

　　* 乔根·兰德斯（Jorgen Randers），挪威人，世界顶尖气候战略学者、挪威 BI 商学院名誉教授、罗马俱乐部正式会员、罗马俱乐部中国委员会联合创始人、中国生物多样性保护与绿色发展基金会国际工作顾问。主要从事气候和能源问题、情景分析和系统动态等方面的工作。

　　① Zuliu Hu, Mohsin S. Khan, "Why is China Growing so Fast?", https：//www. imf. org/external/pubs/ft/issues8/index. htm.

5%，到 2019 年的近 30%。① 2021 年，中国固定资产投资（不含农户）总额为 544547 亿元，比上年增长 4.9%。②

基础设施投资促进生产率显著提高。先进的交通网络使货物、服务和人力资本能够高效流动。目前中国是世界上第二大增长最快的航空航天服务市场。2019 年，中国航空工业总产值为 533 亿美元。③ 2019 年，全国机场旅客吞吐量为 4.86 亿人次；到 2020 年，尽管新冠疫情仍在持续，但这一数字已超过 8.5 亿人次。④ 精简供应链、整合人力资本、优化国内人员和设备配置，这些做法和措施提升了生产率，将会持续推动中国作为经济大国的崛起历程。

基础设施投资创造了大量就业机会。据估计，到 2025 年，中国对电信行业的投资将直接创造 300 万个就业岗位。⑤ 基础设施投资显然是中国经济扩张和增长的重要支柱。

基础设施建设公共融资方面。中国的经济奇迹没有过度依赖外债、贷款和税收，而是巧妙地结合了创造性的央行政策和旨在防止通货膨胀的审慎财政政策。中国的融资模式将治理作为融资的核心目标，而不是为私人股东和资本家创造红利。中国的经验显然是创造性地、有活力地综合债券、贷款等方式，以支持国有企业和私营公司等主体开展重要的金融业务。这些做法与其他方式，如提高利率和承担大量国家债务相比，无疑是相对可持续和低风险的公共融资方式。在中国央行严格的、自上而下的引导和监督下，中国的信贷渠道持续刺激了基础设施投资和私人投资，使中国的经济在即使是严重的国际经济动荡中仍得以保持增长，例如 2008 年国际金融危机和 1997 年亚洲金融危机期间，中国基本上毫发无损。

---

① Ivy Poon, Qingqing Guo, "Infrastructure Investment will Play a Key Role in CHINA'S Economic Recovery", https://www.financeasia.com/article/infrastructure – investment – will – play – a – key – role – in – chinas – economic – recovery/465372.

② 资料来源：国家统计局网站，http://www.stats.gov.cn/tjsj/zxfb/202201/t20220117_1826405.html.

③ 资料来源：国际贸易管理局，https://www.trade.gov/knowledge – product/china – aviation.

④ 资料来源：国际贸易管理局，https://www.trade.gov/country – commercial – guides/china – aviation.

⑤ 资料来源：中国日报网，https://global.chinadaily.com.cn/a/202005/06/WS5eb2153fa310a8b2411538ae.html.

（二）对战略性、密集型技术研究的投入

21 世纪以来，随着工资水平的上涨，一些工厂和企业迁出了成本日益高涨的中国生产系统，一些人认为中国似乎已不足以吸引外国资本，并维持其出口驱动型的经济轨迹。作为实现生产率增长来源多元化的一种手段，中国开始大举投资于技术研究。

一个国家的技术进步可以通过两个不同的维度来衡量：输入维度（政府或社会对技术研究的投资）和输出维度（国内或海外的研究产出）。在 20 世纪 80 年代和 90 年代，中国进行了改革，引进世界各地专家学者的研发成果并为项目后期商业化提供资金。同时，通过密集的高新区和自上而下的研究机构，如国家自然科学基金和国家重点实验室，中国政府在战略性新兴领域推进研发。2003 年至 2012 年，国内生产总值用于技术研发的支出由每年 1.13% 提高到 1.98%。到 2020 年，这一数字为每年 2.40%。

2009 年，在全球专利申请总量中中国所占的份额为 17.0%；到 2019 年，这一比例跃升至 43.7%，其中 88.8% 的中国专利申请是由居民提交的，而不是由机构提交的。2019 年，中国相关机构收到的专利申请数量是美国的两倍多。此外，中国从"海归潮"中获益颇多。"海归"指的是那些曾经在国外学习，由于各种各样的原因，包括工作机会、外国签证制度，以及主要"替代国家"（如美国和欧洲）的经济增长放缓等原因，寻求回中国发展的人。中国领导层对技术研发高度重视，在推动中国 2000 年后的生产率提高和资本增长方面发挥了关键作用。

二　发展优势与机遇

中国经济有几个独特的优势，使它在过去几十年里保持了非常高的增长速度，但进入新常态以来增速有所放缓。这些优势是中国未来发展的机遇和开放之源，必须予以重视。这些优势包括以下三个方面。

（一）大量指向发展目标的公共支出

中国政府将很大一部分预算用于公共支出。从 2014 年到 2021 年，政府支出占 GDP 的比例有所提高，从 29.0% 上升到 35.58%（估计值）。中

国政府在财政支出政策方面仍然相对积极，特别强调实现减贫和改善不平等等目标。

2016—2019 年，中国用于减贫的支出为 3840 亿元。据官方统计，农村贫困人口人均可支配收入从 2013 年的 6079 元增加到 2020 年的 12588 元，年均增长 11%。

中国脱贫攻坚的成功凸显了其公共支出的高效性和针对性，能够为紧迫问题提供真正的解决方案。资源的集中以及相关工具的使用使中国能够抵御经济突发事件和短期市场冲击。

（二）在全球供应链中中国已上升为最重要的组成部分

中国已上升为大多数全球供应链中最重要的组成部分。中国仍是西方生产商最大的采购地，77% 和 80% 的美国和欧洲公司将中国列为 2021 年的三大采购国之一。

中国在全球价值链中的竞争力增强。尽管近年来，特别是在 2005 年至 2015 年期间，中国在全球价值链（GVC）后向参与环节中的份额（例如，供应给海外企业的大宗商品和初级资源的份额）确实有所下降，但其前向参与（为海外企业提供加工和生产相关价值创造的份额）在同期大幅上升。这表明，中国正逐渐从仅仅为海外公司提供原材料和劳动力，转向更具高附加值的活动，以增强国家在价值链上的竞争能力。

中国高度融入亚太价值链。与其他地区相比，亚太地区已日益成为中国重要的，甚至是主要的贸易和经济伙伴。中国与亚太国家之间的区域贸易协定的签订，使中国融入了该地区许多主要经济体的供应链，从而巩固了中国作为世界主要供应商和生产经济体的地位。

（三）中国与发展中国家建立广泛而活跃的合作和联系

在与发展中国家的互惠互利经济中，中国在非洲保持着重要的、有益的经济活动，从"一带一路"倡议（BRI）到亚洲基础设施投资银行（AI-IB），与发展中国家建立了广泛而活跃的合作和联系，促进关键商品、人力资本、行业投资等的流动。

早在 2013 年，中国已经超过美国成为世界上对非洲最大的外国直接投资（FDI）来源国。中国在东南亚的投资持续扩大，自 2020 年以来，中国和东盟互为第一大贸易伙伴。

三　环境保护与倡导

2004 年，来自 22 个省份的 10 万名中国大学生在"世界地球日"这一天参加了环保活动，从一个侧面说明环保意识在中国青年中已深入人心。

由于对可持续性关注的高度认识，中国的主要城市提出了从绿色融资到具体的社区环保行动，例如植树、垃圾回收和收集等创新性工具和政策，为中国向更绿色、更可持续的发展转型提供重要支撑。全国各地的植树造林活动也一直发挥着至关重要的作用，被许多领导人强调为一项关键的治理目标，其核心内容是环境保护。

最近，"千禧一代"和"Z 世代"就中国的碳排放问题发声，愿为建设"生态文明"做出更多贡献，推动脱碳过程。他们对环境问题普遍关注并做出积极回应，相当多的中国年轻人对环境问题开始"觉醒"。中国日益普及的环保意识与行为绝不是西方影响的产物。相反，它源于儒家思想中根深蒂固的节俭文化，强调回收利用是一种美德，要做到不浪费。这也体现在广泛的国家支持的媒体宣传活动，如积极应对气候变化，能够更好地实现人类可持续发展。在某种程度上，中国的环保事业的发展和增长需要国家支持，国家仍然是该事业的主要出资者和支持者。

四　中国对世界贡献的简要评述

中国为世界做出什么贡献？可以从下几个方面回答。

（一）脱贫贡献

中国人口很大一部分已经摆脱了贫困。世界银行对"极端贫困"的定义：每天生活费低于 1.9 美元。中国消除了极端贫困。在过去 40 年里，8.5 亿中国人摆脱了贫困。

中国的脱贫事业不但给国内带来进步，也给世界带来了巨大的惠益。要理解中国对世界的影响，必须注意：有许多惠益是普遍和广泛的，有些国家即使不是中国崛起的预期或直接受益者，也会受到中国经济崛起和成就的影响。

（二）"面向世界的工厂"

在过去的几十年里，中国已经成为世界上最大的制造业国家和引领世界经济增长的经济强国，也已成为劳动密集型和资本密集型产业的优先选择地。

近年来，中国进行了进一步的改革，如加强知识产权保护，以确保技术创新和转让在国内的顺利进行，以及降低发展中国家制造商的进入壁垒。2018 年，中国是世界上最大的出口国和第二大进口国。中国是太阳能电池板等产品最大的生产国。

1980 年至 2000 年，中国对全球经济增长的贡献为 14%，而美国为 20.7%，日本为 7%。同期中国对全球贸易增长的贡献为 4.7%，而美国为 14.4%，日本为 6.9%。彭博社的最新估计显示，未来中国对全球 GDP 增长的贡献将超过 20%。

中国劳动力成本仍远低于大多数发达工业化国家，此外，中国还有更多要素可以提供给未来的生产者。

（三）中国是国际重要的消费市场

中国为全球贸易提供了重要的消费市场，在 2008 年国际金融危机后，在世界经济复苏方面发挥了重要作用。

自 1978 年中国改革开放以来，中国出口总额稳步增长，从 1980 年的 2.05 万亿美元增至 2018 年的 19.5 万亿美元。作为全球消费大国，中国发挥了重要作用。2019 年，中国是 33 个国家和地区的第一大出口目的地，65 个国家和地区的第一大进口来源国。

中国消费持续增长。1990 年，中国消费支出为 1800 亿美元，到 2019 年攀升至 5.59 万亿美元。人均消费支出也显著增加，从 1995 年的人均 452 美元增至 2019 年的人均 3327 美元。这些趋势表明消费市场正在迅速扩大，到目前为止远未饱和。

随着中国农村地区逐渐进入小康社会，中国的消费市场预计将扩展到城市中心以外。此外，扶贫工作无疑加快了这一进程，也扩大了中国人口红利带来的经济效益。

（四） 中国是发展中国家发展援助、贸易和资本的重要来源

中国一直是发展中国家发展援助、贸易和投资的重要来源。中国提供的发展援助、贸易和投资的灵活性和自由度更高。

在发展援助方面，中国非常重视通过贷款和发展融资提供间接援助。2000 年至 2014 年期间，中国向其他国家提供了 750 亿美元的援助，贷款 2750 亿美元；2009 年，中国 45% 的援助流向了非洲国家。2013—2018 年，中国有同样比例的对外援助到达非洲。

在贸易方面，中国与发展中国家的贸易在过去几十年里稳步增长。1986 年，发展中国家购买了中国 15% 的出口产品，主要是中国的农业和轻工业产品，并向中国提供了 8% 的进口产品。中国与中非、北非国家——如乍得、苏丹和刚果——的贸易往来稳步增加。1980 年，中非贸易总额为 10 亿美元，2000 年稳步增长至 100 亿美元，2005 年达到 397 亿美元，2014 年达到 2200 亿美元。中非贸易为非洲企业带来了巨大的经济机遇，打开了巨大的消费领域，也为非洲企业和消费者提供了中国独特的商品。更根本的是，贸易一直是使许多非洲人摆脱贫困的关键，但非洲基础设施还有缺口。

（五） 中国是负责任的全球治理关键性、建设性的参与者

在负责任的全球治理中，特别是在有关国际安全和公共卫生的问题上，中国是一个关键的、建设性的参与者，影响和塑造多边机构的决策过程，在过去几十年里中国的全球治理能力也明显增强。同时，中国在全球治理中发挥着促进稳定、实现多样化等方面的积极作用。此外，认识中国在这些方面所发挥的建设性作用时，应从三个角度进行分析。第一，关于多边机构逐步改革的问题；第二，中国如何在国际安全和公共卫生等关键问题上履行或帮助这些机构履行职责；第三，中国是如何促进形成令发达国家和发展中国家都可以从中受益的不同机制的。

在国际事务中，中国在世贸组织、国际货币基金组织、世界银行等已建立的多边机构中，基本上履行了自己的承诺，并在这些组织内部推进改革和重组，这对许多中小型国家颇有裨益。

中国在多边关系和国际交往中的作用不局限于既有的机构，还是二十国集团（G20）和金砖国家（巴西、俄罗斯、印度、中国和南非）等国际

组织内部合作和协同的主要倡导者。中国一直寻求与二十国集团其他成员合作，反对贸易保护主义，推进低碳经济改革，以解决全球气候变化带来的问题。

（六）中国是世界范围内技术和科学研究的关键引擎

中国的科技发展一直受到其历史上几个趋势的推动：大量的人口和人力资本，大量从海外大学和科技巨头回国的海外科学家，以及政府对科学研究的大量投资。

在中国政府的鼓励下，很多跨国公司在中国建立了研发中心，吸引了中国国内的人才开展前沿研究。统计数字表明，世界 500 强企业中有 400 家在中国建立了研发中心。

中国一直是技术和科学知识的关键枢纽。中国在科技研发领域继续保持着竞争优势。在人工智能（AI）和纳米技术等行业，中国的领先地位越来越明显。在从空气动力学到制药，从工程到生物技术等领域的研究中，中国也发挥了宝贵的作用。展望未来，中国很可能在人工智能和环境技术等领域做出重大贡献。中国和世界都将受益于进一步的合作和协同。

五　中国与各地区的关系

中国与世界各地区的关系可以从经济、外交等角度来分析。

（一）东盟

总体而言，多年来中国在东盟和东南亚的作用一直在大幅稳步提升。中国在该地区日益增长的影响力可以归因于多种因素。

首先，通过 21 世纪初建立的中国—东盟自由贸易区，以及近年来签署的《区域全面经济伙伴关系协定》（RCEP），东盟国家与中国的经济联系日益紧密，相互依存日益加深，中国对该地区众多国家的投资和基础设施贷款在强度和数量上都在增加。在过去 10 年的大部分时间里，中国已成为东盟最大的贸易伙伴。

"一带一路"倡议为该地区引入了大量新思想、新制度和新规范，促进了当地的发展。柬埔寨和老挝都已成长为中国在该地区最坚定的伙伴。

这些国家与中国的关系在经济上保持着活力和共生关系。中国—东盟双边贸易额从 1991 年的 80 亿美元飙升至 2015 年的 4722 亿美元，2019 年几乎达到 6000 亿美元。

（二）北美

中国与北美国家的关系包括中国与美国和加拿大这两个国家的关系。作为世界上最大的两个经济体，美国和中国在经济、政治和技术上相互交织，两国之间的协同与合作在解决当今世界上许多最紧迫的问题方面发挥着关键作用。自从 1972 年理查德·尼克松总统对中国进行了开创性的访问以来，作为中国经济改革和开放的直接结果之一，两国已经成为彼此最大的贸易伙伴。

中国与北美关系有以下几大主要特点：

首先是紧密的经济互联性和相互依存性。2019 年，中国已经成为加拿大第三大贸易伙伴（仅次于美国和欧盟）。中国仍然是北美重要的经济伙伴和增长引擎。

其次是全球领导层的共同政治责任。中国和美国的合作有助于世界对面临的一些最紧迫和实质性问题作出有效、及时的反应，这些问题包括全球变暖（可再生能源和资源的共享是关键）、流行病和国际安全威胁（如恐怖主义）。

从根本上讲，这三个国家都将受益于一个更清洁、更稳定、更有凝聚力的全球社会。在这个社会中，各国相互尊重彼此的领土完整和主权。这不仅符合中国的利益，也符合美国和加拿大人民的利益。

（三）欧洲

欧洲和中国有高度的相互依存和协同关系。中欧关系是世界上最重要的贸易关系之一。自 2001 年 12 月中国加入世界贸易组织以来，欧盟对中国的货物出口年均增长超过 10%，服务出口年均增长 15% 以上。这为欧盟生产商带来了巨大的利益，特别是在汽车和电信行业等市场。截至 2021 年，欧盟和中国是彼此最大的贸易伙伴，2020 年双边贸易额达到 5860 亿欧元，与 2010 年 3970 亿欧元相比增长了近 50%。

近年来，欧盟和中国的外国直接投资也有所增加，对双方经济增长发挥着关键作用。一方面，欧盟在中国的外国直接投资存量从 2008 年的 540

亿欧元增长到 2017 年的 1780 亿欧元；另一方面，中国的外国直接投资存量与 2008 年比增加了十倍，在 2017 年达到 590 亿欧元。

中国与欧洲关系有以下几大主要特点：

首先，经济协同性。欧盟和中国都将受益于"建设性和快速地解决一系列市场准入和监管问题"的承诺，欧盟和中国必须确定合作领域，要进一步巩固和发展合作。这将有助于共同的经济利益，手段包括扩大市场准入、规范企业行为、共享和集中研发以及降低投资壁垒。中国和欧盟都可以从彼此身上获益匪浅。

其次，协调应对全球挑战的措施。中国和欧盟都需要承担责任，通过基于规则的国际体系应对全球挑战，促进国际和平与安全，并遵守国际标准，支持可持续发展。

（四）非洲

在过去的五年中，中国在非洲的影响是积极正面的，被非洲国家所认可的。这里值得一提的是萨赫勒地区。该地区位于撒哈拉沙漠北部和南部的苏丹大草原之间，许多州冲突不断。中国在向这些国家提供发展支持以及在整个地区开展和平与安全行动方面发挥了关键作用，极大地提高了当地人对中国的认可度。在布基纳法索，人们对中国的发展模式认可度不断提高，从 2014—2015 年的 20% 提高到 2019—2020 年的 39%。同样，绝大多数（80%）几内亚公民认为中国的影响力是积极的。

中非关系有以下几大主要特点：

第一，中国和非洲国家都从双边经济关系的深化中受益匪浅。20 世纪 90 年代，中国与非洲的贸易增长了 700%，中国目前是非洲最大的贸易伙伴。

第二，非洲是中国国际合作的重要伙伴。截至 2020 年 4 月，已有 42 个非洲国家就"一带一路"倡议签署了协议或谅解备忘录。2020 年，中国在非洲的直接投资达到 30 亿美元，尼日利亚的莱基深水港项目规模庞大，是中国在该地区影响力不断扩大的重要标志。

第三，与西方相比，中国在非洲推行卫生外交方面更为积极主动。卫生保健发展和医疗援助一直是中国支持该地区发展的重要方面。2020 年 3 月，中国宣布计划在内罗毕建立一个非洲疾病预防控制研究中心，这是以 2014 年支持和资助非洲抗击埃博拉病毒的共同努力为基础的。2021 年 11 月，中国宣布将再向非洲提供 10 亿剂疫苗，其中 6 亿剂为无偿援助，4 亿剂以中方企业与有关非洲国家联合生产等方式提供。截至 2021 年 12 月底，中方向非洲提供了约 1.8 亿剂新冠肺炎疫苗，几乎覆盖了所有非洲国家。

（五）中东

近年来，中国和中东的关系迅速发展和融合。冷战结束后的几年里，中国迅速与该地区各国建立了联系，到 1992 年，中东所有国家都与中国建立了经济和外交关系。

20 世纪 90 年代初，中国和中东建立了经济上的合作关系，这种关系广泛而开放，为随后的合作铺平了道路。

中东已成为中国卫生外交努力中最坚定、最一致的合作伙伴之一。

谈到中国与中东关系，有几个关键特征值得注意：中国将中东视为邻国，并在"一带一路"倡议下建立开放、影响广泛的交流与合作，该地区是中国重要的合作伙伴，也是连接北非和中亚的重要节点。通过"一带一路"倡议为沿线国家提供技术和资金等。

（六）拉丁美洲

拉丁美洲，尤其是一些增长最快、最有前景的经济体，例如巴西，对中国具有重要意义。还有一些与中国保持长期的国际友好关系的国家，包括古巴、委内瑞拉和阿根廷。

在经济上，中国与拉丁美洲的贸易近年来迅速增长。21 世纪，中国与拉丁美洲贸易增长了 12 倍，从 100 亿美元增至 1300 亿美元。到 2020 年，贸易额激增至 3150 亿美元，20 年贸易总额增长了 30 多倍。2019 年，中国在拉丁美洲投资 128 亿美元，比 2018 年增长 16.5%，特别注重区域基础设施建设，如港口、水坝、道路等。中国出口商品消费市场也大幅增长。

在新冠疫情期间，中国在该地区的参与程度大大增加。中国是拉丁美洲的主要疫苗供应国，为该地区各国抗疫提供支持，提供其发展经济所需的关键资源，以抗击疫情大流行。

2012 年《美洲晴雨表》（*Americas Barometer*）显示，中国在整个拉丁美洲都受到欢迎——在该地区的国家中，中国被视为一种既温和又产生积极影响的力量。皮尤研究中心（Pew Research）2019 年的一项民意调查显示，大多数或多数拉丁美洲人对中国持好感。事实上，在墨西哥和巴西等国家，年轻一代对中国的看法明显更好。中国显然在该地区享有很高的知名度和认可度。

六　中国的崛起——我们的评估

中国的崛起为世界提供了无限的潜力。中国在携手应对气候变化、公共卫生健康紧急情况、国际恐怖主义等共同挑战方面，以及推动全球创新方面发挥着关键作用。在一个日益全球化的世界中，中国也在世界舞台上发出具有特色的、宝贵的、重要的声音。

在与世界交流与合作方面，190 个国家中有 128 个国家与中国的贸易超过与美国的贸易。中国是联合国、国际货币基金组织和世界银行等国际多边机构中最积极的参与者之一。中国和世界其他地区不能，也不应该彼此分离。

中国始终与世界紧密相连，与整个世界融为一体。这一事实使全世界数十亿人受益。在 2021 年的中国共产党和世界政党领导人峰会上，有来自100 多个国家的 500 多位国家元首和政党领导人出席，这充分证明了中国的号召力和突出地位。

七　与中国开展不同领域交流与合作的建议

与中国开展建设性合作和应对关键全球挑战的共生合作非常必要。世界面临着全球规模的重要挑战。为了理解中国的崛起，世界必须寻求与中国合作应对这些共同挑战。因此，集体行动和合作是必要的选择。至少在四个领域如此：公共卫生，应对气候变化，可再生能源，以及全球经济和金融稳定。

在公共卫生方面，有几个核心领域需要合作。首先，在汇集和共享资源、信心、数据和研究，对解决全球卫生挑战至关重要，无论是对新冠肺炎等流行病还是非典型和罕见疾病都是如此。其次，事实证明，中国的资金和支持对世界卫生组织的持续成功至关重要，尤其是在监测和跟踪流感大流行风险方面，以及在世界各地持续冲突中提供医疗用品和人道主义援助方面的合作。

在应对气候变化方面，世界可以从与中国合作和学习中获益匪浅。2021 年 4 月，美国和中国发表联合声明，强调双方有决心通过共享研发资金和协调绿色技术和可再生能源的部署，应对气候变化带来的现有风险。更广泛地说，作为《巴黎协定》的签署国，中国已就碳中和做出了实质性承诺：中国承诺在 2030 年之前实现碳达峰，并在 2060 年之前实现碳中和。中国将继续与国际社会携手在阻止或改善气候变化上做出努力。

在可再生能源方面，各国应寻求与中国合作，最大限度地提高负担得起、成本效益高的可再生能源产出，这是全球能源转型努力的关键组成部分。从长远来看，这是向更绿色、更安全、更可持续的能源转型的机会。

在国际经济和金融稳定方面，中国是全球经济增长的重要引擎。从金融市场到贸易供应链，世界上大多数国家需要中国保持持续的经济增长，以确保自身正常的经济功能与业务运营。通过在数字金融和加密金融方面取得开拓性进展，中国已在全球金融中发挥主导作用。中国既是创新系统和政策的来源，也是流动性和资本的贡献者。

基于跨国家的同理心视角看待问题，全世界都将中国看作一个历史悠久的国家，但绝不应该对中国产生刻板印象。这种同理心必须超越语言或表面上的共鸣。与中国保持同理心，这种实践将使国际社会能够更好地表达诉求和建议，中国可以从容地阐述自己，或是邀请其他国家进行对话和讨论。

面对全球共同的挑战和紧张局势，需要所有利益相关方积极和有意识地努力。只有通过坦诚而严谨的对话，中国的崛起才会被全球所拥抱。

构建包容性绿色低碳经济的中国贡献

[挪威] 埃里克·索尔海姆（Erik Solheim）[*]

一　生态文明与包容性绿色低碳经济

中国践行的生态文明理念，展现出一种积极的、立志于为所有人创造更美好世界的思考。生态文明理念告诉我们，人类可以而且应该与自然和谐相处，过上更健康、更美好的生活。该理念注重以一种新的方式组织人类生产生活，进而解决全球生态环境问题。

在人类社会演变的大部分历史中，人类生产生活对全球生态环境的不利影响总体较小。然而，当前全球人口已经达到 80 亿人，21 世纪末预计将超过 100 亿人，环境污染、气候变化等人类生产生活的副产品，正使我们面临越来越严峻的生态挑战。人类迫切需要找回自身与地球母亲之间的和谐关系。中国建设生态文明的诸多成功实践，为国际社会提供了具有借鉴意义的宝贵经验。

在生态文明的指导下，构建包容性绿色低碳经济也是促进高质量发展的内在要求。此外，这必将成为历史上的重要篇章，为历史自信提供不竭动力。

---

　*　埃里克·索尔海姆（Erik Solheim），挪威人，全球环境与发展领袖、经验丰富的和平谈判代表。曾任挪威环境和国际发展部部长、经合组织发展援助委员会（全世界捐助国的主要机构）主席以及联合国环境署执行主任。现担任世界资源研究所高级顾问，"一带一路"绿色发展国际研究院理事会联合主席和外方院长，全球可持续发展星球联盟（Global Alliance for Sustainable Planet）首席顾问，中国生物多样性保护与绿色发展基金会国际工作顾问。

二 构建包容性绿色低碳经济的中国贡献

发展绿色低碳经济是全球发展倡议重要组成部分，是迈向全球经济共同体与构筑人类命运共同体的关键举措。中国方案和中国智慧正为重振全球环境治理事业注入强心剂。

（一）荒漠化治理工作

中国每年进行植树造林活动，种植面积相当于比利时的国土面积。美国航天局最近发表报告说，与许多人的想法相反，我们这个星球的表面比过去更绿。而这主要归功于中国的植树造林。

内蒙古库布齐沙漠的绿化是这种全面绿化努力的最佳例子之一。通过艰苦而充满智慧的工作，库布齐人民将"死亡之海"转变为郁郁葱葱的绿洲。"库布齐精神"的核心是，沙漠不是威胁，而是经济增长和扶贫的机遇。杭锦旗人民将"库布齐模式"发展为一种双赢方式，他们生产可在干旱地区保存的米酒等农产品，开发可再生能源，同时发展旅游业，获得了三种收入来源。

曾经作为清代皇家猎苑的塞罕坝，与北方沙漠接壤，由于多年的树木砍伐，到晚清时期已经变成了一片荒芜。不断严重的沙漠化一度困扰着北京，让市民时时暴露于沙尘暴的威胁之下。20 世纪 60 年代，中国政府决心将沙漠重新变成绿洲。数百名护林员来到这个不毛之地。三代塞罕坝人，用半个多世纪的时间，克服了漫长的严寒、严重的干旱和沙尘，终于重新换来了森林的生机。据估计，塞罕坝所创造的绿色经济，价值已经高达 120 亿元。2017 年 2 月，我很荣幸代表联合国，将联合国环保最高荣誉——"地球卫士奖"授予塞罕坝林场建设者。现在的塞罕坝，就像一座绿色长城，阻挡着浑善达克沙漠向南推进。这是将扶贫同环境恢复与保护相结合的典范。

三代中国人通过辛勤和专注的工作绿化了沙漠边缘这片寒冷而又曾经光秃秃的土地。在最近访问美丽的塞罕坝期间，习近平主席称赞塞罕坝精神是中华文明的一部分，称塞罕坝的故事是一部艰苦奋斗的史诗。他鼓励中国人民发扬这种精神，发展绿色经济和生态文明。本着同样的精神，中国将与西方和发展中国家的伙伴一起，带领世界走向我们地球更光明的未来。

（二）发展领先的绿色交通

虽然现代虚拟经济已经发展到一定阶段，使来自地球不同角落的人们能够在瞬间联系起来。然而，面对我们的地球危机，它永远不能取代各种交通手段在缩短物理距离方面的作用。我们很高兴地看到，越来越多的人正在积极追求环保的旅行方式，它点缀了每一次面对面、心与心的沟通。

在制造电动汽车电池方面，中国领先于世界其他国家。以中国当代安培科技有限公司（CATL）为例，该公司是锂离子电池开发和制造的全球领导者，也是汽车锂离子电池的最大供应商，2021 年的全球市场份额达到32.6%，比前一年增长了 8 个百分点。该公司目前正计划在美国建设投资50 亿美元的新电池厂。中国绿色传奇比亚迪公司是中国第二大供应商，全球第四大供应商，全球市场份额为 8.8%。

所有这些成功是怎么来的？早在 2000 年，中国政府就决定开发高风险、未经验证的电动汽车技术，利用包括补贴在内的一系列政策工具，帮助创建一个可能超越西方竞争对手的产业。这既需要勇气，也需要绿色愿景。中国成为世界电动汽车销量第一的国家。2021 年售出的所有电动汽车中，有一半行驶在中国的道路上。全球工业用电池也主要在中国生产。

（三）立法进步

中国在抗击新冠疫情中展现的能力同样可以用来应对 21 世纪最大的挑战：保护地球母亲。生态环境部已开始推动立法，以确保中国将快速达到碳排放峰值，为各省、市和企业设定目标。这是一项以目标为导向的战略，侧重于问责制和考核。同样，中国人民银行正在制定绿色金融标准，以及银行和金融机构披露环境相关信息的指导方针。低碳绿色战略必须融入第 14 个五年计划（2021—2025）的各个方面，要求各省、市和企业设定自己的目标。如果中国的排放量要在 2030 年前达到峰值，领先的省市需要快速达到峰值。

（四）从长江禁渔到中国更多珍稀濒危野生动物保护

长达 10 年的长江禁渔令将带来鱼类的大量回归。这一举措旨在恢复生态系统，保护中华鲟等珍稀水生物种，极具远见卓识。但是，尽管禁渔令具有巨大的长期生态效益，在短期内却会给渔业人口的生活造成困难。作为一个挪威人，我对这其中的种种困难深有体会——当年我们为了在北海恢复一度枯竭的鲱鱼和鳕鱼种群，也采取过类似的措施。

近年来，中国许多珍稀濒危野生动物数量稳步增长。亚洲象和野生藏羚羊等数量显著回升。除了野生动物保护，中国还运用人工繁殖技术，把野马、麋鹿等物种从濒临灭绝的边缘"拉"了回来。

（五）为全球绿色技术持续发挥创新精神

中国不但在绿色技术领域领先世界，也逐渐在生态环境保护措施上走在前列。两大优势让中国获得了领先地位。首先，在推动绿色发展方面，中国有非常坚定和有效的领导，中国领导人几乎在每个场合都谈到绿色发展的必要性。其次，中国拥有非常有活力的企业，能够从绿色转型中获益良多。

人类正在迈入人工智能时代，而中国可以在这一领域做出很多贡献。随着高科技的发展，现在全球计算能力已经比 40 年前提高了 1 万亿倍，同时存储数据的成本也大幅降低。这些都是推动变革的巨大动力。毫无疑问，人工智能也可以用于环境保护。日本的自然灾害预警系统、南美洲对亚马孙森林砍伐的监测，以及中国建设更绿色环保的智慧城市，都是人工智能技术的应用。数字技术可以减少能源消耗，推动可再生能源发电，实现绿色交通，创建绿色城市。包括华为、阿里巴巴和腾讯在内的众多中国企业都可以在这场数字革命中为世界贡献一份力量。

（六）注重向绿色经济的公平过渡

转型的过程必须确保社会公平，这将大大降低转型难度。关照到的人越多，障碍和阻力也就越小。我在拜访中国网约车企业滴滴出行时，有一件事令我印象深刻。他们告诉我，他们和煤炭企业签署了战略合作协议，帮助下岗煤矿工人改行当网约车司机，实现再就业，在转型的过程中促进了社会公平。

政府应该发挥的最重要的作用是确保向绿色经济的公平过渡。如果你是来自中国山西省或美国肯塔基州的煤炭工人，你很可能会认为，在从煤炭向可再生能源的转变中，你首当其冲。听到新经济中会有更多的工作机会，你可能不会感到兴奋，即使这是真的。太阳能和风能领域的工作可能会在加州或亚利桑那州，江苏省或广东省，或者就在你的家乡。

政府需要想出创新的方法来实现公平的过渡，必须为工人提供培训计划。各地区必须制定地区性计划来帮助开办新企业，将需要公共资金来支持公正的过渡。

三　构建包容性绿色低碳经济的大国担当

中国作为一个大国，通过发展低碳经济，承担起对构建地球生命共同体的高度责任，有力促进了地球环保事业的进程。本文列举中国履行责任的具体案例，如 2022 年冬奥会为何被称为低碳全球赛事的典范，一些关键国际组织和区域合作领域的低碳合作实践，如何将"一带一路"建设与履行《巴黎协定》和应对气候变化的多边进程相融合。

（一）北京 2022 年冬奥会是低碳全球赛事的典范

基于巨大努力，北京 2022 年冬奥会可以说是第一届碳中和奥运会。

第一，北京冬奥会竞赛场馆均由太阳能和风能等可再生能源供电。以拥有中国北方最丰富的太阳能和风能资源的张家口市崇礼赛区为例。国际可再生能源机构报告显示，崇礼赛区的场馆设施 100% 由可再生能源供电，供暖问题由大型太阳能中央加热基站、地源热泵和直入式蓄热电锅炉解决，场馆用电由当地大型风力发电机组产生的绿色能源担当。目前，张家口市已建成绿色电网，这种绿色能源模式有望在未来几年内推广到全国。

第二，交通工具使用清洁能源。在 2022 年春节前，张家口市已经陆续落地了壳牌绿色氢能一体化示范基地等一批零碳氢能源项目，在冬奥会期间为张家口赛区的冬奥巴士提供绿色氢燃料供应。此外，国际奥委会还披露，包括国际奥委会全球合作伙伴丰田在内，本届冬奥会所用的车辆 85% 是节油型汽车，其中所有的乘用车都是节油型汽车。

第三，重新利用 2008 年北京夏季奥运会的场馆。为了迎接冬奥会，北京赛区升级改造了六个 2008 年夏季奥运会的场馆。例如，国家游泳中心"水立方"变身"冰立方"，用于冬奥会冰壶项目的比赛；北京冬奥组委的办公室则坐落在首钢园内。

第四，利用新技术减少制冰能耗。北京冬奥会的四个冰上项目场馆都采用了天然二氧化碳制冷系统，开冬奥历史先河。这种技术能够将制冰冷却过程中的碳排放减少到几乎为零，还能减少能源消耗，最大限度降低了对环境和气候的影响。

第五，生态补偿。从现实情况看，在举办冬奥会的过程中不可避免地会因土地开发、交通运输而产生碳排放。为了补偿来自陆地交通、航空和场馆建设等方面无法避免的排放，自 2014 年以来，北京和张家口分别种植了 47333 公顷和 33000 万公顷的森林绿地，经过第三方的认证，获得了相当于 53 万吨和 57 万吨的碳汇。此外，为了尽量减少冬奥会对当地生态系统的影响，特别是对野生动物的影响，冬奥场馆建设尽量减少夜间施工，同时修建了动物廊道，打造人工鸟巢，着力维护野生动物的生存家园。

作为世界上第一个"双奥之城"，北京虽然冬天很冷，但自然降雪有限。因此，冬奥会的比赛用雪都是人造雪。当前气候挑战给冰雪运动带来了巨大的阻碍，因此，人造雪将是未来世界上很多地方开展冰雪运动的普遍做法。其中，开发绿色技术至关重要。

北京冬奥会的意义不仅在于践行了绿色冬奥的理念，还在于，在全球政治局势错综复杂之际，让体育运动继续绽放出灿烂的光芒。

北京冬奥会向世界重申了"天下一家"的重要理念：世界是一个大家庭，我们应该像家人一样对待彼此。少数西方国家对北京冬奥运会进行"外交抵制"，但这种行为却未能如他们所希望的那样得到广泛支持，最后以失败告终。在充满挑战的当下时刻，我们需要这样的国际体育赛事来为我们搭建一个平台，供各国展开对话，构建全球伙伴关系，倡导"天下一家"的理念。至于外交抵制，1980 年，西方国家联合抵制莫斯科奥运会。四年后，作为回敬，苏联阵营多个国家拒绝参加洛杉矶奥运会。这种行为只会使对话更加困难。

（二）良好的中国—东盟关系有助于实现生态文明

在过去的十年里，东盟获得了来自中国的强劲投资。在一些东盟国家，如柬埔寨和老挝，中国已经连续几年成为其最大的外国投资来源。

2021 年，中国与东盟的货物贸易额为 8782 亿美元，同比增长 28.1%，使东盟超过欧盟，成为中国最大的贸易伙伴。

中国与东盟之间强大的经济联系和友好关系为双方将合作扩展到生态

保护领域奠定了坚实的基础。

共同实现绿色转型是中国—东盟合作的重要组成部分。习近平总书记倡导以人与自然和谐共处为特征的平衡和可持续发展的"生态文明"概念。这个概念给我们带来了非常不同的思维方式。

"一带一路"国际绿色发展联盟是推动绿色合作的全球平台。比如，新加坡正在分享其世界领先的绿色技术、绿色金融实践和城市建设经验，如分享其将自己从"泥滩"转变为花园城市，并成为该地区令人羡慕的对象的经验。今天的新加坡是世界上最绿色的城市之一。

在新生效的区域全面经济伙伴关系的推动下，该地区通过陆地和海上走廊连接起来。这些走廊正在迅速变得绿色可持续。现代交通系统不仅提高了运输效率，促进了经济发展，而且有助于减少排放。

截至 2022 年 6 月初，中老铁路运送了超过 400 万吨的货物，极大地帮助了内陆国家老挝与全球市场的联系，并增加了跨境旅游。

截至 2021 年底，中国高速铁路营业里程超过 4 万千米，占全球总数的三分之二以上，并且中国正在与东盟国家分享其专有技术。为雅加达—万隆高速铁路定制的高速电力动车组于 2022 年 8 月初下线，于 2022 年 9 月 2 日抵达印度尼西亚。任何经历过爪哇岛西部交通拥堵和空气污染的人都会理解这一点有多重要。让我们希望中国能帮助这条铁路从爪哇一直延伸到泗水。

马来西亚的东海岸铁路也在向前发展，新开通的中国建造的吉灵—河东地铁线（Cat Linh – Ha Dong），即越南的第一条地铁线，正在越南美丽的首都创造奇迹。

（三）中国在海外的负责任投资中的自然保护故事

中电海投和金风科技在澳大利亚塔斯马尼亚州共同建设的牧牛山风电场，为该州 6.35 万户家庭提供电力。它使该州的可再生能源发电量增加了约 5%，并采用了创新的鸟类检测系统（Identiflight），为当地一些鸟类物种提供了保护手段，防止它们与旋转的风力涡轮机叶片相撞。当飞行的鹰隼接近时，涡轮机就会自动停止转动，每天可根据检测停止转动多达 400 次。到目前为止，该技术已被证明在保护当地楔尾鹰种群方面效果显著。

2021 年 9 月的联合国大会上，中国宣布将大力支持发展中国家能源绿色低碳发展，不再新建境外煤电项目。这为全球集体气候行动注入了一剂强心针。在宣布之前，中国发布了《对外投资合作绿色发展工作指引》，强调海外投资全过程的环境保护。由于气候和自然密切相关，该决定无疑将为世界生物多样性保护工作带来巨大益处。这一决定将推动"一带一路"环保技术的发展。我们将看到中国在太阳能和风能、绿色氢和电动汽车领域的重大海外投资。这对气候和自然来说的确是个好消息。

（四）中国正在建立长期合作关系，帮助推动非洲的绿色转型

当你穿越肯尼亚城市蒙巴萨时，突然之间，一片绿洲展现在眼前。路过一座座破旧的建筑体和贫困地区，你进入了一个全新的世界。这是中国建造的蒙巴萨—内罗毕标准轨距铁路（Mombasa – Nairobi Standard Gauge Railway）的终点站蒙巴萨火车站。车站及其周围都是引人注目的绿色，美丽且保存良好。一切都井井有条。这些火车既现代又吸引人。它看起来很有未来感，很有前途。它展示了非洲的未来。

这条新铁路与建于 19 世纪英国殖民统治时期的旧铁路平行。毫不奇怪，它速度更快，效率更高，而且在设计时更多地考虑了当地的生态环境。虽然铁路穿过肯尼亚的国家公园，但高架桥和路堤将铁路提升到地面以上，为最大限度地减少对野生动物的影响，地下通道允许野生动物安全通过。希望这条铁路有一天能在东非一直连接到乌干达、卢旺达和布隆迪，甚至可能连接到南苏丹。

铁路发展一直让人引以为豪。

当中国在 20 世纪 70 年代修建连接坦桑尼亚和赞比亚的坦赞铁路时，中国还是一个贫穷的国家。

赞比亚总统肯尼斯·卡翁达（Kenneth Kaunda）和坦桑尼亚总统朱利叶斯·尼雷尔（Julius Nyerere）试图获得西方的支持，但被拒绝，理由是这条铁路没有商业意义。卡翁达总统在描述铁路建设的开始时说："中国工人和工程师像兄弟姐妹、朋友和共同奋斗的同志一样来到这里。"铁路建设从此成为中非友谊的见证。

这条铁路进一步促进了中非友谊。当中国重新获得其在联合国的合法席位时，非洲给予了广泛和热情的支持。

1955 年，周恩来总理在亚非会议上对中非友谊的根源作了最好的描述："因为我们亚非各国人民是具有共同的命运和共同愿望的，所以我们才能够在反对殖民主义、拥护世界和平和促进政治、经济和文化的友好合作上获得了如此成就"。[①]

在这一友谊的基础上，习近平主席在 2015 年中非合作峰会上宣布了中非 10 项合作计划，承诺支持非洲提高绿色、低碳和可持续发展能力。当中国主办"一带一路"峰会时，几乎所有的非洲总统都来到北京。2021 年11 月在塞内加尔举行的中非合作论坛第八届部长级会议上，中国呼吁深化与非洲的务实合作，促进非洲大陆的绿色发展。

一些专家说，如今改变非洲的两个最重要的因素是中国和手机：中国，投资和贸易；手机，连接，使经济跨越到现代化成为可能。

就购买力而言，中国已经成为世界头号经济体。非洲可以向中国学习一些经验：

第一，需要强有力和坚定的以发展为重点的领导力。消除贫困和确保国家的绿色转型是中国政治议程的重中之重。在这个问题上，新加坡、韩国、越南和其他亚洲国家也有类似的经验可以分享。

第二，市场经济。许多非洲国家难以建立正常运作的市场，因为这些国家人口少，而且往往被地理和种族所分割。一些人仍然坚持反市场的观点。但是，当市场的力量得到释放时，就像中国改革开放后发生的那样，可以依靠人们的创造力和活力创造奇迹。

第三，普及教育。世界上几乎没有一个有文化的人仍然属于极端贫困的一类。中国的识字率从 1949 年的约 20% 增加到 2019 年的约 96%。2019年，撒哈拉以南非洲的女性成人识字率不到 60%。如果你不识字，商业和公民生活都会变得更加困难。

中国非常适合帮助非洲发展。它拥有世界上最大和最具竞争力的太阳能和电池产业、尖端的高速铁路技术、蓬勃发展的数字金融业和一流的大学。

十多年来，中国一直是非洲最大的贸易伙伴。鉴于中国巨大的投资规模，中国自然会招致审查和批评。中国应该自信地回应，准备好倾听和说话。"一带一路"倡议为肯尼亚的加里萨带来了一个 50 兆瓦的太阳能发电厂，为南非的北开普省带来了 De Aar 风力发电厂，为赞比亚带来了太阳能磨坊，为中非共和国带来了绿色路灯。

就发展而言，非洲要赶上亚洲还有很长的路要走。但非洲大陆拥有年轻、有抱负和创新的人口。中非合作的机遇是巨大的。

---

① 李连庆：《大外交家周恩来》（第 3 卷），人民出版社 2016 年版，第 310 页。

（五）共建绿色"一带一路"，迈向生态文明之路

2022 年 3 月，中国国家发改委、外交部、生态环境部、商务部联合印发了《关于推进共建"一带一路"绿色发展的意见》（以下简称《意见》）。这份最新的指导方针与《巴黎协定》目标一致，是推动"一带一路"绿色发展的良方，将有力促进地球环保事业的进程。

现阶段我们必须意识到三类环境危机：自然危机、气候危机和污染危机。为了同时应对以上三种危机，《意见》的出台恰逢其时。

过去两年，中国向国际社会做出三项重大承诺：第一，中国将在 2030 年前达到碳排放峰值，2060 年前实现碳中和。从现在起到 2025 年，每年新增造林面积将达 3.6 万平方千米，超过比利时的国土面积。第二，中国将建成世界上最大的国家公园体制，成为全球环保领导者。第三，中国不再新建海外煤电项目。

所有这些承诺都直指全球三类环境危机，而最新发布的《意见》为如何确保这些承诺得到兑现指明了道路。其中传达了五条重要信息。

第一，"一带一路"建设将执行中国和全球最高环保标准。

在此之前，中国投资者的常规做法是遵守其投资目的地的法律。而《意见》指出，"鼓励企业参照国际通行标准或中国更高标准开展环境保护工作"。许多发展中国家的环保标准往往比国际通行标准低得多，但现在要将标准向最高水平看齐，这是关键性的一步。

这一要求也回应了西方的一些忧虑。长期以来，西方国家企业对中国企业利用较低的环保标准搞"不公平竞争"表示不满。而现在，不公平竞争的问题不存在了，这是一个巨大的进步。

第二，"一带一路"建设将遵循《巴黎协定》和应对气候变化的多边进程。

《意见》要求坚持多边主义，尊重共建"一带一路"国家实际，积极寻求沿线国家应对气候变化"最大公约数"。《意见》还鼓励更多中国太阳能发电、风电等企业"走出去"，同时全面停止新建境外煤电项目。对于已经在建的海外煤炭项目，则应尽可能地进行环保改造，升级节能环保设施，以达到环境友好标准。不过要注意的是，煤炭项目的寿命不应延长。

第三，企业的主体作用受到关注。

《意见》要求，政府部门要为企业提供指导，但最终还是要由企业来

落实环保行为，将绿色变革推向规模化。

关注企业行为是《意见》成功发挥作用的关键，因为目前中国拥有许多世界领先的绿色企业，可以向"一带一路"沿线国家进行投资。

例如，宁德时代一直是全球最大的电动汽车电池供应商，占全球市场份额的三分之一，而比亚迪则不仅占据全球电池市场的 10%，同时还涉足电动巴士、电动汽车和轻轨列车的生产。

去年，"一带一路"绿色发展国际联盟主持撰写了《"一带一路"项目绿色发展指南》，引导投资者和金融机构在"一带一路"沿线进行绿色投资，一揽子解决自然、气候和污染危机。

第四，强调绿色基础设施互联互通，构建人与自然生命共同体，坚持人与自然和谐共生。比如，项目在设计阶段要合理选址选线，降低对生态敏感脆弱区的影响，为野生动物修建"地下通道"和"过街天桥"。中老铁路和肯尼亚的蒙内铁路就是中国企业在施工过程中尽量减少对自然影响的范例。不论是在电网能源方面，还是在公路铁路方面，我们都需要建立一个联系更加紧密的世界。

第五，技术进步也是重点关注对象。我们正在迈入人工智能时代，而中国可以在这一领域做出很多贡献。

例如，腾讯正在深圳打造一座以人为本、环境优先、以人工智能为技术支撑的"网络城市"。它包含办公楼、住宅，以及公园和滨水区等公共设施，总规划占地面积 200 万平方米。

再如，华为在青海建立了世界上最大的集中式太阳能电厂，提高了太阳能发电效率。华为的技术还能帮助我们更好地辨别鲸鱼美妙的歌声和船只发出的噪音，为沙特阿拉伯的红海新城储能项目提供助力，为整座城市提供电力。人工智能的应用降低了风险，提高了生产效率。

总而言之，《意见》所指出的正是我们所需要的：在这一框架指导下，"一带一路"倡议将真正成为建设绿色地球的主要推动力量。"一带一路"倡议涵盖 140 多个国家，是当今时代最重要的投资项目。绿色的"一带一路"将是我们的走向生态文明之路。

（六）《生物多样性公约》缔约方大会第十五次会议（CBD COP15）继往开来

联合国《生物多样性公约》第十五次缔约方大会第一部分于 2021 年 10

月 11 日在昆明召开。这次会议是继 2010 年名古屋生物多样性大会之后，全球自然保护领域取得新突破性进展的大好机会。从划定环保红线，到建立国家公园体制，从数十年植树造林，到最近宣布海外"退煤"，中国用实际行动持续推动着全球环保事业发展，一些具体举措也值得其他国家借鉴。

四 中国发展包容性绿色低碳经济的前景与展望

在生态文明思想的指引下，中国正在坚定不移走绿色低碳发展道路，用前所未有的决心和力度推进污染防治，持续改善生态环境质量。

我们需要重塑理念。人类不能再将自然视为自己的占有物，而应将自己视为自然的一部分，努力恢复人与自然关系的平衡。中国承诺从 2021 年到 2025 年，每年造林约 3.6 万平方千米——超过比利时的国土面积，充分体现中国推动生态系统恢复的坚定决心。

我们需要全球合作。许多环境问题是跨越国界的。中国践行的生态文明理念将全球视为一个整体系统，呼吁各国共同努力，加强全球合作。当前，中国对外能源投资中，可再生能源项目占比不断上升，共建绿色"一带一路"正为加强可持续发展领域的国际合作提供重要平台。

技术和城市规划也是解决方案的一部分。几年前，我参观中国建设中的雄安新区，被其面向未来的设计以及体现的环保理念深深震撼。无论身在城市的哪个角落，只需步行一小段时间，就能看到绿地。在高度现代化的深圳市，随处可见的绿色走廊和湿地同样给人留下美好印象。

政府需要制定行动路线，让地球母亲再次美丽。我非常赞赏习近平主席倡导的"建设美丽中国"愿景。我参观过许多美丽的中国城市，从中得到很多启发。杭州的西湖、苏州的运河、昆明的滇池，都曾遭遇污染问题。当地政府付出巨大努力开展水系治理，改善周边环境，让它们重新变得美丽。

当前，中国正朝着高质量发展的目标前进。中国建设生态文明的诸多成功实践，为国际社会提供了具有借鉴意义的宝贵经验。面向未来，在生态文明理念引领下，包容性绿色低碳经济提供的鼓舞人心的绿色愿景，也将得到国际社会越来越多的重视，赢得越来越多的支持，为促进人与自然和谐共生作出更大贡献。

绿色消费

推行绿色服饰大有可为

袁 帅 袁 凯*

与食物浪费、水电资源浪费等显而易见的浪费行为相比，服饰浪费要隐蔽得多。花样繁多的服装堆积在衣橱里，许多人看来这并不能算是浪费——花自己的钱买个开心，别人岂能置喙。随着服饰下沉市场逐渐开拓，这种现象尤为明显。

谈及"服饰浪费"，需要明确的是，这不仅仅是一种经济浪费行为，更是一种资源浪费行为。一件衣物涉及较长的和多样化的生产供应链，从原材料、纺织品制造，到服装设计和制作、运输、零售，再到消费者使用，以及最终被丢弃处理，整个过程会涉及水浪费和污染、农药污染、空气污染和气候变化多个方面。随着低碳环保的生活理念日益被推崇，"绿色服饰消费"也逐渐成为大众关注的焦点。

2022年1月，国家发改委、工信部、商务部等七部门联合发布《促进绿色消费实施方案》，明确到2025年要实现绿色消费理念深入人心、奢侈浪费得到有效遏制、绿色消费方式得到普遍推行，其中重点提到要鼓励推行绿色服饰消费，提供更多符合绿色低碳要求的服装，倡导消费者理性消费，按照实际需要合理、适度购买衣物。

如果说绿色服装的研发与购买还需从行业源头进行调整与规范，那么现有旧衣物的回收与处理则是当下首要的问题。

袁帅，《小康》杂志社记者；袁凯，《小康》杂志社记者。

一 纺织材料可持续化

纺织材料可持续，生产出来的服饰才是绿色环保的。除了要推广低碳节约的购买消费理念，更要更广泛地使用绿色环保的纺织材料。

当下，全球时尚产业正在逐步迈进可持续循环发展的时代，时尚业仍在通过探索有效途径，来解决发展中的环境污染问题。挑战与机遇并存，可持续时尚对于中国纺织服装行业来说正是如此。纺织物和服饰制造过程中产生的环境影响、绿色消费的崛起、可持续发展的时代呼声，迫切需要行业不同利益方采取实际行动，加快实施循环时尚经济发展。

（一）纺织物带来的污染

时尚产业的发展消耗了大量自然资源，不只对气候有影响，还对生物多样性有巨大影响。原料和服装生产过程、流通环节以及产品的包装等消耗了自然资源，产生了碳排放。每年人们消费的服装超过 6200 万吨，服装行业造成的环境污染高居世界第二位，仅次于石油化工这一全球最大污染行业。有预测显示，2030 年世界人口增长到 85 亿人时，服装行业将超过石油化工行业成为世界最大的污染源。

从原料加工到成衣，这一过程中造成的最严重污染便是水资源污染，全球 17% 至 20% 的工业废水污染来自纺织工业的染整加工。纺织行业每年排放大量有毒废水，水中充满各种有毒物质，如硝酸盐、铜、砷、铅、镉、汞、镍等。其次是空气污染。服装业每年碳排放量占全球的 10%。在生产合成纤维时会释放出一氧化二氮，其破坏力是二氧化碳的 300 倍。在当今蓬勃发展的全球时尚产业中，每天生产数万件服装，生产、制造和运输过程中消耗能源排放大量的温室气体。

有些发达国家规定，环保服装须有经过毒物测试的相应标志。这些标志涉及的有毒、有害物质范围很广，标准也很严，从 pH 值、染色牢度、甲醛残留、致癌染料、有害重金属、卤化染色载体、特殊气味等化学刺激因素和致病因素，到阻燃要求、安全性、物理刺激等方面都有规定。因此，涉及面非常广，仅染料涉及的致癌芳胺中间体就达 22 种，相应的染料助剂、涂料等 100 多种，重金属也涉及 10 多种。在 20 世纪 90 年代，纺织印染中染料所产生的环境污染及其对服装的污染也曾是中国环保"十大课题"之一。

（二）发展历史

绿色可持续发展、减少碳排放已逐渐成为全球共识，随着消费者意识的不断加深，人们开始逐步转向使用更高质量、更环保的面料制成的服装，这一趋势也促使可持续面料的市场迅速扩大，越来越多的品牌通过使用可持续面料或者循环使用的纤维，尝试为地球的未来做一点事情，并将可持续发展视为重要内容。

早在 20 世纪 80 年代，绿色环保就已经作为设计理念引入时装行业。1992 年，McDonough 等第一次提出了"汉诺威原则"循环设计，此后，在时尚领域中，"从摇篮到摇篮"的理念广受推崇。服装行业环保、休闲、健康发展成为世界关注的焦点，则要归功于 1997 年德国杜塞尔多夫成衣展首次集中展示了环保服装，并颁发时装环保奖。在今天的德国服装纺织产业里，绿色环保理念仍然没有被丢弃。即将举行的 2024 春夏德国慕尼黑 PERFORMANCE DAYS 展会关注的焦点话题正是碳中和、节能措施、资源保护，以及可持续材料的使用。

（三）成就案例

在技术人员的不懈努力和不断尝试下，今天可用的环保纺织材质在种类上已经有了质和量的双重飞跃。2022 年 10 月，国际独立第三方检测、检验和认证机构德国莱茵 TUV 大中华区为广州市德鹏新材料科技有限公司的牛仔洗水纺织助剂颁发了 ZDHC MRSL 等级 3 符合性证书。ZDHC 是全球最大的有害化学物质零排放缔约品牌组织，ZDHC MRSL（有害化学品零排放生产限用物质清单）是一份在纺织、服装和鞋类行业加工纺织材料、皮革、橡胶、泡沫和胶粘剂过程中禁止有意使用的化学物质清单，用于管理供应商对这部分化学物质的使用，并在生产过程中淘汰这些有害物质，以保护环境以及消费者的健康与安全。

2022 年 11 月举办的上海国际功能性纺织品展览会上展出了多种环保纺织材质：适用于户外和运动装的 Banff 是第一款由 100% 再生纱线制成的 Sympatex 贴合材料。它是一种创新纱线，由废弃服装和剩余材料制成。技术人员从废弃轮胎的回收利用中获得聚酰胺，制成一种具有吸水快、耐磨性好等特质的纺织品。每 100 吨这种织物中便含有从 12.6 个轮胎中获取的聚酰胺。

Model 纤维的原材料主要是欧洲森林中的山毛榉木，在生产的过程中采用了高湿模量粘胶纤维的制作工艺。该种工艺的使用降低了对环境的污染。现今，Model 纤维已经得到了广泛推广和应用，公司还开发出了许多新型的 Model 纤维品种，如纳米技术的 Model 抗菌纤维、Model 有色纤维和超细纤维等。

（四）服装品牌方应用环保纺织物案例

在 2022 年的巴黎时装周上，西班牙时尚品牌罗意威（LOEWE）用"绿植做鞋包配饰，电子屏制成大衣"的低碳环保时尚理念引发了业内深思和广泛热议。服饰所用的绿植是该品牌创意总监 Jonathan Anderson 在本场秀举行的前 20 天，在巴黎郊外的大棚中播种下去的。因为种子和面料的特殊性，这些绿植是直接在服饰面料上发芽的，所以这场时装秀表达了"有机物和人造的融合"。虽然这样的绿色产品不能量产，也无法落地在现实生活中，但它所推行的可持续发展的理念却深入人心。在随后诸多涉及绿色环保的国内外服饰展会、论坛上，都采用了罗意威的绿植服饰作为海报背景。

因 VERO MODA、ONLY、杰克琼斯等品牌线被中国消费者熟知的绫致时装集团，近两年也开始加大绿色发展强度，与美国生物材料公司 Ecovative Design 合作，成立可持续发展公司，帮助旗下品牌共同开发基干菌丝体的材料，作为皮革和石油衍生物的替代品。

皮草一直是服饰材料里最受争议的一种。这不仅是因为关系到保护生物多样性，更是体现在动物被猎杀时是否感受到痛苦的道德主义。近年来，认可环保意识的奢侈品品牌越来越多，人们日益意识到，保护生物多样性，保护栖息地，就是保护人类自己。2021 年，开云集团就曾宣布从 2022 年秋季系列开始，旗下 Bottega Veneta、Alexander McQueen、Saint Laurent 等所有品牌都不再使用动物皮草。旗下拥有 House of Fraser、Sports Direct 品牌，并持有 Mulberry 和 HugoBoss 大量股份的 Frasers 集团日前发布声明，宣布与其供应商将停止购买皮草材料，将与 HSI/UK 合作，以尽快清除现有的皮草服装库存。在此之前，Farfetch、Net – a – Porter、加拿大鹅（Canada Goose）、Burberry、Chanel、Gucci 和 Prada 等奢侈品品牌和零售商也加入零皮草行业。

目前，意大利奢侈品品牌 Fendi 还并未放弃使用皮草，但在 2022 年下半年时该品牌做出承诺，所采购的皮草均符合 Welfur 协议标准，未来将采用最新的 Furmark 认证，以尽可能在保留皮草产品的基础上，作出有道德意识和可持续的改变。Furmark 是国际毛皮协会在 2021 年新推出的一项全球认证，旨在确保天然毛皮的"动物福利和环境标准"。

（五）政府助推纺织业低碳化案例

虽然我国在现代纺织材料的绿色环保上起步较晚，但决心大，步伐坚定。2022 年 10 月举办的第十一届江苏（盛泽）纺织品博览会暨 2022 中国服装大会的主题便是"科技、时尚、绿色"，旨在以时尚赋能提升产业的"含金量""含绿量""含新量"。值得注意的是，会上，中国纺织信息中心与中国纺织重镇江苏省苏州市吴江区盛泽镇联合发布《盛泽纺织产业气候行动白皮书》（以下简称《白皮书》）。《白皮书》分析认为，盛泽纺织产业能源消费正加快向高效、低碳、清洁转变。盛泽纺织产业温室气体排放呈现排放总量"先上升后下降"、强聚集性的趋势。《白皮书》指出，基于情景分析结果，考虑国家"双碳"目标、地方碳达峰任务要求和盛泽纺织产业发展规划，建议盛泽可选强化行动情景路径为纺织产业气候行动路径。

在此情景下，盛泽纺织产业气候行动目标和路径得以明确：由纺织过程产生的温室气体排放量将在 2029 年达到 1214.6 万吨二氧化碳当量的峰值，随后，从 2029 年到 2035 年进入平台期，2058 年实现碳中和，此时的排放量控制在 150 万吨二氧化碳当量以下。

为实现上述目标，《白皮书》指出，盛泽应制订实施纺织产业绿色低碳转型行动计划，建设以高效、绿色、循环、低碳为特征的现代纺织产业体系，实现高质量、可持续发展。同时，《白皮书》也建议在积极促进能源消费实现低碳转型、搭建绿色低碳产业体系、推进绿色技术创新能力、大力扶持绿色环保品牌等方面采取有力举措。

盛泽的探索与实践，对中国和世界探索纺织产业碳达峰碳中和路径具有重要现实意义，对其他工业领域也具有借鉴意义。为了进一步服务盛泽纺织产业绿色低碳可持续发展，中国纺织工业联合会在盛泽设立可持续创新办公室，促进盛泽纺织产业可持续发展能力提升，推动盛泽世界级纺织产业气候行动示范区建设。

二　二手服饰回收再利用

在过去的 20 年里，随着技术的发展，成本价格的下跌，人们购买越来越多不同样式的时装。现如今，人们所买的衣物往往比父辈要多出 5—6 倍，甚至更多。然而，这背后隐藏着一个巨大的弊端。中国循环经济协会数据显示，我国每年产生超过 5000 万吨衣服，年淘汰量达 2600 万吨。在每年大量淘汰的旧衣服中，只有不到 15% 的衣服会被回收或捐赠，近九成的旧衣服都会被当成垃圾进行填埋焚烧。如今，大部分服饰由聚酯纤维制成，材料中含有的塑料很难实现生物降解，造成了不可逆转的土壤污染。

如果二手服饰得到更大程度的回收、再利用，那么服饰对于生态环保的影响与现在相比将截然不同。国际回收再生组织（BIR）的研究结论表明，每使用 1 千克废旧衣物，就可以降低 3.6 千克的二氧化碳排放量和节约 6000 升的水资源。据中国纺织工业联合会预估，如果能充分回收并且有效实现再利用的话，每年我国的废旧纺织品二次利用生产出的化学纤维和天然纤维，相当于节约了 2400 万吨原油，等同于我国每年进口石油总量的 5%。

一件服装使用后进入废弃阶段，大致有 4 种处置方式，即再使用（延长利用）、再循环（资源化利用，再生纤维加工）、焚烧（能源化利用）和填埋（当垃圾处理），其中填埋和焚烧是当前最普遍的处置方式。促进消费与绿色消费二者并不矛盾，而是相辅相成的。在旧衣多、废旧纺织物市场大的情形下，旧衣回收再生产行业无疑正处于绿色与消费两端的平衡点。旧衣的回收、转化，以及消费者对其的态度是目前的首要问题。

（一）二手服饰回收接受度

针对民众对旧衣的存放、处理方式，以及是否愿意将旧衣物进行回收、是否接受穿着由回收服饰制成的服装，《小康》杂志社进行了社会采访与调查。本次调查通过现场发放问卷与微信线上问卷填写的方式共发放 200 份问卷，收回问卷 198 份，有效问卷 198 份。

调查结果显示，78% 的受调查者每隔 1—3 月便会购买一次新衣，70% 的受调查者每年会购买 10 件及以上新衣，购买衣物多而频繁是服饰消费的基本情况（见图1）。

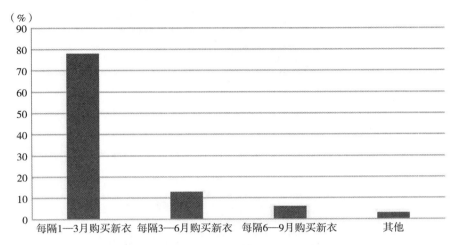

图1 受调查者购买衣服频率

87％的受调查者表示新购置的衣物穿过当季便会被淘汰，除部分贵重衣物外，基本保持着一年一换的情况。可见，等待处理的旧衣物每年都在快速增长。

与此同时，65％的受调查者会每年清理一次衣柜，将旧衣处理掉。其中32％的受调查者选择直接将其丢弃，41％的人将旧衣放入就近的旧衣回收箱，另有16％的人将其赠与熟人，11％的人选择"其他"选项，因捐赠手续太烦琐、就近无旧衣回收箱而采取其他处理方式的人占总数的9％（见图2）。由此可见，旧衣回收处理的渠道还须拓宽。

95％的受调查者愿意将自己的旧衣服进行回收处理，但只有31％的受调查者接受购买、穿着经回收材料制成的新衣。调查结果显示，人们对旧服饰的回收与利用有基本的认识，但自身对旧衣回收后制成的衣物接受度较低。

调查结果显示，在不接受旧衣制品的受调查者中，89％的受调查者担心旧衣制品的安全卫生问题；52％的受调查者会因为外观、款式而不选择旧衣制品；64％的受调查者认为旧衣制品的舒适度达不到自己的要求；49％的受调查者同时选择了上述三个方面（见图3）。针对旧衣回收问题，如何打消消费者的顾虑是关键。

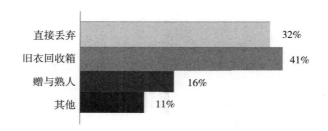

图2 受调查者旧衣处置方式

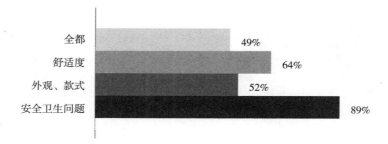

图3 受调查者不接受旧衣制品的原因

调查结果显示，消费者乐于捐献旧衣进行回收处理，但对穿着旧衣制品的接受度较低，原因主要是对安全卫生问题有所顾虑、旧衣制品外观和款式不够新颖、舒适度不高三个方面。

（二）二手服饰回收平台现状调查

大众和业内都普遍对二手服饰回收业务看好，但从二手服饰回收平台的生存状况可洞察，实际情况并非如此。基于移动互联技术的再生资源回收商再生活（北京）信息技术有限公司（以下简称再生活）峰值注册用户有25万人，App单日活跃用户为2万人，在北京覆盖近千个小区，社区渗透率达到30%，日均单量达到8000单。

曾经在天使轮拿到三四个投资意向书，并顺利拿到3000万元Pre－A轮机构投资的"再生活"最后倒在了变现的道路上。"再生活"是"自建回收人员体系＋上门服务"模式，每次上门服务的成本控制在7元以内，基本等同于收废品的客单盈利平均值。由于需要附加干线物流、仓储等其他成本，客单盈利有一定的压力。于是"再生活"团队便开始尝试两种流量变现路径：一方面是生活日用品电商，但面临着客单价的天花板；另一方面是本地生活服务，客单价虽然在 170 元钱左右，服务满意度也很高，但依然存在很大的问题。一是居民在生活服务上的消费观念还没有真正建立起来，二是所有的服务，比如家庭保洁、家电清洗等，又属于频次非常低的需求。虽然"再生活"有一定的技术手段来提升前台的服务效率，以较低的成本拿到社区流量，但流量变现路径始终有一个天花板，始终没有得到特别好的解决。运营三年后，"再生活"难逃关门歇业。

失败后，"再生活"联合创始人夏凡仍然不断思考，总结了两点：一方面，从商业模式的角度来讲，社区 O2O 这个业务需要很长的时间去完成用户行为习惯的培养，需要大量的资本来推动，并不在风口上的草根创业者是很难玩得转的。另一方面，再生资源回收这个行业本身就有一定的公共服务属性，所以理论上来讲，应该是要有一个公共服务资源相匹配，比我们单纯用企业自身市场化的手段效果会好很多。①

能够持续运营 5 年以上的二手服饰回收平台不多，具有知名度的更少。在随机调查的 80 人样本中，能被消费者说出名字的二手服饰回收平台只有阿里巴巴旗下的闲鱼。闲鱼不仅符合了夏凡所说的资本较为丰厚的企业，且是一个综合性的回收、置换平台，并不只专注于二手服饰回收。

尽管有阿里巴巴集团在背后做支撑，但闲鱼还是加大力度活跃二手服饰回收业务，可见二手服饰回收并非看起来那样容易。为了吸引更多用户使用，闲鱼的旧衣回收业务从线上走到了线下。2019 年，闲鱼联合菜鸟驿站在深圳百余社区展开旧衣回收服务，社区居民只要将旧衣服送到附近有闲鱼旧衣回收服务的菜鸟驿站，就能领取最高 500 元的天猫超市优惠券，回收的旧衣会被统一打包发往分拣仓库进行环保处理。为了吸引更多消费者加入绿色行动，闲鱼平台将给予参与旧衣回收的消费者们相应的蚂蚁森林绿色能量。

随后，闲鱼将大部分回收到的旧服饰交给再生工厂进行环保再生，加工成农业保温材料、建筑和工业隔音材料、填充物料、无纺布等可再生纤维，重新用于纺织品生产。剩余的一小部分旧服饰经过分拣、清洗和消毒，出口非洲旧衣市场，进行可持续流转，用于补贴仓储和物流运输等

---

① 《"再生活"联合创始人夏凡：我们的错误是加法做得太多》，《南方人物周刊》2018 年 1 月 3 日。

费用。

（三）国际案例

1. 英国

英国是旧衣回收做得较为突出的国家之一。英国通过慈善商店、衣物回收银行、社区衣物回收箱、再利用中心等多条渠道进行旧衣回收。在英国，每个大中型城市至少有一家慈善旧衣店，免费回收旧衣，再以 2—8 英镑/件价格出售。英国政府倡导民众将垃圾看作可利用的资源，英国城市街边垃圾桶除"可回收""不可回收"分类外，还会多一个"纺织物回收"。在 2005 年生效的《废弃物分类条例》中，英国不仅界定了废旧衣物，还明确细分了其中的子类别。

2. 法国

2007 年，法国生态和可持续发展部制定《关于新纺织服装产品、鞋及家用亚麻布产生的废物再循环与处理法令草案》，规定衣服生产者对废旧衣物有回收和减轻污染的义务和责任，要求相关企业及部门做好回收再利用工作。2008 年，法国的纺织品和服装回收再利用进程，因欧盟将前者纳入可循环利用材料中而快速推进。

在法国的集市古着店，二手服饰以 8 欧元左右/斤的价格售卖，受到消费者欢迎。

3. 美国

早在 20 世纪 80 年代，美国已有部分地区通过法令禁止焚烧废旧衣服，并采取开展"旧衣回收日"等活动，提高公众对再生衣物的接受度；此外，各州为了推动废旧物资分类再利用，还成立了有关再生物质利用的协会与非政府组织，并为此提供专业平台。因此，二手市场成为美国的废旧纺织品服装主要流通点。

4. 日本

在日本，民众对旧衣物以及废旧纺织品回收制品接受度较高，并且十分了解废旧纺织品回收过程。2000 年，日本政府颁布了《循环型社会形成推进基本法》，同时还制定了一系列配套法律法规。日本废旧纤维屑出口工会和全国废品工会联合会向公众大力宣传废旧纺织品回收。日本废旧纺织品主要通过传统废旧物品回收者回收、行政回收、团体回收、企业回收等渠道进入回收流程。

5. 服饰品牌方

全球知名品牌队伍当中，耐克（Nike）、阿迪达斯（Adidas）等品牌采用回收材料制成的运动鞋在市场上反响不错。2017 年，阿迪达斯卖出了 100 多万双由海洋塑料垃圾做成的运动鞋，耐克采用全回收材质打造的四款 Space Hippie 运动鞋同样广受好评。优衣库、Zara 等快时尚品牌先后在全球推行旧衣回收计划，发迹于泰国曼谷最知名的跳蚤市场的 Dry Clean Only 品牌则擅长通过布料拼接、珠片镶嵌、立体刺绣等手工艺进行再造。

三　发展机遇与挑战

（一）未来前景

据不完全统计，不包括历史上的存量，2021 年我国大概产生居民生活端废纺 800 万吨，能成功回收的只是比较少的一部分，其中只有大概不到 10% 能够进入正规的回收渠道。很多附加值较高的生产技术还没有形成产业化与规模化的发展优势。从消费端而言，如果解决了安全卫生、款式与舒适度等问题，旧衣回收与再生产具有庞大的市场。

（二）构建法规标准

从国际案例可见，相应法规制度的建立对促进绿色服饰产业健康发展起到至关重要的作用。且上述调查中有受调查者表示，如果有权威公司为旧衣制品背书，他们愿意接受旧衣制品。这既消除了消费者对于安全卫生问题的顾虑，也在设计与舒适度层面有了保障。

（三）树立合理消费观念，改善过度消费

树立合理消费观念，改善过度消费情况则是旧衣回收处理问题的关键环节。没有服饰过剩问题，便不再存在回收处理过程。上述调查结果显示，70% 的受调查者每年会购买 10 件及以上新衣。其中，羽绒服、大衣等季节必备性衣物只占到 21%，有 42% 的衣物在穿着不到 5 次后便被叠放到衣柜里。有男性受调查者表示，每月都会为自己购置新衣，算是对自己工作的奖励，以此提升自己的幸福感，也不见得买了之后就会穿好几次，但购入的那一瞬间，自己心理上是满足的。

随着新一代年轻人进入职场，他们对自己的关心程度更高，购买服饰成了他们"奖励"自己、关爱自己、获得满足感的一个重要途径。星图金融发布的《"Z世代"消费用卡习惯调研报告》显示，73.64%的年轻消费者更关注"个人喜欢程度"，在"悦己"成为年轻人消费主流的情况下，多为自己添置新衣，对于年轻人而言便不足为奇了。

不同于年轻人出于"悦己"目的造成的服饰过度消费，许多中老年人因为"优惠购物"囤积而闲置衣物。上述调查中有中年女性受调查者表示，喜欢在各大购物网站、直播间"蹲"优惠，"买三免一""满300减50"等活动让其拥有一大堆只穿过一两次甚至从未穿过的"旧衣"。

第三方监测平台星图数据发布的2022年"双十一"销售数据显示，10月31日20时至11月11日23时59分，综合电商平台、直播平台累计销售额为11154亿元。分平台来看，综合电商平台销售总额达9340亿元，天猫以58.03%的份额占据综合电商平台榜首位置，后面分别是京东与拼多多。直播电商平台同样势头迅猛，达到1814亿元的销售额，同比增速惊人。排名直播电商平台榜首的是抖音，点淘屈居第二，快手排名第三。

在促销活动中，销售商利用活动清仓，还顺带完成了宣传与占有市场的目标。对生产企业与经营企业而言，它们通过部分产品取得利润，库存这个负担经由促销活动成为消费者购买的商品。无论是生产者还是销售经营者，它们算小账是算得通的，但是对于整个社会而言，过量生产必然导致大量的碳排放，社会的整体大账是算不通的。

近40%的服饰都会用到棉花，而棉花又是非常耗水的植物。据统计，生产一件棉衬衫大约需要2600升水，如果一个人每天喝8杯水，可以持续三年半。生产一条牛仔裤大约需要7500升水，这足以让一个人每天喝8杯水持续十年。

服饰的过度消费，正加剧水资源的消耗。对资源最好的保护，就是减少对资源的无意义消耗。

参考文献

刘晓玲：《倡导绿色服装是可持续发展的重要组成部分》，《环境科学与技术》2001年第S2期。

Jacometti V. , "Circular Economy and Waste in the Fashion Industry", *Laws*,
Vol. 8 , No. 4 , 2019.

潘冰:《绿色环保型纺织纤维的开发与应用》,《中国高新技术企业》2015
年第 27 期。

郭燕:《废弃服装处置方式碳足迹比较》,《棉纺织技术》2014 年第 1 期。

袁帅:《剁手节背后的环保隐忧》,《小康》2022 年 11 月上旬刊。

袁帅:《把绿色低碳穿身上》,《小康》2023 年 1 月下旬刊。

袁帅:《二手服饰:想说爱你不容易》,《小康》2023 年 1 月下旬刊。

袁凯:《消费者能接受旧衣制品吗?》,《小康》2023 年 1 月下旬刊。

绿色食品的发展

孙媛媛　于靖园[*]

在现代生活里，绿色食品已经逐渐深入人们的生活。绿色食品主要指，无污染的、安全的、品质好的、健康的、营养的食品的总称，在某些情况下也称为有机食品、生态食品或自然食品。

一　行业发展历程

早在1990年，我国农业部正式启动了绿色食品开发和管理的工作，5月15日至17日，召开第一次绿色食品工作会议，绿色食品在中国正式起步。国务院于1991年12月28日下发《开发"绿色食品"有关问题的批复》（国函〔1991〕年91号），充分肯定了发展绿色食品的重要意义，绿色食品也因此被确立为国家的发展战略和政府主导的公共事业。"中国绿色食品发展中心"于1992年成立，负责绿色食品的管理与开发。1996年11月7日，绿色食品标志证明商标经国家工商行政管理局商标局核准注册，成为我国第1例质量证明商标。自此开始，绿色食品在我国迈入了加速发展的阶段，认证产品的数量和产量开始持续增长。1996年，全国有效使用绿色食品标志的产品达到712个。

1997年，是我国绿色食品发展的标志性年份。在这一年，绿色食品的发展加速，进入了市场化、国际化、社会化的全面推进阶段。截至1997年底，中国绿食品发展中心已经与其他国家近500个相关机构建立了联系，并与许多国家的政府部门、科研机构、国际组织在质量标准、技术规范、

---

　*　孙媛媛，《小康》杂志社记者；于靖园，《小康》杂志社记者。

认证管理、贸易准则等方面进行了深入的交流与合作，有力地促进了绿色食品事业的外向发展。据不完全统计，1997 年，我国绿色食品产品出口额达 5.85 亿元，进一步提升了我国绿色食品事业的国际影响力。

2003 年，在"亚太地区绿色食品与有机农业市场通道建设国际研讨会"上，绿色食品开始在国际舞台崭露头角。世界持续农业协会副主席布洛伯恩先生称绿色食品为"全球可持续农业发展 20 个最成功的模式之一"。

绿色食品这项开创性事业，距今已走过 32 年。随着老百姓消费理念的不断改变，人们对优质健康的农产品有着与日俱增的需求。对当下不少消费者来说，绿色食品虽然不是奢侈品，但是以"优质精品"的形象，不断走进寻常百姓家，绿色食品产业发展正面临难得的发展机遇和良好的前景。

2021 年末，中国绿色食品发展中心印发的《绿色食品产业"十四五"发展规划纲要（2021—2025 年)》（以下简称《规划》），指出"十四五"时期是全面推进农业绿色转型和高质量发展的关键时期，绿色食品应该担负起更多的任务、发挥更大作用，绿色食品产业应具有更为突出的地位。《规划》显示，2020 年，全国绿色食品生产企业总数已达到 19321 家，产品总数达到 42739 个。绿色食品销售额超过 5000 亿元，出口额超过 36 亿美元。

截至 2021 年底，全国绿色食品企业 23493 家，产品 51071 个，同比分别增长 29.9% 和 28.3%。

在互联网购物平台上也拥有良好的口碑。例如，10 多款具有绿色产品标识的产品在 2022 绿色食品宣传月活动启动仪式现场，通过京东直播、新浪微博等平台进行销售推广，很快便被抢购一空，平台的总观看量接近 200 万次。这种火热的互联网销售盛况，体现了绿色食品被市场认可。

多年来，绿色食品始终以技术创新、制度创新、组织创新为引领，以专业化、高端化、绿色化为特征，促进生产、生态、生活协同发展，推进绿色产业转型升级，助力农产品品质不断升级迭代。

二　行业大发展：成绩与存在问题

《规划》的出台，将进一步推动"十四五"时期绿色食品产业高质量发展，全面提升绿色食品产业发展水平，发挥绿色食品在全面推进乡村振兴、加快农业农村现代化中的示范引领作用。

绿色食品的开发需要现代科学技术的保障。在绿色食品生产加工领域，低化学投入是一个关键的要求，生物农药、生物肥、天然食品添加剂、天然饲料添加剂、环保型包装材料等的开发，以及各种防腐方式等关键技术的创新都直接影响着绿色食品的质量。随着生物技术、人工智能、大数据和先进制造等技术的快速兴起，绿色食品也将迎来大发展的"黄金期"。更多的技术创新成果可以应用到绿色食品的生产加工中去，最终以产品的低成本、高品质、高科技含量、高附加值促进绿色食品产业的高速发展。绿色食品作为集经济效益、生态效益和社会效益于一体的产业，无论在国内还是国外，发展潜力都十分巨大。

（一）绿色食品需求量稳步提升

品牌影响力明显提升。得益于时代和经济的发展，越来越多的人认识到推广绿色食品品牌以及以可持续的方式生产绿色食品的重要性与必要性。2019 年，农业农村部发布第 194 号公告，禁止使用部分药物饲料添加剂。2022 年，农业农村部又发文，公布转基因作物品种审定标准等。随着人民生活水平的提高和消费观念的改变，对健康身体、高品质生活质量孜孜不断的追求，人们对口感好、品质优、安全的绿色食品品牌的需求逐年增长，品质化、层次化、个性化的消费需求已成新趋势。

综合效益日益凸显。发展绿色食品在乡村振兴、质量兴农、绿色兴农、品牌强农等重点工作中发挥了积极的示范带动作用，特别是为助力脱贫攻坚作出了重要贡献。"十三五"时期，支持贫困地区发展绿色食品项目 13849 个，建设生产基地 82 个，走出了一条特色鲜明、成效显著的品牌扶贫之路。2020 年，绿色食品销售额超过 5000 亿元，出口额超过 36 亿美元。《绿色食品生态环境效应、经济效益和社会效应评价》报告表明，与常规农业生产方式相比，绿色食品生产模式化学氮肥施用量减少 39%，农药使用强度降低 60%，土壤有机质含量提高 17.6%。

（二）面临挑战

当前，绿色食品产业发展还存在一些问题和短板，工作面临诸多挑战，体现在以下几个方面。

产业发展基础支撑不足。有关绿色食品的标准体系目前尚未达到完善与健全。此外，有关品质的营养指标研究仍需要进一步加强，生产操作规程和全程质量控制体系需要进一步落实。有关绿色食品的科技创新以及成果转化应用不足，信息化、数字化基础较为薄弱。绿色食品标志许可制度与证后监管措施需要进一步完善。

风险防控能力需要加强。少数地区存在"重认证、轻监管""重数量、轻质量"等现象，需要有关部门切实负起责任，加强执法力度，依法查处相关企业的违规行为，对不符合《绿色食品产品适用标准目录》《绿色食品 农药使用准则》等要求违规生产的食品坚决予以查处，对各类假冒绿色食品的生产经销行为依法严格处罚，严厉打击各种违法行为，保障广大人民群众的食品安全，不让假冒伪劣的"绿色食品"大行其道。特别是近年来绿色食品产品数量持续保持高增长态势，防范质量安全风险和市场风险的压力不断增大。

产业发展质量亟待提高。绿色食品目前的总量以及规模还不足以满足人民日益增长的对绿色优质农产品的消费需求。绿色食品加工产品比重不高，其中，显而易见的是畜禽和水产品方面发展较为缓慢。

此外，企业结构、产品结构和区域结构需要进一步优化。绿色食品专业化市场体系尚未形成，优质优价的市场机制尚未完全建立，品牌价值尚未得到充分体现。

三 绿色食品发展预测

消费者购买绿色食品的驱动主要来源于责任感或对绿色生活方式的认同。对新锐白领和年轻妈妈而言，他们中的绝大部分或在以往生活经验中形成对环保生活方式的认知和执行，或源于国外生活经历的惯性，或源于职业经历影响等，购买绿色食品成为日常生活习惯的延续。

随着人们的生活质量逐步提高，健康意识、安全意识、环保意识等的不断增强，对绿色食品的要求集中体现在健康需求和生态需求上，呈现如下消费趋势：

第一，追求安全性。绿色食品的生产过程应严格按照"从土地到餐桌"全程质量监控要求，以保证食品的安全性。

第二，追求营养性。在无污染、无添加的前提下，含有比普通食品更高营养价值的绿色食品将更受到人们的青睐。

第三，追求环保性。随着环境污染和资源破坏问题的日益严峻，越来越多的人意识到了保护环境的重要性，因此，绿色食品的生产方式是否对环境友好也成为人们关注的重点。

第四，追求性价比。随着绿色食品产业的发展以及人们生活水平的提高，绿色食品也走进了普通百姓的生活，对于消费能力有限的群体，更优的性价比是影响其选择的主要因素。

近年来，随着数字经济的蓬勃发展，人们的生活方式和消费观念已然不同于往日，现代的生活方式尤其是不良的饮食习惯，被认为会给身心健康和生存环境带来负面影响，新冠疫情的暴发加速并印证了这一趋势。Z世代、她经济、银发经济等新消费群体不断崛起也促进了社会消费格局的蝶变，带动消费品类不断优化升级。

在这一背景下，各大传统食品企业应顺势而为，保障品质，提升品牌。随着绿色、有机产品的多样化，相关生产厂家的数量增加，市场的竞争愈演愈烈。以品质铸造品牌，绿色食品才能形成持久竞争力。针对不同特点的消费圈层，或推出主打营养健康的新产品，或通过制定有针对性的营销策略实现迈向新消费的转型道路；越来越多的新锐品牌也迸发出与众不同的强劲生命力，打出"无添加""0糖""低卡"等新兴概念吸引消费者的关注，为消费者提供更全面、多样化、定制化的带有个性色彩的选择。

四　结论：新时代，再出发

创新驱动绿色食品产业发展，大力推动绿色食品科技进步，着力推进信息化建设，积极搭建产业服务平台，加快补齐发展短板，全面支撑绿色食品产业高质量发展。

（一）提升产业科技水平

积极引导绿色食品生产经营主体与大专院校、科研院所合作，强化多学科融合和产学研协同创新，集成研发一批产地清洁、品种培优、节肥节水、病虫害绿色防控、废弃物循环利用、冷链物流、检验检测等绿色生产技术。充分发挥地方政府、科研院所和生产经营主体在科研、技术开发和示范推广中的优势和作用，推动建立以企业为主体、产学研相结合的绿色食品技术创新平台，形成绿色食品核心技术体系。

（二）加快信息化建设步伐

聚焦创新服务方式、提高工作效率、促进业务协同、挖掘数据资源等目标，加快建设国家绿色有机地标农产品管理服务平台，实现审核与管理工作网络化、数字化、规范化、标准化和便捷化，全面提升绿色食品工作信息化水平。鼓励有条件的绿色食品企业积极运用现代信息技术，推动绿色食品产业智慧发展。积极引导生产经营企业利用信息化技术服务平台，开展质量安全追溯管理，落实主体责任，实现获证产品源头可追溯、信息可查询，进一步提高绿色食品品牌的公信力。

（三）增强绿色食品产业服务能力

绿色食品已然成为农业绿色发展的代名词。政府重视并扶持、培育和引进种植大户、农民专业合作社、家庭农场、产业化龙头企业，统筹推进设施农业建设，增扩优质蔬菜种植面积。绿色食品企业通过践行"绿水青山就是金山银山"的理念，坚持转变发展方式，将绿色、生态、循环理念贯穿全产业链过程，推进农业绿色发展的技术创新、制度创新、组织创新，促进生产、生态、生活协同发展，助推农业产业转型升级。

在绿色食品快速发展的背景下，政府应积极引导绿色食品工作系统增强服务意识，拓展服务渠道，创新服务手段，提升服务效能变得十分重要。通过积极搭建技术推广、专业培训、信息发布、业务咨询、政策指导等公共服务平台，组织开展助力企业发展服务行动，努力为广大绿色食品企业提供优质服务、增值服务，不断增强绿色食品产业发展的内生动力，提升绿色食品企业自我发展能力。加强绿色食品定点检测机构建设，统筹规划，择优委托，调整优化布局，强化监督管理，加强业务培训，持续提升定点检测机构技术服务能力和水平。加快智库建设，凝聚一批高层次、高水平专家，构建覆盖全产业链、全业务流程的专家队伍，为绿色食品产业发展提供全方位的技术支持与专业服务。

参考文献

于靖园：《绿色食品在中国》，《小康》2022 年 12 月下旬刊。

孙媛媛：《从餐桌"奢侈品"到寻常消费品》，《小康》2022 年 12 月下旬刊。

孙媛媛：《以绿色营造有机生活》，《小康》2022 年 12 月下旬刊。

个人碳足迹与碳减排

郭玲玲[*]

一 个人碳足迹的产生与重要性

（一）个人碳足迹的产生背景

过去 100 多年，沙尘暴、地震、飓风、高温、干旱、洪水等自然灾难在世界各地频繁发生，严重威胁了人类的生存环境与生命安全。此外，全球气候变化的速度和强度已经超出人们预测，据世界气象组织（WTO）测算，2020 年全球平均气温比 1850—1900 年的平均气温上升了 1.2℃。为应对全球气候危机，世界各国都做出了很大的努力。1990 年联合国气候变化框架公约展开一系列的谈判，2005 年公布《京都议定书》，目的是约束工业较发达国家的碳排放量，2007 年联合国气候大会推进了《巴厘路线图》的制定与实施。随着全球环境问题的不断恶化，世界各国相继出台了减碳措施。截至 2021 年，已经有 130 多个国家和地区提出了零碳或碳中和目标。中国政府于 2020 年 9 月 22 日正式向世界提出了"二氧化碳排放力争于 2030 年前达到峰值，努力争取 2060 年前实现碳中和"的目标。气候变暖的影响因素分为自然因素、人为因素两类，而越来越多的研究表明，人为因素是导致气候变化的主要原因。早在 2007 年，政府间气候变化专门委员会（IPCC）发布的第四次评估报告中就指出，近 50 年来的气候变暖 90% 以上的原因是人类活动排放的温室气体。在全球气候问题引起广泛重视的背景下，"碳足迹"概念应运而生。

---

* 郭玲玲，大连理工大学经济管理学院副教授，大连理工大学生态规划与发展研究所副所长，主要研究方向为绿色增长理论与方法、产业高质量发展等。

（二）个人碳足迹的重要性

随着近年来个人领域碳排放量的不断增加，为了保质保量按时实现"双碳"目标，我国运用干预手段来减少居民生活产生的碳排放量。2015年4月，中共中央、国务院发布《关于尽快推进生态文明建设的意见》，明确提出要提倡"勤俭节约、绿色低碳、文明健康的生活方式和消费模式"。此后，相关部门陆续出台文件推动绿色生活与绿色消费发展相关政策（见图1）。在中央政府发出明确的政策信号后，地方政府、企业纷纷开展了推动低碳消费的实践探索。

图 1　推行个人碳足迹的相关政策

碳足迹与个人生活息息相关，个人碳足迹既可以引导绿色低碳行为，也能反映人的环境意识以及不同的生活方式对环境产生的影响。因此通过改变个人的消费习惯和行为方式，可有效降低个人碳排放。通过衡量人类活动对环境的影响，碳足迹能够为个人和其他实体实现碳减排确定基准线。个人碳足迹直接体现在衣食住行等个人行为，生活中的一点一滴都将直接影响到碳排放。通过对个人碳足迹进行研究估算，一方面能够有效评估日常的生活方式与消费行为给外在环境带来的影响，了解到向健康低碳生活方式转变过程中存在的主要问题，促使人在日常生活中有针对性地降低碳排放；另一方面，一切外在行为转变的原动力是内部意识的提升，通过对个人碳足迹的探索，能够有意识地培养低碳生活相关的思想成长，最终从社会层面实现真正的可持续发展。个人降低生活碳排放的前提是了解不同行为产生的碳足迹，表1整理了衣、食、住、行四大领域不同项目的碳排放情况。

表1   碳排放系数

领域	项目	数量	碳排放量（千克）
衣	涤纶织物	1 件	25.70
	纯棉 T 恤	1 件	7.00
	洗衣液	1 瓶	0.80
食	白酒	1 瓶	1.76
	啤酒	1 瓶	0.22
	吸烟	1 包	0.02
	羊肉	1 千克	39.20
	牛肉	1 千克	27.00
	猪肉	1 千克	12.10
	鸡肉	1 千克	1.80
	鸡蛋	1 千克	4.80
	土豆	1 千克	2.90
	米饭	1 千克	2.70
	花生	1 千克	2.50
	酸奶	1 千克	2.20
	西兰花	1 千克	2.00
	豆腐	1 千克	2.00
	牛奶	1 千克	1.90
	西红柿	1 千克	1.10
	扁豆	1 千克	0.90
	大米	1 千克	1.30
	玉米	1 千克	0.70
	鱼	1 千克	4.40

续表

领域	项目	数量	碳排放量（千克）
住	电	1 千瓦时	0.97
	天然气	1 立方米	2.17
	水	1 千克	0.91
	标准煤	1 千克	2.50
	集中供暖	1 平方米·天	0.10
行	汽油	1 升	2.30
	柴油	1 升	2.65
	高耗油小汽车	1 千米	0.41
	中耗油小汽车	1 千米	0.30
	低耗油小汽车	1 千米	0.20
	火车	1 千米	0.01
	轮船	1 千米	0.01
	地铁	1 站	0.10
	公共汽车	1 站	0.01
	飞机	1 千米	0.28
	短途飞机（200 千米以下）	1 千米	0.275
	中途飞机（200—1000 千米）	1 千米	—
	长途飞机（1000 千米以上）	1 千米	0.139

注：笔者对原表数量栏下的单位进行了校正。
资料来源：行有嘉数字能效《个人碳足迹（衣食住行用）碳排放系数表大全》，2022。

二　碳足迹的内涵及核算

（一）碳足迹的内涵

1. 起源：生态足迹

碳足迹也被一些学者称为碳重量，源自生态足迹的概念，是生态足迹的重要研究领域之一。生态足迹核算是推动经济社会可持续发展的重要方法，由生态学家 Willam E. Ress 于 1992 年首次提出。之后，其学生 Mathis Wackbagel 对该理论进行了进一步完善。2002 年衍生出水足迹的概念，到 2007 年碳足迹等相关概念才开始受到国内外学者们的关注。

2. 内涵：全生命周期的碳排放

目前，碳足迹的定义尚未统一，各国学者对此的理解与认识存在差异。当前被广泛公认的、比较精确的碳足迹定义为：一件产品、一个活动或一项服务的全生命周期或者是在某一个特定的地理区域内产生的二氧化碳及具有升温潜势的非二氧化碳气体，计量单位为二氧化碳当量。碳足迹核算过程当中需要考虑的温室气体主要包括二氧化碳、甲烷、一氧化二氮等。

碳足迹包括第一碳足迹与第二碳足迹。其中，第一碳足迹指生产生活中直接利用化石能源，如飞行、发电等所产生的二氧化碳排放；第二碳足迹指产品的购买与使用，比如消费一瓶饮料，该饮料在生产、运输、销售与回收等过程中间接产生的二氧化碳排放。

（二）碳足迹的类型划分

碳足迹能够衡量人类生产、生活等活动对环境产生的影响，为个人和其他实体实现减排确定一个基准线。按照层次来分，碳足迹可以划分为国家碳足迹、产品碳足迹、企业碳足迹、家庭碳足迹与个人碳足迹。

1. 国家碳足迹

国家碳足迹指国家在一定时间内消耗资源与物料产生的温室气体排放。气候持续恶化是全球共同面临的难题，各个国家对于环境污染的现状都有着不可推卸的责任，因此国家碳足迹的相关研究也越来越受到各国政府的关注。核算国家碳足迹不仅能够帮助政府明确二氧化碳排放的主要来源，基于此调整国家的能源消费与产业结构，也能为政府实现碳减排和可持续发展提供指导依据，并据此寻找合理的手段方法。

2. 产品碳足迹

产品碳足迹主要用于计算产品、产业、服务、项目等全生命周期过程的温室气体排放，对于产品碳足迹的核算是碳足迹相关研究与实践的主要领域。

3. 企业碳足迹

企业碳足迹主要指公司经营生产过程中产生的温室气体排放，包括直接排放和间接排放。相较于产品碳足迹，企业（组织）碳足迹还包含非生产性活动产生的温室气体排放。开展企业碳足迹核算，可以估算企业生产过程中的二氧化碳排放量，明确二氧化碳的主要来源，为企业节能减排方案制定提供有针对性的对策建议。

4. 家庭碳足迹

家庭碳足迹主要指一个家庭生活过程中由做饭、取暖所消耗的燃气等行为产生的直接碳排放，以及由家庭消费商品、服务等产生的间接碳排放。家庭碳足迹的相关研究开始较早，虽然已取得了许多有意义的研究成果，但是计算家庭碳足迹的方法与模型仍存在缺陷与不足，主要表现在家庭碳足迹的计算边界难以确定、数据无法保证准确性等。

5. 个人碳足迹

个人碳足迹指人类日常生活中的各种活动与消费产生的温室气体排放，主要包含衣食住行以及娱乐活动等各个方面，分别对其计算碳足迹就可以得到个人的碳足迹。目前已有许多机构开发了专业的"个人碳足迹计算器"，只需输入相应的生活数据，就能够估算出对应的个人碳足迹。

（三）碳足迹的核算方法

当前，关于碳足迹的核算方法主要包括四种，即投入产出法、生命周期评价法（也称过程分析法）、混合生命周期评价法与碳足迹计算器，各方法的角度与关注点不尽相同。在实践过程中，研究者需要根据研究目的与数据的可获得性选择相应的计算方法。一般来说，投入产出法适合对宏观、中观碳足迹进行分析，生命周期评价法则适用于对微观系统的碳足迹展开考察，混合生命周期法融合了前两种方法的优点，适用范围更广，碳足迹计算器主要用于计算个人碳足迹。

1. 投入产出法

投入产出法由美国经济学家 Wassily Leontief 于 1970 年首先提出，已经被广泛应用到经济学相关研究领域。该方法构建了一个关于经济系统的数学模型，重点研究各个部门之间的投入、产出关系，主要借助平衡方程探究生产活动和经济主体间的关系，能够反映各流量之间的来源和去向。但该方法也有一定缺陷：计算二氧化碳排放量需要通过各分部门来计算，而部门内部不同产品的二氧化碳排放量的不同会造成结果核算的巨大偏差；此外，由于各分部门的计算结果只能得出本部门或者产业的碳足迹，此时只有产业以及部门的数据，而无法得到特定产品的碳足迹。

2. 生命周期评价法

生命周期评价法是基于全过程的碳足迹核算方法，也被称为过程分析法，该方法适用于微观层面的碳足迹核算，其可以精确地估算全生命周期内的产品、项目、过程以及活动的投入与产出对生态环境产生的影响。但该方法的缺陷在于应用的不是原始数据，未能考虑到计算各原材料的生产及产品供应链过程中的许多非关键环节，而这能够影响到碳足迹分析的准确结果。此外，产品在零售阶段的二氧化碳排放量只能取均值，因此该方法无法计算产品在其零售过程的碳排放量。

3. 混合生命周期评价法

混合生命周期评价方法可以借助矩阵把微观与宏观经济系统纳入同一个计算和分析框架，因此既能够保留具有针对性的优点，又可以有效利用现有的投入产出表，降低碳足迹估算过程中的工作量，提升数据的质量，也能够扩大碳足迹估算的可用范围。但因为其计算过程比较烦琐、矩阵系数难以确定、评估分析的过程较复杂，混合生命周期评价方法对于研究人员的理论和实践水平要求高，暂时不具备普适性。

4. 碳足迹计算器

个人碳足迹的核算主要利用碳足迹计算器，碳足迹计算器能够根据各个家庭的人数、能源资源的消耗量以及生活方式等计算各项生活方式的碳排放。联合国、美国环保署等机构都开发过个人碳足迹计算器，个人碳足迹计算包括以下步骤：确定估算中包含的温室气体排放来源、整理排放数据、确定不同来源的二氧化碳排放因子、计算碳足迹。结合个人碳足迹计算器能够明确日常生活中碳排放量较高的活动，从而为个人的节能减排提供对策建议。

三 个人碳足迹与碳减排的关系

（一）个人碳足迹的理论基础

碳足迹理论来源于生态足迹理论。20 世纪 90 年代生态足迹概念首次被提出，并用来测度可持续发展程度。生态足迹指的是满足一定数量人口的生产生活所需的消费资源或容纳人类排放的废物所需的生产性陆地和水域生态系统的面积。基于生态足迹理论，碳足迹指社会运作全过程所产生的温室气体的集合，碳足迹主要被用来测量碳排放量、评价人类活动对气候变化的影响。具体而言，碳足迹用来核算企业机构、活动、产品或个人通过交通运输、食品生产和消费以及各类生产过程等引起的温室气体排放的集合。最初碳足迹是指从整个生命周期视角出发，测算产品或服务在活动过程中产生的温室气体排放量，现在也可用来表示个人或区域活动中产生的直接和间接的温室气体排放量。

（二）个人碳足迹对碳减排的影响

碳足迹法是应对气候变化的重要武器，能够为个人碳减排确定基准线，个人可以通过了解自己的碳足迹，确定自身碳排放量，进而通过约束个人行为以达到减少碳排量的目的。碳足迹与个人生活息息相关，反映人的能源意识、生活方式对环境的影响，因此通过对碳足迹的分析可引导人们改变消费习惯和行为方式，实现绿色低碳消费。确定自己的碳足迹需要利用碳足迹计算器，将住宅、交通、生活等模块的信息输入计算器后可得出日常生活所排放的二氧化碳量。碳足迹得以量化之后，对碳减排的影响路径具体分为两方面：

第一，明确不同行为产生的碳排放量后，针对性地控制个人高碳行为以降低碳足迹。具体而言，个人主要从衣食住行做起，比如选择环保面料、天然材质的衣服，购买当地应季食品，不订外卖，不用一次性包装，节约用水用电，循环使用洗菜水、洗澡水，使用节能灯，使用环保产品，进行垃圾分类，实现资源再利用。选购低油耗的节能汽车，多乘坐公共交通工具或骑车、步行等。

第二，基于个人碳足迹通过碳抵销或碳补偿等方式来减少碳排放。如通过植树造林或其他减少二氧化碳的行为，对自己曾经产生的碳足迹进行一定程度的抵销或补偿。

（三）基于碳足迹的碳减排潜力分析

城市碳达峰国际合作平台估算了 1000 万人口以上的大型城市的居民在生活和消费上存在的碳减排潜力，覆盖范围包括衣、食、住、行、用五大方面，通过科学的数据和合理的假设，推测个人及城市减排潜力。

在衣物方面，服装类的碳足迹一般因材料、加工过程和款式、类型等不同而有较大的差异，如一条纯棉牛仔裤从棉花种植到牛仔裤回收处理排放 32.3 千克二氧化碳当量（CO_2e），白色纯棉 3/4 长款女式衬衫从棉花种植到成衣的回收处理排放 10.75 千克二氧化碳当量。根据保守性原则，选择中国生产的纯棉衬衫从棉花种植到使用阶段每件排放 8.423 千克二氧化碳当量，衣服数量按照国家统计局和中国服装协会的数据进行估算，到 2030 年，若每人购买服装数量减少 15%，个人碳排放将减少 37.22 千克二氧化碳当量；若通过租衣的方式，平均每人少买 5 件衣服，个人减排量达 42.12 千克二氧化碳当量。越来越多的服装企业开始重视环境社会责任，通过开展标识衣物碳足迹、旧衣回收等活动，为消费者提供绿色服务和绿色产品，本部分以太平鸟公司的"旧衣回收"活动为典型案例，展示了服装企业在降低碳排放方面所做出的努力。

典型案例一：太平鸟"旧衣回收"活动

太平鸟开展旧衣回收活动，承诺于 2030 年前实现标识 100% 产品的碳足迹信息。目前，太平鸟正在搭建废旧纺织品从回收、交易流通、精细分拣到综合利用等环节的全链条管理网络，统筹回收路径内涉及生产端、回收端、综合利用端等多个环节，一齐发力。如在生产端，太平鸟服饰在制造、包装、仓储、销售产业链过程中，力求绿色设计、绿色生产、绿色包装、绿色营销。

2019 年 8 月，太平鸟开展"以旧换新"活动，不限服装品牌，旧衣都可给予 50 元优惠券以购买店内服装，回收所得的服装全部捐赠给贫困山区。2020 年 4 月，太平鸟在朔州美都汇分店开展第二次旧衣回收，不限服装品牌，给予旧衣折价，可用于新衣购买抵扣。2022 年 4 月，多地店铺都开展以旧换新活动。2022 年，更是推出了首件可查询碳足迹的新疆棉 T 恤，取得显著成果。

资料来源：根据报纸、网站等多途径资料整理。

在食物方面，据中国营养学会发布的中国居民平衡膳食宝塔，一天所需的禽畜肉为 40—74 克；若 2030 年能够实现每周一天素食，那么每个人一年的减排量可达 128.71 千克二氧化碳当量。对于部分人而言，一个食肉量大的人（超过 100 克/天）改为中等食肉（50—99 克/天），或满足营养要求的低水平食肉（0—50 克/天），一年可减排 584—945.35 千克二氧化碳当量，平均为 764.68 千克二氧化碳当量。减少食物浪费能够减少垃圾处理时对应的碳排放，据估算，2030 年若食物浪费能减少 50%，那么废物处理时每人可减少的碳排放约为 31.92 千克二氧化碳当量。一些企业为帮助居民降低在食物方面的碳足迹，更清楚地了解在食物领域能够带来的碳减排量，开发了光盘行动、素食活动等相关的碳减排测算 App 或计算器。本部分以北京新素代科技有限公司开发的"光盘打卡"微信小程序为例，展示了光盘行动能够节约的食物量以及降低的碳排放。

典型案例二：光盘打卡活动

"光盘打卡"是北京新素代科技有限公司开发的微信小程序，为减少食物浪费助力餐厨垃圾源头减量，"光盘打卡"小程序于 2018 年 10 月正式发布。程序通过使用人工智能技术识别用户光盘行为，鼓励合理的食物消费，减少餐厨垃圾处理和食物浪费对应的碳排放。《光盘打卡碳减排量核算报告》估算，每人每餐的食物剩余量约为 38 克，进行一次光盘打卡的碳减排量约为 150 克。目前累计光盘打卡 3600 万次，等于减少食物浪费 1400 吨，减少碳排放 5000 吨。

用户对餐后"光盘"拍照，经由智能识别后获得积分奖励，用户可将积分兑换奖励或捐赠给公益项目，由企业配捐善款。此外，程序的社交群组设计使得面向企业或集体可以实现群体光盘管理。"光盘打卡"同时与中国社会科学院等科研机构以及中兴、诺基亚等企业合作，以群体为单位推广低碳行为的开展。

资料来源：凤凰网：《光盘打卡创始人柳济琛：为解决粮食安全问题提供中国智慧》，2020，https：//gongyi.ifeng.com/c/81sINrzz7jc＞。

在住宿方面，电力使用是该领域估算的最主要的碳排放来源。到 2030 年，若每人能够通过将空调（从过冷或过热）调回 1℃、及时关闭待机电源等形式一年节约 10% 的电力（约为 61 千瓦时），能够减少排放 37.26 千克二氧化碳当量。若消费者所用电力到 2030 年都来自可再生能源，即节约

10%用电量后，剩余90%全部来自可再生能源，那么减排量约为335.38千克二氧化碳当量/（人·年）。此外，选择节能家电能够有效降低碳排放，假设2030年全部家庭都是用节能家电，那么平均每人一年额外减排量为84.07千克二氧化碳当量。

在出行方面，考虑车辆为燃油车，每周除限号外少开一天车，且选择低碳出行方式，其中40%公交代替，40%地铁代替，15%骑行，5%步行，那么少开一天车的碳减排为44.35千克二氧化碳当量/（人·年）。此外，若2030年考虑75%使用电动车代替其他车且依旧保持除限号外每周再少开一天车，则额外的减排量为100.24千克二氧化碳当量/（人·年）。在长途出行方面，若2030年有20%的出行距离使用火车代替飞机，减排量为295.67千克二氧化碳当量/（人·年）。近年来，政府不断在居民出行方面推出减排项目，引导居民降低私家车出行频率，更多选择公共交通。本部分以北京市"我自愿每周再少开一天车"平台为典型案例，展示了政府绿色出行项目如何引导个人降低在交通领域的碳排放。

典型案例三：北京市"我自愿每周再少开一天车"平台

北京市"我自愿每周再少开一天车"平台于2017年上线，该平台由北京市发改委联合北京环境交易所、北京节能低碳工程技术研究院（现节能环保促进会）共同推出，旨在通过碳排放权交易机制来倡导大众降低机动车的使用频率，采取更加绿色、低碳的出行方式。

该平台通过支付宝和微信提供服务，用市场机制将个人碳排放融入碳交易体系中，打通个人碳交易与企业碳交易的链接渠道。在机动车自愿减排交易机制设计中，以连续24小时为周期计算自愿停驶碳减排量，车主通过出售自愿停驶碳减排量，获得与北京碳市场价格相对应的现金收益。由于北京碳市场价格不断浮动，车主可获得的停驶收益也会被适时调整。北京市车主可使用微信小程序、支付宝小程序注册，在非限号日停驶，通过拍摄停驶前后里程表照片并上传停驶记录，最终可以获得红包。

"我自愿每周再少开一天车"将个人碳账户与碳市场相结合,把平台产生的碳减排量通过交易的方式出售,并将收益返还给用户。此外,平台还与其他企业碳账户平台如蚂蚁森林进行联动,吸引了更多用户。该平台成功实现了个人碳减排量交易,为后续碳账户的建立提供了范例。此外,平台不仅减少了碳排放,对于减少尾气污染以及减少城市拥堵也有积极影响。截至 2019 年 6 月,已累计注册用户约 14 万人,单日形成的碳减排量超过 50 吨,累计碳减排量达到 3.5 万吨。

资料来源:北京市发改委:《关于调整机动车自愿减排量抵消比例的通知》,2019 年 1 月 9 日,http://fgw. beijing. gov. cn/gzdt/tztg/202004/t20200417_ 1819105. htm > 。

在使用方面,日常生活中减少一次性用品的使用,假设 2030 年完全不使用塑料袋,那么减排量为 7.00 千克二氧化碳当量/(人·年)。在餐具使用上,若 2030 年全部外卖不要一次性筷子,减排量为 7.10 千克二氧化碳当量/(人·年)。此外,外卖的塑料餐盒也有减排潜力。生物基塑料具有一定的减排效应,假设 2030 年生物基塑料餐盒的占比为 20%,那么减排量为 1.34 千克二氧化碳当量/(人·年)。物流行业是近年来蓬勃发展的行业,随着电商和物流的发展,包装的使用也急剧增加。若在 2030 年 50% 的包裹是绿色包裹,且 50% 的纸箱能被至少回收 1 次,那么一线、二线城市减排量为 7.52 千克二氧化碳当量/(人·年)。可回收垃圾的分类回收和再生利用蕴含着减排量,虽然由于再生过程的加工方式和最终产品差异较大,但是用平均数据,仍能表示其减排潜力。若 2030 年垃圾回收的比例能增加 50%,那么可减少的碳排放为 11.75 千克二氧化碳当量/(人·年)。

综上,通过对衣、食、住、行、用五大领域的减排潜力(见表 2)进行整理汇总可发现,食物领域的个人碳减排潜力最大,累计减排量可达 925.31 千克二氧化碳当量/(人·年),随后依次是住宿领域 456.71 千克二氧化碳当量/(人·年)、出行领域 440.26 千克二氧化碳当量/(人·年)、衣物领域 79.34 千克二氧化碳当量/(人·年)、使用领域 34.71 千克二氧化碳当量/(人·年)。

表 2　　　　　衣、食、住、行、用五大领域减排潜力

种类	减排方式	2030 年减排潜力 [千克二氧化碳当量/（人·年）]	
衣	少购买衣物	37.22	79.34
	租衣的方式	42.12	
食	一周一天素食	128.71	925.31
	改变食肉量过大	764.68	
	光盘行动	31.92	
住	节约电力	37.26	456.71
	选择可再生能源电力	335.38	
	选择节能家电	84.07	
行	电动私家车出行	144.59	440.26
	长途出行火车代替飞机	295.67	
用	减少 100% 塑料袋使用	7.00	34.71
	100% 外卖不要筷子	7.10	
	使用生物基塑料餐盒	1.34	
	绿色包裹 + 纸箱重复利用	7.52	
	可回收垃圾回收再生	11.75	
合计		1936.33	1936.33

资料来源：碳阻迹：《大型城市居民消费低碳潜力分析》，能源基金会和城市碳达峰国际合作平台，2020。

四　基于个人碳足迹的碳减排实施策略

（一）提倡个人的节能环保行为

树立绿色低碳观念，提倡居民在日常生活中开展节能环保行为以减少个人碳足迹。例如，在衣物方面，按照实际需求，合理、适度购买衣物，选购具有绿色低碳相关认证标识的环保衣物，定期捐赠不需要的旧衣，降低衣物洗涤次数，选择易漂洗洗衣剂，提升手洗频率；在食品方面，践行绿色食品消费观，合理适度的采购、储存、制作食品与点餐用餐，购买应季食品、本地食品、绿色有机食品、农产品，减少食品长途运输、浪费等

产生的碳排放；在居住方面，使用节电灯具、节能灶具、节水马桶等环保产品，更换为或选择绿色节能家电、环保家具、智能家电等家居产品，提升能效，保持冬季室内温度 16℃—18℃，夏季 26℃—28℃、合理控制室内亮度以及电器设备的使用，降低用电量；在出行方面，选购轻量化、小型化、低排放乘用车，距离较近时，选择步行、共享单车，乘坐地铁等公共交通，减少小轿车和摩托车的使用频次。

（二）营造低碳消费社会氛围

社区积极开展以家庭为单位的低碳消费宣传活动，提升居民的节能减排与低碳消费意识观念，给不同年龄层和工作领域的居民提供基础性环保教育，推动形成节能环保的社区文化。媒体不断强化环保教育的宣传广度与深度，倡导低碳生活理念，通过电视、广播传播低碳生活、消费模式与环保观念，借助报纸、杂志等传统媒介对不同的人群开展低碳生活、低碳消费的宣传教育，利用互联网在社会广泛倡导低碳生活理念。政府宣传部门也要充分利用公共资源和自身优势开展系列宣传、教育与培训，广泛传播环保观念与相关知识，提升居民的节能减排意识，引导居民形成绿色消费、低碳生活模式。具体来说，可以利用标语、条幅等简单的形式在街道、社区与公园等公共场合展开宣传，面向社会开展低碳生活理念公开课，向居民免费发放相关宣传材料，推动低碳文化传播，开展形式多样的环保培训等。以碳足迹低碳科技有限公司开发的"低碳有你"微信小程序为例，用户可以通过小程序扫描物品来探索与获取身边产品的碳足迹和碳减排信息。此外，该程序还设计了低碳知识答题以及兑换拼图等功能，通过轻松、互动的方式来宣传低碳知识、探索产品碳足迹和碳减排信息会获得不同程度的积分，积分排名前列的用户可以获得物质奖励。该形式有效促进了低碳知识在社会的传播。

（三）创新碳减排激励项目

企业结合自身服务能力创新碳减排项目，激励消费者主动地参与到碳减排活动中来。以奥北环保和飞蚂蚁项目为例，奥北环保基于二维码实名制鼓励个人参与垃圾分类，确保每一类回收垃圾都进入相关回收渠道，同时开发现代垃圾房管理体系，通过微信与 App 平台，连接个人、社区、物流体系与回收再利用系统，从而降低整体的回收成本，促进可回收的垃圾被有效回收，并将其纳入循环体系从而产生额外收入。飞蚂蚁是国内首家线上旧衣综合处理平台，创立了全国免费上门收衣服务，以"互联网＋创新"模式打造 O2O 可持续环保公益，飞蚂蚁的资源回收包括旧衣、旧书和废旧家电，通过对每类可回收物的妥善处理，将其二次利用、再生为材料或再造为产品。两家企业均专注于垃圾回收领域，通过奖励个人进行垃圾分类回收，提高资源回收利用效率，使消费品的生命全周期拉长，以此降低消费行为带来的碳排放。此外，企业可推动消费者低碳行为所产生的减排量可视化，从而提升个人参加低碳活动的积极性。以支付宝"蚂蚁森林"为例，用户通过支付宝完成绿色出行、电子账单等低碳消费行为，由此产生的减排量将被支付宝记录下来并转化为森林能量，在支付宝"蚂蚁森林"频道以能量球的形式呈现给用户，激励用户参与低碳活动。

（四）构建个人碳交易平台

政企多方合作共同研发个人碳账户平台，建立健全个人碳交易机制。个人碳交易的实施办法是：给每个消费者分配碳排放初始额度，碳排放权富足的一方作为卖方，能够向碳交所申请出售，此时，第三方核查机构将对其出售申请进行审核，审核合格后再由交易所挂出交易公告。碳排放权不足的一方作为买方，查阅交易公告，按交易所要求办理保证金缴纳等相关手续后申请购买。当买卖双方交易申请通过后，交易清算中心将协助双方完成碳配额交割与资金清算。在整个碳排放权的交易申请、审核、交割及清算过程中，均需在监督机构的监察下完成整个操作过程。个人碳交易是消费端碳减排的重要手段，主要通过强制性个人责任来控制碳排放，且碳价高低会影响消费者对碳价的可视性和感知度，能够引导个人低碳生活及消费方式的形成。

（五）监督重点行业领域的低碳行为

政府、行业组织要建立健全行业标准、规范，正确引导、监督各重点行业领域的碳减排。具体而言，在餐饮行业，监督企业、外卖平台落实反食品浪费相关法律法规与要求，建立健全餐饮行业标准与服务规范，加强食品浪费情况的监督检查，深入开展"光盘活动"等粮食节约行动，促进厨余垃圾的回收以及资源化利用；在建筑行业，加快发展绿色建造，推动绿色建筑、低碳建筑规模化发展，推进农房节能改造和绿色农房建设，因地制宜推动清洁取暖设施建设改造，推广绿色低碳建材，推动建筑材料循环利用；在交通行业，推广新能源汽车，打造快捷舒适的公共交通体系，加强新型储能、加氢等配套基础设施建设，开展新能源汽车换电模式应用试点工作，有序开展燃料电池汽车示范应用，开展公交都市建设，提高城市公共汽电车、轨道交通出行占比，建设行人友好型城市，加强行人步道和自行车专用道等城市慢行系统建设，鼓励共享单车规范发展。

（六）为用户提供绿色产品与服务

政府积极开发绿色项目，如广东省构建了碳普惠平台，当地居民可通过官方网站、App、微信官方公众号等登录个人账户，以低碳出行和低碳生活等行为兑换碳币。具体而言，低碳出行包括乘坐城市公交、步行、使用共享自行车、驾驶新能源汽车等；低碳生活包括节水、节电、节约用气，使用节能设备等。居民可通过碳币兑换相应的优惠，在碳普惠平台上兑换商品或捐赠用于社会福利。企业可围绕自身业务进行创新，为用户提供绿色的产品与服务，餐饮企业可推出小份菜、半份菜，避免浪费食材。此外，要合理引导消费者文明用餐，主动提供打包服务，配合处理厨余垃圾；服装行业使用可持续原材料制作面料；零售企业选择可降解包装袋代替塑料制品；各类销售平台可发放补贴、消费券以吸引消费者优先选择绿色产品。

五 结论与政策建议

（一）结论

开展个人碳足迹的研究，不仅可以明晰不同行为产生的碳排放量，确定个人的高碳行为，还可以以此为基础开展碳抵销或碳补偿等活动来降低个人碳排放。本研究通过对个人碳足迹产生背景与重要性的系统阐述，全面梳理了碳足迹的内涵、类型和核算方法，并在此基础上探讨了个人碳足迹与碳减排之间的关系，结合碳阻迹发布的《大型城市居民消费低碳潜力分析》报告，分析了大型城市居民在"衣、食、住、行、用"五大领域到2030 年的碳减排潜力，最后分别从个人、企业和政府等主体的角度出发，提出了促进个人碳减排的实施策略：提倡居民在日常生活中开展节能环保行为，以减少个人碳足迹；加强以家庭为单位的低碳消费宣传活动，营造低碳消费社会氛围；鼓励企业创新碳减排项目，激励消费者主动地参与到碳减排活动中来；联合政企多方合作，共同研发个人碳账户平台，建立提高个人碳交易机制；建立健全行业标准、规范正确引导、监督各重点行业和领域开展碳减排活动；积极开发绿色项目，为用户提供绿色的产品和服务。

（二）政策建议

首先，政府应鼓励倡导企业披露其碳排放情况和产品碳足迹信息。鼓励低碳消费需要政府政策的大力支持、环保企业的持续发力、平台企业的共同推动。同时，制造企业、销售平台企业也应当积极公开其碳排放水平和产品碳足迹信息。信息公开透明后，不仅有助于消费者自主选择碳排放水平较低的商品，也有助于推动整个行业的低碳化。企业碳信息披露可以从两方面入手，即调整需报送碳排放量企业的划定标准，以及出台政策鼓励有披露意愿的企业向公众公开其碳排放水平。

其次，应当鼓励将个人消费端减排量纳入碳市场建设。目前普惠性质CER 在试点碳市场有成功交易的先例，为鼓励更多个人端减排量的纳入，提高个人参与碳减排的积极性，碳市场可以适当增加普惠 CER 的交易比例，相关主管部门加快减排项目的审批核证等过程，缩短进入碳市场的时间成本。为获得收益，个人累积碳减排量可以通过企业打包参与交易。

最后，要加强激励因素对个人碳减排行为的引导作用。当前，对于我国很多居民而言，许多碳减排行为是出于节约经济成本的考虑，如节约家庭能源、购买节能产品和使用公共交通工具出行。激励因素在推动个人采取碳减排行为过程中发挥着关键作用，因此，政府部门可以利用个人行为的价格弹性，通过经济激励政策调整居民的需求，促进居民的绿色消费和绿色生活方式的形成。

参考文献

陈婉雪：《大学生个人碳足迹影响因素及测算研究》，《现代商贸工业》
   2011 年第 18 期。

Wackernagel M., Rees W., *Our Ecological Footprint：Reducing Human Impact on the Earth*, New Society Publishers, 1998.

翟超颖、龚晨：《碳足迹研究与应用现状：一个文献综述》，《海南金融》2022 年第 5 期。

Leontief W, *Input – output Economics*, Oxford University Press, 1986.

王鑫：《基于碳足迹的新疆产业、能源与环境可持续发展研究》，博士学位论文，新疆大学，2018 年。

徐东：《炼厂碳足迹核算及碳减排研究》，硕士学位论文，武汉理工大学，2017 年。

张子孟：《基于生命周期理论的江苏省农业碳足迹及其驱动因素研究》，硕士学位论文，南京农业大学，2020 年。

碳阻迹：《大型城市居民消费低碳潜力分析》，能源基金会和城市碳达峰国际合作平台，2020 年。

刘琦铀、吴铭龙、刘广飞等：《"互联网＋"绿色生态视域下的个人碳交易模式及其实施路径研究》，《生态经济》2022 年第 5 期。

陈理浩：《中国碳减排路径选择与对策研究》，硕士学位论文，吉林大学，2014 年。

自然资源保护协会：《政府与企业促进个人低碳消费的案例研究》，2021 年。

绿色建筑——绿色生活基础设施再升级

郭振伟　王宇翔[*]

绿色生活方式是新时代生态文明建设的重要内容，自党的十八大生态文明建设被纳入中国特色社会主义事业总体布局以来，我国格外重视倡导和践行绿色生活方式，这不仅是为促进人与自然和谐共生做出的重大战略部署，也是我国立足于社会现实提出的重要实践课题。

一　绿色建筑点亮绿色生活

（一）绿色生活的概念

狭义的绿色生活是指在日常生活，如衣、食、住、行等方面融入绿色理念，具体包含两个方面：一是节约资源，如节约粮食、低碳出行和随手关灯等；二是可持续消费，包括减少一次性物品的使用、垃圾回收利用和物品共享等。广义的绿色生活方式还包括倡导生态文化和引导公众依法有序维护个人环境权益，把满足公众的环境知情权、参与权和监督权与环境治理更有效地结合起来。

（二）绿色建筑在绿色生活中扮演的角色

建筑的绿色化发展是绿色生活开展的基础，在保证建筑使用者安全、健康、适度舒适的条件下，提高建筑使用的耐久性、便利性、宜居性，以及降低对环境资源的不利影响，有利于创建绿色生活。绿色建筑由于具备

---

* 郭振伟，中国城市科学研究会绿色建筑研究中心副主任，研究方向为绿色建筑、低碳建筑；王宇翔，中国城市科学研究会绿色建筑研究中心，研究方向为绿色建筑、绿色低碳城区。

节能、节地、节水、节材等特点,被认定为人与自然和谐共生的建筑。

二 绿色建筑发展回顾

(一) 总体规模不断扩大

党的十八大以来,随着生态文明建设的不断推进,绿色建筑迎来了飞跃式发展,全国范围内绿色建筑建成面积和获得绿色建筑评价标识项目的数量呈现井喷式增长 (见图 1)。根据 2022 年全国节能宣传周公布的数据,2021 年全国城镇新建绿色建筑面积占比达 84%,新建绿色建筑面积从 2012 年的 4000 万平方米增长到 2021 年的 20 多亿平方米,截至 2021 年底,全国累计建成绿色建筑面积超过 85 亿平方米,获得绿色建筑评价标识的项目累计达到 2.5 万个。绿色建筑也由 "十一五" 时期的试点示范,演变至 "十二五" 和 "十三五" 时期的区域推广,并将在 "十四五" 时期逐步过渡至全面应用。

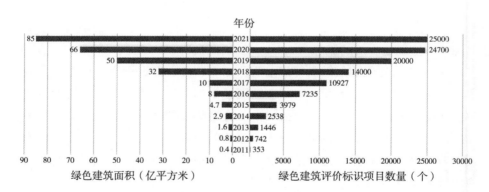

图 1 历年全国累计绿色建筑面积及评价标识项目数量

(二) 标识管理逐步规范

在绿色建筑推广之初,借鉴产品认证制度,我国在 2008 年启动了绿色建筑标识评价,希望通过先行先试的项目,带动和促进绿色建筑行业深入发展。此后,随着《绿色建筑评价标识管理办法 (试行)》《关于绿色建筑评价标识管理有关工作的通知》《关于进一步规范绿色建筑评价管理工作的通知》和《绿色建筑标识管理办法》等系列文件的相继印发，住建部通过明确工作职责、执行标准、认定流程、监督与管理四个方面的内容，构建了完善的绿色建筑标识管理体系，有效保障了绿色建筑标识项目的质量，为推动绿色建筑高质量发展奠定了基础。

（三）标准体系日益完善

自 2006 年 3 月《绿色建筑评价标准》（GB/T50378 – 2006）颁布实施以来，我国以《绿色建筑评价标准》为指引，分别从流程和品类两个维度构建了较为完善的绿色建筑标准体系。一方面，我国针对建筑设计、施工和运行等建筑全生命期中的关键环节，构建了涵盖建筑全过程的中国绿色建筑标准体系，如图 2 所示；另一方面，根据建筑功能，形成了涵盖工业、商店、运动场馆等不同类型的中国绿色建筑评价标准体系，如图 3 所示。

2021 年 1 月，住建部印发了《绿色建筑标识管理办法》，提出除三星级绿色建筑标识认定只允许采用国家标准外，一星级、二星级绿色建筑标识认定标准在国家标准的基础上，还可采用对应的地方标准，该项规定的出台进一步促进了"国家标准与行业标准定规则，地方标准做细化，团体标准做支撑"的行业标准体系的建立与完善。

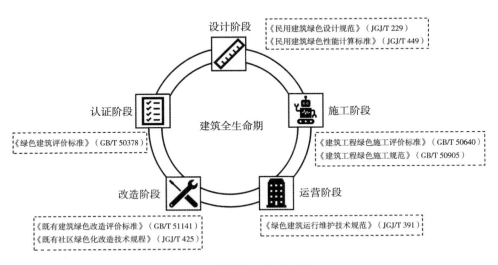

图 2 中国绿色建筑标准体系

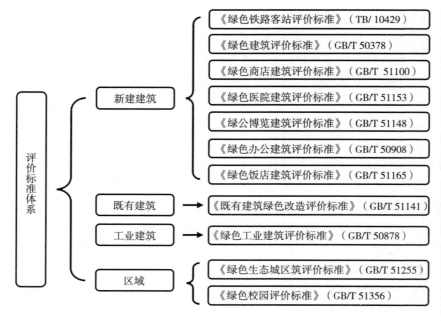

图 3　中国绿色建筑评价标准体系

（四）立法工作有序推进

绿色建筑立法通过建立绿色建筑全过程闭合管控机制、推进技术研发与应用、制定具体激励措施和明确各方法律责任，全面促进了绿色建筑的发展，有利于在建筑行业落实绿色发展理念。自 2015 年以来，山西、海南和河南等 13 个地区针对绿色建筑制定颁布了相应法规文件，如《绿色建筑条例》和《绿色建筑发展条例》等，明确了绿色建筑全生命期中各类主体的责任及监管要求，为绿色建筑工作开展提供了法律支撑（见表 1）。

表 1　　　　　　　　　各地区绿色建筑法规（条例）汇总

序号	地区	法规名称
1	江苏	《江苏省绿色建筑发展条例》
2	浙江	《浙江省绿色建筑条例》
3	宁夏	《宁夏回族自治区绿色建筑发展条例》

续表

序号	地区	法规名称
4	河北	《河北省促进绿色建筑发展条例》
5	辽宁	《辽宁省绿色建筑条例》
6	内蒙古	《内蒙古自治区民用建筑节能和绿色建筑发展条例》
7	广东	《广东省绿色建筑条例》
8	福建	《福建省绿色建筑条例》
9	湖南	《湖南省绿色建筑发展条例》
10	安徽	《安徽省绿色建筑发展条例》
11	山西	《山西省绿色建筑发展条例》
12	海南	《海南省绿色建筑发展条例》
13	河南	《河南省绿色建筑发展条例》

（五）政策支撑持续加强

　　绿色建筑是生态文明建设的重要组成部分。近年来，我国发布了一系列相关政策文件（见表2），形成了推动绿色建筑发展的政策框架，为我国绿色建筑行业的发展提供了指引和动力。一方面我国通过规划和行动方案明确了绿色建筑发展的战略目标，如《绿色建筑行动方案》《建筑节能与绿色建筑发展"十三五"规划》和《绿色建筑创建行动方案》等，绿色建筑的发展目标也由2015年在城镇新建建筑中占20%，提升至2022年的70%。另一方面确立了绿色建筑的推进路径。全国和各省市主要采取"强制"与"激励"相结合的方式推进绿色建筑发展，出台了《关于加快推动我国绿色建筑发展的实施意见》和《北京城市副中心绿色建筑高质量发展的指导意见（试行）》等文件。

表2　　　　　　　　　　我国绿色建筑行业主要政策

时间	发布机构	政策文件
2006年5月	住建部	《绿色建筑评价标准》（GB/T 50378－2006）
2007年8月	住建部	《绿色建筑标识管理办法》
2007年8月	住建部	《绿色建筑评价技术细则》

时间	发布机构	政策文件
2009 年 6 月	住建部	《关于大力推进一星、二星级绿色建筑评价标识工作的通知》
2012 年 4 月	财政部、住建部	《关于加快推动我国绿色建筑发展的实施意见》
2013 年 1 月	国务院、国家发改委、住建部	《国家绿色建筑行动方案》
2013 年 4 月	住建部	《"十二五"绿色建筑和绿色生态城区发展规划》
2014 年 10 月	住建部	《绿色建筑评价标准》（GB/T 50378 – 2014）
2015 年 2 月	住建部	《绿色建筑评价细则》
2017 年 3 月	住建部	《建筑节能与绿色建筑发展"十三五"规划》
2017 年 12 月	住建部	《关于进一步规范绿色建筑评价管理工作的通知》
2018 年 3 月	住建部	《住房和城乡建设部建筑节能与科技司 2018 年工作要点》
2019 年 8 月	住建部	《绿色建筑评价标准》（GB/T 50378 – 2019）
2020 年 7 月	住建部	《绿色建筑创建行动方案》

三　绿色建筑发展中的不足

（一）绿色建筑体验获得感待加强

自 2006 年发布以来，《绿色建筑评价标准》（GB/T 50378）先后修订了 2 次，分别是在 2014 年和 2019 年，两次修订均结合并体现了绿色建筑阶段性发展的要求以及建筑行业可持续发展的趋势，整体上从以定性评价为主过渡到了以定量评价为主，评价指标体系持续完善。虽然 2019 年版修订已经注意到了较多学术性指标导致绿色建筑设计条块分割明显、普通消费者不易理解的问题，但从最后证书内容提取的十余项关键指标来看，与上一版（2014）的证书内容相比，改观并不是很大。作为综合性的专业技术体系，绿色建筑本身就是在普通建筑基础上的升级，专业门槛是天然存在的，除了标准本身在编制时进行通俗化考量外，宣传教育也是不可缺少的一环。对于社会大众而言，要在短时间内全面掌握绿色建筑的指标体系和指标的内涵、作用是不太现实的，考虑到幸福感来自比较，而比较的基础在于理解，因此绿色建筑的普及不应局限于项目销售，而应结合绿色生活的创建活动，将绿色建筑做成常态化的一项科普内容。比如，目前建筑使用者对室内空气质量的关注度较高，而《绿色建筑评价标准》（GB/T 50378）以 PM2.5、PM10 颗粒物浓度值和氨、甲醛、苯、总挥发性有机物、氢等污染物浓度作为评价指标，但普通大众并不了解标准限值是多少，与限值相比，项目实际数值低多少算合格、良好或优秀，这里就需要一些基础知识的普及，同时在认证项目证书上，也应该体现限值，增强直观对比感知。在体验感方面，虽然建筑使用者对绿色建筑的能源资源节约效果比较关注，但《绿色建筑评价标准》（GB/T 50378）主要考量的是电器的节能率和卫生器具用水效率等级等，无法让使用者明晰使用过程中节约的电费和水费等，缺乏有效支撑体验感的方式方法。

（二）绿色建筑碳减排效果待明确

采取措施降低单位建筑面积碳排放强度一直是《绿色建筑评价标准》（GB/T50378）所要求和鼓励的，自 2014 年版标准开始作为创新项的重要内容，在 2019 年版中得以继续保留和强化。在修订后的《绿色建筑评价标准》（GB/T50378－2019）中，110 条评价条文分别从安全耐久、生活便利和资源节约等五个方面对建筑性能和环境影响做出了要求，其中与碳排放直接或间接相关的指标数量达到了 29 个，占指标总量的约 60%，与碳排放直接相关的评价条文有降低建筑能耗、开展能耗监测并进行优化改进、强化可再生能源应用等；与碳排放间接相关的评价条文有采用耐久性的建材部品延长建筑的使用寿命、采用全装修减少装修材料的浪费、采用被动式设计降低建筑运行能耗。现阶段虽然间接相关的评价指标难以做到逐一量化其碳减排的贡献量，但综合来看，实施绿色建筑减碳效果显著。从采用《绿色建筑评价标准》（GB/T50378－2019）的评价项目的碳排放情况来看，公共建筑全生命期单位建筑面积平均碳排放为 29.90 千克二氧化碳当量/平方米，比全国公共建筑运行碳排放的平均值低 50.81%，居住建筑全生命期的平均碳排放为 14.13 千克二氧化碳当量/平方米，比全国居住建筑运行碳排放平均值低 51.3%。

以上对比说明，绿色建筑的综合减碳效果显著。就绿色建筑的指标体系而言，有些指标是通过提升能效水平实现减碳，有些是通过节约材料使用减碳，有些是通过精准控制、行为节能实现减碳；另有一些指标，如提高建筑室内温湿度、空气品质，从直观上看是会增加碳排放的。虽然从最终结果来看，绿色建筑全生命期碳排放水平比当前建筑运行阶段碳排放水平还低，但难以说清，是建筑技术进步本身的贡献作用大，还是绿色建筑的集成贡献作用大。绿色建筑的减碳机制、减碳效果还需要进一步研究明确。

（三）绿色建筑全过程管控待完善

当前设计标识多、运行标识少的现状，表明我国绿色建筑建设过程管理尚存进一步完善的空间。虽然河北、辽宁等地发布的绿色建筑发展条例中规定了绿色建筑全过程监管内容，但实际执行效果依然不能令人满意。以河北为例，《河北省促进绿色建筑发展条例》确立了绿色建筑全过程管理流程（见图4），涉及规划、设计、施工、验收和销售等环节，对落实绿色建筑提出了具体要求，实现了绿色建筑的全过程监管。该条例规定，针对行政审批部门，若建设工程的设计文件达不到绿色建筑目标等级要求，其不得予以办理建设工程施工许可证；针对监理单位，其监理范围应涵盖绿色建筑等级要求的实施情况；针对房地产开发企业，其在销售商品房的过程中，应在商品房买卖合同、质量保证书和使用说明书等文件中明确商品房的绿色建筑等级。从实施过程各环节的要求来看，上述内容不可谓不完整，但缺乏市场化的驱动力、约束性不强，导致规定难以有效执行。

要完善绿色建筑建设全过程的管理，需要将绿色建筑的要求切实融入建设过程各环节中，并由该环节的相关主管部门负责监督执行，对于违规或擅自变更设计的项目，由于当前惩罚的威慑力有限，需要从市场角度，构建信用机制，从拿地、招投标、融资等方面进行约束。建筑本身就是一种特殊的产品，在建设过程中需要多方主体的共同参与，因此，除了强有力的管理和约束外，各环节的人才培训、信息的交互传递同样很重要。

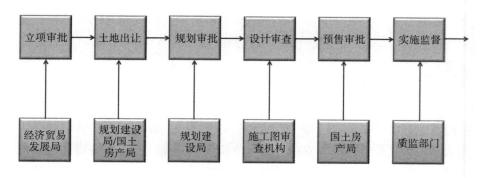

图4　绿色建筑全过程管理流程

（四）绿色建筑管理水平有待提升

"重建设和施工、轻运行和维护"是一直困扰绿色建筑发展的难题。过去十余年，我国获得标识的绿色建筑项目中，设计标识数量占比接近95%，由于建设运行过程中并未严格参照规划设计进行落实，绿色建筑技术难以发挥作用，多数绿色建筑项目停留在图纸上，导致建筑使用者体验感不高。绿色建筑后评估是检验绿色建筑实际运行效果，促进运维水平不断优化提升，发挥绿色建筑作用效果的有效手段。目前，美国 LEED 和英国 BREEAM 绿色建筑评价体系均已开展绿色建筑后评估评价工作。LEED 提出跟踪建筑物的能耗、水耗和废弃物管理等情况，并基于此设定动态奖牌。BREEAM 则构建了后评价体系，并要求在使用 1 年后开展后评估评价工作，并针对后评估过程中发现的问题提出持续改进的措施。我国已经开展了绿色建筑后评估相关研究，但尚未就此专门开展评价工作。为改变设计项目多、运行项目少的现状，我国《绿色建筑评价标准》（GB/T 50378 - 2019）和绿色建筑评价标识管理制度做出一些改变，如取消设计标识评价，代之以预评价；要求获得运行标识的项目每年提供运行数据等措施，以期进一步提高绿色建筑实施效果，提高绿色建筑运行管理水平。

四　推动绿色建筑发展的政策措施

2022 年，绿色建筑领域出台了多部影响较大的政策文件，现整理如下。

（一）《"十四五"建筑节能与绿色建筑发展规划》

2022 年 3 月住建部出台了《"十四五"建筑节能与绿色建筑发展规划》，将提升绿色建筑发展质量列为重点任务，并明确了具体方向，主要包含两方面。

第一，加强高品质绿色建筑建设。推进绿色建筑标准实施，加强规划、设计、施工和运行管理。倡导建筑绿色低碳设计理念，充分利用自然通风、天然采光等，降低建筑用能强度，提高住宅健康性能。继续推动有条件地区政府投资公益性建筑、大型公共建筑等新建建筑全部建成星级绿色建筑。引导地方制定支持政策，推动绿色建筑规模化发展，鼓励建设高星级绿色建筑。

第二，完善绿色建筑运行管理制度。要求加强绿色建筑运行管理，提高绿色建筑设施、设备运行效率，将绿色建筑日常运行要求纳入物业管理内容。建立绿色建筑用户评价和反馈机制，定期开展绿色建筑运营评估和用户满意度调查，不断优化提升绿色建筑运营水平。鼓励建设绿色建筑智能化运行管理平台，充分利用现代信息技术，实现建筑能耗和资源消耗、室内空气品质等指标的实时监测与统计分析。

（二）《智能光伏产业创新发展行动计划》

2022 年 3 月工信部和住建部等五部委联合印发《智能光伏产业创新发展行动计划》，提出加快实现智能制造、智能应用、智能运维、智能调度，全面提升我国光伏产业发展质量和效率，助力各领域碳达峰碳中和。针对建筑领域，提出打造智能光伏建筑。在有条件的城镇和农村地区，统筹推进居民屋面智能光伏系统，鼓励新建政府投资公益性建筑推广太阳能屋顶系统。开展以智能光伏系统为核心，以储能、建筑电力需求响应等新技术为载体的区域级光伏分布式应用示范。在改变建筑用能结构的同时，从建筑用能的角度，支持电网脱碳，提高电网的灵活性。计划还要求积极开展集光伏发电、储能、直流配电、柔性用电于一体的"光储直柔"建筑建设示范。

（三）《城乡建设领域碳达峰实施方案》

2022 年 6 月，住建部和国家发改委联合印发《城乡建设领域碳达峰实施方案》，提出建设绿色低碳城市，全面提高绿色低碳建筑水平。要求持续开展绿色建筑创建行动，到 2025 年，城镇新建建筑全面执行绿色建筑标准，星级绿色建筑占比在 30% 以上，新建政府投资公益性公共建筑和大型公共建筑全部达到一星级以上。2030 年前，严寒、寒冷地区新建居住建筑本体达到 83% 节能要求，夏热冬冷、夏热冬暖、温和地区新建居住建筑本体达到 75% 节能要求，新建公共建筑本体达到 78% 节能要求。

（四）《关于全过程服务好绿色金融支持绿色建筑项目的通知》

2022 年 7 月，河北省住建厅印发了《关于全过程服务好绿色金融支持绿色建筑项目的通知》，要求强化绿色金融对绿色建筑的支撑作用，促进二者的协同发展。这个文件比较全面地梳理了促进绿色金融与绿色建筑融合需要开展的工作，可为其他地方提供较好的参考，具体内容如下：

第一，加快绿色建筑预评价的进程。绿色建筑预评价是获取绿色金融支持的前提条件，地方住建部门应根据绿色金融的支持要求，持续梳理绿色建筑项目，明确预评价流程，加速推进绿色建筑项目预评价工作，做到随报随评。第二，构建拥有绿色信贷需求的绿色建筑项目库。在开展银企对接会前，地方住建部门应对绿色建筑项目进行梳理，确立有绿色信贷需求的绿色建筑项目名录，并以此为基础构建项目库。第三，实现入库项目信贷全过程跟踪服务。做好入库项目信贷全过程跟踪服务，建立建设单位与金融机构间的沟通渠道，提升建设单位的主动性，针对绿色建筑项目融资过程中遇到的难题，及时对接金融机构协调解决。第四，健全信息共享机制。加强地方住建部门与金融机构间的沟通协调与信息共享，定期向金融机构推送已通过预评价的绿色建筑项目；结合工作需要，组织开展以"绿色金融支持绿色建筑"为主题的市级银企对接会和发展交流会。

五 绿色建筑发展的政策建议

（一）优化指标体系，推动绿色建筑走向大众

一是结合绿色建筑认证工作，识别实践中广泛应用的技术指标，通过调整指标类型或者重构指标体系，不断提升绿色建筑评价指标体系的导向性和引领性。二是以百姓为视角，以性能为导向，在总结绿色建筑建设现状和新型化城市发展特征的基础上，增设便民设施、车位配置和健身场地等人民群众体验感强的评价指标，响应人民群众对美好生活的需求与期待。三是调查社会大众对绿色建筑的认知情况，识别现有绿色建筑评价标准中表述不够通俗的评价条款，通过改变表达方式，提升社会大众对绿色建筑的认知，推动绿色建筑走向"大街小巷"。

（二）明确减碳效果，彰显绿色建筑低碳性能

一是构建符合地方发展现状的碳排放因子数据库，明确建筑碳排放计量的质量要求，为形成可比较的建筑碳排放数据提供支撑；二是开展绿色

建筑技术碳减排效果研究，涉及材料、设备和工艺等，便于设计、施工、运维等单位制定减碳效益显著的技术方案，强化绿色建筑的减碳效果；三是对绿色建筑的碳减排效果进行评估、监督与核定，强化环境信息披露，突显绿色建筑的环境效益，助力绿色建筑的进一步推广。

（三）加强标准支撑，引导绿色建筑科学发展

通过科研项目研究的方式，开展适应新形势的绿色建筑标准体系研究，并通过编制不同类型的标准，将研究成果转化为可指导实践的技术文件。一是进一步完善绿色建筑标准体系，规范不同业态绿色建筑设计、施工、运行、管理等环节，强化绿色建筑全过程管理；二是对绿色建筑标准体系中与新时代发展要求不匹配的标准进行修订，突出标准的引领作用；三是以我国绿色建筑的发展理念为基础，吸纳国际绿色建筑发展的实践经验，根据新时代的发展要求，制定中外互认的绿色建筑标准体系，为我国绿色建筑推广提供有效支撑。

（四）强化运营管理，发挥绿色建筑综合效益

一是打通建筑项目和物业运营服务之间的壁垒，推动物业服务内容与绿色建筑运行管理要求的深度融合，完善绿色建筑运营管理制度；二是建立绿色建筑后评估评价指标体系，制定绿色建筑实施效果考核机制，确保蓬勃发展的绿色建筑能取得实实在在的节约环保效果；三是建立全国绿色建筑大数据平台，实时公布绿色建筑的项目概况及关键指标数据，鼓励公众监督项目的实际运行情况，提高使用者对绿色建筑的关注度，向全社会普及推广绿色建筑理念。

（五）推动绿色改造，助力城市绿色低碳更新

一是将不同年代的建筑设计标准与《既有建筑绿色改造评价标准》（GB/T 51141）不同星级要求之间进行比对分析，明确不同年代、不同类型既有建筑绿色提升的空间，建立既有建筑绿色低碳化改造技术清单，构建分时序、分业态的既有建筑绿色低碳改造提升路径；二是将既有建筑绿色化改造与城市更新深度融合，在老旧小区、老旧厂区、老旧街区和城中村等存量片区改造提升的进程中，系统推进抗震加固、节能改造、专业管线改造，精准实施适老化改造、加装电梯、绿化改造，补充便民设施和停

车设施，提升既有建筑的绿色属性；三是基于现有公共建筑改造模式，研究改造后绿色价值前置兑现方式，如碳减排金融化工具，改善改造投资意愿差、主动改造动力不足的问题。

（六）创新支持政策，加强绿色建筑推动力度

一是根据地方绿色建筑的发展现状，针对发展中的薄弱环节，设定差异化的奖励政策，提高资金利用率，探索免征契税、提高贷款额度等方式调动各类主体参与绿色建筑实践的积极性；二是积极探索绿色金融支撑绿色建筑发展的实施路径，联合金融机构将绿色建筑和绿色生态城区等纳入绿色金融产品支持范畴，将绿色建筑标识证书和绿色生态城区试点/示范称号的认定材料作为绿色贷款和债券等金融产品的依据，构建绿色建筑领域绿色金融机制；三是依托地方的产业布局，出台促进绿色建筑产业协同发展的政策体系，吸引社会资本参与，推动产业集约集聚化发展。

六　绿色建筑发展展望

（一）绿色建筑健康化发展

绿色建筑健康化，既是行业发展的自然演变，也是健康建筑理念深入推广的结果。自2017年1月中国建筑学会团体标准《健康建筑评价标准》（T/ASC 02 – 2016）发布以来，已有多个地方采用该标准，如北京市土地"招拍挂"的高品质竞拍要求、山东省将健康建筑纳入正式的推广实施内容。健康建筑为了保障使用者的身心健康，聚焦于与使用者密切相关的空气、水、舒适、健身、人文、服务六大板块（见图5），响应了《"健康中国2030"规划纲要》的要求。尤其是近些年新冠疫情的暴发，更加强了普通民众对于健康生活环境的关注。健康建筑从开始基于绿色建筑到现在自成体系，体现了不同概念间的融合发展，在《绿色建筑评价标准》（GB/T 50378 – 2019）中，也有健康内容的表述，具体在"健康舒适"章节。

（二）绿色建筑智慧化发展

随着数字经济规模的迅速扩大，标准化的战略地位与基础作用日益凸显。智慧建筑技术不仅是提升绿色建筑性能的关键措施，也是优化、显示

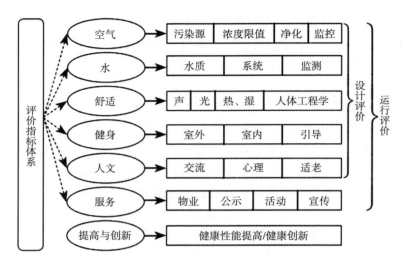

图 5　《健康建筑评价标准》框架示意

绿色建筑性能的必备工具。目前智慧住区标准体系主要由团体标准组成，典型的如中国工程建设标准化协会发布的《智慧住区建设评价标准》和《智慧城市建筑及居住区建设规范》、中国城市科学研究会发布的《智慧办公建筑评价标准》等。修订后的国家标准《绿色建筑评价标准》（GB/T50378 - 2019）对此趋势也有关注和体现，如采用传感器进行室内空气质量监测并与通风空调系统联动，采用智慧化软硬件对建筑设备运行状态进行管理，进一步优化建筑用能。

（三）绿色建筑"双零化"发展

零碳和零能耗简称"双零"。"双碳"战略确定后，建筑领域节能降耗、减碳脱碳工作受到广泛关注。零碳建筑虽然落实难度大、面临的挑战多，但概念的提出对保护生态环境和应对气候变化具有积极的意义。零碳建筑进一步的拓展概念是从建筑全生命期着手实现零碳排放，包含了建材产品的生产制造、建筑施工、建筑运行使用以及报废和拆除这些过程。零能耗建筑相对零碳建筑要更容易实现一些，其内涵是指能源消耗主要来源于依附于建筑的可再生能源，而不依赖外部能源输入。整体上看，无论是零碳还是零能耗，在建筑类型、规模上都有局限性，但绿色建筑强调的被动式技术、高效用能系统、多样化且有替代比例的可再生能源应用要求以及智慧化的管理手段将降低零碳、零能耗实施的难度。

参考文献

习近平：《决胜全面建成小康社会 夺取新时代中国特色社会主义伟大胜利》，《人民日报》2017年10月28日第1版。

郭长军、苏永利、郭禹辰：《充分认识形成绿色发展方式和生活方式的重要意义——深入学习习近平总书记关于〈推动形成绿色发展方式和生活方式 为人民群众创造良好生产生活环境〉重要讲话精神》，《改革与开放》2017年第21期。

于思奇：《新时代绿色生活方式构建研究》，硕士学位论文，山东建筑大学，2021年。

《"坚持绿色发展"理论研讨会发言摘编》，《人民日报》2016年10月13日第11版。

王文明：《公民绿色发展生活方式研究》，《黄河科技大学学报》2018年第2期。

赖明：《发展健康建筑 营造良好人居环境》，《中国住宅设施》2016年第Z1期。

宫玮、张川、梁浩、李宏军：《我国绿色建筑发展的现状、问题与建议措施》，《建设科技》2022年第9期。

王清勤：《绿色建筑标准引领我国绿色发展》，《工程建设标准化》2018年第4期。

本刊编辑部：《〈城乡建设领域碳达峰实施方案〉出台》，《工程建设标准化》，2022年第8期。

郭丹丹、郭振伟、孟冲等：《我国绿色建筑实施效果评析与推进建议》，《建筑》2015年第23期。

王清勤、孟冲、李国柱：《T/ASC 02－2016〈健康建筑评价标准〉编制介绍》，《建筑科学》2017年第2期。

中国厨余垃圾处理行业发展与政策建议

赵凤秋　苏　红　成卫东[*]

2022 年夏天，受极端天气及其他因素影响，长江流域高温加干旱，出现历史罕见的高温，重庆涪陵发生山林火灾，杭州的龙井茶叶都被烤焦。《巴黎协定》约定的将全球增温控制在 2℃ 以内的目标面临严峻挑战，减碳势在必行。世界资源研究所（WRI）的数据分析，2017 年，废弃物处理约占全球温室气体排放的 3.2%，约占我国温室气体排放的 1.6%。我国生态环境部环境规划院 2022 年 1 月 5 日发布的《中国产品全生命周期温室气体排放系数集（2022）》数据显示，生活垃圾混合填埋处理时，碳排放量约为 583.87 千克二氧化碳当量/吨（$kgCO_2 - eq/t$），垃圾分类后按照不同的处理方式，碳排放量约为 -67.8 千克二氧化碳当量/吨至 30.8 千克二氧化碳当量/吨之间。目前我国有 14 亿人口，大约每天产生生活垃圾 140 万吨。垃圾分类已成为新时尚，终端处理减碳、固碳未来可期。厨余垃圾是我国生活垃圾最主要的组成部分，占 40%—60%，而且是最难处理的部分。促进厨余垃圾处理行业高质量发展，使厨余垃圾的资源化属性最大限度地发挥，在减碳的道路上做出更大的贡献，是时代赋予环保人的责任。

一　中国厨余垃圾处理行业概述

（一）我国厨余垃圾概念及来源

根据住建部 2019 年发布的《生活垃圾分类标志》（GB/T 19095 -

---

* 赵凤秋，北京洁绿环境科技股份有限公司董事长，主要研究方向为有机废弃物处理；苏红，北京洁绿环境科技股份有限公司，市场总监，主要研究方向为有机废弃物处理；成卫东，北京洁绿环境科技股份有限公司副总经理，主要研究方向为垃圾分类、有机废弃物处理。

2019）新版标准，"厨余垃圾也可称为湿垃圾，包括家庭厨余垃圾、餐厨垃圾和其他厨余垃圾等"。

家庭厨余垃圾，是指居民家庭日常生活过程中产生的菜帮、菜叶、瓜果皮壳、剩菜剩饭、废弃食物等易腐性垃圾。

餐厨垃圾，是指餐厅、饭店、食堂等场所产生的食物残渣、食品加工废料和废弃食用油脂等。

其他厨余垃圾是指农贸市场、农产品批发市场产生的蔬菜瓜果垃圾、腐肉、肉碎骨、水产品、畜禽内脏等。

（二）我国厨余垃圾的特点

一是产生量大。厨余垃圾是我国生活垃圾最主要的组成部分，占40%—60%。根据 E20 环境平台发布的《2021 有机固废处理行业分析报告》："2020 年全国城镇生活垃圾清运量 3 亿吨，按照厨余垃圾占比 50% 进行测算，我国城镇厨余垃圾年产生量达 1.5 亿吨，日产生量约 42 万吨，并且每年以 3% 左右的速度增长。"

二是处理不当极易污染环境和危害健康。厨余垃圾有机物含量高、含水率高、油分高、盐分高，极易腐败变质，散发臭气，滋生病菌，以及引起渗滤液污染。

三是兼具资源属性。厨余垃圾经过妥善处理和加工，可转化为新的资源，高有机物含量的特点使其经过严格处理后可作为肥料、饲料，也可产生沼气用作燃料或发电，油脂部分则可用于制备生物燃料。

四是来源不同，导致厨余垃圾的性状、收运、处理及资源化利用等不尽相同。餐厨垃圾以熟料为主，盐分、油脂含量较高；相对集中，分类效果较好，便于收运；废弃油脂的资源属性尤为突出。家庭厨余垃圾和其他厨余垃圾比较相近，以生料为主，盐分、油脂含量较低，随着人们生活方式的转变，外卖比重增多，家庭厨余垃圾油脂含量有升高的趋势，不过相较餐厨垃圾还是相差很多；相对分散，分类收集难度相对较高。厨余垃圾的分类收运与处理处置已成为生活垃圾分类工作的重点和难点。

（三）我国厨余垃圾处理行业的特征

我国厨余垃圾处理行业属于政策主导型，主管部门是各级城市管理部门；厨余垃圾尽管具有资源属性，但前提还是污染属性，厨余垃圾成分复杂，处理难度大，项目建设资金需求量较大，目前仍以政府补贴为主。

（四）我国厨余垃圾处理行业的发展历程

我国厨余垃圾处理行业起步较晚，至今不过十余年的发展历程，目前整体处于发展初期阶段，大致经历了三个发展阶段，分别是问题凸显与初步应对阶段、摸索与试点示范阶段、管理提升与成效初显阶段。

1. 问题凸显与初步应对阶段

餐厨垃圾处理行业发展相对较早，我国首座餐厨垃圾处理厂——南宫餐厨垃圾处理厂于 2007 年建成投运，由北京市政府投资，规模为 200 吨/日，采用好氧堆肥工艺，主要是处理奥运签约饭店及奥运场馆产生的餐厨垃圾；而得到广泛关注是从 2010 年开始，当时是为了杜绝地沟油回流餐桌，保证食品安全，餐厨垃圾的管理和处理提上重要日程。

家庭厨余垃圾和其他厨余垃圾的处理是随着我国垃圾分类制度的全面推进，而逐步释放的全新市场。2000 年住建部首次提出在 8 个城市试点垃圾分类，但由于居民端意识不强、政府出资不够、垃圾分类产业链不完善等因素，首批试点城市均未有明显效果。习近平总书记高度关注垃圾分类工作，在 2016 年 12 月召开的中央财经领导小组第 14 次会议上，明确要求"推行垃圾分类制度"。之后家庭厨余垃圾和其他厨余垃圾处理行业才随之发展。

2. 摸索与试点示范阶段

2010 年国家发改委、住建部、环保部、农业部四部委联合发布《关于组织开展城市餐厨废弃物资源化利用和无害化处理试点工作的通知》（发改办环资〔2010〕1020 号），正式拉开了餐厨垃圾处理的序幕。根据 E20 环境平台发布的《2021 有机固废处理行业分析报告》，"十二五"时期国家设立专项资金支持餐厨垃圾处理收运体系建设、资源化利用和无害化处理项目的建设，餐厨市场加速释放。"十三五"时期国家加大投资力度，规划力增餐厨垃圾处理能力 3.44 万吨/日，城市基本建立餐厨垃圾回收和再生利用体系。据 E20 研究院统计，截至 2019 年 5 月我国餐厨垃圾的总设计处理规模达 3.6 万吨/日，但落地率不高，多数处在施工建设阶段，成功运营项目数量有限。在"十二五""十三五"快速发展阶段过后，我国餐厨垃圾试点城市的建设项目趋于饱和，实际处理能力有了一定提高。

2017 年，我国垃圾分类产业政策开始密集发布。2017 年 12 月住建部发布的《关于加快推进部分重点城市生活垃圾分类工作的通知》确定北京、天津、上海等 46 个重点城市先行实施生活垃圾分类。2019 年 6 月，住建部等九部门联合发布《关于在全国地级及以上城市全面开展生活垃圾分类工作的通知》提出，自 2019 年起，全国地级及以上城市要全面启动生活垃圾分类工作。

3. 管理提升与成效初显阶段

"十三五"时期，我国逐步开展餐厨垃圾试点城市的考核验收工作，2016 年至 2019 年共计通过了 47 个城市的试点验收。同时，在 2017 年至 2019 年期间，共计撤销了 15 个城市的试点资格。2021 年 14 个城市通过验收。

垃圾分类工作初见成效，2020 年底，46 个重点城市要基本建成垃圾分类处理系统；先行先试的 46 个重点城市厨余垃圾处理能力从 2019 年的每天 3.47 万吨提升到目前每天 6.28 万吨。"十四五"时期生活垃圾分类工作从 46 个试点城市扩大到地级市以上全面推进，要求 2022 年前，各地级城市至少有 1 个区实现生活垃圾分类全覆盖，2025 年底前，全国地级及以上城市要基本建成垃圾分类处理系统，厨余垃圾处理能力也要求有较大提升。

（五）厨余垃圾的处理技术

1. 国外处理技术各异，但主要还是以厌氧为主

目前欧盟各成员国主要通过高价收购、投资补贴、减免税费和配额制度等可再生能源政策和措施推动厨余垃圾回收利用技术的发展，近十年来欧洲厨余垃圾处理主要以厌氧消化和堆肥为主，但规模均偏小（100 吨/日以下），多为家庭厨余垃圾和餐厨垃圾混合处理，物料含固率高，杂质含量相对较少，有机质含量高。

美国在厨余垃圾处理方面总体落后于欧洲国家，鉴于实施了垃圾处理收费制度，一部分厨余垃圾采用就地破碎直排的方式排入下水道，另一部分混合庭院垃圾进行自主堆肥。

日本厨余垃圾主要为制饲料、堆肥和厌氧发酵，制饲料技术要求高温灭菌，其中厌氧消化处理得到较大发展。

韩国厨余垃圾早年为堆肥，但存在盐分高和臭气难控制问题，目前发展趋势为厌氧消化处理。

目前国外厨余垃圾处理技术主要以厌氧消化工艺为主（见图1），约占市场份额的9成。其主要原因是相比于堆肥等其他处理技术，厌氧消化技术更加环保和先进，受到业内的广泛关注，逐步形成一套成熟的产业链，进而得到市场的认可和推广。

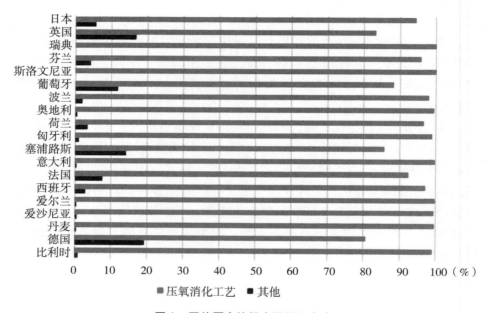

图1　国外厨余垃圾主要处理方式

资料来源：欧阳创等：《厨余垃圾处理技术现状与发展趋势》，2022 年 5 月 11 日，中国固废网。

2. 经过技术"嫁接""引进""转化""创新"，国内已形成适合我国国情的技术路线

由于我国厨余垃圾组分复杂，一方面含水率高且容易造成环境污染，不适用于直接填埋及焚烧；另一方面我国绝大部分城市污水管网在设计时，并未考虑将厨余垃圾粉碎直接排放进污水管道的问题，这些垃圾将会在污水管网内淤积，堵塞管网而不能顺利输送至污水处理厂，而且由于我国居民饮食习惯的原因，厨余垃圾油脂含量较高，厨余垃圾经处理器处理后的油脂更易附着在污水管道内，还会对污水处理系统造成影响，因此我国厨余垃圾也不适用于就地破碎直排的方式排入下水道。

经过十几年的发展，我国在厨余垃圾处理上已经积累了不少经验，最初"嫁接"生活垃圾"筛分＋破碎"技术，"引进"干式厌氧、生物水解等技术，到造纸行业"水力旋流制浆"技术"转化"，再到厨余"热水解"技术的"创新"，已逐步形成符合我国国情的技术研发、装备制造和工艺运行的模式。目前我国常用的厨余垃圾处理工艺主要包括：厌氧消化、好氧堆肥、生物转化，残渣进行焚烧或卫生填埋，厌氧产生的固渣和沼渣也可采用蝇蛆、黑水虻等生物梯级循环模式进行资源化利用。

3. 预处理技术是我国厨余垃圾厌氧处理的关键环节

厨余垃圾处理一般包括4个子系统：①预处理系统；②资源化转换系统；③资源化利用系统；④"三废"治理系统。我国城镇厨余垃圾处理项目处理规模一般为 50 吨/日以上，多采用厌氧消化的主工艺，其中厌氧消化系统，沼气净化与利用系统，废水、废气及废渣处理系统工艺均比较成熟；我国厨余垃圾成分复杂、杂质较多，鉴于系统运行不稳定、固液不能有效分离、处理效果不理想等问题多因预处理工艺技术不当所致，预处理系统已成为决定厨余垃圾处理水平高低的重要因素。

目前预处理的技术路线主要包括先分离再制浆以及先制浆再分离两种。先分离再制浆主要是指传统的"筛分＋破碎"技术，先制浆再分离主要是指"热水解＋水力旋流制浆""水力旋流制浆"技术。

二 2022 年中国厨余垃圾处理行业发展分析

（一）信息更加公开透明

按照 2020 版修订的《固体废物污染环境防治法》及《大中城市固体废物污染环境防治信息发布导则》的要求，各地市级生态环境主管部门陆续发布了《2021 年度固体废物污染环境防治信息》，向社会发布有关餐厨、厨余垃圾、市政污泥、农村固体废物等的种类、产生量、处置能力、利用处置状况等信息。长沙市城市管理和综合执法局还按季度定期公开餐厨垃圾无害化处置信息。

（二）非居民厨余垃圾处理计量收费积极推进

自 2021 年国家发改委和住建部联合发布《关于推进非居民厨余垃

处理计量收费的指导意见》以来，各地方非居民厨余垃圾处理计量收费工作积极推进。目前，北京、广东、甘肃、山西、新疆、江西、福建、浙江、河北等地先后出台政策（见表 1），按照"产生者付费"原则，建立健全非居民厨余垃圾计量收费机制，逐步建立非居民厨余垃圾定额管理和超定额累进加价机制。

表 1　　　　　各地方非居民厨余垃圾处理计量收费政策汇总

部门	时间	政策
北京发改委、城市管理委员会	2021 年 8 月 30 日	《关于调整本市非居民厨余垃圾处理费有关事项的通知》
福建发改委、住建厅	2021 年 9 月 9 日	《转发国家发展改革委 住房城乡建设部〈关于推进非居民厨余垃圾处理计量收费的指导意见〉的通知》
浙江发改委、住建厅	2021 年 9 月 14 日	《转发国家发展改革委 住房城乡建设部〈关于推进非居民厨余垃圾处理计量收费的指导意见〉的通知》
广东发改委、住建厅	2021 年 9 月 18 日	《转发国家发展改革委 住房城乡建设部〈关于推进非居民厨余垃圾处理计量收费的指导意见〉的通知》
甘肃发改委、住建厅	2021 年 9 月 23 日	《发布关于推进非居民厨余垃圾处理计量收费有关工作意见的通知》
山西发改委、住建厅	2021 年 12 月 1 日	《关于贯彻落实国家发展改革委 住房城乡建设部〈关于推进非居民厨余垃圾处理计量收费的指导意见〉的通知》
新疆发改委、住建厅	2022 年 1 月 28 日	《关于印发〈自治区推进非居民厨余垃圾处理计量收费实施方案〉的通知》
江西发改委、住建厅	2022 年 2 月 23 日	《转发国家发展改革委 住房城乡建设部〈关于推进非居民厨余垃圾处理计量收费的指导意见〉的通知》
河北发改委、住建厅	2022 年 9 月 8 日	《关于推进非居民厨余垃圾处理计量收费等有关事项的通知》

资料来源：笔者根据公开政策文件整理得到。

（三）厌氧消化成为主流，高效厌氧预处理技术已通过项目验证

目前厨余垃圾处理项目主要集中在城镇，处理规模主要为 50 吨/日以上，处理技术主要包括好氧发酵制肥技术、厌氧消化技术和生物（黑水虻、家蝇等）转化技术等。较大规模（100 吨/日）项目以厌氧消化为主，数据统计显示，国内已建和在建厨余垃圾处理设施中，厌氧消化工艺约占总量的 87.5%，其余工艺仅占 12.5%。[①]

先制浆再分离的厌氧预处理技术路线在减量化、资源化方面更具优势。"水力旋流制浆 + 螺旋挤压"已替代"筛分 + 破碎"工艺，成为餐厨垃圾预处理技术的主流工艺。家庭厨余垃圾和其他厨余垃圾"热水解 + 水力旋流制浆 + 挤压脱水"的高效预处理工艺，已通过项目验证，可实现预处理残渣率 <15%，残渣含水率 <60%，沼气产率提高 30% 以上，真正做到了减量化与资源化，为行业高质量发展提供技术支撑。

（四）协同处理趋势渐显

通过厌氧消化处理工艺，可实现厨余垃圾与其他有机固体废物、污泥、禽畜粪便等的协同处理，既可以调节碳氮比，保证厨余垃圾的处理量，也可以增加后端再生产品的收入。目前，在生活垃圾焚烧发电增量市场扩张受限的背景下，固体废物处理行业收处一体化、协同处置渐成趋势。围绕静脉产业园模式，部分企业深耕大固体废物板块，并向餐厨、污泥、环卫等相关环保细分领域进行延伸。

根据相关统计，2022 年上半年，垃圾焚烧协同处置餐厨垃圾项目共计 10 个。

（五）餐厨市场再度发力，家庭厨余市场做足准备

我国厨余垃圾确立了"以集中处理为主、分散处理为辅"的处理体系，项目以政府为主导、社会资本方重点参与，项目建设运营多采用 BOT 模式。

2022 年，整个厨余垃圾处理行业稳步推进。据不完全统计，2022 年前三季度从前期的环境影响评价公示，到招投标，再到开工、运行的 109 个

---

① 欧阳创、徐小强：《厨余垃圾处理技术现状与发展趋势》，2022 年 5 月 11 日。

项目中餐厨垃圾处理的项目（包括协同处理）占 95% 以上，家庭厨余垃圾及其他厨余垃圾处理项目（包括协同处理）不足 5%。

尽管餐饮行业受到疫情冲击，但餐厨垃圾处理行业已趋于成熟，逐步形成定点收集、统一运输、集中处置的模式，而且随着餐厨废弃油脂的价格从几年前每吨一两千元一路攀升到现在每吨九千元甚至一万元，依然兴起了餐厨垃圾处理行业的建设热潮以及并购改造的热潮。

家庭厨余垃圾和其他厨余垃圾处理行业的发展主要依靠垃圾分类的推动，受疫情及垃圾分类进程等因素的影响，我国家庭厨余垃圾及其他厨余垃圾处理项目进展放缓，不过从统计数据来看，粮油食品类零售额涨幅更大，家庭厨余垃圾和其他厨余垃圾分类终端设施的建设需求更加紧迫，各地主管部门正在紧锣密鼓地推进项目前期工作。

（六）北京市率先制定行业标准并出台鼓励政策

北京市城市管理委员会新修订的《北京市生活垃圾处理设施运行管理检查考评办法》于 2022 年 1 月 1 日正式施行，提出："区（市级运营单位）考评得分连续两个季度低于 90 分的，由市城市管理委约谈该区城市管理委和市级运营单位。其中，对于生化处理产生的残渣、沼渣不符合要求的，一项扣 2 分；两项及以上扣 3 分。生化处理工艺产生的残渣率应≤45%，出厂的残渣和沼渣去往焚烧处理设施的含水率应≤70%，去往填埋场的含水率应≤60%。残渣是指分选、生化处理后产生的仍需进入末端处理设施处理的所有残渣。残渣率 =（残渣量/垃圾进厂量）×100%。每月根据日报计算残渣率。自 2022 年 7 月起执行含水率相关要求。""对于生活垃圾处理设施的生化处理工艺技改升级后，厨余垃圾残渣率年度统计结果不高于 35%，该设施当年年度设施得分加 0.5 分。"

为实现"双碳"目标及保护生态环境提供技术支撑，2021 年，北京市发改委组织北京市创新型绿色技术（固体废物减量化和资源化领域）征集遴选。2022 年 9 月，经过书面材料评审、企业答辩、专家集体合议等层层严格把关，4 项关于厨余垃圾处理的技术入选。北京市发改委将对"采用'推荐目录'内、拥有自主知识产权、尚未取得在京市场业绩的绿色技术（包括前三台［套］或批［次］成套设备产品、基础材料、系统等），示范应用项目按照不高于项目投资总额的 30% 给予资金补助，单个项目补助金额不超过 1000 万元"。

　　北京市发改委又持续加码，给予精准化支持，制定《关于进一步加大市政府固定资产投资支持加快厨余垃圾处理能力建设的通知》，提出"进一步加大市政府固定资产投资支持加快厨余垃圾处理能力建设，推动厨余垃圾协同处理和科技成果应用，力争用 3 年时间全市新增厨余垃圾处理能力 5000 吨/日左右"，将根据各区域情况给予差异化资金支持；但是对项目技术指标提出了具体要求，"科学设计进料含固率（宜为 6%—15%），对厌氧产生的沼气应进行有效利用，降低残渣率（不高于 30%），提高厨余垃圾资源化利用水平。餐厨垃圾处理，油脂收集率不低于 90%"。

　　更是投入重金鼓励创新型绿色技术落地，"对使用纳入国家绿色技术推广目录或北京市创新型绿色技术推荐目录，以及其他经专家评估达到国内领先、国际先进水平技术的家庭厨余垃圾处理项目和餐饮厨余垃圾处理项目，市政府固定资产投资支持比例在原有基础上再提高 5%。鼓励项目为创新型绿色技术提供应用场景"。

三　厨余垃圾处理的典型案例

（一）餐厨垃圾改造项目——南宫餐厨垃圾应急改造项目

　　南宫餐厨垃圾应急改造项目位于北京市大兴区，属于改建项目，处理规模为 400 吨/日餐厨垃圾，改造工艺由除杂（水力旋流制浆 + 挤压脱水）和提油（三相分离）两部分构成，项目特点及优势如下。

　　1. 为餐厨垃圾找到适用技术

　　餐厨垃圾通过进料系统直接输送至水力旋流制浆设备中，无须进行筛分破碎（如图 2 所示），避免了因筛孔堵塞，破碎机缠绕造成的系统稳定性差等问题。水力旋流制浆设备集破袋、揉搓、水洗、分离于一体，工艺链可缩短 50%，处理能力强，大幅缩短车辆排队时间。经过水洗、揉搓后油类及有机物最大限度地进入匀浆中，大大提高后序提油、厌氧效率，也大大降低了残渣率及残渣含水率（改造系统的预处理残渣率 < 10%，残渣含水率 < 65%）。该项目是北京市首个餐厨垃圾改造项目，该项目的成功实施为北京市乃至全国餐厨垃圾处理项目提供了绿色技术借鉴和运营经验。

接收料斗　　　水力旋流制浆装置　　　螺旋挤压装置

图2　餐厨垃圾除杂工艺效果示意

资料来源：北京洁绿环境科技股份有限公司。

2. 经济效益可观，环境效益显著

改造前采用"滚筒筛＋好氧堆肥"的工艺，改造后每天提油 15—17 吨。根据 2022 年再生资源交易平台餐厨废弃油脂的在线竞价 9000 元/吨估算，全年可创造经济价值 5000 多万元，不仅经济效益可观，环境效益也显著。以生产生物柴油的碳减排计算，每年可减少碳排放约 1.28 万吨。而且，改造后的预处理工艺密闭性更佳，明显减少臭气对于周围环境的影响。

3. 占地省，改造周期短

2021 年底，尽管受到疫情、冬奥、春节等多重因素的影响，但在未影响正常生产、原处理车间用地有限的前提下，仅用 2 个多月的时间完成了系统改造，6 天调试达到满负荷。

（二）农村分散式有机垃圾生态资源化示范项目——德清县城乡环境生态综合体示范基地

德清县城乡环境生态综合体示范基地位于浙江省湖州市德清县，采用 EPC＋OM 模式，建设以有机垃圾处理为核心，涵盖肥料深加工、有机农业应用示范体验以及垃圾分类宣传教育基地的面向未来的有机垃圾处理厂、沉浸式垃圾分类概念厂，以"前端分类＋就近处理＋资源回收＋宣传展示"的有机垃圾全产业链条有效助力浙江省"千村示范、万村整治"工作。

德清县自 2015 年至 2019 年先后建设十座小型农村生活垃圾生态资源化利用站，2 个处理量 10 吨/日的乡镇有机垃圾生态资源化中心，一个城区 20 吨/日的城乡环境生态综合体。近两年对德清县城乡环境生态综合体与乾元有机垃圾生态资源化中心进行扩建，实现了桶、车上料的多种方式，处理规模扩大，目前总处理规模达 84.4 吨/日，覆盖全县 8 个镇（街道），200 多个行政村，减量化率达到 90%。

在技术方面，使用机械强化的高温好氧发酵技术，有效缩短发酵周期，使用自主开发的高效微生物菌剂，菌剂终身免费使用，发酵过程无须添加辅料，形成"多重保障、快速稳定"好氧堆肥技术体系。

在设备方面，使用基于连续超细破碎、双级深度脱水、循环脱盐的预处理成套设备，创新使用分仓式推流反应器，确保物料停留时间。实现间歇进料、连续出料，提高发酵效率，节省占地面积，使用三相分离设备回收油脂，提高餐厨垃圾资源化水平。

四　中国厨余垃圾处理行业当前存在的主要问题

（一）行业标准体系不健全，处理效果未能充分体现垃圾分类的价值

经过"十二五""十三五"时期的努力，全国共建设了几百个厨余垃圾处理项目，解决了设施有和无的问题，但是并未对处理效果提出明确要求，从实际的项目运行情况来看，很多项目运营不稳定，残渣率高（70%以上）、残渣含水率高（70%—80%），有机质溶出率低（50%）、沼气产量低（50—60 立方米/吨垃圾），达不到预期的处理效果；有的项目甚至在厨余垃圾直接挤压脱水后，残渣送去焚烧，与减量化、资源化的要求相距甚远。目前北京、上海、重庆、杭州、武汉等一些经济发达、环保要求较高的地方政府主管部门，已开始逐步制定高标准的地方性引导规范，但是行业整体缺乏能够体现高质量发展的监管、考核的标准体系，造成主管部门无据可依、方向不够明确。

（二）缺乏国家统一的引导行业高质量发展的鼓励政策

厨余垃圾处理行业经过十余年的发展，技术也在不断更新和进步，已经涌现出了一些满足行业高质量发展需求的适用技术，但是由于缺乏国家统一的引导鼓励政策，尽管传统工艺技术运行效果不理想，但各地也缺少动力和勇气尝试绿色低碳处理技术，对于新技术持有审慎的态度。

（三）分类效果不佳、可持续的商业模式尚未形成等因素，制约了家庭厨余垃圾处理行业的快速发展

目前，除了上海、北京、江苏、浙江等地垃圾分类效果相对较好，其他大部分地区的家庭厨余垃圾分类效果不佳，而且不同于餐厨垃圾可以通过提取废弃油脂产生收益，家庭厨余垃圾处理后的残渣消纳途径存在障碍，目前主要以焚烧为主，这些因素造成设施稳定运行难，处理成本高。同时，居民生活垃圾分类计价、计量收费机制尚不完善，垃圾处理费征收难度大，收缴率及收费标准普遍偏低，主要由地方政府承担厨余垃圾处理的成本支出，地方财政补贴压力较大，尚未形成可持续的商业模式，导致了家庭厨余垃圾处理行业发展相对较缓。

五　2023 年中国厨余垃圾处理行业发展趋势展望

（一）厨余垃圾处理市场将更加活跃

目前，餐厨垃圾处理的适用技术已基本确定，各地方的管理政策陆续出台，收集、运输、处理更加规范，而且有些地方的处理企业还承接了收运业务，未来餐厨垃圾的"质"和"量"都将更有保证，非居民厨余垃圾收费制度也在逐渐建立，加之餐厨废弃油脂的资源化产品市场前景广阔、价格高企，这些因素叠加将大大缩短行业初期发展阶段的进程，我国餐厨垃圾处理行业或将进入快速发展阶段。预计 2023 年，餐厨垃圾处理行业热度不减，已建的城市餐厨垃圾处理项目仍将以并购改造的方式重新发挥价值，达到一定收运规模，未建设施的镇级政府或将启动餐厨垃圾处理项目建设。

住建部等九部门联合发布的《关于在全国地级及以上城市全面开展生活垃圾分类工作的通知》提出，2025 年底前，全国地级及以上城市要基本建成垃圾分类处理系统，"十四五"已进入中期，要实现目标，2023 年地级及以上城市家庭厨余垃圾和其他厨余垃圾处理项目或将释放。

2022 年中央一号文件是关于乡村振兴的，此后，针对农业农村减排固碳、基础设施建设的实施方案和支持政策同步下发，乡村厨余垃圾处理行业或将迎来萌芽期。

（二）高质量发展要求处理行业朝着高标准方向迈进

政策驱动。党的二十大报告指出"高质量发展是全面建设社会主义现代化国家的首要任务"，高质量发展的前提就是要摒弃无序，制定高标准、统一的发展要求。

公众监督。随着我国环境污染防治信息的公开，各地市的餐厨垃圾产生及治理等情况查询更加便捷，也意味着垃圾分类和治理成效需要接受公众的监督，促使行业不断朝着高标准方向迈进。

先行先试。综合考虑环境效益和经济效益，目前北京市的厨余垃圾分出率得到行业的普遍认可，为20%左右。此外，北京市率先制定了设施运行管理检查考评办法，发布了绿色技术推荐目录，明确提出了处理效果的量化指标，为行业高质量发展提供了指标参考。

（三）碳达峰碳中和加速减量化、资源化、低碳化进程

党的二十大报告强调，积极稳妥推进碳达峰碳中和，推动绿色低碳发展不断取得新成效。固体废物污染防治一头连着减污，另一头连着降碳。2022年以来，中共中央、国务院及各部委发布了多个涉及有机废物领域的规划方案，锚定"双碳"目标，鼓励厨余垃圾资源化利用：①合理利用厨余垃圾生产生物柴油、沼气、土壤改良剂、生物蛋白等产品；②着力解决好沼液、沼渣等产品在农业、林业中的应用问题；③积极建设厨余垃圾沼渣资源化利用设施。园林绿化肥料、土壤调理剂等需求较大的地区，沼渣可与园林垃圾等一起堆肥处理。政策的加持必将加速我国厨余垃圾的减量化、资源化及低碳化进程。

（四）协同处理，实现绿色循环

国家发改委和住建部印发的《"十四五"城镇生活垃圾分类和处理设施发展规划》，提出：鼓励统筹规划固体废物综合处置基地。积极推广静脉产业园建设模式，探索建设生活垃圾、建筑垃圾、医疗废物、危险废物、农林垃圾等各类固体废弃物的综合处置基地，以集约、高效、环保、安全为原则，发挥协同处置效应，促进基地内各类处理设施工艺设备共用、资源能源共享、环境污染共治、责任风险共担，降低"邻避"效应和社会稳定风险。

六　促进我国厨余垃圾处理行业高质量发展的对策建议

（一）完善相关标准体系，明确关键指标

衡量行业是否朝着高质量方向发展，首先需要有明确统一的可量化指标作为依据。"减量化、资源化、无害化"是我国固体废物污染防治的基本原则，我国对于无害化的标准体系已经比较成熟和完善，建议制定科学合理、引导行业朝着绿色低碳方向迈进的可量化指标。在厨余垃圾处理项目验收和运营考核等相关标准体系中明确提出关键指标：残渣率作为衡量减量化的关键指标，提油率、有机质利用率、沼气产率等作为衡量资源化的关键指标；特别是协同处置的项目，协同处置的目的是实现设施共享和能量循环利用，以便降低项目成本、提高整体效率，更应该明确各项关键指标，严格监督考核，避免"先分后混""先分后烧"的现象发生。真正形成统一、规范的高标准、严要求、有监督、有考核、有奖惩的闭环体系。

（二）树立示范标杆，按效果以奖代补

按照高质量发展要求，国家层面统一遴选先进技术和示范项目，发布绿色技术及产品采购目录，各地区对于优先采用绿色采购目录中的项目给予资金、金融及税收等方面的政策支持，鼓励先进技术和产品落地；中央预算内资金根据项目实施效果采用"以奖代补"的方式，引导行业高质量发展。

（三）建立公开透明的厨余垃圾分类和处理信息管控平台

建立统一的厨余垃圾分类和处理信息管控平台，免费向公众开放，明确统一的厨余垃圾减量化和资源化的定义和标准，一方面让公众能够随时了解厨余垃圾清运量，厨余垃圾分类质量，处理设施建设情况，厨余垃圾进厂量，残渣量及去向、残渣含水率，资源化产品的种类、数量、去向等信息，更有意愿参与垃圾分类；另一方面对政府及相关处理企业起到监督与促进作用，推动行业高质量发展。

（四）坚持适度适量适宜原则，减污降碳协同增效

加强厨余垃圾分类的科学管理，坚持厨余垃圾适度适量分出，不盲目追求厨余垃圾分类的"量"，更关注"质"。因地制宜，鼓励与当地的可再生能源禀赋有机结合，如太阳能屋顶、风电互补等，给予政策支持；各地方根据实际需求，优先采购符合标准的资源化产品作为土壤改良剂、园林绿化土及矿山修复土等安全土地利用方式，将残渣焚烧、沼液达标处理作为最终的兜底无害化方式，实现碳、氮等元素的生态循环，充分发挥减污降碳协同增效的优势。

参考文献

王优玲：《住房城乡建设部：46 个重点城市生活垃圾分类已覆盖 7700 多万个家庭》，2020 年 12 月 4 日，http：//www. gov. cn/xinwen/2020 – 12/04/content_ 5567074. htm。

国家统计局：《前三季度国民经济恢复向好》，2022 年 10 月 24 日，http：//www. stats. gov. cn/tjsj/zxfb/202210/t20221024_ 1889459. html。

刘建国：《深入推进生活垃圾分类的问题分析与发展路径研究》，《城市管理与科技》2022 年第 2 期。

社会经济绿色发展典型案例

中国国际进口博览会智慧电力保障

——国家电网上海市电力公司　腾讯云科技有限公司

一　案例简介

电力供应是关系国民经济命脉和国家能源安全的重要组成部分，在重大活动或赛事中更是不可或缺的基础保障。越办越好的中国国际进口博览会（以下简称进博会），也成为中国电力企业向世界展示"智慧保电"能力的窗口。"进博会保电"的难点，既在保障核心区150万平方米国家会展中心的供电万无一失，也在保障周围虹桥交通枢纽等设施的安若泰山，更要保证上海民用电力设施的正常运行。面对如此艰巨的保电任务，主要保障单位国网上海市电力公司连续5年出色完成点亮世界"会客厅"攻坚战，从电力供应方面促进进博会越办越好。而在这个过程中，腾讯云科技公司利用自身先进的技术方案有力推动"进博保电"工作从传统拼体力、拼时间的"人海战术"，向拼科技、拼效率的"智慧保电"转变。

按照上海市委市政府和国网上海市电力公司共同研讨的保障方案，全景智慧供电保障系统对"6＋26"个重点保电对象进行了监测，并用三维可视形式"全景化"展现在地图上。通过这套系统，保电现场的工程师能在最短时间发现供电线路上存在的异常状态，从而让"进博保电"工作效率大大提升。

为了完成"进博保电"任务，国网上海市电力公司将移动互联、人工智能等现代信息技术和先进通信技术引入传统电力保障工作中，打造出了一套"泛在电力物联网"。通过为电力基础设施增加大量传感器、无人机、机器人等高科技感知设备，使得进博会电力供应系统的各个环节实现万物互联，做到了"电网状态全面监测和全面感知"。

不过，随着数据被大量采集汇总，问题也随之出现了。各类传感器收集的数据五花八门、纷繁复杂，如果没有一个平台能对这些数据进行统一管理，这些信息很难被真正利用起来。而这时"全景智慧供电保障系统"的价值便凸显而出了。

二 技术方案

从 2018 年首届进博会开始，连续 5 届，腾讯云助力国网上海市电力公司打造的"进博保电"科技武器——全景智慧供电保障系统，发挥了重要作用，大屏幕显示进博会电力供应核心链路的"一举一动"，让现场工程师足不出户，也能"眼观六路、耳听八方"，有效支撑指挥中心智能态势研判，确保进博会场馆供电万无一失。该系统架构如图 1 所示。

通过构建数字孪生电网，实时监控全网设备运行状态，包括电网可靠性、电压合格率、故障监测、台区监测、配网抢修等各类信息，与电网地图联动实现"一套系统、多源数据、全局监控、全景可视"。为了提高供电保障服务水平，本项目融合多种人工智能技术，实现智能监控、智慧状态研判，实现供电设备人工智能辅助运维、供电保障服务 AI 辅助指挥的效果。

图 1　全景智慧供电保障系统架构

　　该项目中全景智慧供电保障系统前端展现基于腾讯云 RayData 大数据可视交互技术打造。这块大屏幕既是"进博保电"工作进行全局观察的"千里眼"，更是整条泛在电力物联网的数据"处理器"。实现 10 平方千米三维还原"全景智慧系统"，让"进博保电"全链路可见。

　　在全景智慧供电保障系统的作用下，电力保障有了更多新方法和新工具，将"人"从繁重的保电作业中解放出来。在这之中，AI 发挥着巨大的作用，"进博保电"的 AI 卫士智能助力风险预警和抢修指挥。

　　腾讯云团队打破专业数据壁垒，集成 34 套业务系统，保证各类设备"接入可靠、数据可用、操纵可行"，从而做到"单一平台"对多套设备的"系统统一接入、数据统一管理、设备统一调度"。

　　腾讯云 RayData 独有的三维（3D）实时渲染游戏引擎，结合云计算、大数据、AI、IoT 技术，打破了各系统的数据壁垒，加强系统间数据联动，将大规模、多样化的电力数据以三维模型的可视化形式进行展现，构建重点保电对象的"数字孪生体"，从而实现数据实时传输可视化、场景化以及交互的管理可视化，极大提升数据辅助决策的效率。

　　该系统还可对人员、物资、车辆等保电资源进行全景可视化监控，极大提升了"进博保电"现场的系统协同效率。有效满足了现场指挥中心智能态势研判、全景状态可视、现场穿透指挥的保电指挥需求。为实现电网状态、智慧保电、资源监控、高度指挥、信息安全等保电工作的全景化指挥提供了有力支撑。

　　随着泛在电力物联网的建立，埋藏在电网系统中的数据宝藏被挖掘出来。通过为全景智慧供电保障系统添加先进 AI 算法，系统便能对上海全网及核心区内的保电工作回顾进行历史数据的调取及统计，从而帮助保电工作人员提前发现电网之中存在的隐患，让电力抢险工作"防患于未然"。

　　同时，AI 还能对变电站内工作人员的操作行为进行规范。通过训练让 AI 掌握变电站内正确操作规范后，AI 便能通过关键节点布置智能摄像头对现场工作人员行为进行监督，对违规操作、风险操作进行警告，对其带来的电力保障风险进行预警，从而大大增强了"进博保电"工作的安全冗余度，杜绝因人为过失造成的电力供应故障。

　　过去电力巡检工作极度消耗人力，如今在 AI 的帮助下，智能机器人就能帮助巡检人员轻松完成巡检工作。借助"5G + AI"技术，巡检车安装上了 360 度全景相机，对道路上电力设备运行情况进行 360 度无死角监测巡检。这些视频流信息，实时上传到腾讯云后，腾讯云端服务器会通过图像识别技术对视频流中可能存在的故障、隐患进行智能识别，并及时向保电指挥中心进行报错和预警。报错的同时，人工智能还会将它认为存在故障的视频数据拿到前端进行播放，让现场工作人员第一时间就了解现场一手信息，帮助现场保电进行决策。此外，AI 还会在腾讯地图上标注发生故障的位置和巡检车辆所在的位置，方便指挥人员第一时间了解周围"保电力量"，方面工作人员进行全局指挥，大大提高了电力巡检的工作效率。

三 商业模式及客户收益

该项目由国网上海市电力公司投资，腾讯云公司主要负责项目的整体建设。据统计，系统投入使用后，每套智能巡检机器人一年节省人工巡检成本为 2 万元，9 套设备一共节省 18 万元；每套智能操作机器人一年节省人工操作成本 2.5 万元，9 套一共节省 22.5 万元……5 年间，仅以进博会核心区智能巡检为例，预计节省人工巡检成本、避免设备损失、减少电量损失费用共计约 706.7 万元。

四 项目亮点及经验总结

国网上海市电力公司进行的"全景智慧供电保障系统"尝试，为电力行业提供了一种电力保障"全景看、全息判、全程控"管控新思路，其核心是将保电作业场景、智慧物联设备管理放在一张图上进行监控和指挥。

（1）全息数字孪生电网统一建模、多时态"电网一张图"构建，实现技术中台内其他组件以及业务中台、数据中台的集成能力。构建数字孪生场景可视化编辑能力，提供云端数字孪生可视化服务。

（2）利用了腾讯领先的人工智能语音、自然语言理解、知识图谱、机器翻译等技术，该系统能正确地理解人类语言，识别讲话人的意图，准确地转换为要执行的指令，通过知识建模工具助力实现电力行业知识学习和沉淀，为指挥和检修人员提供智能辅助决策。

（3）通过提供统一的 AI 平台能力，支持多个保电应用场景的智能化升级。将 AI 能力与轨道机器人相结合，让机器人可以听懂并执行操作人员的语音指令，实现智能化操作。

这套方案在智慧电厂、新能源运维、智慧楼宇、园区管理、透明工厂等许多场景都有极大的应用价值。腾讯云团队正在不断优化自身方案，寻找更多降本增效的可能。目前腾讯云已经推出了新一代产品"腾讯能源数字孪生"（Tencent EnerTwin），其强大的产品功能可以帮助电力行业企业建立"能效优化、业务智能化、业务安全"的实时数据驱动的数据孪生平台，从而帮助企业"多快好省"地进行数字化转型，实现绿色发展。

编辑：李云鹏

"一元碳汇"助力林业转型和乡村振兴

——北京中创碳投科技有限公司

福建省顺昌县是全国首个"中国杉木之乡"和首批"中国竹子之乡"，是国家生态文明建设示范县、国家木材储备林基地县和森林质量精准提升示范县、福建省森林县城和园林县城，也是我国第一个开展"森林生态银行"试点的地区。全县林地面积 166775.08 公顷，占县域总面积的84.25%，森林覆盖率80.34%，森林蓄积量达 1808.69 万立方米。顺昌县最大的资源禀赋和生态优势是森林资源，但像南方大多数地区一样，集体林权改革后，顺昌县大部分森林资源呈碎片化、分散化态势，无法大规模地将森林资源进行有效整合、开发和利用，森林资源作为水库、粮库、钱库、碳库的价值无法得到有效体现和高效转化。

一 首创"一元碳汇" 转化生态价值

为做好生态价值转化这篇文章，将资源和生态优势转化为经济发展内生动力，顺昌县根据习近平总书记在福建工作时对林业改革提出的三个问题"山怎么分？树怎么砍？单家独户怎么办？"以及到顺昌县调研时指出的"把生态体系和产业体系有机结合，共同搞好"重要指示要求，积极探索生态产业化、产业生态化的发展路径。2018 年，按照南平市委市政府统一部署，在全国创新开展了森林生态银行试点，探索出了一条"政府主导、企业和社会各界参与、市场化运作、可持续的绿色高质量发展新路"。同时，针对当前全省碳市场仅接受权属较为清晰的独立法人林地，个人与集体林地难以参与碳汇交易的问题，顺昌县以"森林生态银行"试点建设为契机，将林业碳汇与精准扶贫工作相结合，北京中创碳投科技有限公司

（以下简称"中创碳投"）作为技术支撑单位，创新"一元碳汇"交易模式，以脱贫村、脱贫户的林地为开发对象，将额外增加的碳汇作为可交易的生态产品，采取"一元碳汇"微信小程序扫码的推广方式，以"一元碳汇"每 10 千克 1 元的价格向社会公众销售，成功让林农变成"卖碳翁"，通过市场化、多元化的碳汇交易实现生态得绿、林农得利、企业增效。

"一元碳汇"项目是"森林生态银行"开发的第一个扶贫碳汇项目，目前在全省也是首创。中创碳投为顺昌县政府提供一种林业转型和乡村振兴的综合解决方案，创立扶贫碳汇管理方法学并邀请国家级第三方机构对试点项目进行审核，同步开发"一元碳汇"数字化产品便于公众参与，设计碳汇交易市场助力林农增收。

二　加紧步伐打通难点　打造"五化"新林业

顺昌县"一元碳汇"项目试点建设以来，开展了若干创新性的举措，解决了本地区林业产业发展存在的生产效率低、资本进入难、碳汇交易难、转化实现难等一系列问题，打造了智能化管理、规模化经营、资本化运作、精准化提升、多元化发展的"五化"新林业，主要表现在：

（1）立足标准化资源管护，解决森林经营生产效率低、碳汇储量低的问题。顺昌县积极推动森林高品质抚育，采取改主伐为择伐、改单层林为复层异龄林、改单一针叶林为针阔混交林、改一般用材林为特种乡土珍稀用材林"四改"措施，国家木材战略储备改培基地林木蓄积平均达 18 立方米/亩，最高蓄积达 55 立方米/亩，杉木 50 年树龄单株最大胸径超过 60 厘米，有效增加了森林蓄积量，优化了林分结构，提高了森林生态承载力和稳定性，增加了森林碳汇储量。同时，顺昌县积极对接国际国内先进管理标准，实施 FSC 国际森林认证（含生态系统服务认证）及 CFCC 中国森林认证双重认证管理，通过严格规范资源保护、利用、更新、管理程序，有效提升了林地产出；通过对照森林经营碳汇项目方法学标准，探索不同森林类型、生长阶段、经营措施条件下的森林经营增汇途径，科学管护现有森林资源，增强森林整体固碳能力。

（2）立足市场化经营运作，解决林业资产流动性差、金融资本进入难问题。林业资产的非标性、估值专业性、处置不便等特点，降低了流动性、阻碍了金融资本进入，顺昌县构建了多方位的金融服务体系，助力林业产业发展。用政策性林权担保公司打破流动难题，与南平市融桥担保公司合股成立"福建省顺昌县绿昌林业融资担保公司"，为涉林企业、村集体和个体林户提供融资担保服务，贷款利率最低可达银行基准利率。用林业建设项目积极引入政策性银行长期贷款，顺昌县策划实施了国家储备林质量精准提升工程，获得国开行 9.12 亿元、农发行 3 亿元和欧投行 3000 万欧元的长期贷款额度支持，有效解决了林业发展的资金问题。

（3）立足集中化开发管理，解决碳汇项目开发难、交易难的问题。集体林权改革以来，林业资源面临零散化、碎片化的问题，难以集中开展大规模碳汇项目建设。为此，顺昌县率先开展了"森林生态银行"试点，创新推出赎买、股份合作、租赁、托管四种林权流转方式，整合盘活大量分散森林资源，有力支持了林业碳汇产业的发展。同时，顺昌县紧抓国家碳汇政策，借助福建省内碳排放权交易市场建设契机，筛选了县国有林场 7 万亩符合要求的林地，率先在全省申报森林经营碳汇，在 20 年项目计入期内，预计二氧化碳减排量为 25.7 万吨。2016 年 12 月，在海峡股权交易中心成功交易 15.55 万吨，成交金额 288.3 万元，为全省迄今为止碳减排量最大的林业碳汇项目。

（4）立足多元化场景应用，解决生态产品价值转化实现难的问题。顺昌县围绕"一元碳汇"开创了一系列"碳汇＋"应用场景，助力生态产品价值转化实现。"碳汇＋生态司法"方面，2020 年 3 月，全国首个"碳汇＋生态司法"在顺昌县开庭，该案是全国首例以被告人自愿认购"碳汇"的方式替代性修复受损的生态环境，目前全市已有 6 个法院 52 位被告人认购了"一元碳汇"53.1 万元。"碳汇＋大型会议"方面，2021 年顺昌县"两会"期间，组委会认购 17 吨"一元碳汇"，首次实现了"两会"碳中和；2021 年 9 月，中国共产党南平市第六次代表大会组委会认购 24.28 吨"一元碳汇"，实现了市党代会的首次碳中和。"碳汇＋旅游"方面，顺昌县将"一元碳汇"与旅游产业相结合，在华阳山景区开展了"免费游景区，一元助碳汇"活动。"碳汇＋金融"方面，2021 年 10 月 25 日，兴业银行南平分行与"森林生态银行"联合发行"一元碳汇联名卡"；2022 年 8 月 1 日，建设银行南平分行与国有林场合作开展"一元碳汇建行生活低碳消费活动"，"碳汇贷""碳汇致富贷""建行生活＋一元碳汇"零碳消费等形式进一步拓宽了碳汇价值变现渠道。

三　探索创新模式　助力乡村振兴

顺昌县"一元碳汇"试点项目涉及林业、金融、财政、民生等多领域，突破了传统林业的经营管理模式和碳汇开发转化模式，对乡村振兴、林业改革和经济高质量发展产生了积极影响，实现了较好的经济效益、生态效益和社会效益。

一是助力碳汇价值转化实现。顺昌县于2021年4月27日建成了覆盖全县脱贫村、脱贫户的大型碳库，全县12个乡镇（街道）原28个贫困村和1404户建档立卡贫困户共有林地林木11.5万亩，30年项目活动期总碳汇量142.5万吨，以"一元碳汇"每10千克1元的价格计算，预期总收益达1.425亿元，首期10年47.5万吨上线交易可实现收益4750万元。截至2022年6月底，"一元碳汇"平台共有3055人次认购了6029吨的碳汇量，认购额60.29万元，惠及林农（脱贫户）769户。

二是助力增厚生态碳汇本底。顺昌县通过精细化管理实现了森林资源的高效保护与开发，为持续开展生态系统保护修复打下了坚实基础。通过对收储后的森林资源实施"四改"措施，大幅提高了现有森林资源的林分结构、树种组成和林分生产力，亩产蓄积量较一般经营水平实现翻番，林木蓄积量年均增加1.2立方米/亩以上，特别是杉木林的亩均蓄积量达到了16—19立方米，是全国平均水平的3倍，全县生态系统碳汇本底进一步增厚。

三是助力乡村振兴。顺昌县将"森林生态银行"和"一元碳汇"有机结合，通过市场化手段整合碎片化林木资源，导入优质高效产业项目，一二三产融合发展，"一村一平台"实现分散变集中，"一户一股权"实现林农变股民，"一年一分红"实现资源变资金，真正让林农当上"卖碳翁"，提高广大农村地区林木资源经营水平、促进农业农村增收的同时，也拓宽了农村劳动力就业渠道、促进农民减负增收，有效助力全县乡村振兴工作。

编辑：顾岩娜

智能化新能源打造"零碳"绿色工厂

——双杰电气合肥有限公司

一　绿色工厂能源项目建设内容

　　双杰电气合肥有限公司（以下简称双杰电气）成立于 2018 年 11 月，注册资本 20000 万元，属于北京双杰电气股份有限公司全资子公司，是一家拥有较强自主创新能力的高新技术企业，专业致力于智能配电、新能源、新能源汽车三大领域相关产品的研发、生产、销售及运营。

　　能源供给及综合利用作为双杰合肥基地整个园区规划的重要组成部分，增加光伏、储能应用，并对各类用能设备实现远程化、智能化管理。在园区配套建设分布式光伏系统、光储充一体化车棚、电力运维系统、暖通空调系统、智慧照明系统、空压机余热回收系统，以双杰电气合肥基地用能需求为核心，深化能源系统和互联网融合应用，实现最大限度开发利用可再生能源、最大幅度提高能源综合利用效率、为企业提供便捷可靠优质的综合能源服务，打造以电能为中心，能源互联、智慧互动的智慧能源示范中心。

（一）分布式光伏发电系统

　　分布式光伏电站的最佳安装地点是设备制造企业自己拥有的生产车间屋顶。因其承重能力强，屋顶面积大，车间生产耗能高，用电量大，而且电力接入设备完善而便于分布式光伏发电站安装和发挥效率。双杰电气合肥基地厂区车间屋顶共约 15 万平方米，园区内规划建设光伏系统总装机容量 15MWp。现阶段一期共建设屋顶分布式光伏发电系统 5.9MWp，系统采用单晶硅组件和组串式并网逆变器。并将 5 号厂房屋顶同时打造为一个光伏的实验基地,从组件的工艺材质、安装方式、逆变器品牌三个维度来对比分析影响光伏发电量的因素,为公司日后投资其他光伏项目提供重要的基础数据支撑。

(二)光储充换电站系统

该项目遵循"安全优先,兼顾效率、效益"的原则,规划考虑电动汽车及商用车充换电便利性、人性化的运营。

电站车棚光伏系统240KWp,储能系统250千瓦/500千瓦时,充电桩共建设20个直流充电车位、34个交流充电车位。一套重卡换电站,其中交直流充电桩及重卡换电站由双杰电气自主研发,集充电、换电控制、人机交互控制、通信、计量计费于一体,具有安装调试方便、运行维护简单、电池更换高效等特点。

主要服务于城市私家车、客运车辆、渣土运输、商砼运输等应用场景,为客户提供了现成"光储充换一体化电站"及清洁能源一站式服务。

(三)电力运维系统

电力运维系统以电力系统四级监控、智能在线监测及运行数据分析为基础,辅助促进智能电力运维服务,系统架构如图1所示。

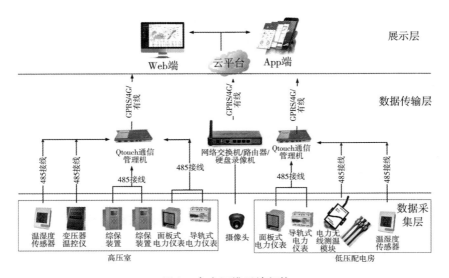

图1　电力运维系统架构

在线智能监测系统方案具有成熟化、模块化、监控软件和核心联网采集产品自主研发的特点，易于实施和扩展，易于根据客户的需求定制化调整，并具有很强的性价比特点，可实现电力系统设备的全生命周期管理。监视界面显示整个电力监控系统的网络图，动态刷新各电气设备的实时运行参数和运行状态，并且支持现场设备的远程控制功能。监控系统的画面根据现场实际状况进行组态。

（四）暖通空调系统

在暖通空调系统中，双杰电气合肥基地共有 7 个厂房和综合办公楼，暖通设备繁多，既有多联机系统，又有水系统。其中水系统又包括了多套风冷涡旋机组，末端既有新风机、组合式空调，还有射流机组及风机盘管，是一个多元化的暖通空调系统。

对此，该项目针对整体中央空调系统的能耗参数进行采集监测，并利用平台软件进行数据汇总和趋势分析，作为运营团队针对不同阶段操作改进策略的有力依据，避免国内普遍存在的"只监不控""只控不改"的低效运营策略，使得系统处于可持续性运行的优化状态，将自控系统的节能优势不断展现出来，为业主创造节能经济效益。

（五）智慧照明系统

根据智慧路灯的种类，依托一体化智能硬件及智能控制平台，该项目在照明系统上运用了集成智慧照明、光伏组件、视频监控、LED 屏、WIFI、环境感知、5G 基站等多种智能化终端设备。在园区内环道路建设 72 套 AS 类（市电）路、在园区外环道路建设 36 套 AT 类（太阳能）普通路灯、在园区道路交叉口及车间大门口建设 B 类智慧路灯、在园区大门口和办公楼广场建设 14 套 C 类智慧路灯。

（六）空压机余热回收系统

双杰电气合肥基地厂区利用空压机余热供应热水作为办公楼、食堂用热水补充，原制热水系统作为主系统。空压机余热被称为废热，如果被风扇或冷却水带走，排放于周围环境内中，就产生温室效应，污染环境，加装空压机热能回收系统装置后，大部分热能得到充分利用，既保护了环境，又起到了降低工厂能耗的作用。

（七）综合能源管理系统

双杰电气利用企业资源计划、制造执行系统、能源管理系统、仓储管理系统、供应链管理系统、客户关系管理系统，实现数字化设计、数字化仿真、数字化制造、数字化装配、数字化检验、数字化仓储物流等，实现服务响应主动化、产品设计标准化、材料供应敏捷化、产品制造柔性化、经营决策智能化、企业园区互联化，兼具智能制造、智慧园区、绿色环保、数字化工厂的功能。

通过对能源数据的大数据分析和能耗深度分析，智慧能源管理系统能从根源上降低能源消耗，保障系统正常可靠运行，从而降低企业单位产品生产能耗、节省人工成本、提升能源供应安全品质保障，实现企业节能降耗、减员增效、安全生产的目标。

二 绿色工厂能源项目的商业模式及收益

如今，双杰电气可承接光伏电站、充电站、微电网、智能运维、电力工程、综合能源管理等相关业务的开发、设计、建设及运维管理服务。完成光伏项目建设超 1 吉瓦，多座光储充一体化示范项目、直流微网项目、氢储能示范项目等。

在收益方面，双杰电气一期 5.9MWp 光伏电站可实现年度发电量 676.02 万千瓦时，初步估计可实现电费节省 304 万元。光储充系统实现节能量 30 万千瓦时，初步估计可节省电费 13.5 万元/年。空调群控系统可优化节能 15%—30%，预计节约电能约 90 万千瓦时/年，节约电费约 65 万元/年。智慧照明系统经过优化设计，可节约电能约 6 万千瓦时/年，节约电费约 4 万元/年。空压机余热利用可实现日回收热量 397 万大卡，相当于可节省天然气耗费 73 万元/年。

三 绿色工厂能源项目的亮点

该项目的亮点主要有以下两方面。

（1）光储充换电站能够通过光伏发电储存电能，光伏、储能、充电桩和换电站构成一个微网系统，根据需求与公共电网智能互动，并可实现并网、离网两种不同运行模式。不仅实现了清洁能源供电，还能缓解大功率、容性、感性负载大电流充电时对区域电网的冲击。

光储充智慧车棚集成一体化设计，直流终端额定输出电流 240 安培；顶棚的双玻光伏组件双面受光发电，相比较传统光伏组件发电效率提高15%。打造"光伏＋储能＋充电桩"系统，构成智能光储联合供电系统，解决了光伏发电系统供电的间歇性问题，提高了清洁能源的利用率，实现了削峰填谷应用。

（2）该项目中，工业企业的生产数字化与能源数字化的融合，依托于电子信息技术、互联网技术、5G 通信技术等现代化手段，对厂区内发电设备、输电设备、用电设备进行逐级管理，并结合生产运营过程中采购、存储、加工、转换、输送、消耗等全部环节进行分级别、分主次监管，围绕供能、用能数据采集、监视、计量、计费、对标、统计、网损等方面管理，最终实现了"用能最优化、能耗可视化、管理智能化、运维实时化"。

编辑：王伟平

国家电投智慧楼宇综合能源应用项目

——国家电力投资集团有限公司　腾讯云科技有限公司

一　项目简介

在习近平总书记关于城市治理体系和治理能力现代化的重要指示精神下，为贯彻落实新发展理念和国家"碳达峰、碳中和"目标以及主动融入北京市智慧城市发展行动规划，国家电力投资集团（以下简称国家电投）以先进智慧技术为驱动，以清洁低碳能源供应为依托，以智慧生态系统集成为方向，融合"云大物移智"等关键技术，全力打造清洁、低碳、智慧的"北京第一"智慧楼宇，提升国家电投总部行政服务管理能力，提升员工对办公环境和服务的体验，用综合智慧的力量践行绿色发展的示范价值、应用价值和创新价值。

国家电投总部办公大楼承担着总部人员办公需求，面临如下问题：总部大楼电量均由电网供应，无绿色自供电，与集团综合智慧能源发展要求不匹配；总部大楼建成 11 年，节能措施少、能耗大，低碳节能改造的需求迫切；总部大楼运营管理多依靠人工，利用数字化手段提质增效的需求迫切；总部大楼行政服务方面仍需不断改进，利用智慧化手段提升服务的需求迫切。

二　技术方案

项目以"天枢一号"为基础构建楼宇"智慧大脑"，以总部"统一综合管理平台"为入口，运用模块化理念，围绕智慧能源和智慧楼宇 2 个方面、5 个模块、19 个应用场景，解决"一个不匹配、三个需求迫切"的问题，首创性打造楼宇能源网、管理网、服务网"三网融合"，通过物联网、大数据、人工智能及数字孪生相关技术，使楼宇空间、人、物融合联动，助力数字综合体与现实综合体全过程、全要素的数字化管理，使运行状态实时化、可视化，以及管理决策与服务的协同化、智慧化，从而实现楼内节能减排和资产管理、办公管理、运维管理的高质高效，使楼宇最系统、最全面、最具有价值，打造北京地区绿色智慧建筑新标杆，塑造集团公司对外新形象。智慧楼宇整体架构如图 1 所示。

基于腾讯云微瓴建筑物联网类操作系统，集成各类楼宇智能化设施，提供规则引擎、数据服务、对象模型等服务，基于不同的应用场景提供能源管理、空间管理、安防管理、设备设施综合运维、建筑数字孪生等具体业务应用，并制定灵活的自定义编排服务，助力国家电投智慧楼宇建设。腾讯云是腾讯集团倾力打造的云计算品牌，面向全世界各个国家和地区的政府机构、企业组织和个人开发者，提供全球领先的云计算、大数据、人工智能等技术产品与服务，以卓越的科技能力打造丰富的行业解决方案，推动产业互联网建设，助力各行各业实现数字化升级。

通过"物联网 + 互联网"的整合和连接，提供以"数据驱动，主动服务"为特征的智慧园区、智慧建筑、综合能效管理的解决方案。

图 1　智慧楼宇整体架构

（1）园区综合能源运营管理。收集各关键用能设备用能信息，实现能效数据分析，建立耗能设备台账，为低碳节能改造提供数据支持，打造能源看板，用能情况更加透明化、精细化、可追溯化。

（2）大厦智慧建筑管理。提供适配智慧建筑场景的物联网类操作系统，针对建筑内的硬件、应用、服务等资源，提供物联、管理与数字服务，赋予建筑协同的智慧，为建筑管理运营者与建筑业主方提供安全高效的建筑综合管理系统。

（3）员工高效办公。企业微信、小程序 C 端触达广泛助力办公效率，办公资源全局协调，精细配置，避免等待耗时，智能办公工具辅助，提供智慧会议管理与引导等能力。

（4）便利生活服务。提供丰富的服务类应用生态，全面覆盖园区生活，实现资讯精准推送，打造特色智慧场景，小程序 C 端触达，提供智慧员工餐厅、便利店购物、智慧预约等各类高效生活场景。

这一项目实现了"能源网""管理网""服务网"三网融合。

能源网——聚焦清洁、低碳，建设屋顶光伏、地面光伏、幕墙光伏、微风风机、智慧照明、智慧冷暖和储能 7 个应用场景。其中，主楼南侧立面建设 BIPV 幕墙光伏，主楼和裙楼屋顶、园区东侧停车场和岗亭建设分布式光伏，大楼南侧广场建设微风风机，建设总装机容量约 327 千瓦，年发绿电约 30 万千瓦时，占大楼总用电量的 7%，实现 2 号楼的零碳运行。

管理网——通过智慧化新基建，将国家电投总部大楼打造为全要素数字孪生互联的智慧综合体，连接 24 个子系统，4388 个物联网设备点位和传感设备，开发 26 大功能模块，74 个子功能模块，实现园区设备的数据全息感知；推动各类数据跨平台共享，形成可视化 BIM 系统，实现能源管理、安防管理、环境监测、智慧消防等多系统融合；聚合智慧餐饮、智慧停车、智慧购物等多种员工服务于一体，实现行政服务数字化运营，变"员工跑腿"为"信息跑路"，打造便捷、安全、智能的智慧服务体系。

服务网——建设智慧餐厅、智慧购物、智慧预约、服务到家等应用场景，实现线上订餐购物、线下智能取物、线上服务预约、信息互动查询及环境状态感知，全面提升总部行政服务管理水平，打造智慧化的办公环境和贴心服务体验。

三　商业模式及客户收益

　　该项目由国家电投投资，腾讯云科技有限公司主要负责项目的整体建设，以及平台上线后的运营工作。该项目投用后，国家电投总部大楼每年将自发绿电 30 万千瓦时，每年节电 60 万千瓦时，占大楼年用电量的 13%，年发电节能相当于节省标准煤 261 吨，减少二氧化碳排放 729 吨。国家电投总部智慧楼宇成为国家电投落实国家"双碳"政策先行示范点，为能源地产、园区、场站等客户在践行"双碳"战略的背景下提供了可落地、技术领先的实践案例。

　　以"天枢一号"为基础，首创性打造楼宇能源网、管理网、服务网"三网融合"，实现了楼宇空间、人、物的融合联动，助力数字综合体与现实综合体全过程、全要素的数字化管理。本项目通过提升绿电的使用率、管理智慧化节能改造等途径，实现了降低能耗，节约成本，同时也降低了二氧化碳排放量，践行绿色可持续发展理念。此外，提升总部行政服务管理能力，提升员工对办公环境和服务的体验，用综合智慧的力量实现集团公司践行绿色发展的示范价值。

　　伴随着不同地域建筑总量的不断攀升和居住舒适度的提高，与工业耗能、交通耗能相比，建筑耗能呈不断上涨趋势，建筑节能刻不容缓。通过建筑物联网类操作系统，能够实现"一图全面感知、一体运行联动、一屏智享生活"，使能源流、物质流、信息流、价值流、服务流"五流合一"，有助于能源领域智慧楼宇运营的标准制定。

编辑：李云鹏

绿色低碳　适用高效的装配式装修

——苏州金螳螂建筑装饰股份有限公司

一　绿色低碳装配式装修的模式和设计施工

金螳螂的装配式体系是一站式直供平台，以 ODM 方式形成量产，提供原厂体系装配式产品供应；以联合研发的方式打造迭代产品，联合生产；依托共享办公、共享 ERP、共享技术，可快速实现全维度响应服务；适用于工装、批量精装、中高端住宅等领域。

在设计上，装配式装修遵循建筑全生命周期的可持续性原则，坚持标准化设计、工厂化生产、装配式施工、一体化装修、信息化管理、智能化应用相结合。做到精细化管理、绿色施工，减少现场湿作业、切割作业及材料损耗，从而走上低碳、绿色、环保、科技的装配式技术及产业发展之路。

装配式产业化优先强调建筑材料、部品部件的标准化，建立统一的部品部件、产品标准和认证、标识等体系，指定相关评价标准，健全部品部件设计、生产和施工工艺标准，严格构件模数化、部品部件公差标准，健全工程空间与部品部件之间的协调标准。

随着科技的发展，科技新型材料逐渐在装饰装修市场上凸显优势，例如用于墙面的有机饰面板，采用新型高纤木塑，表面覆盖特殊装饰膜，绿色环保，板材柔性好，有抗霉、高效、防火防潮、面层丰富等特点。另外，整体卫浴随着底盘模数多种化、灵活化，一体模压成型，解决了卫生间漏水这一重大隐患。多样化的面层复合，也使卫生间的展示效果更多样化。

在施工上，装配式施工与传统施工最大的区别在于，将现场制作安装改为后场加工，现场组装，从而大大地缩短了施工工期，解放了现场劳动力，逐步实现从"农民工"向"产业化工人"的转化。

通过项目实践，装配式装修对比传统装修，整体污染及材料损耗可减少约90%；干式工法施工，可节约工费60%；现场施工周期，整体可缩短约50%；施工过程中拼接收口，无打胶，零甲醛。

目前装配式装修已在酒店、高端住宅、集装箱房、办公、医院、学校、政府人才公寓、保障住房及集租公寓等装修中得到广泛应用。装配式装修成熟、完善、可批量复制，能够满足墙面拆卸更换的高频需求，能够实现全流程标准化生产和高效率施工。

二 装配式装修的实际应用

（一）防疫酒店

装配式防疫酒店一般分为两种，一种是"集装箱配装＋装配式内装修"而成的健康驿站类，另一种是"装配式建筑＋装配式装修"的防疫酒店。

2021 年7月，某城市机场突发新冠疫情，市政府启动应急隔离"首站公寓"项目建设。该项目选用金螳螂拥有自主研发专利的装配式锁扣墙板作为室内装饰材料，除了材料本身低于 EO 级甲醛含量之外，更重要的是它在安装过程中采用的模块化拼接组装，无缝拼接，安装更快捷，节省了时间成本和人工成本，也避免了因为胶水而释放的有毒气体，实现即装即住，考虑了入住者的健康。在疫情期间，城市人员流通不畅的情况下，通过后场定尺加工、现场安装的模式，大量减少了现场用工量，避免了传统装修需要靠人海战术的模式，减少了人员大量流动的疫情隐患，为抗疫工作争取了宝贵的时间。

某应急医院项目是应香港特区政府请求，经党中央批准建设的一所呼吸科传染病专科医院，建成后将进一步提升香港救治新冠肺炎确诊患者的能力。此次交付的应急医院一期工程总用地面积约 16.79 万平方米，总建筑面积约 7.87 万平方米。项目可提供 500 张负压床位（含 32 张 ICU 病床及 2 间手术室）和全部医疗辅助功能以及办公、住宿等生活配套设施。

该项目卫生间运用了 SMC 整体卫浴。SMC 复合材料，经高温一次模压成型，可用于墙面、地面、顶面等。防水盘彩色覆膜，特有耐磨技术免喷涂、无杂质、色泽均匀，易清洁。采用翻边式设计、底盘马赛克纹导水设计、精准排水坡度，极速干爽，杜绝卫生间漏水。卫浴墙板面层含有纳米涂层，具有卓越抗菌能力，能抑制细菌生长；便于日常的卫生打扫和消杀工作；安装简单，施工速度快，大大缩短工期，全部都是工厂预制规模生产，现场流水线装配，工期仅为传统做法的50%。同时，也保证了抢工期下部品的品质，现场的人工成本也降低约30%。

（二）住宅精装

住宅装配式装修设计，即通过利用装配式理念结合装配式部品体系，使装配式装修方案的最终落地效果更好呈现出来的过程。前期通过自主研发并联合各供应厂家进行装配式部品开发并组建各空间标准化模块部品库；中期将设计方案进行BIM制作，测试部品应用的可行性，一键生成报价清单下单；后期工厂根据生成清单进行生产并运输至各大项目所匹配的中心仓。

在施工阶段，通过Onebim工程协同管理平台，集成装饰项目重点管理模块并能精确算量。利用网页、手机等云技术实现随时随地进行项目管理操作和工作协同。做到一户一档，打通装配式设计到单元化生产的过程。构建设计、展示、下单、生产、配送一体化的管理系统。

成都某住宅装配式项目，采用装配式建筑结构模型逆向设计：利用三维激光扫描仪对现场建筑、结构进行扫描，完成对现场建筑、结构数据提取及建筑翻模，并由三维设计师进行装配式BIM模块化设计并出图。建筑、结构、机电各专业在同一个设计平台进行协同设计，避免部品信息传递不到位、信息孤岛，同时提高设计效率。

墙面体系采用了有机饰面一体墙板部品体系，墙板是E0级环保材料，墙板基层采用新型高分子纤维，表面覆盖特殊装饰膜，不仅绿色环保，还能防火防潮。标化收口连接线条，最大优势是能够统一不同基板槽口要求，采用这种独特的饰面扣装连接方式，不仅能做到安装简易便利，还能使连接稳固牢靠，可循环利用，方便更新迭代。

整体卫浴体系采用蜂窝覆砖整体卫浴，由一体化防水底盘、墙板、顶板（天花板）构成的整体框架，采用积木式拼装。最大的优势是具有标准化生产、快速安装、防漏水等多种优点，施工方便灵活，一天即可完成一套卫浴安装。为居住者提供了长久稳定的舒适居住体验。

整个项目新技术、新工艺、新材料的使用，工业化生产使收口节点标准统一，施工质量、展示效果大大提升。同时装饰效果水平的提升，也促进了楼盘整体销售。

河北某住宅装配式项目，采用全装配化装修，墙面、墙面、地面、隔墙、水电、卫浴、厨房体系完美实现业主需求；地面体系采用架空地暖模块，利用调平支架进行连接拼装，最大特点是安装快捷、无污染、可循环利用，全施工过程不含甲醛成分。

整个项目自始至终比传统施工整体污染减少约 90%；干式工法，构造连接，节省工费约 60%；整个施工周期缩减约 50%。

结语

随着绿色低碳建筑装饰装配式的落地，人们在观念上逐渐接受了该种设计与施工方式。随着国家的提倡和各地出台的相应优惠政策，绿色低碳的装配式装修是必然的趋势。此外，从建筑工人的角度来讲，社会劳动力老龄化，技术工人会越来越稀缺，建筑装饰装配式更加需要产业化工人。金螳螂的装配科技将持续依托金螳螂股份领先的技术体系、管理体系、设计研发、产业工人，集结建筑装饰行业产业链上下游更多合作伙伴，共同推进中国绿色低碳建筑装饰工业化高速发展。

编辑：陈晓倩

优化能源资源配置 创新用能权交易

——河南省用能权有偿使用和交易市场

习近平总书记在党的二十大报告中提出："尊重自然、顺应自然、保护自然，是全面建设社会主义现代化国家的内在要求。必须牢固树立和践行绿水青山就是金山银山的理念，站在人与自然和谐共生的高度谋划发展。"[①] 建立健全用能权初始分配制度，是党中央、国务院确定的生态文明建设领域的重大改革，也是用市场化机制激励节能减排降碳的基础制度，更是推进供给侧结构性改革、落实绿色发展理念的重要探索。

作为全国四个用能权有偿使用和交易试点省份之一，河南省以习近平新时代中国特色社会主义思想为指导，全面贯彻党的二十大全会精神，落实省委省政府生态文明建设决策部署和绿色低碳转型战略，立足新发展阶段，完整、准确、全面贯彻落实绿色发展理念，积极融入新发展格局，以优化能源资源配置为导向，健全用能权有偿使用和交易制度体系，增强能源消费总量管理弹性，引导产业绿色转型发展，持续提升能源利用效率，助力实现碳达峰碳中和。

一 积极响应国家政策 勇做试点先行者

2015年9月，中共中央、国务院印发《生态文明体制改革总体方案》，首次提出了用能权交易，随后在一系列重要会议上明确强调"推进用能权有偿使用和交易"。

[①] 《中国共产党第二十次全国人民代表大会文件汇编》，人民出版社2022年版，第41页。

作为试点先行者，河南省结合本地实际情况，不断完善政策制度，积极探索工作路径，在组织领导、制度体系、能力建设、平台搭建等方面都取得了积极进展，形成了若干有益经验。

一是考虑"先易后难"因素，选择具有代表性的地市和重点高耗能行业开展试点，根据实施情况逐步推广到全省；二是参考各行业国家能耗限额标准，体现国家强制标准中对行业先进值的要求，利用市场机制充分挖掘用能权指标价值，显著提升企业的"用能成本"意识；三是将用能权交易纳入公共资源交易平台，在河南省公共资源交易中心门户网站内架设专题网站，作为用能权交易的专题子门户。

2019 年 12 月，河南省用能权有偿使用和交易市场顺利启动，标志着以用能权为代表的环境权交易纳入了统一规范的公共资源交易平台。初期将郑州市、平顶山市、鹤壁市和济源产城融合示范区的有色、化工、钢铁、建材等重点行业年耗能 5000 吨标准煤以上的用能企业纳入试点范围，交易对象确定为综合能源消费量，把煤炭作为主要确权因素。结合河南省能源消费特点，2022 年 4 月，试点范围在交易主体、交易类别、交易品种等方面进一步扩展。交易主体涵盖省级节能主管部门、各省辖市政府、济源产城融合示范区管委会、新建"两高"项目实施单位、自愿参与市场交易并完成履约义务的用能单位。交易类别涉及省级用能权指标、地方用能权指标、新建"两高"项目用能权和自愿参与交易单位用能权指标。交易品种确定以综合能源消费量和煤炭消费实物量为主。河南省在用能权有偿使用和交易方面进行的探索和创新，为国家用能权管理体系建设提供了良好的借鉴和支撑。

二　落实具体方案　提供有力保障

一是建立科学的制度框架体系。先后出台了《河南省用能权有偿使用和交易试点实施方案》《河南省用能权有偿使用和交易管理暂行办法》《河南省重点用能单位用能权配额分配办法》《河南省重点用能单位能源消费报告审核和核查规范指南》《河南省用能权统筹指标有偿收储和定向投放实施细则》等文件，形成了"1＋4＋N"的制度体系，为用能权市场建设提供了有力的政策保障。

二是科学选定实施范围。初期纳入全国碳市场的有电力、钢铁、化工等八大行业，并综合考虑全省重点高耗能行业情况，将4市的有色、化工、钢铁、建材等重点行业年耗能5000吨标准煤以上的用能企业纳入试点范围。后结合河南作为农业大省，肩负着"大粮仓、大厨房、大餐桌"的重任，同时根据《推动制造业高质量发展实施方案》中"全省倡导做强优势产业、做优传统产业、做大新兴产业，发展高端装备、原料药等新兴产业等"相关要求，及时总结可复制可推广的经验做法，逐步扩大交易覆盖范围。用能权交易调整至18个地市5000吨标准煤以上的重点高耗能行业企业（钢铁、焦化、有色、纺织、建材、造纸、石化、化工）。在统筹处理好民生耗煤项目和非民生耗煤项目用煤需求，优先保障新旧动能转化重大项目用煤刚性需求和高效耗煤项目的用煤需求的基础上，按照先存量、后增量，先免费、后有偿、再交易的总体步骤，适时引入新增耗煤项目有偿分配制度，逐步由增量有偿使用过渡到企业之间的煤炭消费权市场交易。

三是搭建完善的系统平台。依托河南省公共资源交易中心平台，搭建了用能权注册登记系统和交易系统，拥有账户管理、配额管理、交易管理、资金管理、配置管理、审计管理等功能，实现了用能权交易体系中配额的创建、分配、持有、转移、注销、交易、资金结算全流程的电子化信息管理，通过对注册登记和交易系统"二合一"，实现了用能权指标的全周期管理。

四是积极开展推进用能权交易和履约。确定用能权配额方面，开展重点用能单位年度数据审核工作，核算重点用能单位履约年度能源消费量，确定纳入用能权交易范围用能单位的用能权配额。交易履约方面，用能权市场多种交易方式并行，实现了交易系统和注册登记系统的有效衔接。截至目前，通过用能权注册登记和交易系统，累计实现交易量3.97万吨标准煤，交易额约472万元。能力建设方面，河南省发改委和河南省公共资源交易中心先后组织多次培训，培训对象包括试点地区主管单位、重点用能单位和第三方服务机构，着力提升重点用能单位能源有偿使用意识与参与度。

五是科学确定用能权配额。根据能源消费总量和强度"双控"目标及煤炭消费总量控制目标要求，综合考虑经济社会发展、能源消费结构、污染防治攻坚等因素，河南以年度综合能源消费量为确权品种，煤炭作为主要确权因素，严格控制煤炭消费。同时，配额分配实行差异化管理，对既有产能，综合考虑不同行业及同一行业用能单位的用能特点，采用基准线法或历史法核定用能权配额；对新增产能，综合考虑固定资产投资项目节能审查意见核定初始用能权配额。

六是推动用能权定价市场化机制。为提高企业参与用能权的积极性，确保用能权交易的活跃度，同时考虑市场在资源配置中的决定性作用，河南用能权配额价格采用政府指导与市场调节相结合的方式进行确定。用能权初始价格是在借鉴碳交易试点成交价格，通过分析影响用能权价格的市场供需关系、边际节能成本、市场参与主体、有偿配额存续等因素，并综合考虑了省内能源、煤炭"双控"目标和控煤压力基础上确定的。

三　明确发展目标　完善制度体系

实现碳达峰碳中和，河南要从用能权有偿使用和交易上发力。省政府办公厅印发《河南省用能权有偿使用和交易试点实施方案》，确立了发展目标——到 2025 年，建立基本完善的用能权有偿使用和交易制度体系。

一是规范交易市场行为。完善交易平台建设，并与河南省智慧节能综合服务平台实现信息共享。动态调整交易价格，逐步开放电子竞价、大宗交易等多元化交易方式。加强交易全过程监督管理，明确交易参与方的权利和义务。完善交易价格形成机制和交易争议解决机制，着力构建公平有序的市场环境。

二是完善用能权奖惩机制。加强用能权交易全过程管理，有关新增用能项目须在取得用能权指标的两年内开工建设，逾期未开工项目的用能权指标由政府无偿收回。及时公布用能权参与交易单位履约情况，将履约情况纳入省信用信息共享平台。对不能按期履约的单位，责令限期履约，并按相关规定处理。

三是加大经费保障力度。支持能源消费数据审核、能源计量审查、市场支撑平台建设、能源消费数据在线监测、第三方服务机构能力建设及用能权交易和市场调节体制机制课题研究等工作，确保用能权交易工作顺利实施。完善多元化资金投入机制，积极参与用能权交易市场建设。

编辑：顾岩娜

城市矿产再生资源循环利用
——上海燕龙基再生资源利用有限公司

上海燕龙基再生资源利用有限公司主要从事资源循环处置、环保技术开发、城市服务配套等业务，是一家集加工服务、技术研发与推广的科技型"专精特新"及高新技术企业。长期专注于废玻璃的分拣回收，形成了集废玻璃回收、加工、存储及销售于一体的完整产业链条，实现了专业化、规模化、集约化的现代经营模式，是上海市再生资源利用领域的龙头企业，也是全国废玻璃行业最大的回收利用企业。

一　自主研发分拣技术　解决废玻璃回收难题

随着人口增长以及城乡一体化发展脚步的不断加快，城镇人口不断增加，伴随而来的就是越积越多的生活垃圾，城市废旧物资激增。加强可回收物的处置再利用，切实转变资源传统线性增长方式，形成"资源—产品—废弃物—再生资源"的循环经济发展新模式，实现城市废旧物资无害化、减量化以及资源化就显得尤为重要。

当前，我国废玻璃回收利用产业链分为废玻璃回收处置企业和玻璃熟料利用企业两种。玻璃熟料利用企业主要是玻璃制品生产企业，如玻璃包装（瓶罐）厂和平板浮法玻璃厂等，这些企业因生产工艺及生产成本需要，必须大量采购废玻璃作为替代原料。

由于废玻璃具有价值低、点多、面广、回收难的特性，经常与其他固体废弃物以及生活垃圾混杂在一起，这些混杂的废玻璃由于受颜色、各种杂质等影响，后续分拣的难度很高。大部分传统回收处置企业技术水平低下，导致玻璃熟料质量较低，玻璃制品企业在使用时掺入比例受到限制，或用外购的废玻璃生产低档次的玻璃制品。这些都严重制约了废玻璃回收再利用行业的发展。

公司引进欧洲先进设备并通过多年的自主设计，成功研发了废玻璃全自动光学"干洗"分拣线，单线年产能超过 30 万吨，是目前全球最大，亚洲唯一，产能最大，自动化程度最高，分拣品种最齐全，产品质量最优的废玻璃回收处置企业。能够彻底解决上海市及周边城市废玻璃回收处理的难题。

公司拥有废玻璃处理技术相关专利 100 余项，其中首创的废玻璃"干洗"技术，彻底改变了以往废玻璃分拣过程中对于水洗的依赖，不仅解决了水洗玻璃造成水污染的难题，实现废水零排放，还极大地提高了效率和质量。

二　助力"双碳"政策　完善废旧物资回收网络

废玻璃作为生活垃圾中的一大品类，占比在 4%—6%。据统计，回收 1 吨废玻璃可以节约石英砂 720 千克，纯碱 250 千克，长石粉 60 千克，减少二氧化碳排放 0.67 吨。1 吨废玻璃回炉后可再生近 2000 个 500 毫升的玻璃瓶，比利用原生矿石生产节约综合成本近 20%。废玻璃的资源化利用不仅能提高经济效益，而且也能对改善环境起到巨大作用。

绿色低碳循环发展成为全球共识，随着全球对废弃物管理的日益重视，玻璃回收市场规模进一步扩大。全球废玻璃平均回收利用率在 50% 左右，德国等欧洲国家的回收利用率在 90% 以上，而我国回收利用率仅为 35%。针对废玻璃回收利用率低的现状，我国提出"碳达峰碳中和"目标，要求完善废旧物资回收网络，开发利用"城市矿产"，为实现碳达峰碳中和目标提供有力支撑。

公司构建了完善的区域性回收网络体系：第一级是生产基地，将各集散中心收集来的废玻璃进行分拣加工处理。第二级是集散中心，在各地城市的边缘，设置废玻璃大型中转厂，集中收集第三级回收来的废玻璃。第三级是回收队伍，以城市中小个体为主，从城市垃圾中收集废玻璃物料。

公司按照城市矿产基地"可复制、可推广、可借鉴"的要求，在全国各主要玻璃产地进行生产线的建设。目前已建成投产的有上海青浦、江苏徐州、山东郓城、河北沧州、安徽凤阳、河北沙河、辽宁沈阳、广东佛山、山东烟台、福建泉州、山东济南 11 个基地，在建及规划中的生产基地有 25 个。目前，公司年回收处置废玻璃约 200 万吨，市场占有率稳居第一。

三 废玻璃变再生资源 开放循环到闭路循环的转变

（一）废玻璃回收再利用企业将朝着规模化、集约化的方向发展

目前，废品回收行业仍广泛存在着小型打包站和"黄鱼"平板车的回收模式，投入的工具、资金等都非常有限，回收体量小、技术差。废玻璃在废品行业中具有价值低、难收集的特点，需要一定的场地和设备才能运作，导致小型回收站和个体户回收的积极性更加低下。

随着国家环保政策的收紧，露天堆放废品的私人及小型的回收站被取缔，一些没有环保资质的回收企业被关停。随着垃圾分类的普及、"两网"衔接的日益紧密、"互联网＋回收"模式的发展，"拾荒"群体也将被快速淘汰。发展迭代后，废玻璃行业最终将由具有资质的大公司运作。这些企业规模化运作，在投入大量资金、人力、技术装备以及成熟的管理模式下，回收的品类更齐全，覆盖面更广，并具有一定的初步处理能力。

（二）加工处置技术的无害化、科技化发展

传统的废玻璃水洗模式，科技水平低，处理成本低，环境污染大，成品质量差，同时需要消耗大量的人工。随着环保要求的逐步提高以及人工成本的增加，水洗模式必将被时代淘汰。当前燕龙基建设的自动化"光学"分拣线，能够根据物料的颜色、亮度、颗粒大小和颗粒的长/宽比来进行分析或选别，精度高、效率快，且"干洗"工艺环保标准高，产品质量好。

此外，目前玻璃杂质分拣自动化技术水平普遍偏低，人力成本投入大、设备不智能、手段落后是导致玻璃回收行业低端化的重大原因。因此优化玻璃杂质分拣流水线设备、智能化玻璃杂质分拣技术是促进玻璃回收行业水平提升的重要途径之一。玻璃杂质快速分拣机器人目前正处于研发阶段，未来可代替人工分拣玻璃中的杂物，可以减少人力成本，可连续作

业，并提高效率；同时可避免人力在玻璃碎渣等复杂不安全的现场工作，减少安全事故的发生。

（三）形成多种类、多层次的废玻璃加工利用产业链

随着废玻璃行业精细化程度加深，单一的废玻璃回收不再能满足市场需求。现阶段需要不断拓展废玻璃回收再利用的种类，深挖废玻璃精细化加工，提高废玻璃附加值。比如应用在光伏玻璃、玻璃棉项目等，挖掘潜能，不断增加单位土地的"城市矿产"资源产出。

燕龙基各基地的建成，将改变玻璃产业链原有生态，将"挖矿—生产—消费—废弃"的开放循环转变为"可持续的城市矿产—生产—消费—回收—可持续的城市矿产"的闭路循环。

四　积极寻求合作发展　让资源真正循环起来

循环经济的发展与人类社会的生存息息相关，循环经济以"回收—循环—再利用"的新模式改变了"生产—使用—丢弃"的传统模式，是当今背景下既能推动可持续发展目标又能挖掘新经济机遇的重要领域之一。

废玻璃是可以无限次循环利用的固体废弃物，将废玻璃回收再利用对社会发展有很大的经济效益和环境效益，根据全球市场研究（Global Market Insigths）数据，发展中国家和发达国家经济体对废弃物管理的日益重视可能会使玻璃回收市场规模增长，预计到 2025 年玻璃回收市场将达到 55.4 亿美元，2020 年到 2025 年复合年增长率为 5.7%，废玻璃加工行业未来几年或将爆发"洪荒之力"。

据相关统计资料，全球废玻璃平均回收利用率为 50% 左右，德国的回收率甚至高达 97%，而我国回收率仅为 13%，远低于 50% 的世界平均水平。我国针对废玻璃回收利用率低的现状，提出了一系列政策支持，包括资金支持及税收减免等。

废玻璃回收利用企业要加强与高校、研究院之间的合作，通过产学研的深度绑定，不断提升废玻璃加工处置技术，改变行业过往传统模式，提高装备科技水平。

绿色可持续发展是一项系统工程，离不开各方的支持与合作。作为负

责任的环保企业，要加快实施企业社会责任战略。当前，燕龙基已与保乐力加、宜家、农夫山泉等企业巨头，开启了意向性合作与探索，旨在于合作和发展中关注生态和谐、讲究社会效益和追求社会责任，促进提升废玻璃循环利用理念。

编辑：顾岩娜

城市水肺——污水处理厂的升级之路
——湖南三友环保科技有限公司

一　政策驱动

资料显示，我国"十三五"时期的城镇污水处理能力从 2.17 亿立方米/天提升至 2.68 亿立方米/天。

伴随《城镇污水处理提质增效三年行动方案（2019—2021）》《"十三五"全国城镇污水处理及再生利用设施建设规划》等国家政策的发布，污染防治攻坚战已进入"攻坚决战"时期。自 2018 年开始，长沙便响应国家政策要求，出台《关于加强城乡污水处理工作的实施意见》《长沙市城市污水处理提质增效三年行动实施方案（2019—2021）》等相关政策，长沙污水处理厂提标改造工作正式启动。

资料显示，按出水水质达到《城镇污水处理厂污染物排放标准》一级A 排放标准的提标改造，长沙三年内全市完成提标改造乡镇污水处理厂 45 座。通过三年实施污水处理提质增效行动，铺排 3 大类共 134 个项目，全面提升了长沙城镇的污水处理能力，实现污水管网全覆盖、污水全收集全处理。长沙地级及以上城市建成区基本无生活污水直排口，基本消除城中村、老旧城区和城乡接合部生活污水收集处理设施空白区，基本消除黑臭水体，城市生活污水集中收集效能显著提高，真正实现水更清、城更美。

二　需求升级

长沙市新开铺污水处理厂建于 2009 年，位于长沙市天心区，日处理污水能力 10 万吨，目前已稳定运行十余年，纳污面积 22.95 平方千米，服务人口约 32 万人。天心区有长沙"南大门"之称，是长沙"山水洲城"魅力的最佳展示区域，也是长沙百年商贾繁荣的起源地和聚集区。随着天心区人口的增加与经济的不断发展，污水收集率逐渐提高。原有的处理规模不仅早已无法满足需要，其排放也无法达到国家所要求的一级 A 标准、准 IV 类或更高标准。在这种背景之下，新开铺污水处理厂出重拳亮利剑，注重"质"与"效"的双重提升，通过与湖南三友环保科技有限公司（以下简称三友环保）进行合作，采用全新理念与技术，决战碧水攻坚战。

三　科技赋能

提标扩容已经迫在眉睫，新开铺污水处理厂需要通过升级来实现"日处理污水能力 19 万吨，排放标准达到准 IV 类水标准"的目标。看似简单的要求，却面临着用地紧张，需征地 94 亩，花费 7.4 亿元进行征拆，4.9 亿元进行建设，总投资金额高达 12.3 亿元的难题，新开铺污水处理厂迫切需要新技术破局。

在深度调研污水处理厂在提标改造中面临的资金缺乏、用地受限、负荷率低等问题时，三友环保以创新性高浓度复合粉末载体生物流化床（HPB）技术赋能污水处理厂提标改造，守护碧水丹青。

四　技术特点与优势

HPB 技术是基于污水生物处理技术原理，通过向生物池中投加复合粉末载体，在提高生物池混合液浓度的同时，构建了悬浮生长和附着生长"双泥"共生的微生物系统；通过污泥浓缩分离单元、复合粉末载体回收等单元，实现了"双泥龄"，最终强化生物脱氮除磷的技术。

（一）HPB 技术特点

HPB 技术属于复合生物反应器（IFAS）的一种，但与常规的复合生物反应器相比具有较大的创新，其主要特点有两方面。

一是采用微米级复合粉末载体，其作用如下：

（1）可随活性污泥全过程流化、回流等，无须设置专用的拦截与防护设施，不存在填料泄漏问题。

（2）良好的可流化特性，辅以全流程机械搅拌，提升传质效率，加快生化反应速率。

（3）与现有各种生物载体相比，复合粉末载体具有更大的比表面积，单位容积生物量更高，应对进水的水量、水质大幅波动变化的能力更强。

（4）可与 AAO（Anaerobic – Anoxic – Oxic，厌氧—缺氧—好氧）、氧化沟、SBR（包含其改良工艺）等多种活性污泥法联用，强化处理效果。

二是配备生物载体分离回收系统，其作用如下：

（1）将附着微生物的复合粉末载体回收利用，在"双泥法"的基础上实现"双泥龄"，同步提高脱氮除磷效果。

（2）将大部分载体回收重复利用，大幅减少载体补充量，降低运行成本。

在采用 HPB 技术之后，新开铺污水处理厂无须征地拆迁，建设费用仅为 3.5 亿元，投资节省了 70%。更重要的是，在运行成本方面，采用 HPB 技术，无须投加碳源总氮即可达标，用原有一级 A 成本达到了准 IV 类水质。

（二）HPB 技术在绿色发展中的优势

1. 降本增效

采用 HPB 技术，无须土建改动，省占地；投资及运行成本节省 20% 以上，省费用；建设周期缩短 30% 以上，省工期。生物膜和活性污泥"双泥法 + 双泥龄"，提高脱氮除磷效率，促使达到准 IV 类水的生化时间由原来 12—24 小时，大幅缩短为 6 小时左右，污水生化段处理效率提高 1—3 倍。

2. 绿色低碳

相比传统工艺，HPB 技术在降碳减排方面有着突出优势。该技术去除每吨 COD 可减少碳排放量 3.2 吨，碳排放量仅为传统 AAO 工艺的 56.52%，是水处理过程中的减排降碳利器，真正实现了"绿色低碳"。

3. 资源循环

材料是制造业的"底盘"，身处各个产业链的最上游环节，是支撑现代产业体系不可或缺的物质基础。HPB 技术创新性开发了回收及循环系统，将高价值的生物载体材料高效回收、循环利用，单次循环回收利用率在95%以上。

五　专家论证

为进一步优化和论证技术的可行性，2020年4月17日，在新开铺污水处理厂二期改扩建工程已经运行半年以后，新开铺污水处理厂召开了HPB工艺专家论证会，哈工大教授、中国工程院任南琪院士，原北京排水集团总经理杨向平教授，原北京市政设计院总工程师杭世珺教授，湖南大学柯水洲教授，湖南省建筑设计院副总工程师罗惠云教授等出席并进行指导。

在论证会上，各专家表示，HPB工艺可有效解决城镇污水处理厂在新建、提标、扩容过程中面临的征地拆迁难、投资和运营成本高、建设周期长等突出问题。新开铺污水处理厂二期改扩建工程应用HPB工艺具有示范效应和推广意义，建议该项技术研发团队后续应不断创新优化，并在城镇污水处理基础上，更进一步拓展其应用范围。

为生态"留白"，为发展"添绿"。在进行提质改造之后，新开铺污水处理厂的处理规模实现了大幅提升，生活与生产的污水得到集中处理，并且排放标准可达到一级A标准、准Ⅳ类或更高，最大限度地降低了水污染。

良好的生态环境，是最普惠的民生福祉。伴随污水处理进一步升级，绿色成为城市的主色调，"生产发展、生活富裕、生态良好""青山绿水、鸟语花香、幽静宜人"的美好画卷正在成为现实。历经沧桑与洗礼，如今的圭塘河和新开铺污水处理厂已经成为长沙一张人文生态名片，成为鱼翔浅底的一泓清流，成为岸芷汀兰的一道绿湾。可是，它曾经带来的痛症，也将永远铭记在每个人的心头。这是一场上下同心、负重前行的攻坚战；这是一场未有归期、协同而行的保卫战。在这场没有硝烟的战役中，我们每个人都应该持续攻坚，以更大的决心、更创新的技术，构建水环境领域治理新格局。

编辑：钟亮

智慧校园生活热水改造项目

——北京众信科源科技有限公司

一 高校热水服务当中存在的问题

　　为了给高校师生创造最优的生活品质，生活热水的提供已是各个学校最重视的后勤工作之一。从南方到北方的校园，根据气候、楼体结构以及大家的生活习惯等因素的不同，供热方式以及使用情况多样复杂。在北方，很多院校经历过利用太阳能生产热水的阶段，但是由于热能单一，热源不稳定，造成供热不足使用不畅；由于压力设计控制不良，爆管率过高，形成安全隐患。在南方，大部分院校采用单一的空气源热泵进行热水生产，空气源热泵虽然也是清洁能源设备，但在极寒天气时会出现耗电量大、加热过慢的情况，加之日常维护人员并没有长期管理设备的经验，基本上使用3—5年整套系统瘫痪。另外，很多南方学校虽然浴室已入户，但由于管道设计有缺陷也无法正常使用，造成建设初期的浪费。而北方仍有些高校还是公共澡堂，无法满足师生私密生活的需求，尤其是在疫情防控要求下，无法提供可分离的安全环境。再者，部分学校仍在使用传统的燃气锅炉，在经济、管理和节能等环节中都存在很多困难。高校生活热水系统比较见表1。

　　综上所述，高校生活用水首先要安全、稳定、供应充足，同时更需要具有舒适型、隐秘性，相应后勤保障也要配套专业的维护团队进行设备的维护和运营，供需平衡的同时才能取得节能减排的最佳效果。

表1 　　　　　　　　　　　高校生活热水系统比较

高校洗浴系统	接入方式	使用寿命	安全性	可靠性	舒适性	学生满意度	碳排放	国家政策
电热水器	宿舍卫生间	8—10年更新	水电不分离，具有安全隐患	不能大量不间断供水	不能同时使用热水，等待时间较长	较差	无	政府不提倡，用电量较大，不节能
燃气锅炉	大型浴室	8—10年更新	带压运行，燃气泄漏风险，具有较大安全隐患	可大量供应热水，如燃气供应不足，热水供应也会出现不足的问题	集中用水时，热水有时会忽冷忽热，时大时小	较差	有	政府限制，未来将付出较大碳排放费
空气源热泵	宿舍卫生间大型浴室	5—7年大部分设备需要更新	水电分离，无安全隐患	可提供一定量的热水	集中用水时，热水有时会忽冷忽热，时大时小	一般	无	政府推荐并有节能奖励
全智能化太阳能自动供热系统（太阳能＋空气源热泵＋电辅热）	大型浴室每层每间	5—7年部分设备需要更新	水电分离，无安全隐患	可提供充足的热水	3秒既出热水，拒绝浪费，恒温恒压	满意	无	太阳能在新型建筑强制安装

二　选择最佳服务伙伴

　　为了用最优的方案解决高校洗浴、食堂生活热水问题，让校内学生、后勤、校方三方的需求得以满足，学校选择优质的专业团队将成为至关重要的决策。

　　北京众信科源科技有限公司作为"双高新"企业以及北京市"专精特新"企业，一直专注校园"全智能化太阳能自动供热系统"的投资，为校园提供全天候恒温恒压的生活热水，扎根在后勤能源工作的一线，得到了广大师生的一致好评，在多次与国家节能中心、中国绿发会绿色企业工作委员会和中国教育后勤协会的会议交流、评审工作中也得到了高度认可。

他们强调，学生的需求和后勤管理的智能化是大方向。校方可以根据自己的使用情况，做好前期的需求调查，最主要的是解决存在的实际问题——安全要求高、经费少、用水量大或者能源供应不足等问题。带着这些问题进行实地项目考察，寻找出最适合自己服务要求的合作伙伴。在教育部提倡的"高校后勤社会化"的倡导下，学校作为科研的最前沿也应不断提高后勤智慧化管理的能力。学校作为管理者，主要是提出实际要求，制定合理制度，监督管理运营商的服务品质，使具有投资实力、经验丰富且有资质的企业利用最先进的技术以及最有保障的专业团队来为高校进行合作服务。校方应采用竞争性磋商谈判的方式，选择可以使整体设计理念、工程质量、运营维护真正实现一体化的合作伙伴，优化设计理念使资金和技术得以最好地持续性发展，形成良性循环。这种 BOT 的校企合作方式也是双方共赢的最佳模式——企业投资、建设、运营、移交，通过收取洗浴、食堂热水费用，在一定年限内收回投入，达到合作年限保证设备完好的情况下无偿移交给高校。

三 做好顶层设计——最优的技术理念 + 最好的运营模式

现代化的智慧校园管理需要绝对精准的技术作为支撑，全国各省市也对绿色建筑有明确要求，楼面屋顶需铺设 20% 的太阳能，在此领域中众信科源公司一直秉承优先利用"太阳能 + 多能互补"的方式，坚持零排放的理念。系统设计为一栋楼一套系统，互不干扰，自主运行。整套系统以太阳能作为第一热源，以空气源、地源热泵、余热回收等多能源作为补充，以电能作为稳定能源进行生活热水的加热。多联供热的方式既节能又有充足热水的保证，整套系统的特点如下：①光热技术互补；②恒温恒压供水；③循环热水管设计保证 3 秒出热水，避免浪费；④按流量计费培养学生的节水意识；⑤自动化运行，故障自动报警；⑥"现场技术人员值守 + 智能化"远程监控系统。

另外，分布式光伏发电技术，具有零消耗、零污染、零排放的独特能源优势，是集经济效益与环保效益于一体的绿色能源。利用学校生活热水建设改造的机会，将未被"全智能化太阳能自动供热系统"占用的屋顶空间建设光伏发电站，不但能够满足热水系统所需的电能需求，同时可以将光伏发电并入学校电网，进一步做到优化能源结构，推动节能减排：①"光伏＋光热"能够让整套热水系统真正意义上实现零耗能、零排放；②发电过程中，无噪声，无污染，无辐射，是真正意义上的零排放、零污染的静态发电；③能够在一定程度上缓解局部地区的用电紧张状况，弥补大电网稳定性的不足，在意外发生时继续供电，成为集中供电不可或缺的重要补充；④为建设环保节约型校园贡献一分力量；⑤让学生对节能有更加深刻的认识。

同时，创新共赢的最优运营模式也为现代化的智慧校园管理提供了全面的保障，真正做到了让学校后勤更加省心，让学生更加舒心。整套运营模式更为注重学生的体验。

四　社会责任感

学校是教书育人的主体，传承着科学、严谨、高效的理念，其各种需求多样繁杂。北京众信科源科技有限公司在长期的校园运行管理中积累了丰富的项目管理经验，与西北工业大学、郑州大学、北京农业职业学院等全国多所知名院校合作，这些项目运行以来都得到过国家相关检测部门的数据认定，节能率均超过80％，多次被评为绿色智慧校园优秀项目，努力为国家实现"3060"降碳目标做出应有的贡献。

在高科技迅速发展的今天，高校后勤将从以前依靠制度、人力来服务的方式演变成业务融合、管理融合、数据融合的节能型智慧校园服务方式。"光热＋光伏"的整套系统从节能性、智慧型、服务性的全方面考虑，值得在全国的学校大力推广。

此外，北京众信科源科技有限公司在和学校共同合作中，一起坚持帮助学生课外实习、培训，在为节能事业的发展储备人才的同时，也提升了毕业生选择就业的空间，是"产学研"融合的最佳组合。

编辑：刘帅

厨余垃圾变废为宝的"绿色密码"

——北京洁绿环境科技股份有限公司

成立于 2004 年的北京洁绿环境科技股份有限公司，多年来一直致力于有机废弃物处理领域的技术、装备研发与项目实践。十年磨一剑，公司自主研发的"厨余垃圾热水解—制浆耦合高效厌氧关键技术"成功应用于河南郑州金水区厨余垃圾处理项目，因其工艺流程短，系统运行稳定，减量化和资源化效果显著，包容性强，能够促进前端垃圾分类等优势，目前已成功入选北京市第二批创新型绿色技术（固体废物减量化和资源化领域）推荐目录；"厨余垃圾热水解—制浆耦合高效厌氧关键技术装备研发与应用"获得中环协授予的科学技术奖科技应用类一等奖；厨余垃圾全套技术装备获得中环机协授予的环保装备科学技术创新二等奖。

一 金水区厨余垃圾处理项目概况和处理效果

北京洁绿环境科技股份有限公司新建于河南郑州金水区的厨余垃圾处理项目，采用 BOT 模式，日处理垃圾规模达到 150 吨。其垃圾处理工艺及原理为：预处理（热水解＋水力旋流制浆＋脱水挤压）＋中温湿式厌氧＋污水处理组合工艺。具体工艺流程见图 1。热水解系统使厨余垃圾熟化、细胞物质水解破壁；水力旋流系统集除杂、制取浓浆于一体；将厨余垃圾中的有机质最大限度提取出来，经过厌氧消化转化，产生清洁能源沼气，沼气在厂区内进行循环利用；水力旋流制浆系统排出的固体残渣经过挤压脱水机后外运处理；沼渣可生产有机肥料或作为饲料外售。沼液通过污水处理系统处理后达到纳管标准，排入市政污水处理系统。

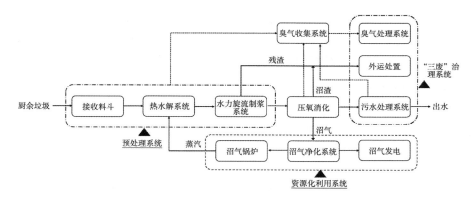

图1　工艺流程

在实际应用中，其具有工艺流程短，系统运行稳定，减量化和资源化效果显著，包容性强，能够促进前端垃圾分类等诸多优势，垃圾处理效果十分明显：预处理残渣率＜15%，残渣含水率＜60%，有机质提取率＞80%，沼气产率提高30%以上。

二　金水区厨余垃圾处理项目特点及优势

该项目是国内首个采用"热水解—制浆耦合高效厌氧关键技术"处理家庭厨余垃圾和其他厨余垃圾的项目，从预处理到厌氧再到污水处理，全工艺流程的技术与设备均为自主研发及国内制造。

三　项目的技术推荐与政策建议

（一）预处理技术要"精准除杂""化繁为简"

我国厨余垃圾量大、成分复杂，而且大部分地区垃圾分类距离理想状态仍有较大差距，厨余垃圾杂质含量较大，给后续处理带来很大困难。目前，我国厨余垃圾厌氧处理系统、沼气净化与利用系统及"三废"治理系统工艺技术比较成熟，预处理系统的好坏就决定了整个系统的处理水平，因此预处理技术已成为厨余垃圾厌氧处理的关键环节。

预处理的目的是要尽可能地去除杂质，实现固液分离，使有机质最大限度地进入后续厌氧系统中，因此预处理技术要尽量"精准打击"，将无机物分离出来。还要尽可能地缩短工艺流程，"化繁为简"，避免系统过于复杂，故障点多，导致运行不稳定。

（二）垃圾来源和物料特性不同，不能完全套用一套工艺

家庭厨余和其他厨余垃圾的物料特性与餐厨垃圾不同，家庭厨余垃圾 80% 是生料、20% 是熟料，其他厨余垃圾 95% 以上都是生料。有机质和水储藏在细胞壁中，如果只采用破碎、筛分、机械压榨的方式则无法实现细胞破壁，有机质无法从细胞中溶出，大部分水是脱不出来的，因此不能完全套用一套工艺。

"水力旋流制浆 + 挤压脱水"已成为餐厨垃圾预处理技术的主流工艺，通过"热水解"将家庭厨余和其他厨余垃圾熟化，再接续餐厨垃圾的预处理技术，即"热水解 + 水力旋流制浆 + 挤压脱水"的高效预处理工艺，也已得到项目印证，可实现残渣率 < 15%，残渣含水率 < 60%，为行业高质量发展提供了适用技术。

（三）前端加强垃圾分类管理，终端处理技术体现包容性

厨余垃圾处理设施的建设是为了匹配前端垃圾分类，防止先分后混，让不同垃圾的价值发挥最大化，垃圾分类与终端设施建设是相辅相成的关系，不能完全依赖终端处理设施替代垃圾分类。因此，垃圾分类与处理设施建设要同步，建议加强前端垃圾分类管理，同时，终端处理设施要考虑一定时间维度内，分出的厨余垃圾的"质"向好的变化，处理技术更好地体现包容性。

（四）建立标准、考核、扶持政策的闭环体系，引导行业真正实现减量化、资源化、低碳化

建议国家建立统一的引领行业高质量发展的标准、考核体系，同时，国家及地方根据财政状况、垃圾分类进程等差异，建立有针对性的鼓励绿色技术研发、落地的遴选办法，绿色采购目录，奖惩制度等扶持政策，真正形成有据可依、有奖有罚的闭环管理体系，更好地体现垃圾分类的价值，助力国家碳达峰碳中和的目标达成。

编辑：苏红